Janssen-Jurreit Sexismus

Marielouise Janssen-Jurreit

Sexismus

Über die Abtreibung der Frauenfrage

Carl Hanser Verlag

ISBN 3-446-12273-7

Umschlag Klaus Detjen
Gesamtherstellung
May & Co. Nachf., Darmstadt
Printed in Germany

Inhalt

I.
Sexismus und Geschichte

1. Kapitel
Geschichte und Familiengeschichte: Die radikale Feministin Hedwig Dohm und ihre Enkelin Katia Mann

Müller, Müller, mahl er!
Die Jungen kosten 'nen Taler,
Die Mädchen kosten 'nen Taubendreck,
Die schubst man mit den Beinen weg.
Müller, Müller, mahl er!
Die Mädchen kriegen 'nen Taler,
Die Jungen kriegen 'nen Reiterpferd,
Das ist wohl tausend Taler wert.
Deutsches Kinderlied des 19. Jahrhunderts

»Der erste Schriftsteller, den ich gekannt habe, war meine Großmutter Hedwig Dohm«, berichtet Katia Mann in ihren »Ungeschriebenen Memoiren«.(1) Diese Großmutter »war eine leidenschaftliche Vorkämpferin für Frauen, die damals wirklich noch gar nicht sehr viele Rechte hatten«. Daß diese Rechte der Enkelin Katia nicht mehr viel bedeuteten, geht nicht nur aus der Gestaltung ihres eigenen Lebens hervor, sondern auch aus der zwar liebevollen, aber dennoch herablassenden Art, wie sie über das Engagement und die Persönlichkeit der Großmutter berichtet. Hedwig Dohm, von der Enkelin »eine sehr kleine, sehr putzige und in ihrer Art reizvolle alte Dame« genannt, war die erste mutige Frau im Deutschland Bismarcks, die geheiligte Institutionen des preußischen Männerstaats angriff: die protestantischen Pastoren zuerst, dann die deutschen Philosophen und die Frauenärzte (»... gegen diejenige Kategorie von Ärzten lehne ich mich auf, die im Weibe nichts als ein Werkzeug sehen für – Herrenzwecke.«).(2)
Bis ins hohe Alter erhielt sie auf ihre Veröffentlichungen anonyme Beschimpfungen und Drohbriefe. In einer Zeit, in der sich selbst vorurteilslose Leute wie der Begründer der modernen französischen Soziologie, Emile Durkheim, die Ansichten darwinistischer Mediziner, wie Lebon und Bischoff, wi-

derspruchslos zu eigen machten – diese behaupteten, daß die Hirnentwicklung der Frau in der Evolution zurückgehe –, hat Hedwig Dohm solche spekulativen wissenschaftlichen Hypothesen als anthropologische Scharlatanerie zurückgewiesen.(3)

Bereits ihre ersten Pamphlete zeigen großen Einfallsreichtum und ein angriffslustiges Temperament; sie sind Meisterwerke einer heute verpönten Literaturform: der Polemik. Eines davon war in den Augen des Publikums ein förmliches Majestätsverbrechen. Sie schrieb unter dem Titel »Der Jesuitismus im Hausstand« eine Kritik des wilhelminischen Hausfrauentums, dem sie Sparsamkeitsexzesse und Ausbeutung der Dienstmädchen durch unbegrenzte Arbeitszeiten vorwarf. Befürchteten diese »Priesterinnen des Hauses« vielleicht, daß die berufstätige, unabhängige und informierte Frau sich doch durchsetzen würde, daß dann »die billige Naivität ihrer Töchter aus der Mode käme«, fragte Hedwig Dohm. Die proletarischen Frauen verdienten wegen ihres mangelnden Engagements in der Frauenfrage keine Kritik,

> »weil es ihnen an Einsicht und Bildung fehlt, und weil im allgemeinen bei den Unwissenden die Vorurteile noch stärker wirken als bei den Gebildeten. Die Frauen aus dem Volke vermögen nicht zu erkennen, warum sie für sich den Tisch des Lebens nicht gedeckt finden.«(4)

Die Intoleranz der bürgerlichen Frauen selbst gegen bescheidenste Emanzipationsversuche verdiene keine Schonung. Das Unfehlbarkeitsdogma der deutschen Hausfrau ist nie witziger persifliert worden:

> »Ich, Madame Schulz, glaube von ganzem Herzen und mit allen meinen Kräften an mich und meine Küche, an meine Kinderstube und meinen Waschkeller, an meinen Trockenboden und meine Nähmaschine. Alles aber was darüber ist, ist vom Übel. Ich glaube, daß, wenn der liebe Gott eine Frau hätte, sie gerade so sein müßte wie ich. Ich glaube, daß die Dienstmädchen eine nichtswürdige Rasse sind. Jede Frau aber, die meine Unfehlbarkeit anzuzweifeln wagt, die meinen Anschauungen entgegen ist, oder sich mit sogenannten Ideen befaßt, erkläre ich für eine sittenlose und verabscheuenswerte Emanzipierte, für eine Ketzerin, die von Rechts wegen gespießt und mir zu sü-

ßem Duft gebraten werden müßte. Denn ich war, und bin, und werde sein – eine deutsche Hausfrau.«(5)

Dieser Feldzug gegen die Heuchelei der dienstbotenschikanierenden ignoranten Hausfrau und Mutter wurde ein Skandal. Alle empörten sich, Männer und Frauen, die Frauen der bürgerlichen Frauenbewegung ebenso wie die Redakteure national gesonnener Zeitungen. Das Leipziger Tageblatt schrieb:

»Seit den Tagen, wo ein volkstümliches, drastisches Räuberstück über Deutschlands Bühnen ging, das eine Hedwig zur Heldin hatte, dürfte keine Trägerin dieses Namens mit solchem Eklat in die Öffentlichkeit getreten sein, wie unsere Berliner Pamphletistin.«(6)

Hätte es Hedwig Dohms radikale Streitschriften nicht gegeben, wären die Zeugnisse der deutschen Frauenbewegung – verglichen mit den politischen Äußerungen von Amerikanerinnen, Engländerinnen und Französinnen ihrer Zeit – nicht viel mehr als eine armselige Sammlung provinzieller höherer Töchterliteratur. Hedwig Dohm, im Jahr 1832 als elftes von insgesamt 18 Kindern der Familie Schleh geboren, starb 1919 im Alter von 87 Jahren in Berlin, als das Frauenstimmrecht Verfassungsrecht geworden war, das sie als erste in Deutschland gefordert hatte.

»Und kommt es alsdann dahin, daß Frauen wählen und im Parlament sitzen – vorausgesetzt, daß wir bis dahin nicht zu einer anderen Regierungsform gelangt sind, was auch nicht zu den Unmöglichkeiten gehörte –, so sind es doch die guten, bescheidenen deutschen Frauen, die durch ihre Arbeit und Geduld dieses Ziel erreicht haben«,

so war sie von einer Mitstreiterin aus der Frauenbewegung 1873 nach Veröffentlichung ihres »Jesuitismus« zurechtgewiesen worden.(7) Die Schreiberin dieser Zeilen irrte sich – denn es gab selbst mitten im 1. Weltkrieg noch Teile der Frauenbewegung – gute bescheidene Frauen –, die die Forderung nach aktivem und passivem Wahlrecht für zu unbescheiden hielten. Im November 1918, als das Stimmrecht aller Bürger proklamiert wurde, hatten die Radikalen gesiegt.

Die Forderung nach politischer Emanzipation der Frauen, die in Amerika seit Mitte des 19. Jahrhunderts ebenso wie in England Bestandteil der Frauenagitation war, wurde im

Deutschen Reich lange Zeit selbst von den Sozialisten als nicht opportun empfunden. Auf dem Gothaer Parteitag 1875 bleibt, trotz eines Antrags von August Bebel dazu, das Frauenstimmrecht in der Schwebe. Der andere Arbeiterführer, Ferdinand Lassalle, der in Hedwig Dohms Haus in Berlin verkehrte, hatte nur das Stimmrecht für die Arbeiter gewollt. Ein Familienvater sollte genügend verdienen können, um seine Familie zu ernähren. Dazu brauchten die Arbeiter das Stimmrecht. Frauenarbeit außerhalb des Hauses zu fördern oder gar das Frauenstimmrecht, waren keine Ziele des Allgemeinen Deutschen Arbeitervereins, den Lassalle im Mai 1863 gegründet hatte.

Als Hedwig Dohm 1876 in ihrer Schrift »Der Frauen Natur und Recht« das Frauenstimmrecht zum Ziel aller politischen Frauenkämpfe erklärte, gab sie Gegnerinnen und Gegnern im voraus zu verstehen, daß sie diese Forderung des Zeitgeistes nicht aufhalten könnten.

> »Revolutionen werden nicht mit Rosenwasser gemacht, es muß aber auch nicht gerade Blut sein ...«

Die Zeit mit ihren sozialen Konflikten sei die beste Reformatorin.

> »... die Geister in der Luft kämpfen mit, aber für uns.«

Sie verlangte das Frauenstimmrecht als selbstverständliches politisches Grundrecht in der Demokratie, die Frauen nicht mit einem anderen Maßstab messen dürfe.

> »Entweder ist eine regierende Königin eine Fastnachtsidee, ein burlesker Einfall und jeder Engländer, der seiner Königin gehuldigt und ihr den Eid der Treue geschworen hat, ist ein Narr ..., oder natürliches, politisches Recht besitzt eine jede Frau.«

Bebels Buch »Die Frau und der Sozialismus« erschien drei Jahre später in einem Schweizer Verlag, da das Sozialistengesetz in Deutschland seine Publikation unmöglich machte. Auf dem Parteitag der deutschen Sozialisten 1891, als sie sich in Sozialdemokratische Partei Deutschlands umbenannten, wurde das Stimmrecht für Frauen dann ebenfalls zum Parteiziel erhoben.(8)

Ebenso wichtig und neu wie der Inhalt ihrer Forderung nach Stimmrecht war die Art, in der sie von Hedwig Dohm präsentiert wurde – in einer Mischform aus beißendem Spott, zwingenden Analysen und polemischer Agitation versuchte sie, Propaganda für das Wahlrecht der Frau zu machen. Die Waffen der Lächerlichkeit, die immer wieder gegen die Emanzipation der Frau eingesetzt wurden, drehte sie um und verwandte sie gegen den preußischen Männerstaat. Sie höhnte:

»Die Frauen brauchen das Stimmrecht nicht. Das heißt: Die Männer sind von jeher so gerecht, so gut, so edel gewesen, daß man getrost die Geschicke der Hälfte des Menschengeschlechts in ihre reinen Hände legen konnte. Die Frauen brauchen das Stimmrecht nicht. Das heißt: Es ist eine den Männern eingeborene Idee, ein göttlicher Impuls, der sie antreibt, mögen sie nun der barbarischen oder der civilisierten Welt angehören, das Weib zu schützen in seinen Rechten und in seinem Glück.«

»Die Frauen brauchen das Stimmrecht nicht – nein – sie brauchen es nicht ... in allen jenen Feen- und Märchenländern, an die kleine Kinder und große Männer mitunter glauben. Und die Meinung der Geschichte? Die Geschichte der Frauen ist nur eine Geschichte ihrer Verfolgung und ihrer Rechtlosigkeit und die Geschichte sagt: Die Männer haben von jeher die Frauen unterdrückt in unerhörter und beispielloser Weise, und die menschliche Vernunft fügt hinzu: Und sie werden sie unterdrücken, bis das weibliche Geschlecht theilhat an der Abfassung der Gesetze, von denen es regiert wird, denn jedes Recht, hinter dem nicht eine Macht steht, ist ein Traumbild und ein Phantom.«

Sie mahnte:

»Vergeßt das eine nicht: Anspruch ohne Macht bedeutet wenig. Dem Despotismus ist immer nur eine Grenze gesetzt worden durch die wachsende Macht der Unterdrückten.«

Sie gab die Antwort, wie es zu machen sei:

»Wodurch erlangt ihr Macht? Vorläufig einzig und allein durch die Konzentrierung aller weiblichen Kräfte, die für die politischen Rechte der Frauen einzutreten bereit sind, durch die Organisation und energische Leitung von Vereinen.«

Sie versprach keinen utopischen-paradiesischen Zustand nach der Gewinnung des Frauenstimmrechts, sondern sah darin nur die unverzichtbare Basis für die Austragung kommender Konflikte um ein neues Ehe-, Schul- und Arbeitsrecht für Frauen.

»Die unmittelbaren, praktischen Folgen des Stimmrechts sind vielleicht nicht die wichtigsten. Die Hauptsache aber ist dies: die Gewährung des Stimmrechts ist der Schritt über den Rubikon. Erst mit dem Stimmrecht der Frauen beginnt die Agitation für jene großartigen Reformen, die das Ziel unserer Bestrebungen sind. Die Theilnahme am politischen Leben macht alle anderen Fragen zu offenen.«

Schon zwei Jahre vorher in ihrer Schrift »Zur wissenschaftlichen Emanzipation der Frau« hatte sie die Aufhebung der bis dahin für natürlich gehaltenen Arbeitsteilung der Geschlechter gefordert. 1874 stellt Hedwig Dohm fest:

»Ich glaube beweisen zu können, daß der maßgebende Gesichtspunkt für die Teilung der Arbeit nicht das Recht der Frau, sondern der Vorteil der Männer ist, und daß der Kampf gegen die Berufsarbeit der Frau erst beginnt, wo ihr Tagelohn aufhört nach Groschen zu zählen.«

In der vorangegangenen Schrift zeichnete sie

»Ein Bild der Frauen, die in Glashütten, Papiermühlen, Leimsiedereien, Tabakfabriken usw. frohnen, in glühenden Baumwollmühlen halb entkleidet arbeiten, in erstikkendem Staub und Schmutz sich zugrunde richten, in den Flachsspinnereien durch dauerndes Imwasserstehen sich in frühen Jahren die Schwindsucht zuziehen. Frauen waren schon damals tätig in Ziegeleien, beim Feststampfen der Steine, als Metallarbeiterinnen, als Grubenarbeiterinnen, sie nähten sich für Hungerlöhne Stich um Stich zu Tode, sie verrichteten damals wie heut die schwerste Feldarbeit – aber die weibliche Konstitution ist zu zart – (so sagt der Patriarch), um Frauen die Universitäten zu eröffnen!«(9)

Bis ins hohe Alter hinein verteidigte sie diesen Standpunkt. Sie teilte ihn mit einer Gruppe von radikalen bürgerlichen Frauen, die sich in den 90er Jahren organisierten.

»Die Radikalen fordern alle Freiheiten und Rechte unbedingt und uneingeschränkt, in der Meinung, daß aus lauter Bißchens (ein bißchen Freiheit, ein bißchen Beruf) doch nur etwas An- und Zusammengeflicktes wird, und ihr Hauptgesichtspunkt ist dabei die ökonomische Selbständigkeit der Frau, ohne welche ihrer Meinung nach (es ist auch die meine) alle übrigen Rechte illusorisch sind.«(10)

Die revolutionären Gedanken der Großmutter, die »eine völlige Reform aller bestehenden Verhältnisse anstrebte«, finden sich in den Erinnerungen der Enkelin Katia nicht. Sie heiratete im Februar 1905 den jungen Schriftsteller Thomas Mann. Die Familie war mit dieser Heirat einverstanden, auch die Großmutter Hedwig Dohm, obwohl sie den Studienabbruch der Enkelin, die zur ersten Studentinnengeneration in Deutschland gehörte, sehr bedauerte. (Erst ab 1908 konnte keine deutsche Universität mehr weibliche Hörer ablehnen.)

Einige Jahre nach der Heirat der Enkelin, im Alter von 77 Jahren, begann die Großmutter, ihre Ideen in den »Sozialistischen Monatsheften« zu publizieren. Sexuelle Reformen verlangte sie, »unsere doppelte Moral ist der Ausfluß einer politischen Machtfrage ...«, hatte sie schon 30 Jahre früher geschrieben.(11)

Hedwig Dohm begleitete das junge Ehepaar Mann auf einer Reise nach Italien, und der Kontakt zwischen der Großmutter in Berlin und der in München verheirateten Enkelin scheint recht intensiv gewesen zu sein.

Als die Großmutter starb, war Katia Mann eine Frau von 36 Jahren, Mutter mehrerer Kinder.

> »... über kurz oder lang werdet Ihr Land erblicken, das Land, das Ihr ›mit der Seele suchet‹, seit Jahrhunderten, ja seit Jahrtausenden, das Land, wo die Frauen nicht den Männern, sondern sich selber angehören«,

hatte Hedwig Dohm allen Frauen prophezeit.(12) Sehnte sich Katia Mann nie nach dieser Art von existentieller Freiheit, nach einem Selbsterleben, das sich nicht in einen dauernden Bezug zu einer überlegenen männlichen Beschützerfigur setzte?

Die Forderung der Großmutter »kein Stimmrecht – kein Recht zu lieben!« berührte ihr Leben, berührte die Enkelin innerlich wohl kaum. Katia Manns Lebenserinnerungen, die sie als fast 90jährige aufzeichnete, belegen in eindrucksvoller Weise, wie wenig ein familiäres Vorbild (Katia Manns Mutter war die Lieblingstochter Hedwig Dohms) ausrichten kann. Die Memoiren der Enkelin enthalten antifeministische

Passagen, die der Großmutter als exemplarische Beispiele für Frauenfeindlichkeit, für eine mangelnde Analyse und Reflexion der eigenen Lebensrolle gegolten hätten. Katia Mann beginnt ihre Aufzeichnungen mit dem Satz: »Mein Vater war Professor der Mathematik an der Universität in München, und meine Mutter war eine sehr schöne Frau.« Die berufliche Position charakterisiert also den Vater, das gute Aussehen die Mutter, und das, obwohl Hedwig Dohm die Jüngere einen Beruf hatte: Sie war Schauspielerin und gehörte der renommierten Theatertruppe des Herzogs Georg II. von Sachsen-Meiningen an, den »Meiningern«.(13) Katias Zwillingsbruder Klaus wurde aufs Gymnasium geschickt, das nur Knaben als Schüler aufnahm.

»Es war eine Idee meiner Mutter oder auch meiner Großmutter, der Mutter meiner Mutter, Hedwig Dohm, die ja bekanntlich Frauenrechtlerin war, daß ich das Gymnasium machen sollte. Es gab damals kein Mädchengymnasium in München und natürlich keine gemischten Schulen wie heute; infolgedessen hatte ich Privatunterricht bei verschiedenen Gymnasialprofessoren, die sich ablösten.«

Auch in der Erinnerung, und obwohl sie als Externe ein glänzendes Abitur machte, identifiziert sich die Enkelin nur schwach mit den Bildungsideen der Großmutter. Das Lernen bereitete ihr keinerlei Mühe, doch hatte sie an ihrem Privileg offenbar wenig mehr Interesse denn als folgsame Tochter.

»Nun sollte ich auch etwas studieren. Ich ging auf die Universität und hörte vor allem Naturwissenschaften. Bei Röntgen Experimentalphysik und bei meinem Vater Mathematik: Infinitesimal-, Integral- und Differentialrechnung und Funktionstheorie. Aber ich bin noch immer der Meinung, daß ich für diese Fächer keine besondere Veranlagung hatte.«

Ihre Distanz zum Studium wird deutlich. Sie »sollte« studieren, und zwar »etwas«, von einem zielgerichteten eigenen Wollen keine Spur. Fünfzig Jahre früher hatte ihre Großmutter sich als junges Mädchen die Finger wundgestickt und von der Erlösung aus dem inhaltlosen Dasein der Tochter einer bürgerlichen Familie geträumt.

»Nie hat ein Mädchen weniger Geschick und Lust zu Handarbeiten gehabt als ich; meine Mutter hätte für eine verhältnismäßig geringe Summe einen viel hübscheren Teppich als den von mir gestickten kaufen können, aber das große, faule Mädchen sollte doch nützlich beschäftigt werden, und immer, während ich stickte, war ein Warten in mir, ein banges, sehnendes Warten auf etwas Außerordentliches. Zeitlebens in der Friedrichstraße am Halleschen Tor, immer stickend, stickend ohne Ende, das konnte doch nicht so weitergehen. Etwas mußte doch kommen. Wenn es klingelte, horchte ich auf, ich wartete gespannt, wer oder was da kommen würde, vielleicht ein Brief oder ein Mensch, ein Wildfremder, der mich auf der Straße gesehen und der mich nun vom Fleck weg heiraten wollte. Die Klingelnden aber brachten Rechnungen oder Waren, und von den Briefen, die kamen, war kein einziger an mich gerichtet.«(14)

Nach sinnlos mit Handarbeiten verbrachten Jahren gestatteten ihre Eltern, daß sie das Lehrerinnen-Seminar besuchen durfte. Ihre Biographin Adele Schreiber beschreibt die Misere dieser Ausbildung:

»... wie war es damals um dieses Seminar bestellt! Monotones Auswendiglernen von Geographie, Botanik und Geschichtstabellen, vor allem aber von Gesangbuchliedern und Bibelsprüchen ...«

1852, lange vor Beendigung ihrer Ausbildung, heiratete sie mit 19 Jahren den 33jährigen Schriftsteller Ernst Dohm, den Chefredakteur der satirischen Zeitschrift »Kladderadatsch«. Als ihre ersten Aufsätze zur Frauenfrage erschienen, hatte sie fünf Kinder geboren und war fast vierzig Jahre alt. Ihr Mann Ernst Dohm entstammte wie sie einer großbürgerlichen jüdischen Familie, die sich zu Anfang des Jahrhunderts assimiliert hatte. Hedwig Dohms Vater, ein Tabakfabrikant, wandelte den Familiennamen Schlesinger in Schleh ab, Jahrzehnte nachdem er zum protestantischen Glauben übergetreten war. Ernst Dohm, ein universal gebildeter Mann, der vom Theologiestudenten zum Satiriker wurde, werden außergewöhnliche Fähigkeiten in der Führung der Redaktion des »Kladderadatsch« bescheinigt. 35 Jahre lang lavierte er eine satirische Zeitschrift, die ein ungewöhnliches politisches Gewicht hatte, durch eine Zeit, die von der Reaktion nach 1848 bis über die Proklamation des Deutschen Reiches im Spiegelsaal von Versailles hinausreichte. Über die persönlichen Beziehungen des Ehepaares Dohm ist wenig bekannt. Jedoch dürfte seine Sorglosigkeit und Freigebigkeit im Umgang mit Geld die Ehe belastet haben. Mehrere Male entkam er nur durch die Hilfe seines Verlegers dem Schuldgefängnis und scheint jahrelang ein Spieler gewesen zu sein. Schließlich entging er seinen Gläubigern nur dadurch, daß er sich vor ihnen nach Weimar rettete. Dort setzte er ein Jahr lang unbehelligt seine Tätigkeit für den »Kladderadatsch« fort. Erst in den siebziger Jahren scheinen seine finanziellen Verhältnisse geregelter. Das Haus Dohm wird bekannt für seine jours fixes, zu denen die Berliner Intellektuellen sich drängten. Der Hausfrau wirklich nahe scheint niemand aus diesem Kreis von prominenten Wissenschaftlern, Künstlern und Sozialisten gestanden zu haben.(15)

Mit billiger Ironie spotteten Schriftsteller des 19. Jahrhunderts über die Frauen, die Schreibfehler machten.

> »Zwei Dinge vergißt ein Mädchen am leichtesten, erstlich wie sie aussieht – daher die Spiegel erfunden wurden – und zweitens, worin sich das von daß unterscheidet«,

schreibt Jean Paul im Hesperus. Der frauenfeindliche Ludwig Börne macht sich lustig:

> »Die einzige Frau seit Erschaffung der Welt, die gar keine orthographischen Fehler gemacht hat, war unsere Mutter Eva, denn diese konnte noch nicht schreiben.«

Der Unterricht in den Mädchenschulen wurde selbst in der Hauptstadt Berlin ausschließlich von ausgedienten alten Lehrern besorgt, »die für die Knabenschule schon unzulässig waren«.

> »Die Bildung der Frauen geschieht, man weiß nicht wie, gleichsam durch die Atmosphäre der Vorstellung, mehr durch das Leben als durch das Erwerben von Kenntnissen ...«

Diese Ansicht des preußischen Staatsphilosophen Hegel und die des emanzipierten Juden Börne zur Bildung der Frau liegen in ihrem Gehalt an Zynismus und Überheblichkeit nicht weit auseinander. Hedwig Dohm empfand die Ignoranz und Belustigung ihrer männlichen Zeitgenossen als Ausdruck eines Gewaltstaats. Sie lehnte für sich jede Verantwortung für ihre minderwertige Schulerziehung ab.

»Ist es aber nicht geradezu possierlich, daß die Männer sich der Unwissenheit schämen, deren intellektuelle Urheber sie sind? Haben wir Frauen etwa die höhere Töchterschule organisiert, ihren Lehrplan bestimmt? Was mich anbetrifft, so lehne ich die Verantwortung für jeden orthographischen, grammatischen oder sonstigen Fehler, der mir in dieser Schrift passieren sollte, ab, ich lehne sie energisch ab und wälze sie auf die Schulter der Männer. Jede falsche Interpunktion, die ich mache, ist ihr Werk, für jeden Sprachfehler treffe sie die Geringschätzung der Mitwelt. – Ich habe die bestmögliche Schule meiner Jugendzeit besucht, und sie war – so schlecht wie möglich.«(16)

Die Einstellung der Enkelin Katia zum Studium und zu ihren Fächern zeigt jedoch, daß sich mehr ändern mußte als nur die Zulassungsbedingungen zu den Schulen und Universitäten.

»Ich war gar nicht dafür prädestiniert, und Röntgen hielt auch gar nichts von mir. Beim Experimentieren passierte mir einmal etwas sehr Mißliches. Ich warf einen Apparat hin. Das hat Röntgen mir sehr übelgenommen. Ich hätte es wahrscheinlich in diesem Fach nie zu etwas gebracht, und auch für Mathematik fand ich mich gar nicht sehr begabt. Ich hätte es auch da nicht sehr weit gebracht. Es war eigentlich mehr so töchterliche Anhänglichkeit. Ich hab' auch alles vergessen.«

Ein merkwürdig interesseloses Absolvieren, ein negatives Erlebnis mit dem Professor, dann Studienabbruch, als die Kinder kamen. Eine Verbindung von Berufstätigkeit, Ehe und Mutterschaft, die Hedwig Dohm vorschwebte – eine Vorstellung, die ihre Zeitgenossinnen unerhört provozierte –, kam für die Enkelin keinen Moment in Betracht.

»Vielleicht hätte ich zu Ende studiert und auch Examina gemacht. Ich hatte ja erst vier oder sechs Semester studiert, als ich heiratete, und wie ich dann verheiratet war, kam bald das erste Baby und dann sofort das zweite Baby und sehr bald kam dann das dritte und vierte, da war's aus mit dem Studium.«

Als Katia Mann das erste Kind erwartete, machte sie mit Thomas Mann eine Reise nach Berlin.

»Wir waren zu Besuch bei meiner Großmutter Dohm, und

es war von meinem Mann dann gar nicht taktvoll, wie er sich ihr gegenüber benahm. Sie fragte ihn: Na, Tommy, was wünschst du dir nun, Junge oder Mädchen? Da sagte er: Natürlich einen Jungen. Ein Mädchen ist doch nichts Ernsthaftes. Das war schlimm. Aber trotzdem vertrugen sie sich dann sehr gut.«

Urmiemchen, so hieß Hedwig Dohm bei den Enkeln und Enkelinnen, durfte also als Frauenkämpferin ein bißchen gefrotzelt werden. Sie wurde von den Familienmitgliedern offenbar geliebt wegen ihrer Güte, ihre Ansichten jedoch wenig ernst genommen. Eine sehr »naive, dabei begabte Frau«, wird sie von Katia Mann charakterisiert, die Bücher schrieb, »die heute wahrscheinlich nicht sehr aktuell wären«. Naiv?
Hedwig Dohm in einer ihrer Polemiken über die angeblichen Eigenschaften der Frau:

»Die Männer meinen, die Eigenschaften, die sie den Frauen absprechen, haben sie selber. Sie sehen sich wie Schauspieler auf der Bühne des Lebens stehen, und der Direktor, der liebe Gott, hat sie für das Heldenfach engagiert, für das Tatkräftige, das Dämonische, Gewaltige und Starkgeistige – den Frauen aber sind die naiven und sentimentalen Fächer zugefallen.«(17)

Eine Tochter war also nichts Ernsthaftes. Das etwas altfränkische »nichts Ernsthaftes« soll den Ernst dieser Bemerkung abschwächen. Man ist ja schließlich kein Mohammedaner.
Immer wieder hatte Hedwig Dohm Beispiele für die Geringschätzigkeit gegenüber der Geburt einer Tochter gebracht und den Einfluß dieser Geringschätzigkeit auf das Selbstgefühl der kleinen Mädchen.

»Nicht nur im Alterthum, auch im Feudalstaat war die Geburt einer Tochter ein Trübsal. Ludwig VII., König von Frankreich, sagt in einem Erlaß: ›Erschreckt von der großen Anzahl unserer Mädchen, wollen wir inbrünstig zu Gott beten, daß er uns mehr Kinder eines besseren Geschlechts schenke (des enfants d'un sexe meilleur).‹ Und er bewilligte ein jährliches Geschenk demjenigen, welcher ihm die Geburt eines Sohnes anzeigen würde.«(18)

Sie hatte versucht, ein Bewußtsein für die negative Einschätzung der weiblichen Geburt zu schaffen, und an das Selbstgefühl der Frauen appelliert:

»Mehr Stolz, ihr Frauen! Wie ist es nur möglich, daß ihr euch nicht aufbäumt gegen die Verachtung, die euch noch immer trifft. Auch heute noch? Ja, auch heute noch. Der stehende Glückwunsch bei Eheschließungen in Italien lautet noch immer: ›Salute e figli maschi‹ (Gesundheit und männliche Kinder). Die Väter sind noch immer enttäuscht, wenn ihr Erstgeborenes ein Mädchen ist.«(19)

Nicht nur die Väter und nicht nur in Italien oder in Frankreich, sondern zwei Generationen weiter in der eigenen Familie ist die Enkelin, die ihre Großmutter für naiv hält, ungeniert sexistisch gegenüber der Geburt ihrer Töchter.

»Es war also ein Mädchen, Erika. Ich war sehr verärgert. Ich war immer verärgert, wenn ich ein Mädchen bekam, warum, weiß ich nicht. Wir hatten ja im ganzen drei Buben und drei Mädchen, dadurch war Gleichgewicht. Wenn es vier Mädchen und zwei Buben gewesen wären, wäre ich außer mich geraten.«

Die Gefühlsbeziehungen zwischen Eltern und Kindern folgen in der Familie Mann dem normalen Identifizierungsmuster einer patriarchalischen Familie: Die Mutter bevorzugt die Söhne. Thomas Mann hängt mehr an den Töchtern Erika und Elisabeth, die zwar »nichts Ernsthaftes« sind, dafür dem Vater innerlich näherstehen. Der Frauenhaß und die Tochterablehnung einer Frau, wie sie Katia Mann äußert, sind typischer Ausdruck eigener selbstverachtender Tendenzen und deuten auf überspielte Minderwertigkeitsgefühle. Leider berichtet Katia Mann über ihre eigene Mutter, Hedwig Pringsheim, so wenig, daß sie nicht in den Versuch einbezogen werden kann, die Wirkungsgeschichte radikaler Ideen der Frauenbewegung über drei Frauengenerationen einer Familie hinweg festzustellen. Katia Manns Memoiren zeigen deutlich, daß der Widerspruch zwischen Frauenrolle und politischer Machtlosigkeit ihr nie schmerzhaft bewußt geworden ist. Über andere Frauen redet sie nicht sehr verständnisvoll. Sie vermittelt den Eindruck einer selbstbewußten, äußerlich zarten, aber entschieden auftretenden Frau, verheiratet mit einem Mann von etwas labiler Gesundheit, einer Frau, die die praktische Seite des Lebens für ihren Mann regelt und zum Beispiel für ihn mit dem Verleger verhandelt.

»Ich kam gut mit Fischer aus, ich mochte Samy Fischer sehr gern. Öfters habe ich mich mit ihm gestritten, aber das ist ja bei Verhandlungen nur normal. Ich wollte nicht, daß mein Mann sie mit ihm führte, und wenn ich dann kam, sagte Fischer gleich: Na, was haben Sie denn heute wieder für einen Dolch im Gewande?«

Lebenstüchtig, realistisch, unkonventionell im Gespräch, aber eine Konformistin der Frauenrolle, die nie etwas in Frage stellt. Und obwohl sie nicht mit Urteilen und Meinungen über Personen spart, enthält ihr Lebensbericht kaum Passagen über eigene Empfindungen. Die eigenen Hochgefühle und Schmerzen gehen die Leser nichts an. Ihre »Erinnerungen« sind von einer erstaunlichen Unsentimentalität. Im Grunde teilt sie nichts über sich selbst mit.

Eine schematische Konzeption vom Ablauf der Geschichte würde unterstellen, daß Katia Mann die Großmutter der radikalen Hedwig Dohm sei und nicht umgekehrt. Das Beispiel zeigt, wie gesellschaftliche Einsichten innerhalb von zwei Generationen in der gleichen Familie verschüttet werden konnten und wie die erste feministische Bewegung in Deutschland versickerte. Kate Millet hat diese Periode des Rückschlags, die nach dem ersten Weltkrieg mit der Durchsetzung des Stimmrechts in den industrialisierten Ländern begann, eine Periode der sexuellen Konterrevolution genannt. Die Gleichberechtigung der Frau wurde in dieser Zeit zur überzeugendsten gesellschaftlichen Lüge des 20. Jahrhunderts. Unter der Tarnkappe dieses Begriffs waren die Machtverhältnisse zwischen dem männlichen und dem weiblichen Teil der Bevölkerung weitaus besser aufrechtzuerhalten als zu der Zeit, als Parteien, Interessenverbände und andere Herrschaftsorgane den Gleichberechtigungsanspruch der Frau offen bekämpft hatten. Fortan konnte man nun immer auf einen langsamen, stetigen Fortschritt und kleine Verbesserungen und Reformen hinweisen. Keine Frau konnte ernsthaft leugnen, daß der Achtstundentag und die neuen Mutterschutzgesetze einen Fortschritt bedeuteten. Frauen nahmen am gesellschaftlichen Fortschritt teil, ohne daß dabei der soziale Abstand zwischen ihnen und dem Mann je verringert worden wäre.

Der Sexismus, die Diskriminierung und die Ausbeutung der

Frau aufgrund ihres Geschlechts, unterlag in den sechzig Jahren, seitdem in industrialisierten Ländern das Frauenstimmrecht eingeführt war, nur einem »Strukturwandel«, um einen Modebegriff zu gebrauchen. Die gesellschaftliche Hierarchie der Geschlechter wurde an einigen im Blickpunkt des öffentlichen Interesses stehenden Punkten abgebaut, um sie in anderen gesellschaftlichen Dunkelzonen weiter zu verfestigen. Die Unbefangenheit, mit der Politiker aller Richtungen und Länder das Wort Doppelbelastung verwenden, ist nur ein Beispiel dafür, wie wenig eine sexistische Gesellschaft ihre Arbeitsteilung in Frage stellt: eine bedauernswerte, aber unvermeidliche Folge der weiblichen Berufstätigkeit nach Ansicht der Familienpolitiker – nach Auffassung feministischer Organisationen in der ganzen Welt handelt es sich dabei um ein kapitales Wirtschaftsverbrechen an Frauen, von dem kapitalistische und sozialistische Gesellschaftssysteme gleichermaßen profitieren. Der politische Kampf der Frauen des letzten Jahrhunderts scheiterte daran, daß sie für ihre Töchter und Enkelinnen nur formale Rechte durchsetzen konnten. Die Zerstörung der androzentrischen Perspektive, bei der der Mann im Mittelpunkt aller gesellschaftlichen Betrachtung steht, gelang der ersten internationalen Frauenbewegung nicht.

Die Rückblende auf Katia Mann und Hedwig Dohm wäre allerdings einseitig, wenn nur die Immunität der Enkelin gegenüber der Frauenfrage aufgezeigt würde und das merkwürdig gespaltene Verhalten der Großmutter nicht zur Sprache käme. Die Bruchstelle der weiblichen Identität, die Risse im Ich verlaufen bei Großmutter und Enkelin anders. Die »geborene Bubenmutter«, so wird Katia Mann von ihrem Schwager Victor charakterisiert, durchsetzungsfähig, unsentimental und realistisch, verrät die schwache Stelle ihres Ego in der Bemerkung, daß sie außer sich geraten wäre, wenn sie ein weibliches Kind mehr gehabt hätte. Hedwig Dohm dagegen führte ein psychisches Doppelleben als familienorientierte Mutter, geliebte Großmutter und als radikalste Frauenkämpferin ihrer Zeit. Die Frau, die schrieb, »kann man glauben, daß bei dieser Frage von unermeßlicher Tragweite, wo es sich darum handelt, Denkgewohnheiten von Jahrtausenden zu beseitigen, die zahme Propaganda durch ästhetische oder ethische Teekränzchen, durch poetisierende und ethisierende Essays genügt«, war unfähig zum öffentlichen Auftritt. Sie war keine Durchsetzerin. Zu ihrem 80. Geburtstag erschien im Berliner Tageblatt ein Artikel, in dem es hieß:

»Die persönlichste und stechendste Eigenschaft dieser einzigen Frau ist und war Tapferkeit.«

Ihre Biographin Adele Schreiber schildert die beiden gegensätzlichen Züge in ihrer Person so:

»Aber diese unerschrockene Kämpferin, die mit den schärfsten Klingen drauf losging, die sich nie gescheut hat, Unerhörtes zu schreiben, unbekümmert um Angriffe, Spott und Verlästerung, die sich nie fürchtete, sich über die größten Autoritäten lustig zu machen, ist im persönlichen Verkehr von so großer Bescheidenheit, ja Zaghaftigkeit, daß sie es nie über sich gewinnen konnte, öffentlich auszusprechen, was sie so meisterhaft durch ihre Feder der Öffentlichkeit sagte.«

Und an anderer Stelle:

»Diese Schüchterne, Feine, der man es aufs Wort glaubt, daß sie sich eigentlich zeitlebens davor geängstigt, ihre Dienstmädchen zurechtzuweisen, der nichts peinlicher ist, als jemandem auch nur eine unfreundliche Antwort zu geben, reitet die kühnsten Attacken, greift furchtlos die gelehrtesten Autoritäten an, wenn es gilt, mit der Feder für ihre Überzeugung einzutreten, Unrecht zu widerlegen.«(20)

Katia Mann schreibt:

»Sie war später eigentlich eine richtige Märchenfigur. Sie war sehr klein und wurde immer kleiner ... Alle Enkel hingen sehr an ihr. Wir fuhren zusammen nach Meran, mein Mann und ich und Urmiemchen. So nannten wir sie, weil meine Kinder sie Urmiemchen nannten.«

Die sensible mütterliche Frau und die radikale Feministin konnten bestenfalls koexistieren.

Eine Synthese von Privatperson und öffentlicher Kämpferin war für die Generation Hedwig Dohms nicht zu verwirklichen. Aber noch als Greisin machte sie anderen Greisinnen Mut: Das kräftigste Kraut gegen das Alter sei »die bedingungslose Emanzipation der Frau und damit die Erlösung von dem brutalen Aberglauben, daß ihr Daseinsrecht nur auf dem Geschlecht beruhe.« Sie forderte ihre alternden Geschlechtsgenossinnen auf, Schlittschuh zu laufen, zu radeln, Latein zu lernen, ja selbst auf Kamelen durch die Wüste zu reiten, wenn sie es sich zutrauten.

> »Höre, alte Frau, was eine andere alte Frau dir sagt: Stemme dich an, habe Mut zum Leben. Wenn du nur einen Tag lebst, hast du eine Zukunft vor dir!«(21)

Bis nach Amerika verbreitete sich ein Ausspruch der über achtzigjährigen Hedwig Dohm:

> »Lange nachdem ich tot und verbrannt bin, wird meine Asche zu glühen anfangen, wenn die Portale des Reichstags sich für die Frauen öffnen.«(22)

2. Kapitel
Die Geschichtslosigkeit der Frau wird durch die Geschichtsschreibung hergestellt

> Meine Geschichtsbücher logen mich an,
> sie sagten, ich hätte nicht existiert. *Alta*

»Die Geschichte ist nicht tot. Durch das, was vor uns war, sind wir geworden, was wir sind, und können uns von ihm nicht losreißen. ›Treibe die Natur mit der Heugabel aus, sie wird doch immer wieder hereinkommen‹, sagt Horaz; dasselbe gilt für die Vergangenheit. So wie der einzelne durch alle Erfahrungen seines Lebens, von frühester Kindheit an, konstituiert ist, gehört die Vergangenheit zum gegenwärtigen ›Ich‹ eines Volkes; und was für den einzelnen das Gedächtnis ist, ist für die Völker die Geschichtsschreibung.«(1)

Dieser Betrachtung von Golo Mann, die er im Vorwort seines Werkes »Deutsche Geschichte des XIX. und XX. Jahrhunderts« anstellt, könnte man ohne weiteres zustimmen, wäre nicht die Frage offen, wer dieses gegenwärtige Ich der Nation darstellt und mit welchen Inhalten es sein Gedächtnis füllt.

Was bei Katia Mann private und auf subjektiver Erinnerung beruhende Erzählung einer fast neunzigjährigen Frau ist, wird bei ihrem Sohn, dem Historiker Golo Mann, zur Unterschlagung geschichtlicher Fakten und zur Willkür der historischen Perspektive. Die beiden Bände über Deutschlands Geschichte im XIX. und XX. Jahrhundert gehören zur historischen Standardliteratur von heute; ihre hohen Auflagen beweisen, welch' große Zahl von Lesern der Autor erreichte.

Golo Mann in seinem Vorwort:

»Nur von solchen Schriftstellern, Dichtern, Philosophen konnte die Rede sein, die dem Zeitgeist, dem öffentlichen Geist repräsentativ angehörten; die geschichtlich wirkten oder Geschichte anzeigten.«(2)

Hat es in der deutschen Geschichte des 19. und 20. Jahrhunderts keine einzige Frau gegeben, die etwas beabsichtigt, geschrieben, erfahren oder erlitten hat, das sich lohnte, erwähnt zu werden; Frauen, die Positives oder auch Negatives wollten und bewirkten? Nach Ansicht Golo Manns wohl nicht. Der familiäre Zusammenhang mit einer der bedeutendsten deutschen Frauenkämpferinnen macht die Auslassung der deutschen Frauenbewegung noch unverständlicher. Mit der Nennung einer einzigen deutschen Frau in der Geschichte des 20. Jahrhunderts und von zwei Frauennamen in der Geschichte des 19. Jahrhunderts unterbietet Golo Mann noch den Anteil, den Frauen in den Geschichtsbüchern für den Schulunterricht haben. Dieser lag bei einer kürzlich veröffentlichten Untersuchung in zwei Büchern bei 4,8 Prozent bzw. 5,2 Prozent. In den Schulbüchern, die sich mit Zeitgeschichte befassen, werden noch seltener Frauen erwähnt (3,3 Prozent in einem Buch) als im Mittelalter und in der frühen Neuzeit.

> »In darstellenden Texten, Quellen und Abbildungen sind sie stark unterrepräsentiert und erhalten höchstens 3 Prozent des den Männern gewidmeten Umfangs.«(3)

Die Frau, die Golo Mann in seiner »Deutschen Geschichte des XX. Jahrhunderts« anführt, ist Rosa Luxemburg. Er widmet ihr nicht einmal einen Satz. Er läßt sie vorkommen.

> »In Berlin lebte das radikalste Volk. Hier wurde am lautesten von einer ›zweiten Revolution‹ gesprochen. Von guten, freien, tapferen Leuten, wie dem sozialistischen Heißsporn Ledebour; von feinen, zarten, bitteren Theoretikern wie Rosa Luxemburg; von Fanatikern, die von der Sache sowohl wie vom Bewußtsein ihrer eigenen Sendung besessen waren, wie Karl Liebknecht; von ernsten Leuten und von Abenteurern; von Demagogen und von Demagogisierten.«(4)

In manierierten Adjektiven – fein, zart, bitter –, die wohl andeuten sollen, daß es sich um ein weibliches Wesen handelt, wird hier die Frau beschrieben, die Deutschland durch ihre Zielsetzung eines humanen Sozialismus hätte verwandeln können, wäre sie nicht von Rechtsextremisten ermordet worden. Auf derselben Seite werden auch die Verfügungen der revolutionären Regierung erwähnt, die 1918 mit sofortiger Wirkung Rechtskraft erlangten.

»Auch sollten fortan sämtliche politischen Vertretungen nach dem allgemeinen, gleichen und geheimen Wahlrecht aller Männer und Frauen über Zwanzig gewählt werden. Waren das nicht nützliche Reformen, soziale und demokratische Neuerungen?«

Diese sozialen und demokratischen Neuerungen – waren sie ein reines Zufallsprodukt, eine Laune der neuen Regierung? Nach Golo Mann müssen wir dies annehmen. Das Frauenstimmrecht kam aus einem luftleeren, geschichtslosen Raum, es fiel als spontane Idee sozusagen vom Himmel.

Hier stimmen die Schulbuch-Darstellungen über die Einführung des Frauenstimmrechts auf traurige Weise mit Golo Mann überein. In 31 deutschen Geschichts- und Sozialkundebüchern, die 1973 an Gymnasien, Real- und Hauptschulen verwandt wurden, fand sich über die Einführung des Frauenstimmrechts ein einziger Satz, meistens jedoch, wie bei Golo Mann, nur in einer Aufzählung mit anderen Reformen (Achtstundentag, Arbeitslosenunterstützung).(5) In nur einem Buch wurde erwähnt, daß es in der Nationalversammlung, die im Jahre 1919 die Verfassung der Weimarer Republik erarbeitete, weibliche Abgeordnete gab – in demselben Buch wird auch noch über das Frauenstimmrecht gesagt, daß »Adolf Hitler 1933 das wieder verbot: Politik sei Männersache!«(6) Obwohl die Frauenbewegung nicht, wie bei Golo Mann, ganz unterschlagen wird, gibt es in keinem dieser Geschichtsbücher eine korrekte Angabe über sie. Nirgendwo wird gesagt, daß es mehrere Richtungen in der deutschen Frauenbewegung gab, die unterschiedliche Vorstellungen von der zukünftigen Gesellschaft hatten, für die sie kämpften, nämlich die bürgerliche, die radikale (der linke feministische Flügel der bürgerlichen Frauenbewegung) und die sozialistische Frauenbewegung.

In einem einzigen Buch wird dabei auch ein Name genannt, der die gesamte Frauenbewegung repräsentieren soll. Da heißt es:

»Die Führerin der Frauenbewegung in Deutschland, Helene Lange, sprach von der ›selbständigen Gestaltung des inneren Lebens der Frau‹.«(7)

Helene Lange war eine der bekanntesten Frauen der konservativen Richtung der Frauenbewegung, aber nicht *die* Führerin. In dem Zitat, das von ihr angeführt wird, steckt eine perspektivische Verzerrung der Zielsetzung selbst der konservativsten Frauen dieser Bewegung. Sie haben nicht für die selbständige Gestaltung ihres inneren Lebens gekämpft, sondern für Rechte, ihr äußeres Leben zu gestalten. Dazu gehörten die Schulbildung und das Frauenstudium.

Golo Mann schreibt:

> »Indem wir uns geschichtlich vergleichen, erfassen wir unsere eigene Herkunft, das Ähnliche, sich Wiederholende, und dann auch das Einzigartige unserer eigenen Erfahrung.«(8)

Die geschichtlichen Vergleiche, die seine beiden Bände ermöglichen, sind in Personen und Tatsachen und von ihrer ganzen Auffassung von Geschichte her nur auf Männer bezogen. Selbst gemessen an den Kriterien, die Golo Mann für sein eigenes Vorgehen aufstellt, wirkt die Personenauswahl wie die Auswahl der Ideen und sozialen Strömungen, die das 19. Jahrhundert in seiner Darstellung repräsentieren, nicht »objektiv«.

Minna Cauer, eine der radikaleren Frauen, die gegen Ende des Jahrhunderts zusammen mit der Juristin Anita Augspurg eine politische Frauenzeitschrift herausgab und für die Verbindung des linken Flügels der bürgerlichen Frauenbewegung mit den Frauen der Sozialdemokratie eintrat, hat eine Geschichte der Frau des 19. Jahrhunderts geschrieben, in der sie feststellt:

> »Die Frauen, die arbeitenden Klassen und die Juden: es sind die Unterdrückten dieses Jahrhunderts.«(9)

Die jüdische Emanzipation wird bei Golo Mann auch nur gestreift, in seinem Porträt von Heinrich Heine, dem er ein Kapitel widmet. Warum aber für Heine ein ganzes Kapitel, für die mit ihm befreundete emanzipierte Jüdin Rahel Varnhagen nicht einen einzigen Satz? Als Mittelpunkt eines literarischen Salons hatte sie Einfluß auf Staatsmänner, wie den Prinzen Louis Ferdinand und Friedrich von Gentz. Ihre Korrespondenzpartner und -partnerinnen umfaßten die geistige Elite des damaligen Deutschland. Hannah Arendt hat in ihrer Rahel-Biographie dargestellt, was es bedeutete, jüdisch, weiblich, ohne Schulbildung und äußerlich unattraktiv zu sein. Rahel Varnhagen ließ sich taufen und nahm ihre einzige Chance als Jüdin wahr, sich an die bürgerliche Gesellschaft zu assimilieren. Aber:

> »Rahel ist Jüdin und Paria geblieben. Nur weil sie an beidem festgehalten hat, hat sie einen Platz gefunden in der Geschichte der europäischen Menschheit.«(10)

Bei Golo Mann hat sie diesen Platz nicht.

Rahel Varnhagen ist aber nicht nur wegen ihrer Bekanntschaften und Kontakte mit Goethe, Fichte, Schleiermacher und Heine und ihres Briefwechsels mit diesen erwähnenswert, sondern weil mit ihr der Kampf der Frauen gegen die Zwangsehe, die nicht auf freier Selbstbestimmung der beiden Partner beruht, in diesem Jahrhundert anfängt, ein Kampf, der immer weiter geführt wird und über den die Diskussion dieses ganze 19. Jahrhundert lang nicht abreißt. In den Schriften der Frühsozialisten, im Kommunistischen Manifest von Marx und Engels, in August Bebels »Die Frau und der Sozialismus«, in den Schriften des nationalen Hofhistorikers Heinrich von Treitschke und bei Max Weber, einmal abgesehen von all den Äußerungen der Frauenbewegung dazu, überall werden Eherecht und Ehereformen diskutiert. Rahel Varnhagen lehnte die Ehe so lange ab, bis sie einen Partner gefunden hatte, der auf ihre Bedingungen einging.

> »Negerhandel, Krieg, Ehe!
> Und sie wundern sich noch und flicken«,

schrieb Rahel 1803 in ihr Tagebuch; tiefer Abscheu spricht aus dieser Nebeneinanderstellung.

> »Die nun einmal verheiratet sind, mögen verheiratet bleiben. Von mir aber bekommt nie ein Kind die Einwilligung zum Heiraten«,

bekannte sie trotzig, denn es gibt keine »gerichtliche Garantie für einen aus gegenseitiger Liebe in freier Einwilligung geschlossenen Bund, der allein sittlich ist.« Vor allen Dingen die Zwangssexualität in einer Verbindung ohne Liebe war ihr ein Horror:

> »... ein intimes Zusammenleben ohne Zauber und Entzücken ist unanständiger als Ekstase irgendeiner Art.«

Auf Grund ihrer Gedanken über die Zwangsehe kam sie zu einer bedingungslosen Ablehnung des Unterschiedes von legitimen und illegitimen Kindern. Lange vor Bachofen vertrat sie mutterrechtliche Auffassungen:

> »Kinder sollten nur Mütter haben und ihren Namen tragen, die Mutter aber das Vermögen und die Macht der Familie besitzen, denn so will es die Natur.«

Auf die höchste Offenbarung der Religion verwies Rahel: »Auch Jesus hatte nur eine Mutter« und forderte:

> ». . . allen Kindern sollte ein ideeller Vater konstituiert werden und alle Mütter so unschuldig und in Ehren gehalten werden wie Maria.«(11)

Rahels Auffassungen waren inspiriert vom Saint-Simonismus, dessen Ideen durch Heinrich Heine im Jungen Deutschland populär wurden. Die Saint-Simonisten Bazard und Enfantin forderten eine androgyne Kultur und die sexuelle, politische und ökonomische Gleichstellung von Mann und Frau. Die frühen Saint-Simonisten entwickelten neue Gottesvorstellungen und verkündeten Gott als Mapah, als Vater und Mutter, und stellten an den Anfang der Schöpfungsgeschichte ein mannweibliches Wesen, das sie Evadam nannten.(12)

Da für Golo Mann die Geschichte der Frau nicht existiert, erwähnt er natürlich auch nicht die Geschichte der Ehe und des Eherechts.

Der Hofhistoriker Wilhelms I., der nationalgesonnene Heinrich von Treitschke, hat sich zum Thema Ehereform so geäußert:

> »Was über die volle und unauflösliche Lebensgemeinschaft von Mann und Weib hinausstrebt, verfällt dem sittlichen Schmutz, so die bekannte freie Liebe der Sozialisten, die totgeborene Göttin des Bordells . . . In der jetzigen Ehe ist die absolute Form der Ehe gefunden bis an das Ende der Geschichte.«

idiotisch

Vehement wandte sich Hedwig Dohm gegen Treitschkes Auffassung in einem Aufsatz über die »Ehescheidung und freie Liebe«, den sie als 77jährige in den »Sozialistischen Monatsheften« veröffentlichte. Sie nannte Treitschke einen »Wortdonnerer«.(13) Kein Thema für den Historiker?

Golo Mann nennt Johann Gottlieb Fichte einen »tiefen und steilen Denker«. Fichte hat das nationale Empfinden der Deutschen entscheidend beeinflußt, aber auch das Leben der deutschen Frau mitbestimmt. Als gegen Ende des Jahrhunderts das Bürgerliche Gesetzbuch geschaffen wurde, das im Jahr 1900 in Kraft trat, lagen den Gesetzestexten die Vorstellungen zugrunde, die Hegel und Fichte zum Eheleben und zur Familie geäußert hatten.

»Der Mann tritt ganz an ihre Stelle; sie ist durch ihre Verheiratung für den Staat ganz vernichtet, zufolge ihres eigenen notwendigen Willens, den der Staat garantiert hat. Der Mann wird ihre Garantie beim Staate, er wird ihr rechtlicher Vormund; er lebt in allem ihr öffentliches Leben; und sie behält lediglich ein häusliches Leben übrig.«(14)

Geschichtsschreibung, die die Frau, ihr soziales Leben, total ausklammert, exekutiert auch heute noch Fichtes Satz »... er lebt in allem ihr öffentliches Leben«. Bei Fichte ist »der Mann der Verwalter aller ihrer Rechte«, er ist »ihr natürlicher Repräsentant im Staate und in der ganzen Gesellschaft«. Diese als natürlich behauptete Herrschaft muß jedoch – das ist dem Christen in ihm ein Bedürfnis – in ihrer Kraßheit etwas abgemildert werden. Das tut Fichte dadurch, daß er diese Herrschaft und natürliche Repräsentanz als den eigenen Willen der Ehefrau ausgibt: »... sie will, daß dieselben (Rechte) behauptet und ausgeübt werden, nur inwiefern er es will.« Der ideale Zusammenfall von männlichem und weiblichem Willen, den Fichte konstruiert, ist die unumschränkte Dominanz des männlichen Willens. Was dieses restlose Aufgehen im Willen des Ehegatten in Wirklichkeit bedeutet, wurde in diesem Jahrhundert durch eine berühmt gewordene Kette von 36 Prozessen offenbar. Dabei handelte es sich nur um eine von vielen Frauen, die durch ihren Mann einer brutalen Behandlung ausgesetzt waren, die betrogen, verstoßen und ihrer Kinder beraubt wurden und deren Vermögen vom Mann auf der gesetzlichen Grundlage des Eherechts sozusagen konfisziert wurde. Die Gräfin Sophie von Hatzfeld jedoch versuchte, sich im Gegensatz zu vielen Leidensgenossinnen zu wehren, zunächst auf eigene

Faust. Kein Historiker jedoch würde sie erwähnen, hätte sie nicht einen jungen, rhetorisch begabten Juden als Anwalt gefunden, der später zum Führer der Arbeiter in Deutschland wurde, Ferdinand Lassalle. Nicht das für ihre Zeit typische Frauenschicksal, sondern nur die Verbindung mit einem berühmten Mann macht sie also zur geschichtlichen Figur, wenigstens nach den herrschenden Kriterien der Geschichtsschreibung. Die folgende Darstellung der Verbindung zwischen der Gräfin und Lassalle stammt von Golo Mann:

»In Paris, 21jährig, lernte er (Lassalle) Heine kennen, der über soviel Begabung, Witz und Willenskraft die Hände über dem Kopf zusammenschlug. Im gleichen Jahr wurde er in das Schicksal einer nicht mehr jungen, reichen Dame der höchsten Gesellschaftsklasse verwickelt, einer Gräfin Hatzfeld, die mit ihrem Gatten in sensationsreichem Streite lag.«(15)

Golo Mann schildert die Begegnung des jungen Lassalle mit der Gräfin Hatzfeld so, als ob es sich um einen ominösen Gesellschaftsskandal gehandelt hätte, dessen Inhalt man besser verschweigt. Der Streit der Gräfin mit ihrem Gatten wird als sensationsreich und sie selbst als reich bezeichnet, obwohl sie zu diesem Zeitpunkt über keinerlei Einkünfte verfügte. Kein Wort darüber, auch im folgenden Text nicht, daß es sich um einen Ehescheidungsprozeß handelt, in dem Lassalle als ihr Anwalt auftrat. Kein Wort darüber, daß die Ehegesetze dieser Zeit die Rechtlosigkeit und Unmündigkeit der Frau zum Inhalt hatten, kein Wort darüber, daß die Gräfin von ihrem Mann verstoßen worden war, daß sie mittellos eine Existenz fristen mußte, in der sie nur von Spenden lebte – kurzum kein Wort darüber, daß es um eine gerechtfertigte Sache ging. Golo Mann fährt fort:

»Die Freundschaft mit der Gräfin entschied über Lassalles äußeres Leben, zog ihn in ein Dickicht von Skandalen, von Intrigen, wie kein Unterhaltungsschriftsteller sie grotesker hätte ersinnen können, von nicht abreißenden Prozessen . . .«

Lassalle, so könnte man nach dieser Darstellung annehmen, wird von einer wahren femme fatale in ihr Leben und in ihre Skandale hineingezogen. Daß es Lassalles eigener Entschluß gewesen ist, die Gräfin bei Gericht zu vertreten, ist aus dieser Schilderung nicht zu entnehmen. Vergleichen wir die Darstellung von Golo Mann über Lassalles Verhalten in diesem Fall mit der von Franz Mehring in seiner »Geschichte der deutschen Sozialdemokratie«. Da heißt es:

> »Das Schicksal der Gräfin Hatzfeld war allerdings ein Mikrokosmos, worin sich die ganze Niedertracht der Klassen spiegelte, die das vormärzliche Preußen regierten. Indem sich Lassalle, ein junger und machtloser Jude, gegen den Frevler erhob, vor dessen übermütigem Trotze die Krone, der Adel, die Justiz scheu zurückgewichen waren, unternahm er eine Insurrektion auf eigene Faust.«

Über die Motive, die Lassalle veranlaßt haben, für die Gräfin einzutreten, schreibt Mehring:

> »Kreuzten sich einmal die Wege Lassalles und der Gräfin Hatzfeld, so wäre Lassalle eben nicht Lassalle gewesen, wenn er mit gleichgültigem Achselzucken an den Leiden dieser mißhandelten Frau vorbeigegangen wäre. Er sah in ihrer Angelegenheit allgemeine Prinzipien und Standpunkte verkörpert; er sagte sich, daß der Graf Hatzfeld nur in der übermütigen Stellung eines Fürsten und Millionärs solche Untaten wagen dürfe, wie er gegen seine Gattin seit Jahrzehnten verübte. Hierin bewies Lassalle einen feineren und tieferen Blick für revolutionäre Zusammenhänge als die Redaktion der ›Deutschen Brüsseler Zeitung‹, die ihren rheinischen Korrespondenten öffentlich anfuhr, er möge sich an die Skandalpresse wenden, wenn er über Lassalles Kämpfe gegen den Grafen Hatzfeld berichten wolle.«(16)

Nach der obigen Schilderung der Hatzfeldschen Prozesse kommt Golo Mann zu einer Wertung des ganzen Vorgangs:

> »Jahre hat er diesem sonderbaren Handel aufgeopfert und zumindest so viele Energien an ihn gewandt wie nur je an die Politik.«

In dieser Bewertung »sonderbarer Handel« zeigt sich deutlich die konservative, patriarchalisch gefärbte Vorstellungswelt eines Historikers, der einen Ehescheidungsprozeß, exemplarisch für die Zeit und von Lassalle exemplarisch geführt, nicht als einen Teil der sozialen Frage und als Thema

der Politik anerkennen will. Offenbart sich in einer Ehescheidung also keine Politik? Golo Mann hat mit seiner Bewertung von Lassalles Rolle in den Hatzfeld-Prozessen einen berühmten Vorgänger, Karl Marx, der in einem Brief an Engels Lassalles Verhalten in dieser Sache abschätzig beurteilte, »als ob ein wirklich bedeutender Mensch zehn Jahre einer solchen Bagatelle opfern würde«.(17) Inhaltlich stimmen die Urteile von Marx und Mann überein, der eine stuft den Fall als Bagatelle, der andere als sonderbaren Handel ein. Der revolutionäre Theoretiker und der liberale Historiker sind sich darin einig, daß ein Ehescheidungsprozeß dieser Art eine unwichtige Sache am Rande der Politik sei. Was ein bedeutender Mensch ist und was ihn ausmacht, dafür hat Marx die Kriterien leider nicht erläutert. Trotzdem sind beide Wertungen nicht vergleichbar. Golo Mann schrieb sein Werk in einer Zeit, in der es die gesetzliche Gleichberechtigung der Geschlechter in der Bundesrepublik laut Verfassung gab und in der durch diese Verfassung alle Paragraphen im Ehe- und Familienrecht außer Kraft waren, die diesem Gleichberechtigungsgrundsatz widersprachen. Er lebte nicht in einer Epoche wie Marx, in der jeden Moment mit einer Revolution gerechnet wurde, die alle bestehenden rechtlichen Ungleichheiten der Menschen aufheben würde.
Über Lassalles Ende, der noch nicht vierzigjährig an den Folgen eines Duells stirbt, heißt es bei Golo Mann, er sei »bis zuletzt Kavalier« gewesen, »Mann der Leidenschaft, des Stolzes, des unbändigen Willens; und Don Quichotte«.(18) Während der Ehescheidungsprozeß der Gräfin Hatzfeld ein »sonderbarer Handel« genannt wird, ist das Duell selbstverständlich und eine Folge des Kavaliertums, das er Lassalle attestiert. Aber was ist eigentlich ein Kavalier? Weswegen hat sich Lassalle mit dem Bräutigam der Frau, die ihm nach einer kurzen romantischen Beziehung den Abschied gab, duelliert? Der ganze Komplex von männlicher Würde, von der Empfindlichkeit des emanzipierten Juden gegenüber der Ignoranz einer aristokratischen Familie, die ihn als Schwiegersohn ablehnte, und der widersprüchliche Hintergrund sozialistischer Vorstellungen zu Liebe und Ehe wird hier von Golo Mann auf die Formel Leidenschaft und Lächerlichkeit (Don Quichotte) gebracht. Daß die Auffassungen von den

Beziehungen der Geschlechter den Hintergrund für Lassalles Tod bildeten und daß Arbeiterführer wie Lassalle und Marx die bürgerlichen Geschlechterrollen in ihrem persönlichen Leben nicht aufzulösen vermochten, bleibt dadurch ungesagt.

Schopenhauer ist für Golo Mann

> »ein großer Schriftsteller. Seine Sprache war männlich, klar und kraftvoll, sein Denken genährt durch lebendiges Wissen; auch wer mit seiner Gesamtkonzeption nichts anzufangen weiß, wird in seinem Werk kluge Lebensregeln und tiefe, wahre Beobachtungen die Fülle finden.«(19)

Klare und kraftvolle Sprache ist als männlich charakterisiert. Das lebendige Wissen, das Schopenhauers Denken nährte, und »tiefe, wahre Beobachtungen die Fülle«, kann sich doch wohl nicht auf Schopenhauers Schrift »Über die Weiber« beziehen, die sein meistgelesenes und -verbreitetes Werk war und als Propagandaschrift gegen die Frauenbewegung zu Anfang des Jahrhunderts in großer Auflage zu billigen Preisen verkauft wurde. Minna Cauer schreibt:

> »Die männliche Jugend Deutschlands hat jahrzehntelang im Banne von Schopenhauers Philosophie gestanden und fügte sich nur allzu gern auch seinen ungerechten Ausfällen gegen die deutsche Frauenwelt.«(20)

Bei Nietzsche, dem Golo Mann wie Schopenhauer ein ganzes Kapitel widmet, findet sich nicht die kleinste Erwähnung jenes sexistischen Frauenbildes, das ein immanenter Bestandteil seiner Menschenverachtung ist. Gegen diese Auffassungen hatte Golo Manns Urgroßmutter Hedwig Dohm Stellung bezogen, indem sie – für eine Frau zu der damaligen Zeit ein ungeheuer mutiger Akt – ihn lächerlich zu machen versuchte.

> »Es zwingt uns fast ein Lächeln ab, wenn Friedrich Nietzsche so überzeugt von den Tigerkrallen, von der ›gefährlichen, schönen Katze Weib‹, von ihrer unbezähmbaren Wildheit redet – dieser keusche, frauenfremde Mann, der sicher nie die kleinste weibliche Tigerkralle an seinem eigenen Leibe gespürt, nie erfahren hat, wie diese raubtierartigen Kreaturen, gleich der Tragödie, ›entzücken, in-

dem sie zerreißen‹. Vielleicht hat er gerade deshalb von ihnen geträumt, wie der heilige Antonius von den verführerischen Teufelinnen: Halluzinationen einer zu großen Enthaltsamkeit.«(21)

Ebenso wie die soziale Geschichte der Frauen läßt Golo Mann auch ihre unmittelbare Beteiligung am politischen Geschehen wegfallen. Die Urgroßmutter Hedwig Dohm hatte als Fünfzehnjährige heimlich die Rebellengedichte des Georg Herwegh gelesen; während der 48er Revolution fand sie einen erschossenen Revolutionär auf der Straße. Als sie in die Augen des toten Soldaten geblickt hätte, sei sie zur »Demokratin« und zur »blutroten Revolutionärin« geworden, berichtete sie in den »Sozialistischen Monatsheften«. Frauen waren an dieser Revolution beteiligt, nicht nur an ihrem Ausbruch, sondern auch an ihrer Vorgeschichte. Die ersten Veröffentlichungen der sächsischen Demokratin und 48er Kämpferin Luise Otto, darunter ein Roman mit dem Titel »Ludwig der Kellner«, mußten unter dem männlichen Pseudonym Otto Stern erscheinen. Ihr zweiter Roman, den sie selbst zeichnete, »Schloß und Fabrik«, paßte in seiner sozialen Tendenz den Behörden nicht und wurde konfisziert. Durch eine Audienz beim Minister wurde er nach dem Versprechen einer Änderung freigegeben. Dem verblüfften Minister erklärte sie: »Exzellenz, ich bin prinzipielle Gegnerin der Zensur.« Sie hatte im Vorfeld der Revolution mit Robert Blum zusammengearbeitet. Ihre Zeitung, die erste politische Frauenzeitung in Deutschland, die regelmäßig erschien, wurde ständig beschlagnahmt, und ihre Arbeit durch Verhöre, Haussuchungen und Ausweisungen aus verschiedenen Städten, in denen sich Luise Otto als Herausgeberin vorübergehend aufhielt, fast unmöglich gemacht. Die erste Ausgabe der Frauenzeitung, die am 21. April 1849 erschien, begann mit einem Programm:

»Die Geschichte aller Zeiten, und die heutige ganz besonders, lehrt, daß diejenigen auch vergessen werden, welche an sich selbst zu denken vergaßen! ... Mitten in den großen Umwälzungen, in denen wir uns alle befinden, werden sich die Frauen vergessen sehen, wenn sie selbst an sich zu denken vergessen!«(22)

Das waren nicht nur große Freiheitsphrasen, wie sie bei vielen Nationaldichtern zu finden waren, sondern dahinter standen unmittelbare politische Ziele, an erster Stelle die Verbesserung der Arbeitsverhältnisse für Frauen in Sachsen. Zwei Jahre nach der Revolution wurde die Politisierung der deutschen Frauen durch Gesetz unterbunden und ihr politischer Zusammenschluß unmöglich gemacht. Minna Cauer:

> »Für wen brach die bessere Zeit nicht an? Im Jahre 1850 gab man ein Vereins- und Versammlungsrecht, das lautete im Paragraphen 8: ›An Vereinen, welche bezwecken, politische Gegenstände in Versammlungen zu erörtern, dürfen keine Frauenspersonen teilnehmen.‹ – Für die Frauen war kein Platz im deutschen Vaterlande. Nicht ein Wort, nicht ein Satz in all dem Ringen und Kämpfen dieser Jahrzehnte gemahnt daran, daß die Frauen als Menschen und Bürgerinnen dieses Staates gelten – auch nicht ein Wort; selbst nicht von den edelsten und besten Vertretern des Bürgertums.«(23)

Das erwähnte Gesetz bestimmte auch, daß nur Männer die verantwortliche Redaktion einer Zeitschrift haben durften, auch einer Frauenzeitung.(24)

In diesem ersten deutschen Versuch einer Revolution, in dem Traum von der Bürgerrepublik, werden zum ersten Mal die Widersprüche deutlich, die engagierte Frauen und Mitkämpferinnen von den männlichen Anhängern des demokratischen Prinzips trennen. In dem Moment, wo die Frauen die nationale Sache auf sich bezogen und ebenfalls auf die Barrikaden gingen, fanden sie kaum noch ein Echo und Unterstützung bei den Demokraten und Linken ihrer Zeit. Die Germanistin Renate Möhrmann, die eine literatursoziologische Untersuchung über die literarischen Emanzipationsversuche von Frauen im Vormärz erarbeitete, schreibt:

> »Dieselben Männer, welche die Befreiung des vierten Standes, der Leibeigenen und der Juden proklamieren, die gegen jede Art der Unterdrückung wettern und als Advokaten der Menschlichkeit auftreten, die sich wie Johannes Scherr Demokraten und Linke nennen, torpedieren dagegen das erste öffentliche Auftreten der Frauen lediglich mit Spott und Hohn. Wie der finsterste Reaktionär pol-

tert Scherr gegen die ‹Geschmack- und Schamlosigkeit der neuen Mütter, die ihre traditionellen Befugnisse erweitern wollen›.«

»Ihr könnt darauf schwören«, heißt es in seinen Reflexionen über das Jahr 1848, »daß das Kontingent der Weiber, welche sich unberufenerweise in die Öffentlichkeit drängen, entweder aus häßlichen und hysterischen alten Jungfern – denen es aus physiologischen Gründen verziehen sein mag – oder aus saloppen Hausfrauen und pflichtvergessenen Müttern bestehe, deren Haushaltsbücher, wenn sie überhaupt welche führen, in Unordnung, deren Stuben, Küchen, Speisekammern und Weißzeugschränke im Tohuwabohu-Zustand, deren Modistinnen-Rechnungen groß, aber unbezahlt, und deren Kinder physisch und moralisch ungewaschen sind›.«(25)

Minna Cauer stellt dazu die beiden wesentlichen Fragen, die auch einem Historiker Mitte des 20. Jahrhunderts noch einleuchten müßten:

»Zwei Fragen beherrschen aber von nun an die Darlegungen, welche ich hier zu geben habe: Wenn das deutsche Bürgertum um die Schöpfung eines Rechtsstaates rang, warum vergaß man dabei die Frauen und die arbeitende Klasse? Diese Frage kann nur durch die Anklage beantwortet werden, daß das deutsche Bürgertum seine Pflicht nicht erfüllt hat . . .«(26)

Eine spätere Autorin, Gisela von Streitberg, bilanzierte das zweite große nationale Ereignis des 19. Jahrhunderts, die Reichsgründung, ebenfalls negativ:

»Was haben die Frauen durch die Herstellung des einigen Deutschen Reiches gewonnen? Für ihr Geschlecht absolut nichts. Die soziale Stellung des Weibes ist seither unverändert geblieben; die Frauen zählen nicht mit, ihre Interessen fallen immer zuletzt in die Waagschale, denn sie sind Staatsuntertanen und Menschen zweiter Güte.«(27)

Golo Mann bemerkt über Bismarck:

»Immer bewahrte er sich seine persönliche Sphäre trotz der öffentlichen; ein gemütliches Familienleben.«

Gemütlich und unüberbietbar patriarchalisch.

Im Brief eines deutschen Staatsmannes an seine Schwester heißt es:

> »Einen feierlichen Gratulationsbrief schreibe ich Dir zu Deinem, wie mich dünkt, 24. Geburtstag. Du bist nun majorenn oder würdest es doch sein, wenn Du nicht das Unglück hättest, dem weiblichen Geschlecht anzugehören, dessen Glieder nach Ansicht der Juristen selbst dann nicht, wenn sie Mütter der dicksten Hänse sind, aus der Minderjährigkeit heraustreten. Warum dies, trotz seiner anscheinenden Ungerechtigkeit eine weise Einrichtung sei, werde ich Dir auseinandersetzen, wenn ich Dich, hoffentlich in 14 Tagen, à portée de voix humaine vor mir habe.«(28)

Der Verfasser dieses Briefes hieß Bismarck.

Neben der Gräfin Sophie von Hatzfeld ist Johanna von Bismarck die einzige deutsche Frau, die in Golo Manns Geschichte des 19. Jahrhunderts erwähnt wird. Sie wird Gemahlin tituliert. Golo Mann schreibt über Birmarcks sympathischere Seiten:

> »Schön ist sein Verhältnis zu seiner Frau, obgleich Johanna von Bismarck nicht gerade von hohem Geist gewesen zu sein scheint. Solche privaten Züge unterscheiden ihn von Napoleon, auch von Lenin, den beiden anderen politischen Giganten, mit denen er wohl verglichen wird.«(29)

Abgesehen davon, daß Lenins Verhältnis zu seiner Gefährtin Krupskaja von wesentlich anderer Qualität gewesen sein dürfte als das Bismarcks zu seiner Johanna, fragt man sich, warum die Frau von nicht zu hohem Geiste von Bismarck gewählt wurde und warum sie die einzige neben der Gräfin Hatzfeld ist, die in diesem Jahrhundert für die Geschichtsschreibung wichtig ist. Ist der Historiker legitimiert, das schöne Verhältnis eines Staatsmannes zu seiner Frau anerkennend zu registrieren, aber das recht unschöne Verhältnis zu den Frauen seines Landes zu verschweigen? In Bismarcks Regierungszeit wurden die Frauen mehr verfolgt und politisch unterdrückt als in jedem vergleichbar entwickelten Land. Die ersten Arbeiterinnenvereine, die nicht einmal Kontakte mit der Sozialdemokratischen Partei hatten, wurden brutal von der Polizei aufgelöst, obwohl ihre einzige politische Tätigkeit darin bestanden hatte, um die Zulassung der Frauen zu den Gewerbegerichten zu petitionieren.

»Bismarck hat nie das geringste zur Hebung und Umgestaltung der sozialen Lage der Frauen getan, da diese außerhalb der Sphäre seiner Beachtung lag; die Frau existiert für ihn eben nur in der einen Beziehung, in welcher sie für alle Männer ohne Unterschied existiert: als ein für den Mann geschaffenes Wesen, bestimmt, ihr Leben in dem seinigen aufgehen zu lassen.«(30)

Gisela von Streitberg war nicht die einzige, die Bismarcks Frauenverachtung scharf attackierte. Die Sozialdemokratin Johanna Loewenherz erzählt eine Anekdote über den Besuch national-liberaler Abgeordneter, die auf ihrer Pilgerfahrt zum Eisernen Kanzler ihre Ehefrauen mitgenommen hatten. Bismarck ließ die Frauen vor dem Haus warten.

»Sie besuchten im Frühjahr 1894 Bismarck in dessen Heim; der hieß sie auch blut- und eisen- und germanisch-gastfreundlich willkommen. Aber die National-Liberalen hatten ihre Frauen mitgebracht; die ließ Bismarck mit der dem Germanen von je innewohnenden Achtung vor dem Weibe – vor der Türe stehen. Ich habe nicht vernommen, daß ein Nationalliberaler sich über die Behandlung, die seiner Frau wurde, beklagt hätte. Sie fanden nichts Auffallendes darin. Und doch hätte sich vielleicht eine weniger bewohnbare Kammer gefunden, in der die Frauen rasten konnten, und ein eben überflüssiger Hausgeist hätte ihnen eine Flasche Sodawasser älteren Jahrgangs kredenzen dürfen.«(31)

Ordnet man Golo Manns Geschichte der Deutschen innerhalb der Geschichtsschreibung ein, so ist seine Art der Darstellung nicht etwa besonders misogyn im Vergleich zu anderen Historikern – es gibt keine Ausfälle gegen Frauen bei ihm wie bei den Historikern des 19. Jahrhunderts.

Der Antifeminismus der Geschichtsschreibung ist auch nicht unbedingt an das Geschlecht des Historikers gebunden, sondern an seine Identifizierung. Ein Beispiel dafür bietet Ricarda Huch, die ein klassisches Werk deutscher Geschichtsschreibung verfaßte, »Der Untergang des Römischen Reiches Deutscher Nation«, das bis zum Ende des 18. Jahrhunderts reicht.(32) Dieses Werk wollte Golo Mann mit seinen beiden Bänden bis in die Gegenwart fortsetzen. Neben den zitierten Frauen wird Ricarda Huch in der Einleitung der beiden Bände von Golo Mann erwähnt. Er bezeichnet sie in seiner bewußt altertümlich-kavalierhaften Art als »hohe Frau«. In dem Namensregister ihres Geschichtswerkes steht zwar eine Menge mehr Frauennamen, es sind jedoch hauptsächlich Gemahlinnen, die deswegen vorkommen, weil die Heirat mit ihnen die Allianz zweier Fürstentümer oder Reiche bedeutet. Der Unterschied zwischen ihrem Werk und dem Standardwerk von Johannes Haller »Die Epochen der deutschen Geschichte« in der Behandlung von Frauen läßt sich höchstens darin ausmachen, daß Haller die Kaiserin Maria Theresia gerade noch erwähnt, während Ricarda Huch sie darüber hinaus auch schildert und charakterisiert:

> »Maria Theresia, die letzte Habsburgerin, glich ihren Vorfahren weder äußerlich noch innerlich. Das Bewußtsein ihrer Stellung hatte den Quell ihrer Natur nicht eingefangen und eingedämmt: er strömte frisch und stark einen geraden Weg. Auf der Bühne der großen Welt, inmitten einer künstlich verflochtenen, verlogenen Politik, sprach sie die Sprache eines reinen und großen Herzens. Die Briefe, in denen sie ihren Feldherren Bitte oder Dank ausspricht, haben den ergreifenden Klang wahren Gefühls und sind doch voll königlicher Würde. Sie war immer zugleich ganz Mensch und ganz Herrscherin, denn auch dazu hatte die Natur sie gemacht.«(33)

Diese Schilderung wirkt im Gegensatz zu Ricarda Huchs sonstigen stilistischen Künsten reichlich platt und klischeehaft. Herrscher und Politiker sind durchweg inmitten einer künstlich verflochtenen und auch verlogenen Politik. Maria Theresia wird in dieser Darstellung nicht geschildert als eine Frau, die aufgrund ihrer weiblichen Erziehung bestimmte politische Entscheidungen vielleicht anders getroffen hat als ein Mann (und dies wäre nachzuweisen), nein, weil sie eine Frau ist, spricht sie auch gleich »die Sprache eines reinen und großen Herzens«, haben ihre Briefe »den ergreifenden Klang wahren Gefühls« und ist sie »immer zugleich ganz Mensch und ganz Herrscherin«. Ähnliches kann man auch heute in den Darstellungen über zeitgenössische Politikerin-

nen lesen, die zwar als engagiert vorgestellt werden, bei denen aber immer auch zugleich miterzählt wird, daß sie auch gute Familienmütter sind.
Vergleichen wir die Charakterisierung Maria Theresias durch Ricarda Huch mit einer Darstellung in einem Geschichtsbuch, das heute an Schulen in der Bundesrepublik verwendet wird:

> »Friedrich dem Großen war Maria Theresia vielleicht unterlegen an geistiger Kraft, nicht aber an Mut und Pflichtgefühl. Sie übertraf ihn an Rechtssinn und unverbildeter Herzensgüte. Bei aller Regierungsarbeit blieb sie Hausfrau und Mutter, die 16 Kindern das Leben schenkte, und ihrem Mann eine liebende Gattin. Sie verstand auch ihre herrscherlichen Pflichten als die einer ›ersten und allgemeinen Mutter‹ des Reiches. Friedrich der Große, den die Kaiserin zeitlebens als Rechtsbrecher und Räuber haßte, bekannte von ihr: Sie hat dem Thron Ehre gemacht und ihrem Geschlecht!«(34)

Bei Ricarda Huch ist es die Doppelrolle Mensch und Herrscherin, in der Schulbuchdarstellung ist es die Mutter und Herrscherin – so wird die Doppelrolle zur wichtigsten historischen Eigenschaft der Frau.
Ricarda Huch war eine der ersten deutschen Frauen, die studierten und promovierten (1892 in Zürich). Trotzdem war sie keine Kämpferin für Frauenrechte. Sie hatte ein faszinierendes Talent, Geschichte zu erzählen, aber sie tat es ausschließlich aus der Perspektive eines Mannes. Diese Perspektive galt ja in der Geschichtsschreibung ihrer Zeit nicht als männlich, sondern als alleingültig und objektiv. Die kognitive Dissonanz, der Widerspruch zwischen der Tatsache, daß sie selbst eine Frau war und daher in einer historisch geformten sozialen Rolle, die es fast unmöglich machte, Geschichte selbst aktiv zu gestalten, löste sie durch eine männliche Identifizierung, die ausgesprochen aristokratische Züge trug. Diese Identifizierung mit einem aristokratischen Männlichkeitsideal kommt auch in einem Sonett zum Ausdruck, das von männlichen Bildern und Sehnsüchten voll ist.

»Zum Ungeheuren möcht' ich mich ermannen!
Wo ist ein Wirrsal, das noch nicht geschlichtet?
Ein Wahn, den kein Jahrhundert noch vernichtet?
Ein Preis, den keine Streiter noch gewannen?

Der Augenblick gebar mich; die Minute
Rafft mich dahin nach schnell durchträumten Stunden.
Empfinden will ich mich, sei's auch an Wunden!

Fühl' ich mich doch, indem ich mich verblute!
Nicht träg im Nest – wenn sie zur Sonne dringen,
Dann erst verspürt der Adler seine Schwingen.«(35)

»Frauen werden selten im Kampf für irgend etwas dargestellt; ihre Rechte werden ihnen ›gegeben‹.« Das ist der Kernsatz einer Studie von Janice Law Trecker über die Behandlung von Frauen in den amerikanischen Geschichtsbüchern für höhere Schulen.(36) Da Schulbücher im allgemeinen nur der pädagogisch aufbereitete Zweitaufguß der allgemeinen Historiographie sind, überrascht ein solches Ergebnis nicht sonderlich, denn auch in die amerikanische Geschichtsschreibung ist die Frau nicht integriert. Die historischen Darstellungen des Landes, an dessen Nationwerdung Frauen einen so maßgeblichen Anteil hatten, in dem es wie in keinem europäischen Lande eine in der Organisation und den Zahlen starke feministische Bewegung in der zweiten Hälfte des 19. Jahrhunderts gab, widmen den Frauen nicht viel mehr als Randglossen und Fußnoten.

Die Erkenntnis dieses Mangels und die Kritik daran sind alt, und sie wurden nicht nur von Frauen geäußert. Arthur M. Schlesinger, ein zu seiner Zeit bekannter Harvard-Professor, hat bereits 1922 dafür plädiert, die amerikanische Geschichte neu zu schreiben, um der Rolle der Frauen den ihr gebührenden Platz einzuräumen.(37) Wenige Jahre danach sollte er dazu selbst die Gelegenheit haben: Er zeichnet zusammen mit Dixon Ryan Fox verantwortlich für das prätentiöse zwölfbändige Werk »A History of American Life«, das zwischen 1927 und 1948 erschienen ist. Zudem hat er einen der beiden für die Beurteilung der Frauenfrage in Amerika entscheidenden Bände selbst verfaßt, nämlich den zehnten Band

»The Rise of the American City«, der 1933 zum erstenmal publiziert wurde.
Auf den ersten Blick scheint es, als hätte er seinen eigenen kritischen Erkenntnissen Rechnung getragen: Er beschäftigt sich in einem eigenen Kapitel mit der amerikanischen Frau (The American Woman). Auch gibt es eine Reihe von Passagen in den anderen Kapiteln, die sich mit der Erziehung der Frau, Frauenzeitschriften und ähnlichen Themen befassen. Man kann so dem Buch eine ganze Reihe von wirklich interessanten Informationen über das Leben der Frau und ihre Existenzbedingungen im Amerika der zweiten Hälfte des 19. Jahrhunderts entnehmen, die das Werk positiv von seinen deutschen Vergleichsstücken unterscheiden. Schaut man jedoch genau hin, dann kommt man bald zu dem Urteil, daß Schlesinger seinen Ansprüchen von 1922 in diesem Werk nur unzureichend gerecht wird. In dem schon erwähnten Kapitel finden sich zum Beispiel Passagen über amerikanische Rauchgewohnheiten, in denen natürlich ausschließlich von Männern die Rede ist, daneben auch relativ ausführliche Aussagen über Hausbau und Hauseinrichtung, über den Genuß von Süßigkeiten und Kaugummi und ähnliches. Dies alles wird also unausgesprochen der Welt der Frau zugeordnet, während der Atem der Weltgeschichte (die Kriege, die nationalökonomische Entwicklung usw.) in der Welt der Männer weht. Im Grunde steht dieses Kapitel in der historiographischen Tradition der kulturhistorischen Blinddärme zur allgemeinen Geschichtsschreibung, wenn man auch konzedieren muß, daß der Rolle der Frau, gemessen an Vergleichswerken, ein größerer Rang eingeräumt wird.
In einigen Passagen seines Buches wird besonders deutlich, daß er sich im Grunde nicht über den Bewußtseinsstand seiner Kollegen erhoben hat. In dem Schlußkapitel „Fin de siècle« handelt er über die sogenannte Nationalkrankheit der Amerikaner, die Neurasthenie, die in dieser Zeit, um die Jahrhundertwende, aufkam. Daß Frauen von solchen Nerven- und Geisteskrankheiten besonders stark betroffen waren, ist für ihn »zweifellos der Preis, den sie für ihre ständig wachsende Beteiligung an Aktivitäten außerhalb des Hauses zu zahlen hatten«. Es ist wohl keine Unterstellung, wenn man aus dieser Passage herausliest, daß Frauen von diesen

Leiden verschont geblieben wären, wenn sie, wie in den Jahrhunderten zuvor, das Haus gehütet hätten. Er schließt nämlich gleich an:

»Alte Vorstellungen familiärer Integrität wurden heftig erschüttert durch die zentrifugalen Kräfte, die zu Hause am Werk waren. Äußere Institutionen übernahmen eine immer größere Verantwortung für das Wohlergehen der Stadtkinder, und die Nation war vom Ansteigen der Scheidungsrate aufgeschreckt. Jedoch kann keine endliche Intelligenz wissen, ob selbst solche Veränderungen einen Anstieg oder einen Abfall in den allgemeinen ethischen Normen bedeuten.«(38)

An anderer Stelle äußert er sich noch moralisierender über die Zunahme der Scheidungen. Im Zusammenhang mit dem liberalen Scheidungsrecht in Nevada, Wyoming und den beiden Dakota sagt er:

»Die Früchte dieses Systems waren skandalös und demoralisierend.«(39)

So urteilt ein Historiker in Kenntnis der wahren Gründe, denn nur eine Seite weiter sagt Schlesinger:

»Da zweimal soviel Scheidungen in der Periode von 1878 bis 1898 auf Grund der Beschwerde der Frau als der des Mannes gewährt wurden, ist es wahrscheinlich, daß der Anstieg teilweise einen größeren Selbstrespekt der Frauen widerspiegelt sowie eine Nichtbereitschaft, sich mit Verhältnissen abzufinden, die ihre Mütter noch in Stille erduldet haben würden.«

Hier finden sich also unter dem Mantel scheinbar größerer Objektivität und der Bereitschaft, ausführlicher auf die Geschichte der Frauen einzugehen, die uralten sexistischen Kausalketten, mit denen versucht wird, die Emanzipation der Frauen durch das Einimpfen von Schuldgefühlen zu tabuisieren.

In dem anderen Band dieses Werkes, in dem man eine ausführliche Würdigung der sozialreformerischen Ideen und Projekte der amerikanischen Frauenbewegung erwarten müßte, kommen die Frauen noch schlechter weg. In Allan Nevins »The Emergence of Modern America«, das die Zeit von 1865 bis 1878 behandelt, gibt es nicht einmal ein eigenes

Kapitel über die Frau wie bei Schlesinger, sondern lediglich eine Reihe disparater, eher marginaler Erwähnungen, die die Frau letztendlich nur als eine Arabeske in der menschlichen Geschichte erscheinen lassen. Besonders deutlich wird dies in ihrer Erwähnung im Kapitel »Recovery in South and West«, wo es zum Beispiel heißt:

> »Die Freiheit des Westens bot den Frauen neue Karrieren und breitere Betätigungsmöglichkeiten, und weil sie so dringend benötigt wurden, erreichten sie eine neue Würde auf der sozialen Leiter.«

Frauen waren also ein kostbares Handelsgut.

> »So groß war die Nachfrage (englisch: demand) nach einem weiblichen Element im pazifischen Nordwesten, daß eine ganze Schiffsladung von Frauen von New York aus gesendet wurde . . .«(40)

Das sagt ein Autor, der sich an anderer Stelle durchaus die Freiheit nimmt, ethisch-moralische Werturteile zu historischen Vorgängen abzugeben. Hier hält er das anscheinend nicht für nötig. So wenig wie in der unmittelbar folgenden Passage, wo er einen nicht genannten Autor zitierend zur Stellung der Frau im Westen folgendes ausführt:

> »Frauen waren ›Objekte einer Art von rauher, wilder Verehrung‹ und wurden nicht einfach als den Männern gleichberechtigt, sondern ›als eine fremdartige und kostbare Schöpfung‹ behandelt, deren Launen Gesetz zu sein hatten.«

Hier wird die Rolle der Frau als Kultobjekt und als kostbarer Wertgegenstand, ihre Behandlung nicht als Subjekt der Geschichte, sondern als Handelsware, die ihren Wert aus ihrer Rarität im Wilden Westen erhält, als etwas dargestellt, das im Grunde wertvoller ist als die Gleichheit mit dem Manne.

Werden die Frauen in einem so relativ umfangreichen Geschichtswerk schon so stiefmütterlich behandelt, dann wundert es nicht, wenn ihre Rolle in kurz gefaßten Darstellungen zum reinen Schattendasein verkümmert. Wie zum Beispiel in der viel gelesenen »The Pocket History of the United States«, die vom gleichen Autor Allan Nevins zusammen mit Henry Steele Commager geschrieben wurde und auch ins

Deutsche übersetzt ist. Zwei Sätze mögen den Geist dieser Geschichtsschreibung hinreichend charakterisieren:

> »Diese letzte ›Grenze‹ war, wie frühere Grenzen, entschieden demokratisch. Die meisten der neuen Gemeinden führten irgendeine Form von Frauenstimmrecht ein – . . .«

Entschiedene Demokratie zeichnet sich also nicht dadurch aus, daß man schlicht den Frauen das gleiche Stimmrecht wie den Männern gibt, es genügt nach Nevins/Commager bereits »irgendein« Frauenstimmrecht. Die Reihe ließe sich natürlich fortsetzen. Erwähnt sei nur noch das von Aileen S. Kraditor zitierte Beispiel, das Ralph Gabriel in seinem »The Course of American Democratic Thought« die amerikanische Frauenrechtsbewegung überhaupt nicht erwähnt, woraus sie »sarkastisch« schlußfolgert:

> »Der siebzigjährige Kampf für das Frauenstimmrecht hat augenscheinlich nichts zur Entwicklung des amerikanischen Demokratiegedankens beigetragen.«(41)

Der circulus vitiosus schließt sich dann in den Schulbüchern. Das, was Janice Trecker über das Frauenstudium sagt, trifft auch auf die allgemeine Geschichtsschreibung zu:

> »Die Tatsachen, daß Frauen ihren Weg in die Colleges und Universitäten buchstäblich erkämpfen mußten, daß ihre Zulassung erst der Agitation durch entschlossene Studierwillige folgte und daß sie gegenüber männlichen Studenten sogar an solchen Pioniereinrichtungen wie Oberlin als zweitrangig behandelt wurden, werden nie erwähnt.«(42)

So wird denn durch die Schulbücher dafür Sorge getragen, daß das tradierte Bild der Frau in der Geschichte auch ja der nächsten Generation in gleicher Weise vermittelt wird:

> »Sogar in der Diskussion von Reformbewegungen, der Abschaffung der Sklaverei, der Arbeitsfrage – Gebiete, auf denen es scharf ausgeprägte und fähige weibliche Führer gab – werden ausschließlich Männer zitiert. Sogar solche Themen wie das Leben der Grenzlandfrauen werden in den Erinnerungen von Männern geschildert. Falls sie überhaupt erfaßt werden, werden die Profile und Kurzbiographien von Frauen in gesonderten Abschnitten

eingeführt, getrennt vom Hauptteil des Textes. Obwohl dies einfach eine Folge von Bemühungen sein mag, den Text auf den neuesten Stand zu bringen, ohne das Buch neu zu setzen, trägt dies doch zur Verstärkung der Vorstellung bei, erwähnenswerte Frauen seien letzten Endes fakultativ und eine Ergänzung.«(43)

Auch die Geschichtsschreibung anderer europäischer Länder ist in ihrer Ignoranz gegenüber der Rolle der Frauen keineswegs besser.
In dem zehnbändigen Standardwerk französischer Geschichte von Ernest Lavisse(44) werden weder der Frauenmarsch nach Versailles noch das Bürgerinnenmanifest der Olympe de Gouges einer einzigen Erwähnung für würdig befunden. Es ist jedoch bezeichnend, daß er im Zusammenhang mit verschiedenen Verfassungsprojekten von allgemeinem Wahlrecht spricht, wo es lediglich um das allgemeine Wahlrecht der Männer ging. Charlotte Corday, die Mörderin des Revolutionstyrannen Marat, wird natürlich erwähnt, aber mit keinem Satz, nicht mit einem einzigen Adjektiv wird versucht, sie zu charakterisieren. Madame Roland ergeht es nicht viel besser: Ein wörtliches Zitat aus einem Brief vom 20. Oktober 1789 mit einer klugen Einschätzung der politischen Lage, dahingehend, daß die Aristokraten keineswegs besiegt seien. Sodann die Erwähnung, daß Buzot ihr »intimer und platonischer Freund« war, und schließlich die Nachricht von ihrer Enthauptung, das ist schon fast alles über sie. Frauen als handelnde Persönlichkeiten kommen nach Lavisse in der Französischen Revolution nicht vor.
Eine der weitest verbreiteten Darstellungen der französischen Geschichte ist die »Histoire sincère de la nation française« von Charles Seignobos, die in Frankreich mehrere Auflagen erlebt hat und auch ins Deutsche übersetzt worden ist. Welches Frauenbild hier vermittelt wird, mag das folgende Zitat zeigen, das sich mit der Galanterie des höfischen Lebens seit dem 12. Jahrhundert beschäftigt.

»Der Mann begegnet der Dame wie einem höheren Wesen, er erweist ihr alle Zeichen von Ehrerbietung, küßt ihre Hand, verbeugt sich, überläßt ihr den Ehrenplatz und gewährt ihr in Gesellschaft den Vortritt.

Dieses Verhältnis änderte von Grund auf die Beziehung zwischen den Geschlechtern, die früher überall auf dem Vorrang des Mannes und der Zurücksetzung der Frau aufgebaut war. Nun ward der Frau dank einer gewissen Selbstsicherheit, die ihr die gleichgestellte Teilnahme an Gesprächen und Vergnügen gewährte, tätige Mitwirkung in der Gesellschaft ermöglicht. Der Mann gewöhnte sich, der Frau Rücksicht entgegenzubringen, zunächst den Damen des Hofes, allmählich auch den Frauen der Edelleute und zuletzt den bürgerlichen Frauen.

Diese Umwälzung der Sitten, die von der Literatur ihren Ausgang nahm, bewirkte schließlich die Hebung der gesellschaftlichen Stellung der Frau, zumindest in den bevorrechteten Ständen. Damit nahm das europäische Gesellschaftsleben eine besondere Note an, die sonst überall fehlt, und vielleicht dazu beitrug, den sozialen Fortschritt zu beschleunigen.«(45)

Hier wird fast der Eindruck erweckt, als sei die Emanzipation der Frau bereits im Mittelalter abgeschlossen. Von den späteren Emanzipationsbestrebungen im Zusammenhang mit der Französischen Revolution und im 19. Jahrhundert ist daher bei Seignobos konsequenterweise auch nicht mehr die Rede. Wie sehr dieser Autor dichotome Geschlechtsstereotype geradezu bis ins Unerträgliche steigert, zeigt das folgende Zitat besonders deutlich:

»Die Frömmigkeit steigerte sich in langen Gebeten, im Sinnen über religiöse Fragen bisweilen bis zur Verzückung. Die Frau brachte in das religiöse Leben des französischen Volkes jene Atmosphäre von Liebe, die den französischen Katholizismus mit einem Hauch von Süße und Zartheit überspann. Dies entsprach weit mehr dem Empfinden einfacher Menschen als die Herbheit der mittelalterlichen Religion.

Aus dem religiösen Leben des Mannes wurde das harte Wesen nicht ausgewischt; er blieb auch weiter bei den alten Bräuchen der Kasteiung, des Fastens, des härenen Hemdes und der Geißelung, der sogenannten ›Disziplin‹, wie auch gewisse Mönchsklöster daran festhielten.«(46)

Es ist klar, daß in einer solchen Geschichtsschreibung Frauen nur als erleidende Subjekte männlicher Tatkraft einen Platz haben. Die »Republikanerinnen-Clubs« der Französischen Revolution, geführt und organisiert von der couragierten Rose Lacombe und der Holländerin Etta Palm d'Aelders, fielen ebenso wie die »Amazonen-Legionen« dieser Zeit »einem totalen Vergessen« anheim. Auch die Beteiligung französischer Frauen an der 48er Revolution und ihre Forderungen, ihre Bemühungen, Lebensmittelgenossenschaften zu gründen, ihr zweiseitiger Kampf gegen die bürgerliche Reaktion und den Antifeminismus der Proletarierorganisationen, die von Proud'hon beeinflußt waren, und ihre militärische Beteiligung am Aufstand der Pariser Kommune von 1871, die ihnen den Namen »Pétroleuses« eintrug, sind in der offiziellen Geschichtsschreibung nicht zu finden.(47)
Quellenaufarbeitung über weibliche Geschichte wurde von den Historikern in allen Ländern vernachlässigt, zum Teil systematisch unterdrückt. So scheint denn die nationale Geschichtsschreibung hauptsächlich eine Veranstaltung zur Unterschlagung des weiblichen Beitrags zur Entwicklung der Völker zu sein. Dieses Totschweigen ist die elegantere Methode, verglichen mit Nietzsches Offenheit:

> »Es verräth Corruption der Instinkte – noch abgesehen davon, daß es schlechten Geschmack verräth –, wenn ein Weib sich gerade auf Madame Roland oder Madame de Stael oder Monsieur George Sand beruft, wie als ob damit etwas zugunsten des ›Weibes an sich‹ bewiesen wäre. Unter Männern sind die Genannten die drei *komischen* Weiber an sich – nichts mehr! – und gerade die besten freiwilligen *Gegen-Argumente* gegen Emancipation und weibliche Selbstherrlichkeit.«(48)

Sie gründet sich jedoch auf die gleiche Einstellung zur Frau: Verachtung.

3. Kapitel

Große Männer — namenlose Frauen
Die politischen Folgen einer Unterschlagung

> Die Art des geschichtlichen Denkens, die mir so in der Schule beigebracht wurde, hat mich in der Folgezeit nicht mehr verlassen. Weltgeschichte ward mir immer mehr zu einem unerschöpflichen Quell des Verständnisses für das geschichtliche Handeln der Gegenwart, also für Politik.
> *Adolf Hitler*

> »In der Tat ist die Gestalt der Weltgeschichte ein ungeprüfter geistiger Besitz, der sich, auch unter Historikern von Beruf, von Generation zu Generation vererbt und dem ein kleiner Teil der Skepsis, welche seit Galilei das uns angeborene Naturbild zergliedert und vertieft hat, sehr not täte.«(1)

Nichts hat dem deutschen Geschichtsphilosophen Oswald Spengler ferner gelegen, als bei dieser Bemerkung an die unterdrückte Geschichte der Frauen zu denken, denn er war der Meinung, sie hätten keine.

> »Wenn eine Zivilisation sich um jeden bewußten Kontakt mit ihrer Geschichte brächte, so würde sie nicht lange heil bestehen«,

meint Golo Mann. Daß er wie fast jeder Historiker die Hälfte seiner Mitmenschen um jeden bewußten Kontakt mit ihrer Geschichte bringt, mag ihm nicht einmal bewußt gewesen sein. Ein deutscher Philosoph, Georg Simmel, dessen Frau Gertrude Simmel in der bürgerlichen Frauenbewegung mitwirkte, philosophierte 1919 über »Das Relative und das Absolute im Geschlechterproblem«:

> »Von jeher hat jede auf subjektiver Übergewalt beruhende Herrschaft es sich angelegen sein lassen, sich eine objektive Begründung zu geben, das heißt: Macht in Recht zu transformieren. Die Geschichte der Politik, des Priestertums, der Wirtschaftsverfassungen, des Familienrechts ist voll von Beispielen ... Nach dieser Analogie und oft in eben

diesem Zusammenhang entwickelt sich die psychologische Superiorität, die das Herrschaftsverhältnis zwischen Männern und Frauen den männlichen Wesensäußerungen verschafft, sozusagen in eine logische; diese verlangen normative Bedeutung darauf hin, daß sie die sachliche, für alle, ob männliche, ob weibliche Individuen gleichmäßig gültige Wahrheit und Richtigkeit offenbaren.«(2)

Auch die moderne Geschichtsschreibung entwickelt nichts anderes als die Perspektive eines Herrenabends. Die Geschichte der Frau wird ignoriert. Sie wird ausgeschaltet aus der geschichtlichen Überlieferung, indem man sie totschweigt, indem man sie im wahrsten Sinne des Wortes nicht vorkommen läßt. Dieses Mittel des Aussparens und der Auslassung des sozialen und politischen Schicksals der Hälfte der Menschheit ist die wirksamste Form der Herrschaft überhaupt. Lange Zeit galt dies in der Geschichtsschreibung auch für die unteren, die ärmsten sozialen Schichten, ob es nun die Plebejer von Rom, die leibeigenen Bauern oder die Proletarier des beginnenden 19. Jahrhunderts waren. Geschichte jedoch läßt sich nicht schreiben, ohne auf die Klassengegensätze einzugehen, denn sie haben zu unübersehbaren Konflikten in der Geschichte geführt; man kann die Geschichte der Bauernkriege zwar von einer Herrschaftsperspektive aus schreiben, man kann jedoch nicht verleugnen, daß die Bauern aufrührerisch waren und rebellierten. Anders ist es mit der Geschichte der Frauen. Ihr Widerstandskampf kann verschwiegen werden, ausgelöscht, als ob er nie existiert hätte. Das liegt daran, daß der Kampf der Geschlechter als eine natürliche Gegebenheit angesehen wird. Es mag auch darin begründet sein, daß Gewalt nie von Frauen gegen Männer ausgeübt wurde, daß es keine bewaffneten Auseinandersetzungen zwischen ihnen gab – höchstens im Mythos der Amazonenkämpfe.

Geschichtsschreibung dient der Selbstfeier des Mannes, sie ist die Aufzeichnung seiner Taten und die Verherrlichung maskuliner Werte. Sie ist der große Tank, aus dem die männliche Identität gezapft wird, und dient der Mythologisierung großer Männer. Das Bild, das von ihnen entsteht, ist eine

Komposition, die auf die psychologischen Bedürfnisse der männlichen Geschichtskonsumenten zugeschnitten ist. Jacob Burckhardt meinte, daß nicht die Historiker allein darüber bestimmten, wer wirklich der große Mann seiner Zeit war.

> »Die wirkliche Größe ist ein Mysterium. Das Prädikat wird weit mehr nach einem dunklen Gefühle als nach eigentlichen Urteilen aus den Akten erteilt oder versagt; auch sind es gar nicht die Leute vom Fach allein, die es erteilten, sondern ein tatsächliches Übereinkommen vieler.«

Wer ist ein großer Mann?

> »Ein solcher, ohne welchen die Welt uns unvollständig schiene‹?(3)

Die Welt muß danach für die meisten Menschen, die Analphabeten waren oder es heute noch sind, die Menschen des Mittelalters, die häufig nicht einmal wußten, wer gerade regierte, unvollständig gewesen sein. Statt die Größe zu relativieren und abzubauen, wird sie von der Geschichtsschreibung erst hergestellt. Obwohl Geschichte auch von bürgerlichen Historikern nicht mehr so ungebrochen, wie noch Burckhardt es tat, als Geschichte der großen Persönlichkeiten und Kriegshandlungen dargestellt wird, ist das grundlegende Zeremoniell erhalten geblieben: Geschichte als die Verneigung von Männern voreinander.
Nach der Ansicht der meisten Geschichtsphilosophen und Historiker des 19. und des beginnenden 20. Jahrhunderts besitzt nur der Mann geschichtliche Eigenschaften. Die Historie ist nach Nietzsches Definition »die Wissenschaft vom universalen Werden«. Frauen nehmen daran nicht teil, sie beeinflussen die Geschichte nur atmosphärisch, wenn sie darüber hinausgehen, wird es von der Geschichtsschreibung verurteilt. Die preußische Königin Luise, die dem Kriegsherrn Napoleon gegenüber ihre weiblichen Reize einsetzte, um ihm einige Zugeständnisse gegenüber dem besiegten Preußen abzuringen, wird dementsprechend von den Historikern ausführlich gewürdigt und zur Legende verklärt. In einer Festrede, welche Theodor Mommsen in der Berliner Akademie der Wissenschaften am 23. März 1876 zum Andenken an den hundertjährigen Geburtstag der Königin hielt, findet sich folgende Stelle:

»Von ihr wurde es gefordert, daß sie jenen Mann, den Besieger ihres Volkes, den Lästerer ihrer Ehe durch den Zauber ihrer Persönlichkeit bezwinge und ihm einige Milderung gegen das damals wehrlos ihm preisgegebene Preußen abgewinne ... Luise hielt es für ihre Pflicht der Königin, auch das zu opfern, was eine Frau nicht opfern kann und darf, und mit diesem Versuch steht sie in der Geschichte jener Jahre verzeichnet. Sie hat nicht mitregiert. Nicht ihre Taten haben ihr Gedächtnis in dem Herzen des Volkes gestiftet, sondern ihr Wesen und Sinn und, man kann hinzufügen, ihr Lieben und Leiden.«(4)

Mommsen porträtierte die preußische Königin im Stil eines Frauenromans à la Hedwig Courths-Mahler. Durch Lieben und Leiden und Selbstopfer kann es die Frau zu einem Stehplatz auf den hintersten Rängen der Geschichte bringen, bleibt aber an ihr der Schimmer eines Makels, aktiv in Regierungsgeschäfte eingegriffen zu haben, wird sie gewöhnlich abqualifiziert. Die preußische Königin, das verschwieg Mommsen natürlich, hätte kaum die Möglichkeit gehabt, politisch zu wirken, da ihre Schulbildung ebenso zu kurz gekommen war wie die der meisten Frauen ihrer Zeit. Die Spielregeln der Politik, die elementaren Grundlagen der Regierungsgeschäfte, waren ihr ebenso wenig geläufig wie historische Ereignisse oder Fremdwörter:

»Kindlich fragt sie in ihrem Briefwechsel den alten Freund, Kriegsrat Scheffner, was man eigentlich unter ›Hierarchie‹ verstehe, und wann die ›griechischen Unruhen und Punischen Kriege‹ gewesen seien; ›frägt man aber nicht‹, so fährt sie fort, ›und schämt sich seiner Einfalt gegen jeden, so bleibt man immer dumm, und ich hasse entsetzlich die Dummheit‹.«(5)

Unterschlagung oder Übergehung des weiblichen Anteils an der Geschichte ist die erfolgreichste Praxis der heutigen Geschichtsschreibung, die Frauenfrage zu behandeln. Die andere Möglichkeit besteht darin, Emanzipationsbewegungen von Frauen zu diffamieren. Wenn sie in einer Epoche nach Rechten verlangen, beginnt der Untergang des Staates. Theodor Mommsen, der 1902 für sein Werk »Römische Geschichte« den Nobelpreis für Literatur erhielt, war der Auffassung, daß das Hauswesen in Rom mit der Allmacht des Hausvaters der Höhepunkt der Entwicklung des Familienrechts gewesen sei.

> »Keines kommt dem römischen gleich an schlichter, aber unerbittlicher Durchführung der von der Natur selbst vorgezeichneten Rechtsverhältnisse.«(6)

Der Untergang Roms beginnt mit der zunehmenden Selbständigkeit der Frauen.

> »Es beginnt ferner die Emanzipation der Frauen. Nach alter Sitte stand die verheiratete Frau von Rechts wegen unter der eheherrlichen, mit der väterlichen gleichstehenden Gewalt, die unverheiratete unter der Vormundschaft ihrer nächsten männlichen Agnaten, die der väterlichen Gewalt wenig nachgab; eigenes Vermögen hatte die Ehefrau nicht, die vaterlose Jungfrau und die Witwe wenigstens nicht dessen Verwaltung. Aber jetzt fingen die Frauen an, nach vermögensrechtlicher Selbständigkeit zu streben und teils auf Advokatenschleichwegen, namentlich durch Scheinehen, sich der agnatischen Vormundschaft entledigend die Verwaltung ihres Vermögens selbst in die Hand zu nehmen, teils bei der Verheiratung sich auf nicht viel bessere Weise der nach der Strenge des Rechts notwendigen eheherrlichen Gewalt zu entziehen ... Aber auch in öffentlichen Dingen fingen die Frauen schon an, einen Willen zu haben und gelegentlich, wie Cato meinte, ›die Herrscher der Welt zu beherrschen‹; in der Bürgerschaftsversammlung war ihr Einfluß zu spüren, ja es erhoben sich bereits in den Provinzen Statuen römischer Damen. Die Üppigkeit stieg in Tracht, Schmuck und Gerät, in den Bauten und in der Tafel; namentlich seit der Expedition nach Kleinasien im Jahre 190 trug der asiatisch-hellenische Luxus, wie er in Ephesos und Alexandreia herrschte, sein leeres Raffinement und seine geld-, tag- und freudenverderbende Kleinkrämerei über nach Rom. Auch hier waren die Frauen voran ...«(7)

Luxus, Wohlleben, Üppigkeit, Verweichlichung, das alles führt dazu, daß Frauen die überlieferte Rolle als Sklavin leicht umgehen können. Ähnlich wie Mommsen interpretierte auch der italienische »Marx der Bourgeoisie«, der Soziologe Vilfredo Pareto, das Auftauchen von Frauenbewegungen, die er mit dem Erscheinen von Reichtum gleichsetzte:

»Bei den sehr armen Völkern wird die Frau mit weniger Rücksichtnahme behandelt als die Haustiere; bei den zivilisierten Völkern (vor allem bei der sehr reichen Bevölkerung der Vereinigten Staaten von Amerika) ist sie ein Luxusobjekt geworden, das konsumiert, ohne zu produzieren. Dafür, daß so etwas möglich ist, muß der Reichtum des Landes offensichtlich sehr groß sein. Diese Lebensbedingungen der Frau beeinflussen sofort die Sitten. Der Feminismus ist eine Krankheit, die nur bei einem reichen Volk auftreten kann oder bei dem reichen Teil eines armen Volkes. Mit der Vermehrung des Reichtums im antiken Rom vermehrte sich auch die Verderbtheit des Frauenlebens. Wenn bestimmte moderne Frauen nicht das nötige Geld hätten, ihren Müßiggang und ihre Lüsternheit zur Schau zu stellen, wären die Gynäkologen weniger beschäftigt.«(8)

Tauchen Frauen in der Geschichte auf, die politische Absichten haben, wird ihnen von der Geschichtsschreibung gewöhnlich der Schwarze Peter an allen schlimmen Entwicklungen zugeschoben. Der christliche Historiker Arnold J. Toynbee schreibt in seiner Universalgeschichte:

»Im Heldenzeitalter pflegen die großen Katastrophen Frauenwerk zu sein, sogar wenn die Rolle der Frauen angeblich passiv ist ... Allgemeiner: Die Frauen sind offenkundig die Unheilstifter, deren Boshaftigkeit die Helden antreibt, sich gegenseitig zu erschlagen. Der legendäre Streit zwischen Brunhild und Krimhild, der schließlich in das Blutbad in Etzels Donauhalle auslief, ist aus einem Stück mit den authentischen Vorfällen des Streites zwischen der historischen Brunhild und ihrer Feindin Fredegundis, der dem merowingischen Nachfolgestaat des Römischen Reiches vierzig Jahre Bürgerkrieg kostete.«

Das Heldenzeitalter ist nach Toynbees Sicht jeweils ein Interregnum zwischen einem primitiven sozialen Zustand und einer neu entstehenden Kultur oder höheren Religion.

»In dieser vorübergehenden Lage wird ein sozialer Leerraum durch einen so absoluten Individualismus ausgehöhlt, daß er die inneren Unterschiede zwischen den Geschlechtern überfährt. Es ist bemerkenswert, diesen ungezügelten Individualismus Früchte tragen zu sehen, die kaum sich unterscheiden von jenen eines doktrinären Feminismus, der völlig jenseits der emotionalen Reichweite und des intellektuellen Horizontes der Frauen und Männer solcher Perioden gelegen ist.«

Toynbees Urteil über den unheilvollen Einfluß von Frauen, den er mit den Namen Brunhild und Fredegundis belegt, stützt sich auf ein geringes fragmentarisches Wissen über diese beiden Frauen und ihre Motive. Willkürlich würfelt er Mythos und Geschichte durcheinander. Nach ihm

»darf man glauben, daß die Brandschatzung Trojas durch die Befriedigung von des Paris Gelüst nach Helena war heraufbeschworen«.(9)

Da nach Toynbee die großen Katastrophen Frauenwerk sind, wird auch gleich die Gefahr, die durch Frauenbewegungen entsteht, in Vergleich dazu gesetzt. Katastrophen wie ein vierzigjähriger Bürgerkrieg ereignen sich also dann, wenn die inneren Unterschiede zwischen den Geschlechtern sich verwischen.

Nicht durch ihre Taten und Auffassungen sollen Frauen Einfluß nehmen, sondern durch ihre weibliche Ausstrahlung, so hat es der Spanier José Ortega y Gasset formuliert, der über den Einfluß der Frau auf die Geschichte einen Essay schrieb:

»Unglaublicherweise sind manche Leute blind genug, um zu meinen, die Frau könne durch Wahlrecht und Doktorgrad auf die Weltgeschichte ebenso nachhaltig einwirken, wie sie es vermöge jener magischen Kraft der Bezauberung bereits tut.«(10)

Der Einfluß von Frauen auf die Geschichte ist jedoch auch dann verderblich, wenn sie sich innerhalb der weiblichen Rolle bewegen. Die typisch weibliche Liebe zum Frieden kann bedeutende Männer daran hindern, weltgeschichtliche Taten zu begehen. In diesem Sinn verdächtigt Bismarck immer wieder Hofdamen, besonders aber die Königin, daß sie ihn beinahe darum gebracht hätten, seinen großen reichseinigenden Krieg gegen Frankreich zu führen. In seinen Erinnerungen schreibt Bismarck über den Monarchen:

»Er war 73 Jahre alt, friedliebend und abgeneigt, die Lorbeeren von 1866 in einem neuen Kampfe auf das Spiel zu setzen; aber wenn er vom weiblichen Einflusse frei war, so blieb das Ehrgefühl des Erben Friedrichs des Großen und des preußischen Offiziers in ihm stets leitend.«

Er verdächtigte die Frau seines Königs »mit ihrer weiblich berechtigten Furchtsamkeit und ihrem Mangel an Nationalgefühl«, den König gegen eine Kriegserklärung an Frankreich zu beeinflussen.

»Man hat mir erzählt, daß die Königin Augusta ihren Gemahl vor seiner Abreise von Ems nach Berlin in Tränen beschworen habe, den Krieg zu verhüten im Andenken an Jena und Tilsit. Ich halte die Angabe für glaubwürdig bis auf die Tränen.«(11)

Johann Gottlieb Fichte gestand den Frauen zu, daß sie Einfluß auf die Geschichte nehmen, jedoch nur auf dem Weg über ihre Ehemänner.

»Die Weiber üben sonach ihr Stimmrecht über öffentliche Angelegenheiten wirklich aus; nur nicht unmittelbar durch sich selbst, weil sie dies nicht wollen können, ohne ihrer weiblichen Würde zu vergeben; sondern durch den billigen und in der Natur der ehelichen Verbindung begründeten Einfluß, den sie auf ihre Männer haben. (Dies beweist auch die Geschichte aller großen Staatsveränderungen. Entweder gingen sie von Weibern aus oder sie wurden durch dieselben gelenkt und beträchtlich modifiziert.)«(12)

Kein öffentliches Amt sollte nach Fichtes Vorstellungen Frauen zugänglich sein.

»Die ganze öffentliche Laufbahn«, die einer Frau gewährt wurde, war »das Amt der Gemeindegänsehüterin«, stellte der konservative Wilhelm Heinrich Riehl Mitte des 19. Jahrhunderts befriedigt fest.

Die Vormärzliteratin Luise Mühlbach ließ in einem ihrer Romane eine Frau ausrufen:

»Wir haben in unseren Staatseinrichtungen keine einzige Sprosse, keine einzige Stufe, zu der das Weib emporklimmen könnte oder dürfte ... kein einziges öffentliches Ziel, zu dem das Weib ihre Arme emporstrecken und rufen könnte: Ich will dich erreichen, du sollst mich verklären und meinen Namen erheben! ... Arme deutsche Frauen, deren einziger Ehrgeiz sein soll, ungenannt und ungekannt ... durch das Leben zu gehen.«(13)

Hier hat Luise Mühlbach das Hauptmotiv angesprochen, worum es in der Unterdrückung der weiblichen Leistung in der Geschichte geht. Die Frau darf zwar Einfluß haben auf ihren Mann, aber er muß so ausgeübt werden, daß die Mitwelt und die Öffentlichkeit diesen Einfluß nicht wahrnehmen. Alle Gedanken, Vorstellungen und Einfälle, ihre ganze intellektuelle Existenz fallen ebenso wie die Mitgift, die sie in die Ehe bringt, dem Manne zu, werden seiner Leistung zugeschlagen, mit der Ehe muß sie auch ihre Gedanken an ihn abtreten. Fichte sagt es sehr deutlich:

»Nur der äußere Schein kann es sein, nach welchem sie lüstern sind. Sie wollen nicht nur wirken, sondern man soll es auch wissen, daß sie gewirkt haben. Sie wollen nicht bloß, daß geschehe, was sie wünschen; sondern es soll auch bekannt sein, daß sie, gerade sie, es ausgeführt haben. Sie suchen Zelebrität bei ihrem Leben, und nach ihrem Tode in der Geschichte.«(14)

Namenlos soll sie als Ehefrau oder Mutter neben ihrem Mann oder Sohn stehen. Hölderlin schreibt in seiner Madonnenhymne:

»Denn lieb ist dir von jeh, wenn größer die Söhne sind denn ihre Mutter.«

Nur unter dieser Voraussetzung, daß sie auf eigene Leistungen nicht pocht, errichtet der Sohn ihr einen Thron. Auf dem Hintergrund ihrer geschichtlichen Inexistenz stilisiert er sich ständig selbst zum Helden.

Noch eindeutiger drückt Johann Gottfried Herder das Ausgeschlossensein der Frau vom geschichtlichen Handeln aus. Er schreibt über die Eheschließung der Frau:

»... als eine Verstorbene verläßt sie das Haus ihrer Eltern, verlieret ihren vorigen Namen und wird das Eigentum eines Fremden, der vielleicht ihr Tyrann ist. Das Unschätzbarste, was ein Mensch hat, muß sie ihm opfern, Besitz ihrer Person, Freiheit, Willen, ja vielleicht Gesundheit und Leben ...«

Der einzige Trost, den die Frau hat, das einzig erhebende Gefühl, das Herder ihr zuschreibt, besteht darin, daß sie seiner Geschichte der Heldentaten lauschen darf.

»Glücklich, daß die Natur das weibliche Herz mit einem unnennbar wahren zarten und starken Gefühl für den persönlichen Wert des Mannes ausgerüstet und geschmückt hat.

... Mit erhebender Teilnehmung hört sie männliche Taten, die ihr, wenn der Abend kommt, die Last des beschwerlichen Tages versüßen und es zum Stolz ihr machen, daß sie, da sie doch einmal zugehören muß, einem solchen Manne gehöre.«(15)

Anonymität und Namenlosigkeit wird den Frauen auch von sozialistischer Seite nahegelegt. Bertolt Brechts berühmtes Gedicht »Lob der Wlassowas« ist ein gutes Beispiel dafür. Es beginnt:

»Das ist unsere Genossin Wlassowa, gute Kämpferin. Fleißig, listig und zuverlässig.«

Dann wird ihre politische Aktivität charakterisiert.

»Ihre Arbeit ist klein, zäh verrichtet und unentbehrlich.«

Am Schluß dieser kleinen Lobeshymne werden dann alle Frauen, die an sozialistischen Revolutionen teilnehmen oder sie vorbereiten, zu einer großen namenlosen Masse zusammengezogen.

»Alle Wlassowas aller Länder, gute Maulwürfe, unbekannte Soldaten der Revolution, unentbehrlich.«(16)

Da Brecht dieses Gedicht ausdrücklich zur Beschreibung der weiblichen Aktivität in der Weltrevolution geschrieben hat, müssen wir annehmen, daß die kleine unentbehrliche Arbeit der Wlassowas (Maulwurf ist ein Wühltier, cf. Hegel) auch geschlechtsspezifisch gemeint ist: Sie haben eine winzige, aber unentbehrliche Rolle in der weltgeschichtlichen Revolution zu spielen, die auf typisch weiblichen Eigenschaften (Ausdauer und Fleiß) beruht, aber nur zum untersten Rang in der revolutionären Hierarchie (Maulwurf, unbekannte Soldaten) berechtigt. Wer dieser Deutung entgegenhält, eine solche Verkleinerung der weiblichen Rolle in der Revolution habe nicht in Brechts Absicht gelegen, im Gegenteil, er habe aus der Verkleinerung ihre Größe herausarbeiten wollen, verkennt, daß der Dichter Brecht genau wie die meisten der zitierten Historiker, sofern sie nicht ausdrücklich gegen die Frauenemanzipation Stellung nehmen, seine Vorstellung von der Frau nicht in bewußt bösartiger Absicht entwickelt, sondern nur weitgehend unbewußte Herrschaftsperspektiven fortschreibt.

Hier haben wir den ganzen psychologischen Unterbau der Geschichtsschreibung. Die mündlichen Geschichtstraditionen primitiver Völker bestehen aus den Heldensagen, den legendären Taten von Kulturheroen, die den Stamm gegründet haben. Dieser kollektive Besitz an Mythen, der ganze Schatz an Identifikationsmöglichkeiten wird von Männern verwaltet, die in ihren Initiationsfeiern in die Stammesgeheimnisse eingeweiht werden. Frauen sind durchweg davon ausgeschlossen. Das bedeutet nicht, daß Frauen keine Kenntnis davon haben. Es bedeutet nur, daß die Perspektive und der Inhalt der Geschichte von Männern definiert werden, es bedeutet auch, daß Frauen ihre eigenen Mythen, ihre eigene Geschichte nicht dagegensetzen können, denn sie haben keine Institutionen, keine Zeremonien, in denen sie ihre Geschichte tradieren können.

Der dadurch erzielte Effekt ist ein ständiges Defizit weiblicher Vorbilder. Die Unterschlagung von Frauenbewegungen in der Geschichte vereinzelt jede Frau, da sie sich geschichtlich an nichts orientieren kann, was ihre persönlichen Erfahrungen in eine Kontinuität mit der Vergangenheit bringen würde.

Daß die meisten Mädchen Geschichte als ohne Bezug auf sich selbst empfinden, geht aus einer Reihe von Untersuchungen hervor, in denen nach Lieblings- und Haßfächern in der Schule gefragt wurde.

> »Mädchen geben signifikant seltener das Lieblingsfach Geschichte an als Jungen; diese Beobachtung wurde ebenfalls bereits im Kaiserreich und in der Weimarer Republik gemacht. Besonders eindrücklich sind zwei jüngere Untersuchungen, die auch nach den Haßfächern fragten. Geschichte war Lieblingsfach bei 5,8 Prozent Mädchen (9,0 Prozent der Knaben) und unbeliebtestes Fach bei 18,3 Prozent der Mädchen (5,8 Prozent der Knaben). In der anderen Untersuchung war Geschichte eines der drei be-

liebtesten Fächer für 15 Prozent der Mädchen (25 Prozent der Jungen) und eines der drei unbeliebtesten Fächer für 40 Prozent der Mädchen (26 Prozent der Jungen). Der Unterschied darf als hoch signifikant gelten ...«(17)

Geschlechtsdifferenzen wurden in einer großen Anzahl von psychologischen Studien gefunden, die in den 20er Jahren beliebt waren. Dabei wurden Kinder nach ihren Vorbildern befragt. Die Ergebnisse zeigten konstant, daß Jungen sich stärker mit politischen Führern der Vergangenheit oder anderen historischen Figuren identifizierten.

Aus diesen Zahlen geht hervor, daß Mädchen gegen eine Geschichtsvermittlung Widerstand leisten, die sie selbst nicht betrifft. Der wichtigste Herrschaftseffekt, den diese Art von Geschichtsschreibung hat, besteht nicht darin, daß Frauen von geschichtlichen Kenntnissen ausgeschlossen sind. Er liegt darin, daß sie entweder Geschichte überhaupt nicht auf sich beziehen oder daß sie ihre Identifikation mit der Gruppe, mit der Geschichte ihres Volkes, ihrer Sprache und ihrer Kultur nur durch einen Identifizierungsprozeß mit Männern gewinnen. Geschichtsschreibung wird somit zu einem Mittel, das einerseits eine geschlossene männliche Solidarität herstellt und eine weibliche verhindert, andererseits aber auch eine Solidarität von Frauen mit den Werten herstellt, die diese Geschichtsschreibung vermittelt. Die schwülstigen vaterländischen Gefühle von Frauen, deren Neigung, sich oder ihre Söhne dem Vaterland zum Opfer zu bringen, all dies ist das Ergebnis eines Beeinflussungsprozesses, bei dem die Frauen die nationale Rolle annehmen, die ihnen von der Geschichtsschreibung zugewiesen ist. Die Auffassung von Geschichte und die Art, sie zu schreiben, ist immer auch eine Methode, Geschichte zu machen. Die Auslassung der Frau, die systematische Auslöschung ihres Beitrages ist ein Mittel, sie dadurch zu beherrschen, daß ihr die Identifizierungsmöglichkeit mit anderen Frauen entzogen wird und sie bei ihrer Identitätsfindung nur auf männliche Repräsentanten der Geschichte angewiesen ist.

»Geschichte lernen heißt die Kräfte suchen und finden, die als Ursachen zu jenen Wirkungen führen, die wir dann als geschichtliche Ereignisse vor unseren Augen sehen.«

Der Mann, der dieses schrieb, meinte über den Geschichtsunterricht, den er in seiner Mittelschule genossen hatte,

»es wurde vielleicht bestimmend für mein ganzes späteres Leben, daß mir das Glück einst gerade für Geschichte einen Lehrer gab, der es als einer der ganz wenigen verstand, ... diesen Gesichtspunkt zum beherrschenden zu machen.«

Der Lehrer vermochte es angeblich, schon kleinen Jungen eine Überzeugung ihrer historischen Mission einzupflanzen:

»... das Glück ward um so größer, als dieser Lehrer es verstand, aus Gegenwart Vergangenes zu erleuchten, aus Vergangenheit aber die Konsequenzen für die Gegenwart zu ziehen. Mir hat dieser Lehrer Geschichte zum Lieblingsfach gemacht. Freilich wurde ich, wohl ungewollt von ihm, schon damals zum jungen Revolutionär. Wer konnte auch unter einem solchen Lehrer deutsche Geschichte studieren, ohne zum Feinde des Staates zu werden, der durch sein Herrscherhaus in so unheilvoller Weise die Schicksale der Nation beeinflußte. Wußten wir nicht als Jungen schon, daß dieser österreichische Staat keine Liebe zu uns Deutschen besaß, ja überhaupt gar nicht besitzen konnte?«(19)

Diese Zitate aus Adolf Hitlers »Mein Kampf« sind eindrucksvolle Belege dafür, wie sehr Geschichtsvermittlung als politischer Treibstoff wirkt. Solange Geschichtsschreibung einseitig für eine Identifikation mit männlichen Helden- und Führerrollen sorgt, wird sie ein patriarchalisches Propaganda-Instrument bleiben, das kleine Jungen lehrt, die Welt zu beherrschen und zu zerstören, weil sie sie als ihr Alleineigentum empfinden.

4. Kapitel

Sein und Handeln
Die Vollstreckung des Sexus in der Geschichtsphilosophie

> Über Mann und Weib zum Beispiel kann ein Denker nicht umlernen, — nur zu Ende entdecken, was darüber bei ihm »feststeht«.
> *Friedrich Nietzsche*

Für die Geschichtsphilosophen ist Geschichte die Vollstrekkung des Geschlechtergegensatzes. Oswald Spengler schreibt:

> »Der Mann macht Geschichte,
> das Weib ist Geschichte.«

> »Ein unergründliches Geheimnis der kosmischen Flutungen, die wir Leben nennen, ist ihre Sonderung in zwei Geschlechter.«

Die Geschlechter sind nicht von derselben Art, sondern gehören zwei verschiedenen organischen Erscheinungsformen an.

> »Schon in den erdverbundenen Daseinsströmen der Pflanzenwelt strebt es auseinander, wie das Sinnbild der Blüte zeigt: etwas, das dieses Dasein ist, und etwas, das es aufrechterhält.«

Im Verlauf der Tiergeschichte entwickelt sich dann »mit immer größerer Entschiedenheit das Zweierlei der Richtungen zu zweierlei Wesen, männlichen und weiblichen«. Die Frau ist »der Erde tiefer verbunden und unmittelbar einbezogen in die großen Kreisläufe der Natur. Das Männliche ist freier, tierhafter, beweglicher auch im Empfinden und Verstehen, wacher und gespannter.« Nur der Mann hat ein Bewußtsein davon, wie die Ereignisse sich abspielen und warum, die Frau dagegen hat keine Möglichkeit, die Geschichte zu verstehen, da ihr der Geschichtssinn selbst fehlt, da für sie die Geschichte nur eine Reihenfolge von Geburten ist.

> »Der Mann erlebt das Schicksal und begreift die Kausalität, die Logik der Gewordenen nach Ursache und Wir-

kung. Das Weib aber ist Schicksal, ist Zeit, ist die organische Logik des Werdens selbst. Eben deshalb bleibt das Kausalprinzip ihm ewig fremd.«

Gebären und Dasein, den eigentlichen Geschichtsproduzenten zu produzieren, das ist nach Spengler ihre Bestimmung.

»In geheimnisvoller Weise enthüllt sich hier ein doppelter Sinn alles lebendigen Geschehens: es ist kosmisches Dahinströmen an sich und dann doch wieder die Reihenfolge der Mikrokosmen selbst, die das Strömen in sich faßt, schützt und erhält.«

Das Schützen und Erhalten der Geburtenströme, die die Frauen produzieren, ist männliche Aufgabe.

»Diese zweite Geschichte ist die eigentlich männliche, die politische und soziale; sie ist bewußter, freier, bewegter. Sie reicht tief in die Anfänge der Tierwelt zurück und empfängt in den Lebensläufen der Kulturen ihre höchste sinnbildliche und welthistorische Gestalt.«

Die Geschichte der Frau ist

»die ewige, mütterliche, pflanzenhafte – die Pflanze selbst hat immer etwas Weibliches –, die kulturlose Geschichte der Folge von Generationen, die sich nie ändert ... Blickt man zurück, so ist sie gleichbedeutend mit dem Leben selbst. Auch sie hat ihre Kämpfe und ihre Tragik. Das Weib erringt den Sieg im Wochenbett.«(1)

Der Vergleich von Mann und Frau mit Tier und Pflanze bei Spengler ist nicht neu in der Geschichtsphilosophie. Hegel hatte geschrieben:

»Frauen können Einfälle, Geschmack, Zierlichkeit haben, aber das Ideale haben sie nicht. Der Unterschied zwischen Mann und Frau ist der des Tieres und der Pflanze: Das Tier entspricht mehr dem Charakter des Mannes, die Pflanze mehr dem der Frau, denn sie ist mehr ruhiges Entfalten, das die unbestimmtere Einigkeit der Empfindung zu seinem Prinzip erhält.«(2)

Nach einem anderen deutschen Philosophen, Max Scheler, hat die Frau in der Geschichte »eine fast ans Wunderbare grenzende Ruhe und Konstanz bewahrt«. Er kleidet die Rolle von Mann und Frau in der Geschichte ebenfalls in das

Bild von Tier und Pflanze, nur in der Ausschmückung des Vergleichs übertrifft er Spengler und Hegel:

»Mit der schönen und ruhesamen Gelassenheit eines Baumes, neben dem Tiere ihre verwickelten Sprünge machen, steht sie im Grunde ihres Seins vor der ruhelosen Dramatik der Männergeschichte – immer bedacht, die großen einfachen Grundlagen festzuhalten, die unsere gattungsmäßige Existenz zu eigen hat.«(3)

Die deutsche Philosophie der Geschichte hat die Welt des 19. und 20. Jahrhunderts grundlegend beeinflußt und verändert, ihre Exzesse an Frauenverachtung und Frauenfeindlichkeit wurden gelegentlich als übertrieben belächelt, aber im Grunde stimmte man den Philosophen zu.

Friedrich Nietzsche hat diese Geschichtsphilosophie geradezu hymnisch gepriesen:

»... es ist die deutsche Form der Skepsis, welche, als ein fortgesetzter und in's Geistigste gesteigerter Fridericianismus, Europa eine gute Zeit unter die Botmäßigkeit des deutschen Geistes und seines kritischen und historischen Mißtrauens gebracht hat. Dank dem unbezwinglich starken und zähen Manns-Charakter der großen deutschen Philologen und Geschichts-Kritiker (welche, richtig angesehen, allesamt auch Artisten der Zerstörung und Zersetzung waren) stellte sich allmählich und trotz aller Romantik in Musik und Philosophie ein neuer Begriff vom deutschen Geiste fest, in dem der Zug zur männlichen Skepsis entscheidend hervortrat: sei es zum Beispiel als Unerschrockenheit des Blicks, als Tapferkeit und Härte der zerlegenden Hand, als zäher Wille zu gefährlichen Entdeckungsreisen, zu vergeistigten Nordpol-Expeditionen unter öden und gefährlichen Himmeln.«(4)

Diese Art von Verbalimperialismus weist geradezu auf den Nationalsozialismus voraus. Daß der Faschismus in allen seinen martialischen Zügen nur die politische Verwirklichung dieses Sexismus ist, wird bis heute kaum diskutiert, da Hitlers sexistische Frauenpolitik nur als eine der vielen Nebenerscheinungen des Faschismus angesehen wird, nicht als ihr wesentliches Prinzip. Die Quintessenz dieser Auffassung über die Existenz der Frau liegt darin, daß sie geschichtslos

ist, und Geschichtslosigkeit schrieb man im Europa des 19. Jahrhunderts nur den dumpfen asiatischen Völkern zu, den Wilden und Barbaren, den Amerikanern und den Indern.
Georg Simmel schreibt in seiner Philosophie der Geschlechter:

»Alle historischen Machtverhältnisse ... vollstrecken damit nur in den Ordnungen der Zeit den inneren charakterologischen Unterschied, den das Verhältnis des Geschlechtsmomentes zur Wesenstotalität bei Männern und Frauen aufweist.«(5)

Da die historischen Machtverhältnisse in unserer Zivilisation bekannt sind, kann Simmels gewundene Ausführung nur heißen, daß Männer immer die Herrschenden und Frauen immer die Beherrschten sein werden, da diese Herrschaft und Knechtschaft nur, was an Wesensunterschieden zwischen Mann und Frau vorhanden ist, in die Realität übersetzt. Damit wären wir wieder am Ausgangspunkt aller androkratischen Aussagen, nämlich, daß diese Herrschaft keine historische, damit der Veränderung zugängliche Herrschaft ist, sondern eine quasi natürliche. Da das Motiv seines Nachdenkens über das Verhältnis der Geschlechter die Legitimierung männlicher Herrschaft ist, muß sich Simmel in seinen Gedankengängen, trotz einiger richtiger Einsichten, in ständig neue Widersprüche verwickeln. Wäre Geschichte wirklich die Vollstreckung dieses charakterologischen Unterschiedes der Geschlechter, dann brauchte der Philosoph nicht so viele Worte darauf zu verschwenden. Das weibliche Wesen wäre nur die unbewußte Verwirklichung seiner natürlichen Anlagen, ohne die normierende Kraft äußerer Einflüsse. Simmel schreibt jedoch:

»Wir messen die Leistung und die Gesinnung, die Intensität und die Ausgestaltungsformen des männlichen und des weiblichen Wesens an bestimmten Normen solcher Werte; aber diese Normen sind nicht neutral, dem Gegensatz der Geschlechter enthoben, sondern sie selbst sind männlichen Wesens.«

Die Frau richtet also die Erscheinungsformen ihres Wesens nach den Normen, die Männer gesellschaftlich durchgesetzt haben. Das gibt Simmel auch zu, wenn er an anderer Stelle seines Aufsatzes von einem geschichtlichen Verhältnis der Geschlechter spricht:

»Drückt man das geschichtliche Verhältnis der Geschlechter einmal kraß als das des Herrn und des Sklaven aus, so gehört es zu den Privilegien des Herrn, daß er nicht immer daran zu denken braucht, daß er Herr ist, während die Position des Sklaven dafür sorgt, daß er seine Position nie vergißt. Es ist gar nicht zu verkennen, daß die Frau außerordentlich viel seltener ihr Frausein aus dem Bewußtsein verliert als der Mann sein Mannsein.«

Simmel drückt hier etwas Entscheidendes aus. Die Sklavin, die Beherrschte, kann und darf keinen Moment ihre Position vergessen, Frauen müssen sich immer taktisch, vorsichtig, diplomatisch verhalten und auf die geringsten Stimmungsumschwünge des Machthabenden sensibel in ihrem Verhalten reagieren. Nicht die Einzelherrschaft des Mannes in einer Ehe, wohl aber die unumschränkte Herrschaft patriarchalischer Vorstellungen in der Gesellschaft ist es, auf die jede Frau mit seismographisch genauer Anpassung reagieren muß. Opportunismus ist angesichts der Totalität der sie umstellenden Herrschaftstatsachen die Lebensform der Frau schlechthin.

Wenn die Frau das Bewußtsein ihres inferioren Status nach Simmels Darstellung keinen Moment vergessen kann, so müßte daraus eine widersprüchlichere Persönlichkeit entstehen als beim Mann, eine größere Wachheit und Zerrissenheit. Nach Simmel ruht die Frau jedoch ganz in sich, hat keine Spannungen und Gegensätze in sich auszutragen. Während Spengler ihr jeden Sinn für Kausalität, für das Erkennen von Ursache und Wirkung abspricht, kann sie nach Simmel Subjekt und Objekt nicht trennen.

»Ihre Existenzform geht nicht auf jene besondere Trennung von Subjekt und Objekt, die erst in den besonderen Formen von Erkennen und Schaffen wieder ihre Synthese erfährt.«

Entfremdete Existenz, Erkenntnis- und Sinn-Probleme, Erfahrung gesellschaftlicher Widersprüche, Entwicklung der Person, das alles vereint Simmel für die Frauen. Frauen haben kein Entwicklungsprinzip.

> »Dieses einheitliche In-sich-Fertigsein ... macht die Frauen zu geschichtsloseren Wesen, als die Männer es sind. Denn Geschichte, die immer Geschichte eines Werdens, Sich-Wandelns, Sich-Entwickelns ist, entsteht nur, wo ein Wesenskomplex eine Mehrheit relativ selbständiger Elemente enthält, die sich abstoßen oder sich ausgleichen, sich überholen oder einer höheren Synthese zustreben. Die innere Differenziertheit des Mannes ist der letzte Grund, weshalb er Geschichte haben und Geschichte machen kann.«(6)

Gelegentlich jedoch kommt einer der männlichen Denker über das Geschlechtsproblem doch auf die Widersprüche dieser Argumentation, die einmal die Geschlechtsunterschiede für vorgegebene Seinsunterschiede hält, auf der anderen Seite jedoch Aufsätze, Essays und gelehrte Disputationen darüber verfaßt, in denen sie davor warnt, von der Natur abzuweichen. Max Scheler schreibt:

> »Ist faktisch dieser Gefühls-, Denk- und Leistungsunterschied ein so tiefgehender, ja ein jenseits aller historischer Variabilität gelegener Seinsunterschied, so ist ja eben auch die Angst, es könne ein historischer Vorgang, wie die Frauenbewegung, ihn zu einer wesentlichen Verminderung bringen, ein um so unsinnigeres Verhalten.«(7)

Würde das Klischee von Sein und Handeln wirklich stimmen, dann brauchte es nicht unentwegt im ganzen ideologischen Überbau einer Gesellschaft wiederholt zu werden, es würde zu den Naturtatsachen gehören, die unabänderlich sind. Da alle bisherige Literatur und Philosophie ein Beitrag zur Herrschaftssicherung und Stabilisierung des männlichen Ego ist, muß die Möglichkeit eigenen weiblichen Willens und Widerstandes auf jede denkbare Weise ausgeschaltet werden, indem jeder Trick der Dialektik angewandt wird.

»Durch Dulden tun«, das ist die Formel, in die Friedrich Hebbel das weibliche Kausalgesetz faßt. José Ortega y Gasset führt Hebbel an für seine Gegnerschaft gegenüber der Frauenbewegung:

> »Der geniale Dramatiker Hebbel fragte sich, ob es möglich sei, Tragödien zu schreiben, deren Held eine Frau ist.

Denn das Wesen des Heroismus scheint in einer übersteigerten Aktivität zu liegen, die mit dem normalen Frauentum schwerlich zu vereinbaren ist.«(8)

Ortega y Gasset, der nach eigenen Aussagen vier Fünftel seines geistigen Besitzes Deutschland verdankt, drückt es ähnlich aus – die Frau wirkt nicht durch ihr Tun, sondern durch ihr Wesen.

»Deshalb braucht der grundlegende Anteil der Frau an der Weltgeschichte auch nicht in Taten, nicht in Unternehmungen zu bestehen, es genügt die stille, reglose Anwesenheit ihrer Person.«

Die wahre geschichtliche Mission der Frau ist es nach Ortega y Gasset, einfach eine Frau zu sein.

»Die wahre historische Aufgabe des Weibes tritt nicht klar genug hervor, weil man vergißt, daß weder die Gattin noch die Mutter, noch die Schwester, noch die Tochter den Inbegriff des Frauentums darstellt... Und doch könnte es diese ansprechende Vierheit nicht geben, wenn das Weib nicht vor allem anderen und zu allem anderen hinzu noch Weib wäre.«(9)

Simmel sagt in seinem langatmigen Essay über die Geschlechter das Wesentliche, auf das es ihm ankommt, kurz und bündig:

»Für den Mann ist die Geschlechtlichkeit sozusagen ein Tun, für die Frau ein Sein.«

Darin liegt also die Quintessenz, die sexuelle Grundformel, auf die alles in der Geschichtsbetrachtung zurückzuführen ist: Der Mann empfindet sich im Geschlechtsakt als aktiv und die Frau als passiv. Aus der Analogie des Sexualaktes, der aus der Sicht des Mannes auf männlichem Handeln beruht und auf weiblichem Dulden, werden Vorschriften für die politischen Rollen der Geschlechter entwickelt. Eine sexuell aktive Frau könnte die sexuelle Handlungsfähigkeit des Mannes stören und seine Potenz gefährden. Das ist die Furcht, die hinter dem Rollendiktat der Geschichtsphilosophen lauert.

5. Kapitel

Frauenkult und Nationalgefühl — zwischen Sexismus und Rassismus

> Deutsche Frauen, deutsche Treue,
> deutscher Wein und deutscher Sang
> sollen in der Welt behalten
> ihren alten schönen Klang,
> uns zu edler Tat begeistern
> unser ganzes Leben lang . . .
> *Hoffmann von Fallersleben*

Ein Merkmal nationalistischen Denkens, das sich in den verschiedensten Kulturen findet, ist die Symbolisierung von Volk und Land als Mutterschoß oder als Frau schlechthin. Schon die nationalgesonnenen Propheten des Alten Testaments rütteln Israel mit den Gleichnissen vom Volk als Frau auf: die »Tochter Zion« oder die »Jungfrau Jerusalem«, die »gefallen ist« (Amos) oder die sich wie eine Hure gegenüber Jehova verhält, soll von ihrer Treulosigkeit abgebracht werden. Assimilierung an fremde Kulturen, Kollaboration mit dem Feind, Anbetung ausländischer Götter und Übernahme fremder Sitten werden von den jüdischen Propheten mit Hurerei und geschlechtlicher Zügellosigkeit gleichgesetzt. Am weitesten geht der Prophet Hesekiel in diesen Vergleichen: Jehova hat sein Volk aufgelesen, als es noch ein Aschenputtel war, und hat aus ihm eine Schönheit gemacht.

> »Und dein Ruhm erscholl unter den Völkern deiner Schönheit wegen, die vollkommen war durch den Schmuck, den ich dir angelegt hatte, spricht Gott der Herr. ... Und weil du so gerühmt wurdest, triebst du Hurerei und botest dich jedem an, der vorüberging und warst ihm zu Willen.«(1)
>
> »Wie fieberte doch dein Herz, spricht Gott der Herr, daß du alle diese Werke einer großen Erzhure tatest: daß du deinen Hurenaltar bautest an allen Straßenecken und dir ein Hurenlager machtest auf allen Plätzen!«

Das jüdische Volk wird dafür grausam bestraft werden, nämlich so, wie man es in Juda mit einer Ehebrecherin hält.

»Und ich will dich richten, wie man Ehebrecherinnen und Mörderinnen richtet; ich lasse Grimm und Eifer über dich kommen. Und ich will dich in ihre Hände geben, daß sie deinen Hurenaltar abbrechen und dein Lager einreißen und deine Kleider ausziehen und dein schönes Geschmeide dir nehmen und dich nackt und bloß liegenlassen. Und sie sollen eine Versammlung gegen dich einberufen und dich steinigen und mit ihren Schwertern zerhauen und deine Häuser mit Feuer verbrennen und an dir das Gericht vollstrecken vor den Augen vieler Frauen. So will ich deiner Hurerei ein Ende machen.«(2)

Das Frauenbild, das der Nationalist auf Volk und Staat projiziert, weist unterschiedliche nationale Stereotype auf. De Gaulle redete zum Beispiel von La France als seiner »Prinzessin«, das entspricht einem kavaliershaften Unterwerfungsdenken unter die Wünsche der Frau, das seine Wurzeln in romanischen Traditionen hat, in denen die launenhafte, exzentrische Frau mit der geheimnisvollen Aura von Unlogik angebetet wird. Die Frauenanbetung ist Bestandteil der romanischen Art der Frauenunterdrückung. Auch afrikanische Dichter wählen für ihr Land Vergleiche mit einer Frau. Leopold Senghor vergleicht in vielen Gedichten Afrika mit einer Königin, oder er spricht von Afrika als »einer erbarmungswürdigen Prinzessin in Agonie«.(3) Das idealisierte Bild der Frau des eigenen Volkes, die ewigen Züge und Eigenschaften, die man ihm zuschreibt, sind ein Medium, um die Solidarität und Einigkeit männlicher Gruppen auszudrücken oder herzustellen. Sie brauchen ein weibliches Symbol, für das sie kämpfen (im Falle der kolonisierten Afrikaner), oder dessen Beschmutzung und Unehre sie rächen wie die Juden ihre Fremdherrschaft. Zu Land und Volk unterhalten die Schöpfer nationaler Identitäten ein metaphorisch-sexuelles Verhältnis.

Die allegorische Frauengestalt, die Deutschland verkörpert, ist die Germania. Sie ist als Figur ein Teil der nationalen Symbolik, die den Deutschen des 19. Jahrhunderts die Gedanken ihrer Einheit und ihrer Größe vermitteln sollte. Im deutschen Nationalgefühl spielen die Frauen als nationale Kultobjekte eine weitaus größere und auch andere Rolle als in den übrigen europäischen Ländern. Die Grundlage dafür bot ein Dokument, das nur durch Zufall erhalten blieb, die »Germania« des römischen Geschichtsschreibers Tacitus. Eine der erfolgreichsten Waffen im Kampf gegen die Ideen der Frauenemanzipation war in Deutschland die immer wiederkehrende Behauptung, daß der deutsche Mann seine Frau anders und besser behandle, als dies die Männer anderer Völker und Nationen tun. Der alte Germane habe in seiner Frau die Gefährtin und heilige Hüterin des Herdes geachtet, die Mutter seiner Kinder. Er habe ihren klugen Frauenrat befolgt, den sie ihm als Priesterin oder Seherin erteilt habe. Die Germanen seien die ersten gewesen, die in der Frau nicht nur Eigentum und Sklavin gesehen wie andere barbarische oder zivilisierte Völker, sondern die Frauen geachtet und nicht verachtet hätten. Der Philosoph der Aufklärung, Johann Gottfried Herder, der in seinen »Ideen zur Philosophie der Geschichte der Menschheit« erstmalig eine Anthropologie versuchte, vergaß denn auch nicht im Vergleich zu brutalen Rassen und Barbaren die alten Germanen gebührend zu rühmen.

> »Der alte Deutsche, auch in seinen rauhen Wäldern, erkannte das Edle im Weibe und genoß an ihm die schönsten Eigenschaften seines Geschlechts, Klugheit, Treue, Mut und Keuschheit; allerdings kam ihm aber auch sein Klima, sein genetischer Charakter, seine ganze Lebensweise hierin zu Hülfe. Er und sein Weib wuchsen, wie die Eichen, langsam, unverwüstlich und kräftig; die Reize der Verführung fehlten seinem Lande . . .«

Eindringlich appellierte er an die Zeitgenossinnen, sich der Geschichte der germanischen Frau würdig zu erweisen:

> »Tochter Germaniens, fühle den Ruhm deiner Urmütter und eifre ihnen nach. Unter wenigen Völkern rühmt die Geschichte, was sie von ihnen rühmet; unter wenigen Völkern hat auch der Mann die Tugend des Weibes im ältesten Germanien geehret. Sklavinnen sind die Weiber der meisten Nationen, die in solcher Verfassung leben; ratgebende Freundinnen waren deine Mütter, und jede Edle unter ihnen ist's noch.«(4)

Neben Herder war es Jakob Grimm, der dem nationalen Frauenkult eine wissenschaftliche Grundlage durch die Deutung der »Germania« und isländischer Quellen schuf. Deutsche Frauen seien unter allen barbarischen Völkern Priesterinnen und Seherinnen gewesen und hätten Orakel deuten dürfen. Jakob Grimm:

> »Nach deutscher Ansicht scheinen Aussprüche des Schicksals im Munde der Frauen größere Heiligkeit zu erlangen, Weissagung und Zauber in gutem wie bösem Sinn sind vorzugsweise Gabe der Frauen ...«(5)

Daß ein universaler und gründlicher Gelehrter wie Jakob Grimm dem ethnographischen Exkurs des Tacitus über die Germanen und ihre Frauen so unkritisch gegenüberstand, mag an seiner eigenen problematischen Mutterbeziehung gelegen haben, die sich in weihevollen Äußerungen über die Mutterschaft niederschlug. Er hat mit seinen unkritischen Deutungen

> »ein germanisches Frauenbild profiliert, das sich bis in die neuere deutsche Forschung hinein im wesentlichen gehalten hat«.(6)

Der prominente Gelehrte malte ein Bild der Frau, das jedem wissenschaftlich Denkenden sofort durch seine Widersprüche hätte auffallen müssen. Die germanische Frau tritt danach als Seherin, Zauberin und Opferpriesterin in Erscheinung und übt, obwohl Grimm ihre fast rechtlose Stellung genauestens kannte, seiner Ansicht nach einen »bedeutenden Einfluß auf das Volk« aus. Tacitus, ein konservativer Römer, der an anderer Stelle in seinen Historien gegen zuchtlose Dirnen, Gesindel und Frauen wettert, die sich in das Kriegsgeschäft mischen, wollte den nach seiner Sicht verweichlichten und verdorbenen Römern eine Sittenpredigt halten, indem er das Kontrastprogramm eines reinen, starken, unverdorbenen Naturvolkes zeichnete. Ein ähnliches Anliegen hatte im 18. Jahrhundert Jean Jacques Rousseau, der aufgrund der Berichte unter anderem von Georg Forster über die Naturhaftigkeit der Südsee-Insulaner mit der europäischen Erziehung ins Gericht ging. Auch Tacitus war der Ansicht,

> »die Natur bildet ihre starken Leiber, gibt ihnen die moralischen Kräfte, läßt die Fähigkeiten hervortreten, die ihnen gemäß ihrer Geburt zukommen. Das poseidonische

Gedankengut wird mit tacitäischer Tendenziosität vorgetragen: Die Attitüde unverhohlener Kulturfeindlichkeit ermöglicht Seitenhiebe auf die Römer, ihr Ammenwesen, ihre Verzärtelung, ihre frühe Sittenverderbnis. Wichtig ist hier nicht die Skizzierung germanischer Verhältnisse, wichtig ist allein das Gegenbild zum römischen.«(7)

Ebenso wie Tacitus seinen Bericht als Kampfschrift gegen die Emanzipationsbestrebungen der Frauen und bestimmter Minoritäten im alten Rom verfaßte, verwandten die deutschen Romantiker und ihre in nationalistischen Ideen schwelgenden Nachfolger das Tacitus-Dokument als Kampfmittel gegen die Bürgerrechtsforderungen und Emanzipationsbestrebungen deutscher Frauen. Der Germanist Reinhard Bruder, der germanische Runeninschriften mit den Zeugnissen der antiken Historiographie über die Germanen verglich, kommt 1974 zu dem Ergebnis, »kein einziges der untersuchten Zeugnisse vermag zu erweisen, daß germanische Frauen in der Öffentlichkeit, in angesehener Stellung, in einer zwischen Göttern und Menschen vermittelnden Funktion gewirkt haben«.(8)

Auch mit einem anderen Klischee, das sich aus der Tacitus-Lektüre entwickelt hat, räumt Bruder auf, nämlich daß die tapferen Germanen bis zum äußersten Weib und Kind verteidigten, weil ihnen die Ehe und die Familie so heilig waren. Die Frau und die Kinder gehörten für die Germanen zum verkäuflichen Besitz. In schlechten Zeiten, von den Römern besiegt und mit Tributforderungen bedrängt, verkauften sie ihre Frauen an die Römer. Bruder:

»Es scheint mir ... nicht mehr möglich zu sein, die von Tacitus und seinen germanistischen Interpreten geäußerte Ansicht von der hohen Achtung der Frauen im Zusammenhang mit der Stellung von Geiseln und Sklavinnen aufrechtzuerhalten. Freilich gibt der Germane Frauen und Töchter ungern aus seinen Händen, aber nicht wegen ihrer hohen Gaben und ihrer Persönlichkeit, sondern weil er in ihnen sein kostbarstes und gehütetstes Besitztum verliert.«(9)

Der bekannteste nationalistische Familienideologe des 19. Jahrhunderts und Mitbegründer der deutschen Volkskunde,

Wilhelm Heinrich Riehl, hebt die germanische Frau nicht nur positiv von Orientalinnen und Asiatinnen, sondern auch noch von den Griechinnen ab. Er schreibt:

»Die Frauen des Orients und des klassischen Altertums wandeln dahin wie in einem Traumleben, nur der Mann waltet dort im klaren Sonnenlicht des Tages. Erst die Germanen haben die Würde der Frauen und die Würdigung der Frauen mitgebracht in die abendländische Welt.«

Und damit auch gar nichts Emanzipiertes oder »Männliches« an der deutschen Frau bleibe, führt er weiter aus:

»Es ist eine der bedeutsamsten kulturgeschichtlichen Signaturen des deutschen Volkes, als des familienhaftesten, daß die Göttinnen des deutschen Olymps nur wie himmlische Mütter des Hauses gedacht werden. Wo die griechische Göttin den Speer führt, da führt die deutsche den Rocken.«

Deutsche Frauen brauchen nicht um Freiheit und Emanzipation zu kämpfen:

»Mit dem Eintreten des deutschen Volkes in die Weltgeschichte werden die Frauen erst wahrhaft frei, eigenartig; das volle Bewußtsein über Beruf und Stellung von Mann und Weib ist der Menschheit erst von den Germanen hell entzündet worden.«

Woher haben die Deutschen so viel Sinn für die Würde der Frau und die Heiligkeit der Familie? Nach Riehl ist es »eine eingeborene göttliche Gabe«.

Das germanische Volk hat

»die wahre Idee von der Stellung der beiden Geschlechter herübergetragen aus seiner dunklen asiatischen Urheimat gleich als ein Erbstück aus dem verlorenen Paradiese«.

Die Synthese von Germanentum und Christentum hat dann den kulturellen Gipfel der Geschlechterbeziehung begründet, den andere Völker niemals erreichen konnten.

»So ist die reinere Erfassung des Geschlechtsgegensatzes in deutschem Geiste zu einem der granitenen Pfeiler geworden, auf denen die große Epoche des neuen christlich-germanischen Kulturlebens ruht.«(10)

Daß die »reinere Erfassung des Geschlechtsgegensatzes im deutschen Geiste zu einem granitenen Pfeiler« des Nationalsozialismus wurde, ist bekannt.

Deutsche Frauen werden von schlechten, aber nationalistischen Dichtern wie Hoffmann von Fallersleben zwanglos mit nationalen Tugenden und Gütern wie »deutscher Treue, deutschem Wein und deutschem Sang« addiert, die sich in der deutschen Nationalhymne auf »alten guten Klang« reimen. Bismarck sieht

> »in der häuslichen Tradition der deutschen Frau und Mutter eine festere Bürgschaft für unsere Zukunft als in irgendeiner Bastion unserer Festungen«.(11)

So versichert er es in einer Rede 1892 in Kissingen, in welcher er die anwesenden Damen zweimal höflichst um Verzeihung bittet, daß er in ihrer Gegenwart von politischen Dingen spreche.

Zeitgenössische Autoren verliehen Bismarck die gleichen Züge, wie sie ein halbes Jahrhundert später die Propagandaautoren des Nationalsozialismus dem Führer zusprachen. In einer Broschüre unter dem Titel »Bismarck und die Frauen« schrieb der Berliner Autor Adolf Kohut:

> »Die deutschen Frauen feierten und feiern in dem Fürsten Bismarck nicht bloß den unsterblichen Staatsmann, den Ruhm Deutschlands, den vollendeten Typus deutschen Rittertums, sondern auch den Schirmer und Beschützer des trauten häuslichen Herdes und das Vorbild germanischer Sittenreinheit.«(12)

Der Propagandist germanischer Männlichkeit, Kohut, porträtiert Bismarck als arischen Unschuldsengel, der

> »nie gallische Liaisons, Liebeleien, Verhältnisse und wie man sonst noch die sittlichen Ausschreitungen zu umschreiben pflegt«,

gehabt hat. Gisela von Streitberg spottet über solche sittliche Glorifizierung:

> »Freilich gab es in seiner Jugend eine Zeit, da auch er, wie andere germanische Jünglinge, seinen wilden Hafer säte. Die germanische Sittenreinheit erfordert eine solche Durchgangsperiode als würdige Vorbereitung auf den Stand der heiligen Ehe. Als er um Johanna von Puttkamer anhielt, sträubte sich deren Vater, den »tollen Bismarck«, der bei älteren Damen und Herren so viel Ärgernis erregte, zum Schwiegersohn anzunehmen ...«(13)

Nicht nur den radikalen Frauenkämpferinnen, sondern besonders der Sozialdemokratischen Partei, die für das Stimmrecht der Frau und für die Gleichberechtigung im Arbeitsleben eintraten, lastete man den angeblichen Niedergang des deutschen Familienlebens an. Der Kaiser hetzte in einer Rede auf dem Brandenburger Provinziallandtag gegen die Sozialdemokraten:

> »Die Aufgabe, die uns allen aufgebürdet ist, die wir verpflichtet sind zu übernehmen, ist der Kampf gegen den Umsturz mit allen Mitteln ... Ich werde mich freuen, in diesem Gefecht jedes Mannes Hand in der meinen zu sehen, er sei edel oder unfrei«,

hieß es darin, und zum Schluß:

> »Wir werden nicht nachlassen, um unser Land von dieser Pest zu befreien, die nicht nur unser Volk durchseucht, sondern auch das Heiligste, was wir Deutsche kennen, die Stellung der Frau, zu erschüttern trachtet.«(14)

Reinhold Bruder faßt die Aussagen von Tacitus zum Verhalten der germanischen Frau in kriegerischen Auseinandersetzungen so zusammen:

> »Die das Kampfgeschehen verfolgenden Frauen sind frei von Angst und Bangigkeit über den Ausgang der Schlacht. Während der Mann die Waffen führt, seinen geübten Körper in tapferster Weise einsetzt, bildet die Frau eine Art geistigen Hintergrund, aus dem dem Mann dauernd neue Kräfte erwachsen. Der Kampf der Männer wogt auf und ab; die Gesinnung der Frauen bleibt unverrückbar fest. Die Tat des Mannes wird aus dem Geist der Frau möglich. Dieses eindrückliche und großartige Bild entwirft Tacitus von der Germanin.«(15)

Bei Ausbruch des I. Weltkrieges wurde die Identifizierung von großen Teilen der bürgerlichen Frauenbewegung mit diesem von Tacitus herrührenden chauvinistischen Frauenbild deutlich. Die Zeitschrift »Frauenkapital«, die zwei Jahre vor Kriegsbeginn in Berlin gegründet wurde, entlarvte sich nun als Sammelbecken völkischer Frauengefühle, die in einen unerträglichen, blutrünstigen Lyrismus gekleidet wurden. Immer wieder beschwören die Autorinnen der konservativ-reaktionären Frauenbewegung das Bild der germanischen Frau, die auf die Wagenburg gestiegen war und die Kämpfer angefeuert hatte.

»Denk' unserer Heldenmütter zur Zeit, als Germania in die Weltgeschichte eintrat, der Friede durch einfallende räuberische Horden gestört wurde. Der krieg- und jagdgewohnte Mann griff zum Speer, die feldbauende, des Herdes hütende Frau stieg auf die Wagenburg, die Kämpfer labend, anfeuernd und dem Feinde sie entgegendrängend, wenn ein plötzlich eintretender Schrecken vor dem weit überlegenen Feinde sie zur Umkehr treiben wollte.«

Im Jahr des Kriegsbeginns wurde sofort ein »Frauenlandsturm« von denjenigen Frauen gefordert, die sich der bürgerlichen Frauenbewegung zuzählten. Da wimmelt es von »jungen Teutoninnen«, die die Arme recken, die Fäuste ballen und unbedingt »mittun möchten« – »echtes germanisches Blut, lebendig flutendes der Urmutter unseres Volkes«. Anstatt das nationale Frauenbild der deutschen patriarchalischen Kultur zu zerstören, versuchten diese Frauen ihm zu entsprechen, indem sie sich in angeblich echte germanische Frauenrollen hineinsteigerten, in Aufrufen, die teils dem Libretto einer Wagner-Oper ähnelten und teils die ganze nationalsozialistische Frauenpropaganda vorwegnahmen. Prophetisch versprachen sie, wie Marie Raschke in ihrem Aufruf zum Frauenlandsturm:

»Keine Frau auf Erden liebt ihr Vaterland so heiß wie Deutschlands Töchter! Das wird die große Zeit, in der wir leben, zeigen ... Im Sturmwind gleich springt auf das uralte, in uns jung wallende Germanenblut: Frauenlandsturm!!!«

Denn, so malt sie getreu nach Tacitus das Bild der germanischen Frau, die eher untergeht, als sich zu ergeben:

»Walkürensinn, Germanenstolz erträgt keine Knechtschaft. Wenn eiserner Wille die unverwüstlichen, unsterblichen Teile des Germanenblutes zur Entfaltung antreibt«,

dann leistet auch ein schwächlicher Frauenkörper Heroisches, Übermenschliches. Germanische Frauen sind wie germanische Männer fair und greifen nicht hinterrücks an, selbst der »Frauenlandsturm« soll frauliche Haltung zeigen.

»Auf Besiegte oder als siegende Feinde einrückende Truppen werdet ihr hinterlistig die Waffen nicht richten. Das ist nicht deutsche Art. Ihr werdet die Waffen gebrauchen, wenn der Wachtdienst es verlangt. Ihr werdet auf der

Wagenburg stehen in ähnlicher Weise wie unsere Ahnfrauen.«(16)

In einer Erzählung, betitelt »Germania«, wird eine deutsche Frau für die ausziehenden Krieger zur Offenbarung einer vaterländischen Vision.

»Ein Trutzlied braust auf. Die Wacht am Rhein ... Rauhe Soldatenkehlen, weiche Frauenstimmen ... Ein hochgewachsenes, blondes Mädchen nimmt den Helm ... Soldaten schnallen ihr den Affen auf den Rücken, geben ihr ein Gewehr in die Hand, an seinem Lauf leuchten Rosen ... Es ist, als wüchse sie. Machtvoll wird ihre Gestalt, groß werden ihre Züge, durch den schweren Ernst ihrer Augen blitzt ein göttliches Feuer. ›Germania!‹ Hundert, fünfhundert Lippenpaare haben es gerufen, das Symbol der Stunde ist gefunden. ›Heil dir, Germania!‹ ... Durch das ganze Stadtviertel wälzt sich der Hochgesang: ›Deutschland, Deutschland über alles, über alles in der Welt!‹«

Diese Germania wird zum Mittelpunkt eines sadomasochistischen Heldenkults. Der Soldat, der in die Schlacht zieht, malt sich aus, daß er bei seiner Rückkehr zum Schöpfer eines überdimensionalen Bronzedenkmals wird, das die Germania darstellen soll.

»Germania, die Gerettete, die bewährte und behelmte Göttin, auf ihren Altar sich Friedenspalmen senkend, ein Gegenstück zum Denkmal aus dem Niederwald, wird sich zum Gedächtnis des Weltenbrandes von 1914 an den Ufern des Rheins, auf den Höhen des Baskenwaldes erheben – und er wird der Schöpfer dieses Völkermales sein! ... Riesenmaße, überlebensgroß ... ein Götterbild, ein Hauch der Ewigkeit umwittert, dräuend in Herrlichkeit gegen den Feind, aber den Sohn der Heimat mit der unsterblichen Barmherzigkeit des Weibes umfangend.«

Er denkt an seine Braut, die er erhöhen will:

»Für dich, für dich! Denn du bist mehr als anderer Soldaten Lieb – du bist Germania, des heiligen Vaterlandgedankens sichtbar gewordenes Unterpfand.«

»Und wenn ich heimkehre, wirst du mich erwarten. Noch kenne ich dich nicht. Und weiß doch, wer du bist. Denn du warst, ehe denn ich das Licht dieser Erde sah, Mutter Germania – Geliebte – gütige und strenge Herrin!«

Als dieser Held von einer französischen Kugel getroffen wird,

»schreit er mit verzerrtem Munde, Hurra, Germania!«(17)

Die Kehrseite des Germaninnenkults sind Hetzparolen gegen sich emanzipierende oder schreibende Frauen, in denen der Sexismus rassistische Züge bekommt. In den Jahren vor der Revolution von 1848 begannen in Berlin einige Frauen, unter ihnen die Gattin des Junghegelianers Max Stirner (»Der heilige Max«, wie ihn Karl Marx in seiner berühmten Streitschrift tituliert) in der Öffentlichkeit Hosen zu tragen und zu rauchen. Auch daß sie abends nicht zu Hause blieben, sondern mit ihren Liebhabern und Ehemännern ausgingen, in Gasthäusern diskutierten und Champagner tranken, kreidete man ihnen an. Sie waren beeinflußt von den Ideen George Sands über Ehe, Sozialismus und freie Liebe; als einige sich auch noch öffentlich zum Atheismus bekannten, fühlte sich die preußische Obrigkeit so provoziert, daß sie die Schriftstellerin Luise Aston auswies. Die Zeitungen in den europäischen Hauptstädten, Wien, Paris, Berlin, hatten jahrelangen Karikaturenstoff an den Frauen, die Hosen trugen. Selbst Luise Otto-Peters ließ nicht viel Gutes an ihnen.(18)

Männer wie Riehl, die dem Frankfurter Parlament angehörten, wurden jedoch in ihren Ausfällen rabiater gegen die »Frauen von deutschem Namen und französischer Art«, die »dem ganzen deutschen Publikum zeigten, wie eine emancipirte Frau ißt, trinkt und mit der Polizei Skandal hat«.

»In solchen Erscheinungen wie Luise Aston sehen wir die Frucht unserer ungesunden literarischen Entwicklungen. Aus Ueberweiblichkeit copirt die Dame die Männer, zeigt aber auch zugleich den Männern, wie weibisch sie geworden sind. Die Frau besitzt einen ungleich mächtigeren Nachahmungstrieb als der Mann. Er muß ihr zum Theil die mindere Schöpfungskraft ersetzen. Die Gier, mit welcher so viele literarische Damen gerade der blasirtesten, zerrissensten, innerlich faulsten Poesie der Zeit nachahmend sich zuwenden, gemahnt mich an jene russischen Poeten und Künstler, die auch nur solche Schöpfungen des abendländischen Europa, welche tüchtig von der Verderb-

niß veräußerlichter Cultur angefressen sind, nachzuahmen pflegen.
Es ist sehr verführerisch, hier eine Parallele zwischen den Slaven und den Frauen zu ziehen. Die Slaven sind ein gemüthliches, häusliches, in der Selbstbeschränkung zufriedenes Volk, ganz nach guter Frauen Art, singen gern und gut und tanzen noch besser, halten fest an väterlicher Sitte und haben viel passive Tapferkeit, wie das alles auch bei guten Frauen sein soll. Aber es fehlt ihnen der erfinderische und künstlerisch selbstschöpferische Geist. Dafür sind sie wunderbare Virtuosen in der Nachahmung; gerade wie die Frauen. Wenn sie – die Slaven – aber einmal beginnen, fremde Art nachzuahmen, dann werden sie wahrhaft zügellos in der Aufnahme des Ausländischen, vor dem sie sonst spröde sich abschließen. Also: national und conservativ in den Sitten, im ruhenden Sein und Wesen; fessellos dem Fremden hingegeben in der Productivität. Das ist auch Frauen Art, und bei diesem Geschlecht so wenig ein innerer Widerspruch wie bei jenem Volk.«(19)

Daß Sexismus und Rassismus gleichartige ideologische Erscheinungen sind, gehörte zu der ersten Einsicht der amerikanischen Kämpferinnen für die Sklaven- und Frauenbefreiung des 19. Jahrhunderts. Der deutsche Reaktionär Riehl, der eine »Naturgeschichte des Volkes« schreiben wollte, vertrat nur die Mehrheitsmeinung des deutschen Stammtisches, wenn er negative Stereotype über die Eigenschaften der slawischen Völker – unschöpferisch, gutmütig, aber krankhaft im Nachahmen dessen, was sie nie erreichen können, deutsche Originalität und Erfindungsgeist – auf die deutschen Frauen übertrug und damit eine Art rassischer Unterlegenheit der deutschen Frau gegenüber ihrem Mann begründete. Von diesem Standpunkt bis zur Ausrottung und Stigmatisierung der intellektuellen Frau war es dann nicht mehr weit.

»... wo die Blaustrümpfe epidemisch auftreten, da kommen alsbald auch einige Wunderkinder nach. Es ist dann aber auch hohe Zeit, daß man die Luft reinige.«(20)

Für solche Ansichten wurde Wilhelm Heinrich Riehl 1883 geadelt. Er war Professor für Staatswirtschaftslehre, später für Kulturgeschichte in München. Sein Buch »Die Familie«, das 1855 erschien, sollte die erste Soziologie des Volkskörpers sein. Die Grundlage des Staates war für ihn die Familie und innerhalb der Familie die strenge Teilung der Rollen zwischen Mann und Frau. Bereits 1882 erschien das Buch in neunter Auflage. Ein ebenso durchschlagender publizistischer Erfolg, der sich auf die Verbindung von Sexismus und Rassismus gründete, war das Buch von Otto Weininger »Geschlecht und Charakter«, das 1903 herauskam, 1905 die fünfte Auflage hatte und 1947, nachdem die Deutschen sechs Millionen Juden auf dem Gewissen hatten, in achter Auflage erschien. Dieses Pubertätsprodukt eines jüdischen Philosophen, der mit 23 Jahren Selbstmord beging, unterscheidet sich von Hitlers Rassenanthropologie nur durch seine beeindruckenden stilistischen Qualitäten. Aus einer Besprechung der fünften Auflage seines Buches in den von Eduard Bernstein herausgegebenen »Dokumenten des Sozialismus« (5. Band, Berlin 1905):

»Am vielgeschmähten Judentum will Weininger, der im Grunde keine Ahnung vom jüdischen Volke, von seiner Sehnsucht und seinem wahrhaft großtragischen Zug hatte, noch haben konnte, das ist an sich selbst, will er die Richtigkeit des Rassenphantasma erproben. Jüdisch ist eine Geistesrichtung, die der des Weibes sehr nahesteht. Es gibt Arier, die jüdischer sind als die Juden ... Der Jude, der von der Weiblichkeit durchtränkt ist, lebt in der Gattung. Er bevorzugt bewegliche Güter ... Trotz allem Erwerbssinn ist dem Juden das Bedürfnis nach Eigentum, in seinen festen Formen, fremd. ›Hiermit hängt zusammen, daß die Juden so scharenweise sich dem Kommunismus zuwenden. Der Sozialismus ist arisch, der Kommunismus jüdisch und russisch.‹ ... Der Jude sei ferner staatsfeindlich ... Der Jude erkennt kein Höheres über sich. Er sei lüsterner, geiler, wenn auch sexuell weniger potent ... Die Kuppelei sei eine organische Veranlagung im Juden, das heißt, er sei Grenzverwischer. Im Einklang mit Chamberlain erklärt Weininger den Juden für irreligiös. Der Jude ist im tiefsten Grunde nichts, weil er nichts glaubt ... Das Ziel des Daseins besteht in der Überwindung des ›Juden‹ und des ›Weibes‹.«

»Alle fécondité ist nur ekelhaft; und kein Mensch fühlt, wenn er sich aufrichtig befragt, es als seine Pflicht, für die dauernde Existenz der menschlichen Gattung zu sorgen.«

Eduard Bernstein urteilt über Weininger noch maßvoll:

»... hält es doch schwer, sich den Aufsteller – und Praktizierer – so ins Abstruse zugespitzter Theorien wie die Weiningers als geistig völlig gesunde Persönlichkeit vorzustellen. Ein abnormer Hang, ein Stück Manie hat sicher in ihm gesteckt.«

Was der Popularität seiner Schrift keinen Abbruch getan hat, im Gegenteil. In einem Handbuch der Persönlichkeitspsychologie des Mainzer Psychologie-Professors Albert Wellek aus dem Jahre 1966 finden sich Weiningers Thesen über weibliche Eigenschaften wieder.(21)

Bei Nietzsche darf die Überwindung der Frau jedoch nicht durch gutmütig-germanisches Mannestum erfolgen. Er empfiehlt den deutschen Männern, sich in der Behandlung der Frauen an orientalische Vorbilder zu halten. Die berühmten Passagen in »Jenseits von Gut und Böse« wurden von Hedwig Dohm in ihren »Antifeministen«-Porträts aufgespießt:

»Da liest man: ›Ihr erster und letzter Beruf soll sein, Kinder zu gebären‹ (nicht ganz neu); und weiter: ›Ein Mann, der Tiefe hat, kann über das Weib nur orientalisch denken, ... er muß das Weib als Besitz, als verschließbares Eigentum, als etwas zur Dienstbarkeit Vorherbestimmtes auffassen ... Er muß sich hierin auf die ungeheure Vernunft Asiens stellen.«

»Die Frau soll verschließbares Eigentum sein. Sie will nicht. Ich kann nicht finden, daß sie – wie Nietzsche meint – sich dieser ungeheuren Dummheit so sehr zu schämen hätte. Die Männer möchten auch nicht gern Eunuchen sein und doch gehört zum Harem (wahrscheinlich infolge der ungeheuren Vernunft Asiens) auch der Eunuche.«(22)

Da der Rassismus erst aus dem Sexismus einer Kultur entwickelt wird, die rassistischen Stereotype jedoch wieder zurückprojiziert werden auf Frauen insgesamt, kommt es zu einer Verwischung der sexistischen Wurzeln und Ursprünge des Rassismus. Alle Eigenschaften, die in einer christlich-patriarchalischen Kultur Frauen zugeschrieben werden, dauernde sexuelle Verführbarkeit, Kindlichkeit, geringe geistige Kräfte, aber auch reichliches Gefühlsleben und geringe Selbstdisziplin sowie Unoriginalität, sind immer wieder auf ethnische Minderheiten, auch auf unterdrückte Mehrheiten oder andere Völker insgesamt übertragen worden. Die Juden, aber auch die Italiener, Franzosen und Slawen galten den Deutschen als weiblich, wie die Neger dem weißen Amerikaner.

Der jüdische Selbsthaß führte einige jüdische Schriftsteller in Deutschland zu Äußerungen, in denen sie selbst die Grundlage für die Rassenlehre des Dritten Reiches mitschufen. Da eine Frau in der Wertschätzung des Rassisten noch unter dem Juden rangiert, konnten sie die Eigenschaften, die als jüdisch galten, auf Frauen insgesamt übertragen, die sie als lüstern und haltlos schlechthin darstellten. Walther Rathenau, aus wohlhabender jüdischer Familie, später Außenminister der Weimarer Republik, schiebt den Untergang deutschen Familienlebens auf das Müßiggängertum des weiblich gewordenen Mannes, der die Frau

> »zum flachen Spiel, zum Sachenglück, zur Vergnügungsgier verführte, den haltlosen Mädchensinn, der in jedem Weibe schlummert, erweckte und zum Dirnensinn verkehrte, um die Seele zu töten. Er trägt die Schuld, daß negerhafte Urgelüste, durch Jahrtausende gebändigt, im Frauenleben unserer Zeit emporgestiegen sind, deren Schande und Not die Enkel entsetzen wird.«(23)

Intellektuell – effeminiert oder weibisch –, diese Eigenschaften charakterisieren den Einfluß, den Frauen mit Schulbildung in der Sicht des nationalen Denkers auf Männer und Kultur ausüben. (Riehl: »Die Frauen werden in allerlei männlicher Kunst und Wissenschaft aufgezogen und haben infolgedessen unser Geistesleben weibisch gemacht . . .«).

Lily Braun, in ihren zwischen den Extremen wechselnden Auffassungen eine der widersprüchlichsten Frauenkämpferinnen, die die Sozialdemokratie gehabt hat, lobte bei Beginn des I. Weltkrieges die Rückkehr der Frau zur Fraulichkeit:

»Der natürliche weibliche Instinkt, der mit elementarer Wucht zum Durchbruch kam – der Instinkt, den der Intellektualismus fast ausgelöscht zu haben schien –, unterwarf sich sofort alles Denken und Handeln der Frauen. Helfen und dienen wollten sie alle.«

Sie klagte:

»Wäre doch das Wort ›Dame‹ das erste auf dem Altar des Vaterlands geopferte Fremdwort gewesen und das schöne, alte deutsche Wort ›Weib‹ dagegen wieder zu Ehren gekommen!«

Damit nahm sie Julius Streichers Mahnung:

»Werdet nie Damen, bleibt deutsche Mädchen und Frauen«,

vorweg. Und ihr Wunschtraum ging 18 Jahre später auf traurige Weise in Erfüllung,

»daß die kommende deutsche Kultur von all jenen peinvollen Effeminierungserscheinungen der Vergangenheit völlig befreit und eine im besten Sinne ausgesprochen männliche sein wird. Alles Weibische wird sie im Keim ersticken, allem Weiblichen dagegen den breitesten Raum gewähren.«(24)

Es gehört zum wichtigen Bestandteil dieses deutschnationalen Frauenkults, daß die Frauen anderer Länder weniger gute Eigenschaften haben, weniger attraktiv sind und kein Gefühl für das richtige Frausein haben. Zunächst werden in Bismarckstaat und Kaiserreich die Russinnen attackiert, die sich als erste den Weg zu den Universitäten erkämpft haben. Einen weiteren Angriffspunkt bieten die Engländerinnen und bis heute die amerikanischen Frauen, deren Bürgerrechtsengagement und Feminismus den Deutschen von jeher ein Dorn im Auge sind. Deutsche Frauen sollen mit russischen Nihilistinnen oder amerikanischen Emanzipationswütigen nichts zu tun haben. Andererseits ermahnt der schweizerische Sozialist Dodel, zudem noch ordentlicher Professor an der Universität Zürich, die deutschen Frauen, den Russinnen dankbar zu sein:

»Das russische Weib blieb die beharrliche Vorkämpferin für die Rechte auch des abendländischen Weibes. Das soll nicht vergessen werden; daran mögen germanische Frauen und Mütter sich dankbar erinnern, wenn eines Tages für das deutsche Weib auch die deutsche Hochschule ihre Eingangsthore öffnet.«(25)

Von den 90 000 russischen Studenten waren im Jahr 1914 bereits 23 Prozent Frauen – ein Anteil, der in der Bundesrepublik erst lange nach dem II. Weltkrieg erreicht wurde.(26)
Ein Jahrzehnt früher hegt Wilhelm Heinrich Riehl noch die Hoffnung, daß das Frauenstudium an den deutschen Frauen vorübergehen würde:

»Erscheinungen wie die russischen Nihilistenstimmen oder geistesverwandte Pariser Bürgerinnen muten uns Deutsche doch gottlob noch sehr ausländisch an.«

Er schob die Emanzipationsideen auf sozialistische und ausländische Einflüsse:

»Eine Frau, die die Gleichstellung ihres Geschlechts mit den Männern denkt, muß bereits sehr viele Bücher gelesen haben. Von selber verfällt eine deutsche Frau doch nicht auf den Gedanken der ›Emancipation der Frauen‹.«(27)

Im »Frauen-Anwalt«, einem Blatt der gemäßigten Frauenbewegung, erscheint eine erste vernichtende Kritik über die Frauen in den USA. Autor ist ein Mann, der Angst bekommen hat, daß die amerikanischen Ideen auch auf deutsche Frauenorganisationen wie den Letteverein übergreifen könnten.

»Ich zweifle jedoch an der allgemeinen Vorzüglichkeit solcher Mannweiberschaft gegenüber dem sanfteren Wesen einer guten deutschen Frau ... Was aber die Erscheinung gebildeten Deutschen besonders widerlich macht, ist die dabei zum Vorschein kommende Unverschämtheit des offenen Hervor- und Herausbringens. Nicht genug, daß die Amerikanerin den Mann tatsächlich hinter der Gardine pantöffelt, sie will sich auch öffentlich ohne Zurückhaltung pantoffelnd in alles mischen.«(28)

Bei späteren Autoren wird der Anti-Amerikanismus schärfer.

»Von diesem Lande der Überbewertung des Weibes wurde die Agitation für Emanzipation der Frauen nach Europa übertragen und fand naturgemäß zuerst in England Verständnis und Gegenliebe.«

Den Amerikanerinnen wird die Schuld gegeben, daß es auch in Deutschland zu einer Frauenbewegung gekommen ist.

»Die amerikanische Frauenbewegung stellte sich von Anbeginn dar als eine Emanzipationsbewegung und als eine Folge der Entartung der Geschlechtscharaktere. Nichts ist natürlicher, als daß die bevorzugte Stellung der Amerikanerin den Neid und die Begehrlichkeit gewisser Frauenkreise anderer Völker weckte. Die Aufreizung durch amerikanische Agitatorinnen, die ihre europäischen Mitschwestern unermüdlich aufforderten, sich dieselben ›Menschenrechte‹ zu erzwingen, deren sie sich selbst erfreuten, tat ein Übriges.«(29)

In der Einleitung einer Schopenhauer-Broschüre, die 1903 in einer Auflage von 50 000 gedruckt und billig verkauft wird – als Kampfschrift gegen den Feminismus –, schreibt der Herausgeber Benedikt Friedländer:

»Die zunehmende Gynaikokratie, auf deutsch Weiberherrschaft, ist ein der ganzen weißen Rasse gemeinsamer Krebsschaden, der grade jetzt, wo ein Entscheidungskampf mit der gelben Rasse in Sicht ist, gar nicht ernstlich genug betrachtet werden kann. An der Spitze der Verfrauenzimmerung marschieren die Vereinigten Staaten, die wahrlich gut täten, ihre berühmte Freiheitsstatue im Hafen zu New York umzustürzen, da das souveräne Yankeevolk der schimpflichsten und lächerlichsten aller Arten der Sklaverei verfallen ist: der Untertänigkeit unter seine eigenen Weiber. An zweiter Stelle stehen England und Frankreich, dann aber folgt, leider, mit Riesenschritten Deutschland hinterdrein, dessen steigende Amerikanisierung im ganzen sprichwörtlich, dessen sittliche Korruption handgreiflich und dessen rasch zunehmende Verweiberung für den schärfer Blickenden nur allzu klar ist.«(30)

Ein deutscher Korrespondent in Amerika schildert die Sicht der Amerikaner:

»Die despotische Herrschaft der Frau im öffentlichen Leben hat bisher als eine amerikanische Sondererrungenschaft gegolten, auf die man unendlich stolz war, und die Amerika vom angeblich rückständigen Europa mit seiner barbarischen Androkratie vorteilhaft unterschied.«

Derselbe Autor kritisiert, daß die amerikanischen Frauen

»dem ganzen Liebesleben einen feministischen Stempel aufgedrückt haben«.

Der Sexismus seines Artikels schlägt um in rassistische Ideen über die Minderwertigkeit amerikanischer Künstler.

»So erkläre ich mir auch die Abwesenheit wirklich großer und monumentaler Kunstleistungen. Das Männerhirn, das diese Leistungen anderswo vollbringt, ist in Amerika entmännlicht, also entartet.«

Der Untergang der amerikanischen Nation kann nun nicht mehr fern sein.

»Der übertriebene Feminismus in Amerika ist kulturwidrig und ein nationaler Schaden. Es könnte sogar den Bestand des Volkes bedrohen, wenn Amerika einmal einen ernsthaften Krieg zu bestehen und einem Feinde mit unverdorbenen Männern verweiblichte Männer entgegenstellen müßte.«(31)

Die Art von antifeministischer Gegenaufklärung, die in keinem Lande so offen und breit vorgetragen wurde wie in Deutschland, schuf sich vor allem durch ihre pseudogermanisch-nationalistische Komponente mit der Behauptung, die Germanen hätten im Gegensatz zu den alten Kulturvölkern die Frau hoch geehrt, ein Instrument zur Immunisierung von Frauen und Männern gegen feministische Ideen. Die Vorstellung, daß die patriarchalische Herrschaft in Deutschland mit einer besonderen Achtung vor der Frau verknüpft war, ist unausrottbar. Selbst diejenigen, die über Geschlechterrollen ernsthaft aufklären wollen, übernehmen sie unkritisch.

»So war auch den Germanen die Frau heilig, und man glaubte, daß sie mit seherischen Kräften begnadet sei«,

schreibt K. H. Bönner, ein Psychologe der jüngeren Generation 1973 in einem Vorwort.(32) In Schulgeschichtsbüchern dauert diese Behauptung ebenso fort.

Die Verbindung von rassistischen und sexistischen Stereotypen ist zwar eine universale Erscheinung, sie führte aber nur in Deutschland zu Konsequenzen, bei denen die »biologisch minderwertigen« Völker ausgerottet und die Frauen zu Gebärautomaten degradiert wurden, denen die Nazis jede menschliche Individualität absprachen. Adolf Hitler hat dies ganz offen ausgesprochen:

»Wenn früher die liberalen intellektualistischen Frauenbewegungen in ihren Programmen viele, viele Punkte enthielten, die ihren Ausgang vom sogenannten Geiste nahmen, dann enthält das Programm unserer nationalsozialistischen Frauenbewegung eigentlich nur einen einzigen Punkt, und dieser Punkt heißt: das Kind.«(33)

II.
Evolutionismus als Sackgasse

6. *Kapitel*
Wenn die Mutter dem Phallus des Sohnes huldigt — Johann Jakob Bachofens Mutterrecht

> »Das Anfechtbare und Vergängliche daran sind Kopfgedanken, während Bachofens Herzgedanken, haben wir erst den Zugang zu ihnen freigelegt, uns mit einer wundersamen Macht ergreifen und unser eigenes Erleben in seinen Gefühlsherden zu bestimmen berufen sind.« *Ludwig Klages*

Man müsse Johann Jakob Bachofens Werk davor schützen, daß die »Frauenrechtlerinnen (richtiger Männerfeindinnen) es nicht für ihre Zwecke ausbeuten werden«, schreibt der Ethnologe und Psychoanalytiker Georges Devereux.(1) Die Umkehrung dieses Satzes wäre notwendiger. Man muß den Feminismus vor den Ideen eines verklemmten Erotikers schützen, der nur durch die unzugängliche Esoterik und die Unlesbarkeit seiner Schriften zu dem legendären Ruf gekommen ist, ein Werk geschrieben zu haben, das der Befreiung der Frau gedient hat. Überdies läßt sich feststellen, daß Bachofens Mystizismus und Mutterverehrung eine Reihe faschistischer Schriftsteller inspiriert und so für die Sache der Frauen allerhand verdorben hat. Der größte Teil der Leserschaft – auch die Wissenschaftler – kennt ihn ohnehin nur aus zweiter Hand, in Zusammenfassungen seiner Denkergebnisse. Die wichtigste und allgemein bekannte These, die er in seinem Mutterrecht aufstellt, lautet, daß es ein der patriarchalischen Herrschaft vorangegangenes Zeitalter der Frauenherrschaft gegeben habe, die er Gynaikokratie nennt. Vor dieser Frauenherrschaft existierte eine Form der Sexualbeziehungen, die Bachofen mit dem heute unappetitlich klingenden Begriff »Sumpfzeugung« belegt. Darunter verstand er eine Periode, in der die Menschen den regellosen Geschlechtsverkehr ohne Tabus gepflegt hätten. Dieses habe dem Weibe widerstrebt, und sie habe daraufhin das gynaikokratische Weltzeitalter herbeigeführt, das auf der Ehe beruht.

Bachofen war nie über Europa hinausgekommen. Er dachte über Völker, die nicht zum Abendland zählten und keine schriftliche Kultur besaßen, wie seine Zeitgenossen. Barbarische Völker verhalten sich sexuell wahllos – sie paaren sich hemmungslos und ohne Scheu wie die Tiere. Frauen jedoch wollen Männer zur Ehe bringen, wollen Beständigkeit, Sicherheit und Stabilität, deshalb geht bei Bachofen die Erfindung der Ehe auf das Konto der Frau. Auch Engels war der der viktorianischen Prüderie entspringenden Vorstellung verfallen, die Frau habe es als erste zur Ehegemeinschaft gezogen, weil diese sexuell weniger erniedrigend für sie gewesen sei. In seinem Werk »Der Ursprung der Familie, des Privateigentums und des Staates« heißt es:

> »Bachofen hat ferner unbedingt recht, wenn er durchweg behauptet, der Übergang von dem, was er ›Hetärismus‹ oder ›Sumpfzeugung‹ nennt, zur Einzelehe sei zustande gekommen wesentlich durch die Frauen. Je mehr mit der Entwicklung der ökonomischen Lebensbedingungen, also mit der Untergrabung des alten Kommunismus und mit der wachsenden Dichtigkeit der Bevölkerung, die altherkömmlichen Geschlechtsverhältnisse ihren waldursprünglich-naiven Charakter einbüßten, um so mehr mußten sie den Frauen erniedrigend und drückend erscheinen; um so dringender mußten sie das Recht auf Keuschheit, auf zeitweilige oder dauernde Ehe mit nur einem Mann als eine Erlösung herbeiwünschen. Von den Männern konnte dieser Fortschritt ohnehin schon deshalb nicht ausgehen, weil es ihnen überhaupt nie, auch bis heute nicht, eingefallen ist, auf die Annehmlichkeiten der tatsächlichen Gruppenehe zu verzichten. Erst nachdem durch die Frauen der Übergang zur Paarungsehe gemacht, konnten die Männer die strikte Monogamie einführen – freilich nur für die Frauen.«(2)

Als Bachofen sein »Mutterrecht« schrieb, gab es bereits zahllose Reiseberichte von Missionaren, Tagebücher von Weltreisenden, die seit dem 16. Jahrhundert die Völker Nord- und Südamerikas und Afrikas besucht hatten. Daß diese Völker Verwandtschaft nach anderen Regeln vollzogen als die Europäer, war bis dahin keinem so recht aufgefallen. Immerhin haben schon Kant entsprechende Berichte vorgelegen, die er in seiner Anthropologie in amüsant märchenhafter Weise verwandte. Von Weiberherrschaft war auch die Rede, und Christoph Meiners, der eine Weltgeschichte des weiblichen Geschlechts plante und den ersten Band dazu um 1790 herausbrachte, hatte berichtet, daß es bei den Negern einige Stämme gebe, in denen die Prinzessinnen unumschränkte Macht ausübten, sich jeden Mann zu Willen machten und sogar so weit gingen, den König zu erwürgen. Auch gab es die Berichte Herodots, Strabos und Diodors über die Ägypter und andere Völker, die den gebildeten männlichen Zeitgenossen, die fast alle Griechisch beherrschten, geläufig waren. Bachofens neue Entdeckung bestand also in der Hauptsache darin, daß er die Sitten dieser Völker nicht als Einzelerscheinung ansah, sondern ein ganzes Weltzeitalter konstruierte, in dem die Frauen herrschten, und zwar deswegen, weil die Mutterschaft ihnen eine Aura von Macht und Heiligkeit verlieh. Denn da der Zusammenhang von Geschlechtsverkehr, Zeugung und Schwangerschaft unbekannt war, gab es die Vaterschaft noch nicht.

Bachofens Anhaltspunkte für seine Theorie vom Mutterrecht waren einige Stellen der griechischen Historiographen und Reisenden, die bei Kontakten mit anderen Völkern festgestellt hatten, oder denen es selbst überliefert worden war, daß diese ein anderes Erbrecht hatten als die Griechen, daß bei ihnen auch die Töchter erbten.(3) Daraus konstruierte Bachofen ein Erbrecht, das ausschließlich von der Mutter auf die Töchter ging. Die andere geschichtliche Quelle für ihn waren die griechischen Mythen und Heldensagen, vor allen Dingen die Kämpfe des Herakles und des Achill mit den Amazonen. Aber exakte Fakten, die Dokumentation seiner Thesen, Quellenangaben oder Nachweise waren für Bachofen ohnehin nicht wichtig. Seine Ideen vom Anfang der Geschichte waren selbst ein neuer Mythos. Sie dichteten sich sozusagen selbst aus den inneren Problemen des Autors. Diese inneren Probleme bestanden offensichtlich in einer quälerischen Bindung an seine schöne junge Mutter, und das »Mutterrecht« bedeutete für den Junggesellen Bachofen eine

Emanzipation von dieser. Die Verklausulierung dieser Probleme jedoch, ihr formaler Ausdruck, ihre Metaphern und auch ihre Vorstellungen von der Mutterschaft waren lange vorformuliert in den Schriften der Romantiker. Der Nationalsozialist Alfred Baeumler, einer der schwärmerischsten Bachofen-Verehrer des 20. Jahrhunderts, schreibt:

> »Als Bachofen in der dämmerig großartigen Wildnis seiner Seele das Wort Mutter fand, da hatte er unwissend die Blaue Blume gefunden, nach der die Romantiker suchend umhergeirrt waren.«

Alles, was die Romantik gesucht, gewollt, erstrebt habe, sei in dem Wort Mutter zusammengefaßt, meint Baeumler, denn die Romantik war eine

> »Gegenbewegung gegen den von Fichte allzu hoch gespannten paternalen Idealismus. Sie wollte die verletzte Mutter, die von Fichte verachtete Natur ... wieder in ihre Rechte einsetzen.«(4)

Bachofen begründet seine Thesen vom Mutterrecht nicht mit geschichtlichen Dokumenten, sondern mit Spekulationen über den Anfang des Menschen. Er stellt dem Schöpfungsmythos des Alten Testaments seinen eigenen gegenüber. Im Alten Testament wird Eva aus einem Stück von Adam gemacht, bei Bachofen wird der Mann aus der Frau geschaffen. Die ewige Frage der meisten Religionen, wer zuerst war, Mann oder Frau, wird bei Bachofen zugunsten der Frau beantwortet. Im Sinne der Freudschen Entwicklungspsychologie war das richtig, als naturwissenschaftliche Behauptung zur Zeit Darwins eine lächerliche These. Bachofen lehnte es ab, eine Geschichte der Fakten zu schreiben, war aber nicht konsequent genug, um auf den Anspruch der Wissenschaftlichkeit zu verzichten. Er schreibt:

> »Die Mutter ist früher als der Sohn. Die Weiblichkeit steht an der Spitze, die männliche Gestaltung der Kraft tritt erst nach jener, in zweiter Linie hervor.«(5)

Daraus werden die Kategorien von Sein und Handeln entwickelt:

> »Das Weib ist das Gegebene, der Mann wird.«

Obwohl nun die zweigeschlechtliche Vermehrung bei Einzellern, Pflanzen und allen Tierarten vorkommt, hat bei

Bachofen am Anfang eine Jungfrau ohne männliche Mitwirkung einen Sohn bekommen.

»Weib und Mann erscheinen also nicht gleichzeitig, sind nicht gleichgeordnet. Das Weib geht voran, der Mann folgt; das Weib ist früher, der Mann steht zu ihr im Sohnesverhältnis; das Weib ist das Gegebene, der Mann das aus ihr erst Gewordene ... von Anfang an vorhanden, gegeben, unwandelbar ist nur das Weib; geworden, und darum stetem Untergang verfallen, der Mann. Auf dem Gebiete des physischen Lebens steht also das männliche Prinzip an zweiter Stelle, es ist dem weiblichen untergeordnet. Darin hat die Gynaikokratie ihr Vorbild und ihre Begründung.«(6)

Bachofen vermeidet es, auf die physiologischen Unmöglichkeiten seiner Beschreibung irgendwelche Ausführungen zu verwenden:

»Aus dem Weibe entsteht alsdann der Mann durch wunderbare Metamorphose der Natur, wie sie in jeder Knabengeburt sich wiederholt.«(7)

Diese Art von Mutterschaft, dieses unvorstellbare Wunder der Natur, existiert nur um der Selbstfeier des Sohnes willen, der seine Ankunft aus dem Mutterschoß als gebührendes geschichtliches Ereignis darstellt. Bachofen geht es nicht um Mutterschaft und Mütterlichkeit, sondern um die Selbstdefinition als Sohn, und er verrät dabei sehr konkret eigene Knabenträume.

»Wird aus des Weibes Schoß der Mann geboren, so staunt nun die Mutter selbst ob der neuen Erscheinung. Denn auch sie erkennt an der Bildung des Sohnes die Bildung jener Kraft, deren Befruchtung sie ihr Muttertum zu verdanken hat. Mit Entzücken weilt ihr Blick auf dem Gebilde. Der Mann wird ihr Liebling, der Bock ihr Träger, der Phallus ihr steter Begleiter ... Das ist der höchste Ausdruck der Gynaikokratie ...«(8)

Die Mutter hat vor ihrem Sohn keinen Mann gekannt. Das ist also die wichtige »Erkenntnis«, von der Bachofen Mitteilung machen will.

»Aber der männlichen Kraft erste Erscheinung auf Erden ist in Sohnes Gestalt. Von dem Sohne wird auf den Vater geschlossen, an dem Sohne Existenz und Natur der männlichen Kraft zuerst sichtbar.«(9)

Er faßt dann zusammen.

»Mit einem Worte, das Weib steht zuerst als Mutter, der Mann zuerst als Sohn da.«(10)

Danach erst wird deutlich, worauf diese Phantasien abzielen: Der Sohn möchte sein eigener Vater sein. Und als sein eigener Vater möchte er die Mutter unentwegt zum Gebären bringen, sie, die nicht genug kriegen kann von dem Phallus des Sohnes, ihrem ständigen Begleiter.

»So wird der Sohn selbst zum Gemahl, zum Befruchter der Mutter, selbst zum Vater ... Aus dem Sohne wird er der Mutter Befruchter, aus dem Erzeugten selbst Erzeuger, und immer steht ihm dasselbe Weib, bald als Mutter, bald als Gemahlin gegenüber. Der Sohn wird sein eigener Vater.«(11)

Das ist Bachofens eigentliche Aussage: Am Anfang war eine Frau, die hat mich geboren und hat vor mir noch keinen anderen Mann gekannt. Sie ist die Ursache, ich die Wirkung. Aber gleichzeitig fallen im Sohn dann Ursache und Wirkung zusammen. Er wird sein eigener Erzeuger. Nicht die Mutter ist ihre eigene Mutter, sondern der Sohn hat seine allmächtige Doppelrolle erreicht, in der er schließlich zum Anfang und Ende selbst wird. Da nun bei Bachofen das Auge der Mutter mit unaussprechlichem Entzücken auf ihrem Liebling, dem Sohn – Gemahl und seinem herrlichen Phallus ruht, kann er es ihr ohne weiteres zugestehen, daß sie in der Gynaikokratie selbst ihren Mann wählt.

»Die Herrschaft des Weibes beginnt mit ihrer eigenen Wahl. Die Frau wirbt, nicht der Mann. Die Frau gibt sich zur Ehe, sie schließt den Vertrag, sie wird weder von dem Vater noch von den Agnaten dem Manne gegeben. Dafür spricht, wie bemerkt, schon die innere Konsequenz. Dasselbe fordert aber auch das Vermögensrecht der Gynaikokratie.«(12)

In solchen Geschlechterverhältnissen, wie Bachofen sie beschreibt, gibt es natürlich nur Edles, Sittenreines, Kraftvolles. Die Frauenherrschaft, die er sich ausgedacht hat, hat den Mann nicht unterdrückt, nicht zu einem Pantoffelhelden gemacht, sondern zum Helden schlechthin. Die edlen Weiber, die er am Anfang der Geschichte sieht, die so kräftig gebären können, waren die Mütter aller wahren Helden.

> »Wie lassen sich die heutigen (Zustände) mit denen der Urzeit, zumal der germanischen, messen? Das Bewußtsein der Herrschaft und Machtbefähigung veredelt Leib und Seele, verdrängt die niedrigen Wünsche und Empfindungen, verbannt die geschlechtlichen Ausschweifungen und sichert den Geburten Kraft und Heldengesinnung.«(13)

Solche Töne schlägt nur der sexuell Gehemmte, der Puritaner an. In dieser Jugend der Menschengeschichte waren die Menschen rein und gut und tapfer, gewaltige Krieger, die keine Angst kannten.

> »Weit entfernt davon, die kriegerische Tapferkeit auszuschließen, ist die Gynaikokratie im Gegenteil ein mächtiger Hebel derselben. Zu allen Zeiten geht ritterliche Gesinnung mit dem Frauenkulte Hand in Hand. Furchtlos dem Feind begegnen und dem Weibe dienen, ist jugendlich kräftiger Völker stets vereinigte Auszeichnung.«(14)

So erklärt er sich auch die römischen Heldentaten dadurch, daß das römische »Heldenvolk von Sabinerinnen ganz amazonischer Erscheinung abstammt«. Denn die Sabinerinnen hatten einen sicheren Geschmack für Helden.

> »Solchen Frauen können keine Weichlinge und keine gleißenden Wollüstlinge gefallen. Solchen wird auch die Untreue, die meist in der Verachtung des Mannes ihren Ursprung nimmt, unbekannt bleiben. Darum ist die Weiberherrschaft jener Tage weit entfernt, die Tapferkeit der Männer zu mindern ... und so wird es immer klarer, wie der Ruhm frohen Gedeihens den weiberbeherrschten Völkern der alten Zeit gewiß mit Recht erteilt worden ist.«(15)

Die Frauenherrschaft hat jedoch auch noch eine andere Dimension, die volkswirtschaftliche. Die Darstellung des ökonomischen Geschlechterverhältnisses zeigt allerdings eine Naivität, die man dem Sohn eines Schweizer Patriziers so leicht nicht zutrauen würde. Bachofen schreibt:

> »Die Sklaven werden des Augenlichts beraubt. Solchen Zuständen entspricht Gynaikokratie vollkommen. Jagd, Streifzüge und Krieg erfüllen des Mannes Leben, halten ihn von Weib und Kind fern. Der Frau bleibt die Familie, der Wagen, die Herden, der Sklaven Menge anvertraut. In dieser Aufgabe des Weibes liegt die Notwendigkeit einer Herrschaft. Aus derselben erfolgt sein ausschließlicher Anspruch auf das Erbrecht. Durch Jagd und Krieg soll der Sohn sein Dasein fristen. Die Tochter, von diesem Selbsterwerb ausgeschlossen, wird auf der Familie Reichtum angewiesen. Sie allein erbt, der Mann hat seine Waffen, trägt sein Leben in seinem Bogen und Speer. Für Weib und Tochter erwirbt er, nicht für sich, nicht für seine männlichen Nachkommen. So unterstützen sich Gynaikokratie und kriegerisches Leben.«(16)

Bei diesen Ausführungen, so kann man vermuten, hat seine Lektüre über die Spartaner Pate gestanden, bei denen die Frauen der Aristokratie die Güter verwalteten, während ihre Männer sich dem Militärdienst widmeten. Bachofen schreibt:

> »Die Wirkung wird Ursache, die Ursache Wirkung. In dem Ausschluß von allem ererbten Besitz findet der Mann immer neuen Antrieb zu kriegerischen Unternehmungen; in der Entbindung von jeder häuslichen Sorge die Möglichkeit, auf weiten Zügen von Raub und Krieg zu leben.«(17)

Daß sich Bachofen bei seiner Behauptung von Kriegerleben und Sklavenerbeutung an anderer Stelle widerspricht, gehört zu den Zügen, die bei seiner Vorliebe fürs Irrationale nicht überraschen können. Denn entweder sind die frauenbeherrschten Völker kriegliebend oder sie sind friedliebend, bei Bachofen sind sie mal dieses, mal jenes.

> »Eine große Anzahl tiefgehender Volkseigentümlichkeiten wiederholt sich mit überraschender Gleichförmigkeit bei allen Stämmen und Staaten, deren Leben sich auf dem Prinzipat des Muttertums gründet. ... Die Vorliebe für eine friedliche Gestaltung des Lebens, der Ruhm technischer Fertigkeit und vielfacher praktischer Ausbildung, eine wesentlich konservative Denkart, ein hoher Grad re-

ligiöser Vertiefung, innige Hingabe an das Mysterium und seine in das Jenseits hinüberreichenden Hoffnungen, Eunomie und Abneigung gegen Gewalttat, Anhänglichkeit an die Demokratie in ihrer alten Einfachheit, Unterordnung der ganzen Denkweise unter die Erscheinungen des Naturgesetzes: für alle diese Auszeichnungen des gynaikokratischens Lebens ist Lykien Muster und Vorbild.«(18)

Bachofen hat jedoch diese ganze Geschichte nicht ausgebreitet, um den Frauen ihre Geschichte zurückzugeben, sondern um der mütterlichen Herrschaft der Frau, die eine stoffliche ist und von niedrigerer Stufe, die endgültige Herrschaft des Sohnes kontrapunktisch gegenüberzustellen. Denn die Frau ist »Sumpfzeugung«, ist körperlich, stofflich, ein ungeistiges Prinzip. Deswegen muß sie durch die von ihr geborenen Heldensöhne überwunden werden, da sie kein Maß der Dinge hat. Die Gynaikokratie hat sich zu diesem Zeitpunkt in ein Amazonentum umgewandelt, das die neuen, durch die Männer geschaffenen Religionselemente bekämpft. Den Stoff für die Überwindung der Frauen, die zu Amazonen geworden sind, liefern ihm die Sagen von Herakles, Dionysos und Apoll.

»Ihnen unterliegt nicht nur das Amazonentum, sondern auch die eheliche Gynaikokratie. Sie erheben das Vatertum aus den Banden des Stoffes zur Sonnenkraft und geben ihm dadurch jene unkörperliche höhere Natur, in welcher allein es seine Superiorität über das im Stoffe wurzelnde Mutterrecht dauernd zu erhalten vermag.«(19)

Die Helden leisten also einen Sublimierungsakt, indem sie das geistige Prinzip in der Kultur entfalten. Wie dieses geistige Bestreben bei den armstarken Helden und Gegnern der Amazonen, Herakles und Achill, aussieht, vermag Bachofen natürlich nicht zu sagen. Es geht ja um ihre Überwindung. Es geht um etwas noch Entsetzlicheres, das in diesem Mythos ausgedrückt wird. Der Mann kann die Frau nur lieben, wenn er sie tötet und zerstört. Bachofen schreibt:

»Achill wird durch den Anblick der in seinen Armen sterbenden Penthesilea, deren vollendete Schönheit er jetzt erst erkennt, zur Leidenschaft für seine besiegte Gegnerin hingerissen. Der Gedanke ist in allen diesen, auf die verschiedenste Weise modifizierten Darstellungen derselbe ... In dem siegreichen Helden erkennt das Weib die höhere Kraft und Schönheit des Mannes. Gerne beugt es sich dieser. Müde seiner amazonischen Heldengröße, auf der es sich nur kurze Zeit zu halten vermag, huldigt es willig dem Manne, der ihm seine natürliche Bestimmung wiedergibt. Es erkennt, daß nicht männerfeindlicher Kriegsmut, daß vielmehr Liebe und Befruchtung seine Bestimmung ist. In diesem Gefühl folgt es nun willig demjenigen, der durch seinen Sieg ihm die Erlösung brachte.«(20)

Die Botschaft dieser Stelle kann wohl nur gedeutet werden als eine Warnung. Frauen können sich im Widerstand gegen Männer nur kurze Zeit halten. Sie werden, sie müssen unterliegen. Der Tod ist ihnen sicher. Bachofen:

»Jetzt in die Schranken der Weiblichkeit zurückgekehrt, erregt auch sie des Mannes Liebe, der nun erst ihre volle Schönheit erkennt, und ob der tödlichen Wunde, die er selbstgezwungen beibrachte, von wehmütiger Trauer ergriffen wird. Nicht Kampf und Mord, nein, Liebe und Ehe sollte zwischen ihnen herrschen. So verlangt es des Weibes natürliche Bestimmung.«(21)

Das ist, wie Bachofen weiter sagt,

»die Wiederherstellung des natürlichen Verhältnisses«.

Auch dem anderen Überwinder der Amazonen, Herakles, und seiner höheren Kraft

»beugt sich die Frau gerne. In der Unterordnung der Liebe erkennt sie nun selbst ihre wahre Bestimmung.«(22)

Nach Bachofen gelangt die Entwicklung zum Vatertum durch Herakles zum Abschluß:

»Die höhere Kraft, die seine Taten verkünden, offenbart den himmlischen Zeusgeist, und in diesem allein ruht das vollendete Mannesrecht.«(23)

Da sich die Frau nun selbst als minderwertig gegenüber dem Mann erfährt, ordnet sie, die Stoffliche, sich dem geistigen Prinzip des Mannes gerne unter, das aus Herakles' starken Armen zu entspringen seint. Nun endlich ist die Welt in Ordnung gebracht. Die Geschichte ist vollendet.

»Erst jetzt ist das wahre Gleichgewicht der Geschlechter, der dauernde Friede unter ihnen hergestellt; erst jetzt

> auch das kosmische Gesetz unter den Menschen verwirklicht. Der Sonne folgt der Mond ewig nach, durch sich selbst leuchtet er nicht, all seinen Schein borgt er von dem höheren Gestirn. So die Frau von dem Manne. Denn stofflich, wie der Mond, ist die Frau; geistig, wie die Sonne soll der Mann sein. ... des Mannes unkörperliches, geistiges Prinzip gelangt zur Herrschaft. Das Weib erkennt, daß sie ihren schönsten Glanz von ihm erborgen muß.«(24)

Es gehört zu Bachofens Ungereimtheiten, daß er gar nicht erst erklärt, was dieses geistige Prinzip, dieses geistige Vatertum ist. Der Höhepunkt in seinem »Mutterrecht« ist jedoch eine von ihm geschilderte sagenhafte Begegnung zwischen Alexander dem Großen und der meroitischen Königin Kandake, die sich in Asien abspielt. Kandake wird mit Alexanders »höherer Klugheit« konfrontiert.

> »Erst Gegnerin, erscheint sie zuletzt als begeisterte Anhängerin des Königs, den sie unverletzt ziehen läßt, den sie selbst zum Sohn haben möchte. Doch ist es jetzt nicht des Mannes phallische Herrlichkeit, sondern sein geistiger Glanz, der die Bewunderung und Zuneigung hervorruft. In Klugheit wetteifern der König und die Königin, auf dem geistigen Gebiet entscheidet sich des Mannes letzter Sieg. Das Weib selbst freut sich des vor ihm zuerst sichtbar werdenden höheren Lichtes. ... das Weib bringt den Tod, der Mann überwindet ihn durch den Geist.«(25)

So wird nach Bachofen

> »dem geistigen Vaterrechte für alle Zeiten die Herrschaft über das stoffliche Muttertum erworben.«

Damit hat der Mann

> »das Geschlechtsleben der Frau aus den Sumpfgründen des unreinen Stoffes, in dem es seinen Untergang findet, auf jene Lichtbahn hinübergeleitet, durch die es für sie zum Ausgangspunkt eines höheren psychischen Daseins werden kann.«(26)

Neben all den unauffindbaren Quellen, geheimnisvollen griechischen oder lateinischen Zitaten, in denen nirgendwo ein konkreter Beleg für seine Theorie der Gynaikokratie enthalten ist, gibt es ein einziges Beispiel aus der Literatur, das einigermaßen anschaulich seine These vom Niedergang des Mutterrechts unterstützt. Es handelt sich um die berühmte Stelle aus der Orestie des Aischylos, über den Mythos von Klytämnestras Mord an ihrem Ehemann und von der Rache des Sohnes Orest an seiner Mutter. Der Inhalt des Mythos ist bekannt. Agamemnon, der Mann Klytämnestras, hat seine Tochter Iphigenie geschlachtet. Er opferte sie, um den Zorn des Poseidon zu besänftigen, der ihm eine Windstille geschickt hat und ihn am Auslaufen seiner Flotte hindert. Klytämnestra erschlägt ihren Mann bei seiner Heimkehr. Daraufhin ermordet der Sohn Orest seine Mutter Klytämnestra, er rächt seinen Vater. Die Erinnyen verfolgen ihn. In einem Prozeß, dem die Göttin Athene selbst beiwohnt und Recht spricht, wird Orest jedoch freigesprochen. Athenes Geburt aus dem Kopf ihres Vaters Zeus wird als Beispiel dafür zitiert, daß ein Sohn direkt mit seinem Vater verwandt ist, während die Mutter zur Existenz eines Kindes nur wenig beiträgt. Der Gattenmord wiegt darum schwerer als der Muttermord.

Diese Argumentation aus dem Aischylos-Drama wird von Bachofen als Beweis angeführt, daß es sich hier um eine Auseinandersetzung zwischen Mutterrecht und Vaterrecht gehandelt habe. Das Vaterrecht habe gesiegt, notwendigerweise, denn es sei ja von höherer Natur. Die Blutrache ist nur Verpflichtung gegenüber denen, mit denen man verwandt ist. Da Orest seine Verwandtschaft aber nur vom Vater herleitet, wird der Mord an seiner Mutter legitim. Orests Muttermord wird von Bachofen als Sieg eines höheren Prinzips gefeiert, Klytämnestras Mord an ihrem Mann jedoch verurteilt, da sie der niederen Sphäre des stofflichen Lebens angehört.

> »Was die Mutter für sich geltend macht, ist ganz den Verhältnissen des stofflichen Lebens entnommen; die mütterliche Blutrache, die sie übt, gehört dem Recht der mütterlichen Geburt, die in der Erde Muttertum ihr großes Vorbild findet ... Es ist das blutigste aller Rechte, dies stoffliche Mutterrecht.«(27)

Bachofen läßt es nicht dabei bewenden, hier den Übergang zwischen zwei juristischen Wertvorstellungen zu sehen, sondern für ihn ist das, was die Frau getan hat, der »Blutrünstigkeit« des Muttertums entsprungen, während der Sohn, der die Mutter tötet, das »himmlische Lichtrecht« in Kraft setzt.

»Das stoffliche Recht erster Zeit zeigt das Gesetz des Blutes, das himmlische Lichtrecht das der Sühne. Die Idee höherer Gerechtigkeit, die alle Umstände erwägt, tritt erst jetzt in die Welt ein. Sie stammt vom Himmel; früher gab es bloß Blutrache, die keine Verteidigung anhört, und diese stammt aus dem Stoffe. Mit Milde ist des Mannes Herrschaft, mit Grausamkeit die des Weibes gepaart. ... die Zeit des Weiberrechts ist die der Blutrache und die des blutigen Menschenopfers, jene des Vaterrechts die des Gerichts, die der Sühne, die des unblutigen Kultes ...«(28)

Dadurch, daß Orest Klytämnestra, seine Mutter, erschlägt, unterwirft er nach Bachofens Meinung auch die Göttin Artemis, die Göttin der Jagd, die bis dahin ihrem Bruder Apoll gleichgestellt, dem »höheren milderen apollinischen« Gesetze. Worin diese Unterordnung unter den Bruder besteht, übergeht er.

Die Deutung der Orestie durch Bachofen ist von allen Anhängern der Matriarchatstheorie immer wieder unkritisch übernommen worden. Besondere Schuld daran trifft Friedrich Engels, der im Vorwort zur 4. Auflage seines Buches »Der Ursprung der Familie, des Privateigentums und des Staats« schreibt, daß es sich dabei um die »neue, aber entschieden richtige Deutung der Oresteia« handele. Aber Engels hat im »Ursprung der Familie« Bachofen noch weiter aufgewertet durch seine Feststellung:

»Die Geschichte der Familie datiert von 1861, vom Erscheinen von Bachofens Mutterrecht.«(29)

Während Engels den schottischen Prähistoriker J. F. MacLennan einen ausgetrockneten Juristen nennt, rühmt er Bachofen als »genialen Mystiker«. Die Zusammenfassung, die Engels von Bachofens Behauptungen gibt, entspricht nicht dessen wirklichen Aussagen. Sie ist davon in hohem Maße abstrahiert. Vor allen Dingen entspricht sie überhaupt nicht Bachofens Intentionen. Engels faßt Bachofen so zusammen, als ob den Frauen

»als den Müttern, den einzigen sicher bekannten Eltern der jüngeren Generation, ein hoher Grad von Achtung

> und Ansehen gezollt wurde, der sich nach Bachofens Vorstellung zu einer vollständigen Weiberherrschaft (Gynaikokratie) steigerte.«(30)

Engels, der sonst keineswegs zimperlich in seiner Beurteilung anderer Autoren ist, meint zwar, daß es

> »eine saure und keineswegs immer lohnende Arbeit«

sei,

> »sich durch den dicken Quartanten Bachofens durchzuarbeiten«,

aber das alles schmälere nicht sein bahnbrechendes Verdienst.(31) Er findet kein Wort der Kritik an Bachofens wesentlichen Aussagen, nämlich der Überlegenheit eines angeblich geistigen Vaterprinzips über ein angeblich stoffliches und in Sumpfzeugung steckendes Mutterprinzip. Engels, der an MacLennans Theorie über die Entstehung der Exogamie eine so abfällige Kritik übt, wollte Bachofen offenbar bewußt schonen. Unerklärlich bleibt auch, daß er Bachofen, obwohl er meint, daß dessen Auffassungen in reinem Mystizismus enden, so hohen wissenschaftlichen Wert zuspricht. In der Vorzeit hätten die Frauen eine höhere gesellschaftliche Stellung besessen, die aus ihrer Mutterschaft entsprang.

> »Diese Sätze hat Bachofen zwar nicht in dieser Klarheit ausgesprochen – das verhinderte seine mystische Anschauung. Aber er hat sie bewiesen, und das bedeutete 1861 eine vollständige Revolution.«(32)

Engels bemerkte nicht, daß Bachofen keinen wissenschaftlichen Beweis geliefert hatte, sondern selbst einen neuen Mythos produzierte, nämlich den der geistigen Höherentwicklung und intellektuellen Überlegenheit des Mannes, der die stoffliche Erscheinung der Frau, die rein sinnlich und auf das Gebären ausgerichtet ist, mit geschichtlicher Notwendigkeit überwinden muß. Deswegen war die höchste Entwicklung der Menschengeschichte für Bachofen das römische Imperium. Bachofens Verdienst besteht einzig und allein darin, daß er eine Abstammungsregel entdeckt hat, die derjenigen der patrilinearen europäischen Familie und Sippe nicht entsprach. Es war die Berechnung der Abstammung nach der Mutter. Diese Abstammungsregel interpretierte er als Zustand der allgemeinen Frauenherrschaft.

Lassen wir vorläufig die Frage beiseite, ob den patriarchalischen Gesellschaften, wie wir sie heute kennen, zu irgendeiner Zeit eine Frauenherrschaft vorangegangen ist, die ebenso wie die Männerherrschaft heute alle Gesellschaften umfaßt hat und eine lange Periode in der Geschichte bildete. Bachofen hat keine Beweise dafür geliefert. Ein Gegenbeweis allerdings liegt auch nicht vor. Analysieren wir nur den Mythos, den Bachofen uns vortragen will, die anfängliche Herrschaft der Frau und ihre notwendige Überwindung, damit die Menschheit sich über das Stoffliche, das heißt auch über das Animalische, erhebt. Was er vorträgt, wirkt eher wie eine Geschichte mit einer ganz bestimmten Moral, die vermittelt werden soll. Die Moral des Bachofenschen Mythos ist die Unüberwindbarkeit der männlichen Herrschaft.

7. Kapitel

Die Irrtümer der Evolutionisten — Auf der vergeblichen Suche nach der Urgesellschaft

> »Die Geschichte des Menschengeschlechts zeigt überall die gleichen Anfänge, die gleichen Erfahrungen, den gleichen Fortgang.«
> »Wie die Menschen im Denkvermögen und der Körperform – infolge ihres gemeinsamen Ursprungs – übereinstimmen, so ist auch ihre Kultur im wesentlichen an allen Orten und zu allen Zeiten auf der gleichen Höhe der Entwicklung die gleiche gewesen.«
> *Lewis H. Morgan*

> »Wie steht das Weib zum Manne im Naturstande? So fängt man gewöhnlich echt deutsch und systematisch seine Fragen an . . .«,

schrieb 1810 der patriotische Dichter Ernst Moritz Arndt.(1) Seine Frage war eine Jahrhundertfrage, auch wenn Arndt sie noch getreulich nach den Vorstellungen des 18. Jahrhunderts beantwortete. Frauen aller Gesellschaften und Kulturen seien Sklavinnen gewesen im Vergleich zu den gesitteteren christlich-abendländischen Gesellschaften. Im Zustand der ersten Roheit

> »ist das arme Weib Sklavin, weil es nichts anderes sein kann. Es darf nicht frei herumgehen, weil es dann nichts als Streit und Mord geben würde; so wenig sind die Menschen ihrer Lüste Meister. Wäre das Weib das stärkere, es würde die Männer eingesperrt haben, wie es nun selbst eingesperrt ist.«(2)

Bachofen, der diese Ansicht 1861 mit seinem »Mutterrecht« stürzte, war ein Spätromantiker, dessen Weltbild in Widerspruch stand zu den evolutionistischen Vorstellungen des 19. Jahrhunderts, das nicht nach Mysterien, sondern nach rationalen Erklärungen von Natur und Gesellschaft verlangte. Unter den Evolutionisten befanden sich in bunter Mischung

Geschichtsphilosophen, Historiker, die ersten Völkerkundler und die Darwinisten. Allen gemeinsam war die Frage nach dem Ursprung der sozialen Institutionen des Menschen. Aus der Entwicklungsgeschichte dieser Institutionen – Ehe, Familie, Staat, Privateigentum, politische und Rechtsinstitutionen, Militär – versuchten sie einen Entwurf der Zukunftsgesellschaft zu destillieren. Da Ehe und Familie von ihnen nicht mehr als gottgegeben angesehen wurden, sondern als historische Erscheinungen, ergab sich zwangsläufig die Frage nach dem Ursprung der Beziehungen zwischen den Geschlechtern und der Unterordnung der Frau unter den Mann.

Von allen Schwierigkeiten, die in der Frauenbewegung des 19. und 20. Jahrhunderts der Formulierung einer eigenen feministischen Theorie im Wege standen, waren die Irrtümer des Evolutionismus zweifellos besonders folgenschwer. Das klingt paradox. Denn die einflußreichsten Evolutionisten vertraten die Auffassung, daß in der Urgesellschaft die Frauen eine herrschende Rolle gespielt hätten. Die Behauptung eines frühgeschichtlichen Matriarchats oder einer Gleichstellung der Geschlechter in prähistorischen Zeiten war für die Frauenbewegung des 19. Jahrhunderts besonders attraktiv, denn sie lieferte ihr im Namen der Wissenschaft den Beweis, daß weibliche Unterdrückung historisch und nicht biologisch sei. Außerdem eröffneten die evolutionistischen Thesen die Hoffnung auf eine Wiederherstellung des ursprünglichen Zustands der Geschlechter. Die Matriarchatsvorstellung wurde auch gleich zu Beginn der neuen internationalen Frauenbewegung Ende der sechziger Jahre unkritisch wiederbelebt.(3) Da es heute ausreichende wissenschaftliche Beweise dafür gibt, daß weibliche Unterdrückung keine »Naturordnung« ist, sondern sich in historisch verfolgbaren Prozessen abspielt, muß jede weitere Spekulation über die Frauenherrschaft in der Frühzeit die Frauenbewegung auf eine falsche theoretische Fährte locken. Ein simples Analogiedenken, das von einem prähistorischen Matriarchat auf ein zukünftiges schließt, kann nur in eine theoretische Sackgasse führen. Gerade darin lag bereits der Erfolg der Evolutionisten des 19. Jahrhunderts – ihre Theorien beruhten auf einer simplen gedanklichen Konstruktion, die leicht in populärer Form zu vermitteln war.

Dabei lassen sich zwei Entwicklungsmodelle unterscheiden. Die eine Auffassung entsprach mehr dem Denken der liberalen Intellektuellen. Am Anfang der Geschichte waren die Menschen Barbaren, unter denen rohe Gewalt und das Recht des Stärkeren herrschten. Der erreichte Stand der Zivilisation im 19. Jahrhundert garantiert jedoch den Fortschritt der Menschheit, den Ausbau von Menschenrechten und die Überwindung von Greueln wie der Sklaverei, des Krieges und der männlichen Vorherrschaft. Am Ende der menschlichen Geschichte wird die höchste Entwicklung der Humanität erreicht sein. Die andere evolutionistische Richtung vertrat den Standpunkt, daß am Anfang der gesellschaftlichen Entwicklung die Menschen einander gleich waren, ihr Sozialleben friedlich, und am Ende der Gesellschaft werden sie in diesen Zustand zurückkehren, nur auf einer höheren Ebene, auf der sie die vollständige Kontrolle über die Natur erreicht haben, ohne die Unbequemlichkeiten des primitiven Lebens.

Dementsprechend waren liberale Vertreter des Evolutionismus der Auffassung, daß am Beginn die Frau völlig rechtlos und mißbraucht gewesen sei, während die andere Richtung die Ansicht vertrat, am Anfang der Gesellschaft seien Mann und Frau einander gleich gewesen bzw. die Mutter habe eine wichtigere Rolle gespielt als der Vater. Der Engländer Herbert Spencer verglich die Gesellschaft mit dem Wachsen eines Organismus, der auf jeder Entwicklungsstufe die niedrigere integriert. Die Theorie Darwins von der Evolution der Organismen führte Spencer zu der Idee,

> »daß hier ein universales Gesetz vorlag, das sich auf alle Bereiche von Phänomenen anwenden ließ: ›Ob es sich um die Entwicklung der Erde handelt, die Entwicklung von Leben auf der Erdoberfläche oder um die Entwicklung von Gesellschaft, Staat, Industrie, von Handel, Sprache, Literatur, Wissenschaft oder Kunst – allen Bereichen liegt dieselbe Evolution vom Einfachen zum Komplizierten, und zwar durch sukzessive Differenzierungen zugrunde.«(4)

Dieses Entwicklungsprinzip sei in der Entwicklung religiöser Vorstellungen verwirklicht, die die Menschheit von einem primitiven Geisterglauben zu einem zentralen Gottesbegriff geführt habe. Die primitive Gesellschaft war für Spencer militaristisch, durch Gewalt und Eroberung bestimmt. Sie würde allmählich ersetzt werden durch eine friedliche, industrielle Gesellschaft, in der die sozialen Schranken und die Vorherrschaft des Militärs ebenso abgebaut würden wie die Herrschaft des Mannes über die Frau. In seinem Buch »Soziale Statik, oder die Bedingungen des menschlichen Glücks«, das Anfang der fünfziger Jahre des 19. Jahrhunderts erschien, behauptete er, daß männliche und weibliche Rechte aus einer Rechtsquelle abgeleitet werden könnten,

> »und daß die Einwände, die gewöhnlich erhoben werden gegen das Verleihen politischer Macht an die Frauen, auf Begriffe und Vorurteile begründet sind, die keiner näheren Prüfung standhalten.«

Er fragte,

> »wer kann uns also sagen, wo eigentlich die Sphäre der Frau liegt? Da die Gebräuche der Menschen so sehr voneinander abweichen, möchte ich wissen, wodurch bewiesen werden kann, daß die Sphäre, die wir ihr zuweisen, ihre wirkliche ist – daß die Grenzen, die wir ihrer Tätigkeit stecken, gerade die richtigen Grenzen sind?«(5)

Nach Spencer findet die Forderung der gleichen Freiheit auf die ganze Menschheit, männliche und weibliche, Anwendung.

Die andere Richtung des Evolutionismus versuchte, durch ihre Theorie eine Lücke zwischen dem sozialen und sexuellen Verhalten der Tiere, speziell der verschiedenen Affenfamilien, und dem sexuellen und sozialen Verhalten des Menschen zu schließen. Die Affenhorde kennt keine Inzestscheu, und der Geschlechtsverkehr zwischen ihren Mitgliedern ist offenbar völlig wahllos. Wenn Menschen und Affenfamilien in der Vorzeit gleiche Vorfahren hatten, so konnten die ersten Menschen kein Inzestverbot gekannt und müßten in Promiskuität gelebt haben. Der monogamen Ehe mußte also ein anderer Zustand vorausgegangen sein. Die Evolutionisten versuchten die Überreste dieses Zustandes wie Promiskuität, Gruppenehe, Polygamie und Polyandrie in den Berichten über Eingeborenengesellschaften aufzufinden, die ihnen vorlagen.(6) Der wichtigste Versuch, eine Linie von der Frühzeit des Menschen bis zur Zivilisation zu ziehen, stammte von dem Amerikaner Lewis H. Morgan. In seinem Buch »Die Urgesellschaft« unternahm er es, die Geschichte der Menschheit zu periodisieren.(7) Er teilte sie in drei Stufen ein, die er Wildheit, Barbarei und Zivilisation nannte – jede dieser Stufen war außerdem in eine Unter-, Mittel- und Oberstufe aufgeteilt. Die Wildheit ist charakterisiert durch den ersten Gebrauch des Feuers und die Verwertung von Fischen zur Ernährung. Gleichzeitig beginnt die artikulierte Sprache. Die Erfindung von Pfeil und Bogen und die Töpferkunst stehen an ihrem Ende. Die Töpferkunst ist für Morgan das sicherste Merkmal für die Grenzlinie zwischen Wildheit und Barbarei. Zu den Wilden gehören diejenigen Stämme, die die Töpferei noch nicht gekannt haben, zu den Barbaren diejenigen, die sie beherrschen, aber noch nicht bis zu einem phonetischen Alphabet und dem Gebrauch der Schrift gediehen sind. In der Stufe der Barbarei beginnen die Züchtung von Haustieren, die Kultivation von Pflanzen, der Gebrauch von Steinen zum Hausbau und die Bearbeitung von Eisen. Die Zivilisation setzt mit der Erfindung eines phonetischen Alphabets und dem Gebrauch der Schrift ein. Parallel zur technisch-ökonomischen Entwicklung läuft die Entwicklung der menschlichen Familienformen, die nach Morgan mit dem Inzest zwischen Brüdern und Schwestern beginnt und deren höchstentwickelte Stufe die monogame Ehe der zivilisierten Welt ist. Morgan schreibt:

> »Fünf verschiedene und aufeinander folgende Formen der Familie lassen sich jetzt unterscheiden, deren jede einer besonderen Eheform eigentümlich ist. Es sind dies die folgenden:
>
> I. Die Blutsverwandtschaftsfamilie.
>
> Sie beruhte auf der Gruppenehe von Brüdern, leiblichen und kollateralen, mit ihren Schwestern.
>
> II. Die Punalua-Familie.
>
> Diese beruhte auf der Gruppenehe mehrerer, leiblicher und kollateraler, Schwestern mit ihren Ehemännern, wo-

bei die gemeinsamen Ehegatten nicht notwendig miteinander verwandt zu sein brauchten. Ebenso auf der Gruppenehe mehrerer, leiblicher und kollateraler, Brüder mit ihren Ehefrauen, wobei diese Frauen ebenfalls nicht untereinander verwandt zu sein brauchten, obwohl in beiden Fällen dies häufig vorkam. In jedem Fall war die Gruppe der Männer gemeinschaftlich mit der Gruppe der Frauen verheiratet.

III. Die syndiasmische oder Paarungsfamilie.

Sie beruhte auf der Ehe zwischen einzelnen Paaren, jedoch ohne völlige eheliche Treue. Die Dauer der Ehe stand im Belieben der Ehegatten.

IV. Die patriarchalische Familie.

Sie beruhte auf der Ehe eines Mannes mit mehreren Frauen; ihre Folge war im allgemeinen die strenge Abschließung der Frau.

V. Die monogamische Familie.

Sie war begründet auf der Ehe zwischen einzelnen Paaren unter der Voraussetzung vollständiger ehelicher Treue.«(8)

Nach Morgan wandelt sich die Familienform jeweils in Abhängigkeit vom Stand der technischen Entwicklung der Menschheit. Die ersten drei Familien- und Eheformen kannten nach Morgan nur die Erbfolge und die Zugehörigkeit zu einer Verwandtschaftsgruppe in der Familie der Mutter. Verwandtschaft und Erbschaft waren matrilinear. Die verstärkte Entwicklung vom Gemeineigentum der Gentilgesellschaft zum Privateigentum brachte die Umwandlung der matrilinearen Sippe zur patrilinearen. Diese Umwandlung war mit einer Schwächung des weiblichen Status verbunden. Die Aufrechterhaltung dieses Standpunktes brachte Morgan selbst schon in theoretische Schwierigkeiten. Denn unter den nordamerikanischen Indianerstämmen, über die er Informationen besaß, gab es zum Beispiel die Irokesen, die matrilinear organisiert waren, den Ackerbau kannten und, verglichen mit den anderen indianischen Stämmen, eine hochentwickelte politische Organisation (Konföderation mehrerer Stämme) besaßen. Andererseits lebten mitten unter diesen matrilinearen Stämmen auch solche, die patrilinear organisiert waren, und zwar auf einer weitaus niedrigeren technisch-ökonomischen und politischen Entwicklungsstufe. Morgan fiel dies zum Beispiel bei dem Indianerstamm der Winnebagos auf.

»Es ist überraschend, daß so viele Zweige dieses Urstammes die Abstammung in der Mutterfolge mit der Vaterfolge vertauscht, weil zu der Zeit, da dies bekanntermaßen stattfand, die Eigentumsidee tatsächlich noch unentwikkelt oder doch nur unbedeutend über das Stadium des Keimens hinausgediehen war, so daß sie kaum, wie bei den Griechen und Römern, die Triebfeder gewesen sein konnte.«(9)

Morgan bemühte sich jedoch nicht darum, diesen offensichtlichen Widerspruch theoretisch aufzuklären. Die enthusiastische Aufnahme von Morgans Forschungen durch Karl Marx und Friedrich Engels verwandelte seine Forschungshypothesen dann in feste Bestandteile einer politisch-ökonomischen Theorie und entzog sie der weiteren wissenschaftlichen Überprüfung. Ein russischer Frühgeschichtsforscher, M. M. Kovalevski, der persönlich mit Marx bekannt war, machte ihn auf das Werk von Lewis H. Morgan aufmerksam. In den Jahren 1880/81 exzerpierte Marx die »Urgesellschaft«. Seine Auszüge wurden nach seinem Tod von Engels verarbeitet.(10) Im weiteren Verlauf der sozialistischen Bewegung wurden die von Morgan aufgestellte Periodisierung der Geschichte und ihre Überarbeitung durch Engels zum Dogma, das den Fortschrittsglauben der Sozialisten wesentlich stützte.

»Der Kampf um den Marxismus in der Ethnographie führte auch zu extremen Ansichten. Die einen übertrieben die Bedeutung der Ethnographie (»Ethnologie« – wie vielfach gesagt wurde), indem sie die gesamte Geschichte in diese Disziplin einordnen wollten. In den Jahren 1925–1930 existierte an der Moskauer Universität sogar eine »Ethnologische Fakultät«, an der auch sämtliche historischen Fachrichtungen gelehrt wurden. Die anderen dagegen wollten die Ethnographie (oder Ethnologie) als selbständige Wissenschaft beseitigen, indem sie sie als bürgerliches Surrogat der Soziologie erklärten. Die Verfechter dieser Meinung, die in den Resolutionen der Beratung von

1932 Ausdruck fand, anerkannten nur die Existenz einer ethnographischen (Feld-)Methode als wissenschaftlicher Hilfstechnik bei der historischen Forschung. Die gleiche Bedeutung schrieb man auch den archäologischen Forschungen zu.«(11)

Dieser Rückblick stammt von dem sowjetischen Forscher Tokarev. Durch die Unantastbarkeit der Morganschen Familienperiodisierung schnitt sich ein großer Teil der sozialistischen Forschung von der Weiterentwicklung des ethnographischen Wissens und der neuen angelsächsischen Richtung der Sozialanthropologie ab. Erst in den Jahren 1934–36 wurden in der UdSSR »die Rechte der historischen Wissenschaft« wiederhergestellt.(12)

Der Grundgedanke des Evolutionismus war eine unilineare Kulturentwicklung. Alle Völker dieser Erde streben der Zivilisation zu und bewegen sich in ihrer Entwicklung in ein und dieselbe Richtung. Daher wird die moderne europäische Zivilisation zum Gradmesser aller Entwicklung, da hier die Produktivkräfte am höchsten entfaltet sind.

Die Evolutionisten behaupteten, daß es in der menschlichen Geschichte allgemeingültige Entwicklungsreihen gebe, in denen die niedere Gesellschaftsform, die weniger komplizierte Technik und die einfachere Kultur jeweils den komplizierteren, komplexeren und höheren Formen vorangehen.(13) Diese Entwicklungsreihe trifft zwar weitgehend für die technischen Erfindungen zu. In der Entwicklungsgeschichte der Menschheit insgesamt geht die Verarbeitung von Steinen zu Werkzeugen den Werkzeugen und Waffen aus Eisen voran. Das stimmt jedoch nicht für jede Einzelentwicklung. In der Völkerkunde ist es nicht immer beweisbar, daß ein Gegenstand um so älter sein muß, je primitiver er gemacht ist. Ein Beispiel, das den Afrikanisten geläufig ist, sind die Wurfmesser aus dem Kongo. Von diesen Wurfmessern gab es Formen mit ein, zwei, drei und mehreren Zacken. Daraus folgerte man, daß das Messer mit einer Zacke, als die einfachste Ausführung, die älteste Form sei. Als Forscher zufällig bei einem eingeborenen Schmied alle Formen dieser Messer fanden und nachfragten, ob die einfachste Form die älteste sei, bekamen sie die Antwort, sie sei lediglich die billigste. Je teurer das Messer, desto komplizierter die Form. Ein anderes ebenso bekanntes Beispiel stammt aus Nordamerika. Die seßhaften Präriestämme, die Ackerbau betrieben, gingen, nachdem die Europäer das Pferd eingeführt hatten, zum nomadischen Leben der Büffeljäger über. In der chronologischen Reihenfolge der Evolutionisten stand jedoch der Nomade vor dem Bauern. Die Reprimitivisierung oder Abänderung der Produktionsweisen außerhalb des von ihnen entworfenen chronologischen Schemas war bei den frühen Evolutionisten nicht vorgesehen. Der Einwand, daß es sich hier um eine Einwirkung von außen auf eine autonome Kulturentwicklung handle, trägt nicht weit: Wir müssen mit einer Fülle solcher Einwirkungen in der Entwicklung von Gesellschaften rechnen, ohne sie immer nachweisen zu können.

Nicht nur in den Bereichen der Ökonomie und Technik finden sich Beispiele, die die evolutionistische Konzeption widerlegen, sondern auch in der Sphäre der Kultur. Das wichtigste Medium einer Kultur ist die Sprache. Der Formenreichtum einer Sprache und ihre Ausdrucksmöglichkeiten stehen in vielen primitiven Sprachen im Gegensatz zu der primitiven Werkzeugkultur. Franz Boas schreibt:

> »Viele primitive Sprachen sind komplex. Geringfügige Unterschiede in den Ansichten werden durch grammatikalische Formen ausgedrückt. Die grammatikalischen Kategorien des Lateinischen und noch mehr die des modernen Englisch erscheinen grob, wenn man sie mit der Vielfalt psychologischer und logischer Formen vergleicht, über die primitive Spachen verfügen, die in unseren Ausdrucksformen jedoch unbeachtet bleiben. Im ganzen scheint die Entwicklung der Sprachen so vor sich zu gehen, daß die feineren Unterschiede verschwinden; die Sprache beginnt mit komplexen Formen, während einfachere Formen am Ende der Entwicklung stehen. Freilich muß dabei zugegeben werden, daß auch gegensätzliche Tendenzen keineswegs fehlen.«(14)

Wann immer die Evolutionisten in einer Kultur eine Merkmalmischung antrafen, in der der eine Komplex der Merkmale nach ihrer Periodisierung zu einer früheren Stufe gehörte, betrachteten sie diesen als »Überlebsel«. So wurde zum

Beispiel jedes volkskundliche Detail, jeder Teil von Hochzeitsbräuchen oder Zeremonien, in denen Frauen den Männern gleichgestellt waren oder besondere Rechte hatten, als »Überlebsel« des Matriarchats gedeutet.

> »Es ist natürlich ebenso albern, die christlich-germanische Form der Familie für absolut zu halten wie die altrömische Form oder die altgriechische oder die orientalische, die übrigens untereinander eine geschichtliche Entwicklungsreihe bilden.«(15)

Dieser Satz stammt nicht von Engels, sondern von Karl Marx und zeigt, daß er ebenfalls in einlinigen Entwicklungsreihen dachte.

Zum evolutionistischen Denken gehört auch die weitverbreitete Idee, daß die Geschichte sich nach demselben Prinzip wie die Lebensgeschichte eines Menschen entwickle. Hegel vertrat die im 19. Jahrhundert populäre Vorstellung, daß die Geschichte nach der Analogie eines Männerlebens ablaufe und sich in ein Kindes-, Jünglings-, Mannes- und Greisenalter einteilen lasse.

Die evolutionistische Annahme eines Matriarchats am Beginn der Geschichte, zusammen mit kommunistischer Haushaltung, war lange Zeit ein Grundpfeiler des historischen Materialismus und machte viele Frauen zu überzeugten Anhängerinnen der sozialistischen Idee von der Frauenemanzipation. Seit dem Ende der Stalinära wurde jedoch die Matriarchatstheorie offen oder versteckt von kommunistischen Vorgeschichtsforschern in Zweifel gezogen.

Morgan erklärt die Entwicklung der Familie nämlich nur zum Teil aus ökonomischen Notwendigkeiten. Die hypothetische Urform der Familie, der Gruppeninzest von Brüdern und Schwestern und auch die Punaluafamilie werden aus rein sexuellen Vorstellungen entwickelt, ohne daß diese Formen eindeutig mit den tatsächlichen Wirtschaftsformen des primitiven Lebens rückgekoppelt sind. Nur die patriarchalische und die monogamische Familie werden klar mit ökonomischen Argumenten begründet. Schon frühe sozialistische Familientheoretiker wie Cunow und Eildermann hatten in den ersten beiden Jahrzehnten dieses Jahrhunderts auf die Widersprüche in Engels' Ableitung der Familienformen auf-

merksam gemacht.(16) Das Matriarchat wurde also aus einer nichtökonomischen Ursache erklärt, und zwar über den Zusammenhang von Geschlechtsverkehr und Kinderzeugung. An Morgans und Bachofens Thesen über die frühe Promiskuität leuchtete Engels besonders ein, daß bei dieser Art von Sexualleben der biologische Vater nicht bestimmbar sei, die Mutter ihre Kinder jedoch genau kenne. Daher rührten die Vorherrschaft der Frau in der Urgesellschaft, das Matriarchat und die Bedeutungslosigkeit des Vaters. Damit wurde ein Bild der Vaterschaft auf Primitivgesellschaften übertragen, das zwar für die europäische Auffassung bedeutsam war, nicht aber unbedingt für alle Gesellschaften Afrikas, Amerikas und Ozeaniens zutraf.
Die biologische Vaterschaft war für den europäischen Mann wichtig, seitdem der große Aristoteles bemerkt hatte, daß vom Mann die Samentierchen kämen, in denen das Kind bereits vorgebildet sei, während die Frau dazu nur den Behälter liefere. Eine solche Obsession mit der Biologie, ergänzt durch den Jungfräulichkeitskult, machte es für die europäischen Männer ungeheuer wichtig, daß sie der biologische Vater ihrer Kinder waren. Germanische Völker ließen jedoch früher zu, daß ein impotenter oder ein unfruchtbarer Mann seinen Bruder als Stellvertreter bei seiner Frau einsetzte, um Kinder zu zeugen.

Das plausibelste Argument der Evolutionisten für das Matriarchat bestand also darin, daß die Menschen am Anfang den Zusammenhang zwischen Geschlechtsverkehr, Zeugung und Schwangerschaft nicht gekannt und erst allmählich diesen Tatbestand durch Beobachtung gelernt hätten. Da es sich dabei nicht um ein angeborenes, sondern aus Beobachtung und Überlieferung stammendes Wissen handelt, war diese Erklärung einleuchtend. Nur die Schlüsse, die die Evolutionisten daraus zogen, waren falsch. Eine Anzahl australischer Stämme z. B., die die Existenz eines kausalen Zusammenhangs zwischen Geschlechtsverkehr und Schwangerschaft bestreiten, folgt patrilinearen Abstammungsregeln.
In einer Reihe von afrikanischen und amerikanischen Gesellschaften, denen der Zusammenhang zwischen Geschlechtsverkehr und Schwangerschaft bekannt ist, werden die illegi-

timen Kinder einer verheirateten Frau ohne weiteres von ihrem Ehemann als ihrem sozialen Vater beansprucht. Die biologische Verwandtschaft tritt hinter das Besitzdenken an der Nachkommenschaft zurück.
Ende der sechziger Jahre wurde endlich auch von der sozialistischen Forschung zugegeben, daß die Unwissenheit über den Zusammenhang von Geschlechtsverkehr und Kinderkriegen keineswegs die soziale Existenz des Vaters und die Vaterrolle in der Familie ausschließt.

> »Bei verschiedenen australischen Ureinwohnern ist der Zusammenhang zwischen Geschlechtsverkehr und der Geburt von Kindern unbekannt. Die Geburt von Kindern wird als Folge eines Kindergeistes (spirit child) betrachtet, der in die Frau eindringt. Die einzige Rolle, die der Mann dabei spielt, wenn er überhaupt eine hat, besteht darin, den Weg für den Eintritt des Kindergeistes zu öffnen. Selbst dort, wo die Kenntnis über die biologische Rolle des Mannes vorhanden ist – z. B. in Arnhem Land –, bleibt der alte Glauben als theologisches Dogma erhalten.
> Es scheint wahrscheinlich, daß das Wissen über den Zusammenhang zwischen Geschlechtsverkehr und der Geburt von Kindern erst verhältnismäßig spät in der Geschichte des Homo sapiens erworben wurde. Für den Ureinwohner, der dieses Wissen nicht besitzt, ist eine Frau im Gegensatz zum Mann ein Wesen, das während einer langen Zeit ihres Lebens in gewissen Abständen Kinder gebärt.«(17)

Hätte Friedrich Engels sich eingehender mit der dreibändigen Geschichte der Ehe von Edward Westermarck beschäftigt, dann hätten ihm zumindest Zweifel an seinen Thesen von der schrankenlosen Promiskuität der Urgesellschaft und von der Gruppenehe kommen müssen. Westermarck hatte auch zu diesem Zeitpunkt bereits nachgewiesen, daß die Abstammungsregel nach der Mutter, die Matrilinearität, in den meisten Gesellschaften nicht mit einer Vorherrschaft der Frau verbunden war, sondern mit einer Vorherrschaft des Mutterbruders, der anstelle des Vaters Autorität über die Kinder seiner Schwester ausübte.(18)
In den sechziger Jahren wurde von der sozialistischen For-

schung das evolutionistische Entwicklungsmodell langsam revidiert.

»Engels übernahm kritiklos die evolutionistischen Methoden, die Morgan angewendet hatte. Er sah in der Entwicklung der menschlichen Gesellschaft einerseits die Produktion und andererseits die biologischen Faktoren als jeweils unabhängiges Moment an. Zum Beleg kann man anführen, was er über die Entwicklung vom ›Urzustand des regellosen Verkehrs‹ durch die Blutsverwandtschafts- und Punaluafamilie zur Paarungsfamilie schrieb. Engels nahm erstens ein immanentes Entwicklungsprinzip in der Entwicklung der Familie an, nämlich die fortschreitende Vermeidung des Inzests, und er schrieb tatsächlich von einem ›dunklen Drang, die Inzucht zu beschränken‹; zweitens nahm er eine Einlinigkeit in der Entwicklung der Familie an; drittens hatte er naturwissenschaftliche und zwar biologische Untersuchungsmethoden übernommen, einschließlich der Interpretation von Erscheinungen als ›Überlebsel‹.«(19)

Die führende Ethnologin der DDR, Sellnow, gab zu,

»daß die Familie sich nicht für eine Periodisierung eignet oder wenigstens nicht für die Aufstellung einer historischen Folge«.(20)

Trotzdem ist auch Sellnow noch inkonsequent und versucht nachzuweisen, daß die Patrilinearität der australischen Ureinwohner jünger ist als die Matrilinearität. Von ihrem Kritiker F. G. G. Rose wird ihr daher Inkonsequenz vorgeworfen:

»Die Verwendung von ›Überlebseln‹ zum Nachweis eines vorherigen Gesellschaftszustandes stellt eine charakteristische Methode der ethnographischen Schule der Evolutionisten dar, die sie direkt von der biologischen Wissenschaft übernahmen. Sellnow ist sich natürlich der Widersprüche bewußt, zu denen die Methode führt ... Es kann jedoch die Frage aufgeworfen werden, ob sie – wie auch bestimmte andere marxistische Ethnographen – konsequent ist, wenn sie einige Erscheinungen als ›Überlebsel‹ einer vorhergehenden Gesellschaftsstufe klassifiziert.«(21)

Bei der Beschäftigung mit der Entwicklung der Familie, so stellt der sozialistische Forscher Rose in seiner Kritik fest, können Versuche unheilvolle Folgen haben, die die alten Einteilungen von Lewis H. Morgan weiterverwenden.

An der Diskussion beteiligen sich auch russische Forscher wie J. U. I. Semenov, der 1967 feststellt:

> »Deshalb trägt alles, was Morgan über die Entstehung der Sippe und über die ihr vorangehenden Formen schrieb (in Promiskuität lebende Horde, Blutverwandtschaftsfamilie, Punaluafamilie) einen rein hypothetischen Charakter.«(22)

Ein anderer Autor, Rudolph Feustel, stellt ähnliches fest. Die Periodisierung, die er vornimmt, beruht auf archäologischem Material, aus dem zwar der Stand der technischen Entwicklung abgelesen werden kann, aber:

> »Die spezifische soziale Struktur – Hordenzustand, Gentilgesellschaft, Promiskuität, Matriarchat, Patriarchat usw. – wird zwar beachtet, doch kann sie nur bedingt als Basis dienen, weil sie nicht konkret erfaßbar, sondern nur als mehr oder weniger große Wahrscheinlichkeit erschließbar ist. Auf diesem Gebiete befinden wir uns noch weitgehend auf dem Boden wissenschaftlicher Spekulation, umstrittener Hypothesen.«(23)

Auch Feustel wendet sich gegen die alten Vorstellungen der Evolutionisten, daß es in der Geschichte ein immanentes einliniges Entwicklungsprinzip gegeben habe.

> »Das konkrete historische Geschehen ist nicht ein homogener Komplex, der sich geschlossen, einspurig und geradlinig vom niederen zum höheren wandelt, sondern eher ein Mosaik, dessen Einzelteile schneller oder langsamer aufsteigen oder auch absinken, von welchem Teile ausfallen und neue hinzukommen, das sich in sich selbst verändert ... Der konkrete Weg der Geschichte ist vielspurig und verschlungen.(24)

Erschüttert wurde die These von dem schrankenlosen Sexualleben der Urgesellschaft besonders durch die katholische Ethnologenschule, die sich zu Anfang des 20. Jahrhunderts in Wien um den Pater Wilhelm Schmidt bildete. Er wies 1910 in seinem Buch »Die Stellung der Pygmäenvölker in der Entwicklungsgeschichte des Menschen« die Einehe als die herrschende Eheform der Pygmäenvölker nach, deren einfache Jagd- und Sammelmethoden zu den primitivsten der Welt gehören. Später wurde die monogame Ehe auch bei den Andamanesen, den Buschmännern der Kalahari in Südafrika, den Wedda auf Ceylon, den Negritos auf den Philippinen und bei den Feuerländern gefunden. Die Schule des Pater Wilhelm Schmidt machte daraus allerdings gleich wieder eine andere Urzeittheorie: Sie wollte beweisen, daß am Anfang der Menschheitsgeschichte Mann und Frau in freier Entscheidung in die Ehe traten und lebenslängliche Monogamie praktizierten, wie es der katholischen Naturrechtslehre entspricht.(25)

In seinem Grundlagenwerk »Primitive Society« gab der nordamerikanische Ethnologe R. H. Lowie der Gruppenehe endgültig den Abschied. Er schrieb:

> »Sexueller Kommunismus als ein Zustand, der anstelle der Individualehe träte, existiert nirgendwo in der Gegenwart; und die Beweise für sein früheres Vorkommen müssen als ungenügend abgewiesen werden.«(26)

Von der Individualfamilie sagt er:

> »Kurz, die bilaterale aus Mann und Weib und mit ihren Kindern bestehende Familie ist eine absolut universelle Einheit der menschlichen Gesellschaft.«(27)

Über zwanzig Jahre später bestätigte ein anderer Sozialanthropologe, der Amerikaner George Peter Murdock, noch einmal diese Feststellung.

> »Gruppenehe, obwohl sie die frühe theoretische Literatur der Anthropologie beherrscht hat, scheint niemals als eine gesellschaftliche Norm existiert zu haben.«

Murdock unternahm das bis dahin größte Projekt, primitive Gesellschaften und ihre sozialen Strukturen miteinander zu vergleichen. Er stellte in jahrelanger Arbeit ein repräsentatives Sample von 250 Gesellschaften aller Kontinente zusammen (World Ethnographic Sample). Die Industriegesellschaften waren nicht miteinbezogen. Murdock schreibt, daß in diesem Sample nur »eine Handvoll von Stämmen» Gruppenehe praktizierte, und dieses nur in individuellen Ausnahmefällen. Das wichtigste Beispiel dafür sind die Kaingang in Brasilien, ein Stamm mit besonders zwanglosen sexuellen Bindungen. Eine statistische Analyse von Kaingang-Genealogien über eine Periode von hundert Jahren ergab jedoch, daß nur acht Prozent aller Verbindungen Gruppenehen waren. In 14 Prozent hatte eine Frau mehrere Männer (Polyandrie), in 18 Prozent war der Mann mit mehreren Frauen verheiratet (Polygynie), die Mehrheit – 60 Prozent – war monogam.(28)

8. Kapitel

Matriarchate – Patriarchate Mißverständnisse und offene Fragen

»Es ist ein Fehler, anzunehmen, daß wir die Institutionen der Gesellschaft verstehen können, indem wir sie isoliert, ohne Rücksicht auf andere Institutionen studieren, mit denen sie koexistieren und mit denen sie verglichen werden können . . .«
»Darüber hinaus sind falsche Vorstellungen mit dieser Unterscheidung von Gesellschaften in matriarchalisch und patriarchalisch verbunden, die notwendigerweise beseitigt werden müssen, bevor wir den Versuch unternehmen, darüber hinauszugehen.«
»Extrem patrilineare Systeme sind vergleichsweise selten, und extrem matrilineare Systeme vielleicht noch seltener.«
A. R. Radcliffe-Brown

Bei der Erforschung der frühesten menschlichen Kulturen gilt eine Art Heisenbergsche Unschärfe-Relation. Die archäologische Exploration der dinglichen Überreste solcher Kulturen liefert gesicherte Erkenntnisse über Siedlungsbau und Wohnformen, Werkzeuge und andere Gerätschaften wie auch über die Art der Bestattung. Da es sich aber um schriftlose Kulturen handelt, erhalten wir keine gesicherten Aufschlüsse über das, was die Marxisten »Überbauphänomene« nennen, wie etwa über die religiösen Vorstellungen dieser Völker. Das gilt auch für Herrschaftsverhältnisse und vor allem für die Frage der Beziehungen der Geschlechter zueinander. Der berühmte britische Frühgeschichtsforscher V. Gordon Childe hat Theorien von der Existenz eines frühen Matriarchats als fast unlösbares Forschungsproblem hingestellt.

»Auf jeden Fall kann der Archäologe nicht darauf hoffen, die angeblichen Prärogative des Matriarchats festzustellen. Doch hat man in kleinen Bildnissen von Frauen Anzeichen für ihre Existenz gesehen. Diese Figuren wurden von Wilden des Jungpaläolithikums in weichen Stein oder in Mammutzähne gemeißelt; als Tonmodelle bzw. Stein- oder Knochenschnitzereien waren sie in den Gesellschaften des frühen Neolithikums gebräuchlich. Von einigen anderen Gesellschaften wurden sie noch in der moderneren Geschichte hergestellt. Nicht nur die zahlreichen Figurinen Istars in Babylonien und Assyrien und die der Venus in Griechenland und Rom, auch die zeitgenössischen Statuetten der Jungfrau Maria können direkt bis auf die vorgeschichtlichen Figurinen zumindest des Neolithikums zurückverfolgt werden. Ob die letzteren allerdings auf die Verehrung einer als weiblich vorgestellten Gottheit hinweisen, wie ihre geschichtlichen Abkömmlinge das unfraglich tun, läßt sich mit gutem Grund bezweifeln. Sie sind zumindest Ausdruck eines Fruchtbarkeitsritus, der auf Anerkenntnis der Zeugungskraft von Frauen beruht. Da in den Kulturen des Paläolithikums und des frühen Neolithikums weder Männer noch Phallussymbole auf diese Weise dargestellt wurden, ist anzunehmen, daß ebenso wie bei einigen heutigen Stämmen die Rolle des Vaters bei der Zeugung noch nicht bekannt war. Phallussymbole tauchen zuerst in der Bronzezeit oder in den zeitgenössischen und angrenzenden Kulturen des späten Neolithikums auf. Aber sind weibliche Figuren an sich schon ein besserer Beweis für das Matriarchat, als es die Venus- und Mariastatuen für unleugbar patriarchale Gesellschaften sind?«(1)

Natürlich sind die aus Knochen geschnitzten Statuetten und Frauenfigürchen aus Stein oder Ton kein Beweisstück für eine von Frauen dominierte Gesellschaft – umgekehrt muß dieses Argument jedoch ebenfalls gelten.

Die 4000 Jahre umspannende patriarchalische Menschheitsperiode, aus der schriftliche Zeugnisse vorliegen, muß nicht die Norm für die 100 000 Jahre davor sein.

In diesen hunderttausend Jahren vom Neandertaler bis zur neolithischen Ackerbau-Wirtschaft und den ersten Stadtgesellschaften ist eine Unzahl von Kulturen und Anpassungen an veränderte Lebensbedingungen einander gefolgt, die es fraglich erscheinen lassen, ob die Beziehungen der Geschlechter immer von einem und demselben patriarchalischen

Unterordnungsmuster bestimmt waren. Die These eines universalen Patriarchats vom Anfang der Menscheitsgeschichte bis heute ist genauso fragwürdig wie die eines universalen Matriarchats, die von den Evolutionisten angenommen wurde, weil solche Thesen ein unhistorisches Denken verraten. Beide werden nie zu verifizieren, aber auch nie vollständig zu falsifizieren sein. Sie sind aber im hohen Maße unglaubhaft; vor allem in der Behauptung, daß die Beziehungen von Männern und Frauen über einen gewaltigen Zeitraum gleichförmig geblieben sind.

In unserer eigenen Zivilisation lassen sich von Jahrhundert zu Jahrhundert, von Generation zu Generation und von Land zu Land Machtverschiebungen und historische Prozesse in der Gestaltung des Geschlechtsverhältnisses nachweisen. In einem Gebiet von Neuguinea, wo einige hundert Gesellschaftsentwicklungen auf demselben technischen Niveau nebeneinander existieren, gibt es dennoch die unterschiedlichsten Ausprägungen des Verhältnisses von Männern und Frauen. Die berühmte Untersuchung von Margaret Mead über die ehelichen Beziehungen in einigen Südseegesellschaften wies auf solche Unterschiede zum erstenmal hin.(2)

Die frühgeschichtlichen Gräberfunde ebenso wie später die Höhlenzeichnungen bieten in bezug auf das Verhältnis der Geschlechter eine Menge fast unauflöslicher Widersprüche. Schon aus frühester Zeit sind einige Doppelbestattungen bekannt, bei denen ein sehr viel älterer Mann mit einer jungen Frau zusammen in einem Grab gefunden wurde. Auch die sozialistischen Forscher nehmen schon seit längerer Zeit an, daß es sich hierbei um Sati handelt, um Witwentötung.(3) Andererseits gibt es im Magdalenien eine Fülle von Höhlenzeichnungen von hohem künstlerischem Niveau, die fast ausschließlich Frauen zeigen. Und im Neolithikum, als der Akkerbau beginnt, finden sich Hinweise, die auf eine hervorgehobene Stellung der Frau deuten. Besonders wichtig dabei ist die Ausgrabung von Çatal Hüyük in Anatolien, die aber noch unvollständig ist. Der deutsche Frühgeschichtsforscher Karl J. Narr schreibt dazu:

> »Nichts im Wesen mutterrechtlicher Institutionen führt notwendig oder mit hoher Wahrscheinlichkeit zu irgendwelchen Aktivitäten, die einen dinglich greifbaren und

noch dazu erhaltungsfähigen Niederschlag finden: Nur selten werden wir dergleichen daher archäologisch erfassen oder ertasten können! Ein solcher Ausnahmefall dürfte jedoch jetzt in den bemerkenswerten Funden von Çatal Hüyük vorliegen.« (4).

In Çatal Hüyük sind Männer und Frauen getrennt bestattet worden. Die Kinderskelette fanden sich jedoch immer zusammen mit der Frau. Die Frauen waren immer an ein und demselben Ort innerhalb der Gebäude auf einer großen Plattform bestattet, während die männlichen Skelette auf einer kleineren Plattform und nicht immer an derselben Stelle gefunden wurden. Narr schreibt:

»Daß Kinder allein oder bei der Frau, nie jedoch bei dem Mann bestattet sind, steht in markantem Gegensatz zum Befund in Friedhöfen mesolithischer oder späterer Jäger und Sammler. Es spricht zumindest für eine besondere Betonung des Mutter-Kind-Verhältnisses, die auch Konsequenzen für das Verwandtschaftssystem und den Gedanken an eine Matrilinearität nahelegt. Läßt eine solche Rolle der Frauen bei unbedingt seßhafter Siedlungsweise ohnehin mit einiger Wahrscheinlichkeit Uxorilokalität erwarten (Wohnsitz bei der Gattin), deutet überdies im archäologischen Befund der geringere Grad einer Fixierung des männlichen Bestattungsplatzes in die gleiche Richtung.«(5)

Narr zieht einen vorsichtigen Vergleich zu den Pueblos in Nordamerika, wo Frauen die Häuser und die Felder besitzen und sie an ihre Töchter weitervererben, ohne daß damit allerdings eine politische Herrschaft von Frauen verbunden ist.

In den Darstellungen der Prähistoriker findet sich ebenso häufig wie in der übrigen Geschichtsschreibung eine einseitig am Mann orientierte Darstellung wieder. Ein Beispiel dafür bietet der amerikanische Forscher Carleton S. Coon in seiner »Geschichte des Menschen«.

»Ein markanter Zug im Leben des Jägers, der allen auffiel, die unter Jägervölkern lebten, liegt in der Tatsache begründet, daß dem Jäger das Jagen Freude bereitet. Der Jäger ist heiter und unbeschwert – die Jagd, seine Arbeit, ist auch sein Hobby. Über lange Zeiten hinweg verbrachte der Mensch sein Leben als Jäger, und so sind auch wir physisch und psychisch noch auf die Lebensformen des Jägers ausgerichtet. Im Gegensatz zu anderen Tätigkeiten trainiert das Jagen den ganzen Körper. Von großer Wichtigkeit für die Jagd ist ein scharfes Auge. Weitsichtigkeit war ein Vorzug, und so neigen auch wir mit zunehmendem Alter eher zur Weitsichtigkeit als zum Gegenteil. Auch auf die Muskulatur und Gewebe der Hände wirkt sich die Jagdtätigkeit günstig aus, da sie nicht, wie es bei der Landarbeit oder anderen groben Arbeiten geschehen kann, die Hände deformiert und vergröbert. Wesentlich sind die Fähigkeiten, schnelle Entscheidungen zu treffen und in Gruppen zusammenzuarbeiten. Die Jagd ist daher die beste Schule für die Entwicklung von Führereigenschaften und die Erziehung zum Gehorsam ... In unserer Gesellschaft sind es die Wissenschaftler und Forscher – unter ihnen die Anthropologen und Archäologen –, die Vergnügen bei ihrer Arbeit finden. Sie brauchen kein Hobby und keine Ferien. Sie haben den Jagdgeist auf neue Gebiete übertragen.«(6)

Darstellungen wie diese, die von einem weltbekannten Experten stammt, zeigen deutlich die ausschließlich auf den Mann gerichtete anthropologische Perspektive. Selbst die anatomische Entwicklung des männlichen Jägers wird zum Maßstab der allgemein menschlichen genommen.

»Der Mensch ist aufgrund eines Selektionsprozesses ganz für die Jagd geschaffen.«

Der männliche Beruf des Jägers wurde in den des Wissenschaftlers und Forschers umgewandelt – mit demselben Vergnügen natürlich. Welcher Selektionsprozeß den Körper der Frau herstellte, und welches Vergnügen sie an ihren Tätigkeiten gewinnt, ist offenbar zu unerheblich, um erwähnt zu werden.

Diejenigen, die sich mit Urgeschichte befassen, haben nicht immer der Versuchung widerstehen können, die ihnen von der Sache her gesetzten Erkenntnisgrenzen in den Bereich der reinen Spekulation hinein zu überschreiten. Oft werden Vermutungen präsentiert, die den Eindruck erwecken, es handle sich um gesicherte Erkenntnisse. Den besten und zugleich abschreckendsten Beleg für die verfälschende Darstellung archäologischer Erkenntnisse liefert aus jüngster Zeit Ernest Borneman in seinem »Patriarchat«. Childe, den Borneman ausdrücklich als seinen Lehrer bezeichnet, hatte 1936 den später weltbekannt gewordenen Begriff von der »neolithischen Revolution« geprägt. Eine Charakterisierung, die angesichts der unerhörten Fülle technischer Entdeckungen in der Jungsteinzeit, die sich anhand der Funde belegen lassen, von Childe gewählt wurde, um ein Phänomen zu beschreiben, das sich nur noch mit der industriellen Revolution des beginnenden 19. Jahrhunderts vergleichen läßt. Bei Borneman wird daraus »eine Konterrevolution, ein konspirativer Aufstand der Männer, eine Art Ur-Putsch«, oder an anderer Stelle

> »eine putschartige Machtergreifung knapp vor der geschichtlichen Zeit«.(7)

Er geht sogar noch weiter: Seiner Meinung nach sind aus Skelettfunden, Gräbern usw. »mit ziemlicher Sicherheit« auch »die sexuellen Beziehungen« zu erkennen. Über die sexuellen Empfindungen der Menschen der Altsteinzeit weiß er zu berichten, sie seien nicht »genitalisiert« gewesen:

> »Es war also eine Sexualität, die nicht im Koitus zu enden brauchte, sondern sich schon am Körperkontakt, am Händehalten, am Umarmen und Umarmtwerden, am Brustkontakt und Brustsaugen befriedigte ...«(8)

Über innerliches Empfinden und sexuelle Praktiken untergegangener schriftloser Kulturen werden wir jedoch nie etwas wissen können, auch die künstlerischen Zeugnisse – Statuetten oder Zeichnungen – lassen nur Vermutungen zu. Das gilt für die Menschen der Altsteinzeit in besonderer Weise, da es sich um einen heute ausgestorbenen Menschentyp handelt. Bornemans verehrtes Vorbild V. Gordon Childe schrieb dazu:

> »Alle Menschen des Altpaläolithikums, deren Skelette sich erhalten haben, gehören körperbaulich einer ausgestorbenen Art an; alle noch vorhandenen Skelette haben größere Ähnlichkeit mit denen von Affen als mit denen irgendeiner heutigen Rasse. Besonders der Schädel weist, wenn er auch nicht absolut kleiner ist, eine geringere Entwicklung

verschiedener Hirnregionen, vor allem des Assoziationszentrums auf. Doch zeigen einige Spuren, daß selbst der paläothropische Mensch (ein fossiler Hominide, der nicht zur Art des Homo sapiens gehört) Rechtshänder war und sich, wenn auch nicht mit artikulierten Worten, so doch zumindest mit einem sehr begrenzten und rudimentären System konventioneller Symbole oder Signale verständigen konnte.«(9)

Das Ziel, das Borneman mit seinem umfangreichen, ausdrücklich der Frauenbewegung gewidmeten Werk verfolgt, kennzeichnet er so:

»Dieses Buch ist deshalb vor allem als Aide-mémoire gemeint, als eine Gedächtnisstütze für all jene, die entweder vergessen oder verdrängt haben, wie es damals war.«(10)

Ernest Borneman steht jedoch nicht allein mit seinem Versuch, evolutionistische Theorien wiederzubeleben, die die Lehre von Friedrich Engels über die Entstehung von Familie, Staat und Privateigentum neu untermauern wollen. Am Anfang der Gesellschaft stehen auch für Borneman wieder der Urinzest und die allgemeine Promiskuität, etwas freudianisch abgewandelt, zusammen mit Gemeinschaftseigentum und friedlichem, genügsamem Leben.

Dagegen wird in einem anderen Werk, das ebenfalls den Evolutionisten des 19. Jahrhunderts verpflichtet ist, an den Anfang der Geschichte der männliche Kannibalismus gestellt. Die amerikanische Marxistin Evelyn Reed hat es im Zuge der amerikanischen Frauenbewegung unternommen, die Evolution der Frau von der Frühzeit bis zur Einführung des Privateigentums in den antiken Gesellschaften darzustellen.(11) Dabei folgt sie kritiklos dem englischen Schriftsteller Robert Briffault, der in den zwanziger Jahren ein dreibändiges Werk mit dem Titel »Die Mütter« veröffentlichte.(12) Briffaults These bestand darin, daß das weibliche Geschlecht schon bei den Tieren stärkere soziale Anlagen habe und deswegen in der Frühzeit des Menschen und bei den meisten Primitiven das regierende Geschlecht sei. Die Rekonstruktion der weiblichen Geschichte und das berechtigte Mißtrauen gegen Unterschlagung und einseitige männliche Forschungsrichtungen, dieses von den Historikern hergestellte Geschichtsdefizit der Frau, ist sicher ein Grund dafür, warum einige amerikanische Schriftstellerinnen angefangen haben, mit eigenen Thesen die geschichtlichen Lücken zu füllen. Evelyn Reeds Studie jedoch geht weit über das hinaus, was einer legitimen Theoriebildung zugebilligt werden kann. In dem Bemühen, den weiblichen Anteil an der Menschwerdung des Affen in den Vordergrund zu rücken, verfällt sie selbst sexistischen Vorstellungen, die sich in ihrem Fall gegen die Männer richten.

Obwohl über das Sozialleben des Menschen im Tier-Mensch-Übergangsfeld kaum eine Aussage zu machen ist, stellt Evelyn Reed die Behauptung auf, daß Frauen das sozialere Geschlecht waren und die Männchen dieser Urzeit reine Kannibalen.

> »Daher war das weibliche Geschlecht, weit entfernt, von seiner Biologie beeinträchtigt zu sein, tatsächlich das biologisch fortgeschrittenere Geschlecht. Sicherlich sind Primatenmännchen oft größer und stärker als die Weibchen und besitzen eine Kampfausrüstung in ihrem Raubtiergebiß. Aber die Weibchen mit ihrer Fähigkeit zu Zusammenarbeit und gemeinschaftlichen Aktionen waren stärker als irgendein einzelnes Individuum. Zusätzlich übten sie als Mütter einen sozialisierenden Einfluß auf die jungen Männchen über eine längere Periode aus als bei den Anthropoiden. Diese Vorteile befähigten die Frauen, die Verbote und Einschränkungen zu errichten, die für das gesellschaftliche Leben notwendig waren.«(13)

Solche Behauptungen, die das soziale Interaktionsmuster von Mutter und Baby in eine größere Kooperationsfähigkeit der Weibchen umdeuten, sind ebenso aus der Luft gegriffen wie die These von der genetisch fixierten Kooperations- und Koalitionsfähigkeit des Mannes, die von dem männlichen Autorengespann Lionel Tiger und Robin Fox vor einigen Jahren aufgestellt wurde.(14)

Nach Evelyn Reed konnten die ersten Menschenmännchen, die zur Jagd übergingen, die Jungen der eigenen Rasse von anderen Tierarten nicht unterscheiden, erschlugen sie und fraßen sie auf. Deswegen führten die Weibchen totemistische Verbote ein. So erklärt sie den Ursprung des Totemismus, einer Glaubensform primitiver Völker, in der bestimmte Tiere, Pflanzen oder Gegenstände als verwandt gelten und deswegen vom Töten oder Verzehr ausgenommen sind. Es ist jedoch schwerlich einzusehen, wieso die Frauen dadurch die Männer vom Töten der eigenen Jungen abbrachten, denn dann hätte der Totemismus sich ja ausschließlich auf die eigene Art beziehen müssen, was völlig widersinnig ist. Sie schreibt:

> »Bevor bei der Jagd Waffen das Raubtiergebiß ersetzten, müssen die frühesten Beutetiere die kleinen, schwachen und hilflosen gewesen sein. Die nichtjagenden Frauen waren daher in der strategischen Situation, die totemischen Barrieren für den Schutz dieser Tiere zu errichten – und für ihren eigenen Nachwuchs vor den Jägern.«(15)

Als Beweis für ihre These vom Urkannibalismus, an dem sich die Frauen nicht beteiligten, sondern den sie eindämmten, führt sie an, daß in einer großen Zahl von Gesellschaften Frauen und Männer nicht zusammen essen und daß die Männer in vielen Jagdgesellschaften nach einem Jagdzug oder nach einem Kriegsfeldzug bestimmte Reinigungsriten durchlaufen müssen. Frauen werden von Evelyn Reed als das gute, nichtaggressive Geschlecht charakterisiert, das im Gegensatz zu den Männern kein Fleisch ißt, sondern sich nur von pflanzlicher Kost ernährt. Daß sie allen Ernstes solche Thesen aufstellt, muß um so mehr verwundern, als in der von ihr zitierten Literatur über Jäger- und Sammlerinnenvölker nachzulesen ist, daß im allgemeinen Frauen die kleinen Tiere, Mäuse, Ratten, Frösche, Vogelnester gesammelt bzw. getötet haben. Auch daß Frauen in primitiven Gesellschaften kein Fleisch essen, ist eine Legende. Ob am Anfang der menschlichen Gesellschaft der männliche Kannibalismus gestanden hat, ist eine These, die bisher durch nichts belegt werden kann und deshalb tendenziös wirkt. Was wir über Kannibalismus wissen, deutet nicht darauf hin, daß Männer je systematisch andere Angehörige der menschlichen Rasse gejagt haben, um sie aufzuessen, sondern daß sie mit Kannibalismus stets religiöse Vorstellungen verbanden.(16) Zwar ist es in Zeiten großer Hungersnöte überall in der Welt gelegentlich zu Kannibalismus gekommen, diesen Fall hat Evelyn Reed jedoch wohl nicht gemeint.

Schon Herodot berichtete darüber, daß bei einigen asiatischen Stämmen der Leichnam eines Toten nicht wie in Griechenland verbrannt, sondern von den Stammesangehörigen rituell verzehrt wurde. Auch in Südaustralien sollen einige Ureinwohner Verstorbene aufgegessen haben. Die Gründe dafür waren aber Pietät: man hatte den Toten gekannt und geliebt, und zwar so, daß man sein Fleisch nicht verwesen lassen, sondern mit ihm körperlich und seelisch eins werden wollte. Auch Frauen nahmen an kannibalischen Mahlzeiten in einigen Stämmen teil. Hierbei scheint eine Lebenskraftübertragungsvorstellung vorherrschend gewesen zu sein. Besonders bei den Tukinamba in Südamerika aßen hauptsächlich die Frauen von dem Fleisch und Fett eines getöten Feindes, vermutlich um sich gesund zu erhalten. Die Kleinkinder wurden ebenfalls daran beteiligt, indem ihre Mütter sich die Brust mit dem Blut des Getöteten einrieben. Bei den Kubeo, einem anderen südamerikanischen Indianerstamm, war offenbar ein Fruchtbarkeitskult mit der Anthropophagie verbunden. Am Schluß des kannibalischen Mahles aß hier die Häuptlingsfrau den Penis des Erschlagenen, um ihre Fruchtbarkeit zu verstärken.(17)

Während die marxistische Forschung bis vor einigen Jahren zäh an der These festhielt, daß sich die Menschheit von der matrilinearen zur patrilinearen Verwandtschaftsordnung entwickelt habe, bis sie in der heutigen Zeit in eine bilaterale Verwandtschaftsorganisation geendet sei, wurde im angelsächsischen Raum versucht, das Gegenteil zu beweisen. Die Schule des aus Deutschland gebürtigen amerikanischen Ethnologen Franz Boas war durch ihren Kampf gegen den Evolutionismus gekennzeichnet. Daß sich dabei patriarchalische Vorstellungen mit wissenschaftlicher Eitelkeit mischten, ist daran zu messen, wie wichtig es für Boas und seine Studenten war, daß am Anfang der Gesellschaft nicht die matrilineare Abstammung vorgeherrscht habe, sondern ein bilaterales Verwandtschaftssystem, das die Abstammung sowohl nach dem Vater wie nach der Mutter regelte. Die Anti-Evolutionisten stellten folgende Reihenfolge der Entwicklung auf. Am Anfang stand bei ihnen die bilaterale Abstammungsregel, dann folgte die patrilineare, und aus der patri-

linearen entstand die matrilineare. Dies wurde für amerikanische Ethnologen ebenso zum »Dogma« (Murdock) wie für die sozialistische Forschung die These von der Priorität des Matrilineats.
Eine ganze Generation von Forschern bemühte sich um den Nachweis, daß die patrilinear und bilateral verwandten Indianerstämme Nordamerikas auf einer primitiveren Entwicklungsstufe standen als die matrilinearen.(18)
Franz Boas konnte überzeugende Beweise dafür erbringen, daß matrilinear organisierte Gesellschaften nicht primitiver waren als patrilineare, und daß es in ihnen genauso ausgeprägte Eigentumsstrukturen gab wie in diesen. Seine Theorie, die die Entwicklung matrilinearer Gesellschaften als letzte Entwicklungsstufe hinstellte, wies aber eine empirische Schwäche auf. Bereits aus der Antike gab es sehr viele Beispiele für einen Übergang von einer matrilinearen zu einer patrilinearen Verfassung, jedoch keine, in der eine patrilineare Gesellschaft zu einer matrilinearen überging. So blieb auch Boas in einer Sackgasse, obwohl er vergeblich versuchte, am Beispiel der Kwakiutl in Britisch-Kolumbien eine Verwandlung von patrilinearer in matrilineare Gesellschaftsform nachzuweisen.(19)

Die Evolutionisten hatten bei ihren Hypothesen übersehen, daß Familien- und Verwandtschaftssysteme sich nicht nach denselben Prinzipien entwickeln können wie technisches Wissen und Kenntnisse in der Naturbeherrschung. Dieses Wissen läßt sich kumulieren, Techniken und Wissen können über lange Zeiträume von Menschen verbessert und erweitert werden. Soziale Systeme wie die Familie und größere Gruppenbildungen kann man jedoch nicht nach dem Schema Höher- oder Niedriger-Entwicklung beurteilen. Sie sind nicht verbesserungsfähig durch Mehrwissen und bestehen nicht aus unbegrenzten Alternativen.
Die Irrtümer der Evolutionisten rührten unter anderem daher, daß sie die Funktion von Abstammungs- und Wohnsitzregeln, Verwandtschaft, Familienform, Erbrechtsvorschriften und die politisch-ökonomische Organisation falsch verstanden und zum Teil einer moralischen Bewertung unterwarfen. Eine Abstammungsregel erfüllt den Zweck, jedes In-

dividuum in eine zeitliche Kontinuität mit Vor- und Nachfahren zu bringen. Innerhalb dieser genealogischen Linie sind die juristischen, ökonomischen und religiösen Rechte und Pflichten einer Person festgelegt. Für die Berechnung der Abstammung gibt es grundsätzlich nur zwei Wahlmöglichkeiten. Eine Genealogie kann gebildet werden, indem die Abkunft entweder über die Linie des Ehemannes oder die Linie der Ehefrau gezählt wird. In patrilinearen Gesellschaften gehören Söhne und Töchter zur Linie des Vaters, aber nur die Söhne setzen die Linie fort, da die Töchter als Ehefrauen in eine andere Linie einheiraten. In matrilinearen Gesellschaften gehören Söhne und Töchter zur Linie der Mutter. Der Ehemann der Mutter hat seine juristischen, ökonomischen und politischen Rechte in der Linie seiner Schwestern. In patrilinearen Gesellschaften wird die Kontinuität der Generation von einem gemeinsamen männlichen Vorfahren abgeleitet, in matrilinearen von einer gemeinsamen Ahnfrau.

In einem die ganze Welt repräsentativ umfassenden Sample von 860 primitiven Gesellschaften folgen 46 Prozent der patrilinearen Abstammung, 14 Prozent der matrilinearen.(20) Eine sehr kleine Zahl von Gesellschaften (4 Prozent) garantiert einem Individuum Rechte in zwei getrennten Linien (doppelte Deszendenz). Viel größer als die Zahl der matrilinearen und der doppelten Deszendenzgruppen ist jedoch die Zahl der bilateralen Gesellschaften, die keine genealogischen Linien bilden. Diese Gruppe umfaßt in dem Sample 36 Prozent. Die Abstammung wird hier sowohl vom Vater wie von der Mutter berechnet. Das bedeutet gewöhnlich, daß die bilaterale Verwandtschaft nicht mehr als drei Generationen zurückgezählt wird. Eine längere Ahnenreihe würde ein Individuum in eine Unzahl verwandtschaftlicher Bindungen und Verpflichtungen bringen, da in jeder Generation die Verwandten mütterlicher- und väterlicherseits nach zwei Seiten hin dazugerechnet werden müssen. Die wichtigste Funktion einer »Verwandtschaftslinie«, nämlich die eindeutige Festlegung der Solidarität und Loyalität gegenüber einer exklusiven Verwandtschaftsgruppe mit einheitlichen ökonomischen Interessen, kann in einem bilateralen Verwandtschaftssystem nur erfüllt werden, wenn der Kreis der verwandten lebenden Personen zahlenmäßig klein gehalten wird. Komplexere Gesellschaften auf der Basis bilateraler Verwandtschaftssysteme haben sich lediglich bei den Germanen gebildet.(21)

Damit ist die Frage jedoch nicht beantwortet, warum die meisten Gesellschaften der patrilinearen Abstammungsregel den Vorzug vor der matrilinearen geben. Auch die Frage, welche Abstammungsregel in der Menschheitsgeschichte zuerst auftauchte (oder ob alle Formen nebeneinander entwikkelt wurden), ist weiterhin offen. Eine Gruppe von Forschern, zu denen der Deutsche Richard H. Thurnwald und der Engländer Radcliffe-Brown gehörten, vertrat die Auffassung, daß die unilineare Abstammung einzig und allein auf soziologische Notwendigkeiten gegründet sei:

> »Unilineare Verwandtschaftsgruppen entstehen aus dem Bedürfnis, Rechte genau zu formulieren, um unlösbare Konflikte zu vermeiden, und aus dem Bedürfnis für die Kontinuität der sozialen Struktur.«(22)

Es ist einleuchtend, daß die gesellschaftliche Wichtigkeit solcher Verwandtschaftsgruppen, die sich in Sippen und Clans organisieren, davon abhängig ist, ob es in einer Gesellschaft vererbbares Eigentum an beweglichen oder unbeweglichen Gütern gibt oder wenigstens einen vererbbaren Rang oder Titel, der die Verbindung von einer Generation mit der nächsten herstellt. Die wildbeutenden Gesellschaften bilden kaum solche Linien (englisch: lineages), da es für ihre Wirtschaftsweise unwichtig ist, in größeren politischen Gruppen solidarischer Verwandter zu leben.

Der österreichische Pater Wilhelm Schmidt meinte deshalb, daß sich die matrilineare Abstammung und Clanbildung erst durch die weibliche Erfindung des Hackbaus und des Anbaus von Knollenfrüchten entwickelte, während die patrilineare mit dem Aufkommen der von Männern betriebenen Viehzucht begann.(23) Er glaubte an ein Mutterrecht mit gesellschaftlicher Führungsrolle der Frau, das erst später durch den Machtgewinn des Bruders der Frau zerstört wurde, wodurch Herrschafts- und Verfügungsrechte wieder in männliche Hände übergingen. Gesellschaftsformen, in denen der Mutterbruder dominiert, bezeichnete er als »vermännlichtes Mutterrecht«. Rührende Weltferne und Unverständnis kapitalistischer industrieller Produktionsbedingungen zeigt sich in folgendem Zitat aus Pater Schmidts »Mutterrecht«:

»Frauenrechtlerinnen, die sich auf das Mutterrecht berufen wollten, müßten darauf aufmerksam gemacht werden, daß, wenn es auch eine Entwicklung des Mutterrechts gibt, diese Entwicklung doch Phasen aufweist, wie zum Beispiel das vermännlichte Mutterrecht, die ihren Zwecken wenig dienlich sein könnten. Nicht minder aber müßten sie darauf hingewiesen werden, daß das Mutterrecht, das zuerst bis zu einem Matriarchat sich entwickelte, aus dem Bau der Wurzel-, Knollen- und Blätterfrüchte hervorgegangen ist und lange auf dieser Zucht beruht hat. Wenn nicht mehr bloß die kärglichen Pflanzgärten an den Rändern unserer Großstädte rührendes Zeugnis ablegen von der Sehnsucht vieler Frauen, Produkte des eigenen Gartenbaues zu den täglichen Mahlzeiten beizusteuern, sondern überhaupt die Steinwüsten der Städte aufgelockert werden durch Gärten, in welchen die Frauen aller Stände durch eigene Arbeit ihren Beitrag zur täglichen Nahrung leisten, dann können neben dem Gelde, das der Mann in seinem Beruf verdient, die Erträgnisse dieser Gartenarbeit die Grundlage eines neuen, gemäßigten Mutterrechtes werden, das – nun von der Sammelstufe auf die Produktionsstufe gehoben – die alte Gleichrechtlichkeit von Mann und Frau in der Urkultur erneuern würde, den Gefahren eines übersteigerten Vater- und Mutterrechts zu begegnen wüßte und es weder zu einem Patriarchat noch zu einem Matriarchat kommen ließe, die beide für Ehe und Familie und damit für die Gesellschaft und die Kultur überhaupt unheilvoll geworden sind.«(24)

Der Amerikaner George Peter Murdock brachte im Jahre 1949 die Diskussion zu einem vorläufigen Ende, indem er die Theorie aufstellte, daß primitive Gesellschaften sich zwischen verschiedenen Abstammungsberechnungen über lange Zeiträume hin und her bewegen können.(25) Ausschlaggebend für den Übergang von einem Abstammungssystem zum anderen sind nach Murdock die Wohnsitzregel und die geschlechtliche Arbeitsteilung. Wie bei der Wahl der Abstammungsregeln gibt es auch hier Begrenzungen. Das junge Ehepaar kann zur Familie des Mannes (Patrilokalität) oder zur Familie der Frau (Matrilokalität) ziehen. Es kann einen neuen Haushalt gründen (Neolokalität), der unabhängig vom Wohnort der Braut und der Bräutigamsfamilie gewählt wird. Zuweilen kann das junge Paar zwischen dem Wohnsitz bei den Eltern des Mannes und den Eltern der Frau wählen (Bilokalität).

Daneben treten zwei weitere Möglichkeiten auf, indem das junge Paar zum mütterlichen Onkel des Ehemannes zieht (Avunculokalität) oder überhaupt keinen gemeinsamen Haushalt etabliert (Duolokalität). In 69 Prozent von 859 repräsentativ ausgewählten Gesellschaften war die Wohnsitzregel des jungen Paares durch den Mann bestimmt, in nur 13 Prozent durch den Wohnsitz der Ehefrau.(26)

Normalerweise ist die matrilineare Abstammung auch verbunden mit matrilokaler Wohnsitzregel, die patrilineare mit patrilokalem Wohnsitz. In drei von sechs Weltgegenden, Afrika, Mittelmeergebiet und auf den pazifischen Inseln, gibt es mehr Gesellschaften mit patrilokalem Wohnsitz als mit patrilinearer Abstammung. In Südamerika, wo nur acht Prozent der Gesellschaften patrilinear organisiert sind, haben 32 Prozent eine Wohnsitzregel, die den Ehemann zwingt, zu seiner Frau zu ziehen. Bei den nordamerikanischen Stämmen, von denen 19 Prozent patrilinear organisiert sind, haben 44 Prozent eine virilokale Wohnsitzregel: die Frau muß zum Mann ziehen.(27)

Für die Frage der Gewinnung weiblichen Einflusses ist die matrilokale Wohnsitzregel ein sehr entscheidender Faktor. In einer Gesellschaft, die matrilinear und matrilokal organisiert ist, bleiben die Schwestern einer Familie an einem Ort zusammen, während ihre Brüder, obwohl sie ihre ökonomischen, religiösen und politischen Verpflichtungen im Dorf ihrer Schwestern haben, zu ihren Ehefrauen ziehen müssen. In einem solchen Fall befinden sich die Frauen im Vorteil und können das männliche Macht-Vakuum im eigenen Interesse nutzen.

Die Faktoren, die nach Murdock dazu führen, daß eine Wohnsitzregel aufgegeben wird, sind Hungersnöte, Epidemien, Kriege, Bevölkerungszunahme, Änderung der Wirtschaftsform. Mit dem Aufgeben der Wohnsitzregel tritt langfristig auch eine Veränderung der Abstammungsregel ein. Alles, was dazu dient, in einer Gesellschaft den Einfluß des Mannes zu fördern, die Anwesenheit von beweglichem Eigentum (Rinder, Ziegenherden, Kamele, Sklaven), die Einführung eines neuen Glaubens (Islam), Kriege, um zusätzliche Frauen und Beute zu gewinnen, oder das Vorhandensein eines überörtlichen politischen Bündnisses begünstigen den Übergang zu einem patrilinearen Verwandtschaftssystem, während umgekehrt neue wesentliche Aktivitäten der Frau, zum Beispiel im Ackerbau, Matrilokalität begünstigen. Selbst bei Jagd- und Sammlervölkern sieht Murdock solche Tendenzen wirksam. So waren die Crow-Indianer früher Teil eines Ackerbaustammes, der matrilokal organisiert war. Seitdem sie zur Büffeljagd übergingen, haben sie ihre Wohnsitzregel geändert und sind patrilokal geworden, obwohl sie immer noch ihre Verwandtschaft matrilinear berechnen.

Während nach Murdock eine Gesellschaft mit matrilinearer und matrilokaler Verfassung unmittelbar in eine patrilokale oder avunculokale übergehen kann, muß eine patrilineare Gesellschaft erst eine neolokale oder bilokale Wohnsitzregelung durchmachen, um eventuell zu einem bilateralen und schließlich zu einem matrilinearen Verwandtschaftssystem zu kommen. Einen direkten Übergang von patrilinearer Verfassung zu matrilinearer hält Murdock für nahezu unmöglich und erklärt so das vollständige Fehlen eines Belegs für die Umwandlung einer patrilinearen in eine matrilineare Gesellschaft.

> »Unter matrilokalem Druck können patrilineare Gesellschaften bilateral werden, und darauf vielleicht gelegentlich matrilinear. Sie können indessen nicht direkt zu einer matrilinearen Organisationsform übergehen. Um ganz genau zu sein: Ausnahmen sind theoretisch unter extrem unwahrscheinlichen Kombinationen von Umständen möglich. Aber falls sie überhaupt auftreten, was noch bewiesen werden muß, sind sie so selten, daß sie sicher in einer allgemeinen Hypothese der Entwicklung sozialer Organisationen ignoriert werden können.

Man hat oft beobachtet, daß sich in vielen Teilen der Erde patrilineare und matrilineare Völker Seite an Seite in begrenzten Gebieten finden, deren Kulturen untrüglich Anzeichen historischer Verbindungen zeigen. Es sollte nunmehr klar sein, daß, wo immer eine solche Situation vorhanden ist, und falls die zwei Strukturtypen tatsächlich in ihrer Entstehung verwandt sind, die patrilinearen Stämme aus matrilinearen Organisationen hervorgegangen sein müssen und nicht umgekehrt. In gleicher Weise muß zutreffen, daß in allen Gesellschaften mit voll entwickelter doppelter Deszendenz die matrilinearen Verwandtschaftsgruppen als erste entstanden, während die patrilineare Abstammung eine sekundäre Entwicklung darstellt. Diese Verallgemeinerungen können natürlich in keiner Weise als eine Unterstützung der evolutionistischen Theorie von der universellen Priorität des Matrilineats verstanden werden. Im Gegenteil, weil die Vorläufer aller Gruppen, die bis heute überlebt haben, viele Änderungen in der sozialen Organisation während der langen Dauer der Menschheitsgeschichte erfahren haben müssen, bedeutet die Tatsache, daß der letzte Übergang in einer bestimmten Serie von der matrilinearen zur patrilinearen oder doppelten Abstammung stattgefunden hat, in keiner Weise, daß das Matrilineat am Anfang der gesamten Serie stand.«(28)

Verwandtschaftsorganisationen können sich nach Murdock unter äußeren Einflüssen ändern, jedoch immer nur so, daß die Sozialordnung bei diesen Übergängen im Gleichgewicht bleibt. Er vergleicht diese langsamen Verschiebungen mit linguistischen Trends. Auch eine Sprache bildet in einer Kultur ein relativ unabhängiges System, das sich zwar durch äußere Einflüsse langfristig ändern kann, das aber resistent gegen alle Beeinflussungen ist, die nicht in der Richtung seiner Entwicklungsmöglichkeiten liegen. Murdock zieht das Fazit:

»Die vorliegende Untersuchung hat zu dem Schluß geführt, daß gesellschaftliche Organisation ein halb unabhängiges System ist, das man in vielerlei Hinsicht mit der Sprache vergleichen kann, und das in ähnlicher Weise durch eine eigene interne Dynamik gekennzeichnet ist. Es ist indessen kein so geschlossenes System, denn es verändert sich in der Tat nachweislich in Reaktionen auf äußere Einflüsse, und das in feststellbarer Weise. Dennoch scheint seine eigene Struktur als ein Filter für die Einflüsse zu wirken, die es tangieren.«(29)

Murdock erklärt das Pendeln zwischen matri- und patrilinearer Gesellschaftsorganisation sowie bilateralen Verwandtschaftssystemen hauptsächlich mit neuen ökonomischen Entwicklungen, auf die eine Anpassung folgt. Sie ist bestimmt durch die Eigengesetzlichkeit der jeweiligen sozialen Verfassung, in der sich ein Verwandtschaftssystem befindet. Es handelt sich jedoch nicht um einen gesetzmäßigen Vorgang, sondern um eine Regel mit vielen Ausnahmen.

Auch Murdocks Theorie kann keine umfassende Antwort geben. In Gesellschaften mit einem hohen Beitrag der Frauen zum Lebensunterhalt müßte es demnach eher zu einer matrilinearen und matrilokalen Gesellschaftsverfassung kommen, in Viehzüchter- und Jägergesellschaften dagegen zum patrilinearen und patrilokalen Gesellschaftssystem. In Gesellschaften, in denen der ökonomische Beitrag beider Geschlechter ungefähr gleich ist, wäre das Ergebnis ein bilaterales Verwandtschaftssystem. Aber es gibt große geographische Gebiete, in denen sich dieser Zusammenhang nicht widerspiegelt. Ein Teil der südamerikanischen Wildbeuterstämme, in denen beide Geschlechter einen ungefähr gleich hohen Beitrag zum Überleben leisten, ist matrilinear organisiert. Im Gebiet von Neuguinea sind die meisten Stämme patrilinear, obwohl Frauen hier Gartenbau und die Viehzucht (Schweinezucht) fast ausschließlich betreiben. Ein großer Teil der afrikanischen Gesellschaften, in denen Frauen den größten Teil der Feldarbeit leisten, ist patrilinear. Dagegen stammt eines der berühmtesten Beispiele für das Mutterrecht aus einer viehzuchttreibenden Nomadengesellschaft: die heute durch die algerische Politik fast ausgestorbenen und verarmten Tuareg, ein kamelzüchtender Nomadenstamm, sind matrilinear und leiten ihre Abstammung von einer Ahnfrau des vierten und fünften Jahrhunderts her. Obwohl sie den islamischen Glauben angenommen haben, sind sie bei der Einehe geblieben. Die Frauen der Tuareg besaßen politische Rechte

im Stammesrat. Sie beherrschten die alte Berberschrift und gaben dieses Wissen an ihre Töchter weiter.(30)
Bei einer statistischen Überprüfung der Gründe, die Murdock für den Trend zu patrilokaler bzw. matrilokaler Residenz angegeben hatte, stellte sich neuerdings heraus, daß nur zwei der von ihm genannten Faktoren signifikant mit dem patrilokalen Wohnsitz zusammenfallen, nämlich die Viehzucht (ausgenommen Schweinezucht) und die Anwesenheit einer politischen Struktur auf überregionaler Ebene. Die geschlechtliche Arbeitsteilung in den landwirtschaftlichen Aktivitäten spielte nach den Untersuchungen der beiden amerikanischen Ethnologen Melvin und Carol R. Ember keine Rolle für die bevorzugte Wahl des ehelichen Wohnsitzes.(31)

Die Evolutionisten glaubten, daß matrilinear organisierte Stämme Frauen gleiche oder mehr Rechte als den Männern zubilligten. Eine Verwandtschaftslinie, die durch die Frau läuft, sei die Garantie dafür, daß Frauen gleiche oder alleinige Eigentumsrechte in diesen Gesellschaften besäßen. Aber auch diese Behauptung trifft nur für einen Teil matrilinearer Gesellschaften zu und läßt sich nicht verallgemeinern. In patrilinearen Gesellschaften besitzen einheiratende Frauen häufig Eigentumsrechte, während ihnen dieselben in matrilinearen Gesellschaften fehlen können oder in der Praxis nicht realisierbar sind.(32) Der Afrikanist Baumann wies auf diesen Widerspruch hin, der in weiten Gebieten Afrikas existiert:

> »Bei den meisten afrikanischen Mutterrechtlern treten die Frauen gar nicht oder doch fast in aussichtsloser Position die Erbschaft an; immer sind es die Männer des Mutterstammes, welche vorzugsweise das Vermögen an sich nehmen.«(33)

In einer Reihe von patrilinearen Gesellschaften haben die Frauen ein Recht auf den Erlös ihrer Ernteerträge oder selbstverfertigten Produkte und behalten Erbrecht in der Linie ihres Vaters. Obwohl einige Gesellschaften (z. B. die der nordamerikanischen Irokesen) mit einem ausgeprägt hohen ökonomischen und politischen Status der Frau matrilinear und matrilokal organisiert sind, sagt die Verwandtschaftsordnung über die geschlechtsspezifische Machtverteilung in

einer Gesellschaft nirgendwo etwas Zwingendes aus. Überall muß eine Reihe von kulturellen, ökonomischen, religiösen und historischen Fakten hinzugezogen werden, um über die Beziehungen der Geschlechter in einer Gesellschaft zu urteilen. Überall gibt es Sonder- und Einzelentwicklungen, die zu dem alten evolutionistischen Schema häufig in direktem Widerspruch stehen. Als Johann Jakob Bachofen über die Gynaikokratie, die permanente Frauenregierung in einer Gesellschaft, schrieb, hätte er sich sicher nicht vorstellen können, daß sich diese ausgerechnet in einem patrilokalen und patrilinearen Gesellschaftssystem finden lassen würde. Eine solche Entwicklung hat jedoch bei den Lovedu vor etwa 150 Jahren eingesetzt (zur selben Zeit, als Bachofen lebte). Die Lovedu sind ein Volk im nordöstlichen Transvaal (Südafrika), das hauptsächlich von der Landwirtschaft lebt und Rinder nur als Zahlungsmittel für den Brautpreis verwendet. Ihr Königreich hat etwa 40 000 Einwohner.(34)
Ungefähr seit der Mitte des 19. Jahrhunderts ging die Herrschaft an Frauen über. Die Königinnen sind jedoch nicht wie anderswo in monarchischen Systemen Ersatzmänner (aus Mangel an männlichen Erben). Sie haben eine religiöse Funktion als Regenmacherin. Das Königreich ist in Distrikte eingeteilt, deren Chefs oder Chefinnen ihr Frauen für ihren Harem schicken. Die Königin ist verpflichtet, nicht zu heiraten, kann aber einen Geliebten und Kinder haben. Die Frauen ihres Harems sind die Bindeglieder für die Allianz mit den örtlichen und Distrikthäuptlingen (männlichen oder weiblichen), deren Töchter sie verheiraten kann. Aus diesen Ehen kann die Königin wiederum eine der Töchter beanspruchen. In ihrer Eigenschaft als höchste Richterin hat sie Unterstützung durch die »Mütter des Königreichs«, die die einzelnen Distrikte repräsentieren und von der Königin ernannt werden, um als Kontaktpersonen zwischen ihr und den Einwohnern des Distrikts zu fungieren. Die erste Königin in dieser Linie, Mujaji I., die im Jahre 1894 starb, war so berühmt, daß auch in angrenzenden Stämmen die ersten Königinnen auftauchten.(35)

Das Beispiel zeigt, daß es nicht ohne weiteres berechtigt ist, von den Deszendenzregeln auf die geschlechtlichen Herrschaftsverhältnisse in einer Gesellschaft zu schließen. Die alte Frage des 19. Jahrhunderts, ob es am Beginn der menschlichen Entwicklung Matriarchate gegeben habe, läßt sich daher mit dem ethnographischen Mittel der Deszendenzforschung nicht verbindlich beantworten, weder positiv noch negativ. Es ist natürlich mißlich, aber die Frauenbewegung muß sich wohl damit abfinden, daß in einer Frage von solch zentraler Bedeutung für ihr Selbstverständnis keine eindeutigen Erkenntnisse mehr zu gewinnen sind. Vielleicht ist dies jedoch eher ein Vor- als ein Nachteil: Was hilft es den Frauen, wenn sie sich über die nunmehr Jahrtausende andauernde Unterdrückung mit der Vorstellung hinwegtrösten, daß sie selbst einmal am Beginn der Menschheitsgeschichte über die Männer geherrscht hätten?

Sie sollten nur beweisbare historische Fakten in ihre Argumentation einbeziehen; der leicht zu führende Nachweis ihrer seit Jahrtausenden bis heute andauernden Unterdrükkung genügt vollauf zur Begründung ihrer Forderungen.

9. Kapitel

Ausbeutung und Gleichberechtigung in klassenlosen Gesellschaften – die Unterdrückung der Frau vor der Entstehung des Privateigentums

»Die Eingeborenenfrau hat immer einem Lasttier auf dem Marsch ähnlich gesehen mit ihrer Last von Nahrung, Wasser oder Feuerholz, immer auf der Jagd nach eßbaren Dingen und womöglich mit einem Baby auf dem Rücken und einem Kleinkind auf den Fersen. Aber jemand, der kritisch eine weiße Frau an einem heißen Einkaufstag beobachtet – die einen Kinderwagen, beladen mit einem Baby und verschiedensten Paketen, schiebt, mit einem Kind, das sich an ihre Rockschöße klammert, außer Fassung und behindert durch ihre Kleidung und enge verschwitzte Korsetts, die nach günstigen Angeboten Ausschau hält, während sie sich durch eine abweisende Menge ihren Weg bahnt, kämpft, um in einen Bus zu kommen –, mag entschuldigt sein, wenn er sich fragt, ob es ihr wirklich besser geht als der nackten, aber herrlich schlanken, gesunden, graziösen und hervorragend ihrer Umwelt angepaßten Eingeborenenfrau. Es scheint, als sei das Los der Frau in allen Gesellschaften in der Summe ungefähr gleich.«
A. A. Abbie

Am unteren Darling-Fluß in Australien wurde eine Feuerstelle gefunden, die auf das Jahr 16 800 vor Christus datiert wird. Andere Ausgrabungen wurden in Queensland gemacht. In Zentralostaustralien hat es also seit fast 19 000 Jahren Einwohner gegeben, weiter nördlich sogar noch länger.(1) Die Ureinwohner Australiens, die Pygmäen des afrikanischen Regenwalds, die Buschmänner der Kalahari in Südafrika, die Negritostämme auf der malaiischen Halbinsel und auf den Philippinen und die Feuerlandindianer, zum

Teil auch die Eskimostämme, waren für die europäischen Ethnographen das menschliche Museum, das ihnen Aufschluß geben sollte über die sozialen Beziehungen von Menschen auf der Stufe der Alt-Steinzeit-Werkzeuge bzw. des Mesolithikums. In diesen klassenlosen Wildbeutergesellschaften war ihrer Meinung nach das Ideal der menschlichen Gleichheit verwirklicht. Die sozialistischen Prähistoriker und Ethnographen hofften, in ihnen ihre Urgesellschaften zu finden. Eine andere, westliche Ethnologenschule, die christlichen Idealen anhing, die Schule des österreichischen Paters Wilhelm Schmidt, beanspruchte diese Gesellschaften für ihre These, daß der Mensch, so wie er aus Gottes Hand gekommen, zu Anfang gut gewesen sei. Besonders fanden sie sich darin bestärkt, nachdem sie herausgefunden hatten, daß bei diesen Völkern mit der einfachsten Werkzeugtechnik die monogame Ehe vorherrschte, und die meisten von ihnen an ein einziges göttliches Wesen glaubten im Gegensatz zu den polytheistischen Ackerbauern. Ein reiches religiöses Leben, Monogamie und brüderliches Miteinanderteilen in der Gemeinschaft, darin sahen sie das Urbild des Menschen. Die sozialistischen Forscher fanden in diesen Gesellschaften ihre These von der Promiskuität und Gruppenehe nicht bestätigt. Auch die von ihnen entwickelte Vorstellung der Matrilinearität der primitiven Kulturen ließ sich nicht verifizieren.

Diese Wildbeutergesellschaften waren, darüber gab es keine Auffassungsunterschiede, klassenlos, ohne soziale Rangordnungen im Sinne der marxistischen, aber auch der bürgerlichen Soziologie. Waren in diesen Gesellschaften, vor dem Sündenfall des Privateigentums und der Herausbildung von Klassengegensätzen, die Beziehungen der Geschlechter gleichberechtigt? Nach der Auffassung von Friedrich Engels dürfte es in Gesellschaften, die kein Privateigentum kennen, auch keine Unterdrückung der Frauen geben. Mit der Entstehung des Privateigentums fällt nach marxistischer Auffassung die Versklavung der Frau zusammen, die von nun an zur Gebärmaschine für Erben, zu einem Instrument der Lust und zur Hausarbeit verdammt ist.

Natürlich gibt es in diesen Wildbeutergesellschaften auch Eigentumsdefinitionen. Darauf machten die Wiener Patres aufmerksam, die sich besonders der Erforschung dieser Gesellschaften widmeten. Es handelt sich dabei um die Individualrechte an selbstverfertigten Gegenständen, an einem erlegten Wild oder zum Beispiel an Fruchtbäumen, die von dem Entdecker (Mann oder Frau) markiert werden, woraufhin das Nutzungsrecht von den anderen Mitgliedern der Gruppe respektiert wird. Wichtig jedoch ist, daß die Erträge aus Jagd, Sammeln und Pflücken unter allen Mitgliedern geteilt werden, auch denjenigen, die zu alt oder zu krank sind, um etwas zum Unterhalt beizutragen.(2)

Die geschlechtliche Arbeitsteilung bildet die Wirtschaftsgrundlage der Wildbeuter. Mann und Frau bilden eine Kooperationseinheit, die absolut notwendig ist, um zu überleben. Nur durch diese geschlechtliche Arbeitsteilung ist eine ständige Nahrungsversorgung gesichert. Die Männer in den australischen Wildbeutergesellschaften sind auf die Jagd spezialisiert, die Frauen graben mit ihrem Grabstock nach Knollen, Wurzeln, Samen. Sie sammeln zu bestimmten Jahreszeiten Muscheln, fangen Eidechsen, Schildkröten, kleine Schlangen, Ratten und Mäuse. Die Männer jagen das größere Wild, Känguruhs, Gänse, Emus.(3) Die Jagd allein würde ein ständiges Überlebensrisiko bedeuten, da das Ergebnis vom Glück und Zufall abhängig ist, der Nahrungsbeitrag, den die Frauen liefern, bietet dagegen eine kontinuierliche Existenzgrundlage. Das gilt für alle Wildbeuterstämme. Der Psychoanalytiker und Ethnologe Géza Róheim, der 1929 eine längere Zeit bei Stämmen in Zentralaustralien verbrachte, schreibt:

> »Es gibt keine deutliche, feste Trennungslinie zwischen den Arbeitssphären der zwei Geschlechter; es gibt keinen Grund, warum nicht eine Frau ein Känguruh auf den Kopf schlagen sollte, wenn sie so glücklich ist, eines zu fangen. Normalerweise wird das allerdings von Männern getan.«(4)

Es besteht also nicht nur eine abstrakte Gleichwertigkeit weiblicher und männlicher Leistungen, sondern eine absolute Abhängigkeit der Ehepartner.

> »Bekanntlich gibt es keine Gesellschaft, die den Altruismus so weit treibt, wie die der australischen Eingeborenen. Er wird buchstäblich den letzten Bissen ›damper‹ oder

Fleisch seinem Nachbarn geben, und selbst ein Kleinkind wird den Zucker weitergeben, den es vom weißen Mann erhalten hat – einfach auf eine Bitte hin.«(5)

Sparsamkeit ist keine Tugend in dieser Gesellschaft. Debatten über die Nahrungsverteilung soll es jedoch unter Frauen und Männern geben. Trotz der Abwesenheit von Privateigentum und sozialen Klassen, trotz der Gleichwertigkeit der Beiträge zum täglichen Lebensunterhalt und der fairen Nahrungsverteilung sind die Frauen der australischen Ureinwohner innerhalb ihrer Gesellschaft nicht viel weniger unterdrückt und benachteiligt als in Gesellschaften mit Privateigentum und Klassenbildung.

Häufig wird herausgestellt, daß die australischen Stämme eine gerontokratische Verfassung besitzen. Die alten Männer sind jedoch keine politischen Führer. Sie werden respektiert, weil sie das größte Wissen über die religiösen Rituale, die Stammesmythen, die Wasserplätze und die diplomatischen Beziehungen zu Nachbarstämmen haben. Dafür haben sie das Recht, das Fleisch eines Känguruhs oder Emus zu verteilen, und behalten sich die geschätzten fetten Teile vor. Eine Herrschaft, die auf Gehorsamspflicht der jüngeren Männer beruhen würde, besteht jedoch nicht. Die Männer der australischen Eingeborenen üben aber Herrschaft über die Frauen aus. Bei den anderen Wildbeuterstämmen dagegen, wie den Pygmäen und den Buschmännern oder den Selk'nam in Feuerland, können die jungen Mädchen und Männer ihre Ehepartner selbst wählen.(6)

Am häufigsten ist bei den australischen Ureinwohnern die Kinderverlobung des Mädchens, gelegentlich jedoch wird sogar schon über die ungeborene Tochter verfügt. Obwohl die Mutter des Mädchens dabei in der Praxis ein Mitspracherecht besitzt, liegt die Entscheidung über die Verheiratung der Tochter beim Vater bzw. beim Bruder der Mutter. Der zukünftige Ehemann des kleinen Mädchens ist zum Zeitpunkt des Heiratsversprechens bereits ein Mann, in den meisten Fällen beträchtlich älter als die zukünftige Ehefrau. Vom Zeitpunkt des Heiratsversprechens an muß er regelmäßige Geschenke an seine Braut, den Vater des Mädchens und häufig auch an den Onkel machen.(7) Die Stämme in Zentralaustralien betonen nach Géza Róheim

»die Überwindung des Widerstandes des Mädchens am stärksten«. – »So erklären sie die Sitte, daß der Mann bereits erwachsen und das Mädchen noch ein Kleinkind ist, wenn sie verlobt werden. Es ist ratsam für ihn, sie vom Babyalter an bis zur geschlechtlichen Reife zu erziehen, damit sie sich an ihn gewöhnt und freundschaftlich gesonnen wird. In Wirklichkeit wächst sie jedoch auf und hat nach wie vor Angst vor ihm. Wenn sie ein wenig größer ist, fürchtet sie ihn immer noch.«(8)

Róheim berichtet:

»Dies ist, soweit ich weiß, eine der wenigen menschlichen Gruppen, in der die Normalform der sexuellen Annäherung die Vergewaltigung ist.«(9)

In vielen Fällen versuchen die Männer eine Frau zu bekommen, indem sie kleine Mädchen aus dem Lager zerren. Der Begriff für heiraten, vergewaltigen und Geschlechtsverkehr ist nach Róheim identisch.(10)

Die Heirat geht in Etappen vor sich. Der Ehemann macht ein getrenntes Feuer, etwas weiter weg vom Lager.

»Sie ist nun verpflichtet zu kommen, aber wenn sie es nicht tut, fängt er an ihr zu sagen, sie solle kommen. Dann bringt sie ihr Kami (Puleri), und sie setzen sich zusammen neben den Mann. Einige Inyuta-Männer (nicht heiratsfähige) kommen und sagen ihr: ›Ihr beiden schlaft zusammen. Laufe nicht weg.‹ Der Mann hält ihren Arm und sie setzen sich.«

Sie fängt an zu weinen oder zu schreien:

»Jetzt langt es ihm und er sagt: Schrei nicht, oder ich schlage dich! Aber trotzdem läuft sie zurück zu ihrer Mutter, wenn er einschläft. In der nächsten Nacht passiert dasselbe noch einmal. Er geht zu ihr und ruft sie: ›Hier ist etwas Fleisch für deine Mutter.‹ Dann bringt sie etwas Holz und macht Feuer. Sie schlafen mit dem Rücken zueinandergekehrt, das Feuer zwischen ihnen. Sie kratzt eine Mulde für sich selbst in den Sand und hält ihre Beine immer eng zusammen. Während sie sitzt und den Mann beobachtet, kratzt sie die Mulde unter ihrem Körper mit ihren Händen. Er ruft sie; schließlich kommt sie auf allen vieren gekrochen. Wenn das Hymen zerrissen ist, stöhnt sie.«(11)

Das Konzept vom Geschlechtsverkehr beruht zumindest zu Beginn der Ehe auf dem Gebrauch von Gewalt. Mit der Heirat hat der Mann sexuelle Rechte am Körper seiner Frau erworben. In Western Arnhemland gibt es Erzählungen, die der Belehrung der Frauen in diesem Punkt dienen sollen:

> »Weise nie die sexuellen Forderungen des Gatten zurück; er ist dazu berechtigt als dein Beschützer. Wenn du ihn zurückweist, ist er berechtigt, alle Handlungen vorzunehmen, die er für nötig hält.«(12)

Eine Reihe von Legenden schildert Bestrafungen der Frau, die sich ihrem Mann verweigert, zum Beispiel wird von einer solchen Frau gesagt, sie würde Blut urinieren und sterben. Das australische Forscher-Ehepaar Ronald M. Berndt und Katherine H. Berndt interpretiert diese Mythen als eine Warnung an die Frauen:

> »Wie wir schon vorher berichtet haben, ist es für eine Frau unüblich, dem Mann die ehelichen Rechte zu verweigern. Ein solches Verhalten gilt nur während der Schwangerschaft, der Menstruation oder bei Krankheit als verständlich.«(13)

Der Ehemann hat aber nicht nur das ständige sexuelle Nutzungsrecht am Körper seiner Ehefrau, er kann seine Frau auch ausleihen. Im Falle von Streitigkeiten zwischen zwei Gruppen werden häufig, um Frieden zu schließen, die Frauen einer Horde geschickt. Schlafen die Männer der feindlichen Horde mit ihnen, so ist der Streit beigelegt. Schicken sie sie unangerührt zurück, so gehen die Feindseligkeiten weiter. Der Senior der australischen Ethnologen, A. P. Elkin, der 40 Jahre mit dem Studium der Institutionen der Urbevölkerung seines Landes verbrachte, meint, daß diese Gewohnheit des Frauenverleihs vielleicht dann aufhören würde, wenn die Eingeborenen alle den Zusammenhang zwischen Geschlechtsverkehr und Zeugung realisieren würden.

> »Gegenwärtig ist der körperliche Akt eine Quelle der Lust oder ein Mittel, um Freundschaft auszudrücken oder zu erneuern, um Feindseligkeiten abzuwehren oder sich andere zu verpflichten. Aber dies ist nahezu ausschließlich der Standpunkt des Mannes ... und bedeutet, daß die Frau lediglich ein Objekt ist, das man in gesellschaftlich festgesetzter Art und Weise benutzt. Die Tatsache, daß sich

Frauen wohl häufig nicht widersetzten, rechtfertigt die Gewohnheit nicht.«(14)

Elkin führt aus, daß viele Frauen

»in Schrecken leben wegen des Gebrauchs, den man von ihnen bei einigen zeremoniellen Gelegenheiten macht«. (15)

Das zeitweilige Überlassen der Ehefrau, das vor der Begegnung der Eingeborenen mit den europäischen Siedlern nur untereinander betrieben wurde, um Allianzen zwischen Männern zu stiften, hat heute andere Formen angenommen. Elkin schreibt:

»Mit dem Frauenausleihen ist die Bereitschaft der Eingeborenen zu erklären, ihre Frauen zu prostituieren, um materielle Güter von weißen oder gelben Männern zu erhalten.«(16)

Trotz des Fehlens eines Eigentumsbegriffs in unserem Sinn, trotz der einigermaßen gerechten Verteilung der Lebensmittel in den australischen Gesellschaften gibt es also Herrschaftsformen. Die Frau besitzt bei der Eheschließung kein Selbstbestimmungsrecht über ihre Person. Aber sie hat in der Ehe auch nicht den Status einer Sklavin. Frauen und Männer sind ökonomisch Gleichberechtigte. Die Lebensmittel, die sie sammeln oder erjagen, werden nicht wie in vielen afrikanischen Gesellschaften nur zugunsten des Mannes verteilt, während die Frau essen darf, was übrigbleibt. Die australische Eingeborenenfrau hat jedoch kein Selbstverfügungsrecht über ihre eigene Sexualität. Es gibt nur eine sehr selten stattfindende Zeremonie, bei der sie im Verlauf des Tanzfestes offiziell das Recht besitzt, sich einen Liebhaber zu wählen, ohne daß ihr Ehemann Einspruch erheben kann. Nach Róheim schwelgen die alten Frauen in Erinnerungen an diese romantischen Gelegenheiten. Sie haben gewöhnlich die Möglichkeit, ihren Ehemann zu verlassen, wenn er sie schlecht behandelt, und sich einem anderen anzuschließen. Der Mann jedoch kann sie jederzeit verlassen oder einem anderen Mann schenken. Die australischen Männer praktizieren Polygamie, die bei einem ungefähr gleichen zahlenmäßigen Geschlechterverhältnis nur dadurch möglich wird, daß sehr viel ältere Männer sehr viel jüngere Frauen heiraten. Da die

Polygamie offenbar mit einer systematischen sexuellen Bevorzugung der zuletzt erworbenen Frau verbunden ist, kommt es zu ständigen Streitigkeiten zwischen den Frauen, die gelegentlich in den berühmten Frauen-Duellen enden, bei denen sich die Frauen nach festgesetzten Spielregeln mit Stöcken auf den Schädel schlagen.

Wie funktioniert oder bildet sich nun eine Herrschaftsstruktur, die nicht auf Eigentum aufgebaut ist und dennoch das Verfügungsrecht des Mannes über die Sexualität des weiblichen Körpers kennt und damit die Unterdrückung der Frau? Die einfachste Erklärung, die vor der Entwicklung der Ethnologie und der Soziologie gegeben wurde, bestand darin, die physische Überlegenheit des Mannes als Ursache für seine allgemeine Vorherrschaft anzusehen. Alle sozialen Beziehungen bei barbarischen Völkern, so war die Ansicht, beruhten auf dem Recht des Stärksten, auf dem physischen Kräftemessen. Zoologen greifen heute solche Thesen wieder auf, wenn sie Rangordnungen tierischer Gesellschaften und die Funktion eines männlichen Alpha-Tiers mit der Funktion des Führers in menschlichen Gruppen vergleichen. In menschlichen Gruppen würde einem einzelnen auf die Dauer die physische Überlegenheit wenig nützen. Machtausübung in menschlichen Gesellschaften beruht auf der Fähigkeit zur Gruppenbildung in der Gruppe, zur Assoziation mit anderen, die gleiche oder doch im wesentlichen gleiche Interessen haben. Ein wesentliches Mittel, um Bündnisse zu stiften, sind Propaganda, Ideologie, gemeinsames Erleben schwieriger Situationen, Herstellung von emotionaler Abhängigkeit der Bündnispartner untereinander, gemeinsame Geheimnisse.
In vielen primitiven klassenlosen Gesellschaften gibt es respektierte Personen und Führer, die Ältesten, deren physische Kraft bereits nachgelassen hat. Die Herrschaft, die die australischen Ureinwohner über ihre Frauen ausüben, wird durch mehrere Faktoren ermöglicht. Der wichtigste besteht in einem Monopol auf Welterklärung. Die alten Männer kontrollieren die Weitergabe von Mythen, die die Geschichte und den Gründer des Stammes betreffen, und sie kontrollieren die Zeremonien und Rituale, die religiöse Selbstdarstellung. Initiationsriten und das Geheimleben des Stammes sind

den Männern reserviert. Die älteren Männer verpflichten sich durch diese Riten und Zeremonien die Heranwachsenden. Eine solidarische Machtstruktur, die auf der Teilnahme an Geheimwissen beruht, wird so zwischen den Männern hergestellt. Häufig beginnen die Initiationsfeiern mit einer Gruppenmasturbation der Novizen. Die abgeschnittene Vorhaut wird vom älteren Bruder oder vom Schwager gegessen, um eine symbolische Verbindung herzustellen. Erzählungen über einen Ahnherrn des Stammes, der überall, wo er sich aufhielt, viele Geister-Kinder hinterließ, begleiten die Zeremonien. Wenn der Penis verheilt ist, muß der Novize wieder vor den Ältesten erscheinen und seine vergangenenen Missetaten beichten.(17)

Die Frauen haben bei diesen Zeremonien ebenfalls eine wichtige Rolle, sie müssen sich in gebührender Entfernung vom Ort des Geschehens davon beeindrucken lassen. Sie dürfen auch an einem kleinen Teil der Initiationsriten teilnehmen, die über Tage dauern, jedoch wieder in gebührender Entfernung und nur als unwissende Statistinnen eines Dramas, dessen wesentliche Inhalte ihnen verborgen bleiben, da nur die alten Männer das ganze überschauen und regeln. Lediglich in einigen Gebieten im nördlichen Teil Zentralaustraliens haben die Frauen auch geheime Mythen und rituelle Tänze, die ihre eigene Solidarität stärken und von denen sie die Männer fernhalten. Es handelt sich nach Ansicht der britischen Anthropologin Phyllis Kaberry um einen Fruchtbarkeitskult.(18) Diese weiblichen Geheimzeremonien sind jedoch nicht gleichgewichtig mit den männlichen, die viel umfangreicher und aufwendiger sind. Aus dem religiös-ideologischen Zusammenschluß der Männer und aus dem Altersvorsprung des Ehemannes gegenüber seiner jungen Frau, die er von Anfang an mit erzieht bzw. einschüchtert, leitet sich trotz der ökonomischen Gleichstellung die unterschiedliche Bewertung von Mann und Frau ab. Das äußert sich zum Beispiel bei einem Todesfall so: In Victoria hält beim Tod eines Mannes der ganze Stamm eine Reihe von Zeremonien ab, jedoch nicht, wenn eine Frau oder ein Kind stirbt. Dann zeigen nur die nahen Verwandten Trauer. Elkin schreibt:

„Mit anderen Worten, die Gesellschaft fühlt sich nicht betroffen.«(19)

Es ist das große Dilemma der ethnologischen Forschung, daß sie ähnlich wie die empirische Sozialforschung nie einheitliche Kriterien aufgestellt hat, um den Status von Mann und Frau in primitiven Gesellschaften zu vergleichen oder um festzustellen, welchen Herrschaftsformen Frauen aufgrund ihres Geschlechts unterworfen sind. Bei Völkern, die eindeutig eine männliche politische Führung haben oder wo jede voreheliche sexuelle Beziehung des Mädchens mit dem Tod bestraft wird wie in islamischen Gesellschaften, ist es relativ einfach für den europäischen Forscher, von der Herrschaft des Mannes zu sprechen. Über Gesellschaften, wo diese extremen Herrschaftsformen fehlen, oder die keine politische Struktur kennen, wie die Wildbeuter mit ihrer primitiven, keine Überschüsse produzierenden Wirtschaftsweise, finden sich die unterschiedlichsten Bewertungen des Geschlechterverhältnisses, die häufig nichts anderes als die Vorurteile der Forscher und Forscherinnen widerspiegeln. Nach einem Ausspruch des berühmten britischen Anthropologen Bronislaw Malinowski soll man sich der Glaubwürdigkeit von ethnologischen Studien und Reiseberichten dadurch versichern, daß man ihren Verallgemeinerungen nie traut, wenn nicht ein konkretes Beispiel dafür gegeben wird, worauf die Verallgemeinerung beruht.

Mit Hilfe der ethnologischen Forschung wurde eine ungeheure Masse an Wissen über die Natur des Menschen angehäuft, aber auch ebenso viele neue Quellen von Irrtümern erschlossen. In vielen Fällen waren es unwiederholbare Forschungen über Stämme, die heute bereits ausgestorben sind oder einen rapiden Kulturwandel durchgemacht haben. Häufig, wenn über die gleichberechtigte Stellung der Frau berichtet wird, widerspricht diese Behauptung der gleichzeitig gegebenen Schilderung des täglichen Lebens in diesen Gesellschaften. Ein Beispiel dafür bietet der Forschungsbericht des Ehepaares Berndt, beide Schüler von Elkin, über das Sexualleben der Australier in Western Arnhemland. Die beiden Autoren schreiben:

> »Es ist ein Irrtum, zu behaupten, daß die Eingeborenenfrau in der Eingeborenengesellschaft von den Männern allgemein als Besitz oder als eine minderwertige Person angesehen wird; in den vielen getrennten Eingeborenen-

siedlungen, die die Autoren genau kennen, gibt es keinen Fall von Unterjochung der Frau als einer Klasse und keine Betonung ihrer Unterlegenheit. Im Gegenteil, sie hat immer eine Stellung behauptet, die man als Gleichheit mit Männern beschreiben könnte, ökonomisch, sexuell und sogar zeremoniell.«(20)

Ein paar Sätze weiter wird die angebliche Gleichstellung mit dem Mann so beschrieben:

»Wegen ihrer (geschlechts-)spezifischen Aktivitäten zeigt die Frau zuweilen eine Tendenz zu offener Unterordnung; sie ist bereit, die Initiative in Aktionen und im Verhalten den Männern zu überlassen, ihren Rat zu suchen und ihrer Empfehlung zu folgen. Aber dies ist hauptsächlich konventionell . . .«

»Es ist die natürliche Tendenz des Mannes, den dominierenden Part im Ablauf des Lebens und des Unterhalts seiner selbst und seiner Familie zu spielen. Er ist freier zu handeln, ohne die Belastung von Menstruation, Schwangerschaft, Kindern usw. Das heißt, biologisch ist er geeigneter, der Jäger, der Kämpfer und der Tänzer zu sein; und folglich hat sich durch diese Betätigung die Gesellschaftsstruktur hin zu Institutionen und Verhaltensweisen entwickelt, die seiner physischen und geistigen Prägung entsprechen.«(20)

Die Behauptung von der absoluten Gleichheit wird aber noch weiter ad absurdum geführt. Auf der nächsten Seite heißt es über die Frau des australischen Eingeborenen:

»Es ist offensichtlich ihre Rolle, in Gesellschaft und Ehe den weniger aggressiven Part zu spielen – ihre Einstellung zu Männern und ihre emotionale Beschaffenheit wirken komplementär zu denen der Männer. Sie leistet, bewußt oder unbewußt, dem dominierenden und aggressiven Zug im Manne Vorschub; wie Frauen in unserer eigenen Gesellschaft liebt sie es, die physische Kraft und offenbare Stärke des Mannes zu spüren. Diese Einstellung ist vor allem beim Geschlechtsverkehr offensichtlich. Bei einem oben erwähnten Vorfall zum Beispiel wird 'nali:ndali von ihrem Mann geschlagen. Dies ist kein Fall brutaler Mißhandlung durch den Mann, denn eine Frau kann, wenn sie es will, die Schläge erwidern; sie ist auch andererseits nicht sonderlich erfreut, geschlagen zu werden, und normalerweise wird es Trotz und Widerstand in ihr erregen. Zugleich aber erwartet sie eine solche Behandlung, wenn ihr Benehmen dies hervorgerufen hat. Andererseits werden ungerechtfertigte Schläge und Vorwürfe bittere und empörte Gedanken und Handlungen zur Folge haben.«(21)

Diese Schilderung erinnert sehr an die übliche Stammtischerzählung, wonach Frauen noch anhänglicher werden, wenn sie die größere physische Kraft des Mannes auch mal auf ihren vier Buchstaben verspüren können.

Ein anderes Beispiel, bei dem der Widerspruch zu der behaupteten Gleichberechtigung offensichtlich ist, stammt von dem österreichischen Pater Martin Gusinde, der sich bei den Feuerland-Indianern aufhielt. Gusinde, einer der wenigen Forscher, die bei diesen subarktischen Stämmen noch Studien machen konnten, wohnte bei den Selk'nam, die von der Guanako-Jagd lebten und heute bis auf wenige Individuen ausgestorben sind. Gusinde wurde in diesen Stamm aufgenommen, der technisch auf der Stufe der Alt-Steinzeit-Werkzeuge stand und besonderen Aufschluß über das Denken der Urgesellschaften geben sollte. Er erklärte das Verhältnis der Geschlechter als vollkommen gleichberechtigt. Die jungen Leute suchen sich selbst ihre Ehepartner, und der Mann ist ebenso wirtschaftlich von seiner Frau abhängig wie sie von ihm. Nachdem Pater Gusinde lang und breit die Gleichberechtigung der Geschlechter gelobt hat, gibt er einen Einblick darüber, wie sich der Selk'nam-Jüngling seine zukünftige Frau vorstellt.

»Ohne idealisierende Verklärung gibt es keine Schwärmerei. Daher beantworte ich jetzt die Frage: Mit welchen Vorzügen stattet der liebestolle Selk'nam-Bursche die Geliebte seiner Wahl aus? Sie soll einen ausgeglichenen, vollentwickelten Körper und angenehme Gesichtszüge aufweisen; je heller ihre Hautfarbe, um so begehrenswerter ist sie ihm. Wendig und geschickt bei der Arbeit soll sie sich zeigen, sauber am Körper und in ihren Kleidungsstücken. Als seelische Ausrüstung wünscht er bei ihr sanfte, stille Zurückhaltung, die sich restlos und widerspruchslos dem Manne unterordnet; Zanken und mürrische Empfindlichkeit sei ihr fremd.

Es soll der Frau Bedürfnis sein, mit dem Gatten unablässig eng vereint zu bleiben und ihm alle Dienste wie selbstverständlich zu leisten. Sie soll sich in der eigenen Hütte am wohlsten fühlen, viele und schöne Kinder zur Welt bringen und sie mit zärtlicher Mütterlichkeit hegen; das ist die begehrteste Frau. Nichts tut dem Gatten mehr wohl, als daß man sein Weib weit und breit lobt und ihn ausdrücklich darum beneidet, einen solchen Schatz zu besitzen.«(22)

Dieses bieder-kleinbürgerliche und patriarchalische Brautideal soll nach Gusinde auf die Gleichberechtigung der Geschlechter in der indianischen Gesellschaft der Selk'nam hinweisen. Ob diese Schilderung nun tatsächlich dem weiblichen Leitbild der Feuerland-Indianer entsprach, werden wir nie mehr erfahren. Zumindest erweckt dieser Bericht Zweifel am Ideal der Geschlechtergleichheit in dieser ausgestorbenen Gesellschaft. Andererseits gibt Gusinde wirkliche Anhaltspunkte für eine Gleichstellung der Geschlechter. Das junge Mädchen kann seinen Ehepartner frei wählen, und es findet eine gemeinsame Jugendweihe statt.

Da die viktorianische Gesellschaft in England oder die wilhelminische in Deutschland selbst zu Anfang unseres Jahrhunderts die Stellung der Frau bei den von ihnen kolonisierten Völkern als äußerst niedrig im Vergleich zu ihrer hocheingeschätzten Position in Europa ansah, entwickelten viele Völkerkundler in Abwehr solcher Urteile nun das ebenso unbegründete Vorurteil, daß es den Frauen der Eingeborenengesellschaften im Grunde nicht viel anders ergehe als denen ihrer eigenen und daß aus Brautkauf und vielen anderen Praktiken keine minderwertige Stellung der Frau abzuleiten sei. Diesen Standpunkt nehmen die meisten Ethnologen noch heute ein. Ein respektierter Forscher wie der britische Völkerkundler Evans-Pritchard meinte in einem Vortrag über die Position der Frauen in primitiven Gesellschaften:

»Wir beobachten zum Beispiel, daß in einigen Gesellschaften Frauen in Gegenwart ihrer Männer kriechen oder daß Leute niemals in Gegenwart des anderen Geschlechts essen. Aber wenn wir dies als Anzeichen von elender Unterwürfigkeit der Frau oder einer Beziehung äußerster Zurückhaltung oder gar von Feindschaft zwischen den Geschlechtern nehmen würden, wozu wir geneigt sein könnten, würden wir vollkommen falsche Schlüsse ziehen.«(23)

Daß das Kriechen eine Geste der Unterwürfigkeit ist, dürfte wohl unbestreitbar sein. Die getrennte Einnahme der Mahlzeit ist dagegen danach zu bewerten, wer zuerst essen darf, und wer wieviel bekommt. In einem großen Teil von Gesellschaften bestehen getrennte Speisetabus für Männer und Frauen. Wo sie nicht existieren und die Frau nur das bekommt, was der Mann übrigläßt, kann mit Recht von einer minderwertigen Stellung der Frau gesprochen werden.

Die Eskimo-Stämme, die ebenfalls weder soziale Klassen noch Privateigentum kennen, dienten häufig europäischen Intellektuellen als Beweis dafür, daß Menschen von Natur aus friedfertig sind und der Krieg ein Ergebnis falscher gesellschaftlicher Entwicklungen ist. Viele Reisende, Missionare und Forscher des 19. Jahrhunderts berichteten, daß eine Reihe von Eskimostämmen sehr frei in ihren sexuellen Beziehungen sei und daß der Frauentausch zwischen zwei Männern eine häufige Praxis sei. Obwohl das Material darüber und die Berichte reichhaltig und zahlreich sind und verschiedene größere Übersichten über dieses Thema erschienen, gab es in der Forschung so gut wie keine Untersuchung darüber, welche Bedeutung und Funktion dieser Frauentausch hatte. Der Ethnologe Lawrence Hennigh beschäftigte sich 1970 mit den Hintergründen dieser Sitte und kam zu dem Ergebnis, daß Frauentausch bei den Eskimos die Funktion hatte, soziale Bündnisse zwischen zwei Männern zu begründen. Er schreibt:

»Das System erscheint dem Außenstehenden zunächst zufällig. Ein Bekannter kam unerwartet zu Besuch, dann kam eine Periode gewöhnlicher Unterhaltung, bevor der Gast sagte: ›Ich finde, deine Frau ist wirklich hübsch.‹ Der Gastgeber hat die Wahl, entweder zu antworten, ich finde, deine Frau ist auch hübsch, oder, es stimmt, meine Frau ist hübsch. Im ersten Fall war eine Handelsvereinbarung zustande gekommen; im zweiten war der Besucher höflich abgewiesen worden. Die Reaktion der Frau ist nicht sicher bekannt. Informanten sagen, daß sie zu Anfang nichts mit dem anderen Mann zu tun haben wollte,

›aber sie gab schließlich immer nach‹. Zeremonielle Zurückhaltung war jedoch auch bei wirklichen Eheschließungen üblich, und es ist daher nicht klar, wieviel an diesem weiblichen Zögern spontan und wieviel Sitte war.«(24)

Auch wenn die Haltung der Frau unklar war, aus den Berichten geht nicht hervor, ob sie vorher gefragt wurde. Aus einer Begebenheit, die Hennigh berichtet, läßt sich nur ablesen, daß sie mehr oder minder gezwungen war, ihrem Ehemann zu gehorchen.

»In Barrow beschlossen zum Beispiel ein Walkapitän und sein Harpunist unmittelbar vor der Walfangsaison, ihre Frauen auszutauschen. Als die Frau des Kapitäns heftig protestierte, wurde ihr gesagt, daß sie keine Wale fangen würden, wenn sie nicht mitmache. Als sie dann wirklich keine Wale fingen, war sie wütend.«(25)

Diese Anekdote wurde nur wegen des nach Eskimoansicht possenhaften Verhaltens der Frau weitererzählt. Der Frauentausch zwischen Männern, die zusammenarbeiteten, war selbstverständlich. Nach Hennigh war das bedeutendste Motiv für den Frauentausch die Absicht, für die eigenen Kinder Verbündete in entfernten Siedlungen zu erhalten. Die Kinder, die nach dem Frauenaustausch geboren wurden, waren Katuks oder Halbgeschwister und mußten sich gegenseitig vor Feinden schützen.

Frauen konnten nicht zwischen erklärten Feinden ausgetauscht werden.

»Kriegführung war allgemein üblich, und Frauen wurden manchmal gefangengenommen, sie wurden jedoch, wenn sie vergewaltigt worden waren, bald danach getötet, um die Entstehung von Halbgeschwisterverhältnissen zu verhindern.«(26)

Der Frauentausch bei den Australiern und Alaska-Eskimos diente also demselben Ziel, nämlich eine Allianz zwischen Männern zu stiften und feindselige Akte zu reduzieren. Da die Eskimos den Zusammenhang zwischen Koitus, Zeugung und Schwangerschaft kannten, ging ihre Absicht über das Ziel der Australier hinaus. Aus dem Frauentausch sollte möglichst Nachwuchs entstehen, der das Bündnis in der

nächsten Generation weiter sicherte. In der australischen und in der Eskimogesellschaft waren Ehefrauen also verwendbar als Instrumente männlicher Bündnis- und Statuspolitik.
Fünf nicht ökonomische Faktoren, die für die Herrschaft in einer klassenlosen Gesellschaft ohne politische Führung verantwortlich sind, vermögen wir aus den angeführten Beispielen zu erkennen.

1. Verfügung über die Person der Frau durch ihre Verwandten (Kinderverlobung durch den Vater).
2. Anwesenheit einer männlichen Solidaritätsstruktur mit exklusivem Anspruch auf Welterklärung und Erhaltung der Weltordnung durch Zeremonien (Initiationsriten und Geheimwissen an Mythen).
3. Verfügungsrecht über die Sexualität der Ehefrau sowohl zum eigenen wie zum fremden Gebrauch (eheliche Sexualpflicht der Frau, Frauentausch bzw. Frauenausleihe).
4. Vergewaltigung.
5. Männliche Polygamie ohne Zustimmung der Ehefrau.

Dabei sind die letzten drei Faktoren spezielle Rechtserweiterungen, die mit dem ersten zusammenhängen, nämlich der Fremdverfügung über das junge Mädchen, das, ohne seine Zustimmung einzuholen, schon als Kind einem Manne als Ehefrau versprochen wird. Diese Herrschaftsformen über die Frauen einer Gesellschaft sind also bereits identisch mit den Herrschaftsformen, die wir aus hierarchisch gegliederten Gesellschaften kennen, die wirtschaftliche Überschüsse produzieren und Spezialisten wie Häuptlinge, Handwerker, Medizinmänner oder Priester unterhalten können. In solchen Gesellschaften kommen eindeutig ökonomische Interessen gegenüber der Frau zum Ausdruck. Die Frau ist dort einmal eine wertvolle Arbeitskraft, befriedigt sexuelle Bedürfnisse und produziert Arbeitskräfte, die den Wohlstand und den Einflußbereich eines Mannes vermehren bzw. sichern können.
In der Wildbeutergesellschaft der australischen Ureinwohner bestanden jedoch solche ökonomischen Vorteile aus der Disposition über ihre heiratsfähigen Töchter nicht. Trotzdem war ihnen diese nützlich, da sie ihnen die jederzeitige sexuel-

le Bedürfnisbefriedigung auf der Gehorsamsbasis der jungen Frau sicherte.
An diesen Beispielen können wir jedoch erkennen, daß das Bestreben einiger feministischer Theoretikerinnen (Kate Millett, Shulamith Firestone) berechtigt ist, eine Theorie der Herrschaft aufzustellen, die über die ökonomische Perspektive der Theorie des historischen Materialismus hinausreicht.(27)

Obwohl die bisherigen Versuche der Frauenbewegung, eine Theorie der Macht zu entwerfen, kaum über Denkansätze hinausgelangt sind, scheint hier eine vielversprechendere Erklärungsmöglichkeit für die Entwicklung von sexistischen Elementen in einer Gesellschaftsstruktur zu liegen.
Es gibt Herrschaftserscheinungen, die durch einen rein ökonomischen Vergleich von Gesellschaften nicht beantwortet werden können. Wenn wir zum Beispiel nur den Entwicklungsstand der Produktivkräfte in der Gesellschaft der australischen Ureinwohner mit der der Feuerland-Indianer vergleichen, wie sie von Martin Gusinde beschrieben wurde, oder mit der Buschmann-Kultur, dann können wir nicht erklären, warum sich zum Beispiel in der einen Gesellschaft die jungen Leute frei für einen Ehepartner entscheiden können, während dieses bei den australischen Stämmen nicht der Fall ist. Oder warum die Buschmann-Mädchen anläßlich ihrer ersten Menstruation von den Mitgliedern ihrer Familie eine besondere Aufmerksamkeit erfahren, die an ihr Selbstgefühl appelliert, während der Ritus der Australier sich im wesentlichen auf die Jungen konzentriert. Australier und Eskimos betrachten Vergewaltigung als männlichen Sport, während sie bei den Buschmännern unbekannt ist. (28)
Wir stoßen hier auf die fast unlösbare Frage, die sich nicht nur in bezug auf die Herrschaftsrechte über Frauen stellt, sondern auch für andere Gegebenheiten gilt: Warum behandeln einige Gesellschaften Frauen als Objekte, über die sie bei der Wahl eines Heiratspartners verfügen können, und andere mit denselben Möglichkeiten lassen das Selbstbestimmungsrecht der Frau in diesem Punkt zu. Warum nutzen einige Gesellschaften, die reichliche Überschüsse produzieren, diese Gelegenheit nicht, um eine hierarchische Klassengesell-

schaft zu bilden? Oder ein anderes geschichtliches Beispiel: Warum hat das chinesische Volk die technischen Erfindungen, die es gemacht hat, nicht ebenso zu Herrschaftszwecken ausgebeutet wie die Europäer, die daraus die kapitalistische Produktionsform entwickelten und mit Hilfe ihrer Waffentechnik fast die ganze Welt kolonisierten?

Obwohl für dieses Problem keine befriedigende Erklärung angeboten werden kann, darf der vorsichtige Schluß gezogen werden, daß hier ein Stück freier Entwicklungsraum menschlicher Gesellschaften besteht. Wer sich also mit dem Problem des Ursprungs weiblicher Unterdrückung beschäftigt, muß einmal die These zurückweisen, die von marxistischen und christlichen Forschern aufgestellt wurde, daß in klassenlosen Gesellschaften überall ausnahmslos eine gesellschaftliche Gleichberechtigung von Mann und Frau bestehe. Auf der anderen Seite sind Thesen von der grundsätzlichen Objekthaftigkeit der Frau in klassenlosen Gesellschaften abzulehnen, wie sie von Claude Lévi-Strauss in seinem berühmten Grundlagenwerk »Les structures élémentaires de la parenté« aufgestellt werden.(29)

Nach Lévi-Strauss ist wesentliches Charakteristikum menschlicher Gesellschaften, daß sie ihre Frauen tauschen. Um dies zu verstehen, muß man Lévi-Strauss' Theorie über die Entstehung des Inzestverbots kennen. Dieses Verbot kennzeichnet nur die menschliche Gesellschaft und stellt ihren Übergang von der Natur zur Kultur dar.

> »Das Inzestverbot ist weder rein kulturellen noch rein natürlichen Ursprungs, und es ist auch nicht eine Mixtur von zusammengesetzten Elementen, die teilweise aus der Natur und teilweise aus der Kultur entliehen sind. Es stellt die grundlegende Maßregel dar, dank derer, durch die und vor allem in der sich der Übergang von der Natur zur Kultur vollzieht.«(30)

Das Inzestverbot ist die Grundlage der Gesellschaftsordnung. Es beruht auf der Fähigkeit des menschlichen Geistes, Ordnungen und Spielregeln zu produzieren. Nach Lévi-Strauss gibt es keine genetisch fixierte Inzestscheu, sondern die Vermeidung des Inzest bringt einer menschlichen Gruppe Vorteile, indem er Allianzen stiftet zwischen zwei Gruppen, die ihre Frauen nicht behalten, sondern tauschen. Der Mensch, der nach Marx seine Geschichte selbst macht, wenn auch nicht aus freien Stücken, legte den Grund für seine planmäßige Überwindung der Natur an dem Punkt, als er die Regeln der Exogamie aufstellte: Nur die Frauen einer fremden Gruppe dürfen geheiratet werden. Die einfachste Tauschregel zwischen zwei Gruppen besteht darin, eine Cousine mütterlicherseits zu heiraten.

> »Das Inzestverbot ist weniger eine Regel, die es verbietet, Mutter, Schwester oder Tochter zu heiraten, als eine Regel, die verpflichtet, Mutter, Schwester oder Tochter anderen zu geben. Dies ist das Gesetz der Gabe par excellence.«(31)

Das Inzestverbot ist nach Lévi-Strauss eine reziproke Regel:

> ». . . denn ich verzichte auf meine Tochter oder meine Schwester nur unter der Bedingung, daß mein Nachbar desgleichen verzichtet; die heftige Reaktion der Gemeinschaft auf den Inzest ist die Reaktion einer verletzten Gemeinschaft . . .«(32)

Schon diese kurze Zusammenfassung Lévi-Strauss'scher Thesen zeigt, daß er Inzestverbote und damit das Gebot, nur Mitglieder einer fremden Gruppe (Familie) zu heiraten, ausschließlich vom Mann aus sieht. Am Beispiel von Vater, Sohn, Bruder, Onkel wird die Möglichkeit der inzestuösen Verbindung und deren Vermeidung diskutiert. Diese Kategorie von Männern verzichtet auf Rechte an den Frauen ihrer Gruppe zugunsten anderer Männer, die ebenfalls auf diese Rechte verzichten. Woher die Männer in ihrer Eigenschaft als Vater, Sohn oder Bruder die Rechte, die sie an eine fremde Gruppe abtreten und damit einen Frauentausch vollziehen, erworben haben bzw. auf Grund welcher Fähigkeit oder Mittel sie diese Rechte ausüben, wird von Lévi-Strauss nicht einmal erwähnt. Die Prämisse seiner berühmten Theorie über die Bildung von Verwandtschaftsstrukturen ist die grundsätzliche Verfügbarkeit über die weiblichen Mitglieder einer Gesellschaft. Besitzen Frauen also eine biologisch bedingte, genetisch fixierte Bereitschaft, die Handelsware der männlichen Gesellschaft zu sein? Da Lévi-Strauss keine Antwort auf diese Frage gibt, die sich bei der Lektüre seiner Thesen sofort stellt, hält er diese Verfügbarkeit offensichtlich für ein ursprüngliches, nicht weiterer Erklärung bedürftiges Phänomen.

Den Ausgangspunkt von Lévi-Strauss' Theorie über den Frauentausch in menschlichen Gesellschaften bildete die Beobachtung seines Lehrers, des Ethnologen Marcel Mauss, der in seinem berühmten Essay »Die Gabe« Tauschhandlungen in primitiven Gesellschaften beschrieb. Diese Tauschakte folgten dem Prinzip der Reziprozität und nicht dem Prinzip der Eigentumsvermehrung. Mauss betrachtete die »Gabe« als ein totales soziales Phänomen. Claude Lévi-Strauss, sein Schüler, erweiterte in seiner Theorie das Tauschprinzip, das ein ständiges gleichmäßiges Geben und Nehmen beinhaltet, auf die Frauen:

> ». . . ein umfassender Austausch umfaßt Nahrungsmittel, angefertigte Gegenstände und die Kategorie der wertvollsten Güter, die Frauen.«(33)

Wertvoll sind nach Lévi-Strauss die Frauen deswegen, weil sie eine umfassende Bedürfnisbefriedigung des Mannes durch ihre Arbeitskraft, ihre Sexualität und ihre Reproduktionsfähigkeit gewährleisten. Damit ist allerdings immer noch nicht erklärt, warum sie für ihn ebenso tauschbar sind wie ein Klumpen Salz oder eine schmiedeeiserne Speerspitze oder eine mit Honig gefüllte Wabe – um nur ein paar der in primitiven Gesellschaften getauschten Güter zu nennen. Dennoch läßt er einen Unterschied zu.

> »Die Sache mit dem Tausch ist so beschaffen. Seine Rolle in der primitiven Gesellschaft ist essentiell, denn er umfaßt zugleich bestimmte materielle Gegenstände, gesellschaftliche Werte und die Frauen; aber während im Hinblick auf Waren diese Rolle andauernd zugunsten anderer Arten des Erwerbs an Bedeutung verloren hat, hat sie im Gegensatz dazu, was die Frauen anbetrifft, ihre grundlegende Funktion erhalten: Einerseits, weil die Frauen das Gut schlechthin darstellen . . . , vor allem aber, weil die Frauen zunächst nicht ein Zeichen gesellschaftlichen Wertes sind, sondern ein natürliches Stimulans . . .«(34)

Besser hätte Lévi-Strauss den sexistischen Charakter seiner Theorie nicht aufdecken können. Läßt man sich auf seine Charakterisierung erotischer Attraktivität – natürliches Stimulans – ein, dann impliziert seine Beschreibung, daß Männer für Frauen zwar die geborenen Händler sind, daß es jedoch äußerst gleichgültig ist, ob sie auch für die getauschten Frauen ebenfalls ein natürliches Stimulans bilden.

»Der Einschluß der Frauen in die Reihe der gegenseitigen Leistungen von Gruppe zu Gruppe und von Stamm zu Stamm ist ein so allgemeiner Brauch, daß ein Buch nicht ausreichen würde, um alle Fälle aufzuzählen.«(35)

Obwohl Lévi-Strauss auf der einen Seite von der Gegenseitigkeit beim Geben und Nehmen von Frauen ausgeht, gibt er fast unmittelbar darauf zu, daß es sich bei den Frauen um eine Ware handelt, bei der die Nachfrage ständig das Angebot übersteigt. Denn einmal sind die begehrenswertesten Frauen immer eine Minderheit. Außerdem gibt er noch einen anderen Grund für die Knappheit der Ware Frau an, der darin besteht, daß der Mann eine natürliche Tendenz zur Polygamie besitzt.

»Wir haben weiter oben angedeutet, daß es der widersprüchliche Charakter der Informationen über die sexuellen Sitten der Menschenaffen nicht erlaubt, auf der Ebene des Tieres das Problem zu lösen, ob polygame Neigungen angeboren oder erworben sind. Die soziale wie biologische Beobachtung laufen in der Annahme zusammen, daß diese Neigungen beim Menschen natürlich und universell sind und daß ausschließlich Begrenzungen, die von der Umgebung und der Kultur herrühren, verantwortlich für ihre Zurückdrängung sind.«(36)

Diese »polygamen Neigungen beim Menschen« erkennt Lévi-Strauss natürlich nur beim Mann. Gewiß hätte er auch die Tatsache in Betracht ziehen können, daß in Primatengruppen die Weibchen im allgemeinen ausgesprochen polygam und promiskuitiv sind und sich in ihrer Brunstphase ununterbrochen jedem sich nahenden Männchen präsentieren. Die natürliche Tendenz zur Polygamie hätte er auch den Frauen der menschlichen Gesellschaft zubilligen müssen. Da er jedoch Bedürfnisse in der menschlichen Gesellschaft nur auf Männer bezieht, kommt er zu folgender Feststellung:

»Folglich ist die Monogamie in unseren Augen keine positive Einrichtung: Sie bildet lediglich die Begrenzung der Polygamie in Gesellschaften, wo aus sehr unterschiedlichen Gründen die ökonomische und sexuelle Konkurrenz eine zugespitzte Form erreicht.«(37)

Ausdrücklich negiert Lévi-Strauss, daß die Frau in den Tauschbeziehungen zwischen zwei Gruppen selbst Subjekt sein kann.
Das scheint für ihn aus seiner Behauptung zu resultieren, daß in allen Gesellschaften die politische und gesellschaftliche Autorität bei den Männern liegt. Indem er den Frauentausch als Basisakt für den Transfer von Gütern in einer Gesellschaft hinstellt, unterschlägt er die ganze Spielbreite, die bei der Verfügung über eine eheliche Verbindung zwischen zwei Mitgliedern verschiedener Gruppen in Wirklichkeit besteht. Um nur einige aufzuzählen:

1. Braut und Bräutigam können sich frei füreinander entscheiden. In seiner »Geschichte der menschlichen Ehe« zählt Edward Westermarck eine große Zahl von Beispielen aus allen Weltgegenden auf, wo Ehe eine freie Entscheidung der beiden Betroffenen ist.(38)
2. Die Braut entscheidet sich für einen Bräutigam, der diese Entscheidung akzeptieren muß. Solche einseitig von der Frau ausgehenden Werbeformen werden von Pater Wilhelm Schmidt aus Indonesien berichtet.(39)
3. Der Bräutigam verhandelt im Einverständnis mit der Braut mit deren Eltern, also mit Vater und Mutter, oder er verhandelt ohne ihr Einverständnis.
4. Entweder nur der Vater oder nur die Mutter einer Braut suchen einen Bräutigam für ihre Tochter oder für ihren Sohn und verhandeln ohne deren Einwilligung.
5. Der Vater der Braut und der Vater des Bräutigams verhandeln allein über ihre Kinder.

Darüber hinaus gibt es noch alle möglichen anderen Beteiligten, die über eine Heirat zu bestimmen haben, in manchen Gesellschaften ist es die Schwester des Vaters, die für ihren Neffen die Braut sucht, in anderen Fällen ist es eine Großmutter oder der Onkel mütterlicherseits. Ebenso kommt es vor, daß weder die Gruppe des Bräutigams noch die Gruppe der Braut verhandeln können, da sich ein König oder Häuptling das Verfügungsrecht über die Heirat vorbehält. (40)
Auch die Kaufehe ist für Lévi-Strauss

> »nur eine Variante des grundlegenden Systems, das Mauss analysiert hat, nach dem in der primitiven Gesell-

schaft und teilweise auch in der unseren die Rechte, Güter und Personen innerhalb der Gruppe gemäß einem beständigen Mechanismus von Leistung und Gegenleistung zirkulieren«.(41)

Was unterscheidet diese Zirkulation von Frauen, deren Wert in Geld oder Rindern ausgedrückt wird, eigentlich vom Sklavenhandel? Der Brautpreis und seine Schwankungen zum Beispiel in einer Viehzüchter-Gesellschaft sind gewiß zu Recht unter die Vorläufer des kapitalistischen Geldmarktes zu rechnen.

Die natürliche Tendenz der Polygamie muß, da das Verhältnis von männlichen und weiblichen Geburten gleich ist, dazu führen, daß einige oder auch viele Männer in einer Gesellschaft keine Frau bekommen, während andere Männer mehrere Ehefrauen besitzen. Andererseits ist der Drang zur Polygamie offenbar nicht biologisch, sondern entstammt einem sozial geformten Besitztrieb. Denn nach Lévi-Strauss ist der

»Wunsch zu besitzen kein Instinkt und niemals (oder sehr selten) auf eine objektive Beziehung zwischen Subjekt und Objekt begründet. Was dem Objekt seinen Wert gibt, ist die ›Beziehung zu anderen‹. Nur die Nahrung hat einen eigentlichen Wert für den Verhungernden; aber wenige Gegenstände bieten jederzeit und unter allen Umständen einen konstanten Nutzen. Etwas wird nur deshalb verzweifelt gewünscht, weil ein anderer es besitzt. Ein gleichgültiger Gegenstand wird bedeutsam durch den Nutzen, den er für einen anderen trägt. Der Wunsch zu besitzen ist folglich, zuerst und vor allem, eine soziale Antwort. Und diese Antwort muß unter dem Gesichtspunkt der Macht oder vielmehr der Machtlosigkeit verstanden werden: Ich möchte besitzen, weil, wenn ich nicht besitze, dann könnte ich vielleicht den Gegenstand nicht erwerben, wenn ich ihn jemals brauche; ›der andere‹ wird ihn für immer behalten. Es gibt also keinen Widerspruch zwischen Privatbesitz und Gütergemeinschaft, zwischen Monopol und Teilung . . . alle diese Begriffe bezeichnen die unterschiedlichen Ausprägungen einer Tendenz, oder eines einzigen primitiven Bedürfnisses; das Bedürfnis nach Sicherheit«. (42)

In dem Bestreben, den »doppelten Rhythmus von Geben und Nehmen« auf Waren und weibliche Personen zu übertragen, stößt Lévi-Strauss zwar gelegentlich zu der Bemerkung vor, daß aus diesen Tauschakten nicht nur Harmonie, sondern vor allem Ungleichheit hervorgehen muß. Aber für ihn bleibt es ein System, das er daran mißt, wie sehr es die logischen Ansprüche des Analytikers befriedigt, und nicht, ob es Rechte eines Individuums berücksichtigt. Mal erklärt er den Frauentausch in Begriffen der Marktwirtschaft (Güterknappheit, Angebot und Nachfrage) und mal in Begriffen einer sich aufhebenden Gegenseitigkeit.

> »Das globale Verhältnis des Tauschs, das die Ehe bildet, wird nicht zwischen einem Mann und einer Frau begründet, von denen jeder etwas gibt und etwas erhält: Sie wird zwischen zwei Gruppen von Männern begründet, und die Frau figuriert dort als einer der Tauschgegenstände und nicht als einer der Partner, unter denen der Tausch stattfindet. Das bleibt wahr, auch wenn die Gefühle des jungen Mädchens berücksichtigt werden, was übrigens gewöhnlich der Fall ist.«(43)

Von dieser Bemerkung Lévi-Strauss' kann nur das eine oder das andere stimmen. Entweder ist die Frau »einer der Tauschgegenstände« oder es stimmt, daß »die Gefühle des jungen Mädchens berücksichtigt werden«; beides zugleich geht nicht, denn man kann nicht mehr von einer Ware, einem Tauschgegenstand sprechen, wenn man diesem einen potentiell entscheidenden Einfluß auf das Zustandekommen der Transaktion einräumt. Tatsächlich gibt es eine Vielfalt von Möglichkeiten, die zwischen dem Recht auf Selbstverfügung für Bräutigam und Braut und der Disposition über beide oder einen von beiden durch Angehörige ihrer Familien, und zwar keineswegs nur durch männliche, bestehen. Während Lévi-Strauss die Spannung in einer Gesellschaft hauptsächlich aus der ewigen Frauenknappheit (die teuersten Güter) ableitet, übergeht er, daß es in allen Gesellschaften, in denen es zur Heirat von Sohn oder Tochter ohne deren Zustimmung oder trotz deren ausdrücklicher Abneigung kommt, ständige innere Spannungen gibt. Diese werden in den meisten primitiven Gesellschaften durch eine hohe Zahl von Scheidungen gelöst. Von anderen, die eine Scheidung zum

Beispiel nur von seiten des Mannes kennen, wie die islamischen oder die früheren chinesischen und japanischen Gesellschaften, wird über eine hohe Zahl weiblicher Suizide berichtet.(44)

Nachdem er über sechshundert Seiten hin die Frau auf dieselbe Ebene wie irgendeinen anderen transferierbaren Gegenstand gestellt hat, kommt er dann abschließend zu einer merkwürdigen Beurteilung.

> »Jede Frau bewahrt einen eigenen besonderen Wert, der mit ihrem Talent zusammenhängt, vor und nach der Ehe ihre Partie in einem Duett zu erfüllen. So erklärt sich, daß die Beziehungen zwischen den Geschlechtern diesen Reichtum der Affekte, diese Inbrunst des Mysteriums bewahrt haben, die zweifellos am Anfang das ganze Universum der menschlichen Mitteilungen imprägniert haben.«(45)

Wie dieser Reichtum der Affekte und die Inbrunst der verliebten Gefühle bei der Unfreiwilligkeit des von ihm beschriebenen Tauschhandels sich erklären läßt, bleibt ein von Lévi-Strauss nur erfundenes, nicht enträtseltes Mysterium.

10. Kapitel

Der Mythos von der verkehrten Welt – Rechtfertigungen sexistischer Herrschaft

»Wir wollen also nicht darstellen, wie die Menschen in den Mythen, sondern wie die Mythen in den Menschen denken, ohne daß es ihnen bewußt wird.« *Claude Lévi-Strauss*

Yomo Kenyatta, der heutige Präsident von Kenia, der bei Bronislaw Malinowski in London Anthropologie studierte, beschreibt einen Mythos seines Kikuyu-Stammes über die angeblich schreckliche Herrschaft der Frauen, die bei den Kikuyus in grauer Vorzeit regierten. Den historischen Hintergrund des Mythos der Kikuyus bildet wahrscheinlich eine Umwandlung der Clan-Verfassung von matrilinearer zu patrilinearer Erbfolge, darüber hinaus jedoch gibt er Auskunft, warum die Männer über die Frauen herrschen.

In früheren Zeiten, so lautet der Mythos, haben die Kikuyufrauen eine überlegene Stellung in der Gesellschaft eingenommen. Damals waren sie grausame Kämpferinnen und dominierten die Männer. Außerdem praktizierten sie Polyandrie (Vielmännerei). Da die Frauen schrecklich eifersüchtig waren, wurden viele Männer für Ehebruch oder andere geringe Vergehen zum Tode verurteilt. Die Männer wurden immer unzufriedener mit der Art und Weise, in welcher sie von den Frauen behandelt wurden, und planten eine Revolte gegen die absolute Frauenübermacht und ihre Art, Recht zu sprechen. Aber zu dieser Zeit waren die Frauen körperlich stärker als die Männer und außerdem bessere Kämpferinnen. So entschieden die Männer, daß die beste Zeit für eine Rebellion gekommen wäre, wenn die Mehrheit der Frauen, besonders ihre Führerinnen, schwanger wären. Sie hielten ein geheimes Treffen ab, auf dem sie beschlossen, den Plan an einem verabredeten Tag durchzuführen. An diesem Tag starteten die Männer eine Kampagne, um die Führerinnen der Frauen und die Mehrheit ihrer Gefolgschaft zum Geschlechtsverkehr zu verführen. Die Frauen waren unglücklicherweise geschmeichelt von den Liebesschwüren der Männer. Die Männer warteten geduldig das Ergebnis ihrer Verführungen ab. Nach sechs Monaten bemerkten sie, daß ihr Plan gelungen war. Sie organisierten sich in Gruppen, und die Revolte gelang, ohne daß die Frauen großen Widerstand leisteten, denn sie waren durch ihre Schwangerschaft fast bewegungsunfähig. Die Männer triumphierten und übernahmen die Führung in der Gesellschaft. Sofort verboten sie die Vielmännerei und etablierten das System der Polygamie, um sich mehrere Frauen kaufen zu können. Als die Männer jedoch dazu übergingen, auch die Namen der Clans zu verändern, die Frauennamen trugen, und damit den Anteil der Frauen an der Gründung der Stämme zu eliminieren, protestierten die Frauen erfolgreich. Sie drohten, keine Kinder mehr zu gebären. Außerdem würden sie alle männlichen Kinder, die als Ergebnis der Verschwörung geboren werden würden, töten. Aus diesem Grunde haben die Clans der Kikuyus bis heute Frauennamen(1)

Der Mythos liefert eine Begründung für die Benennung der Kikuyu-Clans nach Frauennamen. Anders ist dagegen die Behauptung der Frauenherrschaft zu bewerten. Hier soll der Mythos durch die Vorspiegelung einer verkehrten Welt die Ausübung männlicher Macht in der Kikuyu-Gesellschaft legitimieren. Die Rechtfertigung sexistischer Strukturen leistet der Mythos dadurch, daß alle Herrschaftsmethoden der Männer von heute den Frauen der Urzeit als Erfindungen zugeschoben werden. Sexuelle Untreue der Frau wird in der Kikuyu-Gesellschaft nicht toleriert. Deswegen wandten angeblich früher die Frauen dieselben Methoden gegen untreue Männer an wie die Männer heute gegen sie. Das Mittel der Männer, um den Widerstand von Frauen zu brechen, ist simpel genug. Sie werden geschwängert und damit unbeweglich und abhängig gemacht.

Ein anderer Mythos, der beschreibt, daß früher die Frauen die sexuelle Initiative übernahmen und dafür bestraft wurden, stammt von den Ost Eve in Dahomey. Der Mythos wird von dem deutschen Afrikanisten Hermann Baumann wiedergegeben.

»Bald nachdem Gott Mawu den Mann und die Frau geschaffen hatte, setzte er sie weit getrennt voneinander. Sie konnten sich hören, aber nicht sehen, denn sie hatten wohl Augen, aber kein Sehvermögen. Sie hatten auch Beine, aber sie konnten nicht mit ihnen gehen. Um weiterzukommen, mußten sie sich rollend fortbewegen ... Mawu beobachtete sie so einige Zeit. Der Mann wollte zur Frau, aber er fürchtete sich, auf den trockenen Blättern durch das Rollen ein Geräusch zu erzeugen und Gottes Aufmerksamkeit zu erregen. Eines Tages nun fing die Frau eine Kröte, briet sie am Spieß und verzehrte sie gierig. Von dem Gift spritzte ihr etwas ins Gesicht und sie wurde sehend. Nun war ihr erster Wunsch zum Manne zu gelangen. Sie befeuchtete die trockenen Blätter, ging zum Manne und erzählte ihm, wie sie sehen gelernt hatte. Nun wollte auch der Mann sehen, rollte ab, vergaß aber das Laub zu befeuchten und Gott hörte das Knistern. Er verfluchte die Frau, daß sie in Zukunft warten müsse, bis ein Mann käme; sie selbst dürfe den Mann nicht mehr aufsuchen.« (2)

Auch dieser Mythos enthält eine Erklärung von Herrschaft, indem er begründet, warum die Frauen verurteilt sind, sexuell passiv zu sein, warum sie nirgendwo die Initiative ergreifen dürfen. Es war ihre eigene Schuld, denn sie haben ein göttliches Gebot verletzt.

Bei den Indianerstämmen in Feuerland, den Yamana und den Selk'nam, die heute bis auf einige Individuen oder Familien ausgestorben sind, existiert ein Mythos, der die Herrschaft über die Frau zum Inhalt hat und den Zöglingen bei der Aufnahme in den Männerbund erzählt wird. Neben diesen rein männlichen Initiationen in einen Männerbund feiern die Yamanas auch eine gemischte Jugendweihe, an der heranwachsende Mädchen und Jungen zusammen teilnehmen.

Pater Martin Gusinde pries die Partnerschaft von Mann und Frau, das demokratische und kooperative Zusammenleben dieser Völker. Er vertrat die Ansicht, daß der Mythos der Feuerland-Indianer eine Übernahme von weiter nördlich residierenden Stämmen ist. Diese Erklärung scheint jedoch nicht ausreichend, denn wäre es mit der ehelichen Partnerschaft der Feuerland-Indianer wirklich so weit her, hätten sie keinen Mythos adaptiert, der die Solidarität der Männer stärkt und die Untertänigkeit der Frauen ihnen gegenüber fordert. Gusinde gibt den Mythos so wieder:

»In alter Zeit, als Sonne und Mond, Sterne und Winde, Gebirge und Flüsse sowie viele andere Dinge und die Tiere noch auf dieser Erde als solche Lebewesen wandelten wie wir es heute sind, da besaßen die Frauen alle Macht und alles Befehlsrecht über die Männer, so wie wir heute die Oberherrschaft über die Frauen führen. Damals mußten die Männer untertänig sein und waren zum Gehorsam verpflichtet; auch lag ihnen ob, in der Wohnhütte zu bleiben und die gewöhnlichen Hausarbeiten auf Anweisung der Frauen zu verrichten. Sie hatten keinen Anteil an den Beratungen und Beschlüssen der Frauen. Das Recht zu befehlen stand allein diesen zu, und die Männer mußten blindlings ihren Anweisungen Folge leisten. Einige besonders schlaue Weiber überlegten miteinander, wie sie die Männer in ewiger Unterordnung halten könnten. Unter ihnen tat sich Frau Mond, die Gattin des Sonnenmannes, wegen ihrer größeren Macht merklich hervor. Dabei erfand sie eben diese geheimen Spiele: jede Frau bemalte ihren Körper auf eigene Weise, stülpte sich eine spitze Rindenmaske über den Kopf, die ihr Gesicht ganz verdeckte, und trat, derart unkenntlich gemacht, aus der Großen Hütte heraus. Dabei machte jede der Frauen die damaligen Männer glauben, es seien diese sonderbaren Wesen vom Himmel heruntergestiegen oder aus der Erde gekommen; ihrer Willkür und unwiderstehlichen Macht seien Männer wie Frauen ausgeliefert; ihre bevorzugte Aufgabe sähen sie darin, jene Männer streng zu bestrafen, die den Befehlen der Frauen entgegenhandelten. In Wirklichkeit waren diese sonderbaren Wesen eben doch nur bemalte und maskierte Weiber, die mit dergleichen Betrügereien die gesamte Männerwelt absichtlich täuschen wollten, damit diese unter Furcht und Schrecken in unwandelbarer Botmäßigkeit verharre.

Einstmals hatten sich wieder alle Weiber auf einem weiten flachen Rasenplatz zusammengefunden und spielten »Kloketen« in der kegelförmigen Großen Hütte. Die Männer verblieben im Lager, sie mußten die kleinen Kinder betreuen und alle weiteren Arbeiten verrichten; häufiger als sonst mußten sie auf die Jagd gehen, da die »Geister« – so erklärten die Frauen – viel Fleisch benötigten und durch die Frauen anforderten. Eines Tages nun kam Sonne, der ein trefflicher Schütze war, nach gutem Erfolge von der Jagd zurück; er trug ein schweres Guanaco auf seinen Schultern. Ermüdet warf er die Last mürrisch ab und setzte sich zu kurzer Rast hinter einen Strauch. Von hier aus gewahrte er zwei erwachsene Mädchen, die badeten und sich dabei vergnüglich unterhielten. Ohne bemerkt zu werden, schlich er an sie heran und belauschte mit Spannung ihr Geplauder. Sie belustigten sich nämlich über das schlaue Treiben der Frauen und die Leichtgläubigkeit der Männer. Wie von einem Blitz erleuchtet, durchschaute er das betrügerische Spiel der Frauen! Jetzt wußte er es: die sogenannten Geister sind nicht Wesen aus einer anderen Welt, sondern sind die eigenen vermummten Weiber. Von diesem ganzen und schweren Betrug machte er unverzüglich den einzelnen Männern Mitteilung, doch ganz im geheimen. Ein jeder von ihnen forschte auf seine Weise nach. Als sie alle sich unzweideutig davon überzeugt hatten, wer in Wirklichkeit die Kloketen-Geister waren, entschlossen sie sich zu einer fürchterlichen Rachetat. Mit Knütteln bewaffnet traten sie plötzlich zu dichten Haufen zusammen, näherten sich der Großen Hütte, trotz der gräßlichen Drohungen, die von den erschreckten Weibern gegen sie geschleudert wurden, überrannten die dort versammelte Gruppe und schlugen jede Person nieder. Allein Frau Mond wagten sie nicht umzubringen, aus Furcht, es könnte das gesamte Firmament zusammenbrechen. Doch hat sie in diesem Ringen zumindest einige Schläge und manche Brandwunden mitbekommen; die Spuren und Narben davon erkennt man gegenwärtig noch in ihrem Gesichte. Sie entfloh zum Firmament hinauf, und ihr Gatte Sonne rannte hinterher, ohne sie je zu erreichen. Nachdem die Männer bei wütendem Ringen alle Frauen in der Großen Hütte umgebracht hatten, eilten sie wieder zum Lager, wo sie alle zurückgebliebenen jüngeren Mädchen erschlugen. Bloß jenen, die noch nicht das zweite Lebens-

jahr erreicht hatten, taten sie nichts zuleide. Zugleich vollzog sich eine tiefgreifende Umwälzung: alle Weiber nämlich, denen es gelang, in eiligster Flucht zu entkommen, verwandelten sich in Tiere, und man erkennt heute noch an ihrem Körper jene Bemalung, die sie sich damals in der Großen Hütte angelegt hatten.
Danach setzten sich die Männer beratend zusammen. Die Erfahrensten von ihnen stellten eine Tagesordnung auf für den ganzen Verlauf einer geheimen Feier, genau gleich derjenigen, welche vorher die Frauen eingehalten hatten. Von jetzt an wollten sie für sich selber das Kloketen-Geheimnis hüten und sich in seinem Dienste mit der Absicht betätigen, ihre künftigen Weiber durch Erschrecken einzuschüchtern und in ständige Untertänigkeit einzuzwängen. Niemals mehr sollten die Frauen ihre frühere Herrschaft erlangen können oder auch nur den Versuch wagen, sie an sich zu reißen. Das war der entschlossene Plan der Männer. Seitdem bewachen sie ihr Geheimnis mit ängstlicher Sorgfalt. Der Sprecher schloß die uralte Mythe folgendermaßen ab: »So lautet die Geschichte vom schweren Betrug der Frauen in alter Zeit. Seit jener allgemeinen Umwälzung dürfen nur Männer hier in dieser Großen Hütte zusammenkommen. Wenn die jungen Burschen zu schweigen gelernt haben, treten sie hier als Prüflinge ein. Euch habe ich dieses alles nun erzählt. Ihr wißt es jetzt, wer die ›Geister‹ sind: Ein Spiel der Männer! Hütet euch, den Weibern davon etwas zu verraten. Der letzte unserer Männer muß dieses Geheimnis mitnehmen in sein Grab! Nie soll es eine Frau erfahren, daß wir Männer hier in der Großen Hütte die Geisterrollen spielen, uns bemalen, die Masken aufsetzen und derart hergerichtet heraustreten, damit die Leute bei den Wohnhütten uns sehen und in Angst geraten. Hütet dieses Geheimnis!«(3)

Die amerikanische Ethnologin Joan Bamberger versuchte, inspiriert von der amerikanischen Frauenbewegung, mit einer Reihe anderer Ethnologinnen den Wurzeln der männlichen Herrschaft in primitiven Gesellschaften auf den Grund zu gehen. Sie führt aus dem südamerikanischen Raum eine Reihe von Beispielen für Gesellschaften an, in denen das Motiv von der Überwindung oder Überwältigung der Frauen und dem Raub von Trompeten, Flöten und Masken eine Rolle spielt(4) Die Variation des Mythos bei den Munduru-cu lautet, daß die Frauen früher die Flöten besessen haben und so viel Zeit damit verbrachten, sie zu spielen, daß sie ihre Ehemänner und ihren Haushalt vernachlässigten. Zu dieser Zeit hatten die Frauen die Herrschaft inne, weil sie die Flöten besaßen. Die Männer mußten Feuerholz sammeln und Wasser holen, und sie hatten ebenfalls das Brot zuzubereiten. Das ging so lange, bis einer der Männer vorschlug, den Frauen die Flöten zu stehlen. Danach mußten die Frauen in den Haushalt zurückkehren und ihren Männern gehorsam sein. Bei den Cubeo gibt es einen Kultheros mit dem Namen Kuwei. Ähnlich wie Herakles in der griechischen Sage die Frauen überwindet, so ist auch Kuwei der Held, der die Frauen besiegt. Er nahm den Frauen die Trompeten weg und gab sie den Männern, wobei er sie warnte, sie niemals den Frauen zurückzugeben. Joan Bamberger ist ebenfalls der Meinung, daß diese Mythen den Indianern dazu dienen, der Herrschaft der Männer über die Frauen eine ideologische Grundlage zu geben.(5)

Die Erfindung von religiösen Ritualen und die Verwendung von Masken wird auch von afrikanischen, melanesischen und australischen Stämmen den Frauen zugeschrieben. Hermann Baumann:

> »Eine andere Kubamythe will wissen, daß die legendäre Frau des Königs Samba-Mikepe, Kashashi, die Shene Malua und die Mokenga-Masken erfunden hat. Sie setzte sich eine Kalebasse mit geschnitztem Gesicht auf den Kopf, um ihr unfolgsames Kind zu erschrecken. Aber ihr Mann war von diesem Hilfsmittel wenig entzückt, da er fürchtete, die Knaben könnten Angst vor den Frauen bekommen; er verbot den Frauen, Masken zu tragen und gründete die Männergesellschaft der Babende, die eine Initiation und Masken hat. Dasselbe Motiv, daß früher die Frauen die Masken besaßen und nicht die Männer, das vielleicht einen ernsthaften Fingerzeig auf eine – von der kulturhistorischen Schule ja längst angenommene – enge Verbindung von Mutterrecht und Maske darstellt, treffen wir auch bei den Nupe ...«(6)

Ein wichtiges Merkmal der in diesen Mythen vorgebrachten Erklärungen ist ihr »unhistorischer« Inhalt. Das Denkschema ist dabei das gleiche wie bei jeder politischen Propaganda. Nur eine absolute Herrschaft zieht nicht mehr in Betracht, daß ihr ein anderer Zustand vorausgegangen ist. Sie erklärt ihren Herrschaftsanspruch für göttlich und zeitlos und verwendet wenig Energie darauf, ihren Ursprung aus einem Zustand vorheriger Machtlosigkeit zu erklären.
Eine Herrschaft, die mit einem Gegengewicht rechnen muß – ein solcher Faktor besteht zum Beispiel in den primitiven Gesellschaften in dem ökonomischen Gewicht der Frauen –, versucht, ihre Existenz durch den Kontrast von Vergangenheit und Gegenwart zu beschreiben, wobei das Ziel dieses dialektischen Verfahrens darin besteht, ein so schreckenerregendes verkehrtes »Bild« von der Welt zu malen, daß alle sich darüber einig werden, so etwas nie zuzulassen.

Die Initiationsriten papuanischer Völker enthalten das gleiche Element. Frauen besaßen hier am Anfang die Allmacht, Jugend, Kraft und Gesundheit zu verleihen. Die Frauen waren nicht im Besitz von Flöten, Masken oder Kultgegenständen, sondern von Schlangenfett. Hier der Mythos, wie er nach Aufzeichnungen des holländischen Völkerkundlers Gottfried Oosterwal den Knaben erzählt wird:

> »Wakambak war eine Frau mit schwarzer Hautfarbe, ihre jüngere Schwester Totronaibak war aber weiß. Eines Tages machten beide Frauen Feuer in einem Haus, in dem ihre Mutter Wuibak schlief. Das Feuer wurde auf einmal so groß, und es griff so schnell um sich hin, daß Mutter Wuibak verbrannte und die beiden Schwestern über den ganzen Körper Brandwunden erlitten und schwer krank wurden. Sie gingen in den Wald, um Bäume zu fällen, die Rinde abzuschälen und zu klopfen. Die Baumrinde hieß Jakwasti und hatte eine große Heilkraft. Während die beiden Frauen Jakwasti klopften, kam plötzlich eine große Schlange zum Vorschein, die ganz in der Nähe der Frauen eingeschlafen war. Die Schlange hieß Réwi. Die Frauen sahen sie aber nicht. Als Wakambak einen Augenblick später auf die Baumrinde schlagen wollte, traf sie mit einem kräftigen Schlage die Schlange Réwi. Sie war

sofort tot. Aber ihr Fett spritzte aus der Wunde und bedeckte den Körper der beiden Frauen. Und plötzlich waren alle ihre Brandwunden verschwunden. Sie waren auch nicht mehr schwach und krank, sondern stark und schön. Damals gab es auch viele Jungen, die schwach und kränklich waren und darum nicht zu Männern heranwachsen konnten. Sie hörten, was sich ereignet hatte und gingen zu Wakambak. Der erste Junge hieß Dauwra, er war weiß und brachte sein eigenes Lied mit. Nachdem er mit dem Fett der Schlange Réwi eingeschmiert war, holte er seinen Bruder Fuwa. Dieser war schwarz. Er kam ebenfalls mit seinem eigenen Lied und wurde auch mit Schlangenfett eingeschmiert. Danach kamen Bofja, der auch schwarz war, und noch andere Jungen, jeder mit seinem eigenen Lied. Aber nicht nur die Jungen kamen, sondern auch die Tiere wollten von Wakambak mit Schlangenfett eingeschmiert werden. Alle wurden schön und groß. So kam der Vogel Strauß, die Kammeidechse und das Schwein. Groß war die Geschäftigkeit dort bei Wakambak. Es wurde getanzt und gesungen: »Wir kommen, um Schlangenfett zu holen«, sangen die Jungen, »schmiere die schwarzen Gesichter ein, schmiere die weißen Gesichter ein ...« usw. Diese Rührigkeit und der Lärm zogen auch die Männer an, die sehr eifersüchtig auf Wakambak und ihre Schwester wurden. »Wieso müssen eigentlich die Frauen das Fett besitzen, das den Jünglingen neues Leben schenkt, das Kranke heilt, das Menschen und Tiere schön und stark macht und ihre Lebensgeister anregt?« In einem unbewachten Augenblick raubten die Männer das Fett aus Wakambaks Händen, und seither bewahren sie es in einem eigenen Haus auf, dem Haus von Fatrau. Keine einzige Frau darf es betreten. Es gehört ganz und gar den Männern.«(7)

In Australien, vor allem in den nördlich gelegenen Gebieten, wird in verschiedenen Mythen behauptet, daß die Frauen die ursprünglichen Erfinderinnen und Verwalterinnen aller religiösen Zeremonien und geheiligten Rituale waren, die jetzt ausschließlich den Männern vorbehalten sind. In der mythologischen Vergangenheit hätten Männer keine Zere-

monien oder heilige Objekte gehabt und keine Macht, die Rituale auszuüben. Sie stahlen diese Rituale und Objekte von den Frauen. In der Version des Mythos wird gesagt, daß die Frauen jedoch sehr erfreut und zufrieden waren, daß die Männer sie nun in den Ritualen dominierten. Wie die Frauen in den anderen zitierten Fällen über die frühere Herrschaft der Frauen denken, ob die Mythen einigen bekannt wurden, darüber liegen keine Angaben vor. Die Frauen der australischen Stämme scheinen sich jedoch gegen die Aussage des Mythos dadurch zu wehren, daß sie unter sich ein weibliches Eigentumsrecht an den religiösen Zeremonien behaupten.
Das Ethnologen-Ehepaar Berndt, das seine Studien in den vierziger Jahren begann, bemerkte nämlich, daß die Frauen der Gegenwart sich diese Version des Mythos nicht zu eigen machten. Diejenigen Frauen, mit denen sie sprachen, betrachteten diese heiligen Zeremonien immer noch als ihr Eigentum, und Bemerkungen wie ‚die tun es für uns' oder ‚das sind meine Träume, die die Männer aufführen', waren die hauptsächlichen Kommentare der Frauen dazu. (8)

Claude Lévi-Strauss wurde außerhalb der ethnologischen Wissenschaft durch die von ihm entwickelte strukturalistische Analyse von Vorstellungswelt und Mythos der südamerikanischen Indianer berühmt. Seinem Verfahren liegt die Annahme zugrunde, daß Mythen ebenso wie soziologische Strukturen Produkte der permanenten unbewußten geistigen Tätigkeit des Menschen sind, Ordnungen und Regeln im Chaos der Umwelt zu entdecken. In den Mythen eines Volkes verrät sich das Bedürfnis, unbewußt bleibende logische Widersprüche der Kultur auszudrücken. Die von ihm analysierten Heiratsregeln und Verwandtschaftsordnungen werden in ihren Strukturen von diesen Mythen widergespiegelt. Die unterschiedlichen Sozialordnungen bringen dabei jeweils eine neue Kombination von Strukturelementen des Mythos hervor. Das Unbewußte ist für Lévi-Strauss kein Platz der verdrängten Schuldgefühle wie für Sigmund Freud. Er analysiert allein die logisch-formalen Elemente eines Mythos und stellt die Gegensatzpaare, die sie enthalten, einander gegenüber. Erst dadurch, so Lévi-Strauss, werden Mythen innerhalb einer ganz bestimmten Gesellschaftsstruktur ver-

ständlich. (9) Lévi-Strauss scheint deswegen kaum zu interessieren, von wem ein Mythos in einer Gesellschaft erzählt wird und gegen wen er gerichtet ist.
Zwar tauchen in den von ihm analysierten Mythen die Gegensatzpaare männlich/weiblich als fundmentale Oppositionen ständig auf, aber er bemerkt nicht, daß der Mythos geschlechtliche Hierarchie nicht nur zum Thema hat, sondern ein Instrument der Männlichkeitsdoktrin und Solidaritätserzwingung von heranwachsenden Knaben gegen ihre Mütter und Schwestern darstellt.

Die Entstehung und Verbreitungsgeschichte eines Mythos und seine unbewußte logische Struktur ist deshalb zu trennen von der Funktion, die er in einer Gesellschaft hat. Diese beruht auf seiner inhaltlichen Aussage bzw. dem, was die Menschen in einer bestimmten Zeit und Gesellschaft in ihn hineinlegen. Die wichtigste gemeinsame Aussage der hier wiedergegebenen Mythen ist die, daß der Herrschaft des Mannes eine frühere Herrschaft der Frau antithetisch gegenübergestellt und der jeweilige Jetztzustand, nämlich eine ungerechtfertigte Herrschaftsausübung des Mannes, legitimiert wird. Oder umgekehrt, daß die weibliche Unterordnung durch einen Fehler oder einen Tabu-Bruch der Frau zustande kam.

Betrachten wir den wichtigsten Herrschaftsmythos dieser Art im abendländisch-christlichen Raum, den Mythos vom Sündenfall.
Die Schlange, aber auch Eidechsenarten, verkörpern in den Mythen der verschiedensten Völker ewige Jugend, Unsterblichkeit, Fruchtbarkeit. Das ägyptische Zeichen für Ewigkeit ist eine Schlange, die sich in den Schwanz beißt. Die Schlange besitzt ewige Jugend, weil sie ihre alte Haut gegen eine neue tauschen kann. Sie hat im Mythos des Alten Testaments teil am göttlichen Wissen über die Unsterblichkeit. Eva, obwohl aus Adam gemacht (in einer patrilinearen Gesellschaft muß der Mann den Stammbaum anführen), ist diejenige, die sich selbst in den Besitz des göttlichen Wissens bringen will. Zwei Bäume stehen im Paradies, einer, dessen Frucht die endgültige Teilhabe an der Macht (der Baum des ewigen Le-

bens), und der Baum, dessen Frucht zu essen den Anfang der Sexualität bedeutet. Eva, die gewagt hat, nach der göttlichen Herrschaft zu greifen, hat Gottes Gebot gebrochen. Dadurch wird die Herrschaft des Mannes über sie nun legitim.

> »Dein Verlangen soll nach deinem Mann sein, aber er soll dein Herr sein.«

Adam wird ebenfalls bestraft,

> »weil du gehorcht hast der Stimme deines Weibes«.

Ein Mann, der seiner Frau die Initiative überläßt, muß dafür ewig büßen.

Der Mythos vom Sündenfall und der Vertreibung aus dem Paradies war ein absolutes Herrschaftsinstrument der patriarchalischen abendländischen Zivilisation. Er diente der permanenten Minderwertigkeitssuggestion der Frau, und ohne diesen Mythos sind beispielsweise die Hexenprozesse Europas nicht vorstellbar. Wären Mythos und Religion als Phänomene des Überbaus ausschließlich Produkte der ökonomischen Basis, dann wäre die Wirkungsgeschichte dieses biblischen Mythos nicht zu verstehen. Als sein Ursprungsgebiet gilt Mesopotamien. Die Form, in der er uns überliefert ist, entstammt der semitischen Hirtenkultur, dennoch ist er über fast zweitausend Jahre hin, unter sehr unterschiedlichen sozialen und ökonomischen Bedingungen, dazu verwandt worden, die Herrschaft des Mannes über die Frau in der Familie als göttliches Gebot darzustellen. Dabei scheint sowohl die Einfachheit als auch die Vieldeutigkeit der biblischen Geschichte, die immer neue Vorwände zur Unterdrückung liefern, ein wesentliches Charakteristikum für die soziale Funktion eines Mythos zu sein.

Claude Lévi-Strauss hält es für unmöglich, den Schöpfungsmythos der Bibel mit seiner strukturalistischen Methode zu untersuchen, weil für ihn die Voraussetzung dafür die genaue Kenntnis der damaligen Umwelt bzw. der Verwandtschaftssysteme und Heiratsregeln ist.(10) Das Chaos am Anfang, die Trennung von Erde und Himmel, von Tag und Nacht, die Erschaffung von Tieren, Pflanzen und Menschen, das Zustandekommen der Gestirne, all diese Elemente sind durchweg Bestandteile mythologischer Systeme. Hier geht es jedoch nur um die Herrschaftsaussage im Mythos. Diese lautet, der Mensch herrscht über Tiere, Pflanzen und die ganze Erde, aber der Mann herrscht über die Frau. Noch die Rechtstheoretiker des 17. und 18. Jahrhunderts, beginnend mit Grotius und Pufendorf, leiten die Gewalt des Ehemannes und die väterliche Gewalt unmittelbar aus dem göttlichen Willen ab.(11)

Die katholische Kirche hält bis heute an dieser als göttlich ausgegebenen Unterordnung fest. Immer wieder versucht sie, auch auf den Gesetzgeber in diesem Punkt Einfluß zu nehmen. Der ganze Kampf um den Stichentscheid des Mannes im Eherecht der Bundesrepublik, der über einen Zeitraum von fünf Jahren im Bundestag ausgetragen wurde, ist ohne den Hintergrund eines als göttlich betrachteten männlichen Herrschaftsrechts nicht zu verstehen. Gleichzeitig aber hat gerade in den letzten hundert Jahren durch die Aufwertung der Maria in der Glaubenshierarchie ein Trend eingesetzt, den Frauen diese Herrschaft des Mannes über sie dadurch zu verundeutlichen, daß man verkündet, ihre Unterordnung unter den Mann sei in Wirklichkeit ihre höchste Erhebung. Ein sehr aufschlußreiches Beispiel dafür bietet eine Ausführung von Pius XII. über die »Emanzipation der Frau«:

> »Alle diese nun, die so den Glanz der ehelichen Treue und Keuschheit zu verdunkeln trachten, sind es auch, die als Lehrer des Irrtums den treuen und ehrenvollen Gehorsam der Frau gegen den Mann gern erschüttern möchten. Einige Verwegene gehen noch weiter und bezeichnen diesen Gehorsam als eine entwürdigende Versklavung des einen Eheteils durch den anderen. Beide Gatten, sagen sie, besäßen völlig gleiche Rechte. Da diese Ebenbürtigkeit durch die Sklaverei des einen Teils verletzt werde, so rühmen sie sich stolz, eine Befreiung der Frau vollzogen zu haben, oder fordern, daß sie in Bälde vollzogen werde. Je nachdem es sich bei dieser Befreiung um die Leitung der häuslichen Gemeinschaft oder die Vermögensverwaltung oder die Verhütung bzw. Tötung neuen Lebens handelt, unterscheiden sie eine dreifache Emanzipation: eine ›soziale‹, eine ›wirtschaftliche‹ und eine ›physiologische‹. Die physiologische Emanzipation verstehen sie dahin, daß es der Frau völlig freistehen soll, die mit dem Beruf der Gattin

und Mutter verknüpften natürlichen Lasten von sich fernzuhalten. (Daß dies keine Befreiung, sondern ein ruchloser Frevel ist, haben wir schon zur Genüge dargelegt.) Die wirtschaftliche Emanzipation soll der Frau das Recht bringen, ohne Vorwissen und gegen den Willen des Mannes ihr eigenes Gewerbe zu haben, ihre Angelegenheiten und Geschäfte selbst zu betreiben, selbst die Verwaltung in Händen zu halten, gleichgültig, was dabei aus Kindern, Gatten und der ganzen Familie wird. Die soziale Emanzipation endlich will die Frau dem engen Kreise der häuslichen Pflichten und Sorgen für Kinder und Familie entheben, um sie frei zu machen für ihre angeborenen Neigungen, damit sie sich andern Berufen und Ämtern, auch solchen des öffentlichen Lebens widmen kann.

Aber das ist keine wirkliche Befreiung der Frau; sie enthält nicht jene der Vernunft entsprechende und gebührende Freiheit, wie sie die hehre Aufgabe der christlichen Frau und Gattin fordert. Sie ist eher eine Verderbnis des weiblichen Empfindens und der Mutterwürde, eine Umkehrung der ganzen Familienordnung, so daß der Gatte der Gattin, die Kinder der Mutter, die ganze Familie und Hausgemeinschaft der stets wachsamen Hüterin und Wächterin beraubt werden. Diese falsche Freiheit und unnatürliche Gleichstellung mit dem Manne wird sich zum eigenen Verderben der Frau auswirken, denn wenn sie einmal von der Höhe und dem Throne herabsteigt, zu dem sie innerhalb der Familie durch das Evangelium erhoben wurde, wird sie bald (vielleicht weniger dem äußeren Schein nach, wohl aber in Wirklichkeit) in die frühere Sklavenstellung zurückgedrängt und wie im Heidentum zu einem bloßen Werkzeug des Mannes werden.«(12)

Seit der Zeit der Aufklärung spielt der alttestamentarische Mythos vom Sündenfall jedoch nicht mehr die herrschende ideologische Rolle im Kampf der Geschlechter, obwohl die Macht der katholischen Kirche als institutionalisiertem Männerbund unverändert groß ist. An die Stelle des Mythos ist seither die wissenschaftliche Theoriebildung getreten. Die sexistische Herrschaftsrechtfertigung erschien von nun an in philosophischem, belletristischem oder wissenschaftlichem

Gewand. Der Mythos der Kikuyus, den Yomo Kenyatta erzählt, wirft den Frauen ungerechtes und willkürliches Handeln vor, als sie regiert haben. Philosophen wie Friedrich Georg Wilhelm Hegel gaben die Herrschaft des Mannes als Gesetzmäßigkeit des Weltgeistes aus. In den »Grundlinien der Philosophie des Rechts« schreibt Hegel:

> »Stehen Frauen an der Spitze der Regierung, so ist der Staat in Gefahr, denn sie handeln nicht nach den Anforderungen der Allgemeinheit, sondern nach zufälliger Neigung und Meinung.«(13)

Von dieser Behauptung zieht sich eine direkte Linie zur empirischen Forschung von heute. Eine Reihe psychologischer Tests untersucht heute noch, ob Jungen ein größeres Gerechtigkeitsgefühl haben als Mädchen. Welche Abwertung des weiblichen Geschlechts zum Beispiel der Darwinismus und die falschen Schlüsse, die man aus dem geringeren weiblichen Gehirngewicht zog, gebracht haben, ist uns schon weitgehend wieder entschwunden. Der wissenschaftliche Mythos von der Minderwertigkeit der Frau hat in den letzten 150 Jahren eine Reihe von Theorien und wissenschaftlichen Behauptungen gebracht, die uns zum Teil bereits grotesk erscheinen, während wir nicht wahrnehmen, daß sie sich heute an anderer Stelle wieder von neuem einschleichen.

III.
Die Frauenfrage

11. Kapitel
Die Väter des Sozialismus: Patriarchen oder Erlöser der Frauen?

»Und unterdessen sitze ich da und gehe zugrunde ...« *Jenny Marx*

»Und die arme Louise, sie ist von der Bratpfanne ins Feuer gefallen. Aber nun ist es bei uns Frauen immer die Frage Bratpfanne oder Feuer, und es fällt schwer zu sagen, was das Schlimmere ist. Bestenfalls ist unsere Lage kritisch.« *Eleanor Marx an ihre Schwester Laura über die Heirat von Louise Kautsky.*

Kann ein Mann, dem »Schwäche« die liebste Tugend der Frau war und »Kraft« die liebste Tugend beim Mann, überhaupt die Emanzipation der Frau gewollt haben?(1) Karl Marx hat sich zu weiblicher Unterdrückung so wenig geäußert, daß daraus nur auf Desinteresse geschlossen werden kann. Die Oberflächlichkeit, mit der er die Beziehungen zwischen den Geschlechtern behandelt, zeigt im Gegensatz zu der Gründlichkeit und Schärfe in anderen Bereichen, dem universalen Themenspektrum seines Werkes, zu den umfangreichen Exzerpten, die er zu naturwissenschaftlichen, geschichtlichen und ökonomischen Fragen anfertigte, daß er unwillig oder nicht in der Lage war, die vielen Dimensionen der Frauenfrage genauso grundlegend zu behandeln. Es darf freilich vermutet werden, daß er sie verdrängen wollte, weil ihm dieses Thema zu hautnah war und nicht aus der Distanz des revolutionären Gelehrten behandelt werden konnte, sondern sofort die Frage nach dem eigenen Verhalten und Leben mit aufwarf. Karl Marx wollte sich auf diese Frage nicht einlassen. Sie hätte vielleicht seine ganze Lebensweise und die Priorität seiner wissenschaftlichen und revolutionären Tätigkeit in Frage gestellt.

Auf Marx' häusliche Verhältnisse trifft zu, was John Stuart Mill als den grundsätzlichen Unterschied zwischen der Frauenfrage und der sozialen Frage und ihrer Behandlung durch Männer herausstellte.

»Statt für die meisten Anhänger hauptsächlich nur etwas in abstracto Wünschenswertes zu sein oder, wie die politischen Ziele, um welche sich gewöhnlich der Parteikampf dreht, für alle außer den Führern von geringer privater Bedeutung zu sein, betrifft es die Person und den Herd jedes männlichen Familienhauptes und aller, die ein solches zu werden gedenken. An dieser Macht hat der Bauer ebensogut Anteil wie der vornehmste Edelmann. Und in diesem Falle ist das Verlangen nach Macht das allerstärkste; denn jeder, der nach Macht verlangt, wünscht sie besonders über diejenigen, die ihm am nächsten stehen, mit denen er lebt und die meiste Gemeinschaft hat, und bei denen eine Unabhängigkeit von seiner Autorität ihn persönlich am leichtesten betreffen kann.«(2)

Es ist schon deswegen notwendig, Marx' persönliches Verhalten und den Stellenwert, den die Frauenfrage in seinen Schriften einnimmt, einer Kritik zu unterziehen, weil heutige Marxisten feministische Denkansätze häufig kategorisch ablehnen und behaupten, allein die marxistische Theorie weise den Weg zur wahren Emanzipation der Frau. Wer die Einstellung von Karl Marx in diesem Punkt einschätzen will, muß sich vergegenwärtigen, daß er in einer Zeit lebte, vor der sich die frühen Sozialisten bereits ausgiebig mit dem Verhältnis der Geschlechter beschäftigt hatten. Vor diesem Hintergrund und verglichen mit zeitgenössischen Sozialreformern (Männern wie Frauen) wirkt Karl Marx nicht engagiert und nur schwach interessiert an der Frauenfrage.
Die Gegenüberstellung von männlicher Kraft und weiblicher Schwäche zeigt, daß Marx auch die Eigenschaften der Geschlechter dialektisch ansah; wie eine Synthese dieser Geschlechterrollen aussehen sollte, hat er nicht beschrieben. Er schwindelte sich darüber hinweg mit Phrasen von einer höheren Form der Geschlechtergemeinschaft, ohne Erläuterung dessen, was er darunter konkret verstand. Oder in Sophistereien wie »das unmittelbare, natürliche, notwendige Verhältnis des Menschen zum Menschen ist das Verhältnis des Mannes zum Weibe«. Es ist nicht nur natürlich, sondern seiner Ansicht nach das »Natürlichste«. In diesem Verhältnis soll sich zeigen, »inwieweit das natürliche Verhalten des

Menschen menschlich oder inwieweit das menschliche Wesen ihm zum natürlichen Wesen, inwieweit seine menschliche Natur ihm zur Natur geworden ist«.(3) Menschlichsein und Natürlichsein zerreißt er in einen falschen Gegensatz. Notwendig, natürlich ist dieses Verhältnis nur, wenn es dem Fortpflanzungszweck dienen soll. Ansonsten gibt es kein unmittelbares und notwendiges Verhältnis von Mann und Frau. Alle anderen Aspekte haben nicht nur die Natur zur Grundlage. Sowohl die sexuellen, nicht auf Fortpflanzung gerichteten Beziehungen zwischen weiblichen und männlichen Menschen als auch ihre ökonomischen gehören nicht zum natürlichsten Verhältnis der Menschen untereinander. Hier werden nicht die Beziehungen der Geschlechter zueinander erklärt, sondern, im Gegensatz zu Marx' sonstiger analytischer Schärfe, dialektische Phrasen gedroschen.

In Frankreich kämpfte die Schriftstellerin George Sand gegen die Bestimmungen des Code Napoleon zum Eherecht, die selbst die physische Gewalt gegenüber der Ehefrau legitimierten. Ein Mann, der seine Frau beim Ehebruch ertappte und sie erschlug, ging straffrei aus. Als Anhängerin der sozialistischen Ideen Saint-Simons war George Sand die erste Frau in Europa, die gleichzeitig die soziale und die Frauenfrage zum Thema ihrer journalistischen und schriftstellerischen Arbeit machte. Das war allerdings in Frankreich eher möglich als in Deutschland, wo schreibende Frauen nur unter größten Schwierigkeiten einen Verleger fanden. Eine Ausnahme bildete die Selfmade-Frau Fanny Lewald, die in verschiedenen deutschen Feuilletons publizierte, aber in der Frauenfrage und gegenüber sozialistischen Ideen immer unverbindlich blieb und eher die Weimarer Tradition der gebildeten Frauen à la Charlotte von Stein fortsetzte. Fanny Lewald erlebte 1848 die Revolution in Paris. Ihr Bericht ist interessant, weil er zeigt, daß es durchaus ein Klassenbewußtsein von Frauen gab, und wie wenig davon in Marx' und Engels' Beschäftigung mit der Frauenfrage eingegangen ist.
Sie beobachtet eine große Frauendemonstration:

»Es waren die Westennäherinnen ... welche Verbesserung ihrer Lage verlangten, wie man sie den männlichen Kleiderarbeitern bewilligt hatte: höheren Lohn und kürzere

> Arbeitszeit. Niemand außer uns beachtete diese Prozession der Frauen als etwas Besonderes.«(4)

Ein Frauenjournal wird ihr zugeschickt. Titel »Les Voix des Femmes«, Journal socialiste et politique, Organ des interêts de toutes, Herausgeberin Madame Eugène Niboyet. Im ersten Artikel dieses Blattes werden die Frauen aufgefordert, bei den bevorstehenden Wahlen in der Familie und in der Stadt öffentlich zu agitieren. Es folgen ein Brief von George Sand »An die Reichen«, eine Übersetzung von Bettina von Arnim und volkswirtschaftliche Analysen. Fanny Lewald:

> »Ich schreibe so ausführlich darüber, um eine Vorstellung davon zu geben, wie solche Dinge hier gehandhabt werden. Die Haltung des Blattes ist im ganzen ungemein übertrieben, aber es ist doch viel Vernünftiges darin, und es ist jedenfalls als eine Lebensäußerung der Jetztzeit und ihrer Bestrebungen interessant.«(5)

Von Marx kam zeit seines Lebens nie eine direkte Kritik an der rechtlichen Entmündigung der Frau, die John Stuart Mill 1869 als einzige noch gesetzlich sanktionierte Leibeigenschaft bezeichnete. In einem Artikel aus dem Jahr 1883, den Friedrich Engels für die von Edward Aveling (dem Lebensgefährten von Marx' Tochter Eleanor) herausgegebene Zeitschrift »Progress« schrieb, zeigt er immer noch Verwunderung über die unvermindert heftige Diskussion über Zwangsehe und freie Liebe.

> »Es ist eine merkwürdige Tatsache, daß mit jeder bedeutenden revolutionären Bewegung die Frage der ›freien Liebe‹ in den Vordergrund tritt.«(6)

Die französische Juli-Revolution hatte eine relative Pressefreiheit gebracht, jedoch keine Verbesserung der Rechtsstellung der Frau. Scheidung war zwar ursprünglich im Code Napoleon vorgesehen gewesen, wurde jedoch ab 1816 wieder verboten. In England war die Ehefrau als Person für das Gesetz überhaupt nicht vorhanden, so daß der Ehemann für die Rechtsübertretungen seiner Frau angeklagt wurde, ihr gegenüber jedoch seinen persönlichen Strafvollzug praktizieren konnte. Berühmt war der Ausspruch, daß über jedem Bett eines englischen Ehemanns eine Peitsche hing. Da Marx vor allem die proletarische Revolution vorantreiben wollte, wundert es auch, daß er Streiks und Demonstrationen von Arbeiterinnen für gleiche Löhne, wie sie Fanny Lewald schilderte, nicht sofort aufgriff.

Marx und Engels entwickelten die Frauenfrage nicht nur nicht weiter, sie blieben auch hinter vielen zeitgenössischen Denkansätzen zurück. Die englische Journalistin Harriet Martineau, die das klassische Werk »Society in America« (1837) schrieb, das neben Tocquevilles »Democracy in America« die informativste Schrift ist, die von Europäern des 19. Jahrhunderts über das Funktionieren demokratischer Prinzipien in der amerikanischen Gesellschaft verfaßt wurde, setzte Frauenfrage, Rassenfrage und Arbeiterfrage noch vor Marx und Engels einander gleich. Sie meinte, daß die Emanzipation jeder Klasse immer nur durch die Anstrengungen der Individuen dieser Klasse stattfinde. Danach müßten auch die Frauen handeln. Die Unabhängigkeitserklärung der Amerikaner habe nur zur Unabhängigkeit der männlichen Bevölkerung Amerikas geführt.(7) Ihre Auffassung von der falschen Erziehung der Frau, daß »ihre Schwäche ermutigt würde, und ihre Kraft bestraft«, steht allerdings diametral zu Marx' Frauenideal. George Sand und die halbtaube Harriet Martineau, die durch eisernen Schreibfleiß ihren Unterhalt als Journalistin verdiente, zeigen, was die Frauen und Männer, die für sozialen Fortschritt kämpften, zu dieser Zeit unterscheidet. Für die Frauen ist die Emanzipation der Frau gleichwertig mit der sozialen Frage, für die Männer hingegen beiläufig oder gar nicht existent. Von Harriet Martineau, die zahlreiche Pamphlete über politische Ökonomie schrieb (sie war eine Anhängerin der Mehrwertlehre von Ricardo und überzeugte Abolitionistin), und Auguste Comte ins Englische übersetzte, stammte der Vorschlag zur Gründung einer Bibliothek der arbeitenden Klasse, eine Publikationsreihe von 200 Bänden, die für Arbeiter und Arbeiterinnen erschwinglich sein sollte. 140 dieser Bände wurden veröffentlicht.(8) Friedrich Engels informierte sich anhand ihrer Berichte und Artikel über den Entwicklungsstand der religiösen und sozialistischen Kommunen Amerikas.(9) Als John Stuart Mill seine Frauenstimmrechts-Bill ins britische Unterhaus einbrachte, führte sie die Unterschriftenliste an.(10)

Die Geschichte ist 1848 für Marx und Engels die Geschichte von Klassenkämpfen. Es ist aufschlußreich, das Kommunistische Manifest, das Marx und Engels 1848 in London verfaßten, mit der weiblichen Unabhängigkeitserklärung aus demselben Jahr zu vergleichen, die von etwa 100 Frauen in Seneca Falls im Staat New York abgegeben wurde, die Declaration of Sentiments, ein feministisches Manifest, das einen ganz anderen Ton anschlug als die flehentlichen Bitten und Appelle deutscher Frauen, von den Männern als Menschen akzeptiert zu werden. Diese Amerikanerinnen deklarierten die Beziehungen zwischen Männern und Frauen in der republikanischen amerikanischen Gesellschaft als eindeutige Herrschaftsbeziehungen, die nichts mit der Natur zu tun haben. Wie für Marx die Geschichte eine Folge von Klassenkämpfen war, so war für diese ersten Feministinnen die Geschichte eine Folge von Geschlechterkämpfen.

»Die Geschichte der Menschheit ist die Geschichte wiederholter Schädigungen und Übergriffe von seiten des Mannes gegenüber der Frau, die zum unmittelbaren Zweck die Begründung einer Tyrannei über sie haben.«

»Er hat ihr niemals erlaubt, ihren unveräußerlichen Anspruch auf das politische Stimmrecht auszuüben. Er hat sie gezwungen, sich Gesetzen zu unterwerfen, bei deren Abfassung sie keine Stimme hatte. Er hat die unverheiratete Frau vom Standpunkt des Gesetzes aus bürgerlich tot gemacht. Er hat ihr alles Eigentumsrecht genommen, sogar auch den selbstverdienten Lohn. Er hat sie moralisch zu einem unverantwortlichen Wesen gemacht, da sie viele Verbrechen ungestraft tun kann, vorausgesetzt, daß sie sie in Gegenwart ihres Mannes tut.«

»Er hat sich in jeder Weise bemüht, ihr Vertrauen in ihre eigene Kraft zu zerstören, ihre Selbstachtung zu verringern und sie willig zu machen, ein ... unwürdiges Leben zu führen.«(11)

Diese Ausschnitte zeigen, daß der umfassende Charakter der sexuellen Herrschaft von den radikalen Amerikanerinnen bereits erkannt wurde, einer Herrschaft, die über das Elend der ökonomischen Ausbeutung noch hinausging und einen existentiellen Charakter hatte.

Die beiden zentralen Figuren von Seneca Falls waren Elizabeth Cady Stanton und Lucretia Mott, beide Kämpferinnen für die Sklavenbefreiung. Die Legende sagt, daß sie sich 1840 auf dem internationalen Anti-Sklaverei-Kongreß in London befreundet hätten. Elizabeth Cady Stanton begleitete ihren Ehemann, der einer der Delegierten war. Auf diesem Kongreß wurden Lucretia Mott und einer anderen weiblichen Delegierten von den europäischen männlichen Teilnehmern die offizielle Teilnahme mit Sitz und Stimme verweigert.(12)
An die feministische Deklaration von 1848 und die von Elizabeth Cady Stanton und der radikalen Frauenkämpferin Susan B. Anthony seit 1868 herausgegebenen Zeitschrift »The Revolution« konnte die amerikanische »Women's Liberation«-Bewegung der sechziger Jahre dieses Jahrhunderts unmittelbar wieder anknüpfen.(13)
Schon als der junge Marx sich mit Hegels Rechtsphilosophie auseinandersetzte, versäumte er es, auf die Bestimmung des Geschlechterverhältnisses bei Hegel einzugehen. Wichtiger zur Beurteilung von Marx' Stellung zur Befreiung der Frau ist jedoch seine große Attacke auf den führenden französischen Sozialisten Proudhon in »Das Elend der Philosophie« (1846/47).
Proudhons pathologischer Frauenhaß, seine kleinbürgerlichen Familienvorstellungen, seine negative Einstellung zur Frauenarbeit, die er als Diebstahl an den Männern ansah, Charakteristika, die später wesentlich die Haltung der französischen Mitglieder der Internationale bestimmten, ließen den jungen Marx offenbar kalt, obwohl der Protest französischer Saint-Simonistinnen gegen Proudhon ihm nicht entgangen sein konnte.(14)

Die erste Stellungnahme zum Verhältnis der Geschlechter findet sich bei Marx und Engels im Kommunistischen Manifest (1848). Die Lage der Frauen wird auch hier nur indirekt berührt in der Zurückweisung des Vorwurfs, die Kommunisten beabsichtigten die »Weibergemeinschaft«. Den Kommunisten geht es darum,

> »die Stellung der Weiber als bloßer Produktionsinstrumente aufzuheben«.

Sie warfen den Männern der Bourgeoisie vor, sie würden ein Hauptvergnügen darin finden, »ihre Ehefrauen wechselseitig zu verführen«, ein Vorwurf, der bigott ist. Hätten sie es bei der Erwähnung der sexuellen Ausbeutung der Proletarierinnen durch Unternehmer und Prostitution belassen, hätte es glaubwürdiger geklungen.

Die Kommunen in Amerika, in denen versucht wurde, ökonomische und sexuelle Gleichberechtigung zu leben, fanden zwar zunächst das Interesse von Marx und Engels, doch schon im Kommunistischen Manifest von 1848 wird die zweite Generation der Frühsozialisten als reaktionär und sektiererisch verspottet, weil sie die »alten Anschauungen der Meister fest gegenüber der geschichtlichen Fortentwicklung des Proletariats« weiter hochhalten.

> »Sie träumen noch immer die versuchsweise Verwirklichung ihrer gesellschaftlichen Utopien, Stiftung einzelner Phalanstere, Gründung von Home-Kolonien, Errichtung eines kleinen Ikarien . . .«

Mögen Marx und Engels in der geschichtlichen Analyse der kapitalistischen Wirtschaftsform weitblickender gewesen sein als die Gründer und Mitglieder der amerikanischen sozialistischen Kommunen, so war doch ihre spätere negative Beurteilung dieser sozialen Experimente ungerechtfertigt. Die Frühsozialisten, zumeist religiöse Männer wie Charles Fourier, gingen auf andere Weise als Marx an die Analyse des menschlichen Elends heran. Im Mittelpunkt ihres Denkens stand die unmittelbare Wiederherstellung des menschlichen Glücks. Ihrer Vorstellung nach konnte man durch beispielhaftes Vorleben einer neuen Gesellschaft in Produktionskommunen die anderen Menschen vom Vorteil und den Glücksmöglichkeiten einer solchen Gesellschaft überzeugen. Aus der genaueren Information und der Analyse des Scheiterns dieser Kommunen hätten Marx und Engels wertvolle Daten über die Möglichkeit eines Reichs der Freiheit erhalten können.

Charles Fourier wird die Erfindung des Begriffs Feminismus zugeschrieben.(15) Die sogenannte »North American Phalanx« war unter fourieristischen Kommunen die fortschrittlichste. Frauen besaßen das Recht, in den öffentlichen Versammlungen der Kommune zu sprechen. Sie hatten das gleiche Stimmrecht und bekamen den gleichen Lohn wie die Männer für ihre Arbeit. Alle Berufe waren ihnen zugänglich. In anderen amerikanischen Kommunen wurde auch die Hausarbeit, der Küchendienst, das Abwaschen und die Wäsche zwischen Männern und Frauen geteilt. In der religiösen Kommune der Rappiten hatten die Frauen schon 1807 das Stimmrecht ebenso wie das Scheidungsrecht und das Recht, ihren Ehemännern den Beischlaf zu verweigern. Auch bekamen sie die gleichen Löhne wie die Männer. Während Wilhelm Weitling, der bekannteste deutsche Frühsozialist, der sich in Communia in Iowa aufhielt, mißtrauisch war gegen die Verleihung von politischen Rechten an Frauen (er glaubte, daß Frauen individualistischer seien und keine natürliche Veranlagung zum Kommunismus hätten), war für Robert Owen, den britischen Frühsozialisten, die Gleichstellung von Männern und Frauen in seiner Kommune New Harmony die wichtigste Grundlage der neuen Gesellschaft. Jungen und Mädchen wurden in New Harmony gleich erzogen und bekamen die gleiche Berufsausbildung. »Ein neuer Zustand der Existenz« sollte angestrebt werden.(16)

Zwei der wichtigsten Vertreterinnen der frühen amerikanischen Frauenbewegung waren in diesen Kommunen tätig. Die eine war die Schottin Francis Wright, die 1826 in New Harmony den ersten vollorganisierten Frauenverband Amerikas gründete. Sie forderte das allgemeine Wahlrecht und die volle Gleichberechtigung für Frauen und Neger, Befreiung und Ausbildung der Sklaven.(17) Ohne die fourieristische Bewegung hätte Margaret Fuller, die begabteste Schriftstellerin in Amerika in den vierziger Jahren, kaum Möglichkeiten gehabt, ihre Ideen zu publizieren. Ihr Buch »Women in the 19th century«, das in Amerika immer noch als das brillanteste Dokument des frühen amerikanischen Feminismus gilt, erschien 1845 und wurde von Horace Greely, einem der größten Bewunderer Fouriers, veröffentlicht. Nach den Intentionen der Fourieristen sollte es eine Massenbewegung der Frauen zur Forderung ihrer Rechte inspirieren.(18)

Der Sohn von Robert Owen, Robert Dale Owen, wurde Mitglied der Regierung von Indiana und reformierte in diesem Staat das Eherecht zum Vorteil der Frau in bezug auf die Möglichkeit der Scheidung und auf das Recht, ihr Vermögen und ihren Lohn selber zu verwalten.(19) Wichtig ist aber der Vergleich von Marx und Engels mit diesem Sohn eines berühmten Frühsozialisten im Hinblick auf das Thema der Empfängnisverhütung, das nirgendwo in dem Gedankenaustausch von Marx und Engels oder in ihren Schriften behandelt wird, obwohl es ein Diskussionsthema ihrer Zeit war. Die amerikanische Bewegung zur Geburtenbeschränkung wurde von diesem ältesten Sohn Robert Owens in der Zeit von 1828 bis 1832 zusammen mit dem Arzt Dr. Charles Knowlton ins Leben gerufen.(20) Im Jahre 1830 erschien in New York Robert Owens Buch »Moral Physiology«. Es hatte mehrere Auflagen innerhalb eines Jahres. 75 000 Kopien wurden in Amerika und England verkauft. Die Hauptmethode, die Owen zur Empfängnisverhütung empfahl, war Koitus interruptus. Obwohl sie Opfer von den Männern erfordere, seien diese unbedeutend verglichen mit den Vorzügen. Eine Menge Fallstudien wurden in seinem Buch präsentiert, um die Effekte dieser Methode zu demonstrieren. Owen leugnete auch, daß Männer sie nicht praktizieren würden. Er glaubte, daß die öffentliche Meinung in diesem Punkt starken Druck ausüben könne. Vor allen Dingen sei Empfängnisverhütung besser als der Zwang zum Ledigbleiben, dem so viele aus ökonomischen Gründen unterworfen waren. (Das durchschnittliche Heiratsalter von Männern war im 19. Jahrhundert auf ca. 30 Jahre angestiegen, für Frauen lag es bei 24 bis 25 Jahren.) Im Jahr 1838 empfahl der deutsche Arzt Friedrich Adolph Wilde in einem gynäkologischen Traktat ein Gummipessar, das jedem individuellen Organismus Rechnung trüge. Im Jahr 1876 begannen Charles Bradlaugh und Annie Besant, beide Angehörige der englischen Freidenkerbewegung, eine Kampagne zur Geburtenbeschränkung, indem sie ein Pamphlet von Dr. Knowlton druckten. Sie wurden verhaftet, und ihr Fall ging zum Central Criminal Court und durchlief alle juristischen Instanzen bis zum Justizminister. Annie Besant brachte jedoch so einleuchtende Argumente über die Notwendigkeit kontrazeptiver Information für die Armen vor, daß sie freigesprochen wurde. Die Zahl der verteilten Broschüren zwischen 1876 und 1891 wird auf zwei Millionen geschätzt.(21) Charles Bradlaugh und Karl Marx waren miteinander bekannt. Marx' Anhänger, auch seine Frau und seine Töchter, besuchten Bradlaughs Vorträge. Zu dem Zeitpunkt, als er zusammen mit Annie Besant die Kampagne zur Empfängnisverhütung begann, war Marx allerdings sein Gegner geworden. Annie Besant und Eleanor Marx befehdeten sich erst später, als Edward Aveling seine Beziehung mit Annie Besant aufgab und mit Eleanor zusammenzog.(22)

Das Thema Empfängnisverhütung, die erst überhaupt eine Grundlage für die »höhere Form der Familie und des Verhältnisses beider Geschlechter« schaffen konnte, wurde von Marx und Engels nicht berührt. Ende des 18. Jahrhunderts hatte der britische Nationalökonom Malthus ein Bevölkerungsgesetz aufgestellt, das ein ewiges Vegetieren der Menschheit am oder unter dem Existenzminimum beinhaltete, da die Lebensmittelproduktion nie mit der Bevölkerungsvermehrung Schritt halten könne.(23) Malthus nahm dieses von ihm formulierte Gesetz zum Anlaß, jede staatliche Unterstützung der Armen abzulehnen, da diese nur zur weiteren Vergrößerung der Bevölkerung führen würde. Diese brutale Theorie des ewigen Hungerdiktats war gegen die ersten englischen Sozialisten gerichtet. Die Malthussche Formel, die von Marx ebenso wie von anderen Sozialisten abgelehnt wurde, veranlaßte diesen jedoch nicht, sich konkreter mit demographischen Fragen auseinanderzusetzen, obwohl Marx zum Beispiel die Bevölkerungsverdoppelung in England innerhalb eines halben Jahrhunderts kannte, Bevölkerungszunahme bzw. -stagnation war in der Marxschen Verelendungstheorie ein ungenügend berücksichtigter Punkt, der dem Eintreffen seiner Prognosen zum Teil entgegenwirkte. Denn in Frankreich und in Deutschland gingen die Geburtenraten gegen Ende des 19. Jahrhunderts zurück, wobei in Frankreich sich zum großen Teil schon vorher die Zweikinderfamilie durchgesetzt hatte. Der Frühsozialist Charles Fourier war scharfsichtiger in diesem Punkt gewesen, indem er zwar die Malthusschen Folgerungen ablehnte, aber das

Problem einer permanenten Bevölkerungsexplosion besser erkannte und auch die Minderung der Lebensqualität und der weiblichen Glücksmöglichkeiten durch die Verdammung zur Fruchtbarkeit in seine Überlegungen einbezog. Fourier schrieb, daß irgendwann die Kolonisierungs- und Ausdehnungsmöglichkeiten der Menschheit an ein Ende kommen würden.

»Wie dann, wenn der ganze Globus so bevölkert ist, daß für den Überschuß nichts mehr zu kolonisieren übrig bleibt? Man antwortete, und darin stimmen auch die Owenisten ein, daß die Erde noch nicht übervölkert sei und es noch wenigstens dreihundert Jahre dauere, ehe dieser Zeitpunkt komme. Das ist ein Irrtum, denn schon nach 150 Jahren ist die Erde überbevölkert. Auf alle Fälle ist nach 150 oder 300 Jahren die Frage brennend und nicht gelöst, wenn man bei den jetzigen Anschauungen und Mitteln bleibt. Nun, die societäre Ordnung hat sehr wirksame Mittel, die Übervölkerung zu verhüten und sie auf dem rechten Stande zu erhalten. Es sind ungefähr fünf Milliarden, die auskömmlich existieren können, wenn der ganze Erdboden mit Phalanxen bedeckt ist und die von mir vorausgesehenen klimatischen Verbesserungen eintreten, im anderen Falle ernährt er nur drei Milliarden.«(24)

Fourier sah also bereits die Möglichkeit, daß durch verbesserte Produktionsbedingungen, nämlich Gemeinschaftsproduktion, in seinen Phalanxen auch mehr Menschen ernährt werden könnten, gleichzeitig bezifferte er aber ein Limit der Populationsvermehrung auf diesem Planeten. Und er brachte wie immer eines seiner phantasievollen Vorbeugerezepte gegen ein solches Übel, nämlich eine komplizierte Theorie, auf welche Weise den Frauen erspart werden sollte, ständig Kinder zu kriegen. Es mag auch an Marx' Prüderie gelegen haben, daß er sich auf ein solches Thema nicht einließ bzw. das sexuelle Problem von sich wegschob.

Engels dagegen war der Ansicht, daß im Sozialismus die Gesellschaft für alle Kinder gleich sorgen würde, für eheliche und uneheliche.

»Damit fällt die Sorge weg wegen der Folgen, die heute das wesentlichste gesellschaftliche – moralische und ökonomische – Moment bildet, das die rücksichtslose Hingabe eines Mädchens an den geliebten Mann verhindert.«(25)

Die Formulierung »rücksichtslose Hingabe des Mädchens« deutet nicht auf die rücksichtslose Erfüllung weiblicher Wünsche im Sozialismus, sondern eher auf die Erfüllung von Männerträumen. Auch in der sozialistischen Gesellschaft können die Folgen der Frau nicht gleichgültig sein. Ein Zustand der permanenten Abfolge von Schwangerschaft und Geburt dürfte, unabhängig davon, ob eine Gesellschaft die Kinderbetreuung übernimmt oder nicht, niemals die Erfüllung weiblicher Sexualwünsche gewesen sein.

Hätte Marx den Selbstverwirklichungsanspruch seiner Frau ebenso ernst genommen wie seinen eigenen, dann hätte er sich mit diesem Thema besonders auseinandersetzen müssen. Er, der sich des öfteren bei Engels darüber beklagte, daß er wegen der häuslichen Verhältnisse und der »Tränenbäche« seiner Frau nicht arbeiten könne, interessierte sich nicht konkret für eine Abhilfe. Jenny Marx war in den ersten Jahren dieser Ehe dazu verdammt, ein Kind nach dem anderen zu gebären, die unter den Lebensumständen eines Revolutionärs kaum Chancen hatten zu überleben. Am 8. Juli 1857 schrieb er an Engels:

»Meine Frau ist endlich niedergekommen. Das Child jedoch nicht lebensfähig, starb gleich. Dies an und für sich kein Unglück. Jedoch teils Umstände unmittelbar damit verbunden, die furchtbaren Eindruck auf meine Phantasie gemacht; teils Umstände, die dieses Resultat herbeiführten, so beschaffen, daß die Rückerinnerung qualvoll. Brieflich nicht tubar, auf solche Materie einzugehen.«(26)

1851, bei der Geburt der Tochter Franziska, die nur kurze Zeit lebte, schreibt er an Engels:

»Meine Frau ist leider von einem Mädchen und nicht von einem garçon entbunden.«(27)

Als es 1855 wieder ein Mädchen ist, schreibt er Engels in ein paar Zeilen, daß seine Frau zwischen 6 und 7 Uhr morgens entbunden worden sei,

»leider of the sex par excellence«.

Das »leider« kommentiert er dann:

»wäre es ein männliches Wesen, so ginge die Sache schon eher«.(28)

Es handelte sich um die Geburt seiner späteren Lieblingstochter Eleanor, genannt Tussy. Männliche Enkel dagegen begrüßt er mit,

> »Vivat, der kleine Weltbürger. Il faut peupler le monde des garçons«.

1881 schreibt er seiner Tochter Jenny zur Geburt eines Kindes nicht gerade taktvoll, er seinerseits ziehe das männliche Geschlecht bei Kindern vor.(29)

Die rücksichtslose intellektuelle Selbstverwirklichung von Marx, der intellektuelle Mehrwert, den er produzierte, ging zu Lasten seiner Frau Jenny. Die Überidentifizierung mit dem Werk ihres Mannes war wahrscheinlich die einzig mögliche psychologische Reaktion auf ihre Lebensumstände. Sie war seine Sekretärin, sein intellektueller Partner war Engels. Jenny Marx war auf intellektuellem Gebiet ihrem Mann gegenüber kritiklos, dafür tolerierte er ihre Auffassungen von Sitte und Moral. Engels Gefährtin, eine Arbeitertochter, wird von Jenny Marx nicht akzeptiert, weil sie in freier Verbindung mit Engels lebte. Die Familienrollen der Marxschen Familie sind ganz nach bürgerlicher Vorstellung verteilt. Dem Gelehrtentum des Hausvaters Marx steht ein inneres Matriarchat gegenüber. In allen Biographien über Marx wird das häusliche Regiment der beiden Frauen Jenny und Helene Demuth erwähnt, deren Anordnungen sich Marx widerspruchslos wie ein Lamm fügte. Der Briefwechsel mit Engels zeigt außerdem die ganze männliche Unfähigkeit, einander persönliche Empfindungen mitzuteilen und auch über innere Probleme miteinander zu kommunizieren. Sie halten sich gegenseitig auf dem laufenden über die Tagesereignisse, verständigen sich über Artikel und Intrigen, sie berichten über ihre Gesundheit und ihre Finanzen, und artig läßt Engels am Schluß seiner Briefe Frau Marx grüßen.

Friedrich Engels hält Sexualität, Gefühl und Geist in seinem Leben scharf getrennt, wie Goethe, der die Blumenarbeiterin Christiane Vulpius heiratete, und wie Heinrich Heine, dessen letzte Geliebte nicht darüber aufgeklärt war, mit welchem Mann sie eigentlich zusammenlebte. Engels Gefährtin, die Arbeitertochter Lizzie Burns, konnte weder lesen noch schreiben. Dafür, daß er seine jahrelange Geliebte von ihrem Analphabetentum befreit hätte, finden sich keine Hinweise.

Opfer einer solchen Einstellung, die die Ausbildung von Frauen für nebensächlich hielt, wurden die drei Töchter von Marx. Wäre einer seiner Söhne am Leben geblieben, hätte er vermutlich versucht, eine andere Ausbildung für ihn zu ermöglichen. In einer Zeit, in der nacheinander in einer Reihe von europäischen Ländern die Universitäten für Frauen zugänglich werden (Frankreich 1863, Italien und Belgien 1876), hat Marx niemals daran gedacht, seinen Töchtern eine praktische berufliche oder akademische Ausbildung zu geben. Eine systematische Ausbildung hätte sie befähigen können, die ganze theoretische Basis, die ihr Vater für die Revolution legte, besser zu verstehen und weiter auszubauen.
Das Leben der Marxschen Töchter wurde eine einzige »Frauenfrage«. Ihr Leben war voll von den Problemen, die Marx ausgespart hatte. Die älteste Tochter Jenny, ein reines Arbeitstier, verheiratete sich mit einem selbstherrlichen Faulenzer, der seine Frau zur Köchin und Gebärerin machte. Sie erschöpfte sich in Geburten. Die jüngste Tochter Eleanor wurde ein Opfer jener Propaganda von der freien Verbindung, die das Geschlechterverhältnis auf eine höhere Ebene heben sollte. Edward Aveling, der Mann, mit dem sie 15 Jahre verbrachte, lebte hauptsächlich von ihrem Verdienst. Später verbrauchte er das Erbe von Engels, das dieser Eleanor hinterlassen hatte. Offenbar erpreßte er von Eleanor auch Geld durch die Drohung, etwas über den nichtehelichen Sohn von Karl Marx (Freddy Demuth) bekanntzumachen.(30) Als sie zwei Jahre, nachdem er eine junge Schauspielerin geheiratet hatte, von dieser heimlichen Eheschließung erfuhr, kam es zur Katastrophe.
Ihr Biograph Chushichi Tsuzuki schreibt:

> »Eleanor hatte geglaubt und ihren Freunden erzählt, daß ihre Verbindung mit Aveling eine wirkliche Ehe sei, ›genausogut, wie wenn ein Dutzend Standesbeamte sie getraut hätten‹. Sie hatte fest zu ihrer Überzeugung gestanden, und nun, am Ende all ihrer Mühsal und Selbstopfer, fand sie sich auch nur als die Geliebte eines verheirateten Mannes wieder.«(31)

Es scheint nicht ausgeschlossen, daß Aveling selbst nach dieser schockierenden Eröffnung den Zettel an den Apotheker schrieb, durch den sie das Chloroform und die Säure für ihren Selbstmord anforderte (1898).

Zusammen mit Edward Aveling hatte Eleanor Marx eine Broschüre verfaßt, in der sie den Engländern August Bebels Buch »Die Frau und der Sozialismus« nahebringen wollte. Darin geben beide die Vorstellung von der Liebe im Sozialismus wieder. Sie schreiben:

> »Ebenso wenig wird es die entsetzliche Maskerade, die fortwährende Lüge geben, die das Eheleben in beinahe jedem englischen Haus zu einer organisierten Heuchelei macht ... Mann und Frau werden in der Lage sein, wozu heute wenige fähig sind, – einander in die Augen und in die Herzen zu sehen. Wir selbst glauben, daß das Treueverhältnis zwischen einem Mann und einer Frau für alle das beste sein wird, und daß jeder von beiden in den Augen des anderen, dem Spiegel ihrer Herzen, sein eigenes Bild wiederfindet.«(32)

Das Herrschaftsverhältnis des proletarischen Mannes gegenüber seiner Ehefrau wird von Marx und Engels bestritten, weil der Arbeiter kein Privateigentum besitzt, das die Herrschaft über die Reproduktionsfähigkeit der Frau zu seinem Interesse mache wie bei dem Ehemann der Bourgeoisie. Männer und Frauen der Proletarierklasse seien im Eheentschluß ebenso frei wie bei der Trennung der Ehe. Einen Interessengegensatz von Mann und Frau in der Proletarierklasse erkennen sie nur zwischen Arbeiter und Arbeiterin an. An den wenigen Stellen, wo Marx überhaupt Frauen gesondert erwähnt, heißt es immer dazu, daß die billigere Weiber- und Kinderarbeit die des Mannes verdränge:

> »Je weniger die Handarbeit Geschicklichkeit und Kraftäußerung erheischt, das heißt je mehr die moderne Industrie sich entwickelt, desto mehr wird die Arbeit der Männer durch die der Weiber und Kinder verdrängt. Geschlechts- und Altersunterschiede haben keine gesellschaftliche Geltung mehr für die Arbeiterklasse. Es gibt nur noch Arbeitsinstrumente, die je nach Alter und Geschlecht verschiedene Kosten machen.«(33)

Nie durchbricht Marx die männliche Wahrnehmungsschablone. Nur von der Perspektive des Mannes aus kann es sich bei den Frauenarbeitsplätzen um eine Verdrängung des Mannes handeln. Daß Männer den Frauen Arbeitsplätze wegnahmen bzw. daß Frauen zu irgendwelchen besseren Arbeiten gar nicht zugelassen waren, wird von Marx nie verdeutlicht. Ein großer Teil dieser Frauen, verwitwete, ledige oder verlassene Mütter mußten darüber hinaus ihre Kinder allein ernähren. Im Unterschied zur bürgerlichen Ehe, in der die Frau Produktionsinstrument für männliche Erben war und im Scheidungsfall die Kinder vom Vater beansprucht wurden, war es in der proletarischen Familie stets umgekehrt. Die Kinder verblieben der Mutter, wenn sie der Mann verließ. Dieser Tatsache wurde in der marxistischen Familientheorie keinerlei Beachtung geschenkt. Kinder waren in der proletarischen Familie für den Mann eine ökonomische Last ohne Nutzen. Die ganze frühkapitalistische Gesellschaft baute zuversichtlich darauf, daß die proletarische Mutter ihre Kinder nicht einfach ihrem Schicksal überließ; daß sie sich nicht so leicht wie der Mann dem Trinken ergab; daß sie in einer Situation grenzenloser Ausbeutung, in der viele Väter einfach auf- und davongingen, ihre sozialen Instinkte bewahrte. Dieselbe Entwicklung wiederholt sich heute in großem Ausmaß in den Ländern der dritten Welt, besonders in den lateinamerikanischen Ländern und in der Karibik, wo zwischen 20 bis 70 Prozent der Mütter unverheiratet sind und allein ihre Kinder aufziehen müssen.(34)

Auch von der großen Antialkoholbewegung ihrer Zeit, die zumeist von Frauen organisiert wurde, nahmen Marx und Engels keine Notiz, obwohl der proletarische Alkoholismus die Organisation der Arbeiterschaft behinderte. Statt dessen versuchten sie, aus dem männlichen Proletarier aufgrund seiner ökonomischen Ausbeutung einen Unschuldsengel gegenüber seiner Frau und seinen Kindern zu machen.

> »Der Proletarier ist eigentumslos; sein Verhältnis zu Weib und Kindern hat nichts mehr gemein mit dem bürgerlichen Familienverhältnis ...«(35).

Fast 40 Jahre später drückt Friedrich Engels in seinem Buch »Der Ursprung der Familie, des Privateigentums und des Staats« immer noch dieselbe Idee aus:

> »Wirkliche Regel im Verhältnis zur Frau wird die Geschlechtsliebe und kann es nur werden unter den unterdrückten Klassen, also heutzutage im Proletariat – ob dies Verhältnis nun ein offiziell konzessioniertes oder nicht. Hier sind aber auch alle Grundlagen der klassischen Monogamie beseitigt. Hier fehlt alles Eigentum, zu dessen Bewahrung und Vererbung ja gerade die Monogamie und die Männerherrschaft geschaffen wurden, und hier fehlt damit auch jeder Antrieb, die Männerherrschaft geltend zu machen.«(36)

In der Proletarierehe fallen alle Gegensätze zwischen Mann und Frau fort. Engels fährt fort:

> »Und vollends seitdem die große Industrie die Frau aus dem Hause auf den Arbeitsmarkt und in die Fabrik versetzt hat, und sie oft genug zur Ernährerin der Familie macht, ist dem letzten Rest der Männerherrschaft in der Proletarierwohnung aller Boden entzogen – es sei denn etwa noch ein Stück der seit Einführung der Monogamie eingerissenen Brutalität gegen Frauen.«(37)

Ein kleiner Makel an der Proletarierehe wird also zugegeben, aber gleich wieder auf eine Institution abgeschoben, die böse Monogamie. Wieso diese in ursächlichem Zusammenhang mit der Brutalität des Proletariers steht, läßt Engels offen. In der guten proletarischen Geschlechterbeziehung

> «spielen auch die ewigen Begleiter der Monogamie, Hetärismus und Ehebruch, nur eine fast verschwindende Rolle . . .«

Engels schließt:

> »Kurz, die Proletarierehe ist monogam im etymologischen Sinne des Wortes, aber durchaus nicht in seinem historischen Sinn.«(38)

Es bleibt ein Rätsel, wie der Mann, der in seiner Jugend den »Bericht über die Lage der arbeitenden Klassen in England« verfaßt hat, zu solch schönfärberischen Behauptungen kam. Er hätte doch vor allem wissen müssen, daß die unerträgliche Ausbeutung des Arbeiters nicht in ein ideales, gutmütiges und gleichberechtigtes Familienleben umschlug, daß der Klassengegensatz am härtesten die Proletarierin traf. Vergleichen wir mit der idealisierten Darstellung Engels' die damalige Wirklichkeit der Proletarierfamilie.

In ihrer anonym veröffentlichten Kindheitsbeschreibung berichtet eine Arbeiterin, die mit Bebel und Engels persönlich gut bekannt war:

»Ich erinnere mich an kein zärtliches Wort, an keine Liebkosung, sondern nur an die Angst, die ich in einer Ecke oder unter dem Bett verkrochen, ausstand, wenn es eine häusliche Szene gab, wenn mein Vater zu wenig Geld nach Hause brachte und die Mutter ihm Vorwürfe machte. Mein Vater war jähzornig, er schlug dann die Mutter, die oft nur halb angekleidet fliehen mußte, um sich bei den Nachbarn zu verbergen ... Solche Szenen kehrten fast jeden Monat und auch früher wieder. Mein ganzes Herz hing an der Mutter; vor dem Vater hatte ich eine unbezwingliche Scheu und ich erinnere mich nicht, ihn je angeredet zu haben, oder von ihm angesprochen worden zu sein. Es ärgerte ihn, daß ich, das einzige Mädchen unter fünf am Leben gebliebenen Kindern, dunkle Augen wie meine Mutter hatte.«(39)

Auch im »Kapital« geht Karl Marx nur oberflächlich auf die ökonomische Lage der Frauen ein. Er erwähnt einen Zeitungsbericht über den Tod einer Putzmacherein, die in einer Hofputzmanufaktur beschäftigt wurde und 26½ Stunden ohne Pause in der Hochsaison arbeiten mußte. An anderer Stelle zitiert er ausführlich aus den Berichten der britischen Fabrikinspektoren.

»Was denken die Minenarbeiter von Beschäftigung von Weibern bei Bergwerken? Sie verdammen sie allgemein. Die befragten Minenarbeiter sind gegen die Beschäftigung auch von Witwen unter Tage. Die Arbeit ist schmutzig, körperlich viel zu anstrengend für Frauen. Viele der Mädchen heben zehn Tonnen per Tag.«(40)

Aber das Mißfallen der Minenarbeiter an der Beschäftigung der Frauen im Bergwerk rührt nicht allein aus dem Abscheu über die brutalen Arbeitsbedingungen. Marx zitiert ihre Antworten.

»Wir, Minenarbeiter, haben zu viel Respekt für das schöne Geschlecht, um es zur Kohlengrube verdammt zu sehen ...«

Die nächste Frage lautet:

> »Glaubt ihr, daß die in den Bergwerken beschäftigten Arbeiterinnen unmoralischer sind als die in den Fabriken beschäftigten? – Der Prozentsatz der schlechten ist größer als unter den Fabrikmädchen.«(41)

Marx empört sich nicht etwa über das Moralisieren der Arbeiter, die hier in die ökonomische Frage die herrschende Sexualmoral einbringen, sondern schließt sich an einigen Stellen den Klagen über die geringe Moralität der Arbeiterinnen an. Die wichtigste Aussage, die Marx zur Frauenarbeit macht, steht im »Kapital«.

> »So furchtbar und ekelhaft nun die Auflösung des alten Familienwesens innerhalb des kapitalistischen Systems erscheint, so schafft nichts desto weniger die Großindustrie mit der entscheidenden Rolle, die sie den Weibern, jungen Personen und Kindern beiderlei Geschlechts in gesellschaftlich organisierten Produktionsprozessen jenseits der Sphäre des Hauswesens zuweist, die neue ökonomische Grundlage für eine höhere Form der Familie und des Verhältnisses beider Geschlechter.«(42)

Die Aufhebung des Privateigentums, die Abschaffung des Produktionsprozesses in seiner »naturwüchsig brutalen, kapitalistischen Form« wird die Zusammenarbeit der Geschlechter in der Produktion »zur Quelle humaner Entwicklung umschlagen« lassen.

Das ist das Marx-Zitat, auf dem heute die offizielle Lehre der sozialistischen Staaten beruht. Es läßt viele Fragen offen, zeigt aber, daß Marx und Engels begriffen hatten, daß die Frauenarbeit unvermeidlich war und daß sie sie nicht bekämpften wie die Lassalleaner in Deutschland.

Trotzdem bleibt merkwürdig, daß Marx und Engels, die jeden Entwicklungsschritt der Arbeiterbewegung kritisch begleiteten, sich nicht ausdrücklich gegen die Behandlung der Frauenarbeit durch die Arbeiterbewegung und vor allen Dingen durch die Internationale gewehrt haben. Die deutsche Abteilung der Internationalen Arbeiterassoziation, die 1864 in London gegründet wurde, veröffentlichte 1866 eine Denkschrift, die die Frauenarbeit ablehnte.

> »Schafft Zustände, worin jeder herangereifte Mann ein Weib nehmen, eine durch Arbeit gesicherte Familie grün-

den kann und es wird keines jener armseligen Geschöpfe mehr vorhanden sein, das in der Vereinzelung der Verzweiflung Beute wird, sich an sich selbst und an der Natur versündigt, durch Prostitution und Handel mit lebendigem Menschenfleisch die Zivilisation brandmarkt ... Den Frauen und Müttern gehören die Haus- und Familienarbeiten, die Pflege, Überwachung und erste Erziehung der Kinder ... Die Frau und Mutter soll neben der ernsten öffentlichen und Familienpflicht des Mannes und Vaters die Gemütlichkeit und Poesie des häuslichen Lebens vertreten, Anmut und Schönheit in die gesellschaftlichen Umgangsformen bringen und den Lebensgenuß der Menschheit veredelnd erhöhen.«(43)

Selbst Werner Thönnessen, der zwar den permanenten Antifeminismus in der Arbeiterbewegung durchaus registriert, Marx und Engels jedoch ausspart, wundert sich über diesen Bericht.

»Es ist kaum erklärlich, daß dieses Schreiben von der Internationalen Arbeiterassoziation und unter den Augen von Marx und Engels verfaßt wurde.«(44)

Der andere Führer der Arbeiterbewegung, Ferdinand Lassalle, ist in seinen Schriften niemals auf die Frauenarbeit eingegangen. Die Arbeitervereine, die er 1863 im Allgemeinen Deutschen Arbeiterverein organisierte, hielten jedenfalls nichts von Frauenarbeit und Frauenwahlrecht.
Die weibliche Konkurrenz auf dem Arbeitsmarkt sollten die ersten organisierten Arbeiter in Deutschland ganz im Sinne proletarisch-patriarchalischer Herrschaftsansprüche regeln: Von den Lassalleanern wurde als erstes der Grundsatz aufgestellt: »Die Lage der Frau kann nur verbessert werden durch die Lage des Mannes.« Hedwig Dohm, in deren Haus Lassalle verkehrte, kritisierte den Standpunkt des Allgemeinen Deutschen Arbeitervereins in dieser Frage. Sie zitierte Lassalle:

»Der vierte Stand, in dessen Herzfalten kein Keim einer neuen Bevorrechtigung mehr enthalten ist, ist eben deshalb gleichbedeutend mit dem ganzen Menschengeschlecht. Seine Freiheit ist die Freiheit der Menschheit selbst, seine Herrschaft ist die Herrschaft aller.«

Hedwig Dohm: »Jawohl – aller – mit Ausnahme der größeren Hälfte des Menschengeschlechtes.«(45)

Im Jahr 1869, auf der Konferenz des von Lasalle gegründeten Allgemeinen Arbeitervereins, demonstrierte ein Antrag, der die Abschaffung der Frauenarbeit zum Programmpunkt erheben sollte, deutlich die Einstellung vieler Delegierter. Zwar wurde der Antrag abgelehnt, die Forderung nach Einschränkung der Frauen- und Verbot der Kinderarbeit wurde jedoch weiter aufrechterhalten. Selbst die gemäßigte Luise Otto-Peters empörte sich gegen die Beschlüsse der sozialdemokratischen Partei, die ausschließlich auf den männlichen Arbeiter bezogen waren. Sie wurde deutlich:

»Aber die ökonomische Abhängigkeit der Frau vom Mann bleibt bestehen? Wenn die Arbeiter ihren neuen Volksstaat nur auf die Sklaverei der Frauen gründen können, begehen sie ja dieselbe Ungerechtigkeit an der Menschheit, wie sie in den Sklavenstaaten alter und neuer Zeit herrschte.«

Diese Kritik veröffentlichte sie in ihrer Zeitschrift »Neue Bahnen« 1869.(46) Luise Büchner ging in ihrer Kritik der Eisenacher Parteitagsbeschlüsse noch weiter. Ironisch forderte sie als logische Konsequenz einen Paragraphen 3 des Parteiprogramms, mit dem Inhalt, daß die Hälfte bis zwei Drittel der Frauen als im freien Volksstaat überflüssig sofort nach der Geburt zu töten seien.(47) Aus einer Anekdote, die von Luise Büchner überliefert ist, geht hervor, daß Lassalle von Frauen nichts hielt, die sich zum Thema Arbeiterorganisation äußerten. Als er einmal zu Ludwig Büchner kam, um mit ihm über die Lage zu beratschlagen, erlaubte sich Luise Büchner eine Bemerkung dazu. Gereizt fuhr Lassalle aus der Haut: »Davon verstehen Frauenzimmer nichts!«(48)

Der erste deutsche Sozialist, der die Frauenfrage so wichtig nahm, daß er darüber ein Buch schrieb, war August Bebel. Anfang der sechziger Jahre wurde er in Leipzig durch ihren Mann mit Luise Otto-Peters bekannt. Die Historikerin der deutschen Frauenbewegung dieser Anfangszeit, Margit Twellmann, meint, daß Bebel unter anderem durch diesen Kontakt zu seinem Buch »Die Frau und der Sozialismus« angeregt wurde.(49) Das Buch hat bis heute über 160 Auflagen gehabt und ist in die meisten Weltsprachen übersetzt. Erst nach dem zweiten Weltkrieg wurde es weniger populär, und in der Bundesrepublik erschien keine Neuauflage mehr. Das wenig theoriefreundliche Klima in der Sozialdemokratischen Partei war auch einer Diskussion der Frauenfrage nicht günstig. Bebels Buch bildet zusammen mit dem einige Jahre später erschienenen von Engels den Grundpfeiler des sozialistischen Standpunkts zur Frauenfrage. Bebel hatte es mit den Frauen besonders gut gemeint, daran besteht kein Zweifel. Als das Buch erschien, saß er im Gefängnis, für viele ein Märtyrer. Vielen Frauen erschien es wie das Evangelium; es war eine Schrift, die ihnen zugänglich war, im Gegensatz zu den schwierigen Werken von Marx.

Mit Bebels Schrift hatte die sozialistische Bewegung eine Waffe in der Hand, die der überall stagnierenden Frauenbewegung fehlte. Sein Erscheinen bedeutete auch eine Weichenstellung in der Organisation der Arbeiterinnen, die sich bis dahin als Frauengewerkschaften oder als Frauenvereinigungen organisiert hatten, die den Männergewerkschaften kooperativ angeschlossen waren. Gemischte Organisationen gab es vor allen Dingen im fortschrittlichen Sachsen. Werner Thönnessen schreibt:

> »Die Kampagne, welche von den sozialistischen Frauen gegen die bürgerliche Frauenbewegung wegen ihres Klassencharakters und ihrer Gefühlsphilanthropie geführt wurde, zwang dazu, auch von dem Prinzip der reinen Frauengewerkschaften abzurücken, weil dort die Frau statt der Proletarierin zu Wort käme. Das Frauliche oder Weibliche, das dort kultiviert wurde, verhöhnten die Sozialisten als bürgerliche Ideologie, woran gewiß die Furcht vor der Konkurrenz bürgerlicher Frauenorganisationen nicht unbeteiligt war.«(50)

Die Überzeugungskraft, die von Bebels Buch ausging, beruhte auf der großen Anstrengung und Ernsthaftigkeit des Verfassers. Bis dahin hatte noch kein Mann so ausführlich den Frauen recht gegeben. Bebel war der erste, der ihnen in populärer Form die Vorherrschaft in vorgeschichtlicher Zeit attestierte. Bachofen und Morgan waren Unbekannte. Er zeigte den Frauen als erster, daß ihre Rechtlosigkeit und das typisch weibliche Schicksal historisch bedingt und nur zu erklären seien, wenn man die Frauenunterdrückung in einen Zusammenhang mit der ganzen sozialen und ökonomischen Entwicklung der Menschheit stellte. Diese Einbettung in eine universale Welterklärung unterschied Bebels Buch von John Stuart Mills »Die Hörigkeit der Frau«, das zwar eine differenziertere Psychologie der Mann-Frau-Beziehung bot, aber keine so eindringliche Zusammenschau von Vergangenheit und Zukunft enthielt wie das von Bebel.

Da Karl Marx sich wenig mit der Frauenfrage beschäftigt hatte, übernahmen es nun in der Weiterentwicklung der Theorie Bebel und Engels, die Lücke im marxistischen Menschenbild zu füllen und den Zusammenhang zwischen der Entstehung des Privateigentums, der Familienstruktur und der Rolle der Frau nachträglich herzustellen. Bebel und Engels lieferten dabei ein Musterbeispiel dafür, wie Frauen zu Lückenbüßerinnen politischer, soziologischer oder philosophischer Theorien werden können. Ihre Existenz muß miterklärt werden, und sei es auch als nachträgliche Einfügung in eine sich sonst für umfassend und geschlossen haltende Theorie.

»Frau und Arbeiter haben gemein, Unterdrückte zu sein.«(51) Dieser Satz von Bebel, mit dem er beginnt, ist ohne seinen Zweck nicht verständlich. Er soll eine politische Allianz stiften zwischen Frauen und Arbeitern und die Frauenfrage mit der sozialen Frage verbinden. Aber er besteht aus einem Vergleich von Unvergleichbarem. Bebel führt die Theorie von Marx und Engels hier fort. Arbeiter ist die Definition eines Menschen aufgrund seiner Stellung in der Produktion, seiner Herkunft, beides Merkmale einer Klasse. Die Quelle der Unterdrückung des Arbeiters liegt im kapitalistischen System, im Verhalten des Kapitalisten ihm gegenüber. Frau ist der weibliche Mensch. Da Frauen zum großen Teil ebenfalls Arbeiterinnen sind, würde es genügen, wenn es hieße, weibliche und männliche Arbeiter sind Unterdrückte. Diese Aussage jedoch will Bebel nicht machen. Indem Bebel Frau und Arbeiter gegenüberstellt, vermittelt er die Vorstellung, daß das Maß der Unterdrückung für Frauen und Arbeiter gleich ist. Außerdem suggeriert er, in Fortsetzung der Thesen von Marx und Engels, daß Frauen und Arbeiter insgesamt nur einen einzigen Unterdrücker besitzen, den Kapitalisten.

Hier berühren sich bürgerliche Soziologen mit den Sozialisten. Bebel steht mit seinem Vergleich von Frauen und Arbeitern am Anfang einer langen Reihe von Soziologen, die ein primäres anthropologisches Merkmal, nämlich das Geschlecht, mit sekundären soziologischen Merkmalen in einen direkten Vergleich bringen bzw. in eine Gruppierung, als ob das Merkmal Frau vergleichbar sei mit dem Berufsstand oder mit dem Klassenstatus. In vielen soziologischen Lehrbüchern von heute werden Frauen als »Gruppe« eingestuft, in einer Reihenfolge mit Jugendlichen oder Vertriebenen aufgeführt (die ihrerseits als Gruppen ja weibliche Mitglieder enthalten), als ob all diese sekundären soziologischen Kategorien nicht zugleich auch Frauen einschlössen. Analog dazu geht aus dem Klassenbegriff der Marxisten nicht klar hervor, daß an der Spitze der Gesellschaft, an der Spitze der Klasse der Kapitalisten ein Mann steht, und schon gar nicht, daß sich an der Basis der gesellschaftlichen Pyramide immer Frauen befinden. Es ist das Merkmal Frau, das sie dort unten placiert. Klassenmerkmal plus Geschlechtsmerkmal machen sie zu dem niedrigsten und benachteiligtesten Wesen der Gesellschaft.

Würde das marxistische Denkmodell zugeben, daß das weibliche Subproletariat sich auf sich selbst besinnen oder das ganze weibliche Geschlecht sich zu einer Klasse formieren könnte, dann wäre damit eine dritte Kraft im Spiel, die das ganze Gesellschaftsmodell sprengen würde, denn der Antagonismus, der revolutionäre Transformationsmechanismus ergibt sich nur aus der ökonomischen Entwicklung, der Entfaltung der Produktivkräfte und der Verelendung, die sie durch die Spaltung in eine reiche und arme Klasse in Gang setzen. Ein weiterer ökonomischer Widerspruch, nämlich der zwischen Männern und Frauen, hat daher keinen Raum, und andere, nichtökonomische Widersprüche scheidet das Modell von vornherein als Triebkraft des sozialen Geschehens aus.

Gleich auf der ersten Seite stellt Bebel folgende Ungleichartigkeit von Mann und Frau fest.

> »Soviel Gleichartiges aber in der Stellung der Frau und des Arbeiters sich nachweisen läßt, die Frau hat gegenüber dem Arbeiter das eine voraus: Sie ist das erste menschliche

> Wesen, das in Knechtschaft kam. Die Frau wurde Sklavin, ehe der Sklave existierte.«(52)

Sklavin sein impliziert aber in dieser Theorie einen ökonomischen Widerspruch zur herrschenden Klasse. Danach wäre die Bildung eines Klassenbewußtseins bei den Frauen und der Klassenkampf gegen die Männer möglich. Denn:

> »Alle soziale Abhängigkeit und Unterdrückung wurzelt in der ökonomischen Abhängigkeit des Unterdrückten vom Unterdrücker. In dieser Lage befindet sich von früher Zeit an die Frau, das zeigt uns die Entwicklung der menschlichen Gesellschaft.«(53)

Was also fehlte der Frau in ihrer geschichtlichen Entwicklung eigentlich zur Klassenbildung, wenn diese Feststellung Bebels zutrifft? Das Problem der Unterdrückung der Frau und ihrer Befreiung ist in dem sozialistischen Modell nicht widerspruchsfrei zu lösen, es sei denn, das Frausein wird als das erste klassenstiftende Element angesehen, und der unterdrückteste Teil im System, nämlich die Frau, die zweifacher Unterdrückung ausgesetzt ist, als Frau und als Arbeiterin, wird als die Anführerin des Klassenkampfes betrachtet. Damit würde die Frauenfrage zur ersten und wichtigsten Frage überhaupt und nicht zu einem Spezialfall der sozialen Frage, wie Bebel meinte. Aus alledem ergibt sich dann folgerichtig, daß die Frauen innerhalb der Emanzipationsbewegung zuallererst organisiert werden müßten und nicht an letzter Stelle, wie es in der Arbeiterbewegung und in allen sozialistischen Organisationen seit eh und je geschah. Daß die Konsequenzen nie gezogen wurden, hat wohl vor allem zwei Gründe:

Erstens würde der Vergleich zu einer anderen Theorie führen müssen, in der die Unterdrückung der Frau einen höheren Stellenwert hat oder anders beschrieben werden muß. Zweitens ist zu vermuten: Denjenigen, die diesen Vergleich der Unterdrückung von Arbeiter und Frau ziehen, kommt es in Wirklichkeit nicht darauf an, die Unterdrückung der Frau abzuschaffen. Bebels Empfehlung an die Frauen war:

> »Die Frau muß, um rascher zum Ziele zu kommen, sich nach Bundesgenossen umsehen, die ihr naturgemäß in der Proletarierbewegung begegnen.«(54)

Bei Engels wirft die Verbindung der Klassen- mit der Frauenfrage noch kompliziertere logische Probleme auf:

> »Der erste Klassengegensatz, der in der Geschichte auftritt, fällt zusammen mit der Entwicklung des Antagonismus von Mann und Weib in der Einzelehe und die erste Klassenunterdrückung mit der des weiblichen Geschlechts durch das männliche.«(55)

Während Bebel die Frau als die erste bezeichnet, die in die Knechtschaft kam, ereignet sich bei Engels die Unterdrükkung der Frau parallel mit der Bildung des ersten Klassenunterschiedes. Frauenunterdrückung und Sklaverei treten gleichzeitig in der Geschichte auf. Weder Bebel noch Engels zeigen jedoch irgendein Interesse an der Frage, wie, ob (oder warum nicht) sich die Frauen in der Geschichte gewehrt bzw. ob sie je den Zusammenfall ihrer Interessen mit denen der versklavten Männer selbst gesehen haben. Dasselbe Interesse, das Marx und Engels in ihren langen historischen Studien zu Emanzipationsbewegungen, Revolutionen und Aufständen zu der Erkenntnis gebracht hatte, daß alle bisherige Geschichte das Ergebnis von Klassenkämpfen war, ließen sie bei der Erforschung von Frauenbewegungen und Teilnahme von Frauen an Klassenkämpfen fehlen.

Um sich mit der Lehre von Karl Marx von einem feministischen Standpunkt kritisch auseinanderzusetzen, muß man zwei in ihr eng verknüpfte Bereiche auseinanderhalten: den ökonomischen Teil, die Arbeits-, Waren- und Werttheorie, die Lehre von der Kapitalzirkulation einerseits, und den soziologischen Teil, seine Klassentheorie andererseits.
Die Absicht einer feministischen Kritik an Karl Marx und seinen Nachfolgern kann nicht darin bestehen, die Grundzüge seiner ökonomischen Theorien und die Beschreibung der Produktionsverhältnisse im Kapitalismus zurückzuweisen, auch dann nicht, wenn manches davon heute revisionsbedürftig ist. Im Gegenteil: Frauen waren in ihrer Eigenschaft als Arbeiterinnen genauso den von Marx erkannten Gesetzen des Kapitalismus unterworfen.
Er hat aber aus seiner ökonomischen Analyse ein soziologisches Schema entwickelt, das lediglich ökonomische Faktoren als konstitutiv für die Einteilung der Gesellschaft in

Klassen anerkannte. In einem solchen Erklärungsmodell hat die Unterdrückung des einen Geschlechts durch das andere keinen eigenständigen Platz. Es verleitete direkt dazu, die Frauenfrage als ein von der Klassenfrage vollkommen abzuleitendes Problem anzusehen.

12. Kapitel

Feminismus und Sozialismus: Das hundertjährige Dilemma

»Ich erkenne nichts an, was nicht andere auch in mir anerkennen. Es gibt keine Freiheit der Männer, wenn es nicht eine Freiheit der Frauen gibt. Wenn eine Frau ihren Willen nicht zur Geltung bringen darf, warum soll es der Mann dürfen. Hat jede Frau gesetzmäßig einen Tyrannen, so läßt mich die Tyrannei kalt, die Männer von ihresgleichen erfahren. Einen Tyrannen für den anderen.«
Hedwig Dohm

»In der Arbeiterklasse, der Trägerin einer hoffnungsreichen Zukunft, setzt sich die Veränderung am schärfsten durch, und ihr ist es darum vorbehalten, auch die Frauenfrage, welche ein notwendiger Bestandteil der Arbeiterfrage ist, zu einer glücklichen Lösung zu bringen. Sie hat deshalb, unbeschadet der Rücksicht auf die aus dem Geschlechtsverhältnis sich ergebenden, natürlichen Unterschiede, die schöne Aufgabe, die Ausnahmegesetze zu beseitigen, welche die gesellschaftliche und politische Gleichstellung des Weibes mit dem Manne noch verhindern.«
Erläuterungen zum Erfurter Programm 1891

»Wäre ich doch ein Mann, wiederholte ich immer wieder. Daß ich auch als Mädchen in der sozialistischen Bewegung oder im politischen Leben überhaupt etwas leisten könnte, wußte ich damals noch nicht. Nie hörte oder las ich von Frauen in Versammlungen, und auch alle Aufforderungen meiner Zeitung waren immer nur an die Arbeiter, an die Männer gerichtet.«(1)

Das schreibt die anonyme Verfasserin der »Jugendgeschichte einer Arbeiterin«. Von Kindheit an war sie zu zehn- oder mehrstündiger Arbeit am Tag gezwungen. Durch einen Zufall geriet ihr einmal eine sozialdemokratische Zeitung in die Hand, die sie von da an regelmäßig kaufte. Ihr Inhalt wurde eine Offenbarung für sie, und sie versuchte, das, was sie gelesen hatte, an ihrem Arbeitsplatz in der Fabrik den anderen Frauen zu vermitteln. Dennoch konnte sie über lange Zeit nicht auf sich beziehen, was in ihrer Zeitung stand:

»Von der Frauenfrage hatte ich noch immer keine Ahnung. Darüber stand nichts in der Zeitung, und eine andere Presse als die sozialdemokratische las ich nicht mehr. Ich kannte auch keine Frau, die sich für Politik interessiert hätte. Ich galt als eine Ausnahme und betrachtete mich selber als solche. Die soziale Frage, wie ich sie damals verstand, hielt ich für eine Männerfrage und die Politik ebenfalls für eine Sache der Männer. Nur hätte ich gerne ein Mann sein mögen, um auch ein Anrecht auf die Beschäftigung mit der Politik zu haben. Daß die Sozialdemokraten den Frauen die Gleichberechtigung mit dem Manne erkämpfen wollen, erfuhr ich zum ersten Mal, als ich gelegentlich eines Parteitages das sozialdemokratische Programm las. Wie aber Frauen selbst an den Parteibestrebungen mitarbeiten könnten, wußte ich noch nicht.«(2)

Als sie ihre zweite Versammlung besuchte, lange Zeit nachdem sie die erste sozialdemokratische Zeitung gekauft hatte, sprach der Redner über Klassengegensätze.

»In mir drängte alles hin zu rufen: Das weiß ich auch, das kann ich auch erzählen! Aber noch wagte ich kein Wort, nicht einmal den Mut hatte ich, Beifall zu spenden. Das hielt ich für unweiblich und nur den Männern zukommend. Auch wurde in den Versammlungen nur für Männer gesprochen. Keiner der Redner wendete sich auch an die Frauen, die allerdings nur sehr vereinzelt anwesend waren. Aber es schien alles nur Männerleid und Männerelend zu sein. Ich empfand es schmerzlich, daß man über die Arbeiterinnen nicht sprach, daß man sich nicht auch an sie wandte und zum Kampfe aufrief.«(3)

Diese Schilderungen belegen eindrücklich den Stellenwert, den die Situation der Frauen für die männlichen Parteigenossen, sozialdemokratische Redakteure und Arbeiterfunktionäre in der Praxis hatte. Klassenbefreiung war für sozialistische Männer hauptsächlich eine Männerbefreiung, die Frauenemanzipation ein Nebenversprechen der geschichtlichen

Entwicklung. Das hat sich in der über hundertjährigen Geschichte der europäischen Arbeiterparteien nie geändert.
1895 gab die deutsche Sozialdemokratin Johanna Loewenherz eine Agitationsschrift mit dem Titel »Wird die Sozialdemokratie den Frauen Wort halten?« heraus. Nur die Sozialisten könnten »der Armut Fluch« und »die Tragik des Geschlechts« beseitigen.

> »In jedem Falle ist des Weibes Platz bei dieser Partei, der die Zukunft gehört. Erstens um mit ihr zur schnelleren Herbeiführung dieser Zukunft gemeinsam zu kämpfen, zweitens um schon jetzt bei dieser Partei seine Sonderinteressen zu vertreten. Dieses Sonderinteresse des Weibes ist: des Mannes Achtung – nur durch Tüchtigkeit wird sie erworben. Das übelste Wollen der Sozialdemokraten ist immer nur Zweifel in das Können der Frau. Das unterscheidet das üble Wollen des Sozialdemokraten von dem üblen Wollen des Kapitalisten, bei dem es Habgier, Herrschsucht und Berliner Nachtcafégelüste bedeutet. Werden des Sozialdemokraten Zweifel in das Können des Weibes zerstreut, wird er freudig ihre Gleichberechtigung anerkennen.«(4)

Was die Sozialdemokratin bei den christlich organisierten Arbeitern des Zentrums beanstandete, nämlich daß diese sich sozusagen durch gute Führung den guten Willen ihrer Arbeitgeber verdienen wollten, wird von dieser Sozialistin unreflektiert als Haltung der Parteifrauen gegenüber den Parteimännern gefordert. Wenn die Frauen erst richtig etwas leisten, dann kommt die Anerkennung der Männer von allein. Daß sie damit die Kriterien für »Können« und die Definition von Leistung nur dem gnädigen, gerechten Urteil der Männer überließ, fiel der Verfasserin nicht auf. Sie forderte:

> »Wir aber, die Frauen, müssen den Anfang machen, nach der Achtung des anderen Geschlechtes zu ringen; denn noch hat der Mann durchaus keine zwingende Veranlassung, etwas nach der unsrigen zu fragen. Noch ist er Souverän, auch der Sozialdemokrat.«(5)

Auffällig ist, daß allen Beteuerungen der Sozialistinnen, die

Arbeiterbewegung und die sozialistische Partei seien die einzigen zukunftsträchtigen Kräfte, die die Unterdrückung der Frau zusammen mit der Unterdrückung des größten Teils der Bevölkerung aufheben würden, immer sofort Klagen nachfolgen. Dieser weibliche Jammer über die Unterdrükkung und das Unverständnis der Männer in der eigenen Organisation begleiten die Geschichte der sozialistischen Parteien, ein monotones Störgeräusch auf dem Weg in die versprochene bessere Zukunft. Werner Thönnessen, der eine Untersuchung über Politik und Literatur der deutschen Sozialdemokratie zur Frauenbewegung im Zeitraum von 1863 bis 1933 anstellte, kommt allerdings zu dem Schluß, daß der »proletarische Antifeminismus« immer nur dann Nahrung bekommen hätte, wenn die Partei in revisionistisches Fahrwasser geraten sei, wie um die Jahrhundertwende, oder wenn sie, wie in den zwanziger Jahren, mehr bürgerlich-reformerische Ziele angestrebt hätte.(6) Diese These läßt sich jedoch kaum belegen. Denn die Frauenfeindlichkeit ist nicht an die jeweilige theoretische Ausrichtung der Partei gebunden. Sowohl die linken wie die rechten Sozialdemokratinnen wurden jeweils von den Männern der Gruppierung, der sie angehörten, diskriminiert. Das traf selbst für Rosa Luxemburg zu, die sich niemals direkt mit der Frauenfrage auseinandersetzte – vielleicht, weil sie die Schmerzlichkeit einer solchen Analyse unbewußt fürchtete. Ausdrücke wie »respektlose Stechmücke« oder »giftige Nudel« kennzeichnen die Einstellung ihrer Genossen gegenüber der kleinen verwachsenen Frau, die sich auf männliches Terrain begab und sich sofort mit Vehemenz an der marxistischen Theoriediskussion beteiligte.(7) Auch sie, die der männlichen Parteielite intellektuell ebenbürtig war, da sie zu den wenigen Parteifrauen gehörte, die eine akademische Ausbildung hatten, stieß auf heftige männliche Kritik, die sich nicht allein aus dem beginnenden Revisionismus-Streit erklären läßt. In einem Brief an August Bebel schrieb sie,

> »sie sei von Anfang an in der deutschen Sozialdemokratie einer seltsamen Aufnahme begegnet«.(8)

Marie Juchacz berichtet, daß Rosa Luxemburgs Redaktionstätigkeit bei der Leipziger Arbeiterzeitung eine Rebellion gegen sie auslöste und ihre Ernennung zum Chefredakteur in der »Leipziger Volkszeitung« auf ähnliche Schwierigkeiten stieß, da man ihr als Frau nicht die gleichen Befugnisse einräumen wollte wie ihrem männlichen Vorgänger.(9)

Anna Blos versuchte 1930 einen Rückblick auf die Anfänge der Frauenorganisation der Partei; auch durch ihr Buch zieht sich wie ein roter Faden das Dilemma von Frauen in einer Männerorganisation:

> ». . . schon auf dem Mainzer Parteitag 1900 wurden Klagen laut, daß die Männer noch rückständig seien und Frauen von der Bewegung fernhielten. Clara Zetkin mußte Luise Zietz in Schutz nehmen gegen Angriffe von Männern, die sie trafen, weil »sie sich auf Triumphzügen ihrer Agitationsreisen durch Deutschland befinde«. Hamburger Genossen erwiderten auf die Beschwerde, daß keine weibliche Delegierte gewählt sei: »Wir haben die Genossinnen Zetkin, Baader und Luxemburg in Hamburger Versammlungen gehört. Schlecht und recht, erster und zweiter Güte, wir haben sie genommen, wie sie waren . . .«(10)

Thönnessens Erklärung, Revisionismus und Antifeminismus seien in der Entwicklung der Partei immer zusammengefallen, gibt ein einseitiges Bild. Einige Revisionisten wie Edmund Fischer forderten nach der Jahrhundertwende in Parteiorganen die Rückkehr der verheirateten Frau in die Familie. Bei der kritischen Betrachtung der Schriften eines berühmten Antirevisionisten und Bundesgenossen von Rosa Luxemburg – Franz Mehring – fällt allerdings auf, daß die treuen Anhänger der Marxschen Geschichtstheorie die Diskriminierung der Frauen ihrer Organisation nur auf andere Weise betrieben als die Familienväter, die der Ansicht waren, ihre Frau gehöre wieder ins Haus. Franz Mehring, der zwar das Verhältnis der Gräfin Hatzfeld zu Lassalle sachlicher darstellt als Golo Mann in seiner deutschen Geschichte, tat dies wahrscheinlich nur, weil ihm Lassalles Würdigung wichtig war. Seine »Geschichte der deutschen Sozialdemokratie«, eines der Standardwerke der sozialistischen Literatur, zeichnet sich dadurch aus, daß die Arbeiterinnenbewegung überhaupt nicht besprochen ist und die Diskussion der

Frauenfrage auf Parteitagen und innerhalb der Parteiorgane gar nicht vorkommt. Ein Vergleich der Parteigeschichtsschreibung zwischen dem Marxisten Franz Mehring und der eher gemäßigten sozialdemokratischen Reichstagsabgeordneten Anna Blos ergibt eine seltsame Inkongruenz. Die Namen der Frauen, die in den siebziger und achtziger Jahren trotz Verfolgung durch den Bismarck-Staat Arbeiterinnen organisierten, fehlen bei Mehring. Eine Frau wie Agnes Wabnitz, die durch Deutschland reiste, um für die sozialdemokratische Arbeiterinnenorganisation zu agitieren, die im Gefängnis in einen Hungerstreik trat und schließlich in die Berliner Klinik Charité in die Abteilung für gemeingefährliche Geisteskranke überführt wurde, gehört bei Mehring nicht zu denen, die die Geschichte der Sozialdemokratie repräsentieren. Als sie nach der Entlassung ihre Agitation fortsetzte und noch einmal zu zehn Monaten Haft verurteilt wurde, machte sie ihrem Leben ein Ende. Am 28. August 1894 vergiftete sie sich auf dem Friedhof der Märzgefallenen im Alter von 52 Jahren.(11) Trotz der beschwörenden Propaganda von der Einheit der Geschlechter in der Sozialdemokratischen Partei wurde der Beitrag der Frauen zum Klassenkampf nicht einmal in die Parteigeschichte wirklich integriert. Statt dessen bescheinigt Mehring den Parteifreunden, daß sie sich bei Aufhebung des Sozialistengesetzes und während der dreimonatigen Regierungszeit des kränklichen Kaisers Friedrich wie »Gentlemen« benommen hätten:

> »Die Sozialdemokratie hat in den 99 Tagen, da Kaiser Friedrich herrschte, eine ernste, männliche und würdige Haltung beobachtet.«(12)

Während der Zeit des Bismarckschen Sozialistengesetzes war eine Menge Arbeiterinnen für die sozialistischen Ideen gewonnen worden. Dafür war auf dem Parteitag 1891 in Erfurt die Forderung nach »allgemeinem, gleichem direktem Wahlrecht mit geheimer Stimmabgabe aller über zwanzig Jahre alten Reichsangehörigen ohne Unterschied des Geschlechts« ins Programm der Partei aufgenommen worden, dazu die Forderung der Abschaffung aller Gesetze, welche die Frau in öffentlicher und privatrechtlicher Beziehung gegenüber dem Manne benachteiligten.

Programm und Praxis klafften jedoch weiterhin auseinander. Schon 1876 hatte Hedwig Dohm die Unglaubwürdigkeit sozialdemokratischer Presseorgane angegriffen, die sich in nichts von den bürgerlichen Hetzkampagnen gegen die Frauenemanzipation unterschieden. Sie kritisierte, daß

> »selbst sozialdemokratische Blätter mit Phrasen, die der ›Kreuzzeitung‹ entlehnt sein könnten, Phrasen von der Sprengung heiliger Familienbande, gegen das Stimmrecht der Frau agitieren. Deutschland ist es vorbehalten gewesen, diese Sozialphilister zu produzieren, diese sittlichen Harlekins, die, mit der einen Hand ihr purpurnes Banner entfaltend, auf dem die strahlendsten Prinzipien reinster Demokratie prunken, mit der anderen Hand die Peitsche schwingen für die Hälfte des Menschengeschlechts.«

Sie schwächte die Attacke dann allerdings etwas ab:

> »Gewiß ist es nur ein kleiner Bruchteil der Socialdemokratie, der mit dieser Prostitution seiner eigenen Prinzipien einverstanden ist. Warum aber desavouirt die große socialistische Partei solche Gesinnungsgenossen nicht und schickt diese Abenteurer der Gedankenwelt dahin, wohin sie gehören, in die Redaktion der Kreuzzeitung oder an ähnliche Orte. Wer die Selbständigkeit der Frau nicht will, wird, zur Macht gelangt, die seiner Mitbürger zerstören.«(13)

Daß die sozialdemokratische Presse 1895 noch genauso misogyn war, geht aus einer Kritik von Johanna Loewenherz am »Vorwärts« hervor, der wieder einmal das Vorrecht der Männer auf Arbeit betont hatte.(14)

In Frankreich hatte der französische Sozialist Viriani eine Veränderung des Eherechts gefordert. Im französischen Eherecht des Code Napoleon war der Ehebruch der Frau immer strafbar, derjenige des Mannes nur, wenn er in der Wohnung des Gatten geschah. Johanna Loewenherz protestiert dagegen, daß die ganze sozialistische Partei Frankreichs sich gegen die Forderung ihres Mitglieds stellte, und daß darüber hinaus eine sozialistische Zeitung Deutschlands (welche, wird nicht genannt) diesen Vorgang so kommentierte,

»daß die Ehebrecher nicht so interessant sind, daß es sich lohne, ihretwegen eine Änderung des Strafgesetzes anzutragen«.(15)

Einen Einblick in die Diskriminierung der Parteifrauen durch die Parteizeitungen gibt auch Lily Braun, die als Tochter eines Generals zunächst in der bürgerlichen Frauenbewegung mitgearbeitet hatte, dann aber zur sozialistischen Partei stieß. Auf einer Frauenversammlung wurde beanstandet, daß die Frauenzeitung der Partei, die von Clara Zetkin geleitete »Gleichheit«, die Organisierung des Zustroms der Arbeiterinnen zur Partei nicht fördere. Lily Braun schreibt in ihrem Schlüsselroman »Memoiren einer Sozialistin«:

»Als ich bemerkte, man möge wenigstens dafür sorgen, daß, als wichtiges Mittel unserer Agitation, die allgemeine Parteipresse der Frauenfrage einen breiten Raum gewähre, lachte alles. ›Da kennen Se unsere Männer schlecht‹, meinte die dicke Frau Wengs neben mir, ›die wollen von uns rein jar nischt wissen.‹ ›Die mehrschten erlooben den Frauen nich, daß se in ne Versammlung jehn oder in 'nen Verein. Daheem sollen se sitzen un Strümpfe stoppen‹, rief eine andere, und ein allgemeines Klagelied über die Männer hub an . . .«(16)

Dieses gespannte Verhältnis der Sozialistinnen zu den Organen der Parteipresse änderte sich nicht. Ende der zwanziger Jahre hatten 63 von 170 sozialdemokratischen Zeitungen in Deutschland Frauenbeilagen, jedoch nur ausnahmsweise unter weiblicher Redaktion. Die Frauenbeilagen wurden nach der Darstellung von Anna Blos von den Genossinnen ständig kritisiert. Marie Juchacz, die führende SPD-Abgeordnete im Reichstag, nannte sie »allgemeine Schuttabladeplätze«, weil Beiträge, die Frauen einschickten, in der Frauenbeilage landeten, wo sie von keinem Mann gelesen würden.
Die Diskriminierung der Frauen bei der Vergabe von Parteifunktionen war ebenso wie heute ständiges Diskussionsthema sozialistischer Frauen. 1895 klagte Johanna Loewenherz über das Fehlen weiblicher Delegierter auf dem Parteitag. Ungezählte Genossen erhielten jahraus, jahrein Gelegenheit, sich zu äußern, daher

»wäre es nur billig, wenn man auch den Frauen als solchen diese Gelegenheit erleichterte und prinzipiell bestimmte, daß die Delegierten halb aus Frauen, halb aus Männern bestehen sollten«.(17)

Lily Braun berichtet über eine Frauenversammlung, in der die ganze Entmutigung und die halbe Kapitulation der Sozialdemokratinnen vor ihren männlichen Parteigenossen zum Ausdruck kommt:

»Wir haben die Gleichberechtigung der Geschlechter auf das Programm geschrieben, wir müssen sie also zuallererst in der eigenen Partei durchführen«, erklärte ich, und selbst die Feindseligsten waren in diesem Gedanken mit mir einig. »Bei den Genossen aber werden Sie damit schön abblitzen!« meinte Martha Bartels. »Bei denen heißt's noch immer, wenn unsereins den Mund auftut: Kusch dich! zu Hause – wie in der Bewegung«, sagte eine andere langjährige Parteigenossin. »Sie wissen, wie wir voriges Jahr behandelt worden sind«, fügte die dicke Frau Wengs hinzu, »als wir auch nur eine einzige von uns in den allgemeinen Versammlungen als Delegierte zum Parteitag wollten aufgestellt haben. Wascht man eure dreckige Wäsche alleene –, sagten uns die Vertrauensleute. So müssen wir eben immer wiederkommen, entgegnete ich. Na – für die schönen Augen von Genossin Brandt tun sie's am Ende, höhnte Martha Bartels. Schließlich beschloß man, noch einen Versuch zu machen, und es gelang auf einer der Parteiversammlungen, zunächst meine Delegation zum Parteitag der Provinz Brandenburg durchzusetzen. Die Freude der Genossinnen über diesen Erfolg war die der Kinder, wenn sie ein neues Spiel beginnen: auf eine Zeitlang war jeder Streit vergessen.«(18)

Diese Schilderung gibt einen Einblick in die Hilflosigkeit der Genossinnen, sich gegenüber dem Parteiapparat durchzusetzen. Das war um so schwieriger, als die zentrale Figur der deutschen Sozialistinnen, Clara Zetkin, jeden Geschlechterkampf als frauenrechtlerisch ablehnte. Selbst schüchterne Emanzipationsversuche der Parteifrauen von den Genossen wurden als Abweichungen von der Klassenkampfstrategie angesehen.

Die deutsche sozialistische Partei war seit den Tagen der französischen Kommune 1870/71 die stärkste in Europa und hatte die ideologische Führungsrolle in der sozialistischen Bewegung übernommen. Diese Schlüsselrolle nutzte Clara Zetkin nicht dazu, um innerhalb der Arbeiterbewegung den Arbeiterinnen so weit wie möglich Autonomie und Handlungsspielräume gegenüber einer bereits mächtigen männlichen Funktionärshierarchie zu erkämpfen und zu behaupten. Damit stellte sie Weichen für die sozialistische Frauenbewegung, die bis heute richtungsbestimmend sind und den ohnmächtigen, satellitenhaften Charakter sozialistischer Frauenorganisationen mitverschuldet haben. Clara Zetkins Ruf als einzige Theoretikerin der Frauenfrage gehört zu den unüberprüften Legenden in der Geschichte des Sozialismus, nicht nur bei denjenigen, die Dogmatismus und grobe Feindbilder mit Theoriequalität gleichsetzen. Sie übernahm die komplette bekannte Argumentation von Marx, Engels und Bebel zur Frauenfrage. Was sie hinzufügte, war nur die unversöhnliche Kampfhaltung gegenüber der bürgerlichen Frauenbewegung. Ohne zu differenzieren, würfelte sie die amerikanischen und englischen Radikalfeministinnen mit konservativen oder konfessionellen Frauenbewegungsorganisationen zusammen. Gelegentlich machen ihre Schriften den Eindruck, als habe sie ihre Lebensaufgabe darin gesehen, die bürgerliche Frauenbewegung als gefährlichsten Teil der Reaktion anzuprangern:

> »Mit dem Kapitalismus schreitet die bürgerliche Frauenbewegung über alle Erdteile ... Sie schleift eine Gefolgschaft von vielen Millionen hinter sich her. Sie umfaßt Bildungsorganisationen, die zu kapitalfrommer Demut erziehen, Genossenschaften, Gewerkschaften, Berufsvereinigungen, die kleine Vorteile verschaffen; Wohltätigkeitsvereine, die als Ketten und Knebel antibürgerlicher Gesinnung und Betätigung wirken. Sie verfügt über raffiniert ausgeklügelte Propaganda- und Agitationsapparate, über viele zehntausend aktive Kräfte. Sie wird aus öffentlichen und privaten Kassen mit reichen materiellen Mitteln bedacht. Der klassische Ausdruck des gegenrevolutionären Wesens der bürgerlichen Frauenbewegung sind die faschistischen Frauenorganisationen in Italien, Polen, Deutsch-

land, den Vereinigten Staaten und anderen Ländern. Kurz, die bürgerliche Frauenbewegung ist eine ernste, gefährliche Macht der Gegenrevolution. Mit ihr kann, darf es keinen Kompromiß, keine Bundesgenossenschaft geben, sie muß geschlagen werden, damit die proletarische Weltrevolution siege.«(19)

Zu dem Zeitpunkt in den zwanziger Jahren, als sie dieses dämonische Gemälde von der Verseuchung des Planeten durch die bürgerliche Frauenbewegung entwarf, handelte es sich jedoch nur noch um eine Auseinandersetzung mit einer Leiche. Die bürgerliche Frauenbewegung war im Grunde genommen zu diesem Zeitpunkt tot, und die raffinierten Propagandaapparate mit den Zehntausenden aktiver Kräfte existierten weder in Europa noch in Amerika. Trotzdem machte Clara Zetkin aus Radikalfeministinnen, Pazifistinnen und Faschistinnen unterschiedslos »Kräfte der Gegenrevolution«.
Dieser Kampf gegen Feminismus und Frauenrechtlerinnen war von ihr 1889 unter dem Beifall der europäischen Arbeiterschaft eingeleitet worden durch ihr berühmtes Referat über »Die Arbeiterinnen- und die Frauenfrage der Gegenwart«.
Werner Thönnessen schreibt dazu:

»Mit Clara Zetkins Schrift ist die sozialistische Theorie der Frauenemanzipation vollendet. Die weitere Arbeit der Sozialdemokratie besteht theoretisch in der Präzisierung von Teilfragen und politisch in der Umsetzung der Zetkinschen Prinzipien in Agitation und organisatorische Erfassung der Industriearbeiterinnen. Diese Aufgabe wird, wieder unter maßgeblicher Beteiligung Clara Zetkins, in den folgenden 25 Jahren bis zum Ausbruch des ersten Weltkrieges bewältigt.«(20)

Auf dem Gothaer Parteitag der SPD von 1896 hielt Clara Zetkin das Schlüsselreferat zur Frauenfrage. Hatte Bebel noch eine Frauenfrage anerkannt und in seiner Schrift versucht, die bürgerlichen Frauen zum Anschluß an die sozialistische Bewegung zu gewinnen, so leugnete Clara Zetkin, selbst von bürgerlicher Herkunft, daß proletarische und bürgerliche Frauenbewegung irgend etwas gemeinsam hätten.

Die bürgerliche Frauenbewegung erschöpfe sich darin, einen Kampf gegen die Männer der eigenen Klasse zu führen. Die Proletarierinnen dagegen kämpften nicht gegen die Männer ihrer Klasse, sondern gemeinsam mit ihnen gegen die Herrschaft des Kapitalisten:

> »Deshalb kann der Befreiungskampf der proletarischen Frau nicht ein Kampf sein wie der der bürgerlichen Frau gegen den Mann ihrer Klasse; umgekehrt, es ist der Kampf mit dem Mann ihrer Klasse gegen die Kapitalistenklasse ... Hand in Hand mit dem Mann ihrer Klasse kämpft die proletarische Frau gegen die kapitalistische Gesellschaft.«(21)

Daß Clara Zetkin zu dem Schluß kam, Arbeiterinnen und die Frauen der Bourgeoisie hätten keine gemeinsame Basis für ihren Kampf, war verständlich angesichts der Mehrheitspraxis der damaligen Frauenverbände, die sich häufig genug durch taktlosen Philanthropismus und moralisierende Bevormundung den Zorn der Arbeiterinnen zugezogen hatten.(22) Gleichzeitig zeigten sich aber hier wieder die Lücken der marxistischen Theorie. Denn in ihr gab es genaue Beschreibungen der Männer-, nicht aber der Frauenrollen im Klassenkampf. Engels hatte zwar das Verhältnis von Mann und Frau in der bürgerlichen Ehe definiert und mit dem Verhältnis Bourgeois und Proletarier verglichen. Aber Definitionen, wie sich Frauen, die verschiedenen Klassen angehörten, zu begegnen hatten, bzw. eine Analyse der weiblichen Klassenrollen zueinander, waren ausgespart geblieben, ebenso wie von der marxistischen Theorie die Unterdrückung der Proletarierin durch den Proletarier nicht erfaßt bzw. abgeleugnet wurde.
Die direkte Ausbeutung der Frau durch die Frau im kapitalistischen System fand außerhalb des Produktionsprozesses statt – im Haushalt – und bestand aus einem feudalen Abhängigkeitsverhältnis, das in einer Zeit des Spekulantentums und der brutalen Profitgier durch die kapitalistischen Produktionsverhältnisse noch zum Schlimmeren verändert wurde. Denn auch in verarmten bürgerlichen Haushalten war es sowohl eine Statusfrage wie eine Frage der Arbeitsbewältigung, Personal zu haben.

Obwohl die Abfassung von Gesindeordnungen und Lohnfestsetzungen nicht in die Kompetenz bürgerlicher Hausfrauen fiel, erlaubte ihnen das patriarchalische System, sich wie Sklavenhalterinnen zu benehmen. Der Status der Hausmädchen lag rechtlich noch unter dem der Industriearbeiterin, da ihre Arbeitszeit praktisch unbegrenzt war und ihre Verpflegung häufig nur aus Malzkaffee und Schmalzstullen bestand. Aber Clara Zetkins Theorie der Proletarierinnenbefreiung war ja nicht daran interessiert, erst einmal eine genaue Analyse weiblicher Rollen im kapitalistischen System vorzunehmen. In ihrer pauschalen Ablehnung des Geschlechterkampfes der bürgerlichen Frauen überging sie, daß zumindest ein Teil der Aktivistinnen der bürgerlichen Frauenbewegung ebenfalls eine revolutionäre Umformung der Gesellschaft anstrebte – Frauen, die bewußt ehelos blieben, für ihre Überzeugungen von der Frauenbefreiung ebenso bedenkenlos wie die Sozialistinnen ins Gefängnis gingen (die Mitglieder der englischen und amerikanischen Suffragettenbewegung) – und daß die Klassenschranken zwischen Frauen nicht ganz so unüberwindbar waren, wie sie es darstellte.
Der schwerwiegendste Fehler in Clara Zetkins Analyse lag jedoch darin, daß sie bestimmte Bedingungen der politischen Organisation des Proletariats übersah. Diese bestanden schlicht darin, daß eine starke Arbeiterorganisation immer nur dadurch aufgebaut werden konnte, daß eine sehr viel schwächere Arbeiterinnenorganisation in Kauf genommen wurde. Nur durch die Freistellung von Hausarbeit und Kinderbetreuung konnte es der Arbeiter in der knappen Freizeit, die ihm nach einem Zwölf- oder Zehnstundentag blieb, überhaupt ermöglichen, an den Aufbau seiner Klassenorganisationen (Gewerkschaften, Parteien, Einkaufsgenossenschaften) zu gehen. Das hat sich bis heute nicht geändert. In einem Klassenkampf, wie er Clara Zetkin vorschwebte, in dem die Frage der ungleichen Arbeitsteilung zwischen dem Arbeiter und seiner Frau und zwischen Sohn und Tochter nicht diskutiert, sondern beiseite geschoben wurde, mußten Frauen zwangsläufig immer die Nachhut bilden und konnten nur ein sehr viel geringeres Organisationsniveau als die Männer ihrer Klasse erreichen.

Die Töchter von Karl Marx, Eleanor Marx und Laura Lafargue, waren ebenso wie Clara Zetkin der Meinung, daß es kein Zusammengehen der Sozialistinnen mit bürgerlichen Frauen geben dürfe. Enthusiastisch begrüßte Eleanor Marx die Beschlüsse des zweiten internationalen sozialistischen Arbeiterkongresses zur Frauenfrage, der vom 16. bis 22. August 1891 in Brüssel stattfand. Nachdrücklich habe der Kongreß erklärt:

> »Ein sozialistischer Arbeiterkongreß habe absolut nichts mit der bürgerlichen Bewegung der Frauenrechtlerinnen zu tun. Ebenso wie der Kongreß in der Kriegsfrage die Verschiedenheit betont zwischen der gewöhnlichen bürgerlichen Friedensliga, welche Frieden, Frieden schreit, wo kein Friede ist, und der wirtschaftlichen Friedenspartei – der sozialistischen Partei –, die die Ursachen der Kriege entfernen will, ebenso klar hat der Kongreß betreffs der Frauenfrage die Verschiedenheit betont zwischen der Partei der Frauenrechtlerinnen einerseits, die keinen Klassenkampf anerkennen, sondern nur einen Kampf des Geschlechts; die, zur besitzenden Klasse gehörend, Rechte verlangen, die ein Unrecht sind gegen ihre Schwestern aus der Arbeiterklasse; und der wirklichen Frauenpartei andererseits – der sozialistischen Partei – welche den ökonomischen Ursachen der heute ungünstigen Lage der Arbeiterinnen auf den Grund geht und die Arbeiterinnen auffordert, Hand in Hand mit den Männern ihrer Klasse gemeinsam zu bekämpfen den gemeinsamen Feind: die Männer und Frauen der Kapitalistenklasse.«

Eleanor Marx schlug vor, die Frauen für den Klassenkampf zu schulen und zu organisieren,

> »uns organisieren nicht als Frauen, sondern als Proletarier; nicht als weibliche Konkurrenten unserer arbeitenden Männer, sondern als ihre Kameraden im Kampfe.«(23)

Ihre Schwester Laura wollte aus denselben Gründen keine eigene Frauenpresse in der sozialistischen Bewegung akzeptieren:

> »Ich gestehe freilich, daß ich nicht die Notwendigkeit einsehe, besondere Frauenblätter neben denen der Männer ins Leben zu rufen.«

Auch sie sah getreu den Marx-Engelsschen Feststellungen im

Kommunistischen Manifest das Geschlecht des Arbeiters aufgehoben durch die Ausbeutung des Kapitals. Frauen seien wie Männer geschlechtslose Produktionsinstrumente des Kapitals:

»Frauen, insofern sie überhaupt in unserer Zeit in Betracht kommen, zählen als gangbare Ware oder als Schöpferinnen von Mehrwert. Die Arbeiter sind in derselben Lage.«

Unmittelbar danach freilich kommt auch von Laura Lafargue, die gerade das Geschlechtsmerkmal als unwesentlich bezeichnet hat, die Klage:

»In Frankreich freilich, wenn nicht auch irgendwo anders, gibt es selbst unter den Sozialisten noch Leute, die behaupten – die Frau sei nur für den Haushalt bestimmt. Diese Verurteilung des weiblichen Geschlechts zur lebenslänglichen Zwangsarbeit des Haushalts, zur Rolle der Anges du foyer, der Engel des häuslichen Herdes, wo doch der Kapitalismus diesen häuslichen Herd längst zerstörte, und wo der Sozialismus den Ersatz dieses erloschenen Herdes durch etwas Höheres oder Besseres anstrebt, dies erscheint als der Gipfel des Widersinnes.«

Schließlich versucht sie, den sozialistischen Männern die Teilnahme der Frauen am Kampf durch eine verkleinerte weibliche Rolle in diesem Kampf schmackhaft zu machen.

»Denn bleiben die Frauen ausgeschlossen von der Teilnahme am Kampf gegen das Kapital, so kämpfen die Männer gleichsam nur mit dem einen Arm, sagen wir mit dem rechten, statt mit beiden. Und wenn auch der linke Arm durch lange Vernachlässigung und seltenen Gebrauch geschwächt und gelähmt wurde, er ist trotzdem unerläßlich im Kampf, denn die linke Hand ist es, welche das Herz des Kämpfenden schützt, wenn die rechte den Feind angreift. Im Kampfe ist der Schild so nötig wie das Schwert.«(24)

Die Frau demnach als Schild, der Mann als Schwert der Revolution, der Mann voran, die Frau ihm nach, auch innerhalb der revolutionären Auseinandersetzungen durfte es also nicht zur Aufhebung der Geschlechterrollen kommen.

Es gab jedoch andere Stimmen unter den europäischen Sozialisten, die vor der Idee des Zusammenfalls der Arbeiter- und der Frauenbefreiung warnten und Bedenken anmeldeten. Dazu gehörte der Schweizer Sozialist Dodel:

»Die Frauenfrage ist ein wesentlicher Theil der sozialen Frage überhaupt. Darüber sind alle denkenden Menschenfreunde einerlei Meinung. Dennoch giebt es Freunde der anzustrebenden gerechten Ordnung und Neuschaffung der gesellschaftlichen Zustände, Freunde der sozialen Umwälzung, welche jenem Theil, den wir Frauenfrage nennen, nur untergeordnete Bedeutung beimessen, gleich als ob es sich so ohne weiteres von selbst verstände, daß die Frauenfrage gleichzeitig mit der Arbeiterfrage im engeren Sinne und ohne besondere Mühe gelöst werde, gleichsam nur so nebenher, als eine Art Begleit-Erscheinung, mitlaufend in der Ereignißreihe dieser weltgeschichtlichen Entwicklung.

Ich glaube, daß diese ebenerwähnte Auffassung ein großer Irrthum ist, der unheilvolle Verzögerungen und weittragende Komplikationen nach sich ziehen kann, welche vermieden werden sollten.

Denn der Arbeiter unserer Tage ist trotz aller Aufklärung in sozialen Fragen noch mehrheitlich in dem Irrthum der bürgerlichen Männerwelt befangen, wonach das Weib eigentlich doch etwas Schwächeres, Unvollkommeneres als der Mann bedeute. Es ist sogar denkbar, daß die organisierte Arbeiterschaft für das männliche Proletariat vollständige Befreiung vom Druck des Kapitalismus erkämpft und diesem letzteren sogar den endgültigen Todesstoß versetzt, ohne daß die Befreiung des Weibes dabei vollständig durchgeführt würde. Dann wäre doch offenbar erst die eine Hälfte des Menschengeschlechtes zum menschenwürdigen Dasein gelangt, indeß die andere Hälfte bei der Emanzipation zu kurz gekommen wäre und weiterhin unter dem Fluch der Ungleichheit in Ansehung der Gerechtigkeit zu kämpfen hätte. Es ist ein Gesellschafts-Zustand denkbar, wo der Mann frei, ökonomisch und moralisch frei, sich seines Daseins freuen könnte, indeß sein Weib, seine Mutter, seine Schwester, seine Tochter ebenso unfrei blieben, als sie es heute sind.«(25)

Ähnlich wie Dodel dachte die englische Sozialistin Edith Havelock-Ellis, die zum Zirkel der englischen Sozialreformer um Eleanor Marx und Olive Schreiner gehörte. Edith Havelock-Ellis – verheiratet mit dem Sexualpsychologen Havelock – fand vor allen Dingen in Amerika ein großes Publikum mit ihren Schriften über Pazifismus, Sozialismus und Eherecht. Ihre Vorschläge eines »Ehenoviziats« und einer Mutterschaftsabgabe für jeden erwachsenen Mann brachten ihr bei den Konservativen den Ruf einer Revolutionärin ein, während selbst ihre alte Freundin Pethick-Lawrence, die Mitstreiterin von Emmeline Pankhurst, sie für unbedarft in der Frauenfrage hielt, weil sie den Einsatz von Gewalt im Kampf der Suffragetten ablehnte. Aber Edith Havelock-Ellis war dennoch weitaus realistischer als Eleanor Marx, die eine getrennte Emanzipationsbewegung von Frauen und Männern nicht gelten lassen wollte:

> »Das Arbeitsproblem und die Frauenfrage sind Zwillingsgeschwister. Der Arbeiter ist erwacht, und die Frau ist erwacht, und ihrer beider Probleme sind in vieler Beziehung gleich. Beide müssen die Freiheit erringen und mit ihr die Gleichheit der Chancen. Ich möchte nicht so weit gehen wie Upton Sinclair, der sagt, daß sich Arbeiterbewegung und Frauenbewegung die Hände reichen sollten, um gemeinsam ihre Rechte wirklich zu erobern. Sie müssen jede auf Gerechtigkeit dringen, aber nicht nur für ihre Sache, sondern für die Sache der ganzen Gemeinschaft. Jedoch die Männer, wenigstens die Mehrzahl von ihnen, sind nicht selbständig genug, als daß man ihnen vertrauen dürfte, daß sie nicht die Frauen für die Zwecke der Arbeiter ausnützen könnten.«(26)

Clara Zetkins Theorie der proletarischen Frauenbefreiung zeigte in der deutschen Sozialdemokratie schon bald erste Wirkungen. Gerade weil sie gegensätzliche Interessen von Männern und Frauen innerhalb der Partei praktisch schon als aufgehoben erklärte, fand sie eine so bereitwillige Aufnahme in der Partei. Schon in dem Aufruf zur Teilnahme an dem Parteitag 1892 wurden die Frauen darauf hingewiesen, daß sie ihre soziale Befreiung nicht im Kampf von Geschlecht zu Geschlecht – wie die Frauen der Bourgeoisie –,

sondern auf die einzig zum Ziel führende Weise: durch den Kampf von Klasse zu Klasse erreichen können.
Auch die Angriffe auf ihre Person, Angriffe auf das Geschlechtswesen Clara Zetkin, veranlaßten sie nicht einen einzigen Moment, ihre eigenen Thesen zum Geschlechterverhältnis in der Partei in Frage zu stellen. In der Phase der Vorbereitung des Parteitages von 1892 kam es zu ersten Auseinandersetzungen zwischen den Funktionärinnen und den männlichen Genossen, aus denen hervorging, daß die Zetkinschen Prinzipien nur auf dem Papier stimmten:

> »Die Vertrauensdamen klagten über die dem Prinzip der Gleichberechtigung nicht entsprechende Behandlung durch die Genossen, über deren absprechende, nicht weniger als sozialistische Haltung. Die Gleichberechtigung würde nur in der Theorie, nicht in der Praxis anerkannt ...«(27)

Daraufhin forderten die Genossinnen, daß nur für die Frauenbewegung allein agitiert werde. Die beiden sozialistischen Tageszeitungen »Vorwärts« und »Hamburger Echo« erwiderten auf diesen Vorgang,

> »eine besondere Frauenfrage gebe es in der Partei nicht. Die Frauen kämen nur als Parteiangehörige in Betracht«.(28)

Der Alltag der Genossinnen war so trostlos, daß ihre Gefühle für den Sozialismus an die Stelle der Religiosität traten. Clara Zetkin versuchte deshab das Lebensgefühl der Sozialistinnen ständig zu heroisieren. Sie machte ihnen klar, daß sie »den Enterbten das Evangelium zu verkünden« hätten. Nach Lily Braun, die in Berlin aktiv war, wurden die Funktionärinnen, wenn sie todmüde heimkamen, von ihren betrunkenen Männern mit Schlägen oder zudringlichen Zärtlichkeiten empfangen. Es waren Frauen wie »die kleine dicke Frau Wengs«, die nach dem Parteitag zur Vertrauensperson für ganz Deutschland gewählt worden war. Lily Braun schreibt in ihrem Schlüsselroman:

> »Einmal besuchte ich die kleine dicke Frau Wengs; sie war vor drei Tagen ihres siebten Kindes genesen, und ich fand sie schon wieder hinter dem Waschfaß.«

Diese Frauen, so Lily Braun,

»leisteten das äußerste, was sie leisten konnten; es war nicht ihre Schuld, daß es trotzdem so wenig war«.

Aber sie kritisierte, nicht ganz uneigennützig, daß solche Frauen wie Frau Wengs an die Spitze gestellt wurden:

»War es nicht wie ein Hohn auf die Frauenbewegung, daß sie, die kaum Zeit hatte, eine Zeitung zu lesen, für die das Schreiben eines Briefes eine fast unüberwindliche Aufgabe war, an ihrer Spitze stehen sollte?«(29)

Diese Bemerkung beleuchtet die Spannungen zwischen den gebildeten Parteifrauen, die den Jargon des wissenschaftlichen Sozialismus beherrschten, und denen, deren Befreiung sie forderten. Ob Clara Zetkins pathetischer Tonfall das Lebensgefühl dieser ersten Funktionärinnengeneration traf, scheint fraglich:

»In uns ist die gewaltigste Ideologie lebendig, welche jedes Lebens Not in ihrer Umarmung mit dem Geist stolzer Erhebung gezeugt hat, die zeiten- und weltenumspannende Ideologie des Sozialismus, und sie bewirkt, daß wir sozialistischen Frauen von einer stolzeren Rasse sind als die Königinnen. Königinnen mögen zu Kreuze kriechen, sozialistische Frauen kriechen nicht zu Kreuze!«(30)

In Wirklichkeit war Clara Zetkin die einzige Königin der sozialistischen Frauenbewegung. Es gab in dieser Partei ja niemanden weit und breit, weder Frau noch Mann, der sie auf die Widersprüche ihres Verhaltens hingewiesen hätte. Sie, die einen gesonderten Frauenkampf ablehnte, für die es keine Frauenfrage getrennt von der sozialen Frage gab, war über zwanzig Jahre lang die Leiterin der sozialistischen Frauenzeitung »Die Gleichheit«. Diese »Gleichheit« brachte ihr auf jedem Parteitag heftige Kritik ein. Von den Frauen wurde beanstandet, daß das Blatt zu wenig populär geschrieben und zu wenig verständlich sei. Als Agitationszeitschrift und für die Werbung neuer Mitglieder eigne es sich überhaupt nicht. Clara Zetkin wies alle diese Vorwürfe von sich. Die »Gleichheit« müsse auf der vollen Höhe des wissenschaftlichen Sozialismus stehen und sei eine Zeitschrift, die sich an die bereits geschulten Funktionärinnen wende. Diese Argumentation wirkt angesichts ihrer theoretischen Haltung unglaubwürdig. Wenn sie keine getrennte Frauenfrage gelten ließ, und wenn sie sich nur an Frauen wandte, die bereits mit den sozialistischen Ideen vertraut waren, dann gab sie damit indirekt zu, daß die Frauenfrage nicht in die große Parteipresse zu integrieren war. Die wahrscheinlichste Erklärung dafür ist, daß Clara Zetkin in der »Gleichheit« sich ein auf sie persönlich zugeschnittenes Medium schaffen wollte, das ihre Hausmacht in der Partei darstellte. Ähnlich machte es Luise Kautsky in Wien, die dort die »Arbeiterinnenzeitung« gegründet hatte – entgegen den Bedenken von Laura Lafargue, die eine eigene sozialistische Frauenpresse für überflüssig hielt.

Die Zeitschrift »Die Gleichheit« war ein autoritär von Clara Zetkin geführtes Partei-Organ, das andersdenkenden Frauen keinen Raum zur Äußerung ihrer Meinung bot. Konsequent riegelte Clara Zetkin die Parteifrauen von der Möglichkeit der Diskussion oder einem Zweckbündnis auf Zeit mit dem fortschrittlichen Teil der Frauenbewegung ab. Anna Blos schreibt darüber:

> »Einen scharfen Angriff erfuhr das Referat der Genossin Zetkin von der heute noch lebenden und tätigen Genossin Henriette Fürth in Frankfurt a. M., die sich ausdrücklich als Sozialdemokratin bezeichnete. Sie suchte nachzuweisen, daß viele Forderungen auch von dem radikalen linken Flügel der bürgerlichen Frauenbewegung vertreten würden, und betonte den Standpunkt, daß ›nur revolutionär‹ sein dahin führe, daß man nicht über die engen Schranken des Klassenstandpunkts und der Klasseninteressen hinauskäme. Der Sozialismus müsse sich gegen alle Klassen durchsetzen, müsse versuchen, alle Klassen zu erobern, zu durchdringen, über sie emporzusteigen. Clara Zetkin stellte sich in ihrer Antwort auf den Standpunkt, den sie nie aufgegeben hat, ein Zusammengehen wäre Harmonieduselei.«(31)

Den Kampf der bürgerlichen Frauenbewegung für eine bessere Schulbildung und für das Frauenstudium tat sie ab als »Damenfragen«, obwohl sie selbst zu den ersten Privilegierten gehörte, die eine bessere Schulbildung genossen hatten.

August Bebel war gegenüber der bürgerlichen Frauenbewegung toleranter, er arbeitete ständig die neuen Erfolge dieser

Bewegung, die sie mittlerweile international erreicht hatte, in die Neuauflagen seines Werkes »Die Frau und der Sozialismus« ein. Ausführliche Angaben finden sich über die Zulassung der Frauen zum Studium, zum Wahlrecht und zur Zulassung zum Staatsdienst. August Bebels Behandlung der Frauenfrage zielte darauf ab, unter den bürgerlichen Frauen ein Rekrutierungsreservoir für den Sozialismus zu aktivieren. Von parteistrategischen Gesichtspunkten her gesehen verhielt sich Bebel gegenüber der bürgerlichen Frauenemanzipationsbewegung viel geschickter als Clara Zetkin. Ihre Kompromißlosigkeit gegenüber den Frauen bürgerlicher Herkunft, die über ihre Unterdrückung als Frauen erst zur sozialen Frage kamen, hat sich später in den zwanziger Jahren an der Partei bitter gerächt.

Besonders zeigte sich das in der Zusammensetzung des Reichstages in der Weimarer Republik. Hier waren die sozialdemokratischen Frauen einem doppelten Minderwertigkeitskomplex erlegen, einmal durch ihre zumeist geringere Schulung gegenüber der männlichen Parteielite, zum anderen fühlten sie das Bildungsdefizit, das sie gegenüber den Frauen bürgerlicher Parteien hatten. Marie Juchacz, die Führerin der Frauen der SPD-Fraktion, die erste weibliche Rednerin in einem deutschen Reichstag, zog später das Fazit:

> »Zwar hatte der Krieg vielen von uns die Möglichkeit gegeben, sich an der sozialen und kommunalen Arbeit kräftig zu beteiligen. Gerade darum aber hatten wir erkannt, daß die bürgerliche Frauenbewegung für diese Arbeit viel besser geschult war, denn sie hatte die durchschnittlich bessere Vorbildung und die reicheren materiellen Mittel. Diese Erkenntnis war für uns Sozialistinnen erschütternd.«(32)

Minna Cauer, die Anfang der neunziger Jahre die erste Zeitschrift der radikalen Feministinnen herausgab (»Frauenbewegung«), stellt ihren Standpunkt dem der Sozialistinnen gegenüber:

> »Die Frauenfrage ... ist sicherlich in erster Linie eine wirtschaftliche Frage; soll sie aber das werden und sein, was Bebel selbst als Befreiung der Menschheit bezeichnet,

so muß sie nicht nur diese eine Seite in Angriff nehmen, das heißt die wirtschaftliche, sondern es muß auf der ganzen Linie begonnen werden: staatlich, juristisch, ökonomisch, psychologisch, physiologisch, ethisch und religiös.«

Die Frauenfrage, so ihr Standpunkt, sei klassen- und parteienübergreifend. Sie wehrte auch Kritiken der Sozialistinnen am Frauenstudium ab:

»Es bedarf ebenfalls tüchtig geschulter und studierter Frauen, um an der Lösung dieser Frage wissenschaftlich mitarbeiten zu können, und die von der Sozialdemokratie so oft verhöhnte Damen- d. h. ›Studienfrage‹ ist ein notwendiger Bestandteil der ganzen Bewegung, allerdings durchaus nicht der wesentlichste.«(33)

In ihren Memoiren, die sie während der Zeit des Nationalsozialismus im Exil schrieben, geben die beiden engagiertesten Frauen des linken Flügels, Lida Gustava Heymann und Anita Augspurg, Auskunft darüber, was sie davon abhielt, sich der sozialistischen Partei anzuschließen. Die Sozialdemokratinnen hätten die Frauenbewegung bewußt abgelehnt als bourgeoise Organisation:

»Welche Kurzsichtigkeit! Hatten nicht jahrzehntelange Erfahrungen in allen Ländern gezeigt, daß die Masse der sozialdemokratischen Männer keineswegs gewillt war, die im Programm festgelegte Gleichberechtigung in der Praxis und am eigenen Herde zu betätigen? Der sozialdemokratische deutsche Mann beutete, wo er die Möglichkeit dazu hatte, das heißt in seiner Familie, die Frau für seine persönlichen Zwecke in gleicher Weise aus wie die bürgerlichen Männer. Er war von demselben Überheblichkeitskomplex beherrscht, stets bereit, den Frauen gegenüber den Despoten zu spielen und die besser bezahlten, sehr häufig weniger anstrengenden Berufe für das starke Geschlecht zu reservieren, dem schwachen Geschlecht die mühevollen schlechter bezahlten, als die von der Natur für die Frau bestimmten, zu überlassen.«

Die sozialdemokratischen Frauen standen, so die Autorinnen, »unter der männlichen Oberhoheit der Partei«, deshalb konnten sie

»nicht so rückhaltlos für die Befreiung ihres Geschlechts kämpfen wie jene Frauen, die keinerlei Vormundschaft über sich anerkannten, sondern völlig frei, zielsicher mit ihrem ganzen Sein zutiefst in der Idee der Frauenbewegung verankert waren«.(34)

Was deutsche Sozialisten wie Marx, Engels, Bebel oder Vollmar durch ihre Schriften geleistet hätten, sei von der radikalen Frauenbewegung stets mit Dank anerkannt worden. Für die radikalen Frauen sei die »Gleichberechtigung die unentbehrliche Voraussetzung, aber nicht das Ziel« gewesen. Die völlige Gleichberechtigung der Frau im Staatsleben sei nur eine Etappe, nur ein Mittel und Weg, um »das formale und unfruchtbare System des Männerstaates« zu reformieren.

Daß diese Vorbehalte gegen die Sozialdemokratische Partei gerechtfertigt waren, zeigen die Resolutionen der Konferenz sozialistischer Frauen, die in München im September 1902 abgehalten wurde. Vorausgegangen war eine Kontroverse in den sozialistischen Parteien Europas über die Opportunität des Frauenstimmrechts. Viele dieser Parteien befürchteten einen Verlust an Wählerstimmen durch das Frauenwahlrecht, da die Frauen noch viel zu kirchengebunden seien, um die Sozialisten zu wählen. Die sozialdemokratischen Frauen beschlossen daraufhin, die Forderung nach dem Frauenwahlrecht nur noch leise zu vertreten. Der Text der Resolution lautet:

»... in weiterer Erwägung jedoch, daß gerade mit Rücksicht auf die sociale Befreiung des gesamten weiblichen Geschlechtes das Klasseninteresse des Proletariats dem Sonderinteresse der Frau vorangestellt werden muß, erklärt die Konferenz:

Bei den Kämpfen, welche das Proletariat für die Eroberung des allgemeinen, gleichen, geheimen und direkten Wahlrechtes in Staat und Gemeinde führt, muß das Frauenwahlrecht gefordert und in der Agitation grundsätzlich festgehalten und mit allem Nachdruck vertreten werden.

Die Forderung kann jedoch nur als ausschlaggebender Punkt des jeweiligen Aktionsprogramms in diesen Kämpfen mit in den Vordergrund gestellt werden, wenn dadurch die Erweiterung und Sicherung des politischen Rechtes der Arbeiterklasse nicht gefährdet wird.«

Auf einen feministischen Standpunkt wirkt schon die Spaltung der weiblichen Menschenrechte in ein Klasseninteresse und ein Sonderinteresse der Frau von der Begriffsbildung her unakzeptabel und diskriminierend. Dieser immer wieder auftauchende Punkt des Sonderinteresses zeigt, wie weit die sozialdemokratischen Frauen in Wirklichkeit davon entfernt waren, sich mit der gleichen Selbstverständlichkeit wie die Männer der sozialistischen Bewegung für die menschliche Norm zu halten. Da es zwei menschliche Normen gibt, wäre innerhalb der Logik dieser Resolution das Klasseninteresse dann »das Sonderinteresse des Mannes«, das Vorrang hat in den Kampfaufgaben des Proletariats. Von Sonderinteresse sprachen nicht nur Sozialdemokratinnen, sondern vor allem die Aktivistinnen der gemäßigt-konservativen Richtung der Frauenbewegung. Marianne Weber, die Ehefrau des berühmten Nationalökonomen Max Weber, die seit ihrer Heirat in der Frauenbewegung aktiv war und 1919 als Abgeordnete der liberalen Partei (Deutsche Demokratische Partei) im Landtag von Baden-Württemberg saß, stellte gleich zu Beginn ihrer Abgeordnetentätigkeit Überlegungen an, daß mit einem zehn- bis fünfzehnprozentigen Frauenanteil in Parlamenten »dem Sonderinteresse der Frau« ausreichend gedient sei.(35)

Clara Zetkin machte der bürgerlichen Frauenbewegung insgesamt den bösen Vorwurf des sozialpolitischen Dilettierens. Der linke feministische Flügel der Bürgerlichen bemühte sich jedoch fortgesetzt, Vorstöße zur Organisation der Arbeiterinnen zu machen. Minna Cauer schreibt:

> »Die größte und schwierigste Aufgabe liegt für die Frauen darin, sich mit der Arbeiterinnenfrage bekannt zu machen, welche noch viel weniger als die allgemeine Frauenfrage den geringsten Dilettantismus vertragen kann.«(36)

Clara Zetkins Kritik war deswegen unberechtigt, weil sie übersah, daß Frauen hier zum erstenmal Formen von Selbsthilfe entwickelten, die nicht auf männliche Anweisung hin zustande kamen.

Lida Gustava Heymann, eine Hamburger Patriziertochter, die sich geschworen hatte, sich ihre

> »persönliche Freiheit niemals durch Männer beeinträchtigen zu lassen, das heißt, soweit das eben unter den gegebenen Umständen im Männerstaat möglich ist«,

benutzte nach dem Tod ihres Vaters ihre wirtschaftliche Unabhängigkeit dazu, Hilfsorganisationen für Frauen zu schaffen. Sie war von ihrem Vater als Testamentsverwalterin eingesetzt worden. Dieses wurde vom Nachlaßgericht beanstandet, da sie weiblichen Geschlechts sei. Nur durch die Feststellung, daß schon im 13. Jahrhundert eine Frau einmal das Amt eines Testamentsvollstreckers in Hamburg unbeanstandet bekleidet hatte, konnte sie den Einspruch der Behörden abweisen. In der besten Geschäftsgegend Hamburgs mietete sie 1896 eine Etage und richtete dort einen Mittagstisch für Arbeiterinnen und einen Kinderhort ein:

> »Was diesen von den in Hamburg bestehenden Kinderhorten unterschied, war, daß Mädchen und Knaben denselben gemeinsam besuchten. Arbeit und Spiel erfolgten in Gemeinschaft. Anfangs gab es ständig Kampf mit den Knaben, die sich alle einbildeten, vor den Mädchen eo ipso bevorrechtet zu sein, es zum Beispiel unter ihrer Würde hielten, ebenso wie die Mädchen ihre Strümpfe zu stopfen, was ihnen aber sehr schnell beigebracht wurde.«(37)

Der Besuch von Restaurants kam damals für junge Mädchen ohne Begleitung nicht in Frage, und die privaten Mittagstische waren für die meisten zu teuer.

> »Die Zahl der Gäste stieg bald auf 60. Es kamen: Büro- und Handelsangestellte, Verkäuferinnen, Schauspielerinnen und Arbeiterinnen aller Branchen bis zu den in Hamburg verpönten Kaffeeverleserinnen.«

Das war jedoch erst der Anfang. Im November 1896 brach in Hamburg der große Hafenarbeiterstreik aus, der bis in den Februar dauerte. Lida Gustava Heymann und ihre freiwilligen Mitarbeiterinnen, alle »höhere Töchter« Hamburgs, machten im Gewerkschaftshaus bekannt, daß sie während des Streiks täglich hundert Frauen und Kinder mittags verpflegen würden. Ihr Hausbesitzer machte jedoch schon am ersten Tag Schwierigkeiten. Daraufhin wurde im Zentrum der Stadt ein Haus gekauft, umgebaut und im April 1897 bezogen. Im Souterrain und Garten wurde wieder ein Kinderhort eingerichtet, Wannen- und Brausebäder eingebaut, die von den Bewohnern der Umgegend benutzt wurden. Der Mittagstisch wurde auf 150 Personen erweitert, eine Beratungsstelle eingerichtet:

> »Nichts in meinem ganzen Leben hat mir einen besseren Einblick in die Ausbeutung der Frau durch den Mann im allgemeinen, den Ehemann und Arbeitgeber im besonderen, verschafft wie diese Sprechstunden«,

schreibt Lida Gustava Heymann. Es war der Doppelcharakter der weiblichen Ausbeutung, die sexuelle und ökonomische Fremdbestimmung, der ihr in diesen Sprechstunden aufging:

> »Jung verheiratete Frauen suchten Rat und Trost in ihrer maßlosen Verzweiflung. Sie waren, so unglaublich das der heutigen Generation klingen mag, völlig ahnungslos eine Ehe eingegangen, empörten sich, daß sie jetzt nicht einmal mehr – wie der Mann ihnen einzureden wußte – über den eigenen Körper zu verfügen hätten. Ausbeutung durch den Arbeitgeber war wenig erfreulich, aber die durch den Ehemann geradezu verzweiflungsvoll. Was ich früher nur instinktiv ahnte, wurde hier zur lebendigen Erkenntnis; nur von Ausnahmen abgesehen, besteht zwischen Männern und Frauen in den wichtigsten Dingen intimer Lebensgemeinschaft ein abgrundtiefer, kaum zu überbrückender Zwiespalt.«(38)

Ein jahrelanger Kampf gegen die Hamburger Sittenpolizei folgte, gegen die Reglementierung der Prostitution und gegen die Behandlung der Prostituierten durch die Polizeiorgane. Die Selbsthilfeorganisation in diesem Hamburger Frauenhaus wurde immer erfolgreicher. Innerhalb von wenigen Jahren bildete sich durch die Arbeit des Frauenhauses eine Reihe von Frauenorganisationen: weibliche Handelsangestellte organisierten sich 1898 in der »Industria« nach dem Prinzip der Selbstverwaltung. Eine Stellenvermittlung und Auskunfterteilung wurde im Frauenhaus in der Paulstraße eingerichtet. Die Hamburger Kauf- und Geschäftsleute hatten zu dieser Zeit begonnen, Frauen in Büros und Kaufläden anzustellen:

> »Einerseits war dazu ihre gute Eignung sicher maßgebend, aber andererseits waren die Mädchen – von Ausnahmen

abgesehen – billiger, fügsamer; man konnte sie hemmungsloser ausbeuten.«

Diese Handelsangestelltenorganisation wurde kurz darauf mit einer Handelsschule verbunden, die Lida Gustava Heymann selbst eröffnete und leitete:

»Im Jahre 1899 eröffnete ich die Handelsschule Industria, die bis 1919 unter meiner persönlichen Leitung stand, in welchem Jahre alle Handelsschulen in Hamburg verstaatlicht wurden.«(39)

Die zweite Berufsorganisation, die durch die Initiative von Lida Heymann entstand, war eine »Zentrale für weibliche Bühnenangehörige«:

»Am Theater war die pekuniäre Lage von Sängerinnen und Schauspielerinnen trostlos, wenn es sich nicht um Künstlerinnen erster und zweiter Größe handelte. Die Theaterdirektoren hatten alle Macht und alles Recht auf ihrer Seite, sie beuteten die Mädchen ebenso schamlos wie gewissenlos aus. Bei niedrigster, häufig gar keiner Gage, weil, wie die Herren Direktoren zu sagen pflegten, Anfängerinnen froh sein können, wenn sie überhaupt auf den Brettern stehen dürfen, mußten sie zu endlosen Proben jederzeit, häufig nachts nach der Vorstellung zur Verfügung stehen.«(40)

Diese Organisation der Bühnenangehörigen wurde Vorbild für ähnliche Einrichtungen in einer Reihe von deutschen Großstädten.

Die Frauen des linken Flügels verschwenden nicht viel Zeit auf eine politische Theorie des Feminismus, sie springen mitten hinein in die Politik, sie gewinnen ihre Erkenntnisse aus ihrer Praxis. Sie unterstützen 1896 den Streik der Konfektionsarbeiterinnen, sie leiten eine Bewegung für die Sitzgelegenheit der Handelsangestellten ein, und sie petitionieren in diesen Jahren 1894 bis 98 für die Abschaffung der Gesindeordnung und fordern weibliche Fabrikinspektoren und weibliche Polizeibeamte. Im Jahr 1901 kam dann auch ein erster Kontakt mit Führerinnen der Arbeiterorganisationen zustande. Die Sozialdemokratin Emma Ihrer referierte vor den Radikalen über das Thema »Die nächsten Ziele des gesetzlichen Arbeiterinnenschutzes«.(41) Sie erhielt die Zusicherung voller Unterstützung bei ihren Forderungen. Die bekannteste Anführerin der Radikalen, Anita Augspurg, protestierte gegen die Arbeitgeber, die die Arbeiterinnen an der Ausübung des Koalitionsrechts hinderten. Sie wies auf das schlechte Beispiel des Staates hin, der als Arbeitgeber den Post-, Eisenbahn- und anderen Beamten das Koalitionsrecht illusorisch machte. Die Sozialistin Anna Blos schreibt in ihrem Rückblick auf diese Zeit:

> »Wir wissen heute, daß die erwähnten bürgerlichen Frauen von ihrem Standpunkt nicht nur Gutes gewollt, sondern auch geleistet haben.«(42)

Den Standpunkt der Radikalen zur Arbeiterinnenorganisation faßt Else Lüders, auf diesem Gebiet besonders aktiv, darin zusammen, daß die besten Agitatorinnen unter den Arbeiterinnen die bereits organisierten Arbeiterinnen selbst wären. Diese müßten jedoch durch Mitarbeiterinnen aus anderen Kreisen unterstützt werden, da sie durch die doppelte Belastung von Berufsarbeit und Familienarbeit bereits überbeansprucht wären. So wurde auf der Generalversammlung des Verbandes fortschrittlicher Frauenvereine im Oktober 1903 eine »Zentralstelle für Arbeiterinnenorganisation« geschaffen, die es als ihre Aufgabe ansah, die bürgerlichen Frauen zur Mithilfe an der gewerkschaftlichen Organisation der Arbeiterinnen heranzuziehen. Else Lüders stellt ausdrücklich fest, daß dazu erst

> »eine ernste Schulung der bürgerlichen Frauen vonnöten sei ... Mit dem jetzt oft noch waltenden System des Patronisierens, der Bevormundung, der alten patriarchalischen Fürsorge von oben herab, haben die Frauen ein für allemal zu brechen ...«(43)

Neben der Organisation der berufstätigen Frauen stand die Schulreform im Mittelpunkt der Anstrengungen der radikalen Frauen. Der radikale linke Flügel hielt nichts von den Bildungssurrogaten, die die bekannte Schulreformerin Helene Lange für Frauen anstrebte. Schon Hedwig Dohm und Hedwig Kettler hatten gegen Ende der achtziger Jahre Pläne für eine vollwertige Schulausbildung der Mädchen gemacht.(44) Die von Helene Lange gegründeten Gymnasialkurse für Mädchen wurden von den Radikalen als eine Art Schnellpresse angesehen, die auf dem Unterbau der verpönten höheren Mädchen- oder Töchterschule den Mädchen in wenigen Jahren die notwendigen Kenntnisse der alten Sprachen und Mathematik für das Abitur einpaukte. Lida Gustava Heymann schreibt:

> »Was den Gymnasialkursen Hauptzweck war – Abitur – schien der Reformschule eine unwesentliche Begleiterscheinung, die sich von selbst ergab; im Mittelpunkt, um den sich alles drehte, stand uns die vollwertige menschliche Entwicklung der Kinder.«

Die Reformschule sollte keine Nachahmung der bestehenden Knabengymnasien für Mädchen sein. Sie beruhte auf dem Prinzip der Koedukation. Die Pädagogen sollten individuelle Fähigkeiten zu eigenem Denken und Erfassen des Lehrstoffes entwickeln. Die Lehrpläne waren bereits ausgearbeitet. In Hamburg scheiterte die Einrichtung der Reformschule schließlich am Widerstand der Behörden:

> »Ein kleiner Kreis von Schulreformern kämpfte für eine völlige Umgestaltung eines veralteten Schulsystems. Sie hatten die Oberschulbehörde, die vornehmen Hamburger Kaufmannskreise rechts und links der Alster, Havesterhude und Uhlenhorst gegen sich ... Die Reformschule fiel Hamburger Vorurteilen, verknöcherter Bürokratie zum Opfer, weil sie ihrer Zeit zu weit vorausgeeilt war. In Landerziehungsheimen, in Versuchsschulen in Bremen, München, Mannheim usw. wurde verwirklicht, was in der Reformschule angestrebt worden war.«(45)

Ihr kompromißloser Geschlechterkampf und die Deutung sozialen Elends als Ausfluß eines totalitären Männerstaats brachte die radikalen Frauen notwendigerweise von Anfang an in Gegensatz zu den gemäßigten Frauenrechtlerinnen ihrer Klasse und der planlosen Aufnahmepolitik des »Bundes Deutscher Frauenvereine«, der ein schillerndes politisches Meinungsspektrum zu einem Dachverband zusammenfaßte:

> »Völlig systemlos wurde im Laufe der Zeit jeder Frauenverein aufgenommen, vom »Verein für die Aussteuer jüdischer Bräute« über die Frauenberufsorganisationen bis zu den fortschrittlichen Vereinen »Frauenwohl«, den

»Rechtsschutzstellen« und »Frauenstimmrechtsvereinen«. Es war ein Durcheinander von Vergangenheit, Gegenwart und Zukunft, von stagnierender Reaktion und radikalstem Fortschritt ... Erhöht wurde das Tohuwabohu im Bunde dadurch, daß sich Stadt-, Landesvereine sowie deren Reichsverbände angliedern konnten.«(46)

Lida Gustava Heymann charakterisierte das Verhältnis von radikaler und konservativer Frauenbewegung zu Anfang des Jahrhunderts:

»Die Konservative wollte, immer unter Betonung der Andersartigkeit des weiblichen Geschlechts, den Frauen Bildungs- und Berufsmöglichkeiten schaffen, um ihnen stufenweise über soziale Tätigkeit in der Gemeinde das Hineinwachsen in eine helfende und unterstützende Betätigung im bestehenden Männerstaat zu ermöglichen. Ihre darauf hinzielende Taktik hieß natürlich immer: »Vorsicht! Nicht anstoßen! Man darf die Männer nicht zu stark herausfordern, denn sie sind die Herrschenden im Staate, einflußreiche Kreise müssen uns geneigt werden, wir brauchen sie. Um Teilerfolge zu erzielen, muß man stets zu Kompromissen bereit sein.«

Anders die radikale Richtung! Sie bestritt einfach unter Hinweis auf die unbefriedigenden Zustände in Staat und Gesellschaft den Männern das Alleinbestimmungsrecht. Für sie war keine Veranlassung da, bei Eroberung der wirtschaftlichen, sozialen und politischen Gleichberechtigung in der Andersartigkeit des weiblichen Geschlechts ein Merkmal ihrer Zweitrangigkeit und Unfähigkeit zu erblicken. Den radikalen Frauen waren die Normen und Zwecke der bestehenden, einseitig von Männergeist und für Männerinteressen geregelten Staaten kein noli me tangere, dem sie sich ein- und unterzuordnen hätten ...«(47)

Die Radikalen schufen sich ihre eigenen politischen Verbände. Die erste Gründung dazu war der Verein »Frauenwohl«, der 1888 in Berlin von Minna Cauer gegründet wurde. Innerhalb weniger Jahre entstanden in mehreren Städten Ortsgruppen dieses Vereins. Lida Gustava Heymann schildert, wie es zur Gründung eines Vereins »Frauenwohl« in Hamburg kam. Sie war in eine 1895 gegründete Hamburger Zweigstelle des Allgemeinen deutschen Frauenvereins eingetreten. Im Vorstand gab es jedoch nur ältere gesetzte Damen zwischen 45 und 60 Jahren, die den jüngeren autoritär begegneten:

> »Es kochte in uns vor Zorn! Wahrlich, wir hatten uns nicht aus den Familienfesseln befreit, um uns von diesen alten Damen schulmeistern zu lassen ... Ich sagte den Damen, daß für mich kein Interesse bestehe, weiter mit ihnen in ihrem Damenkränzchen zu arbeiten, auf solche Weise käme man nicht zum Ziel.«(48)

Einige Wochen später erfolgte die Gründung des Vereins »Frauenwohl«, der eine umfassende Gleichberechtigung der Frauen auf allen Gebieten forderte. Lida Gustava Heymann meint, daß der Allgemeine deutsche Frauenverein und der Verein »Frauenwohl« sich durch eine »völlig andere Art des Vorgehens und des Eingreifens in die politischen Tagesfragen« voneinander unterschieden:

> »Im Verein Frauenwohl gab es niemals vorsichtige Wenns und Abers, es wurde niemals gefragt, ob jenes oder dieses Anstoß bei den Behörden oder in den vornehmen Hamburger Kreisen und Familien hervorrufen würde.«

Alle politischen Tagesfragen wurden vom Verein »Frauenwohl« erörtert,

> »mochte es sich nun um die Zoll-, Flotten-, Polen- oder Elsaß-Lothringen-Frage handeln, . . . die Anstellung von Ärztinnen an Schulen, bei der Krankenkasse, der Sittenpolizei, im Gefängnis wurde verlangt. In der Erkenntnis, daß die Strafrechtspflege auf ganzer Linie versagte, wurde eine völlige Umgestaltung des Gefängniswesens gefordert. Ein speziell dafür eingesetzter Ausschuß beschäftigte sich eingehend mit dieser Frage. Gefangene wurden besucht. Für das Weiterkommen der Strafentlassenen gesorgt, Eingaben gemacht, um das Los der Gefangenen zu mildern, um Erziehung, Weiterbildung anstelle der öden Lethargie in den Gefängnissen zu setzen.«(49)

Da die Geschichte der deutschen Frauenbewegung bisher kaum ein Thema historischer Forschung war, sind die radikalen feministischen Ansätze der autonomen Frauenbewegung um die Jahrhundertwende fast völlig unbekannt geblieben. Ihre Forderungen und auch ihre Erfolge wurden hauptsächlich der konservativen Frauenbewegung zugerechnet, obwohl diese ein ständig retardierendes und zum großen Teil sogar reaktionäres Moment der Frauenbewegung bildete. Vom linken Flügel kamen die Ideen und die Initiativen – ohne sie hätte es in Deutschland vielleicht nicht einen einzigen Stimmrechtsverband gegeben. Die Verbindung und der Anschluß zu den internationalen Organisationen der Frauenbewegung wurden von den Radikalen gesucht und gehalten. Landesweite Demonstrationen und Petitionen zur Abänderung der Familienrechtsvorlagen für das Bürgerliche Gesetzbuch, das 1900 in Kraft trat, der Kampf gegen die Kriminalisierung der Prostitution, gegen die Diskriminierung des unehelichen Kindes und der ledigen Mutter, die Initiative für einen großzügigen Mutterschutz und für eine Reformschule – all diese Konzepte und Initiativen gehen vom fortschrittlichen Teil der Frauenbewegung aus. Der wichtigste Anstoß, den sie geben, ist die Diskussion um den Paragraphen 218 und die Straffreiheit der Abtreibung, mit der sie kurz nach der Jahrhundertwende beginnen. Der sozialdemokratische Jurist Gustav Radbuch, der immer wieder als frühester Kämpfer gegen den Abtreibungsparagraphen genannt wird, erhielt die Anregung zu seiner Stellungnahme gegen den Paragraphen 218 aus der Frauenbewegung. Als erste trat die Gräfin Gisela Streitberg für die Beseitigung der Strafbarkeit der Abtreibung ein, auf die damals fünf Jahre Zuchthaus standen.(50) Die Debatte über die Strafrechtsreform und die Änderung der Abtreibungsparagraphen 218 und 219 führten zu einer heftigen Kontroverse innerhalb des bürgerlichen Lagers der Frauenbewegung. Immerhin durfte im Jahr 1908 die Rechtsexpertin Camilla Jellinek in der »Generalversammlung des Bundes deutscher Frauenvereine«, die in Breslau stattfand, ein Referat halten, in dem sie sich mit den Argumenten der Gegnerinnen einer Abschaffung des Paragraphen 218 auseinandersetzt und ihnen gegenüber zu dem nüchternen Schluß kommt:

»Es wird durch die Vernichtung des keimenden Lebens kein Rechtsgut verletzt, da der Embryo keine Rechtspersönlichkeit ist. Es ist also die Strafandrohung ein nicht gerechtfertigter Eingriff in die Verfügungsmöglichkeit über den eigenen Körper, also in die Freiheit der Persönlichkeit. Und so haben wir denn nicht zu fürchten, der Frauenbewegung einen Schlag zu versetzen, sondern sind vielmehr davon überzeugt, ihren Prinzipien treu, ihr einen Dienst zu leisten, wenn wir die Abschaffung des Paragraphen 218 fordern: Im Namen des Selbstbestimmungsrechts, im Namen der freien Persönlichkeit der Frau!«(51)

Die Hauptgegnerinnen innerhalb der Frauenbewegung gegen eine Reform der Abtreibungsgesetze waren die geistigen Führerinnen der Konservativen, Gertrud Bäumer, Helene Lange und Marie Raschke. Helene Lange, die Schulreformerin, nach der zahlreiche deutsche Mädchengymnasien benannt sind, war der Auffassung, daß die Frau gebärpflichtig sei. Die Freigabe der Abtreibung würde zu einer »numerischen, physischen und moralischen Schwächung des Volkes« führen »und dadurch das Volk einen Schritt weiter auf dem Wege zu Rückgang und Degeneration« treiben. Sie brachte sogar den schlimmen Vergleich, daß eine Selbstverstümmelung zum Zwecke der Wehrpflichtentziehung nach deutschem Recht strafbar sei, und wollte dieses auch auf den Eingriff der Abtreibung angewendet wissen. Von »rassenhygienischer Pflicht« war die Rede, und Gertrud Bäumer erhob sogar den Vorwurf, der Vorschlag der Aufhebung des Paragraphen 218 käme von der Gruppe derjenigen, die »das Geschlechtsleben von Verantwortlichkeit zu befreien« trachten. Nur bei Vergewaltigung wollten Gertrud Bäumer und Helene Lange eine Abtreibung gestatten. Camilla Jellinek hielt ihnen entgegen:

»Und wie steht es mit der Frau, die sich dem trunken heimkehrenden Manne nicht entziehen kann? Und die Frau, die aus falsch verstandenem Pflichtgefühl dem Manne nicht wehrt zu einer Zeit, wo sie geschwächt und ruhebedürftig ist? Und das Mädchen, das seinem Arbeitgeber zum Opfer fällt, deswegen zum Opfer fällt, weil es seine Stelle, sein Brot verlieren würde, wenn es nicht nachgäbe? Und dann die Verkuppelte, und zwar sowohl die ehelich wie die unehelich Verkuppelte? Oder die im Schutzalter Verführte?«(52)

Alle Argumente in der seit 1968 in der Bundesrepublik und anderen Ländern in Gang gekommenen Debatte über die Freigabe und Straffreiheit der Abtreibung finden sich bereits in diesem Referat von Camilla Jellinek aus dem Jahre 1908. Und das Fazit, das sie zog, ist für die feministische Bewegung von heute genauso aktuell:

> »Darüber besteht für mich kein Zweifel: Wenn die Männer die Kinder zu gebären hätten, – ein männlicher Paragraph 218 wäre nie geschaffen worden!«(53)

Wann die Diskussion über den Paragraphen 218 in der Sozialdemokratischen Partei begann, ist nicht eindeutig festzustellen. Offizieller Programmpunkt wurde er bei der späteren Unabhängigen Sozialdemokratischen Partei, die sich während des Krieges von den Mehrheitssozialisten getrennt hatte. In der Weimarer Zeit werden jedoch im Reichstag immer wieder von einzelnen Gruppen sozialdemokratischer oder später kommunistischer Abgeordneter Gesetzesentwürfe eingebracht, die eine Beseitigung des Paragraphen 218 zum Inhalt haben. Nach dem Zweiten Weltkrieg taucht die Forderung nach Freigabe der Abtreibung fünf Jahre lang in den Jahrbüchern der Sozialdemokratischen Partei auf.(54) Dann verschwindet sie für zwanzig Jahre und wird in der Bundesrepublik erst unter dem Einfluß der beginnenden internationalen Abtreibungskampagne der neuen Frauenbewegung wieder zu einer Parteiforderung der Sozialdemokraten. Obwohl die autonomen Gruppen der Frauenbewegung von Anfang an heftiger Kritik der sozialdemokratischen Frauen ausgesetzt sind, zeigte sich gerade in der Frage des Paragraphen 218 sehr deutlich, daß ihre große Abhängigkeit von der Gesamtpartei eine Erneuerung der sozialistischen Frauenbewegung nur unter dem Druck einer außerparlamentarischen Frauenopposition zuläßt.

Die vergleichende Darstellung der frühen sozialistischen mit der frühen Frauenbewegung zeigt, wie zwei politische Strömungen, die beide auf Emanzipation, auf die Befreiung von Unterdrückung, auf die Überwindung der Entfremdung des Menschen aus waren, nicht dazu fanden, ihre Bestrebungen zu vereinigen. Es wird deutlich, daß dies nicht oder kaum an der Frauenbewegung gelegen hat, sondern wohl doch ganz überwiegend an der SPD und ihren Vorläuferinnen. Die Frühgeschichte der sozialistischen Bewegung in Deutschland beweist geradezu exemplarisch, welch fatale Folgen eine falsche theoretische Zielbestimmung haben kann. Die falsche Weichenstellung von Bebel, Engels und Clara Zetkin, die eschatologische Vertröstung der Frauen auf den Tag des Jüngsten Gerichts über den Kapitalismus hatte zur Folge, daß eine Partei entstand, die sich in ihrem Geschlechtsrollenverständnis von den bürgerlichen Gruppierungen grundsätzlich in nichts unterschied. Den Parteifrauen blieb nur die Wahl, wie Clara Zetkin die Auffassungen der »Väter« des Sozialismus sich zu eigen zu machen. Sie wurden damit zu aktiven Kämpferinnen gegen die autonome Frauenbewegung, ohne deswegen von den Parteimännern wirklich für voll genommen zu werden. Sozialdemokratische Frauen bilden eine Klasse innerhalb der Partei. In den Gründungsjahren der sozialistischen Organisationen stehen sie bereits einer politisch geschulten, intellektuell dominierenden männlichen Elite gegenüber, die sie nicht zu einem eigenen Selbstbewußtsein finden läßt. Statt ihnen das Bewußtsein der Unterlegenheit zu nehmen, wird dieses Minderwertigkeitsgefühl der Frauen durch die Partei noch verstärkt. So bildet die Institution Partei nur das getreue Abbild der Institution Ehe, und der Eintritt in die Partei ist kein Aufbruch zu weiblicher Emanzipation und Selbstgestaltung, sondern zu weiblichem Satellitentum – die Sozialistinnen kämpfen nicht Hand in Hand mit den Genossen, wie Clara Zetkin meinte, sondern an der Hand ihrer Männer.

Wenn in den siebziger Jahren dieses Jahrhunderts nicht mehr Frauen in der Sozialdemokratischen Partei organisiert sind als im Jahre 1914, dann liegen die Ursachen dafür in ihrer Einschätzung der Frauenfrage, die vor dem ersten Weltkrieg getroffen und bis heute nicht weitergetrieben wurde.

13. Kapitel

Krieg dem Krieg
Weiblicher Pazifismus gegen weiblichen Chauvinismus

»In uns sprach, fühlte, wollte Deutschland, unsere persönliche Seele ging auf in der Seele unseres Volkes.
Der Tod auf dem Schlachtfeld ist eingefügt in die große Kette menschlichen Strebens und Ringens. Mit ihm erkämpft ein Geschlecht Segen und Entfaltung für alle Kommenden. Aus dem Gefühl, daß es ihm einzig von Millionen anderen beschieden ist, selbst seinem Tode noch den Adel eines Zwecks zu geben, hat zu allen Zeiten der Soldat es süß und erhaben gefunden, für das Vaterland zu sterben.
Und das können die Frauen in tiefster Seele nachfühlen. Es ist ein mütterliches Grunderlebnis, daß Leben und Kraft hingeopfert werden muß, damit neues Leben um so schöner erblühen kann.« *Gertrud Bäumer*

»Wenn wir anfangen, den Krieg als unvermeidlich zu akzeptieren, dann können die Frauen geradesogut das Leben sofort aufgeben, denn unter solchen Umständen ist es nicht der Mühe wert, die menschliche Rasse zu erhalten.« *Emmeline Pethick-Lawrence*

»Es hat unter den Frauen nie eine kämpferische internationale Parole gegeben wie ›Proletarier aller Länder, vereinigt euch!‹ Der Gedanke, eine internationale Macht gegen die Widerstände im eigenen Vaterlande zu formieren, ist den Frauen nie gekommen. In diesem Sinne haben sie eine Internationale weder je gewollt noch gehabt.«(1)

Diese Sicht der konservativen Frauenrechtlerin Gertrud Bäumer gab nur die Auffassung dieser Gruppe wieder. Im Jahr 1916 schrieb sie über das erste Kriegsjahr:

»›Heimatdienst‹ ist für uns die Kriegsübersetzung des Wortes Frauenbewegung ... wie der Krieg so mancher

Willensregung in unserem Volksleben die Gelegenheit gegeben hat, ihren eigentlichen tiefsten Sinn zu offenbaren, so hat er auch der deutschen Frauenbewegung ermöglicht, klarer als es ihr im Frieden gelingen konnte, zu zeigen, was sie sein will: nationaler Frauendienst.«(2)

Das Jahr 1914, der Ausbruch des Ersten Weltkrieges, war ein Rückschlag für die internationale sozialistische Bewegung wie für die Frauenbewegung, die im Gegensatz zu Gertrud Bäumers Darstellung ein internationales Frauenbündnis gewesen war. Der »Weltbund für Frauenstimmrecht« war nach Nationen berechnet die größte internationale Organisation der Welt. Nur die sozialistischen Frauen gehörten ihr nicht an, besaßen aber einen ebenso weitreichenden internationalen Zusammenschluß.

Die Frauenbewegung und die sozialistische Bewegung verloren im Jahr 1914 das, was man ihre historische Unschuld nennen könnte. Bis dahin waren sie die Organisationen der Macht- und Rechtlosen gewesen, hatten für weltumfassende Humanität gekämpft – jetzt verrieten sie nicht nur ihre Prinzipien, sondern auch die Erkenntnisse, die am Anfang ihrer Organisation gestanden hatten – auf der Seite der Arbeiterbewegung, daß ein international organisiertes Kapital nur durch eine internationale Arbeiterorganisation zu bekämpfen war, und auf der Seite der Frauenbewegung, daß Frauen aller Länder von einer patriarchalischen Weltzivilisation unterdrückt wurden. Eine der schlimmsten chauvinistischen Propagandaschriften lieferte die Sozialdemokratin Lily Braun, die Jahrzehnte ihres Lebens für die Gleichstellung der Frau gekämpft hatte und nun jubelte:

»Verschwunden waren mit einem Schlage alle spezifisch frauenrechtlerischen Forderungen, die stets in der Gleichstellung mit dem Manne gipfelten ...«(3)

Alles, wofür die Frauen gekämpft hatten, erhielt plötzlich in der Sicht von Lily Braun seinen Wert nur durch die Bedeutung des Krieges:

»Und nun: die Frauenbewegung! Kein Gebiet unseres sozialen Lebens liefert einen so klaren, so klassischen Beweis für die Kulturbedeutung des Krieges. Die Frauenbewegung stand vor der Gefahr, zu versanden. Der Krieg führte ihr aus der natürlichen Quelle des Weibtums Ströme frischen Wassers zu. Die Rückkehr der Frau zu den primitiven Empfindungen ihres Geschlechts löste auch die ihnen entsprechenden Leistungskräfte wieder aus. Das bloße Ringen um eine öde Gleichmacherei – kein Stimmzettel und kein Doktorhut lösen die Frauenfrage! –, der Kampf wider den Mann, der ein Grundelement der Frauenbewegung gewesen ist, dürfte nach dem Kriege nur noch von einigen unverbesserlichen Vertreterinnen vertrockneten Altjungferntums aufrechterhalten werden.«(4)

Der von der bürgerlichen Frauenbewegung organisierte »Nationale Frauendienst« beschäftigte – und patronalisierte – sogar arbeitslose Arbeiterinnen im Dienste des Krieges. In den von ihm organisierten Arbeitsstuben sangen die Arbeiterinnen zusammen mit den Helferinnen des Frauendienstes das folgende Lied:

»Zum Dienst fürs liebe Vaterland rührt fleißig sich die Frauenhand; es wird gekocht, genäht, gepflegt, weil Kriegszeit viele Wunden schlägt.
Das macht uns Mädel auch mobil, und leisten wir auch nicht so viel, zur Liebesarbeit sind wir hier, Soldatenstrümpfe stricken wir!«(5)

Der chauvinistische Vaterlandsrausch des Ersten Weltkrieges spaltete die sozialistischen Parteien und die Frauenbewegung. In England waren Emmeline Pankhurst und ihre Tochter Christabel von einem Tag auf den anderen glühende Patriotinnen geworden, die, statt wie zuvor das Frauenstimmrecht zu fordern, Rekrutierungsreden und Vorträge über die deutsche Gefahr hielten. Für diesen Ausbruch vaterländischer Gefühle wurden die in den Gefängnissen einsitzenden Suffragetten mit einer Amnestie belohnt. Emmeline Pankhurst, die in den neunziger Jahren mit ihrem Mann zusammen als eine der ersten in die Labour Party eingetreten war, entwickelte sich nach rechts. Sie reiste im Auftrag der englischen Regierung in geheimer Mission nach Rußland und in die Vereinigten Staaten. Öffentlich tadelte sie ihre Tochter Sylvia für ihre Kriegsgegnerschaft. Sylvia und Adela Pankhurst waren sozialistisch gesonnene Feministinnen, die am Pazifismus festhielten. Adela war zu diesem Zeit-

punkt schon in Australien, wo die Frauen seit 1902 das Stimmrecht besaßen. Sylvia Pankhurst agitierte dafür in London weiter und erklärte, daß Frauen für den Frieden und nicht fürs Blutvergießen kämpfen sollten. Im Eastend von London arbeitete sie für eine Arbeiterinnenorganisation. Sie organisierte Wohlfahrtszentren, Kindergärten, Restaurants zum Selbstkostenpreis und einen kleinen Betrieb, in dem auf kooperativer Basis Spielzeug hergestellt wurde.(6)
In Amerika arbeiteten die Frauen der nationalen Stimmrechtsorganisationen fast mehr für die Lebensmittelversorgung und das Rote Kreuz als für ihr erklärtes politisches Ziel, das Frauenwahlrecht, auch wenn die 1915 gewählte Präsidentin Carrie Chapman Catt (eine erklärte Kriegsgegnerin), immer wieder mahnte, die Frauenagitation nicht zu vernachlässigen. Die NAWSA, die größte amerikanische Stimmrechtsorganisation, finanzierte und errichtete ein eigenes Kriegslazarett in Frankreich und stellte eigene Ärztinnen ein.(7)

Aber es gab überall auch die andere Seite, Frauen, die gegen eine Welt voller Kriegsrausch und erhebender patriotischer Gefühle ihre Kriegsgegnerschaft zum Ausdruck brachten. Die einzige Frau im amerikanischen Senat, Jeanette Rankin, weigerte sich bei der Abstimmung über die Kriegserklärung der USA, ihre Zustimmung zu geben, die einzige Stimme gegen eine begeisterte Mehrheit von Kriegsbefürwortern. Im Deutschen Reich brachte die Zustimmung der sozialdemokratischen Reichstagsfraktion zu den Kriegskrediten den Anfang der Parteispaltung. Clara Zetkin, Rosa Luxemburg, Luise Zietz blieben erbitterte Kriegsgegnerinnen. Clara Zetkin bewies ihren moralischen Mut und ihr politisches Format, als sie von 1914 an provokative Antikriegsartikel in der »Gleichheit« druckte. Die Auseinandersetzungen mit der Parteiführung über ihre Haltung führten zu ihrer Amtsenthebung als Chefredakteurin. Die führenden Sozialistinnen machten die Politik der SPD-Reichstagsfraktion nicht mit, und die orgiastische Aufhebung der Klassengegensätze, bei der sich ostpreußische Junker und Sozialdemokraten in den Armen lagen, führte schließlich dazu, daß fast alle prominenten Sozialdemokratinnen für ihre Treue zum Internationalismus ins Gefängnis kamen und sich später der neugegründeten Unabhängigen Sozialdemokratischen Partei (USPD) anschlossen.(8)

Der feministische Pazifismus, der gleich zu Beginn des Ersten Weltkriegs zur Gründung einer internationalen Organisation von Kriegsgegnerinnen führte, ist von der breiten historischen Forschung bisher ebenso übergangen worden wie andere Initiativen der Frauenbewegung. Die Impulse zur Bildung eines Frauen-Friedensverbands (Woman's Peace Party) gingen von zwei europäischen Frauen aus, die in die Vereinigten Staaten einreisten, um die dortigen amerikanischen Stimmrechtsorganisationen zum Kampf gegen den Krieg zu mobilisieren. Es handelte sich um die ungarische Journalistin Rosika Schwimmer und die ehemalige Mitstreiterin der Pankhursts, Emmeline Pethick-Lawrence, die sich 1914 wegen des Führungsstils der beiden führenden Suffragetten (Emmeline und Christabel Pankhurst) von diesen getrennt hatte.(9)
Rosika Schwimmer war 1904 in Berlin auf dem internationalen Frauenkongreß aufgetreten, der mit der Gründung des internationalen Stimmrechtsverbandes endete (International Woman Suffrage Alliance). Dort kam sie in Kontakt mit Carrie Chapman Catt, der Präsidentin der amerikanischen Stimmrechtsverbände, die später die Frauenfriedensbewegung in den Vereinigten Staaten maßgeblich unterstützte. Rosika Schwimmer arbeitete in der ungarischen Frauenstimmrechtsbewegung und organisierte 1913 den internationalen Frauenstimmrechtskongreß in Budapest. 1914 lebte sie in London, wo sie als internationale Pressesekretärin des »Weltbundes für Frauenstimmrecht« arbeitete und nebenher als Korrespondentin für mehrere große europäische Zeitungen tätig war. Eine der meistzitierten Anekdoten ihres Lebens ist ein Frühstück mit dem englischen Schatzkanzler Lloyd George am 9. Juli 1914. Bei diesem Frühstück warnte sie ihn, daß der Zwischenfall von Sarajewo mit Gewißheit einen Krieg mit Serbien nach sich ziehen würde, wenn nicht sofort etwas geschähe, und daß ein solcher Krieg unkalkulierbare Konsequenzen für ganz Europa hätte. Diese Anekdote stammt aus den Kriegsmemoiren von Lloyd George, der

darin berichtet, daß Rosika Schwimmer die einzige Person aus seinem Umkreis war, die zu dieser Zeit die Kriegsgefahr realisierte.
Sofort nach Kriegsausbruch versuchte sie, eine Antikriegsbewegung zu organisieren, getrieben von der Überzeugung und Befürchtung, daß ein von den Militärs zu Ende geführter Krieg auf ein Friedensdiktat hinausliefe, das neue Ursachen für Zukunftskonflikte enthalten müßte. Das Hauptelement in diesem Plan war die Hoffnung auf Vermittlung durch die neutralen Mächte, die Vereinigten Staaten, die Schweiz, die Niederlande, Schweden, Dänemark und Spanien. Andere Punkte des Programms sahen die Einrichtung eines Weltparlaments, eines Weltgerichtshofs und internationaler nichtmilitärischer Sanktionen vor. Bereits im August 1914 hatten Frauen aus Großbritannien, Deutschland, Frankreich, Rußland, Österreich, Italien, Schweiz, Dänemark, Schweden, Norwegen und Holland eine Petition unterzeichnet, die diese Ziele aufführte. Die Friedensvorschläge der Frauen wurden sofort in viele Sprachen übersetzt und in der ganzen Welt von Frauenorganisationen verteilt. Rosika Schwimmer sollte die Petition dem amerikanischen Präsidenen Wilson überreichen und die Amerikanerinnen für eine internationale pazifistische Bewegung der Frauen gewinnen. Am folgenden Tag erschien in der New York Times ein Interview, in dem sie noch einmal bekanntgab, daß sie dem Präsidenten einen Appell von einer Million Frauen aus 13 Ländern überbracht habe, sofort Schritte zu unternehmen, die zur Beendigung der Kriegshandlungen in Europa führen sollten.
Ebenso spektakulär wie Rosika Schwimmers rastlose Vortragstätigkeit war das Erscheinen von Emmeline Pethick-Lawrence in den Vereinigten Staaten. Ihr Pazifismus verband feministisches Engagement mit den Ideen der Union of Democratic Control, einer Organisation, die von englischen Liberalen und Sozialisten getragen wurde, um einen permanenten Frieden bei Kriegsende zu sichern. Das Programm, das sie vertrat, war nicht so schwergewichtig auf sofortige Beendigung des Krieges gerichtet wie das von Rosika Schwimmer, sondern enthielt einen ganzen Katalog von Forderungen zur Sicherung eines konstruktiven Friedens, vor

allen Dingen Abrüstung und internationale Kontrolle über Rüstungsproduktion und deren Export. Die Frauen Europas, so Emmeline Pethick-Lawrence, trügen keine Verantwortung für den Ruin des Abendlandes – im Gegenteil, die männlichen Regierungen hätten alle Warnungen der Frauen arrogant zurückgewiesen und ihnen das Stimmrecht verweigert. Nun sei es an der Zeit, daß die Männer ihre Stühle räumten und den Frauen den Richterstuhl überließen. »Ein neuer Friede, der die Geburt eines neuen Geistes ausdrückt«, müsse von den Frauen herbeigeführt werden.

Die wichtigste Begegnung, die die beiden Frauenkämpferinnen aus Europa in den Vereinigten Staaten hatten, war das Treffen mit der Sozialreformerin Jane Addams in Chicago. Jane Addams war zum ersten Mal 1899 öffentlich für die Friedensbewegung aufgetreten, als sie sich an der antiimperialistischen Agitation gegen die Annexion der Philippinen durch die Vereinigten Staaten beteiligte. Von daher rührte ihre Grundüberzeugung als Friedenskämpferin, daß Frieden und Antiimperialismus zusammengehören. Eine andere Wurzel ihrer Überzeugung von der Möglichkeit friedlicher Koexistenz war ihre Arbeit in den Elendsvierteln von Chicago. Was sie dort kennenlernte, war der Internationalismus der Slums. Jane Addams kreierte in ihren Schriften eine neue Vorstellung von Pazifismus, die mit taubenhaftem Wohlverhalten und passivem Friedenswillen nichts mehr zu tun hatte. Im Mittelpunkt ihres Denkens stand nicht mehr nur die Vermeidung des Krieges, sondern der aktive und permanente Kampf für ein neues Wertsystem, das an die Stelle der gefeierten militärischen Tugenden rücken sollte. Jane Addams forderte ein moralisches Äquivalent für den Krieg und einen Patriotismus, der sich auf die ganze Erde beziehen sollte. Obwohl sie in der amerikanischen Frauenbewegung aktiv war, hatte sie vor Ausbruch des Weltkrieges hauptsächlich in einer pazifistischen Vereinigung gearbeitet, die von Männern und Frauen zusammen getragen wurde. Jetzt kam sie durch die Begegnung mit Rosika Schwimmer und der Engländerin Emmeline Pethick-Lawrence zu der Überzeugung, daß eine eigene Friedensorganisation der Frauen notwendig sei.
Am 10. Januar 1915 wurde die Woman's Peace Party in

Washington gegründet. Die dort verabschiedete Plattform enthielt elf Punkte. Die wichtigsten waren: Einberufung einer Konferenz neutraler Nationen zur schnellen Herbeiführung des Friedens, Begrenzung von Aufrüstung und Verstaatlichung der Waffenproduktion, organisierte Opposition gegen den Militarismus im eigenen Land, demokratische Kontrolle der Außenpolitik, Humanisierung der Regierungen durch die Ausdehnung des Stimmrechts auf Frauen, Einrichtung einer internationalen Schutzpolizei zur Kontrolle rivalisierender Armeen und Flotten und die Beseitigung ökonomischer Ursachen für Kriege. Das ebenfalls verabschiedete Programm für einen konstruktiven Frieden enthielt detailliertere Bestimmungen und Forderungen für eine Sicherheits- und Friedenspolitik in der Zukunft. Zentrale Idee war auch hier die Forderung nach einem »Concert of Nations«, das an die Stelle der alten Außenpolitik mit ihrem Konzept des Gleichgewichtes der Mächte rücken sollte, und das Selbstbestimmungsrecht der Bewohner eines Territoriums über ihre Autonomie oder den Anschluß an eine andere Nation.
Obwohl eine Reihe der anderen Friedensorganisationen ähnliche Forderungen aufgestellt hatte, war dieses Programm der Frauen-Friedens-Partei das bis dahin umfassendste Konzept, das, wie der amerikanische Professor Curti bemerkte, den Weg für Präsident Wilsons späteres internationales Programm ebnete. Die Frauen, unter ihnen Carrie Chapman Catt, sparten auf ihrer Gründungskonferenz nicht mit Kritik an den etablierten Pazifisten. Sie bemängelten, daß die großen Pazifisten die Frauen gegenüber der militärischen Aufrüstung eingelullt hätten, vor allem durch ihre Ankündigung, daß es niemals mehr einen Krieg geben werde. Auch beanstandeten sie, daß die pazifistischen Bewegungen nicht sofort und umgehend bei Kriegsausbruch gehandelt hätten. Der europäische Krieg war nach den Worten von Carrie Chapman Catt unvereinbar mit den Interessen und Idealen von Frauen als Feministen und Humanisten. Zunächst setzte der Weltbund für Frauenstimmrecht, dessen Präsidentin sie war, immer noch auf eine Einladung nach Berlin, wo im Juni 1915 der nächste Weltkongreß für Frauenstimmrecht stattfinden sollte. Aber im September 1914 wurde der Weltbund von dem Bund deutscher Frauenvereine ausgeladen.

Auf deutscher Seite wurde in diesem Moment nur Lida Gustava Heymann aktiv. Sie schrieb und verbreitete einen Aufruf an die Frauen von Europa, gegen den Krieg zu protestieren und sofort in einem neutralen Land eine internationale Frauenkonferenz einzuberufen. Im Februar 1915 kam ein vorbereitendes Treffen in Amsterdam zustande, an dem vier deutsche Frauen teilnahmen. Man einigte sich darauf, noch im selben Jahr im Haag einen internationalen Frauenkongreß zu veranstalten.

> »Der Zweck des Kongresses war ein dreifacher: er sollte einen Protest der Frauen gegen den Krieg und seine Menschenschlächterei darstellen, er sollte die Forderung der politischen Gleichberechtigung der Frauen proklamieren, er sollte versuchen, das Ende des Krieges herbeizuführen.«(10)

Die vier deutschen Vertreterinnen auf dieser Vorkonferenz mußten nach ihrer Rückkehr eine herbe Enttäuschung hinnehmen, weil die größte deutsche Frauenorganisation, der Bund deutscher Frauenvereine, nicht nur seine Beteiligung verweigerte, was zu erwarten war, sondern auch noch in einer Art Hallsteindoktrin jede Propaganda für den Kongreß als einen Verstoß gegen die Solidarität der deutschen Frauenbewegung und »für unvereinbar mit jeder verantwortlichen Stellung und Arbeit innerhalb des Bundes deutscher Frauenvereine« ansah. Die Werbung sei ferner »unvereinbar mit der vaterländischen Gesinnung und der nationalen Verpflichtung der deutschen Frauenbewegung«.(11)

Konflikte mit den Behörden gab es in mehreren Ländern, nicht nur in Deutschland:

> »Die englische Regierung machte den Frauen große Schwierigkeiten. 180 Delegierte waren gemeldet. Man verweigerte ihnen die Ausreise. Ein Sturm der Entrüstung erhob sich. Eine Interpellation im Unterhaus bewirkte, daß der Minister des Inneren, Mr. McKenna, 24 aus den 180 Frauen auswählte und ihnen »gnädig die Erlaubnis gab«, am Kongreß teilzunehmen. Aber die Admiralität, d. h. Mr. Winston Churchill, verfügte anders; wenige Tage vor dem Kongreß und während seiner Dauer wurde der Schiffsverkehr zwischen Holland und England eingestellt.«(12)

Dennoch gelang es, die Konferenz unter Beteiligung aller wichtigen Länder vom 28. April bis 1. Mai 1915 abzuhalten. Die amerikanischen Delegierten kamen auf einem holländisch-amerikanischen Dampfer, auf dessen Mast eine Flagge wehte, die in großen blauen Lettern das Wort Peace trug. Von den kriegführenden Mächten nahmen 43 Delegierte teil – 28 von Deutschland, 9 von Ungarn und 6 von Österreich. Die amerikanische Historikerin Marie Louise Degen, die 1939 die Geschichte der Friedenspartei in Amerika schrieb, berichtet, daß besonders die deutschen Delegierten in ihrem Land harten Repressionen durch die Behörden ausgesetzt waren. In Den Haag versammelten sich 1136 Delegierte von zwölf Nationen, um gegen den Krieg zu protestieren und unmittelbare Maßnahmen zu besprechen, die in den einzelnen Ländern durchgeführt werden könnten. Die ausführlichste und herzlichste Grußadresse kam von der Konferenz sozialistischer Frauen, die sich im März 1915 in Bern getroffen hatten – ein kleines Häufchen von 25 Delegierten aus Deutschland, England, Frankreich, Holland, Italien, Polen, Rußland und der Schweiz. Zwei Abgeordneten-Komitees wurden gebildet, die europäische Staatsmänner aufsuchen sollten. In kaum mehr als fünf Wochen wurden 14 Länder besucht. Spott, Hohn, Karikaturen und beißende Ironie, das war die Reaktion der internationalen Presse. Zum selben Zeitpunkt, als der amerikanische Dampfer Lusitania von deutschen Soldaten versenkt wurde, suchten Jane Addams und ihr Friedenskomitee in Berlin den deutschen Außenminister von Jagow und den Reichskanzler von Bethmann-Hollweg auf. Jane Addams schrieb über diese Begegnung:

> »Er sagte, er habe niemals einen Deutschen sagen hören, er wünsche England zu zerschmettern. Ich sagte, ich hätte niemals einen Engländer sagen hören, er wünsche Deutschland zu zerschmettern, sondern daß sie wünschten, den deutschen Militarismus zu zerschmettern. Er sagte, dies sei eine Unterscheidung, aber kein Unterschied. Die Armee in Deutschland ist Teil der Herrschaft, und er fuhr fort, in jener halb mystischen Weise zu sprechen, wie sie es tun, die so schwer für uns zu verstehen ist. Es ist, als ob ihre Gefühle für die Armee wie die einer Kirche für ihre Prozession sind. Sie ist ein Teil davon.«(13)

Auf der großen Rundreise, die die Frauen sowohl zu den kriegführenden Mächten wie zu den neutralen Staaten Nordeuropas und zum Vatikan machten – die auch der Agitation diente; während des Besuchs in Schweden wurden an einem Tag 400 Versammlungen abgehalten, um die Regierung unter Druck zu setzen –, hatten die Frauen so viel Informationen gesammelt, daß sie glaubten, ihr Plan einer Friedensinitiative der neutralen Staaten (sie dachten an Schweden oder Holland) könne verwirklicht werden, wenn dabei alle Beteiligten das Gesicht wahren könnten. In Amerika allerdings wurde Jane Addams' Mission in einem Brief des Präsidentenberaters Colonel House als eine Sammlung wundervoller Mißinformationen über Europa gewertet. Vier Tage nach Jane Addams' Rückkehr fand eine Massenversammlung von 3000 Leuten in Carnegie Hall statt. Tausende mußten zurückgeschickt werden, weil sie keinen Platz fanden. Jane Addams berichtete über die Haager Frauenkonferenz und ihre Reisen zu den verschiedenen Staatsmännern. Ihre Ansprache gipfelte in der Anklage, daß dies »ein Krieg der alten Männer« sei. Junge Männer, die an der Front gewesen seien, hätten berichtet, daß dieser blutige Krieg der Bajonette und Grabenkämpfe nur zu überstehen sei, indem sie sich mit Drogen betäubten. Die Engländer nähmen Rum, die Franzosen Absinth, und die Deutschen betäubten sich auf andere Art, durch Inhalation von Äther. Noch einmal wurde – vor Amerikas Eintritt in den Krieg – versucht, Präsident Wilson unter Druck zu setzen, um eine Konferenz der Neutralen einzuberufen. Innerhalb weniger Tage schickten 12 000 amerikanische Frauenverbände und Sympathisantinnen Telegramme aus allen Teilen der Vereinigten Staaten an Präsident Wilson, so daß das Weiße Haus zwei neue Bürokräfte zur Bewältigung dieser Friedens-Telegramm-Kampagne einstellen mußte. Anita Augspurg und Lida Gustava Heymann konstituierten in Deutschland einen »Frauenausschuß für dauernden Frieden« und wurden dafür streng von der Polizei überwacht. Haussuchungen fanden ständig statt, ihre Briefe wurden zensiert, sie durften nicht mehr ins neutrale Ausland reisen, und agitierende Frauen wurden aus einzelnen Staaten des Deutschen Reiches, zum Beispiel aus Baden und Bayern, wo eine Staatsangehörigkeit für ihren Aufenthalt notwendig war, ausgewiesen oder in Schutzhaft genommen. Nach Lida Gustava Heymann durften Frauenvereine, deren Führerinnen verdächtig waren, keine Versammlungen mehr abhalten, nicht einmal mehr Zusammenkünfte in Privathäusern. Resolutionen, die im Mai 1917 an den Reichskanzler mit der Aufforderung geschickt wurden, den Krieg zu beenden und einem Frieden ohne Annexionen zuzustimmen, wurden von der Pressezensur betroffen, sie durften nicht bekanntgemacht werden. Noch ärgeren Repressionen konnten sie sich listig nur dadurch entziehen, daß sie keinen Verein gründeten – wozu sie mehrfach von den Behörden aufgefordert wurden –, sondern nur lose zusammenarbeiteten.(14)

Die Überzeugung, daß die Mehrheit der Frauen gegen den Krieg war, wurde für den linken Flügel nur durch das martialische Kriegsgeschrei der konservativen Frauenbewegung gestört:

> »Viele Pazifisten hat es befremdet, daß die organisierte Frauenbewegung in Deutschland, d. h. mit Ausnahme des äußersten linken Flügels, durch ihre Haltung bei Ausbruch des Krieges, durch ihre chauvinistisch-patriotische Gesinnung während desselben in den entscheidenden Momenten versagt hat ... Das Versagen dieser Frauen, das unumwunden zugegeben wird, besagt für das, was hier nachgewiesen werden soll, nämlich daß das Frauenstimmrecht eines der wesentlichsten Mittel ist, Kriegen vorzubeugen, nichts. Bei der Beurteilung dieser Dinge wird völlig vergessen, daß die deutsche bürgerliche Frauenbewegung – sie umfaßt noch lange keine Million, und wir haben in Deutschland zwischen 25 und 27 Millionen erwachsene Frauen – nur einen geringen Prozentsatz aller Frauen ausmacht, die sozialpolitisch glänzend, aber in Bezug auf Auslandspolitik, von wenigen Ausnahmen abgesehen, völlig unorientiert waren, als der Weltkrieg ausbrach, und die von einer regierungstreuen nationalliberal gesinnten (obwohl einer anderen Partei angehörenden) chauvinistisch sich erweisenden Frau geführt wurden.«(15)

Damit war Gertrud Bäumer gemeint.

Während des Ersten Weltkrieges zeigten Frauen in einigen Ländern deutlich, wie sehr sie den Militarismus ablehnten. In Australien, wo sie seit 1902 das aktive und passive Wahlrecht für das Bundesparlament hatten, wurde während des Krieges über die Einführung der Wehrpflicht abgestimmt. Da ein großer Teil der stimmberechtigen Männer als Freiwillige der Alliierten dienten, gaben die Stimmen der Frauen den Ausschlag. Mit großer Mehrheit wurde die Wehrpflicht abgelehnt. Als das Referendum 1917 noch einmal wiederholt wurde, ergab sich dasselbe Resultat, daraufhin legte der Premierminister Hughes sein Amt nieder.(16)

> »Ein Europa mit Frauenwahlrecht wäre keinem Weltkriege zum Opfer gefallen«,

diese Auffassung von Lida Gustava Heymann, die sie 1917 niederschrieb, war die feste Überzeugung vieler Frauen, für die Feminismus und Pazifismus unbedingt zusammengehörten. Während die Frauenfriedensbewegung im Deutschen Reich beispiellos unterdrückt wurde, unterhielten fast alle großen amerikanischen Frauenorganisationen spezielle Friedenskomitees. Im Januar 1917 notierte Jane Addams, daß in 27 Ländern »Frauenkomitees für dauernden Frieden« existierten, Japan und China eingeschlossen. Die Zentrale dieser Organisationen lag bei der holländischen Frauenkämpferin Aletta Jacobs, die trotz Pressezensur und Postschwierigkeiten die Kommunikation unter den beteiligten Frauen aufrechterhielt. In Großbritannien kämpfte zu Kriegsbeginn Edith Havelock-Ellis für die Beteiligung von Frauen an der Regierung. Sie hielt ein internationales Zusammenwirken für möglich und hoffte, daß Frauen es verwirklichen würden.

> »Der Tag, an dem die Frauen neben den Männern in der Regierung sowie in der Verwaltung der äußeren Angelegenheiten ihrer Nation ihren Platz finden werden, wird auch der Tag sein, der dem Krieg als Mittel zur Schlichtung von Streitigkeiten unter den Menschen den Tod verkündet. Weder Trompetengeschmetter noch Flaggenwehen wird die Frauen in den Wahnsinn gewissenloser Lebenszerstörung locken oder das absichtliche Töten mit einem anderen Namen als dem des Mordes umkleiden, ob es sich nun um das Hinschlachten vieler oder eines einzigen handelt.«(17)

Der Waffenstillstandsvertrag war gerade unterzeichnet, als die amerikanische Friedenspartei unter Jane Addams wieder Schlagzeilen machte und die Aufmerksamkeit der amerikanischen Nation auf sich zog. Am 15. November 1918 brachten die großen amerikanischen Tageszeitungen auf ihrer Titelseite den Appell von drei deutschen Frauen an Jane Addams und die Gattin von Präsident Wilson, darauf hinzuwirken, daß die harten Bedingungen des Waffenstillstands gemildert würden. Die Absenderinnen dieses Telegramms, das wegen der Zensur von einer Regierungsstation abgefangen worden war und Jane Addams erst durch die Zeitungen bekannt wurde, waren die Frauenkämpferinnen Alice Salomon, Gertrud Baer und Anita Augspurg. Ihrem Land drohe »die totale Aushungerung« durch die Waffenstillstandsbedingungen.(18)

Das Kriegserlebnis war nach 1918 der Motor für einen großen Teil der Frauenaktivitäten, die vorher dem Kampf um das Stimmrecht gegolten hatten. Schon im Mai 1919 kamen dieselben Frauen, die während des Krieges im Haag die »Internationale Frauenliga für Frieden und Freiheit« gegründet hatten, in Zürich zusammen. Der Weltbund für Frauenstimmrecht rief zu einer allgemeinen Abrüstung auf. Wieder schickten die Frauen in der Überzeugung, daß der Versailler Vertrag Bestimmungen enthielt,' die zukünftige Kriege programmierten, Delegierte direkt von ihrer Konferenz zu den Staatsmännern, die in Versailles versammelt waren, wieder jedoch ohne Erfolg. Die Forderungen der Liga waren radikal. Obwohl die englischen Delegierten zum Beispiel die Ausreisegenehmigung nur unter der Bedingung bekommen hatten, daß sie sich nicht an sozialistischen Aktivitäten beteiligten, wurden folgende Prinzipien der Liga verabschiedet: Totale Abrüstung (Land, See und Luft), freier Welthandel, ein Weltwirtschaftsplan, nationale Ratifikation von Verträgen nur durch eine freigewählte nationale Vertretung und komplette Freiheit im Reiseverkehr und im Austausch von Informationen und Meinungen zwischen allen Staaten.(19)

Die »Internationale Frauenliga für Frieden und Freiheit«

setzte in den zwanziger Jahren unter schwierigen Bedingungen ihre Anti-Kriegs-Agitation fort. Als die immer wieder hinausgeschobene Konferenz über Reduzierung und Begrenzung der Rüstung 1932 in Genf zustande kam, hatte die Friedensliga sechs Millionen Unterschriften unter einer Abrüstungspetition gesammelt, die den Konferenzteilnehmern überreicht wurde.(20) Allgemeine und komplette Abrüstung unter internationaler Kontrolle und Kampf gegen den Faschismus waren von da an das Ziel der Pazifistinnen, die aus der Frauenbewegung kamen. Im August 1934, ein Jahr nach Hitlers Machtübernahme, wurde ein Weltfrauenkongreß in Paris abgehalten, bei dem ein permanentes internationales Frauenkomitee zum Kampf gegen den Faschismus gebildet wurde, das bis September 1939 in Funktion blieb.(21)

Die beiden Frauenkämpferinnen, die in Deutschland nach Ende des Ersten Weltkrieges die deutsche Sektion der »Internationalen Frauenliga für Frieden und Freiheit« organisierten, zu der auch viele Sozialistinnen gehörten, waren wiederum Lida Gustava Heymann und Anita Augspurg. Gegen Ende der zwanziger Jahre hatten sie über achtzig Organisationen in Deutschland aufgebaut. Die Versammlungen der Pazifistinnen in München wurden immer wieder von den Hitler-Banden gestört, die die Mitglieder mit Schlagringen und Gummiknüppeln bedrohten und verletzten. Nach einer solchen Zusammenkunft forderten acht oder neun Frauen unter der Führung von Anita Augspurg und Lida Gustava Heymann eine Unterredung mit dem bayerischen Innenminister Schweyer. Sie verlangten von ihm die Ausweisung Hitlers aus Bayern, da er Ausländer war und die deutsche Staatsangehörigkeit nicht besaß.

»›Ausländer?‹, wiederholte Schweyer und fügte hinzu, ›nun, das kann man doch eigentlich nicht sagen, er ist über dem Inn an der bayerischen Grenze aus Braunau gebürtig.‹ ›Dieser Einwand steht auf schwachen Füßen‹, lautete die Antwort, ›würde ein Kommunist aus Braunau die Massen aufhetzen wie Hitler, er wäre längst aus Bayern ausgewiesen.‹ Immer weiter in die Enge getrieben, zuckte Schweyer die Achseln und schwieg. Wir verfehlten nicht, ihm zum Schluß zu erklären, daß die Zeit schon noch kommen werde, da er sich an unsere Forderung erinnern und bedauern werde, ihr nicht gefolgt zu sein.«(22)

Die Unterredung hatte eineinhalb Stunden gedauert und führte zu keinem Ergebnis. Im selben Jahr, im November 1923, fand der Hitler-Putsch statt. In ihren Memoiren führt Lida Gustava Heymann die Niederschlagung des Putsches auf die bayerische Landtagsabgeordnete Ellen Ammann zurück, die dafür sorgte, daß gefährdete Personen München im Auto verließen und Reichswehrtruppen von Würzburg nach München beordert wurden. Ellen Ammann schickte den Pazifistinnen außerdem die Botschaft, sie sollten so schnell wie möglich München verlassen:

»Als wir das ablehnten, ließ sie uns sagen: Daß es zu ernsten Zusammenstößen kommen werde, daß unsere Namen auf der Liste derjenigen stünden, die einen Kopf kürzer gemacht werden sollten, unsere Köpfe seien ihr zu schade dazu.«(23)

Viel später erfuhren die beiden Pazifistinnen, daß die Nationalsozialisten für die Nacht der langen Messer eine Liste aller ihnen unliebsamen Personen in München aufgestellt hatten, die sie durch ihre Horden beseitigen lassen wollten. Als Hitler 1933 die Macht übernahm, waren die beiden auf einer Auslandsreise, von der sie nicht mehr nach Deutschland zurückkehrten. Ihr Vermögen wurde beschlagnahmt. Beide erlebten das Kriegsende nicht mehr. Sie starben 1943 in der Schweizer Emigration.

Eine Reihe der Forderungen der »Internationalen Frauenliga für Frieden und Freiheit« ist später von Politikern aufgegriffen worden. Die Impulse zur Gründung des Völkerbundes oder der UNO gingen mit von der energischen Propaganda und Massenaufklärung der pazifistischen Frauenorganisationen aus. Dahinter stand ein weibliches Selbstverständnis, daß Frauen aufgrund ihrer biologischen Fähigkeit, Leben zu produzieren, ein unmittelbareres Interesse als Männer an der Austragung von Konflikten mit friedlichen Mitteln haben. Frauen, so argumentierten die feministischen Pazifistinnen, besitzen keinerlei ökonomische, politische oder Prestigeinteressen, die sie in Kriegen befriedigen können. Gleichzeitig erkannten sie ihre Aufgabe bei der praktischen

Sicherung des Friedens darin, aggressive Akte durch die Mobilisierung weiblicher Wählermassen unmöglich zu machen, auf die die Politiker sensibel reagieren würden. Die politische Strategie, die sie verfolgten, war an dem Ziel orientiert, konflikthaltige Punkte in der internationalen und nationalen Politik zu eliminieren.

Daß der Friedenswille der Frauen und die Ablehnung militärischer Mittel ein politischer Faktor war, dem die Parteipropaganda aller Lager Rechnung zu tragen hatte, wurde nach dem Ende des Zweiten Weltkrieges in der Bundesrepublik wieder deutlich. Als Adenauer seinen einsamen Entschluß zur Wiederaufrüstung der Bundesrepublik getroffen hatte, mußte die CDU gewaltige Propagandaanstrengungen machen, um die Abneigung bundesrepublikanischer Frauen gegen die Aufstellung eines Heeres zu überwinden. Der Widerstand der Frauen gegen den Deutschlandvertrag und den Beitritt zur Europäischen Verteidigungsgemeinschaft läßt sich an Meinungsbefragungen erkennen, die auch in den Bundestagsdebatten erwähnt wurden. Das Emnid-Institut hatte zu diesem Zeitpunkt ermittelt, daß nicht einmal 20 Prozent der deutschen Frauen für die Wiederaufrüstung zu haben waren.(24)
Um diesen inneren Widerstand abzubauen, wurden in den großen Bundestagsdebatten über die deutsche Wiederaufrüstung im Zeitraum 1952/53 besonders weibliche Abgeordnete eingesetzt, die am besten geeignet schienen, die Wählerinnen bei der Stange zu halten. Es handelt sich um ein besonders trauriges Kapitel weiblicher Selbstdarstellung im Bundestag, das hauptsächlich von den weiblichen CDU-Abgeordneten Luise Rehling und Aenne Brauksiepe bestritten wurde.
Die Debatte über die Wiederaufrüstung sei »in der deutschen Frauenwelt mit großer Leidenschaftlichkeit und teils so gefühlsbetont geführt worden, daß ich mich veranlaßt sehe, vom Standpunkt der Frau einiges zu dem ganzen Fragenkomplex zu sagen«, begann die Pfarrersgattin Luise Rehling ihre Ausführungen. Es sei selbstverständlich, daß sie es als ihre vornehmste Aufgabe in der politischen Arbeit ansehe, für den Frieden zu wirken.

»Aber ich muß mich doch sehr deutlich mit einer besonderen Art von Frauenfriedenstagen und Frauenfriedenskundgebungen, wie sie bei uns üblich geworden sind, auseinandersetzen.«

Ganze Stapel von Entschließungen sogenannter Frauenfriedenskundgebungen mit Unterschriften seien ihnen zugegangen, die einen gerechten Friedensvertrag und keinen Generalvertrag forderten. Immer wieder würde die tiefe Friedenssehnsucht der deutschen Mütter mißbraucht.

»Ich frage mich immer, warum alle diejenigen, die sich an die deutschen Frauen und Mütter mit der Aufforderung wenden, sich der Aufstellung deutscher Soldaten zu widersetzen, weil sie eine Herausforderung an den Osten bedeute, ihnen nicht gleichzeitig empfehlen, sich abends bei unverschlossener Haustür sorglos zu Bett zu legen.«(25)

Ob die Zustimmung zu den Deutschlandverträgen und die Einbindung der Bundesrepublik in ein westliches Verteidigungsbündnis falsch oder richtig war, soll hier nicht untersucht werden. Die Art und Weise, wie weibliche Abgeordnete des Bundestages sich der Propagandaaufgabe für die Wiederaufrüstung unterzogen, ist jedoch einer Betrachtung wert, denn es war das einzige Mal in der Geschichte des Deutschen Bundestages, daß Politikerinnen sich zu einer großen nationalen Frage äußern durften. In der mehrjährigen Debatte über die Ostverträge in den letzten acht Jahren traten keine Frauen mehr als Rednerinnen auf. Nur dieses eine Mal 1952 wurden sie ins Feuer geschickt, um »draußen im Lande« die Wählerinnen an ihre nationalen Pflichten zu mahnen. Der Beitrag der CDU-Abgeordneten und späteren Ministerin Aenne Brauksiepe ist bis heute in der Geschichte des Deutschen Bundestages hinsichtlich seines femininen Opportunismus unübertroffen. Der Text ihrer Rede zeigt, daß sie nicht als gleichberechtigte Abgeordnete unter anderen Volksvertretern ihre Meinung zu einer politischen Auseinandersetzung beisteuerte, sondern deutlich darum bemüht war, unter diplomatischem Einsatz weiblicher Erniedrigungsgesten die nationale Frauenrolle zu spielen, die ihre Partei verlangte. Möglichst viele Frauen sollten durch diese Art mütterlich besorgter Präsentierung mit der Adenauerschen Aufrüstungspolitik versöhnt werden.

»Wenn ich in dieser Stunde dem so erregten Gespräch der Männer als Frau etwas hinzufügen möchte, dann darum, weil der Bundestag an dem inneren Kampf zwischen Herz und Verstand, der sich in den letzten Wochen in unzähligen Frauenherzen entsponnen hat, am Widerstreit der Gedanken und Gefühle nicht vorübergehen kann und weil ich der Meinung bin, daß das Ja zum kleineren Übel nicht nur von den Männern gesprochen werden muß. Die Frauen sind zu allen Zeiten, vor allem aber an den Kreuzpunkten ihrer Geschichte, die unsichtbaren Pfeiler der Geschichte gewesen, von deren Tragfähigkeit unendlich viel abhängt ... Man soll uns Frauen nicht fragen, welchen Beitrag wir zum Krieg zu geben bereit sind, sondern was wir für den Frieden zu geben bereit sind. Erst wenn wir von dieser Ausgangsfrage her den tiefen Sinn der Sicherung des Friedens ... aufhellen, dann werden sich auch die zaghaftesten unter den Frauen wieder ihrer Tapferkeit entsinnen, die immer dann in den Herzen der Frauen aufgebrochen ist, wenn sie von tiefem Erbarmen mit der Not ihres Volkes erfüllt waren.«

Nachdem die kalte Kriegerin das große Gespenst des Bolschewismus an die Wand gemalt hatte, weitete sie ihre Beschwörung auf die christlichen Frauen in ganz Europa aus, die ihre Söhne und Ehemänner zum Kampf gegen die sowjetische Gefahr bereithalten müßten.

»In diesen Stunden der kommenden politischen Entscheidung geht meine Sorge genausogut nach Frankreich, dem Lande, das trotz der vielen Erschütterungen einen so kraftvollen Aufbruch in der Familienbewegung gezeigt hat. Geht meine Sorge ebensogut nach Italien, das von Kommunisten durchsetzt ist und in dem so unsterbliche Werte von dem Geist getragen sind, den wir unter allen Umständen zu erhalten suchen. Diese Notgemeinschaft verbindet uns Frauen und Männer des deutschen Volkes mit all jenen Ländern, in denen die moralische Kraft noch von dem unbezähmbaren Drang nach der Sicherung der Familie, der freien Persönlichkeit und des christlichen Menschenbildes überhaupt erfüllt ist. In dieser Stunde möchte ich dem Bundeskanzler die Versicherung geben: Es gibt noch eine Phalanx von Frauen, denen die Sicherung dieser Werte heilig ist, eine Phalanx von Frauen, zusammengeschmiedet, mit tapferen Herzen, und dahin gehören nicht zuletzt die Mütter derer, die in Korea kämpfen ...«

Dann wurden die »Neutralitätsapostel« angeprangert, die eine europäische »Wach- und Schließgesellschaft« erfinden wollten und einen »Kirchhoffrieden« anstelle wirklichen Friedens wollten.

»Immun geworden, schon längst immun geworden, und in dem zähen Daseinswillen, der zum Ausdruck gekommen und uns offenbar geworden ist, angefangen bei dem beispielhaften Kampf um Berlin bis zum letzten Eigenheimsparer hier in Deutschland und in der tausendfach erwiesenen heimschaffenden Kraft unserer Frauen lassen wir uns in gar nichts mehr lähmen. Wenn die christlichen Frauen in den kommenden Wochen und Monaten ihr klares und freiwilliges Ja sagen sollen, dann kommt es tief und mutig und klar, wenn sie erfahren, daß die hier zu treffenden politischen Entscheidungen, die einen so hohen Mut erfordern, ... basieren auf dem unbeirrbaren Glauben an die Unantastbarkeit der freien Persönlichkeit und an die unzerstörbaren Werte, die eine Familie innerhalb des Volkes und der Völker wahrhaftig bedeutet. Dann werden die Frauen nicht nur mit den Herzen ihr Ja sagen, aber auch nicht wie so viele Männer, nur mit dem Verstand; dann werden sie, so hoffe ich, mit beherztem Verstand an die Dinge herangehen.«

Sie schloß ihr Plädoyer für die Aufrüstung mit dem Satz:

»Weil mich das zutiefst erfüllt, weil mich das bis in mein Innerstes bewegt, stehe ich hier auf und bringe diesen winzigen Beitrag der Frau zum Gespräch der Männer.«(26)

Die Hauptstoßrichtung der Frauen von der CDU war dabei ein Angriff auf die Abgeordnete Helene Wessel, die wie viele der CDU-Frauen aus der katholischen Frauenbewegung kam und nach dem Ende des zweiten Weltkrieges versucht hatte, die christliche Zentrumspartei wiederaufzubauen. Als Partei- und Fraktionsvorsitzende im Bundestag hatte sie Anfang der fünfziger Jahre immer wieder gegen chauvinistische Töne in der deutschen Parteipolitik gekämpft. Nun wurde der Linkskatholikin Helene Wessel von ihrer CDU-Kollegin Luise Rehling geraten, sie solle mit ihren Mitstreiterinnen in die Ostzone gehen und dort Frauenfriedenstage und Frauenfriedenskundgebungen veranstalten, und Aenne Brauksiepe warf ihr vor, sie würde durchs Land reisen, als sei es noch 1946.

> »Ebenso furchtlos und klar muß man den Frauen und Männern im Lande die Sinnlosigkeit der von Frau Wessel eingeschlagenen Wege klarmachen, die weiß Gott in dieser Stunde ihrem Volke einen schlechten Dienst erwiesen hat.«(27)

Diesen demagogischen Angriffen, die es indirekt als unweiblich deklarierten, sich in das Gespräch der Männer über Verteidigung zu mischen, und unter diesem Deckmantel dennoch die Integrität anderer Frauen angriffen, setzte Helene Wessel ihren Standpunkt entgegen, der nicht mit der weiblichen Rolle kokettierte, sondern an die Vernunft von Frauen und Männern appellierte:

> »Aber man kann doch dieser Politik gegenüber auch noch eine andere Auffassung haben, nämlich die, daß ich daran glaube, daß mit Machtpolitik diese Welt nicht wieder in Ordnung zu bringen ist, sondern daß gerade die Menschen, die vom christlichen Standpunkt aus diese Welt in Ordnung bringen wollen, die Persönlichkeit des Menschen und den Glauben an den Geist und seine Wirkung höher einschätzen sollten als Atombomben und Panzer.«(28)

In der Schlußabstimmung über die Verträge prangerte sie noch einmal das undemokratische Vorgehen Adenauers in dieser Frage an:

> »Dieser Bundestag ist nicht mit dem Auftrag gewählt worden, eine Wiederaufrüstung Deutschlands durchzuführen.«(29)

Sicherlich würde man Luise Rehling und Aenne Brauksiepe Unrecht tun, wenn man sie Gertrud Bäumer einfach an die Seite stellte, die mit ihren chauvinistischen Durchhalteparolen expansionistische Kriegsziele der damaligen politischen

Führung abdeckte und rechtfertigte. Aber es ist doch bemerkenswert, wie sich die Parolen in ihrer demagogischen Vereinfachung gleichen, wie Frauen für Entscheidungen nachträglich vereinnahmt werden sollen, die nicht die ihren waren. Es führt also – bewußt oder unbewußt – ein Weg von Bäumer zu Brauksiepe, wie auch auf der anderen Seite von Heymann zu Helene Wessel, deren praktisch-ethische Argumentationen erstaunlich nahe beieinander sind.

IV.
Frauen ohne Programm

14. Kapitel
Die Sünde des Selbstopfers
Das Scheitern der ersten Frauenbewegung — war das Frauenstimmrecht ein falsches Ziel?

> »Kaum in die politische Gleichberechtigung eingetreten, haben sie sich den Männerparteien angeschlossen und gehen im Joch der Parteidisziplin so unterwürfig, wie sie es privatim unter der Vormundschaft des Mannes gewohnt waren.« *Rosa Mayreder*

Als im November 1918 in Deutschland das Frauenstimmrecht verkündet wurde, sollte nach Meinung der Frauenbewegung eine neue Ära der Menschheit anfangen. Hedwig Dohm hatte prophezeit:

> »Wir dürfen sicher sein, nach einigen Generationen werden das Stimmrecht und die politische Verantwortlichkeit eine Revolution in den Köpfen der Frauen und eine Läuterung ihrer Gesinnung bewirkt haben.«

Der deutsche Philosoph Max Scheler erwartete eine Revolution der konservativen Werte von der Verwirklichung des Frauenstimmrechts, als »ewige Bremskraft« würde die Frau den »dahinstürzenden Zivilisations- und Kulturwagen« aufhalten. Er fragte sich bereits,

> »wie würde die politische Gleichstellung der Frauen in Italien auf das Verhältnis des Papsttums zum Staate oder König einwirken? Wie auf das Verhältnis Frankreichs zum Römischen Stuhl?«(1)

In einem Punkt, den auch die Sozialisten lange befürchtet hatten, behielt Scheler recht: überall wählten die Frauen konservativ und christlich.

Die zweite Frauenbewegung, die in den sechziger Jahren dieses Jahrhunderts einsetzte, hat der fetischhaften Forderung nach Frauenstimmrecht die Schuld daran gegeben, daß von dem Moment an, als es politische Wirklichkeit geworden war, die Frauenfrage mehr und mehr aus der Diskussion verschwand und sich eine sexuelle Konterrevolution (Kate Millett) durchsetzen konnte. »Votes for Women« war jedoch nur in den angelsächsischen Ländern zur alles umfassenden Formel geworden.

In einem Aufsatz, in dem sie sich mit der Suffragetten-Strategie auseinandersetzte, hatte Edith Havelock-Ellis den Wert des Stimmrechts so eingestuft:

> »Das Stimmrecht ist dringend erforderlich, weil es ein Punkt des großen Kreises Gerechtigkeit ist, aber nie wird es und nie kann es dieser Kreis selbst sein. Es ist eines jener Mittel, durch welche die Frau sich endlich als eine Ganzheit und nicht als Zubehör empfinden kann. Das Entsetzliche in der Stellung der Frau von heute ist, daß weder ihr Körper noch ihre Zeit oder ihre Individualität ihr wirklich selbst gehört.«(2)

Die Frauen, die weltweit für ihre Bürgerrechte und die Ausübung des passiven und aktiven Wahlrechts gekämpft hatten, hatten sie sich wirklich für eine völlig inhaltslose und unpolitische Stimmrechtsforderung erhoben, die automatisch in einer Niederlage enden mußte? – Eine derart globale Beurteilung hat bisher nicht dazu geführt, die Wurzeln für den Niedergang der Frauenbewegung bloßzulegen. Zwar war der allgemeinste Nenner der Frauenbewegung ein Heilsversprechen, das im politischen Leben scheitern mußte. Das Versprechen hieß, daß Frauen die politische Atmosphäre grundsätzlich verändern würden, daß Politik durch ihren Einfluß ihren brutalen Machtcharakter verlieren, Parteiegoismus gedämpft und das Wohl des Ganzen mehr im Auge behalten würde usw. Typisch für diese Heilserwartungen, in die durchaus konkrete Forderungen verwoben waren, ist eine Passage aus dem 1910 erschienenen Buch von Rheta Childe Dorr, »What Eight Million Women Want«:

> »Ich träume von einer Gemeinschaft, in der sich Männer und Frauen die Arbeit des Regierens und Verwaltens entsprechend ihren speziellen Fähigkeiten und natürlichen Möglichkeiten einteilen. Die Einteilung der Arbeit zwischen ihnen wird nach natürlichen und nicht nach überkommenen Kriterien erfolgen. Niemand wird entspre-

chend seinem Geschlecht, sondern entsprechend seiner Arbeit entlohnt. Die Stadt wird wie ein großartiger, gut geordneter, komfortabler und gesunder Haushalt sein. Wie in einer Familie wird jedermann genug zu essen und anzuziehen und ein gutes Bett für den Schlaf haben. Es wird keine Slums geben, keine Schweißläden, keine traurigen Frauen und Kinder, die in Mietskasernenräumen spielen. Es wird keine Babys geben, die sterben, weil sie unreine Milch erhalten haben. Es wird keine »Lungenblocks« geben, die Menschenwesen vergiften, damit Hausbesitzer schmutzige Profite machen können. Keine angemalten Mädchen mit nagendem Hunger in ihren leeren Mägen werden im Schatten auf und ab gehen. Für die ganze Familie wird gesorgt werden. Man wird sie lehren, für sich selbst zu sorgen, geschützt in ihren täglichen Aufgaben, geborgen in ihren Heimen.

Die üblen Dinge in der Gesellschaft sind schlicht das Ergebnis davon, daß die Hälfte der menschlichen Rasse mit lediglich der Hälfte der Weisheit und nicht einmal der Hälfte der moralischen Kraft, die in der Rasse enthalten ist, versucht, die Welt alleine zu regieren. Die Herrschaft der Männer beruht auf Macht, auf Gewalt. Alles Üble, alles Schlechte, alles Egoistische ist eine Form der Gewalt. Selbst Armut ist eine Form von Gewalt. Frauen werden die Gewalt nicht tolerieren.«(3)

Die Autorin, die im Namen der acht Millionen Frauen, die dem »Weltbund für Stimmrecht« 1910 angehörten, ihre Utopie vom mütterlichen Staat als einem großen gepflegten Haushalt entwarf, in dem jeder Mensch Anspruch auf Umsorgtsein haben sollte, war alles andere als eine Radikale. Sie war die typische Vertreterin des amerikanischen Woman's Club, daran interessiert, praktische Veränderungen zu erreichen und die Welt in Ordnung zu bringen, so daß sie eine harmonische Bedürfnisbefriedigung für alle bot.

Unterhalb des globalen Heilsnenners jedoch hatte es ein ganzes Spektrum von Reformforderungen gegeben. Mutterschutz und Schulreform, Abrüstung, Gleichstellung des unehelichen Kindes, Entkriminalisierung der Prostitution und der Abtreibung, Humanisierung der Arbeitswelt, Gleichstellung im Eherecht, Recht auf Arbeit und gerechte Bezahlung, Abschaffung der doppelten Moral, das waren politische Ziele gewesen, die die internationalen Frauenstimmrechtsorganisationen angestrebt hatten. Warum wurde so wenig davon verwirklicht – warum scheiterten die Frauen, sobald sie versuchten, in die Parlamente zu kommen?

Die Präsidentin der amerikanischen Bewegung, Carrie Chapman Catt, drückte die Enttäuschung amerikanischer Frauen darüber aus, daß der Kongreß nicht sofort nach Beendigung des Krieges das Stimmrecht für die amerikanischen Frauen beschloß, deren politisches Engagement bereits mit dem Kampf gegen die Sklaverei angefangen hatte. Als sie, nicht zuletzt durch ihren Einsatz, abgeschafft worden war, hatten schwarze Männer das Stimmrecht erhalten. Den Frauen war es verweigert worden, und es steigerte ihre Verbitterung, als sie zusehen mußten, wie die Stimmen derselben schwarzen Männer und anderer eingewanderter Minoritäten, Analphabeten, in vielen Fällen von Parteien und Unternehmen gekauft wurden, um sie bei einem Referendum gegen das Stimmrecht der Frauen abzugeben, von dem ganze Industrien, zum Beispiel die Alkoholproduktion, ihren Untergang befürchteten. Tausenden von Wählern, die die Verfassung und den Gesetzgebungsprozeß Amerikas noch nicht kannten, sei eingeredet worden, daß die Streichung des Wortes »Mann« im Wahlgesetz bedeuten würde, das Stimmrecht den Männern wegzunehmen und nur den Frauen zu überlassen.(4)
Nach dem Ende des Weltkrieges starteten sie einen letzten großen Feldzug, der 1920 zum Erfolg führte. Besonders Carrie Chapman Catt empfand es als Schmach, daß die Vereinigten Staaten nicht als erste Nation entsprechend ihren Gleichheitsidealen, sondern als 27. Land den Frauen das Stimmrecht bewilligten, während den deutschen Frauen dieses nach dem Waffenstillstand innerhalb weniger Tage zuerkannt worden war.(5)

Nicht in allen Ländern brachte das Ende des Ersten Weltkrieges den Frauen das Stimmrecht, eine ganze Reihe folgte erst 1945. Es gab auch kuriose Zwischenlösungen: in Belgien und Kanada erhielten nach 1918 zunächst nur die Witwen und Mütter von Kriegsopfern das Stimmrecht, in El Salvador und Großbritannien wurde das Wahlalter für Frauen höher festgesetzt als für Männer. In Frankreich dauerte der Kampf für das Frauenstimmrecht bis 1945, obwohl die Volksfrontregierung 1936 unter Léon Blum einen weiblichen Minister ernannte.

Schon die ersten Schritte in die Parteipolitik wurden für die Frauen, die aus den Organisationen der Frauenbewegung kamen, zu Mißerfolgen. Obwohl es bis dahin mit Ausnahme der sozialistischen fast nur reine Männerparteien gegeben hatte, kamen die mitgliederreichen Frauenorganisationen keinen Moment auf die Idee, ihre Apparate, ihr ganzes Netz an lokaler Organisation ebenso, wie es beim Entstehen der Männerparteien der Fall gewesen war, in Frauenparteien umzuwandeln. Der Eintritt in die Männerparteien sollte ihnen endlich den ersehnten politischen Prestigegewinn bringen. Dafür kastrierten sie ihre eigenen wirkungsvollen und erprobten Kampforganisationen und degradierten sie zu bedeutungslosen Verbänden im vorparlamentarischen Raum, statt sie als unabhängige politische Kräfte zu etablieren. Die Mitgliedschaft in diesen Parteien bedeutete die Zerstörung des Selbstbewußtseins und der Identität, die sie sich in langen Kampagnen erworben hatten. In ihren Organisationen waren sie ihre eigenen Königinnen gewesen, jetzt im Namen eines Frauenstimmrechts, von dem sie glaubten, es sei nur durch Parteieintritt verwirklichbar, wurden sie wieder Sklavinnen, im besten Fall Paradepferde und Aushängeschilder für eine männliche Parteielite. Mit welcher Unbeirrbarkeit die Frauen ihren Untergang als selbständige politische Kraft betrieben, zeigt ein Zitat von Carrie Chapman Catt, die zwar zugab, daß Frauen von den Parteimaschinen mißbraucht würden, aber gleichzeitig meinte,

> »eine Braut, die in das Haus ihrer Schwiegermutter einzieht, hat wenig Möglichkeiten, es nach ihren eigenen Vorstellungen zu führen.«(6)

Der Historiker J. Stanley Lemons beschreibt in seinem Buch »The Woman Citizen, Social Feminism in the 1920's«, die

Situation der Frauen, die in die männlich beherrschten Parteien eintraten:

»Viele Frauen, die versuchten, sie in Ordnung zu bringen, erlitten nur Niederlagen. ›Überall im Land sind Frauen, die loyal zu ihrer Partei standen und die einsichtig gegenüber den Pflichten ihrer Partei wie auch gegenüber den Rechten der Wähler waren, diktatorisch ohne Angabe von Gründen aus Ämtern entfernt worden, die sie eifrig in der Hoffnung übernommen hatten, ihrer Partei zu dienen.‹«(7)

Trotzdem bestand Carrie Chapman Catt darauf, daß die Frauen in den Parteien blieben und dort weiterkämpften. Andere Frauen wie Winifred Starr Dobyns, die erste Vorsitzende des republikanischen Frauenkomitees von Illinois, gaben es nach kurzer Zeit auf, die Partei von innen zu reformieren, weil sie dort Außenseiterinnen ohne Einfluß blieben.

»Einmal in der Partei, standen wir unter Kontrolle. Unser Aufmerksamkeitswert war verloren.«

Die Parteimaschinerie beugte sich ihrer Meinung nach nur dem Druck von außen, nicht dem von innen.

Ein Beobachter der politischen Szene, Frank Kent, stellte fest, es sei ein unleugbares Faktum, daß in jeder Stadt im Land und in jedem Staat das Frauenstimmrecht die Macht der politischen Maschinerie und der politischen Bosse erhöht habe. Die Parteimaschinen erhielten Frauenstimmen, indem sie alle weiblichen Verwandten von männlichen Parteimitgliedern in Wahlkämpfen einsetzten und durch deren Unterstützung Frauenstimmen für männliche Kandidaten gewannen.(8)

Die Demokratische Partei nominierte Harriet Mills, eine außergewöhnlich qualifizierte Kandidatin, die gegen einen mittelmäßigen Parteifunktionär unterlag, weil sie nach ihrer Nominierung vom Parteiapparat keinerlei Unterstützung erhielt.

Daraufhin wurde von den Frauenorganisationen erwogen, eine Frauenlobby zu bilden, die nur Frauen wählen würde. Aber Carrie Chapman Catt war damit nicht einverstanden. Im Jahr 1920 verdoppelte die Demokratische Partei ihr Bundespräsidium, so daß sie von jedem Staat ein weibliches und ein männliches Mitglied aufnahm, aber es war jeweils das männliche Parteimitglied, das die Frau zu ernennen hatte.(9) Eine andere Kandidatin, N. Martin, kam nach mehreren fehlgeschlagenen Kampagnen 1925 endgültig zu dem Schluß, daß der Rat, den die Frauenstimmrechtsführerinnen gegeben hatten, in die großen Parteien einzutreten, total falsch gewesen war.

»Zweifellos hat Mrs. Carrie Chapman Catt den Untergang des Feminismus für viele nachfolgende Jahre verkündet, als sie die eben wahlberechtigten Frauen aufforderte, bescheiden ›sich für das Bürgerrecht einzuüben‹, in die Männerparteien einzutreten, ›in der Partei ihrer Wahl zu arbeiten‹.«(10)

Sie forderte die Frauen auf, nur noch weibliche Kandidaten zu unterstützen und nicht mit den großen Parteien zu kooperieren. Erst wenn die Hälfte der Gesetzgeber Frauen wären, könne von Gleichberechtigung gesprochen werden. Noch weiter ging die Präsidentin der nationalen Frauenpartei (National Woman's Party), Mrs. O. H. P. Belmont. Die Partei war aus dem von Alice Paul 1913 gegründeten radikalen Flügel der amerikanischen Frauenbewegung entstanden und hatte durch die Übernahme von Suffragettenmethoden große Publizität erhalten. Die nationale Frauenpartei nahm keine Männer auf. Frauen sollten von der Schmach befreit sein, zu den alten politischen Parteien zu gehören.

»Ich möchte keine Frau im Senat als Republikanerin oder als Demokratin sehen.«(11)

Es gelang den ehemaligen Stimmrechtskämpferinnen in den USA nicht, die Parteien zu reformieren – obwohl sie vor allem in den zwanziger und dreißiger Jahren in besonders krassen Fällen von Parteikorruption erfolgreiche Kampagnen zur Absetzung korrupter Politiker oder Einsetzung von Untersuchungsausschüssen führten. Dies waren jedoch wiederum fast ausschließlich Kämpfe von außen, nicht innerhalb der Parteien.(12)

Das neugewonnene Frauenstimmrecht der Amerikanerinnen verkehrte sich innerhalb kurzer Zeit in ein Instrument, das eher autoritärem als demokratischem Denken entsprach.
Die Frauen, die dem Kampf um das Stimmrecht ihr Leben

gewidmet hatten, mußten erleben, daß von den wenigen, die in den Kongreß oder in den Senat gewählt wurden, ein großer Teil Stimmrechtsgegnerinnen war. Bis zum Jahr 1970 wurden 67 Frauen ins Repräsentantenhaus gewählt und zehn in den Senat. Bis 1949 waren fast alle weiblichen Kongreßmitglieder Witwen, die beim Tod ihres Mannes zu seiner Nachfolgerin ernannt, nicht gewählt wurden. Sie kamen also zunächst nicht durch direkte Wahl, sondern durch einen Ernennungsakt in das amerikanische Bundesparlament.

Daß sich dieser feudalistische Zug des amerikanischen Wahlrechts bis heute erhalten konnte, wirkt auf ein europäisches Demokratieverständnis befremdend. Nach 1950 gab es immerhin direkt gewählte Frauen. Bis zum Jahr 1963 waren 34 weibliche Kongreßmitglieder gewählt, 36 ernannt worden. Die meisten der Witwen im Kongreß blieben nicht länger als bis zum Ende der Legislaturperiode. Von den zehn Senatorinnen, die in einem Zeitraum von fast fünfzig Jahren in den amerikanischen Senat kamen, waren sieben »nachgerückt«, nur drei gewannen ihren Sitz durch eigene Anstrengungen, darunter zwei Witwen, die wiedergewählt wurden.(13)

Eine der bekannteren Senatorinnen, Hattie Ophelia Wyatt Caraway von Arkansas, der es gelang, fast 15 Jahre im Amt zu bleiben, folgte 1931 durch Ernennung als Witwe ihrem Mann im Amt. Sie hatte sich niemals mit der Stimmrechtsorganisation ihres Staates identifiziert, aber immerhin bis 1943 ihre Meinung über die Frauenfrage so geändert, daß sie als Co-sponsor des Equal Rights Amendment (ERA) die erste Frau im Kongreß wurde, die das Gleichberechtigungsgesetz unterstützte.(14)

Als die Frau von George Wallace 1966 als Platzhalterin ihres Mannes zum Gouverneur gewählt wurde, waren ihr zwei weibliche Gouverneure in der amerikanischen Geschichte vorangegangen. Eine davon, Miriam A. Fergusson, war 1924 zum Gouverneur von Texas gewählt worden, nachdem ein Untersuchungsausschuß ihren Mann abgesetzt hatte. Beide Ehepartner waren erklärte Frauenstimmrechtsgegner. Ihr Mann hatte einen so negativen Einfluß auf sie, daß ihr ebenfalls ein Absetzungsverfahren drohte. Entgegen der Gewohnheit weigerte sich ihre Partei, sie 1926 noch einmal zu nominieren. Sie gab aber nicht auf und wurde 1932 zum zweiten Mal gewählt. Auch was den Einfluß ihres Mannes anbelangte, hatte sie hinzugelernt: sie entließ ihn als ihren Ratgeber.(15)

Großbritannien bietet wohl das erstaunlichste Beispiel für den Niedergang der Frauenbewegung. Die feministische Bewegung, hauptsächlich in der Suffragettenorganisation Woman's Social and Political Union, W. S. P. U., organisiert, besaß um 1912 eine »Kriegskasse« von rund zwei Millionen Mark und hatte ein Jahresbudget von nahezu 700 000 Mark. Zur Unterstreichung ihrer Forderung brachte sie am 21. Juni 1908 mit Unterstützung von 30 Sonderzügen aus allen Teilen des Landes 250 000 Menschen zum Hyde Park, der vorher nie mehr als 72 000 Demonstranten gesehen hatte. Als der Premier Asquith immer noch ausweichend auf die Stimmrechtsforderung reagierte, versammelte die W. S. P. U. nur neun Tage später 100 000 Menschen zu einer illegalen Demonstration auf dem Parliament Square. Die Polizei bot ein Heer von 5000 Polizisten auf, 50 davon zu Pferde, und brauchte dennoch mehr als vier Stunden, um Herr der Lage zu werden.

Allerdings waren alle britischen Parteien, nicht nur die Labour Party, klug genug gewesen, sich die Mitarbeit weniger militanter Frauen zu sichern, noch bevor das Frauenstimmrecht eingeführt wurde. Kaethe Schirmacher schreibt dazu 1912:

> »So besaßen alle politischen Parteien Englands eine Hilfstruppe geschulter, eifriger, opferfähiger Frauen, ohne daß diese Parteien auch nur das geringste für das Frauenstimmrecht getan hatten oder zu tun gedachten. Diese Hingabe ohne jeden Lohn, welche politische Unreife bedeutet, nennt Mrs. Pethick-Lawrence ›the sin of self-sacrifice‹.«(16)

Diese »Sünden des Selbstopfers« wurden auch in England, wie in Amerika und Deutschland, nach 1918 zur herrschenden Tendenz bei den Frauen, die einst mächtige Suffragettenbewegung trocknete allmählich aus.

Die Suffragetten hatten die einzige Frauenstimmrechtsbewegung Europas gebildet, die Frauen zu einer Art Klasse zusammengeschmolzen hatte. Arbeiterinnen und kleine Angestellte waren unter ihnen ebenso vertreten wie Aristokratinnen.

Die berühmte Mrs. Drummond, als General Drummond bekannt, die zu Pferde die Riesenprotestzüge der Suffragetten durch London leitete, war, nachdem ihre verwitwete Mutter und sie sich jahrelang das Geld für eine Ausbildung als Posthalterin zusammengespart hatten, vom Postminister durch einen Erlaß vom Postdienst wieder ausgeschlossen worden. Der Erlaß schrieb für beide Geschlechter die gleiche Körperhöhe von fünf Fuß/zwei Zoll vor. Sie war nur fünf Fuß/einen Zoll groß. Frauen wie der General Drummond oder die Arbeiterin Annie Kenney spielten eine führende Rolle in der Organisation.(17) Der Krieg brachte die Selbstauflösung der militanten englischen Frauenbewegung. Das Ergebnis war, daß die wichtigsten Reformforderungen zum Eherecht in Großbritannien erst 1935 vom Parlament behandelt wurden.

> »Die Ehemänner wurden von der Verantwortung für die von ihren Frauen begangenen Straftaten oder unerlaubten Handlungen befreit und die verheirateten Frauen in die allgemeine Gruppe der erwachsenen Personen einbezogen, die Eigentum besitzen dürfen.«(18)

Erst dieses Rechtsreformgesetz von 1935 löste die verheirateten Frauen »aus der Dreiheit von Kindern, Geistesgestörten und verheirateten Frauen« und reihte sie in die Kategorie der rechtsmündigen Personen ein.

Regine Deutsch, die das Verhalten und die Mitarbeit der 37 gewählten Frauen in der Nationalversammlung in ihrem 1920 erschienenen Buch »Die politische Tat der Frau« bewertete, schreibt:

> »Ohne daß die Mehrzahl der deutschen Frauen es gewünscht hätte, ja gegen Wunsch und Willen eines Teils von ihnen, hat die Revolution des Novembers 1918 den Frauen das Wahlrecht gegeben. Der Widerstand dagegen ging zum größten Teil von den rechtsorientierten Frauenverbänden aus.«(19)

Im Deutschen Reich wußten viele Frauen der bürgerlichen

Stimmrechtsbewegung nach der Proklamation des Frauenwahlrechts im November 1918 nicht sofort, wohin sie sich politisch wenden sollten. Dorothee von Velsen, die von Helene Lange den Vorsitz des Allgemeinen Deutschen Frauenvereins übernahm, schildert in ihren Erinnerungen, wie sie plötzlich vor der Entscheidung stand, in eine Partei einzutreten. Eine Kollegin rief sie an und forderte ihre Unterstützung für die Wahlen:

»›Aber für welche Partei?‹ fragte ich verwirrt. ›Es gibt doch nur eine; wir alle sind dort, Gertrud Bäumer, Dr. Lüders, Alice Salomon; es kommt nur die Demokratische Partei in Frage.‹«

Sie erbat sich eine kurze Bedenkzeit, ehe sie in die Partei eintrat.

»Gleich mir wußte die große Mehrzahl der Frauen nicht, wohin sie politisch gehörte«,

erklärt sie ihr Schwanken.(20)

Auch in Deutschland wurden prominente Stimmrechtsgegnerinnen sofort auf vorderste Plätze in die Nationalversammlung gewählt. Die Vorsitzende des Deutsch-Evangelischen Frauenbundes, Paula Müller-Otfried, die noch 1917 aus dem »Bund Deutscher Frauenvereine« wegen der Stimmrechtsforderung ausgetreten war, ließ sich von den schärfsten Gegnern des Frauenstimmrechts, der Deutsch-Nationalen Volkspartei, aufstellen.(21)

Der Hintergrund für die Aufstellung von Kandidatinnen durch Stimmrechtsgegner war in erster Linie der Gedanke, daß der Teufel am besten durch Beelzebub auszutreiben sei. Amüsant ist in diesem Zusammenhang, daß nicht nur die protestantischen Frauen im Deutschen Reich, sondern auch unter deutschen Auswanderern das Stimmrecht ablehnten. In Südaustralien (Einführung des allgemeinen Wahlrechts 1894), wo deutsche Einwanderer große Niederlassungen gegründet hatten, wetterten die Pastoren besonders scharf gegen die Verleihung des Stimmrechts an Frauen:

»Das Frauenstimmrecht ist uns aufgezwungen worden. Wir Deutschen haben nicht danach gestrebt. Da das Gesetz nun aber einmal besteht, würden wir thöricht handeln, wenn wir es uns nicht zu Nutze machten. Wir fordern deshalb alle deutschen Frauen dringend auf, ihre Namen eintragen zu lassen und bei der nächsten Wahl zu stimmen. Am Ende wird es möglich sein, mit Hülfe der deutschen Frauen das unnütze Gesetz aufzuheben. Ist es nicht möglich, so können wir wenigstens seinen schädlichen Folgen entgegenarbeiten.«(22)

Solche Hintergedanken scheinen auch bei der Kandidatur von Paula Müller-Otfried im Spiel gewesen zu sein.
Marie-Elisabeth Lüders, Kandidatin der Deutschen Demokratischen Partei, beschreibt den ersten Wahlkampf, in dem um Frauenstimmen gekämpft wurde:

»Unser Weg in das Parlament entbehrte nicht der Komik. Je näher die Möglichkeit rückte, durch die Aufstellung von Kandidatinnen Stimmen für die Wahl und damit den Männern Mandate zu gewinnen, um so werbekräftiger wurden Reden, Zeitungsartikel, Aufrufe usw. an die Frauen – genauso wie heute! Es war äußerst belustigend, die unverfrorenen Tiraden zur Kenntnis zu nehmen, mit denen man nun versicherte, ›schon lange die hohe Bedeutung der Frau für das politische Leben erkannt‹ zu haben. Natürlich wurde diese hohe Bedeutung nachdrücklich nur für den Bereich der Familie – der Hausfrau und Mutter, allenfalls auch für die Gesittung im allgemeinen hervorgehoben, richtiger gesagt: darauf beschränkt.«(23)

Besonders hoffnungsvoll war zunächst die Situation in Bayern. Hier verkündete Kurt Eisner nach einer gewaltlosen Revolution die Republik und das allgemeine Wahlrecht für alle Bürger. In der Woche danach wurden von linksgerichteten Frauen in Hamburg und München Frauenversammlungen abgehalten, in denen Bekenntnisse zur Republik und zur unblutigen Revolution abgelegt wurden.
Am Tag nach dieser Versammlung suchten die beiden Feministinnen Lida Gustava Heymann und Anita Augspurg Kurt Eisner auf. Er war der Mann, dessen revolutionäre Integrität und humaner Sozialismus ihnen Vertrauen einflößte, und dem sie zutrauten, daß er die Waffenstillstandsverhandlungen für Deutschland besser als irgendein anderer geführt hätte. Eisner akzeptierte in dieser Aussprache den Standpunkt der beiden Feministinnen, niemals Mitglied einer poli-

tischen Partei zu werden. Ob er unter diesen Umständen ihre Mitarbeit haben wolle? Eisner willigte ein und zeigte volles Verständnis für ihre Vorbehalte. Lida Gustava Heymann schreibt, daß Hedwig Kämpfer (Mitglied der Unabhängigen Sozialdemokratischen Partei) schon im November 1918 »die frauenrechtlerische Schulung der proletarischen Frauen, besonders der Frauen innerhalb der sozialistischen Parteien und Gewerkschaften« forderte. Daraufhin schlossen sich die Frauen der radikalen und der politisch linksgerichteten Frauenbewegung zum »Bunde sozialistischer Frauen« zusammen. Diese historische Synthese von Feminismus und Sozialismus dauerte allerdings nicht viel länger als die Räte-Republik in Bayern und wurde von sozialdemokratischen Männern als ungewohnt kämpferisch empfunden.(24)
Innerhalb der wenigen Monate, die das Eisner-Räteregime dauerte, wurde ununterbrochen Frauenagitation in Bayern betrieben. Eine Pädagogenkommission erarbeitete in dieser Zeit bereits Pläne für eine zukünftige Schulgestaltung, an der die Frauen, unter ihnen Lida Gustava Heymann, beteiligt waren:

> »Unvergeßlich bleiben mir die Verhandlungen in der Erziehungskommission, wo die Pläne für die zukünftige Schule eines neuen Deutschland ausgearbeitet wurden, deren Aufgabe es sein sollte, denkende Menschen zu bilden ... weit vorausschauend sahen wir die Menschen, die aus diesen Schulen hervorgehen würden, einen neuen, vernunftgemäßen Staat aufbauen, in dem es sich für alle lohnte zu leben.«(25)

Sofort nach dem 8. November hatte der revolutionäre Zentralarbeiterrat ein provisorisches Parlament gewählt, dem Anita Augspurg als Vertreterin der Frauenbewegung angehörte. Sie kandidierte für die Landtagswahlen, die im Dezember ausgeschrieben wurden.

> »Mit Rucksäcken beladen, die das erforderliche Propagandamaterial und eine Glocke enthielten, durchwanderten Frauen die Gegend von Dorf zu Dorf.«(26)

Die Frauen waren besonders an Informationen über das Ehe- und Erziehungsrecht und die ökonomische Stellung der Frau im neuen Staat interessiert:

»Bei einigen Bäuerinnen zeigte sich das Interesse so lebendig, daß sie sich den Rednerinnen anschlossen, mit ihnen durch hohen Schnee ins nächste Dorf stapften. Sie halfen ihnen, trugen die Rucksäcke, verteilten Flugblätter, gingen mit der Klingel von Haus zu Haus, holten die Frauen zur Versammlung.«(27)

Daraufhin erschienen katholische Geistliche in den Frauenversammlungen, die der Kandidatin von Dorf zu Dorf folgten und gegen die Kandidatur von Anita Augspurg sprachen. Sie

»faselten von der drohenden Gefahr freier Liebe, freier Ehe, dem illegitimen Kinde«.

Anita Augspurg wurde nicht gewählt. Bald darauf wurden die Wahlen für die Deutsche Nationalversammlung auf den 19. Januar festgesetzt.

»Wir, die wir von jeher den Standpunkt vertreten hatten, daß es nicht die Aufgabe der Frauen sei, sich ins Schlepptau politischer Männerparteien nehmen zu lassen, wir wollten den Frauen eine ihrer Zahl angemessene Vertretung durch weibliche Abgeordnete sichern. Schlugen zu dem Zweck Frauenlisten vor und rechneten mit der Möglichkeit eines Zusammengehens aller Frauen. Unsere Rechnung war falsch ...«(28)

Kurt Eisner kandidierte für die Unabhängige Sozialdemokratische Partei. Er forderte, daß an zweiter Stelle auf die Liste der Name einer Frau gestellt werde. Die Parteileitung fragte bei Lida Gustava Heymann an, obwohl sie kein Parteimitglied war. Sie akzeptierte, weil man ihr versicherte, daß sie keine Chancen hätte, gewählt zu werden. Tief mißtrauisch gegen die preußische Reaktion, schrieb sie nach den Wahlen zur Nationalversammlung:

»Der alte Reichstag und die neue Nationalversammlung haben ein verflucht ähnliches Aussehen. Viele der alten Abgeordneten aus dem selig dahingeschiedenen Reichstage kehren wieder zurück. Sie haben sich, so unglaublich das auch scheint, von ihrer alten Partei unter neuer Firma aufstellen lassen und sind, was noch unglaublicher ist, von deutschen Männern – und leider auch Frauen – wiedergewählt worden. Dieselben altersschwachen Greise, dieselben Parteigötzen, die seit Jahrzehnten an jedem Kuhhandel beteiligt, zu jeder Konzession bereit waren, die sich von der preußisch monarchistischen militärischen Regierung so schmachvoll hatten betrügen lassen, die deren verbrecherische Kriegspolitik mitgemacht haben und dadurch eine nie wiedergutzumachende Schuld auf sich luden, diese Männer ziehen wieder in die Nationalversammlung ein.«(29)

Die Soziologin Regine Deutsch würdigte dagegen den großen Wahlerfolg der deutschen Frauen, der sich besonders glanzvoll gegen andere Länder abhob, die Deutschland in der Frauenbewegung weit voraus gewesen waren:

»Trotzdem können die deutschen Frauen mit Stolz sagen, daß noch in kein Parlament der Welt – bei einer ersten Beteiligung der Frauen am aktiven und passiven Wahlrecht – eine so große Zahl von Vertreterinnen eingezogen ist. Die Frauen des Auslandes, die dem plötzlichen Wandel der Stellung der Frau in Deutschland mit Interesse folgten, gaben ihrem Erstaunen darüber Ausdruck; ihnen erschienen 37 weibliche Abgeordnete als ein unerhörter Frauenerfolg. Im englischen Unterhaus sitzt nur eine Frau.«(30)

In den ersten Sitzungen versäumten die ehemaligen Stimmrechtsgegner nicht, darauf hinzuweisen, daß dieses Thema immer strittig gewesen sei und auch bei den Mehrheitssozialisten nicht nur Freunde hatte. Wie wenig sich die meisten Abgeordneten in ihrer neuen Rolle gegenüber der Frau als Kollegin zurechtfinden konnten, zeigt eine Rede des Zentrumsabgeordneten Spahn, der von den weiblichen Vertreterinnen des Volkes eher eine Madonnenrolle erwartete als eine politische Haltung:

»Das Wahlrecht der Frau hat den Gedanken, den mittelalterliche Gelehrte ausgesprochen haben, zum Nationalgedanken erhoben, ›daß bei der Frau es ein Herrschen im Dienen, einen Stolz in der Demut, eine Gewalt im Gehorsam gebe‹, und das deutsche Volk wird bald die mächtige Waffe fühlen, die der Schöpfer den Frauen im Herzen gegeben hat.«(31)

Aber die Frauen aller Fraktionen mit Ausnahme der Unabhängigen Sozialdemokratischen Partei waren von Anfang an nicht bereit, die volle Gleichberechtigung mit dem Mann zur Grundforderung ihrer parlamentarischen Tätigkeit zu machen. Als erste brachte Gertrud Bäumer, Ministerialrätin im Innenministerium, diese Einstellung in der Nationalversammlung zum Ausdruck:

»Ich teile nicht den Ehrgeiz, hier von der Nationalversammlung etwa zum Referenten für Heeresfragen oder dergleichen bestellt zu werden, und ich sehe die Aufgaben der Frauen nicht in der absolut gleichmäßigen Beteiligung an allen Dingen, die hier zur Verhandlung stehen. Ich glaube, daß das Stimmrecht zu einem besonderen Einsetzen der Frauenkraft führen muß – innerlich und auch äußerlich – auf den Gebieten, wo ihrer besondere Aufgaben harren.«(32)

Dieser Kult des weiblichen Wesens und ihre mystische Auffassung, daß das Volk mehr sei als der einzelne, die Rechtfertigung des Krieges als den Idealismus, der bereit ist, das Leben einzusetzen für etwas, was größer ist als die eigene Person, (»Deutschland muß leben, und wenn wir sterben müssen«) führte sie von Anfang an zu Sympathien mit den Nationalsozialisten. 1932, kurz vor der Machtübernahme durch Hitler, drückte sie ihr tiefes Bedauern darüber aus, daß ausgerechnet diejenige Partei, die so viel völkisches Gefühl entwickelte, die Nationalsozialisten, sich zum weiblichen Staatsbürgertum so feindlich stellte – als ob diese Feindlichkeit nicht ihre Wurzeln in Vorstellungen von Mutterschaft hatte, die sie selber nachdrücklich vertrat.

»Es ist beinahe tragisch, daß diejenige Partei die, man mag zu ihr stehen wie man will, gerade in der undeutlichen Breite ihrer Ziele den Charakter der Volksbewegung aus Instinkt und Gefühl heraus trägt, der Nationalsozialismus, sich so einseitig unter reaktionär männlichen Vorzeichen entwickelt hat. Es ist nicht undenkbar und es sind gewisse Anzeichen dafür da, daß sich eine andere als die bisherige Haltung zum Frauenproblem und weiblichen Staatsbürgertum durch die einmal in die Aktion mit hineingerissenen Frauen entwickeln wird, vorausgesetzt, daß der positive Gehalt der Bewegung überhaupt im Kampf mit den durch bloße Demagogie angezogenen Unzufriedenenhaufen eine Reife ermöglicht. Das läßt sich heute allerdings noch nicht voraussagen.«(33)

Besonders irrational an Gertrud Bäumer und anderen Frauen aus der bürgerlichen Frauenrechtsbewegung war, daß sie sich anmaßten, das Hohelied der Mutterschaft zu singen, Mutterschaft als das Urmysterium zu feiern, und daraus politische Vorstellungen abzuleiten, obwohl sie selber als unverheiratete Frauen gar keine mütterliche Praxis besaßen. Gertrud Bäumer verkündete nichts anderes als Hitlers Rassentheologen. Keine sexuelle Selbstbestimmung der Frau, kein Streben nach individuellem erotischem Glück: nur zur Hebung und »Aufartung der Rasse« hatte die Frau ihre Gebärfähigkeit zur Verfügung zu stellen. Gertrud Bäumer mahnte:

»Denn die Frau ist in Gefahr, der individualistischen Auffassung der sexuellen Frage zu verfallen, um so mehr, als ihre eigentliche biologische Verantwortung in den beiden sittlichen Systemen, die das Gebiet von Liebe und Ehe ordnen, Christentum und bürgerliche Ordnung, nicht in ihrer zentralen Bedeutung zur Geltung gekommen ist. Diese ihre Verantwortung für die Erhaltung und Steigerung der biologischen Substanz ihres Volkes ist nicht nur eine physische, gewissermaßen untermenschliche Angelegenheit, als die sie unter dem Einfluß der christlichen Wertungen auf der einen und der bürgerlichen auf der anderen Seite mißachtet wurde. Sie haben einer klaren und aufrichtigen Auseinandersetzung mit jener kosmischen Ordnung im Wege gestanden, die auch den Menschen und die Völker an Gesetze der Selektion, des Aufstiegs oder Verfalls der biologischen Wertigkeit bindet.«(34)

Sie kritisierte, daß junge Mädchen die sexuelle Frage

»als Angelegenheit des persönlichen Lebens – isoliert aus ihrem Zusammenhang mit der Volksgemeinschaft und als rein erotisches Problem«

ansahen, eine Versuchung, der sie deswegen erlegen seien,

»weil die wirtschaftliche Unabhängigkeit den Mädchen die individualistische Haltung ermöglicht«.(35)

Sie beschuldigte die moderne Gesellschaft, daß sie der

> »Mutterschaft jeden sakralen Charakter abstreift« und »überall durch Motive aus der materiellen Zweckordnung den kosmisch heiligen Bezirk von Geburt und Mutterschaft zerstört«.(36)

Ihr Staatsverständnis war an einem mittelalterlichen Ständeparlament orientiert. Allerdings in den

> »mannigfaltigen Lebenskreisen, die durch ihre Vertreter, den Bauern und den Handwerker, den Angestellten und den Bankier – am gemeinsamen Schicksal formen, darf der der Mutter nicht fehlen«.(37)

Bei der Äußerung solcher Ansichten mußte sie völlig verdrängt haben, daß sie selbst keine Mutter war, also nach den eigenen Vorstellungen keine wirkliche Vertreterin der Frauen im Parlament. Ebenso widersprüchlich war an ihren Vorstellungen, daß sie gleichzeitig einer verheirateten Frau und Mutter mit nichterwachsenen Kindern das Recht absprach, ihre Kinder allein zu lassen und sich neben Bauer und Bankier als Mutter zu placieren.

Es war eine aus der Romantik stammende Sehnsucht nach der Verschmelzung mit dem Volk, nach dem Aufgehen und dem Sichselbstvergessen, die bei Gertrud Bäumer und auch anderen einen eindeutigen Unterton von unerfüllten erotischen Antrieben hatte.

Die Weichen für das Scheitern jeder Emanzipationsbestrebung hatten die Frauen, die in die verfassunggebende Versammlung gewählt worden waren, von Anfang an selbst gestellt. Sie benutzten das ihnen verliehene Frauenstimmrecht dazu, um den Männern der Nationalversammlung zu erklären, daß sie keinerlei Rechte über dieses hinaus beanspruchen wollten. Das galt auch für die Mehrheit der Sozialdemokratinnen. Das Regierungsprogramm der Sozialdemokraten enthielt eine Passage, in der es über die Frauen hieß,

> »Heranziehung der Frauen zum öffentlichen Dienst, entsprechend den auf allen Gebieten vermehrten Frauenaufgaben«.

An diesem Programmpunkt der Mehrheitssozialisten übte die Vertreterin der Unabhängigen Sozialdemokraten sofort Kritik:

»Bisher faßten Sozialdemokraten die staatsbürgerliche Gleichberechtigung der Frau nicht so auf, daß bestimmte Gebiete des öffentlichen Lebens für die Betätigung der Frau abgetrennt und ihr zugewiesen würden, um so gewissermaßen aufs neue ein Frauensegment zu errichten, sondern wir Sozialdemokraten haben stets unter der politischen und staatsbürgerlichen Gleichberechtigung der Frau verstanden, daß die Frau neben dem Mann überall gemeinsam sich betätigen soll ...«(38)

Bei der Diskussion über die Grundrechte lagen der Weimarer Nationalversammlung Anträge von MSPD wie USPD vor, die beide weitergingen als die der anderen Parteien, die sich darauf beschränkten, in die Verfassung die staatsbürgerliche Gleichheit von Mann und Frau aufzunehmen. Die Mehrheitssozialdemokratie verlangte einen Zusatz:

»Die Bestimmungen des öffentlichen bürgerlichen Rechts sind entsprechend zu gestalten.«

Die Unabhängigen Sozialdemokraten beantragten:

»Aufzuheben sind alle Bestimmungen, die die Rechtsstellung der Frau auf dem Gebiete des bürgerlichen Rechts einschränken.«

Die Abgeordnete Luise Zietz (USPD) erläuterte diesen Antrag. Dabei handele es sich um einen großen gesetzgeberischen Akt, um eine Umgestaltung des bürgerlichen Rechts, die nicht einfach zu dekretieren wäre.

»Aber wir wollen, daß diese Verfassung ausspricht, daß diese Umgestaltung des bürgerlichen Rechts sofort in Angriff zu nehmen ist und die Bestimmungen zu beseitigen sind, die die Rechtsstellung der Frau auf diesem Gebiete benachteiligen.«(39)

Diese Anträge, durch die ein Frauenstimmrecht erst überhaupt sinnvoll gemacht wurde, wies die Zentrumsabgeordnete Christine Teusch, eine katholische Gewerkschaftssekretärin, entrüstet zurück:

»Ein solches Extrem der Gleichmacherei müssen wir ablehnen.«

Auch bei der Ausübung staatsbürgerlicher Pflichten müsse der physischen und psychischen Naturanlage des Weibes entsprochen werden. In Familie und Volk könnten Frauen

»ihren großen staatsbürgerlichen Pflichten gerecht werden, ihren Aufgaben, die da sind: Mütter des Volksnachwuchses zu sein, die Hüterinnen der Volkssitte, die Erzieherinnen der Volksjugend, die Arbeiterinnen in der Volkswirtschaft, die Helferinnen in der Volkswohlfahrt, die Mitträgerinnen der Volksbildung und die Mitschöpferinnen der Grundlage der völkischen Ordnung in Gesetz und Verfassung«.(40)

Auch der Abgeordnete Luppe von der Deutschen Demokratischen Partei wehrte sich als Liberaler gegen die Ausweitung der Gleichstellung von Männern und Frauen auf das Privatrecht. Er zählte dieselben Argumente auf, die in den USA bis heute zu hören sind, wenn es um das Votum über das Gleichberechtigungsgesetz geht. Frauen könnten nicht den Männern gleichgestellt werden, weil sie dann auch zum Wehrdienst eingezogen werden müßten oder zu Einwohnerwehren oder Pflichtfeuerwehren. Frauen könnten keine Offiziere im Heer werden und überhaupt nicht der Militärpflicht genügen.

Am 15. Juli 1919 wurden die Anträge von SPD und USPD beide abgelehnt. Damit gab es keine verfassungsrechtliche Basis der Gleichstellung und Gleichbehandlung von Männern und Frauen während der Weimarer Republik. Die Lage der deutschen Frauen war also ähnlich traurig wie die der amerikanischen, die ebenfalls das Stimmrecht gewonnen hatten, aber im Ehe- und Arbeitsrecht nicht gleichgestellt waren.

Ebenso erging es den Verfassungsanträgen zur Gleichstellung von unehelichen und ehelichen Kindern, ein langjähriges Ziel des fortschrittlicheren Teils der Frauenbewegung.

Der katholische Abgeordnete Vorlage (Zentrum, Christliche Volkspartei) empörte sich über den Antrag der Unabhängigen Sozialdemokratin Luise Zietz. Eheliche und uneheliche Mutterschaft dürften nicht in einem Atemzug genannt werden:

»Wir werden die außereheliche Geschlechtsverbindung immer für sündhaft und verwerflich erklären, und wir wollen uns gegen die moderne Richtung wenden, welche diese Geschlechtsverbindung als erlaubt hinstellt und in allem, was damit zusammenhängt, der Ehe gleichstellen will. Das scheidet uns von Ihnen; hier tut sich ein Abgrund zwischen uns und Ihnen auf, der niemals überbrückt werden kann.«(41)

Dann rechtfertigte er sich gegenüber den Argumenten von Luise Zietz mit dem Hinweis, daß die gefallenen Frauen sich an die katholischen Ordensschwestern wenden könnten, um sich von ihrer sexuellen Befleckung durch lange innere Buße zu befreien.

»Wir haben die Klöster vom Guten Hirten, die sich dieser Mütter in zarter Liebestätigkeit annehmen, wie sie nur von den edelsten der Frauen geübt werden kann. Wir wollen, daß diese Mütter sich wieder emporarbeiten, ich möchte sagen, um in einem Bilde zu sprechen, wie die Wasserrose aus dem Schlamm emporsteigt zum Lichte und sich dort in Reinheit an der Sonne entfaltet. Aber das hält uns nicht ab, daß wir uns ehrerbietig verbeugen vor den Jungfrauen, die rein durchs Leben gehen, und auf deren Grab pflanzen wir die Lilien und keine Wasserrosen.«(42)

Das Protokoll dieser Sitzung verzeichnet für dieses christliche Heuchlertum lebhaften Beifall und wiederholtes lebhaftes ›Bravo‹ bei der Fraktion des Zentrums.

Auch gegen die diskriminierende Besteuerung der Ehefrau hatte sich Luise Zietz in der Nationalversammlung gewandt. Der Lohn der Frau wurde dem Einkommen des Mannes zugeschlagen und das zusammengelegte Einkommen versteuert. Diese Regelung war auch in der Bundesrepublik weiter in Kraft, bis sie Ende der fünfziger Jahre durch ein Bundesverfassungsurteil nichtig wurde. In der Nationalversammlung war Luise Zietz 1919 mit einem Antrag zur Abschaffung dieser diskriminierenden Ehefrau-Besteuerung niedergestimmt worden.

In ihre Bewertung der Mitarbeit weiblicher Abgeordneter in der Nationalversammlung mischt sich bei der um Parteineutralität bemühten Soziologin Regine Deutsch auch eine vorsichtige Kritik:

»Daß die Frauen auch Vertreterinnen weiblicher Wähler sind, die den größeren Teil aller Wähler ausmachen, ist wohl eine Selbstverständlichkeit. Man kann vielleicht sogar sagen: Ein Teil der weiblichen Wähler hat in der Richtung mehr von ihren Abgeordneten erwartet. Die konsequenten Frauenrechtlerinnen, die die Erfüllung all ihrer Forderungen von den Parlamentarierinnen erhofften, weisen auf Dänemark hin, in dessen Landesversammlung die bei weitem geringere Zahl von Frauen in der ersten Session eine Reform des Eherechts erreicht hat.«(43)

Während der Zeit der Weimarer Republik von 1919 bis 1933 schrumpfte die Zahl der weiblichen Abgeordneten im Reichstag genauso, wie sie in der Zeit von 1949 bis 1972 in der Bundesrepublik zurückging. Derselbe Vorgang war in allen Industrieländern mit Frauenstimmrecht und parlamentarischer Verfassung zu beobachten. Im Jahr 1926 versuchten die beiden Frauenrechtlerinnen Anita Augspurg und Lida Gustava Heymann angesichts der sinkenden Zahl der weiblichen Abgeordneten noch einmal an die Einheit der Frauen zu appellieren. In ihrer Zeitschrift »Die Frau im Staat« erschien ein Aufruf:

»Frauen aller Parteien und Weltanschauungen und parteilose Frauen haben sich als geschlossene Einheit der Einheit der Männer gegenüberzustellen. Es handelt sich nicht darum, irgendeine Partei zu unterdrücken oder zu stützen, bei diesem Zusammenschluß aller Frauen steht das Parteiinteresse nicht an erster Stelle. Parteistärke soll gerecht berücksichtigt werden, Hauptsache aber ist, das Gewicht weiblichen Einflusses durch die Zahl der weiblichen Abgeordneten in allen Parlamenten und Gemeinden zu vermehren und diesen weiblichen Abgeordneten aller Richtungen die Möglichkeit zu geben, daß sie nicht mehr von Parteignaden, sondern durch eigene Kraft der Frauen in die Parlamente einziehen ...«(44)

Die beiden hatten seit 1919 eine Frauenliste vorgeschlagen. Auf dieser sollten die weiblichen Kandidaten aller Parteien wie die parteilosen Frauen aufgestellt werden. Einen Schlüssel für die Frauenkandidaturen hatte Anita Augspurg aufgestellt, in der die Zahl der Kandidatinnen nach der Berechnung der letzten Wahlstatistik auf die Parteien verteilt worden wäre. Zuletzt scheiterten sie damit 1931.

Auch der Bund deutscher Frauenvereine beschäftigte sich im Jahr 1930 auf seiner Vorstandssitzung in Göttingen mit den

Möglichkeiten eines selbständigen Vorgehens der Frauen durch überparteiliche Frauenlisten oder Errichtung einer Frauenpartei. Ein Vorbereitungsausschuß wurde dafür eingesetzt, der jedoch zu keinem Ergebnis kam.(45) Zu diesem Zeitpunkt war jedoch eine Revision der einmal getroffenen Entscheidung, in die Männerparteien einzutreten, bereits illusorisch. Und auch der Vorschlag von Anita Augspurg und Lida Gustava Heymann gründete sich nicht auf einer Analyse der Situation. Das Frauenstimmrecht war zur stumpfsten Waffe im Kampf um die Befreiung der Frau geworden. Der Eintritt in die Männerparteien hatte fast ausschließlich solche Frauen in die Politik gebracht, die willig die weiblichen Interessen den Parteizielen unterordneten. Aus der ohnehin konservativen und rechtslastigen deutschen Frauenbewegung gelangten gerade diejenigen Vertreterinnen in den Reichstag, die am wenigsten bereit waren, den Gesetzgebungsprozeß zugunsten der Frauen und zugunsten emanzipatorischer Ziele zu beeinflussen. Der linke Flügel der Frauenbewegung verlegte sich auf den Kampf für pazifistische Ziele oder resignierte. Die Sozialistinnen verloren mit Luise Zietz, die während einer Reichstagssitzung 1922 eine Herzattacke erlitt, ihre Hauptkämpferin. Trostlose Stagnation bei den Sozialdemokratinnen, die kurz nach 1918 in ihrer Partei den bis heute höchsten weiblichen Mitgliederstand erreicht hatten (26,8 Prozent), der bis 1923 auf 10,3 Prozent hinunterging und dann in den Jahren von 1926 bis 1931 sich langsam wieder verdoppelte.(46)

Da die Aufstellung der Kandidaten Parteienprivileg ist und jede Öffentlichkeit und Transparenz ausschließt, war von Anfang an die Diskriminierung der Frauen bei Kandidaturen vorprogrammiert. Auf den sozialdemokratischen Wahllisten stand 1920, obwohl ein Viertel der Mitglieder Frauen waren, höchstens eine Frau an aussichtsreicher Stelle.

> »Es war gewissermaßen eine Konzession, die der alten Parteiforderung gemacht wurde. Manche tüchtige Frau mußte zurücktreten, um einem Manne Platz zu machen. Der Zahl der Wählerinnen entsprechend sind nirgends Frauen aufgestellt worden. Die Verteilung der Frauen war häufig eine Machtfrage, und die Frauen sind die schwächeren.«(47)

Formal betrachtet, ist der Sieg der Stimmrechtsbewegung mittlerweile nahezu total: Ein Dokument der UN-Konferenz zum internationalen Jahr der Frau registriert nur noch neun Staaten, die Frauen keine politischen Rechte gewähren, von denen bezeichnenderweise sieben arabische Länder sind: Barein, Kuweit, Oman, Qatar, Saudi-Arabien, Vereinigte Arabische Emirate und Jemen. Hinzu kommen sechs Staaten der Föderation von Nigeria, wobei es sich um die mit überwiegend mohammedanischer Bevölkerung handelt, sowie in Europa der Operettenstaat Liechtenstein.(48)
Bezeichnend für die praktische Bedeutungslosigkeit politischer Rechte, die den Frauen heute von fast allen Verfassungen garantiert werden, ist die Tatsache, daß die UNO bis heute nicht in der Lage ist, von ihren Mitgliedstaaten kontinuierliche statistische Angaben darüber zu erhalten, wie viele Frauen in den einzelnen Ländern in Parteien, Parlamenten und Regierungen vertreten sind. Obwohl eine umfassende Übersicht über die Frauen in politischen Funktionen fehlt, läßt sich aus vielen Einzeldaten erkennen, daß die Entwicklung rückläufig ist. In vielen, auch westlichen Ländern sind Parteien naturwüchsige Organisationen, deren Mitgliederzahl nicht nach Geschlecht aufgeschlüsselt wird. Nur in den skandinavischen Ländern Dänemark, Schweden und Finnland liegt der Anteil der Frauen in den nationalen Parlamenten bei über zehn Prozent. An der Spitze rangiert Finnland, das 1906 das Wahlrecht einführte und im Zeitraum von 1907 bis 1970 den Anteil der weiblichen Abgeordneten von 9,5 auf 21,5 Prozent steigerte. Der weibliche Mitgliederanteil in den finnischen Parteien beträgt ca. 25 Prozent im Durchschnitt. In Dänemark liegt die weibliche Mitgliedschaft der Sozialdemokraten bei ungefähr 40 Prozent. Das dürfte der höchste Frauenanteil sein, den eine westliche sozialistische Partei aufzuweisen hat.
Viele der afrikanischen, asiatischen und südamerikanischen Nationen haben den Frauen nach Gewinnung der nationalen Unabhängigkeit politische Rechte gewährt. Das Frauenstimmrecht wurde für diese Nationen in den ersten Jahren nach ihrer Unabhängigkeit eine Art Statussymbol und Aushängeschild für Fortschritt. Das schöne Bild wird aber wesentlich trüber, wenn man einbezieht, daß sich ein Großteil

der Staaten Asiens, Afrikas und Lateinamerikas nach der Gewinnung der Souveränität in Militärdiktaturen verwandelte, in denen vor allem die staatsbürgerlichen Rechte der Frauen kaum noch eine Rolle spielen. In Ländern wie Algerien wurde nach der erreichten Unabhängigkeit nur für kurze Zeit den Veteraninnen des Krieges Hoffnung gemacht auf eine neue Gesellschaft. Die militaristischen Regierungen in Lateinamerika haben, obwohl sie Frauenorganisationen zum Teil dulden, überall zur Reduzierung der weiblichen Teilnahme am öffentlichen Leben geführt, wie aus einem Bericht von Esmeralda Arboleda Cuevas für die Weltfrauenkonferenz in Mexiko 1975 hervorgeht. Unter den Entwicklungsländern, in denen ein Parlament existiert, bietet die Verfassung des neu geschaffenen Bangladesh ein bezeichnendes Beispiel, das zeigt, wie sehr die Idee politischer Rechte für Frauen pervertiert werden kann. Im Parlament von Bangladesh garantiert die Verfassung 15 Sitze für Frauen. Diese Frauen werden nicht von der weiblichen Wählerschaft gewählt, sondern von den 300 männlichen Parlamentsmitgliedern.(49)

Nicht das Frauenstimmrecht an sich, sondern ein Frauenstimmrecht ohne politische Macht, ohne programmatische Zielsetzung in eigenen Organisationen hat die Frauen zu politischen Eunuchen gemacht. Nur die

> »Weigerung, eine Dienerin der Kirche, des Staates, der Gesellschaft, des Ehemannes, der Familie etc. zu sein, nur dieses und nicht der Stimmzettel, wird die Frau befreien«,

hatte die amerikanische Anarchistin Emma Goldman prophezeit, als sie sich vehement gegen die Heilserwartungen aussprach, die von vielen Amerikanerinnen vor 1920 an das Stimmrecht geknüpft wurden.(50) Aber individuelle Weigerungen sind nur eine Verkleidung der Ohnmacht. Frauen müssen ihre Weigerung institutionalisieren, indem sie neue politische Kampforganisationen aufbauen. Das Scheitern der ersten Frauenbewegung beruhte auf dem Kollaps ihrer Institutionen, die sich zum großen Teil selbst entmachteten, weil sie sich für überflüssig hielten. Für das letzte Viertel dieses Jahrhunderts bleibt nur noch wenig Zeit, um dem eindringlichen Appell von Minna Cauer aus dem Jahr 1898 zu folgen:

»Unseren Schwestern im 20. Jahrhundert rufen wir zu: Vollendet, was wir begonnen!«

15. Kapitel
Gleichberechtigung im Patriarchat

»In dem Begriffe der Ehe liegt die unbegrenzteste Unterwerfung der Frau unter den Willen des Mannes; nicht aus einem juridischen, sondern aus einem moralischen Grunde. Sie muß sich unterwerfen, um ihrer eignen Ehre willen. – Die Frau gehört nicht sich selbst an, sondern dem Manne.«
Johann Gottlieb Fichte

Das Ende des Zweiten Weltkrieges wirkt in der Behandlung der Frauenfrage fast wie eine Parodie auf das Ende des Ersten Weltkrieges. Das Kriegsende und die nachfolgende Entkolonialisierung lösen eine zweite Welle von Verfassungsdiskussionen, -änderungen oder von neuen Verfassungen aus, in denen Frauen staatsbürgerliche Rechte wie das aktive und passive Stimmrecht zugestanden wurden. In vielen Fällen wirkte dies wie eine nachträgliche Ordensverleihung für gute staatsbürgerliche Haltung während der Kriegsjahre.
Ein Vergleich zwischen der Siegermacht USA und der neu geschaffenen Bundesrepublik zeigt, wie kontrovers die Verfassungsfrage der Gleichstellung der Geschlechter in beiden Ländern diskutiert wurde. Daß die Verfassung der Bundesrepublik Deutschland am Ende einen Gleichberechtigungsartikel enthielt, während die Amerikanerinnen bis heute um ihre Gleichstellung durch die Verfassung kämpfen, war mehr einem glücklichen Zufall als dem besonderen Interesse oder der größeren Einsicht der deutschen verfassunggebenden Versammlung zu verdanken.
Die National Woman's Party (Nationale Frauenpartei) hatte seit dem Jahre 1923 jedes Jahr im Kongreß ein Gesetz zur Veränderung der Verfassung eingebracht, das Bürgern der Vereinigten Staaten unabhängig vom Geschlecht Gleichheit vor dem Gesetz und weder Bevorzugung noch Benachteiligung aufgrund der Zugehörigkeit zu einem Geschlecht sichern sollte.(1) Dieser Verfassungszusatz sollte drei Jahre nach seiner Ratifikation in Kraft treten. Die Frauenpartei

hatte bis 1945 eine Liste von 1101 Artikeln und Statuten aufgestellt, die Frauen in den 48 Staaten legal diskriminierten. In diesen Statuten waren allerdings auch Schutzgesetze für Frauen in der Industrie, Mindestlohn und Verbot von Nachtarbeit und gefährlichen Beschäftigungen etc. enthalten. Die Befürworterinnen der Verfassungsänderung argumentierten jedoch, daß gerade aufgrund der Schutzgesetze Frauen diskriminiert würden und zu vielen gut bezahlten Stellungen keinen Zugang hätten. Wirkliche Schutzgesetzgebung sollte nach ihrer Meinung Männer und Frauen gleich beschützen.

Seit 1934 hatte sich eine Reihe von Frauenorganisationen, hauptsächlich professionelle Verbände von Ärztinnen, Anwältinnen, Dentistinnen, Schulsekretärinnen und Büroangestellten, der Gleichheitsforderung der Woman's Party angeschlossen. Die Gruppe derjenigen, die die Verfassungsänderung unterstützten, bezifferte sich auf drei Millionen Frauen.(2)

Im Jahre 1944 wurde das Equal Rights Amendment von beiden großen Parteien gebilligt. Präsident Truman und 30 Staatsgouverneure hatten die Verfassungsänderung seit 1944 unterstützt, aber obwohl der Antrag im Juli 1946 zum ersten Male im Senat mehr Ja- als Neinstimmen ergab, waren die notwendigen zwei Drittel der Senatorenstimmen nicht erreicht worden. Eine große Zahl von Gegnern und Gegnerinnen formierte sich, unter ihnen wichtige große Frauenorganisationen wie die Liga der weiblichen Wählerinnen (League of Woman Voters) und die wichtigen Woman's Trade Unions, die Gewerkschaften. Viele Gewerkschafterinnen befürchteten, daß alle Schutzgesetze für Arbeiterinnen wegfallen würden.

Seit Beginn der neuen Frauenbewegung in den Vereinigten Staaten hat diese den Kampf um die Verfassung wiederaufgenommen. Ein großer Teil ihrer politischen Arbeit in den Vereinigten Staaten hat sich auf dieses bereits 1923 formulierte Verfassungsgesetz konzentriert. Wieder wurden in jedem Staat der Vereinigten Staaten Bürgerinneninitiativen gegründet, zahllose Kampagnen geführt, um endlich die erforderliche Zweidrittelmehrheit der Staaten für die Änderung zu bekommen. Wenn diese bis 1979 nicht erreicht ist, kann die Verfassung nicht geändert werden. Dann ist ein 56

Jahre alter Kampf der amerikanischen Frauenbewegung verloren.(3)

Bei der Debatte über die bundesrepublikanische Verfassung, das Grundgesetz, tauchten fast die gleichen Vorbehalte gegenüber der Gleichstellung von Mann und Frau auf wie in der amerikanischen Diskussion. Auch hier wurde argumentiert, daß es eine Gleichstellung nicht geben könne, weil es keinen männlichen Mutterschutz und keine weibliche Wehrpflicht gebe.

Der Parlamentarische Rat, der mit der Abfassung des Grundgesetzes beauftragt war, trat am 1. 9. 1948 zum ersten Mal zusammen und schloß seine Arbeit am 23. 5. 1949 mit der Verkündung des Grundgesetzes ab. Von den 65 stimmberechtigten Mitgliedern gehörten 27 der CDU/CSU an, 27 der SPD, fünf der FDP, jeweils zwei Mandate besaßen die Deutsche Partei, das Zentrum und die Kommunistische Partei Deutschlands. Anwesend waren außerdem fünf nicht stimmberechtigte Berliner Mitglieder. Unter den 65 stimmberechtigten Mitgliedern waren vier Frauen: Dr. Elisabeth Selbert (SPD), Dr. Helene Weber (CDU), Helene Wessel (Zentrum) und Friederike Nadig (SPD).

Die Christlich-Demokratische Union vertrat im Parlamentarischen Rat eine Formulierung des Gleichheitsartikels, die der Bonner Staatsrechtler Thoma ausgeklügelt hatte. Danach sollte dem Gesetzgeber freigestellt werden, Gleiches gleich, Ungleiches ungleich zu behandeln. Zur Begründung dieser Formulierung wurde, ähnlich wie schon in der Nationalversammlung 1919 und in den Vereinigten Staaten, angeführt, daß Frauen dann auch wehrpflichtig sein müßten, oder daß sie zu Dienstverpflichtungen wie zu Wasserwehr und Feuerwehrmannschaften und zum Polizeihilfsdienst herangezogen werden könnten, wenn die Verfassung keinen Unterschied zwischen Männern und Frauen offenließe. Diese Argumentation ließ wieder einmal außer acht, daß Frauen in vielen Ländern während der Kriegsjahre zwangsrekrutiert wurden, um im Heer zu dienen und in der Rüstungsindustrie zu arbeiten, z. B. in England, und daß sie im Dritten Reich zum Arbeitsdienst verpflichtet wurden. Ebenso hatten sie im Luftschutz und in der Feuerwehr gearbeitet. In der 26. Sitzung des Ausschusses für Grundsatzfragen vom 30.

11. 1948 wurde diese Formulierung zwischen SPD und CDU kontrovers diskutiert. Der Ausschußvorsitzende, der CDU-Abgeordnete von Mangoldt, faßte am Schluß der Sitzung den Gleichheitsgrundsatz nunmehr so zusammen:

> »Alle Menschen sind vor dem Gesetz gleich. Das Gesetz muß Gleiches gleich, es kann Verschiedenes nach seiner Eigenart behandeln. Jedoch dürfen die Grundrechte nicht angetastet werden.«(4)

Die Frau, der die bundesrepublikanischen Bürgerinnen verdanken, daß eine solche Formulierung, die einer Ausnahmegesetzgebung für Frauen wieder Tür und Tor geöffnet hätte, nicht ins Grundgesetz kam, war die Kasseler Juristin Elisabeth Selbert. Ohne ihren hartnäckigen Einsatz für die Gleichberechtigung von Mann und Frau in der Verfassung hätte das bundesrepublikanische Eherecht wahrscheinlich ebenso auf einen Anstoß warten müssen wie in einigen unserer Nachbarländer, in denen Reformen erst im Jahr der Frau, 1975, durchgeführt wurden.

In dem Grundsatz der Gleichberechtigung hatte die bundesrepublikanische Verfassung 1949 den anderen Ländern ein Stück Rechtsbasis voraus. Daß er so wenig vom Gesetzgeber verwirklicht oder sogar umgangen wurde, schmälert nicht die verfassungsgeberische Leistung in diesem Punkt.

Elisabeth Selbert, die sozialdemokratische Abgeordnete, die schließlich ihre Formulierung durchsetzte, war wie die meisten anderen Mitglieder des Parlamentarischen Rates bereits in der Weimarer Republik politisch aktiv. Ihre Politisierung erfolgte nach dem Ersten Weltkrieg, in der kurzen Zeit der Revolution. Ihr späterer Mann war Arbeiter- und Soldatenrat in einer kleinen Gemeinde, sie selbst eine kleine Angestellte. Anfang der zwanziger Jahre kamen sie und ihr Mann zu der Einsicht, daß einer von ihnen studieren sollte, um die politische Arbeit stärker beeinflussen zu können. Da Elisabeth Selbert bessere schulische Voraussetzungen dafür hatte als ihr Mann, holte sie das Abitur nach und begann, trotz kleiner Kinder Jura zu studieren. Die politische Arbeit lief nebenher weiter. Ende 1932 war sie als Kandidatin für den Reichstag aufgestellt, immerhin auf einem so sicheren Platz, daß sie auf der Liste als nächste nachgerückt wäre. Ihre Dissertation schrieb sie über das »Zerrüttungsprinzip« als Grundlage der Ehescheidung. Dieses Zerrüttungsprinzip wurde von den Frauenorganisationen und von fortschrittlichen Juristen in der Weimarer Republik bereits gefordert. Erst im Jahr 1975 ging es in die bundesrepublikanische Reform des Ehe- und Familienrechts ein. Da die Frauen, die Richter gewesen waren, sofort nach 1933 vom nationalsozialistischen Regime abgesetzt wurden, blieb Elisabeth Selbert nur noch die Möglichkeit, kurz nach ihrem Examen die Zulassung zur Anwaltspraxis zu beantragen. Vier Wochen später, am 15. Januar 1935, trat auch hier ein Zulassungsverbot für weibliche Anwälte ein. Weil ihr Mann von den Nationalsozialisten amtsenthoben worden war und in ein KZ verschleppt wurde, mußte sie die Familie allein ernähren. Obwohl sie keine Verteidigung in politischen Strafsachen übernehmen durfte, wurden ihre Plädoyers lange Zeit von der Gestapo überwacht, weil sie häufig in Wirtschaftsstrafsachen plädierte. Es handelte sich dabei hauptsächlich um die Verteidigung von älteren Frauen, die als Arbeitsdienstpflichtige gewaltsam eingezogen wurden, und, wenn sie am Arbeitsplatz versagten, regelmäßig ein Verfahren wegen Arbeitsverweigerung bekamen, ja sogar zum Teil in unterirdische Munitionsfabriken gesteckt wurden. Die Erfahrungen ihrer Anwaltspraxis, vor allen Dingen nach Ende des Krieges, als sehr viele Ehen geschieden wurden, machten ihr deutlich, daß eine Gleichstellung der Frau, die sich nur auf die staatsbürgerlichen Rechte und Pflichten bezog, unsinnig sei. In ihrer Praxis erlebte sie täglich, wie heimkehrende Ehemänner selbstverständlich alles verkauften, was die Frau mit in die Ehe gebracht hatte oder was an Möbeln und anderen Haushaltsgegenständen vorhanden war. Der Ehemann war Nutznießer des Frauenvermögens und konnte Einkünfte daraus für sich verbrauchen. Elisabeth Selbert:

> »Ich habe erlebt, daß Männer in dieser furchtbar schweren Zeit, als jeder Stuhl oder Tisch ein Vermögenswert war, Schlafzimmer verkauft haben, um eigene Bedürfnisse zu befriedigen, seien es alkoholische oder sonstige, und die Frau keinerlei Einspruchsrecht hatte ...«(5)

Ehemänner konnten auch das Arbeitsverhältnis ihrer Ehefrau kündigen.

Elisabeth Selbert war 1945 eine von zwei Frauen, die in den Parteivorstand der Sozialdemokratischen Partei gewählt wurden, sie war außerdem Mitglied der Verfassunggebenden Versammlung des Landes Hessen.
Als sie das erste Mal in der SPD-Fraktion des Parlamentarischen Rates ihre Vorstellungen entwickelte, war selbst ihre Kollegin Friederike Nadig skeptisch. In einem persönlichen Gespräch über die Arbeit des Parlamentarischen Rates erzählte Elisabeth Selbert diese Anekdote:

> »Als ich dann ausführte, daß ich die Gleichberechtigung der Frau auf allen Lebensgebieten haben wollte, auch im Familienrecht, war Frau Nadig so entsetzt, daß sie mir entgegenhielt: Du kannst doch nicht das ganze Familienrecht außer Kraft setzen oder ändern wollen, das bedeutet ja ein Rechtschaos. Daraufhin habe ich nur sagen können, ja hör mal, das überlaß dann mal den Juristen, dafür zu sorgen, daß es kein Rechtschaos gibt. Es muß in einer Überleitungsbestimmung dann nach einer gewissen Zeit das Familienrecht neu konzipiert werden. Sie lehnte sich also als Fürsorgerin dagegen auf, daß gewisse Teile des Familienrechts außer Kraft gesetzt werden sollten.«

Die Fraktion folgte der Auffassung von Elisabeth Selbert. Es war jedoch hauptsächlich Aufgabe der beiden Frauen der SPD, den Gleichberechtigungsartikel 3 des Grundgesetzes durchzubringen. Am 5. 10. 1948 wurde der Antrag der SPD »Männer und Frauen sind gleichberechtigt« zum ersten Mal abgelehnt. Die Fraktion der CDU hatte nur die staatsbürgerlichen Rechte der Frau vorgesehen, die auch in der Weimarer Verfassung standen. Am 3. Dezember 1948 brachte Elisabeth Selbert den Antrag in der 17. Sitzung des Hauptausschusses wieder ein. Sie begann:

> »Ich kann bei dieser Gelegenheit erklären: In meinem kühnsten Träumen habe ich nicht erwartet, daß der Antrag im Grundsatzausschuß abgelehnt werden würde. Es ist eine Selbstverständlichkeit, daß man heute weitergehen muß als in Weimar und daß man den Frauen die Gleichberechtigung auf allen Gebieten geben muß. Die Frau soll nicht nur in staatsbürgerlichen Dingen gleichstehen, sondern muß auf allen Rechtsgebieten dem Manne gleichgestellt werden.«

Dem Gesetzgeber solle eine Frist eingeräumt werden, innerhalb derer er das bürgerliche Recht diesem Grundsatz anzupassen habe. Sie endete damit:

»Sollte der Artikel in dieser Fassung heute wieder abgelehnt werden, so darf ich Ihnen sagen, daß in der gesamten Öffentlichkeit die maßgeblichen Frauen wahrscheinlich dazu Stellung nehmen werden, und zwar derart, daß unter Umständen die Annahme der Verfassung gefährdet ist.«

Als die CDU-Fraktion und die FDP weiterhin Widerstand leisteten, versuchte der präsidierende SPD-Abgeordnete Carlo Schmid, Elisabeth Selberts Antrag zu retten, indem er seine Tragweite auf eine rein psychologische Ebene herunterspielte.

»Es handelt sich also genau gesehen darum, daß die Frau erwartet, daß diese fürsorgliche Vormundschaft über sie aufgehoben wird. Es geht den Frauen letzten Endes – und das ist ein großes Wort – um die Ehre und nicht um ›Besserstellung‹. Das scheint mir der wesentliche Sinn des Antrags von Frau Dr. Selbert zu sein.«

Natürlich ging es Elisabeth Selbert keinesfalls um die Ehre, sondern darum, die handfeste Benachteiligung von Frauen in allen Rechtsbereichen zu beseitigen. Trotzdem ließ sich auch Helene Weber von der CDU nicht überzeugen. Der Antrag wurde zum zweiten Mal mit elf gegen neun Stimmen abgelehnt.(6)

Die zweimalige Niederlage des Gleichberechtigungsartikels alarmierte die Öffentlichkeit, wofür auch Elisabeth Selbert sorgte. Die Abgeordneten des Parlamentarischen Rates erhielten zahlreiche Eingaben. In der 42. Sitzung des Hauptausschusses vom 18. 1. 1949 wird dies von allen Seiten vermerkt. Elisabeth Selbert registrierte den Umschwung:

»Wir quittieren mit Genugtuung, daß die Vertreter, insbesondere der CDU, jetzt eine solche Stellung einnehmen und nicht mehr ja aber, sondern vorbehaltlos ja sagen ... Dieses Problem verdient nämlich keineswegs die Lächerlichkeit, mit der es vielfach behandelt wird.«

Der Sturm, in der Öffentlichkeit nach der ersten Lesung des Artikels durch die negative Abstimmung ausgelöst, hätte den

Abgeordneten erspart werden können:

> »Ich betrachte es als meine Ehrenpflicht, bei dieser Gelegenheit einige der Frauenverbände zu nennen, die sich in so bemerkenswerter Weise gerührt haben. So hat die Industriegewerkschaft Metall, in der 40 000 Gewerkschaftlerinnen organisiert sind, eine Eingabe an uns gerichtet. Weiter der Frauenring Rheinland, der Frauenring der britischen Zone, der süddeutsche Frauenarbeitskreis, die weiblichen Mitglieder des Freien Gewerkschaftsbundes Hessen, sämtliche weiblichen Abgeordneten sämtlicher Landtage außer Bayern.«

Zahlreiche Resolutionen seien von anderen Frauenverbänden gekommen. Sie zitierte ein Gutachten, das im Auftrag der Vorsitzenden der landwirtschaftlichen Frauenverbände über die Änderung des Güterrechts erstellt worden war. Die Frauen hätten nicht einmal ein Recht an dem, was sie in der Ehe miterarbeitet oder in den Kriegsjahren allein erarbeitet hätten.

Der CDU-Abgeordnete Strauß hielt in dieser Sitzung des Hauptausschusses eine Rede, die nach Elisabeth Selbert dadurch inspiriert war, daß seine Frau auf der Tribüne als Zuhörerin saß. Er tat, als ob das Problem kaum noch der Erwähnung bedürfte, so selbstverständlich sei den deutschen Männern die Gleichberechtigung geworden.

> »Ich glaube, daß ich für die überwiegende Anzahl aller deutschen Männer und insbesonders aller deutschen Ehemänner spreche, wenn ich sage, daß der Grundsatz der Gleichberechtigung von Mann und Frau uns zumindest seit 1918 bereits so in Fleisch und Blut übergegangen ist, daß uns die Debatte etwas überrascht hat.«

Dieser enorme Sinn für Gleichberechtigung sei aus dem näheren Bekanntwerden mit weiblicher Arbeit entstanden.

> »Viele deutsche Männer haben erst in diesen Jahren erfahren, was Haushaltsarbeit bedeutet, besonders wenn sie gezwungen waren, an dieser Haushaltsarbeit mitzuwirken.«

Nur noch einige Hinterwäldler dürften Zweifel daran haben, daß die Frau in jeder Beziehung dem Manne gleichgestellt werden müsse. Dennoch formulierte der spätere Bundespräsident Theodor Heuss von der FDP erneut Bedenken und verteidigte den Beschluß des Grundsatzausschusses:

»Es war weder ein Kavalier wie Herr Strauß noch eine Frauenrechtlerin da, sondern wir waren lauter verständige Frauen und Männer, die sich über diese Dinge ausgesprochen haben.«

Dann zeigte er, für wie untergeordnet er die Frage im Grunde hielt:

»Das sind die Optimisten, die meinen, daß in den nächsten Jahren nichts anderes zu tun ist.«

Trotzdem war er bereit zuzustimmen, wollte jedoch den Eindruck verwischen, daß der Parlamentarische Rat sich von der Öffentlichkeit in diesem Punkt unter Druck setzen ließ.

»Aber ich möchte nicht draußen unwidersprochen den Eindruck entstehen lassen, daß jetzt dieses Quasistürmlein uns irgendwie beeindruckt und uns zu einer Sinnwandlung veranlaßt hat. Denn unser Sinn war von Anfang an so, wie sich die aufgeregten Leute draußen das gewünscht haben.«(7)

Aber auch dieses Dementi von Heuss kann nicht die Tatsache aus der Welt schaffen, daß der Parlamentarische Rat sich zu dem Gleichberechtigungsgrundsatz nur aufgrund der Hartnäckigkeit von Elisabeth Selbert und unter dem Druck der Öffentlichkeit, die durch die zweimalige negative Abstimmung mobilisiert worden war, zur Annahme der Formulierung »Männer und Frauen sind gleichberechtigt« entschloß. Am 18. 1. 1949 nahm der Hauptausschuß des Parlamentarischen Rates in seiner 42. Sitzung den Artikel 3 des Grundgesetzes an.

1952 schrieb Walter Dirks in den »Frankfurter Heften« über die anstehende Reform des Ehe- und Familienrechts:

»Der Terminzwang aber wird vernünftige Leute nicht nervös machen, sondern sie veranlassen, auf den Luxus der Affekte möglichst zu verzichten und nicht erst wie üblich nach Männer und Frauen mordenden Schlachten, sondern gleich von allem Anfang an mit sich reden zu lassen. Das heißt praktisch: nicht erst im März 1953, sondern schon im November 1952. Niemand hat in diesem kritischen Winter einen weiteren Zankapfel ins Parlament und ins Volk werfen wollen. Es ist kein Anlaß zu einem

Kulturkampf. Es handelt sich darum, eine Pflicht zu erfüllen, die das Grundgesetz dem Parlament auferlegt. So etwas soll und kann in aller Ruhe geschehen.«(8)

Vier Monate vor Ablauf der dreijährigen Frist, die dem Gesetzgeber durch die Verfassung eingeräumt worden war, brachte der damalige Bundesjustizminister Thomas Dehler (FDP) am 27. 11. 1952 einen Entwurf über die Gleichberechtigung von Mann und Frau auf dem Gebiet des bürgerlichen Rechts im Bundestag ein. Dieser Entwurf war ein Skandal. In wesentlichen Punkten ignorierte er das Gebot der Gleichberechtigung. An diesem Tag begann eine jahrelange Debatte im Bundestag, die schließlich dazu führte, daß durch Mehrheitsbeschluß die patriarchalische Weltordnung bestätigt wurde. Der Mann blieb Oberhaupt der Familie, er behielt die letzte Entscheidung in allen Ehefragen. Die Debatte um das Eherecht begann mit einem Widerspruch, der unter normalen parlamentarischen Gepflogenheiten zum Rücktritt des Justizministers hätte führen müssen. Thomas Dehler führte einen Entwurf ein, dessen strittigsten Punkt, nämlich den Stichentscheid des Mannes, er selbst nicht unterstützen konnte, sondern schon bei der Begründung des Entwurfs eine ersatzlose Streichung empfahl. Der große Koalitionspartner, die Christlich-Demokratische Union, hatte in diesem Punkt seinen Willen durchgesetzt. Daß Thomas Dehler trotzdem kein Freund des Gleichberechtigungsgrundsatzes war, legte er in der zweiten Debatte über das Eherecht im Jahr 1954 dar. Er wies darauf hin, daß es nicht ohne geschichtliche Ironie sei, wenn die FDP, die den Bundesjustizminister im ersten und zweiten Kabinett stellte, die Entwürfe zum gleichberechtigten Familienrecht einbrächte.

». . . Die freien Demokraten waren im Parlamentarischen Rat – nun, ich will einmal sagen – keine fanatisierten Anhänger dieses Grundsatzes; das will ich doch bekennen. Vielleicht haben wir politischer gedacht als andere. Wir sahen für unser Volk andere Sorgen, wir hatten ein gewisses Gefühl für die Rangfolge der politischen Aufgaben, wenngleich wir uns durchaus bewußt waren, wie sehr unser Familienrecht reformbedürftig ist.«(9)

Im Klartext hieß dies, der Jurist Dehler hielt die Reform des Eherechts für eine parlamentarische Aufgabe, die nicht so eilig gewesen wäre. Schon bei seiner ersten Rede als Justizminister zum Eherecht hatte er an deutsches Traditionsbewußtsein appelliert, ohne zu fragen, ob es nicht im Widerspruch zum Gleichberechtigungsgebot stand. Die Einheit der Familie solle auch im Namen zum Ausdruck kommen.

> »Das ist – ich möchte sagen – eine Überlieferung in Deutschland, an der wir nicht rütteln sollten. Es gibt eine ergreifende römische Trauungsformel. Da sagt die Frau ... du bist der Gaius und ich bin von nun an deine Gaia ... Ich glaube, an dem, was durch Jahrhunderte gewachsen ist, soll man nichts ändern.«(10)

Ununterbrochen registriert das stenografische Protokoll in allen Debatten über Gleichberechtigung anhaltende Heiterkeit oder große Heiterkeit. Häufig jedoch war der Plenarsaal bis auf ein paar Abgeordnete leergefegt.

Die Absurdität der patriarchalischen Entscheidungsgewalt in der Ehe drückte die FDP-Abgeordnete Ilk schon in der ersten Debatte aus:

> »Meine Herren, ist es nicht wirklich grotesk, wenn man sich überlegt, daß eine Frau hier im Bundestag durch ihre Stimme über das Geschick einer ganzen Nation entscheiden kann, während sie zu Hause, wenn sie vielleicht mit ihrem Manne gerade nicht so gut steht, sich dem Votum des Mannes fügen muß? Unter Umständen könnte der Mann dann auch sagen: Du darfst nicht in den Bundestag gehen.«

Darauf machte ein männlicher Abgeordneter den Zwischenruf:

> »Das wäre schrecklich! – Es wäre schade, wenn Sie nicht hier wären!«

Das Protokoll verzeichnet wie üblich »Heiterkeit«.

In der Öffentlichkeit war der Stichentscheid des Mannes bereits heftig angriffen worden, wie aus vielen Beiträgen in der Debatte hervorgeht. Trotzdem schrieb eine konservative Bundestagsabgeordnete an alle Bundestagsabgeordneten, daß das Vorrecht des Mannes in der Ehe unangetastet bleiben solle, weil die Frauen dies wünschten. Dies wird von der KPD-Abgeordneten Frau Strohbach erwähnt.

»Frau Kollegin Jäger hat in einem Schreiben an die Abgeordneten behauptet, daß die meisten Ehefrauen die männliche Autorität erhalten wissen möchten und daß die wenigsten die persönliche und geistige Freiheit wünschen. Das ist eine unerhörte Unterstellung, die ich im Namen all der Frauen zurückweise, die in der Vergangenheit bewiesen haben, daß sie bereit und auch imstande sind, gleichberechtigt mit dem Mann und gemeinsam mit dem Mann das Leben zu meistern.«(11)

Da die von der Verfassung gesetzte Frist zur Neuregelung des Ehe- und Familienrechts und Anpassung an den Gleichberechtigungsgrundsatz nicht eingehalten wurde, waren vom 31. März 1953 alle Bestimmungen, die diesem Grundsatz entgegenstanden, außer Kraft und konnten von jedem Richter nach eigener Auffassung ausgelegt werden.

Im Zuge der weiteren Debatte ging die niedersächsische Landesregierung so weit, daß sie behauptete, das ganze Problem des Ehe- und Familienrechts könne nur durch eine Änderung des Artikels 3, Abs. 2, befriedigend gelöst werden. Gleichberechtigung sollte also nach dieser Auffassung durch Abschaffung des Gleichberechtigungsgebotes erreicht werden.(12)

Thomas Dehler kam gleichfalls zu erstaunlichen Schlußfolgerungen. Er behauptete, daß in einer normalen Ehe sowieso die Frau die Entscheidung treffe.

»Es ist ja nicht wahr, daß im Leben das Patriarchat gilt. Jeder von uns ist bestimmt durch die Erfahrungen seiner Jugend, durch das Bild, das seine Mutter gab. Die Ehe meiner Eltern war das Musterbeispiel eines Matriarchats ... Sie war eine kleine Königin in ihrem Bereich. Es war in einer kleinen Stadt, wir hatten Landwirtschaft, Brauerei, Gastwirtschaft und Metzgerei. Da mußte geherrscht werden, und alle Entscheidungen hat doch meine kluge Mutter getroffen, doch selbstverständlich. Natürlich war sie so gescheit, am frühen Morgen zu sagen: Ich habe heute nacht mit dem Vater gesprochen ...«(13)

Dehler benutzte den uralten, unverwüstlichen Trick, männliche Herrschaft dadurch wegzuerklären, daß eine kluge Frau es doch schaffen könne, die heimliche Herrscherin im Hause zu sein.

Hatte der CDU-Familienminister Wuermeling zu diesem Zeitpunkt schon die Gemüter durch seinen Vorschlag erregt, die Ziviltrauung wieder abzuschaffen, so begründete er jetzt in dieser Debatte die Herrschaft des Mannes durch den Eherechtsartikel des französischen Code Civil. In dem Satz des Code Civil: »Der Mann ist das Haupt der Familie« sei die für Ehe und Familie »verbindliche natürliche Ordnung in vorbildlicher Weise festgelegt. Und dies im bürgerlichen Gesetzbuch des Volkes, das die modernen Freiheits- und Gleichheitsideen geboren hat!« Natürlich unterschlug er, daß der Code Civil unter Napoleon erst geschaffen wurde, als die Freiheits- und Gleichheitsideen bereits wieder tot waren. Unter Anspielung auf die Gleichberechtigungsgesetze der DDR malte er ein Bild, das Gleichberechtigung mit Zwangsarbeit gleichsetzte, wenn sie »isoliert vom Wesen und von der Würde der Frau und von der naturgegebenen Ordnungsnorm der Ehe und Familie« abweiche.

> »Ich meine, wir sollten unsere Frauen und Mütter nicht nur vor solchen Neuerern schützen, sondern wir sollten auch den Weg zu solchen Entwicklungen nicht eröffnen oder freigeben. In der letzten Konsequenz enden diese Dinge dann im Kohlen- oder Uranbergwerk.«

Aber auch die christdemokratischen Frauen des Bundestages zeigten wieder einmal den Widerspruch, der die weibliche Mitgliedschaft in konservativen Parteien ständig kennzeichnete, indem sie die Gleichberechtigung der Frauen in der Familie ablehnten, sie aber im Staat für sich in Anspruch nahmen. Die CDU-Abgeordnete Elisabeth Schwarzhaupt wollte die Unterordnung der Frau als religiöse Vorschrift weiter akzeptieren:

> »Dazu kommt für uns Christen die besondere Frage nach dem Sinn der Worte von der Unterordnung der Frau, die sehr ernst zu nehmen sind. Diese Worte können nicht ohne weiteres damit abgetan werden, daß Paulus als Mensch seiner Zeit und für uns überhaupt nicht mehr verbindlich gesprochen habe.«

Trotzdem wollte sie das Entscheidungsrecht des Mannes in der Ehe nicht als einen Rechtsanspruch statuieren. Dagegen kämpfte ihre Fraktionskollegin Helene Weber verbissen für die Nichtgleichberechtigung der Frau.

»Der Parlamentarische Rat hat sich – auch mit Zustimmung der CDU/CSU – zuletzt darauf geeinigt, in das Verfassungswerk den Satz: ›Männer und Frauen sind gleichberechtigt‹ hineinzunehmen. Ich gebe hier offen zu, daß ich nur zögernd diesem Satz zugestimmt habe, und zwar mit einer Begründung, die noch heute gilt – obwohl ich sie überwunden hatte –, nämlich: was kann man aus diesem Satz machen?«

Mit einer erstaunlichen Skrupellosigkeit, die unterschlug, daß die ganze Diskussion des Parlamentarischen Rates sich um die Gleichstellung der Frau im Zivilrecht gedreht hatte, verteidigte sie nun diejenigen Paragraphen des Eherechts, in denen die Unterordnung der Frau festgelegt war, und stellte sich als heroische Kämpferin für den Stichentscheid hin.

»Meine sehr Verehrten, es gehört ein Löwenmut dazu, Paragraph 1354 heute als Frau zu verteidigen. Eine Juristin, die aber nicht zu diesem Hohen Hause gehört, hat mir einmal gesagt: ›Weil Sie Paragraph 1354 nicht streichen wollen, wünsche ich Ihnen nicht mehr die ewige Seligkeit.‹ Ich habe ihr darauf geantwortet: Ich glaube nicht, daß der liebe Gott Sie danach fragen wird. Gleichberechtigung in der Ehe und Familie ist etwas ganz anderes als Gleichberechtigung im Sozialleben und Erwerbsleben.«

Das Entscheidungsrecht des Mannes bedeute nicht den Wesensinhalt der Ehe, sondern nur »das Alltägliche in der Ehe . . .« Dann prangerte sie angebliche »Fanatiker, ja Fanatikerinnen der Gleichberechtigung« an:

»Ich habe die Befürchtung, daß man der unehelichen Mutter, wenn man gar so sehr auf die Gleichberechtigung pocht, auch noch einen Anteil an der Alimentenzahlung auferlegen könnte.«

Der Abgeordnete Dr. Schranz von der Deutschen Partei verteidigte das Patriarchat mit der Bemerkung, daß das Grundgesetz eine »liberale Konzession an das Egalitätsprinzip« gemacht habe, »das der natürlichen Ordnung der Familie widerspricht«:

»Der Begriff der Gleichberechtigung . . . darf nicht mechanistisch ausgelegt werden. Für die natürliche Ordnung der Familie gelten eben nicht die Prinzipien einer egalitären Demokratie. An die Grundordnung sollten wir nicht rühren, weil wir sonst mit der Auflösung der Familie den schützenden staatsfreien Raum natürlicher, menschlicher Autorität, in dem die Kinder heranwachsen, zerstören würden.«

Helene Weber schloß die Debatte von 1954 mit dem Appell, den Gleichberechtigungsgrundsatz so vernünftig auszulegen, wie sie es tat, fest auf dem Boden des Patriarchats:

»Damit wir bei diesem wichtigsten Kulturgesetz, das der Bundestag zu verabschieden hat, bei diesem Gesetz, das doch vielleicht mehr Auswirkungen hat, als wir glauben, sagen können: Der Bundestag hat für die kulturelle Bedeutung Deutschlands etwas geschaffen, und zwar so, daß es vorbildlich sein könnte für die anderen Nationen Europas und der Welt.«(14)

Diese neue bundesdeutsche Rechtsschöpfung, die Vorbild für ein patriarchalisches Europa sein sollte, war drei Jahre später immer noch nicht verabschiedet. Die Standpunkte blieben auch in der zweiten und dritten Lesung des Familienrechts am 3. Mai 1957 völlig unvereinbar.

Diesmal argumentierte der CDU-Abgeordnete Wahl mit dem Eherecht in Frankreich und in den Niederlanden. Dort würde

»die ausdrückliche Feststellung der Gesetze, daß der Mann der Chef der Ehe und der Familie sei, nicht als Verstoß gegen die Gleichberechtigung der Ehegatten empfunden«.

Obwohl seine Kollegin Helene Weber, die Lobbyistin der katholischen Kirche, ausdrücklich festgestellt hatte, daß Gleichberechtigung der Frau zwar für das Erwerbs- und Sozialleben gelte, aber nicht für die Ehe, stellte Wahl auch dieses in Frage. In keinem Betrieb bedeute die Tatsache, daß es Vorgesetzte und sonstige Betriebsangehörige gebe, eine Unterordnung. Das gelte auch für die Ehe:

»... wenn es keinen Verstoß gegen die Gleichberechtigung der Menschen darstellt, daß es in einem Verein den Vorsitzenden und Mitglieder und in einem Betrieb Betriebsratsmitglieder und sonstige Betriebsangehörige gibt, dann ist auch bei der Ehe als einem eigenen sozialen Körper mit der Gleichberechtigung von Mann und Frau vereinbar,

> wenn die Aktionsfähigkeit des Ganzen durch das Mittel verschiedener Funktionen der Partner erreicht wird.«(14)

Die Parallele zur Mitbestimmungsdiskussion wird deutlich. Partnerschaft in Ehe und im Betrieb wird zwar beschworen, bestimmen sollte jedoch nach Ansicht der CDU immer der herrschende Teil, der Unternehmer im Betrieb, der Mann in der Familie.

Die Mehrheit des Bundestages entschied in dieser Lesung, daß das Patriarchat in der Ehe weiterbestehen solle. Acht Jahre nachdem sich die Verfassunggebende Versammlung, der Parlamentarische Rat, noch unter dem Eindruck der Kriegserlebnisse zum Gleichberechtigungsgrundsatz entschlossen hatte, wurde er durch den Deutschen Bundestag vorläufig zu Fall gebracht. Erst durch eine Entscheidung des Bundesverfassungsgerichts vom 29. 7. 1959, also genau zehn Jahre nach Gründung der Bundesrepublik, wurde das gesetzliche Patriarchat in der Ehe teilweise abgeschafft. Der Paragraph 1354, der dem Mann in allen strittigen Fragen des Ehe- und Familienlebens das letzte Entscheidungsrecht zusprach, wurde außer Kraft gesetzt.

Andere Paragraphen jedoch blieben, die sich ebenfalls nicht mit Gleichberechtigung vereinbaren lassen. Die Frau hatte nach Paragraph 1356 zwar das Recht, erwerbstätig zu sein, jedoch nur, »soweit dies mit ihren Pflichten in Ehe und Familie vereinbar ist«. Danach darf sie einen Beruf haben, wenn der Ehemann nicht Einspruch erhebt. Andererseits wurde sie durch Paragraph 1360 zur Arbeit verpflichtet,

> »soweit die Arbeitskraft des Mannes und die Einkünfte der Ehegatten zum Unterhalt der Familie nicht ausreichen und es den Verhältnissen der Ehegatten auch nicht entspricht, daß sie den Stamm ihrer Vermögen verwerten«.

Auch die Zugewinngemeinschaft, bei der das in der Ehe erworbene Vermögen bei einer Scheidung geteilt werden sollte, wurde von der CDU trotz ununterbrochener Bekenntnisse zur Würde der Frau und ihrer Leistung in der Kindererziehung skrupellos zugunsten des Mannes berechnet. In Paragraph 1385 war festgelegt, daß der Ehegatte, der den größeren Zugewinn erzielte, ein Viertel des Mehrbetrages vorab

erhielt. Nur von dem verbleibenden Mehrbetrag sollte die Hälfte dem anderen Ehegatten als Ausgleichsforderung zustehen.
In diesem Punkt und auch in der Verpflichtung der Frau zur Hausarbeit (Paragraph 1356) waren sich CDU- und FDP-Fraktion einig. Obwohl in CDU-regierten Ländern, z. B. in Baden, in der Verfassung die der Familie gewidmete häusliche Arbeit der Frau der Berufsarbeit gleichgeachtet werden soll, wurde dem Familienernährer also vorab »ein Schluck aus der Pulle« gewährt.
Nur der Entwurf der Fraktion der SPD, der maßgeblich von Elisabeth Selbert beeinflußt worden war, enthielt keine unmittelbar die Frau diskriminierenden Eherechtsvorschriften. Die SPD entwickelte darin alle Vorstellungen, die sie in der Reform des Eherechts von 1975 verwirklichte. Schon 1954 forderte sie das Zerrüttungsprinzip als Grundlage der Ehescheidung. Die Eheschließenden sollten drei Möglichkeiten haben, den Familiennamen auszuwählen, und zwar den des Mannes, den der Frau oder einen zusammengesetzten Namen. Der Paragraph 1356, der die Frau zur Haushaltsführung verpflichtete, sollte aufgehoben werden. Der Paragraph 1360 sollte die Fassung haben: »die Eheleute haben sich gegenseitig Unterhalt zu gewähren«.

Im Jahr 1975 wurde der alte Streit über die Namensgebung in der Ehe durch ein Gesetz der SPD/FDP-Koalition entschieden. Danach müssen sich die Ehepartner vor der Eheschließung entscheiden, ob sie als Ehenamen den Namen des Mannes oder den der Frau annehmen wollen. In der DDR wurde eine solche Regelung 1965 ins Eherecht aufgenommen. Die Erfahrungen in der DDR, einem Land, in dem die ökonomische Selbständigkeit und berufliche Emanzipation der Frau viel stärker als in der Bundesrepublik politisches Ziel geworden ist, deuten jedoch nicht darauf hin, daß davon wirklich auch zugunsten des Frauennamens Gebrauch gemacht wird. Fast zehn Jahre nach dem bestehenden Recht, bei der Heirat den Namen der Frau als Ehenamen anzunehmen, entschieden sich in Leipzig innerhalb eines Jahres bei 4600 Eheschließungen nur etwa 30 Männer für diese Möglichkeit.(15) Offenbar handelt es sich bei der Entscheidung

für den Namen der Frau außerdem häufig um solche Fälle, in denen der Mann froh ist, seinen Namen loszuwerden, wenn dieser Anlaß zu Spott und Frotzeleien ist.
Wieso verspricht man sich in der Bundesrepublik von der freien Namenswahl irgendeine Praxis, die sich nicht ausschließlich zugunsten des Männernamens in der Ehe auswirkt?

Konservative Politiker, sekundiert von den Organisationen der katholischen Kirche, halten am ehelichen Patriarchat fest, das die Hausfrauenehe und ihre Unauflösbarkeit am liebsten gesetzlich vorschreiben möchte.
Die Haltung der Sozialdemokraten und der Liberalen besteht in einer Auffassung ehelicher Partnerschaft und Gleichheit von mündigen Bürgern und Bürgerinnen, die ihre ehelichen Privatangelegenheiten selbst regeln sollen.

Ein Ehe- und Familienrecht, das die Gestaltung der Ehe in die gemeinsame Verantwortung der Ehepartner legt, huldigt einem sich selbst befriedigenden Bedürfnis nach Liberalität. Jede Reform eines Ehe- und Familienrechts, die den Sexismus in unserer Gesellschaft nicht in Rechnung stellt, sondern so tut, als sei er nicht vorhanden, läuft folglich immer nur darauf hinaus, die Stellung der Frau beim alten zu lassen. Ungerechtigkeit und Unterdrückung werden somit vom Staat zur Privatangelegenheit erklärt – und der Gesetzgeber kann seine Hände in Unschuld waschen. Indem der Staat sich aus der Ehe zurückzieht und nunmehr keine Vorschriften für die Rollenverteilung im Gesetz macht, verfestigt er nur die Zustände, die in Ehe und Familie seit jeher bestehen.
Am 31. 1. 1975 schrieb der Vorsitzende des Unterausschusses Familien- und Eherechtsreform, der SPD-Abgeordnete Alfred Emmerlich, im Pressedienst seiner Fraktion:

> »Niemand sollte unsere Absichten dahin mißverstehen oder mißdeuten, als wollten wir an die Stelle des überkommenen Leitbildes der Hausfrau das der berufstätigen Ehefrau setzen. In einer pluralistischen Gesellschaft hat der Staat nicht das Recht, die Rollen innerhalb der Familie zu verteilen oder zuzuteilen.«(16)

Diese auf den ersten Moment so sympathisch wirkende Liberalität im Familienrecht, die den Gedanken verwirklichen will, der Staat dürfte sich nicht in das Privatleben der Bürger einmischen, schafft in Wirklichkeit nur ein stichhaltigeres Alibi für die unveränderte Geschlechterhierarchie.
So heißt es in einer Verlautbarung der SPD 1976:

> »Berufstätige Mütter können fünf Tage pro Jahr bezahlten Sonderurlaub bekommen, wenn sie nicht arbeiten gehen können, weil sie ein krankes Kind unter acht Jahren zu betreuen haben. Und weil wir es mit der Gleichberechtigung der Frauen ernst meinen, gilt das alles auch für berufstätige Männer!«

Hat sich der Gesetzgeber dabei die Frage gestellt, wie ein solches Gesetz in der Praxis aussehen wird?
1. Welche Möglichkeiten hat eine berufstätige Ehefrau, ihren Mann dazu zu bringen, das kranke Kind ebenfalls zu pflegen?
2. Mit welcher Art von Benachteiligungen hat der Ehemann an seinem Arbeitsplatz zu rechnen, wenn er wirklich von seinem Recht Gebrauch machen würde, das kranke Kind zu pflegen? Dabei handelt es sich nicht nur um das Problem, daß er den Spott seiner Kollegen ertragen, sondern auch um berufliche Chancen und alle die informellen Chancen fürchten muß, die ein Weiterkommen am Arbeitsplatz begünstigen.
Wieso schreibt der Gesetzgeber in diesem Fall nicht zwingend vor, daß berufstätige Eltern sich wechselseitig abzulösen haben in der Betreuung des kranken Kindes?

Ein anderes ebenso wirkungsloses Beispiel für das Liberalitätsprinzip, das Gleichberechtigung herstellen soll, ist die Öffnung der gesetzlichen Rentenversicherung für Hausfrauen, die in der Bundesrepublik seit 1972 besteht.
Haben Hausfrauen damit wirklich die Möglichkeit, sich eine eigene, vom Mann unabhängige Altersversorgung aufzubauen? Das Gesetz gibt natürlich keinerlei Auskunft darüber, wie die einkommenslose, vom Ehemann nur mit Wirtschaftsgeld alimentierte Hausfrau den Einstieg in die Rentenversicherung bewerkstelligen soll.
Eine solche Gesetzgebung setzt sich überhaupt nicht mit der

existierenden Unterdrückung von Frauen in der Ehe auseinander. Frauen brauchen nicht nur die formale Gleichstellung, sondern eine begleitende kompensatorische Gesetzgebung, die ihnen hilft, ihre Rechte in der Ehe und im Beruf zu realisieren.
Vorbilder für eine solche Regelung, die sich an der existierenden Diskriminierung und nicht an einem erträumten oder deklarierten Zustand bereits verwirklichter gesellschaftlicher Gleichheit orientiert, gibt es mittlerweile in fast allen Ländern, und auch in der Bundesrepublik werden z. B. durchaus kompensatorische Maßnahmen in anderen Bereichen befürwortet.

Die Ehe wurde bisher vom Gesetzgeber mit einem einseitigen Rollendiktat (Haushaltsführung) für die Frau geregelt. Nach der Liberalisierung kann das freie Spiel der individuellen Kräfte in der Ehe nur dazu führen, daß die alten Verhältnisse erhalten bleiben, obwohl sie ein hübscheres Etikett haben.
Kein Arbeitnehmer befindet sich heute in einem so abhängigen und bei Konflikten für ihn so nachteiligen Verhältnis zum Arbeitgeber wie eine nicht-berufstätige Ehefrau vom Ehemann.
Kein Arbeitnehmer wird mehr verprügelt, vergewaltigt, erpreßt und bedroht wie die Frau in einer großen Zahl von Ehen. Kein Arbeitnehmer muß um seinen Lohn betteln wie viele Frauen um das Wirtschaftsgeld.
Die einzige rechtliche Möglichkeit, der ehelichen Tyrannei zu entgehen, kann in vielen Fällen gar nicht wahrgenommen werden, denn eine Scheidung ist für Frauen mit Kindern eine wirtschaftliche Katastrophe.
Die Gestaltungsfreiheit der Ehepartner in der Ehe bedeutet in einem Wirtschaftssystem, das kaum berufliche Chancen für Frauen offeriert und zur Zeit etwa für 1 1/2 Prozent aller Schüler einen Platz in einer Ganztagsschule bieten kann, eine einseitige Verurteilung der Ehefrau zur Hausarbeit im Rahmen eines Eherechts, das auf einer feudalistischen Fürsorgestruktur aufgebaut ist.

Obwohl in der Bundesrepublik Ehe und Familie unter dem

besonderen Schutz der Verfassung stehen – eine Formulierung, die auf den starken Druck der katholischen Kirche auf die Verfassunggebende Versammlung zurückgeht –, ist in Wirklichkeit nur wenig von einem positiven Schutzgedanken des Staates zu beobachten. Die meisten Ehepartner lernen die Bestimmungen des Eherechts erst dann kennen, wenn sich bereits Konflikte ergeben haben. Da die Ehe grundsätzlich als auf Lebenszeit geschlossen gilt, wäre es notwendig, daß die beiden Vertragspartner zunächst einmal wissen, welche staatlichen Rechtsbestimmungen überhaupt für ihr Verhältnis Geltung besitzen. Aus dem Verfassungsartikel 6, der den Schutz der Ehe und Familie beinhaltet, könnte also bei gutem Willen des Gesetzgebers auch eine Informations- und Aufklärungspflicht über die gesetzlichen Eherechtsbestimmungen interpretiert werden.

In der heutigen Praxis erhalten die beiden Ehewilligen vom Staat lediglich ein Merkblatt mit gesundheitlichen Ratschlägen für Eheschließende:

> »Sie wollen die Ehe schließen! Haben Sie sich vergewissert, ob Sie gesund sind und eine Heirat zum gegenwärtigen Zeitpunkt ratsam ist? Gesundheit ist eine der wichtigsten Voraussetzungen für eine glückliche Ehe. Gesundheit schenkt ein harmonisches Eheleben und gesunde Kinder.«

Diese Gleichsetzung von Gesundheit mit Harmonie in der Ehe ist mit einem Hinweis auf die Gefahr von Geschlechtskrankheiten verbunden:

> »Jeder, der heiraten will, sollte daher rechtzeitig prüfen, ob sein Gesundheitszustand ein glückliches und harmonisches Eheleben erwarten läßt. Das ist er sich selbst, seinem künftigen Ehegatten und den Nachkommen schuldig. Sie sollten sich daher, wenn noch nicht geschehen, baldigst genau von einem Arzt untersuchen und Ihre Heiratsfähigkeit feststellen lassen. Vor allem müssen Sie sich untersuchen lassen, wenn Sie geschlechtskrank sind oder zu irgendeiner Zeit an Syphilis erkrankt waren ... Beachten Sie bitte diese Ausführungen; sie sollen mithelfen, eine unglückliche Ehe zu verhüten.«

Bei dieser ausschließlich auf die Warnung vor Geschlechtskrankheiten bezogenen Aufklärung des Staates über die gesetzlichen Ehebestimmungen muß der Verdacht aufkommen, daß der Gesetzgeber seine verfassungsmäßige Schutzpflicht der Ehe gegenüber nicht wahrnehmen will.

Es ist schon wegen der völlig unzureichenden Vorbereitung der Ehewilligen kein Wunder, daß über fünfzig Prozent der Ehescheidungen bereits in den ersten sieben Jahren erfolgen. Obwohl wir bislang ein Eherecht hatten, das – folgt man den Argumenten der konservativen Kritiker an der Ehe-rechtsreform der sozialliberalen Koalition – die Versorgung geschiedener Frauen gut sicherte, zeigen die Zahlen, daß davon keine Rede sein konnte:

> »Von der idealtypischen patriarchalischen Auffassung, daß der geschiedene Mann seine geschiedene Frau ›durch Unterhalt versorge‹, ist die Realität weit entfernt. Nur etwa 25 Prozent der geschiedenen Frauen, mit oder ohne Kinder, haben unter geltendem Recht Unterhaltsansprüche oder realisieren diese. Weitaus der größere Teil der geschiedenen Frauen führt keine vom Manne abgeleitete Existenz ... Mit rund 80 Prozent erreichen geschiedene Frauen den höchsten Anteil an Erwerbstätigkeit überhaupt.«(17)

In den Vereinigten Staaten variiert das Ehe- und Familienrecht immer noch von einem Staat zum anderen. Der bisher vielversprechendste Gesetzentwurf liegt in Massachusetts vor. Dort soll nicht nur die gemeinsame Kontrolle über Einkünfte und Vermögen vorgeschrieben werden, sondern alle Verpflichtungen inclusive Teilung der Hausarbeit sowie Pflege und wirtschaftlicher Unterhalt von abhängigen Kindern und Eltern sollen beiden Ehepartnern gleich vorgeschrieben werden. Außerdem enthält der Entwurf die Idee von Schiedsstellen, die Ehepartner beraten, die ihre Ehe weiterführen wollen oder eine Probe-Ehe eingegangen sind. Grundlage für diesen Entwurf sind individuelle Eheverträge. Ebenso wird vom größten Verband der amerikanischen Frauenbewegung (National Organization of Women) in einzelnen Staaten (z. B. Nebraska) an einer Eherechtsvorlage gearbeitet, die individuelle Eheverträge erlaubt.

In 25 Staaten der Vereinigten Staaten ist das Zerrüttungsprinzip (»irretrievable breakdown«) eingeführt, und nur fünf

Staaten hatten 1975 noch ein Scheidungsrecht, das keinerlei Anwendung des Zerrüttungsprinzips in irgendeiner Form vorsah.(18)
In der Mehrheit der Staaten kann der Richter das eheliche Vermögen verteilen, nur in einer Minderheit gibt es bis jetzt eine Art Zugewinngemeinschaft bzw. gemeinsamen Besitzstand der Ehepartner. Nach der Reformierung des Eherechts in nahezu allen US-Staaten wurde das reformierte Scheidungsrecht häufig von Richtern einseitig zuungunsten der Frau ausgelegt, so daß in einer Reihe von Staaten Kommissionen auf Betreiben der Frauenbewegung eingesetzt wurden, die das Verhalten der Richter überprüfen. In New York City hat die staatliche Kommission über das Verhalten der Justizbehörden ein Budget von 500 000 Dollar 1975 beantragt. In anderen Staaten wie Florida und Connecticut hat es ebenfalls unter Druck der Frauenbewegung Kommissionen und Initiativen zur Überprüfung der juristischen Praxis in Scheidungsfällen gegeben.
In vielen Städten haben sich Scheidungskooperativen gebildet, die Frauen in Scheidungsangelegenheiten beraten. Außerdem gibt es eine Reihe von Rechtsberatungskursen über Ehe und Scheidung, die in Colleges oder Schulen von Richtern oder Anwälten gehalten werden.(19)

In den fast 30 Jahren seit Bestehen der Bundesrepublik gab es in der Gestaltung des Ehe- und Familienrechts bisher nur einen winzigen gesetzlichen Schritt, der wirklich den Willen erkennen läßt, Frauen nicht mehr zum alleinigen Ehe- und Scheidungsopfer zu machen. Das 1975 beschlossene Renten-Splitting verteilt die Rentenansprüche, die während der Ehe von dem berufstätigen Ehepartner erworben wurden, genau hälftig auf beide Ehepartner.
Es ist bezeichnend, daß sich hauptsächlich die Frauen in der SPD/FDP-Koalition dafür eingesetzt haben, und von den 18 Experten, die im Hearing zum Versorgungsausgleich vom Rechtsausschuß des Bundestages gehört wurden, nur die beiden Frauen den Versorgungsausgleich befürworteten. Dabei muß man allerdings berücksichtigen, daß diese auch unter männlichen Abgeordneten heftig umstrittene Reform wohl deswegen durchzusetzen war, weil sie die Herrschaftsposi-

tion der meisten Männer nur potentiell, für den Fall der Scheidung, bedroht und daher weniger Widerstand provoziert hat als Regelungen, die wirklich an die Substanz der männlichen Suprematie gehen würden.

16. Kapitel

Emanzipationsbewußtsein im Parlament — Selbstbild und Fremdbild weiblicher und männlicher Parlamentarier

»Ich als Mann empfinde es als angenehmer, statt dieser frustrierten Emanzipationsforderungen nun mit Politikerinnen zusammenzuarbeiten, die etwas mehr Charme haben, die uns auf liberale Familienpolitik hinüberführen. Wir brauchen Fachpolitikerinnen und nicht Frauenpolitikerinnen in der Partei.« (Ein FDP-Abgeordneter)

»Die letzten drei Generationen Blaustrümpfe waren nicht besonders aufregend. Es gibt komplettere Aufgaben als den Kampf für die Frauenrechte.« (Ein SPD-Abgeordneter)

»Früher sind viel zu viele Damen, weil es mit dem männlichen Geschlecht nicht geklappt hat, in die Politik gegangen. Der Prozentsatz der Frauen, die ein körperliches Gebrechen haben in der Landes- und Kommunalpolitik, ist unverhältnismäßig viel höher als der der Männer, die einen körperlichen Fehler haben. Die widmen sich dann voll der sozialen und karitativen Arbeit.« (Ein CDU-Abgeordneter)

»Ich habe etwas gegen die Partout-Frauen, die den Finger heben und sich melden und anfangen, wir Frauen . . . meine Frau ist mir lieb in den eigenen vier Wänden, aber nicht in Versammlungen. Die kann eine eigene Partei aufmachen, wenn sie will. Die Frau Brandt, die macht das geschickt, die glänzt durch ihre Schönheit – die bringt ihren Mann nicht in Verlegenheit.« (Ein CSU-Abgeordneter)

Diese Zitate, die aus persönlichen Interviews mit Abgeordneten des 7. Bundestages stammen, dürfen getrost als typisch eingestuft werden. Sie sind einer Untersuchung entnommen, die im Zeitraum von Januar bis Ende März 1973 gemacht wurde. An dieser Befragung nahmen 57 männliche Bundestagsabgeordnete teil. Zwölf von ihnen wurden persönlich

mit Hilfe eines Fragebogens interviewt. Von den 30 gewählten Frauen des Bundestages wurden 29 persönlich befragt. Die Untersuchung sollte Auskunft geben, ob und wodurch Frauen in Parteien und Parlamenten diskriminiert werden. Sie sollte außerdem einen Überblick über das Verhältnis der weiblichen und männlichen Abgeordneten zum Stand der Frauenemanzipation und der Diskussion über Gleichberechtigung herstellen. Zwar ist sie nur eine Momentaufnahme, die aber wohl doch allgemeingültige Schlußfolgerungen zuläßt.(1)
Auf die Frage, bis wann die politische Gleichberechtigung auch in der Praxis zu verwirklichen wäre, meinte ein Drittel der männlichen CDU/CSU-Abgeordneten, daß dies nicht vollständig zu schaffen sei, und die Hälfte der weiblichen CDU/CSU-Abgeordneten war derselben Ansicht. Dagegen waren männliche und weibliche SPD-Abgeordnete optimistischer. Nur eine SPD-Abgeordnete glaubt, daß Gleichberechtigung nicht vollständig zu erreichen sei. Bei den SPD-Männern waren es immerhin 22 Prozent. Die beiden FDP-Frauen und die weiblichen SPD-Abgeordneten waren am optimistischsten: die Mehrheit von ihnen nahm an, daß bis zum Jahr 2000 die politische Gleichberechtigung erreicht sei. Bei der CDU/CSU war es nur eine weibliche Abgeordnete, die diesen Zeitpunkt für realistisch hielt.
Schon diese ersten Ergebnisse zeigen einen bemerkenswerten Aspekt, der auch bei anderen Antworten deutlich hervortritt. Die CDU/CSU-Abgeordneten – Männer wie Frauen – sind emanzipatorischen Ideen weniger zugänglich als die der Koalitionsparteien SPD und FDP. Das gilt für die Ziele selbst ebenso wie für die Chancen ihrer Realisierung. Auch bei den nächsten Fragen erweist sich dieser Unterschied zwischen den Parteien.
Um herauszufinden, was die einzelnen Abgeordneten unter politischer Gleichberechtigung verstanden, wurde zusätzlich die Frage gestellt, bei welchem prozentualen Anteil der Frauen diese im Bundestag als politisch gut repräsentiert angesehen werden. Die Antworten brachten eine Überraschung: Fast zwei Drittel der SPD-Männer waren der Ansicht, daß die Frauen im Parlament 50 Prozent der Sitze haben müßten, um politisch gut repräsentiert zu sein. Dagegen

war nur ein Drittel der SPD-Frauen dieser Ansicht. Eine einzige Frau der CDU/CSU-Fraktion sah 50 Prozent als Verwirklichung politischer Gleichberechtigung an und nur vier von 22 männlichen CDU/CSU-Abgeordneten, die sich zu dieser Frage äußerten. Die Meinungen der FDP-Männer und -Frauen waren geteilt. Die Hälfte nannte 50 Prozent. Alle anderen meinten, daß ein Anteil von 25 Prozent die Frauen gut repräsentiere.

Obwohl der Anteil der Frauen 1972 bei der Bundestagswahl auf unter 6 Prozent gefallen war und selbst ein zehnprozentiger Frauenanteil in der Geschichte des Deutschen Bundestages noch nicht erreicht wurde, hielt keiner der befragten männlichen und weiblichen Abgeordneten die ebenfalls vorgegebene Zahl von 10 Prozent für ausreichend. Die Ursache für den Rückgang des Frauenanteils im Parlament war nach Mehrheitsansicht der Frauen aller Fraktionen das »Desinteresse von Frauen, sich in Parteien zu engagieren«. Zehn von 29 meinten allerdings, daß es an den ungerechten Auswahlkriterien der Männer bei der Aufstellung von Kandidatinnen läge. Bei den befragten Männern zeigte sich, daß die SPD-Abgeordneten am meisten von Schuldgefühlen geplagt werden. Sie nannten an erster Stelle, daß die Männer eine ungerechte Auswahl treffen, während die CDU/CSU-Männer an erster Stelle das Desinteresse der Frauen am Parteileben nannten. Es ist bemerkenswert, daß hier wie bei der vorhergehenden Frage die Antworten der SPD-Männer von denen der Frauen abwichen. Die SPD-Frauen scheinen einen dem Zahlen-Verhältnis der Geschlechter entsprechenden Anteil im Parlament gar nicht mehr in Betracht zu ziehen, weil sie eine Realisierung – das wurde aus den Kommentaren dazu deutlich – für ziemlich aussichtslos halten. Die Mehrheit der SPD-Männer hält dagegen eine gleichgewichtige Repräsentation der Geschlechter für eine Sache von Billigkeit und Gerechtigkeit, gibt aber gleichzeitig zu, daß diese Gerechtigkeit an der Ungerechtigkeit der männlichen Genossen scheitern muß.

Die CDU-Frauen und -Männer dagegen haben von vornherein nicht die Vorstellung von einer der Geschlechter-Ratio in der Bundesrepublik angenäherten Beteiligung von Frauen an der parlamentarischen Arbeit.

77 Prozent der Männer hielten ihre Kolleginnen im Bundestag für genauso tüchtig und qualifiziert wie sich selbst. Diese Meinung lieferte für viele der Befragten jedoch sozusagen nur das Alibi, unterderhand auch noch kritische Punkte anzukreuzen – Meinungen, die zu der globalen Ansicht, Frauen seien genauso tüchtig, in krassem Widerspruch standen. 34mal wurde Kritik geübt. Am kritischsten war die Einstellung der CDU/CSU-Männer zu ihren Fraktionskolleginnen, am positivsten die Haltung der FDP-Männer (alle Befragten meinten ohne eine einzige Kritik, ihre Kolleginnen seien ihnen ebenbürtig).
Während die SPD-Männer dabei hauptsächlich den Punkt »Konzessionsfrau« anstrichen, ging die Kritik der CDU/CSU-Männer auch ins Persönliche: 38 Prozent von ihnen meinten, die weiblichen Abgeordneten seien »zu betulich, zu damenkränzchenhaft, um politisch Einfluß zu nehmen.« Ein Viertel war der Ansicht, die Frauen im Bundestag seien »altmodisch gekleidet und unvorteilhaft frisiert«, ein Sechstel fand »zu wenig wirkliche Persönlichkeiten« unter den Frauen.
Dabei ging aus den Gesprächen mit den männlichen Abgeordneten allerdings klar hervor, daß die wenigsten mehr als zwei oder drei Kolleginnen der eigenen Fraktion kennen und die anderer Fraktionen häufig nicht einmal dem Namen nach.

> »Ja, da gibt es einige neue Damen, die laufen hier so fremd durch die Gegend, daß man sich fragt, was sie eigentlich wollen.« (Ein SPD-Abgeordneter)

Die konservative Frauenrechtlerin Gertrud Bäumer, Simone de Beauvoir und die Gründerin des Müttergenesungswerks Elly Heuss-Knapp wurden als weibliche Leitbilder von CDU/CSU-Männern und -Frauen angegeben.
Als politisches Vorbild für Frauen wählten SPD-Frauen und -Männer an erster Stelle Rosa Luxemburg und mit Abstand dazu Simone de Beauvoir.
37 von 57 befragten Männern konnten kein Buch und keine Untersuchung über die Emanzipation der Frau angeben, die sie gelesen hätten. Die Männer der SPD zeigten dabei ein geringfügig höheres Interesse. Bei den Frauen waren die der

SPD sehr viel informierter. Elf von 13 SPD-Frauen hatten etwas zur Emanzipation der Frau gelesen, ebenso die beiden FDP-Frauen. Dagegen konnte die Hälfte der CDU/CSU-Frauen keine Emanzipations-Lektüre angeben. Das einzige Buch, das von mehreren Frauen genannt wurde, war Simone de Beauvoirs »Das andere Geschlecht«. Obwohl die Liste der Emanzipationsliteratur, die genannt wurde, sehr dürftig war, lag das Buch von Esther Vilar bei den Nennungen von Männern und Frauen zusammen an der Spitze. Daneben wurden auch Titel aufgeführt, die ebensowenig in die Spalte Emanzipationsliteratur fallen dürften und mehr der christlichen Erbauungs-Dichtung zuzurechnen sind: Gertrud von Le Forts »Die ewige Frau« zum Beispiel.

Die befragten männlichen Bundestagsabgeordneten waren sich ihrer Wirkung auf Wählerinnen sehr sicher. Zwei Drittel der CDU/CSU-Abgeordneten meinten, daß sie bei Wählerinnen besser ankämen als bei Wählern. Bei der SPD-Fraktion waren es nur zwei Fünftel der Männer, immerhin mehr als diejenigen, die ihre Wirkung auf männliche Wähler für höher hielten. Bei den befragten 29 Frauen schätzte nur eine von der SPD ihre Wirkung auf das andere Geschlecht als größer ein. Alle anderen hielten ihre Wirkung auf Wähler beiderlei Geschlechts für gleich. Die CDU-Frauen dagegen meinten zu einem Drittel, beim eigenen Geschlecht populärer zu sein.

Auch bei der Frage nach geschlechtsspezifischen Eigenschaften in der Politik zeigte sich ein deutlicher Unterschied zwischen SPD- und CDU-Nennungen. Die CDU-Männer hielten Frauen für »instinktsicherer«, »diplomatischer« und »lebensnäher« als Männer. Dagegen waren die SPD-Männer am häufigsten der Meinung, daß es keine geschlechtsspezifischen politischen Eigenschaften gäbe. Die Frauen von der CDU hielten sich mit Ausnahme von 2 Abgeordneten für lebensnäher, »instinktsicherer« und »kompromißbereiter« in der Politik als Männer.

Am häufigsten meinten die befragten männlichen Abgeordneten, daß es den politisch engagierten Frauen an »Solidarität« fehle, um Einfluß auszuüben, und an psychischer Belastbarkeit. Eine Minderheit der Männer war der Auffassung, es mangele den Frauen an »körperlicher Belastbarkeit« und »intellektuellen Fähigkeiten«. Bei den Frauen ergaben sich keine Unterschiede in bezug auf die Parteizugehörigkeit. Die weiblichen Abgeordneten sahen das Defizit der Frauen in der Politik in einem fehlenden »Willen zur Macht«. An zweiter Stelle nannten sie fehlenden Mut, an dritter Stelle mangelnde »Solidarität«. Einige meinten, den Frauen fehle die »Aggressivität«, um zu Einfluß zu gelangen.

Voller Widersprüche waren die Äußerungen der Befragten zu dem Punkt »weibliche Solidarität«. Frauen, die nach Lage der Dinge völlig unterschiedliche Standpunkte vertreten müssen, werden von männlichen Kollegen und von der Öffentlichkeit als einheitliche Gruppe betrachtet. Es wird von ihnen eine Gemeinsamkeit erwartet, die sie nicht nur in bezug auf ihr Verständnis von Gleichberechtigung nicht haben. Sie gehören auch innerhalb der Partei und der Fraktionen bestimmten Interessengruppierungen an, die als Links oder Rechts oder Mitte gelten. Darüber hinaus haben sie auch noch unterschiedliche Loyalitäten zu beachten, die sie an ihre landsmännischen Gruppen binden. Die Abgeordneten aus Bayern oder Niedersachsen oder Hamburg bilden Landesgruppen, die gemeinsam politische Absprachen über bestimmte Themen treffen. In ihnen gibt es aber meistens nur eine einzige oder zwei Frauen. Eine weitere Loyalität haben die Frauen gegenüber der innerparteilichen Gruppierung, die ihre Kandidatur gefördert hat: bei zwei Dritteln der befragten Frauen kam diese Unterstützung ihrer Kandidatur von den Frauenorganisationen ihrer Partei. Ungefähr ein Drittel wurde von der Gesamtpartei in ihrer Kandidatur gefördert. Auch dadurch ergibt sich eine neue Trennung, die häufig eine gemeinsame Meinungsbildung unter den Fraktionsfrauen erschwert. Denn die Frauen, die nicht von Frauenorganisationen aufgestellt bzw. vorgeschlagen und gefördert wurden, teilen häufig hinter der vorgehaltenen Hand die Verachtung der männlich beherrschten Gesamtpartei für die Frauenorganisation als die »institutionalisierten Damenkränzchen«.

Die gewählten weiblichen Bundestagsabgeordneten haben also dieselben Loyalitätsverpflichtungen gegenüber Partei-

und Fraktionsgruppierungen wie ihre männlichen Kollegen, aber gerade die Vielzahl ihrer Loyalitäten trennt sie mehr voneinander als diese, weil ihre Zahl so gering ist. Obwohl jede von ihnen durch die Mechanismen des Parteiensystems und die Kandidatenaufstellung praktisch als Einzelkämpferin in den Bundestag kommt, wird sie dort ständig inoffiziell zu einer Zwangssolidarität mit anderen Fraktionsfrauen verpflichtet, die jede von ihnen als zusätzliche Belastung empfinden muß. So klagt zum Beispiel eine SPD-Abgeordnete, die der Mittelinksgruppierung der Fraktion angehört, über ihr Verhältnis zu einer rechtsstehenden Fraktionskollegin:

> »Nach außen hin wird es ständig so dargestellt, als ob wir beide als Frauen nicht miteinander können. Darum dreht es sich gar nicht. Es ist für die Männer in der Partei völlig unverständlich, daß Frauen sachliche politische Differenzen miteinander haben.«

Wie sie sich auch untereinander verhalten, solidarisch oder konkurrierend: sie erregen doch den Unwillen von Partei- und Fraktionskollegen. Beanstandung eines jungen SPD-Abgeordneten, der zum linken Flügel der Fraktion zählt:

> »Es gibt eine ekelhafte Solidarität unter den Frauen. Die Solidarität bezieht sich nicht auf die Sache, sondern auf die Geschlechtsteile. Frauen wählen Frauen, auch wenn sie total unemanzipiert sind. Es fehlt ihnen an Solidarität gegenüber politischen Überzeugungen.«

Ein anderer SPD-Linker kritisiert genau das Gegenteil, nämlich,

> »daß Frauen der Frauen häufigste Feinde sind, das merkt man beim Auszählen der Stimmen. Zettelberge von Tischen, an denen viele Frauen sitzen, beweisen, daß Frauen eben nicht Frauen wählen.«

Ähnliche Argumente, die subjektive Beobachtungen ohne Analyse verallgemeinern, werden von Männern aller Fraktionen geäußert. Nach Auffassung eines FDP-Abgeordneten werden Frauen

> »in der Partei nur von Männern protegiert. Das ist immer so in der Geschichte gewesen. Das ist nicht nur historisch. Ich fürchte, das ist biologisch.«

Biologische Gründe für die Rivalität der Frauen, die aus

dem Bereich der Verhaltensforschung stammen, wurden sowohl von Sozialisten wie von Christdemokraten geäußert. Typisch für diese Meinung war die Äußerung: »Das ist bei Tieren auch schon so. Ein Weibchen beißt das andere weg.« Oder:

»Auch wenn die Frauen immer zusammenkommen, das ist nur Theater. Vor allen Dingen sorgen sie dafür, daß andere Frauen nichts werden. Das ist auch bei den Tieren so, daß die Weibchen sich nicht so gut vertragen.«

Ein anderer Abgeordneter meinte, daß Frauen nicht untereinander Koalitionen bilden können, um ihre Interessen wirksam durchzusetzen:

»Die Gewerkschaften, in denen es die meisten Frauen gibt, sind auch am schlechtesten organisiert. Ich wette, selbst wenn Frauen eine eigene Frauengewerkschaft gründen würden, hätten sie noch Männer als Geschäftsführer.«

Auch in anderen Bemerkungen drückt sich das Unverständnis gegenüber den Kolleginnen im Bundestag aus, wenn z. B. einer sagt:

»Frauen sind nicht dieser typisch männlichen Kameraderie fähig.«

Wenn sie sie aber praktizieren, dann wird daran ebenso Kritik geübt:

»Unsere Frauen, die halten mitten in Fraktionssitzungen, wenn es um politische Fragen geht, ihre Damenkränzchen und plaudern zu Kaffee und Kuchen, verlassen alle munter den Fraktionssaal, um alte Genossinnen zu verabschieden.«

Aus solchen Äußerungen sprechen die Stereotype der Mehrheit zur Diskriminierung einer Minderheit. Es wird eine prinzipiell andere negative Verhaltensweise behauptet, vergleichbar dem generellen Motto: die Schwarzen sind ganz anders als wir. Hier besteht sie darin, daß man Frauen für unfähig zur Solidarität hält, die man als eine typisch männliche Eigenschaft ansieht, dennoch aber von den Kolleginnen fordert. Daß sie andererseits wegen tatsächlichen oder vermeintlichen Zusammenhaltens kritisiert werden, steht dazu zwar in logischem Widerspruch, ist aber ebenfalls typisch für die Einstellung zur Minderheit: nicht Logik, sondern Negativität ist es, die sich als roter Faden durch die Urteile zieht. Äußerungen wie: »Es gibt nur ein Problem, das ist das Problem der Menschenrechte«, oder »Ich kann das Gerede von Emanzipation nicht mehr hören, ich halte es in der Tat für eine Nebensache, ob Männer oder Frauen Politik machen« leugnen, daß das Geschlecht eine entscheidende Rolle im politischen Alltag spielt. Andere spielen das Problem herunter: »Viele Kolleginnen sind immer noch dabei, Mauern niederzureißen, die es unter vernünftigen Menschen kaum noch gibt.«

Im Gegensatz dazu stehen bei vielen Politikern und Politikerinnen spontane Bemerkungen, aus denen hervorgeht, wie stark die Forderungen nach geschlechtsspezifischem Verhalten und geschlechtsabhängige Bewertungen in Wirklichkeit sind. Ein Teil dieser Aussagen bezog sich auf das Äußere der Politikerinnen. Zum Beispiel urteilt ein SPD-Abgeordneter:

> »Zu elegant darf sie auf keinen Fall sein. Eine Frau, die elegant ist, da kommt sofort eine negative Wirkung. Die extravagante und die elegante Frau hat auf die Dauer bestimmt keinen Erfolg. Als Abgeordnete ist das Solide, das Nichtauffallen das beste. Eine Frau, die allzuviel Wert auf Kleidung legt, ist oberflächlich und dumm, und man weiß ja, wie schal und leer diese Frauen sind, die sich nur gut anziehen können.«

Oder ein CDU-Mann:

> »Die CDU wollte auch mal eine attraktive Frau. Ist ja auch eine ästhetische Frage. Wie bei den Autos ist es auch bei den Frauen, der Typ ist entscheidend. Und der Typ Frau heute sollte eben keine sein, die man sich mit Mutterkreuz vorstellen könnte. Sie soll einen modernen Typ von Frau darstellen.«

Ein anderer sagt:

> »Die politische Auseinandersetzung darf nicht dazu führen, daß die typisch weiblichen Eigenschaften überdeckt werden. Eine Frau soll charmant, empfindsam, warmherzig sein, sonst entsteht leicht der Suffragettentyp, der außerordentlich schädlich wirkt. Eine Frau braucht gesunden Menschenverstand und gutes Aussehen. Aber sie darf nicht zu gut aussehen, sonst kriegt sie nur Männerstim-

men, aber keine Frauenstimmen. Eine überdurchschnittlich gut aussehende Frau wird es nur bei Männern leicht haben.«

Derselbe CDU-Abgeordnete forderte von einem männlichen Politiker, daß er ein »Beschützertyp« sein müsse oder ein »Macher-Typ«. Von vielen Männern wurde die Bundestagspräsidentin Annemarie Renger wegen ihrer Kleiderwahl besonders günstig beurteilt. Einige Bundestags-Frauen empfinden das Interesse für ihr Aussehen als Zwang, andere als Anregung. So sagte eine CDU-Abgeordnete:

»Ich interessiere mich mehr für Mode als früher, da ich als Mandatsträgerin mehr im Mittelpunkt stehe. Die Kollegen sehen genau, was man anhat, da wird man ständig drauf angesprochen. Es herrscht aber ein ausgesprochen kameradschaftlicher Ton, und es liegt an einem selber, wie man die Grenzen zieht.«

Eine SPD-Abgeordnete empfindet diese Aufmerksamkeit für ihr Äußeres eher als einseitiges Recht der Kollegen:

»In der Politik macht man eine ganz schöne Schule mit. Man soll hier Spaß verstehen und nicht zu prüde reagieren. Und man muß froh sein, wenn ein Kollege einen noch in den Arm nimmt. Wenn das keiner tut, dann weiß man, wo man hingehört, in die Ecke der Möbel. Bei den Kollegen ist es nicht beliebt, wenn man auf Distanz geht. Mir wird glatt gesagt, warum hast du dich so frisiert oder so, mach's doch so, wie du es sonst hattest. Was für einen Anzug oder Schlips die Kollegen tragen, entzieht sich der Kritik.«

Eine geschiedene CDU-Politikerin meint dagegen:

»Ein Bundestagsmandat kann auch für private Kontakte mit Männern hinderlich sein. Die Männer heben uns dann auf ein Podium und vergessen dann immer, daß wir auch nur Menschen und Frauen sind, und denken, da kannst du nicht rangehen.«

Ein älterer FDP-Abgeordneter bekennt:

»Ich bin romantisch, ich habe die Frauen immer als Göttinnen angesehen. Allerdings kann mir auch da mal der Kragen platzen. Ich war mit der Internationalen Parlamentarier-Union bei einem Empfang... Eine Kollegin aus der DDR war dabei. Ich sagte der DDR-Dame, sie habe ein schickes Kleid an. Sie antwortete rotzig, sagen Sie das dem Kleid. Am nächsten Tag sagte ich zu ihr, grüßen Sie doch bitte Ihr Kleid, dem haben Sie doch einen besonderen Persönlichkeitswert beigemessen. Sie reagierte ganz sauer.«

Sexuelle Barrieren und Hemmungen, mit Frauen ebenso ungeniert zu reden wie mit Männern, zeigen sich in der Bemerkung eines SPD-Abgeordneten:

»Ich duze Genossinnen, aber ich vermeide es immer, sie mit Vornamen anzureden. Das wirkt so intim.«

Oder wenn ein älterer SPD-Intellektueller sagt:

»Ich bin schrecklich konservativ. Ich könnte nie vergessen, daß eine Frau eine Frau ist. Ich würde es als Selbstverständlichkeit ansehen, einer Frau gegenüber eine andere Höflichkeit anzuwenden als gegenüber einem Mann. Gott sei Dank haben wir ja die körperliche Andersartigkeit.«

Der Zwiespalt, in dem sich ein Mann gegenüber Politikerinnen befindet, wird von einem ehrlichen SPD-Abgeordneten so ausgedrückt: entweder interessiere er sich für eine Frau sexuell, oder er würde sie gar nicht wahrnehmen. Er könne Frauen nicht in die Kategorie Politiker und in die Kategorie Frau einteilen. Ein derart rigoroser Standpunkt wurde von anderen Befragten nicht vertreten. Viele versuchten, die sexuelle Anziehung oder die Scheu vor Mitgliedern des anderen Geschlechts durch ausgesprochene Kumpelhaftigkeit zu überspielen. Etwa indem ein Abgeordneter sagt: »In unserer Landesgruppe haben wir Mädchen, mit denen können wir Pferde stehlen.«

Eine CDU-Abgeordnete meint:

»Wir Frauen dürfen uns nicht isolieren, ich sag immer, die Finger drinhalten und auch mal 'nen Schnaps mittrinken.«

Eine andere CDU-Abgeordnete zieht die Grenzen der Schicklichkeit so:

»Wir gehen mit den Kollegen aus, aber in einem fortgeschrittenen Stadium, wenn es etwas feuchtfröhlicher wird, wenn mal mehr getrunken wird, bei einem gewissen Punkt ziehen wir Frauen uns von selbst zurück. Ich bin nie die erste gewesen, aber auch nie die letzte, die gegangen ist.«

Die Barrieren geschlechtlicher Umgangsformen werden von

männlichen Abgeordneten auch als Grund dafür angegeben, daß man Frauen keinen Wahlkreis geben kann. Ein SPD-Abgeordneter:

> »Es ist doch so: wenn eine Frau im Wahlkreis auftritt, schafft sie eine gewisse Distanz. Sie hat nicht die Chancen, die ein Mann hat. Sie kann keine aktive Rolle auf gesellschaftlicher Ebene spielen. Zum Beispiel beim Feuerwehrfest, da muß sie zum Tanzen geholt werden. Als Frau Abgeordnete ist sie immer darauf angewiesen, daß sich ein paar Leute ihr widmen. Sie kann nicht einen Mann auffordern zum Tanzen. Deswegen wird sie zwangsläufig nicht diesen breiten Kontakt herstellen können wie der Mann.«

Derselbe Abgeordnete, der einen ländlichen Wahlkreis vertritt, meint, daß ein Politiker sich nur halten könne, wenn er auch gesellig ist und Spaß machen kann:

> »Beim Schützenfest oder beim Feuerwehrfest, da muß man mit jeder Frau tanzen. Wenn man eine ausläßt, dann sagt die, aha, mit mir tanzt er nicht. Das kann sich ein Politiker nicht leisten. So geht man auf einen Ball und muß zwangsläufig den Versuch unternehmen, mit möglichst vielen Frauen zu tanzen oder gar nicht zu tanzen. Ein Politiker hat mehr mit Frauen Kontakt als ein Privatmann. Und wenn einer nicht so geartet ist, ist er kein Politiker, zumindest nicht draußen in der Provinz. Und dann hat man noch die eigenen Schwächen dazu, die Schwächen fürs andere Geschlecht. Man ist in Gesellschaft, man ist lustig, dann passierts halt einmal. Bei einem Politiker findet man das verzeihlich.«

Auf die Frage, ob sie genauso viele Möglichkeiten hätten wie die männlichen Kollegen, an informellen Zusammenkünften teilzunehmen, antworteten 18 von 29 befragten weiblichen Bundestagsabgeordneten mit »Ja«. Elf von ihnen waren anderer Meinung. Von den befragten Männern waren ungefähr 60 Prozent der Ansicht, daß die Kolleginnen in die Stammtische und inoffiziellen Kommunikationsstrukturen mit eingebunden wären. Zwei Frauen von der CDU lehnten Stammtischrunden ab. Zwei SPD-Abgeordnete dagegen drückten deutlich aus, daß sie sich von Fraktionskollegen diskriminiert fühlten.

»Ich gehöre hier keiner Gruppe an. Niemand hat mich eingeladen. Ich bin eine arme Wanderin zwischen sämtlichen Welten, ein armer heimatloser Mensch hier.«

Oder ein anderes Beispiel:

»Kontakte in Bonn sind ganz schön schwierig, weil wir Frauen ein Handikap haben. Die männlichen Kollegen, die eine Kollegin zum Stammtisch mitbringen, haben Angst, daß andere Kollegen etwas wittern könnten oder anfangen zu mauscheln. Die Kanalarbeiter sind am offensten. Bei den jungen linken Leuten in der Fraktion muß man ja eigens eingeladen werden. Es ist auch gar nicht so leicht, als einzelne und als Frau eine neue Gruppe zu eröffnen. Was meinen Sie, was das für eine Frau hier abends schwierig ist. Ich kann ja nicht zu einem Abgeordneten hingehen und fragen, gehst du heute abend mit mir aus?«

Eine ähnliche Beobachtung machte eine amerikanische Politologin im amerikanischen Kongreß. Die Frauen wirkten nicht eingebunden und hatten aufgrund der patriarchalischen Höflichkeiten, die den Umgang der Geschlechter kennzeichnen, weniger Möglichkeiten, an der inoffiziellen Kommunikation teilzunehmen. Einen weiteren Grund sah sie in der Absicht, die Frauen von Informationen fernzuhalten, die einen Machtvorsprung vermitteln.

Besonderes Thema der CDU-Frauen ist immer wieder der Stellenwert der Familie, den sie unentwegt betonen, und die Gegnerschaft zur Berufstätigkeit. Ein Beispiel dafür, das ausgesprochene Minderwertigkeitsgefühle kompensiert, ist folgendes Zitat einer CDU-Abgeordneten:

»Jede Hausfrau, die sich als Hausfrau bekennt, hat meine Hochachtung. Es gibt ja welche, die schreiben nach dreißig Jahren immer noch medizinisch-technische Assistentin, auch wenn sie schon dreißig Jahre Hausfrau sind. Ich bin stolz, wenn ich sitzungsfreie Woche habe, und Dinge machen kann, die ich als Hausfrau gerne gemacht habe. Ich habe meinen Haushalt immer tadellos geführt. Das Familienleben hat sich in Harmonie befunden, so daß ich da ganz habe aufgehen können.«

Dieselbe Frau sagt auch:

»Mein Mann und ich, wir hätten uns sicher nicht so gut verstanden, wenn wir immer nebeneinander auf dem Stühlchen gesessen hätten. Aber ich könnte es einfach nicht ertragen, wenn meine Familie ein dummes Gesicht machen würde, weil ich zuviel weg bin.«

Eine andere CDU-Abgeordnete meint:

»Wenn die Hausfrau weiter diskriminiert wird, bekommen wir ein totales Kindergartensystem, weil alle Frauen dann berufstätig sein wollen.«

Sie fordert für die Hausfrauen »eine Volkshochschule am Vormittag«. Eine berufstätige CDU-Abgeordnete, die am Sonntag, bevor sie nach Bonn reist, für ihre Familie vorkocht, meint, daß das Thema »Berufstätigkeit in der CDU ein heißes Eisen« ist.

»Ich habe mal einen Vortrag gehalten über die berufstätige Frau. Da hat man mich in der Partei runterfallen lassen und mich angegriffen, ich müßte auch auf die Hausfrau eingehen.«

Die christlich-demokratische Ideologie von der Familienbezogenheit der Frau und der Unersetzlichkeit der Mutter ist bei einigen CDU-Abgeordneten identisch mit der Praxis des eigenen Lebens. Bei anderen kann man sich des Eindrucks der Heuchelei nicht erwehren. So geben einige von ihnen an, daß sie trotz Mutterschaft berufstätig geblieben sind oder ein Kindermädchen engagiert haben. Allerdings geht der permanente Bekenntniszwang zur Familie als Fundament der Gesellschaft auch in harte Kritik an denjenigen Frauen über, die schon in jungen Jahren politisch aktiv sind. Eine CDU-Abgeordnete faßt ihr Bundestagsmandat als so zweitrangig auf, daß sie es sofort zurückgeben will, falls ihre halberwachsenen Kinder sie brauchen. Sie betont ausdrücklich, daß sie jedes ihrer Kinder ein volles halbes Jahr gestillt habe, und verurteilt, daß eine junge SPD-Abgeordnete mit einem Kind im Säuglingsalter für den Bundestag kandidiert. »Schwangere Frauen gehören nicht ins Parlament«, wendet sich eine andere gegen eine Frau, die ein Kind erwartet und dennoch ihr Mandat behält.

Ein kritischer Punkt im Selbstgefühl der Politikerinnen

scheint darin zu bestehen, daß sie den Einfluß der Ehefrauen ihrer Kollegen für größer halten als ihren eigenen. So beanstandet eine SPD-Politikerin, daß beim Kampf um den Paragraphen 218 die Kollegen von ihren Ehefrauen mit Für- und Wider-Argumenten ausgerüstet in der Fraktionsbesprechung auftraten:

»Immer wieder kam der Einfluß der Ehefrauen aus der heilen Welt dazwischen. Wie oft wurde mir gesagt, du sprichst hier für alle Frauen, aber meine eigene Frau denkt ganz anders darüber. Oder Willy Brandt erzählt, seine Frau habe ihm nach einer Sitzung über den Paragraphen 218 gesagt, ihr seid ja Feiglinge.

Wir kennen die Politiker-Ehefrauen kaum. Es gibt da viele Neidgefühle und Schwierigkeiten im Kontakt. Wir nehmen ihnen die ganze Woche die Männer weg. Wir haben etwas, was sie nicht haben, einen Grad an Freiheit, den sie nicht besitzen. Sie haben die eine Funktion, die Frau an seiner Seite zu spielen. Deswegen ist das Verhältnis zwischen Ehefrauen von Politikern und Politikerinnen praktisch inexistent. Aber rein gesellschaftlich sind sie viel mehr angesehen als wir Politikerinnen. Sie werden in den Zeitungen erwähnt und in Ballkleidern fotografiert. Was Frau Brandt angehabt hat, ist viel interessanter als was eine Politikerin sagt.«

Die Frauen der SPD-Fraktion sind jedoch in ihrer Meinung gespalten. Die Hälfte von ihnen glaubt, daß der Einfluß der Ehefrauen auf die Politiker groß ist und den der weiblichen Abgeordneten übertrifft. Die andere Hälfte hält den Einfluß der Ehefrauen auf die Politiker für gering. Hier zeigt sich auch deutlich ein Unterschied zwischen den Fraktionen. Mehr als die Hälfte der CDU/CSU-Männer meint, der Einfluß auf Politiker sei groß, am stärksten unterstellen die CDU-Frauen diesen Einfluß, nur eine einzige war anderer Meinung. Dagegen hielten etwas mehr als vier Fünftel der SPD-Männer den Einfluß von Ehefrauen auf die Politik für gering.

Typisch für die Haltung der CDU-Männer ist dabei folgende Äußerung:

»Ich bin der Meinung, daß eine Fehlentwicklung in bezug auf die Frauen stattgefunden hat. Es wurde Mode, den

Beruf Hausfrau als unmöglich hinzustellen. Meine Frau gibt mir mehr Anregungen als Hausfrau. Meine Frau nimmt mehr politischen Einfluß, indem sie mit mir über Politik redet, als wenn sie weiterhin als Journalistin tätig wäre und schreiben würde.«

Einer solchen Auffassung entspricht auch, daß drei Viertel der männlichen CDU/CSU-Abgeordneten die Ehefrau, nur vier jedoch einen Freund als wichtigsten politischen Berater nennen. Begründet wird dies damit, daß die Ehefrau zwar nicht so viel von politischen Details verstehe, aber objektiver und kritischer sei, und daß keine politische Konkurrenz zwischen den Ehepartnern herrsche. Bei den SPD-Männern meinte über die Hälfte, daß ihre politischen Ratgeber Freunde und Kollegen seien.

Alle 13 verheirateten Frauen, die ein Bundestagsmandat innehatten, nannten dagegen den Ehemann als ihren besten politischen Ratgeber. Keine einzige der 29 Befragten berät sich in politischen Fragen mit einer Kollegin.

Wichtig für die Beurteilung der gesetzlichen Reformmöglichkeiten zur Gleichberechtigung durch die männlichen Abgeordneten ist der Hintergrund ihrer häuslichen Situation. Von den 56 Männern sagten 53, daß ihre Ehefrau den Haushalt und die Kinder versorge. Zwei dieser Ehefrauen hatten eine Hausangestellte, rund ein Viertel nannte eine Zugehfrau als Hilfe. Bei den Angaben zur Berufstätigkeit stellt sich dann heraus, daß nicht einmal alle berufstätigen Ehefrauen von Abgeordneten eine solche Haushaltshilfe in Anspruch nehmen können: rund 25 Prozent der Frauen von CDU/CSU- und FDP-Abgeordneten, sogar 40 Prozent von SPD-Parlamentariern sind nach der Umfrage berufstätig. Dagegen hatten von den verheirateten weiblichen Abgeordneten sechs eine Hausangestellte, und über zwei Drittel eine Zugehfrau.

Während die Männer zur Verteilung der Hausarbeit am Wochenende Scherz-Antworten gaben, wie: »Wenn ich kochte, das wäre ja entsetzlich!« können sich Frauen nicht auf solche Haltungen zurückziehen. Ein Abgeordneter rühmt sich:

»Die höchste Kunst im häuslichen Bereich, die ich zustande bringe, ist ein Leberkäs mit Ei. Aber ich kann nicht einmal einen Tee machen, weil ich nicht weiß, wieviel man nehmen muß.«

Ein anderer:

»Am Samstagmorgen beteilige ich mich am Einkauf. Manche rufen ja die Frau runter vom Speicher, um sich Kaffee einschütten zu lassen. Zu denen gehöre ich nicht. Ich kann mir selbst ein Butterbrot schmieren.«

Auf vielen der Politikerehefrauen ruht auch in sitzungsfreien Wochen oder am Wochenende allein die Kindererziehung. Typisch dafür war folgende Äußerung:

»Meine Kinder wurden von meiner Frau erzogen, da habe ich mich nicht eingemischt. Ich mag Kinder, warum soll ich mich mit meiner Frau über Erziehung streiten?«

Ein anderer noch junger Abgeordneter begann nachzurechnen, daß er bereits seit sieben Wochenenden seine Kinder nur schlafend gesehen hatte. Nur ein einziger sagte:

»Für eine junge Ehe mit kleinen Kindern ist ein Mandat fast unzumutbar. Ich hätte nicht hier sein mögen, als meine Söhne klein waren.«

Dieser Teil der Untersuchung macht klar, warum es so schwierig ist, im Bundestag – wie in anderen Parlamenten – Gesetze durchzusetzen, die wirklich Emanzipation bewirken. Die große Mehrheit der männlichen Abgeordneten müßte sie gegen die eigenen Familienverhältnisse und Lebensgewohnheiten beschließen. Sie sind hier in der Situation des Kapitalisten, von dem die Zustimmung zur Vergesellschaftung der Produktionsmittel verlangt wird.

Von 14 verheirateten weiblichen Bundestagsabgeordneten gaben 12 die Ehemänner als Parteimitglieder an. Bei den männlichen Bundestagsabgeordneten waren nur etwas mehr als die Hälfte der Ehefrauen auch in einer Partei. Bei einem Teil der Mandatsträgerinnen gab der Ehemann sogar den Anstoß, sich mit Politik zu beschäftigen. Typisch dafür ist folgendes Zitat:

»Mein Mann ist wesentlich länger in der CDU. Als meine Kinder größer waren, habe ich ihn auf Veranstaltungen begleitet. Zunächst war ich der Meinung, es genügt, wenn der Mann in der Partei ist.«

Die politische Sozialisation und die Motivation zum Engagement kamen bei den Parlamentarierinnen eindeutig mehr von ihrer Familie her. Bei den befragten männlichen Politikern war ein Siebtel der Mütter politisch aktiv gewesen, ein Sechstel der Großväter und 40 Prozent der Väter, bei den Frauen dagegen schon ein Viertel der Großväter und Großmütter, ein Drittel der Mütter und 60 Prozent der Väter. Zwei Drittel der Frauen gegenüber einem Drittel der befragten Männer stammten aus Familien mit politischer Tradition. Außerordentliche politische Leistungen eines Familienmitgliedes in der Vergangenheit nannte ein Viertel der Männer und ein knappes Drittel der Frauen im Bundestag.
Fast ein Drittel der Politiker war vor dem 21. Lebensjahr in eine Partei eingetreten, gut zwei Drittel vor dem 20. Dagegen trat keine Frau vor dem 21. Lebensjahr ein. Der Schwerpunkt des Parteieintritts der CDU/CSU-Frauen lag zwischen 31 und 40 Jahren, bei den SPD- und FDP-Abgeordneten um rund zehn Jahre früher, zwischen dem 21. und 30. Lebensjahr.
Hier zeigt sich, daß es für Männer selbstverständlicher ist, sich politisch zu engagieren. Frauen brauchen dazu stärkere Anstöße, und sie brauchen im allgemeinen länger, ehe sie sich dazu entschließen. Politik, so wie sie heute von unseren Parteien betrieben wird, erscheint also nicht geschlechtsneutral, sie ist für Männer soviel attraktiver, weil ihre Strukturen und Inhalte sexistisch dominiert sind.

Wird die gesellschaftliche Situation der Frau von den Parlamentariern als unterdrückt oder benachteiligt empfunden? Ist ihnen bewußt, daß in Vergangenheit und Gegenwart bei Politikern frauenfeindliche Einstellungen angetroffen werden? Auf die Frage, ob ihnen ein außergewöhnlich frauenfeindlicher Politiker aus der deutschen Vergangenheit oder Gegenwart bekannt wäre, gab es wiederum starke parteiabhängige Unterschiede in den Antworten. Von den befragten CDU/CSU-Männern konnte nur einer einen frauenfeindlichen Politiker der Gegenwart nennen. Ein paar nannten einen Politiker aus Deutschlands Vergangenheit. Die CDU/CSU-Frauen verhielten sich wie die männlichen Kollegen ihrer Fraktion. Neun von 14 weiblichen CDU/CSU-Abgeord-

neten wußten keinen Politiker mit einer frauenfeindlichen Einstellung zu nennen. Fünf der CDU-Frauen nannten einen Politiker der Vergangenheit. In der politischen Gegenwart sah keine einzige von ihnen einen Politiker, der ihnen als besonders frauenfeindlich aufgefallen war.
Die FDP-Männer und -Frauen verhielten sich bei diesen Fragen ebenso reserviert. Bei der SPD war die Ansprechbarkeit sowohl bei den Männern wie bei den Frauen größer. Neun der 13 SPD-Frauen nannten einen Politiker in der Vergangenheit und in der Gegenwart, eine beschränkte ihre Äußerung darauf: alle Politiker seien frauenfeindlich. In der Vergangenheit wurde als frauenfeindlicher Politiker an erster Stelle Hitler genannt, direkt dahinter folgte Adenauer, bei den Männern war die Reihenfolge umgekehrt: Adenauer vor Hitler. Von den frauenfeindlichen Politikern der Gegenwart wurde am häufigsten der CSU-Abgeordnete Richard Jaeger zitiert, an zweiter Stelle Franz Josef Strauß. Während nur zwei Männer jeweils einen frauenfeindlichen Politiker der eigenen Partei in der Gegenwart nannten (ein SPD-Abgeordneter nannte den Verteidigungsminister Leber, ein CDU-Abgeordneter den ehemaligen Kanzler Adenauer), waren die SPD-Frauen sehr viel kritikfreudiger und nannten eigene Parteigenossen.

Das Selbstbild der Parlamentarierinnen, ihre Empfindsamkeit und Ansprechbarkeit für Emanzipationsprobleme wird deutlich bestimmt und eingeengt von der Furcht, unweiblich zu wirken. Alle möchten charmant sein oder befürchten, daß ihre Stimme im entscheidenden Moment vielleicht »schrill« werden könnte. Das zeigt sich auch in einer fast totalen Ablehnung frauenkämpferischer Tendenzen.

> »Ich fände es schrecklich, wenn wir wie so Suffragetten wären. Die Frau soll zwar ihren Mann stehen, aber nicht so.«

Eine CDU-Abgeordnete erklärte, wie sie mit Charme und Diplomatie ihre Ziele durchsetzt:

> »Wenn ich Vorschläge habe innerhalb unserer Stadtratsfraktion, dann bitte ich einen Mann, der links oder rechts von mir sitzt, schlagen Sie das doch mal vor. Dann läuft das gewöhnlich. Dann tut er das. Wenn ich das jedesmal

selbst vortragen würde, dann sagen die Kollegen schließlich, die redet auch zu allem und jedem. Auf diese Weise komme ich am besten durch.«

Eine andere CDU-Abgeordnete meint:

»Das ist nicht der richtige Zungenschlag, so aggressiv und frauenkämpferisch zu sein. Wir müssen die Männer durch unsere Mitarbeit davon überzeugen, daß sie ohne uns gar nicht können. Der Wunsch nach Mitarbeit der Frau soll von den Männern selbst gestellt werden. Eine Frau darf sich nicht nach vorn schieben, das ist die falsche Taktik. Die Männer wollen von selbst auf die Idee kommen, daß man eine Frau braucht. Allerdings muß sich die Frau erst einmal in der Öffentlichkeitsarbeit engagieren, damit die Männer auf sie aufmerksam werden. Das ist ein größerer Erfolg, als wenn sie sich in den Vordergrund schiebt. Ich lehne jeden Kampf mit dem Mann ab. Werden wir mal biblisch: Vom Schöpfungsplan her ist die Frau als Gehilfe des Mannes begriffen. Schauen Sie mal die Naturvölker an, da ist die Abhängigkeit und die Grundlage der Beziehungen von Mann und Frau sehr klar ausgebildet. Erst in Griechenland treten die Hetären auf als Berater der Politiker. Die Hetäre hatte eine Funktion im Bett, dadurch konnte sie Einfluß nehmen, aber sie durfte ihre Rolle nicht zu sehr ausspielen, denn die Männer ertragen es nicht, beherrscht zu werden.

Die Männer haben furchtbare Angst, unter den Pantoffel zu kommen. Das ist eine Naturordnung, ob die uns paßt oder nicht. Deshalb ist es positiver, wenn die Zusammenarbeit von Mann und Frau in der Politik auf Wunsch der Männer erfolgt.«

Die Frage »Begreifen Sie sich selbst als Frau, die in der Tradition der Frauenrechtskämpferinnen steht, oder lehnen sie für Ihre Person diese Bezeichnung und Haltung ab?« wurde nur von einer einzigen Bundestagsabgeordneten bejaht. Viele protestierten vehement gegen diesen Begriff.

»Das haben wir nicht mehr nötig.«

Oder:

»Die Zeiten sind vorbei.«

In solchen Antworten zeigt sich nicht nur der negative Einfluß der Geschichtsbuchdarstellungen, in denen Suffragetten als schirmschwingende Ungeheuer dargestellt werden, sondern auch die Abneigung gegen feministische Denkansätze. Immerhin war zu dem Befragungszeitpunkt Anfang 1973 die internationale Frauenbewegung bereits fünf Jahre alt und wurde in vielen Zeitungen und Zeitschriften kommentiert. In der Bundesrepublik gab es zahlreiche Frauengruppen, die sich im Kampf um die Abschaffung des Paragraphen 218 selbst organisierten. Der Name der amerikanischen Feministin Gloria Steinem, der im Fragebogen vorgegeben war, war den meisten nicht bekannt. Eine junge, neue Abgeordnete fragte: »Wer ist eigentlich Gloria Steinem, ist das eine von den fürchterlichen Frauengruppengestalten?« Eine SPD-Abgeordnete, die für Rosa Luxemburg große Bewunderung hegte, sagte:

> »So hätte ich auch sein mögen, so kämpferisch, so gebildet und sich so mit Männern schlagen können.«

Im nächsten Augenblick, als sie den Namen Gloria Steinem entdeckte, äußerte sie:

> »Diese Frauen haben ja alle einen Schlag mit der Wichsbürste.«

Typisch für viele der Parlamentarierinnen war, daß sie mit großer Ablehnung, mit Abscheu und Verachtung von den Frauen sprachen, die sich in eigenen Gruppen organisierten. Viele derjenigen, die für sich das Prädikat »Frauenkämpferin« entrüstet ablehnten, machten jedoch andererseits Äußerungen, die eindeutig frauenkämpferisch waren. Stolz und zufrieden sagte eine SPD-Abgeordnete:

> »Ich habe meinen Laden in Schwung gebracht und meinen Frauen klargemacht, daß sie eine militante Kampftruppe werden müssen. Wir betrachten unsere Frauenversammlung als Sparringstraining. Wenn ich ein Kaffeekränzchen bei meinen Frauen entdecke, dann ist was los.«

Am aufschlußreichsten für den Stand des Emanzipationsbewußtseins sowohl der männlichen wie der weiblichen Abgeordneten war die Frage: »Halten Sie eine Frauenbewegung nach dem Vorbild der amerikanischen Frauenbefreiungsbewegung in Deutschland für wünschenswert, oder glauben Sie, daß eine solche Bewegung in Deutschland mehr politischen

Schaden anrichten könnte als Gutes für die Frauen bewirken?«

Von den weiblichen CDU- und FDP-Abgeordneten befürwortete keine einzige eine unabhängige Frauenbewegung. Von den weiblichen SPD-Abgeordneten standen nur zwei der Frauenbewegungsidee positiv gegenüber. Bei den Männern gab es keine Unterschiede zwischen den Parteien, jedoch waren die Befragten gegenüber einer unabhängigen Frauenbewegung noch etwas positiver eingestellt als die befragten Frauen. 79,5 Prozent der Männer lehnten eine Frauenbewegung, wie sie sich in Amerika entwickelt hatte, ab, gegenüber 92,6 Prozent ablehnender weiblicher Bundestagsabgeordneter.

Die Begründungen, die für diese Ablehnung gegeben wurden, beruhten nur bei zwei der männlichen und zwei der weiblichen Abgeordneten auf nationalen Vorurteilen wie »die Rolle der Frau in den USA ist kein Vorbild, sondern eher abschreckend«.

Oder:

> »So etwas würde bei uns nur schiefgehen, die Amerikanerinnen haben eine ganz andere Art, sich öffentlich zu äußern.«

Die Begründungen für die Ablehnung der Frauenbewegung zeigten wieder parteispezifische Züge. Ein CDU-Abgeordneter sagte, daß an der amerikanischen Frauenbewegung »sehr wenig Frauliches auffällt«. Eine CDU-Frau meinte, daß die »Wahrung der Familienpflichten eine originale Aufgabe der Frau« sei. Die SPD- und die FDP-Frauen äußerten sich so:

> »Frauen sollten lieber in die Parteien gehen!»

Oder:

> »Frauen können nur innerhalb der politischen Parteien Ziele erreichen.«

Oder:

> »Reine Frauenorganisationen sind nicht beliebt, auch bei den Frauen selbst nicht.«

Zwei Drittel der männlichen und der weiblichen Abgeordneten begründeten ihre Ablehnung einer autonomen Frauenbewegung jedoch mit dem Argument, daß ein Geschlechterkampf sehr negative Folgen hätte. Diese Antworten unter-

schieden sich nicht nach Parteien.
Beispiele für weibliche Antworten:

»Wir dürfen nur dosiert provozieren.«

»Eine Frauenbewegung schafft nur Separation der Frauen und widerspricht der Zeit.«

»Das gibt einen Bumerang-Effekt bei den Männern; ist für die Frauen selber schädlich.«

»Dadurch würde die Solidarität unter den Männern noch stärker entfacht.«

»Wenn Frauen auf die Straßen gehen, würden sie sich mehr schaden als nützen. Das wirkt auf Männer und Frauen abstoßend.«

»Wir würden genau das Gegenteil erreichen, weil Druck Gegendruck erzeugt.«

»Dabei gingen bestimmte Eigenschaften kaputt, die die Frauen dringend brauchen.«

Beispiele für männliche Antworten:

»Eine Bewegung parteiischen Charakters auf dem Geschlecht aufzubauen, geht nicht gut.«

»Eine solche Bewegung würde nicht ernst genommen und bewirkt Gegenreaktionen.«

»Frauen begeben sich in eine Gettoposition. Emanzipation ist nur durch Integration möglich.«

»Weil sich dann die Männer nicht mehr für die Emanzipation engagieren würden; sie würden sagen, laßt die Weiber das selber machen.«

»Eine Frauenbewegung fördert Vorurteile gegen die Frauen und verhindert Emanzipation.«

Das enge inhaltliche Spektrum weist bei Männern und Frauen ähnliche Ängste vor einer Radikalisierung in der Frauenfrage auf, eine Entwicklung, die sie deswegen als negativ einschätzen, weil sie am bekannten Status quo etwas Grundsätzliches ändern könnte.

Dabei ist im Grunde allen bewußt, daß es um eine große gesellschaftliche Machtauseinandersetzung in dieser Frage geht. Die Herstellung von Gerechtigkeit für Frauen bedeutet nichts anderes als eine harte Interessenkollision mit einem institutionalisierten Herrschaftsanspruch von Männern in unserer Gesellschaft.

Das Bewußtsein und die Vorsicht der weiblichen Abgeordneten in dieser Frage – vor allen Dingen bei den SPD- und FDP-Abgeordneten, die sich im Gegensatz zu den meisten Christdemokratinnen ausdrücklich zu Emanzipationsforderungen bekennen – spiegelt nur die Ängste und Abhängigkeit der weiblichen Mehrheit insgesamt wider. Die allzu einfache Formel – mehr Frauen in den Bundestag, dann wird auch bessere Frauenpolitik gemacht – ist kaum dazu geeignet, die Reformprobleme in einer parlamentarisch-repräsentativen Demokratie zu lösen. Die Zahl der Frauen im Parlament ist für Frauenpolitik nur dann relevant, wenn die gewählten Vertreterinnen sich zu Zielen und Forderungen bekennen, die eindeutig das derzeitige ökonomische und sexuelle Machtgefüge zugunsten der Frauen verändern.
Das wiederum kann nur geschehen, wenn Frauen in allen Bereichen ihres gesellschaftlichen Daseins die sexistische Unterdrückung rückhaltlos aufdecken und eine Massenbasis für radikale Reformen gewinnen.

V.
Geschlecht und Ökonomie

17. Kapitel

Die Entwicklung der Arbeitsteilung zwischen den Geschlechtern — Naturwüchsigkeit oder geschlechtsspezifische Zwangsarbeit?

»Die Menschen sind die einzige tierische Spezies, in welcher das Weib in bezug auf seine Ernährung auf den Mann angewiesen ist, die einzige, in welcher daher die geschlechtlichen Beziehungen zugleich ökonomische Beziehungen bedeuten.« *Charlotte Perkins-Gilman*

»Die ganze sogenannte Weltgeschichte ist«, nach Marx' berühmter Definition, »nichts anderes als die Erzeugung des Menschen durch die menschliche Arbeit«.

Diese Selbsterzeugung des Menschen zerfällt jedoch in zwei Prozesse: in die Arbeit, die notwendig ist, um den Eigenbedarf einer Person an Lebensmitteln zu erzeugen, und den Teil der Arbeit, der für die Lebenshaltung derjenigen notwendig ist, die sich nicht selbst erhalten können, der Kinder und der Personen, die nicht mehr arbeiten können oder Pflege brauchen.

Die Weibchen anderer Primatenarten sind verglichen mit der Frau wirtschaftlich autark; sie können sich und ihr Baby allein mit Nahrung versorgen. Auf der Ebene des Menschen wird aus der biologischen Arbeitsteilung eine gesellschaftliche. In den Gesellschaften mit der primitivsten Technik tauschen Mann und Frau ihre Produkte aus und verzehren sie gemeinsam. Sie tauschen also im Marxschen Sinne ihre Arbeitszeit gegeneinander.

Die sozialistische Theorie der Arbeitsteilung fragt aber nicht nach dem Verhältnis der Arbeitslast von Mann und Frau und versucht, eine Bemessungsgrundlage für ihren Arbeitswert zu finden, sondern nur nach dem Tauschwert der Arbeitskraft im Verhältnis Kapitalist – Produzent. Innerhalb der Familie geht das marxistische Denken ebenso wie das konservative von einer naturwüchsigen Arbeitsteilung der Geschlechter aus. Der natürliche Beruf der Frau ist die Mutterschaft und die sich damit vereinbarenden Tätigkeiten. In seinen ökonomischen Schriften geht Marx auf die Entwicklung der geschlechtlichen Arbeitsteilung ein:

> »Innerhalb einer Familie, weiterentwickelt eines Stammes, entspringt eine naturwüchsige Teilung der Arbeit aus dem Geschlecht und Altersverschiedenheiten, also auf rein physiologischer Grundlage . . .«(1)

An anderer Stelle beschreibt er die Industrie einer Bauernfamilie, die für den eigenen Bedarf produziert.

> »Diese verschiedenen Dinge treten der Familie als verschiedene Produkte ihrer Familienarbeit gegenüber, aber nicht sich selbst wechselseitig als Waren. Die verschiedenen Arbeiten, welche diese Produkte erzeugen, Ackerbau, Viehzucht, Spinnen, Weben, Schneiderei usw., sind in ihrer Naturalform gesellschaftliche Funktionen, weil Funktionen der Familie, die ihre eigene, naturwüchsige Teilung der Arbeit besitzt so gut wie die Warenproduktion. Geschlechts- und Altersunterschiede, wie die mit dem Wechsel der Jahreszeit wechselnde Naturbedingungen der Arbeit, regeln ihre Verteilung unter die Familie und die Arbeitszeit der einzelnen Familienmitglieder.«(2)

Hier behauptet Marx, daß in der vorindustriellen Zeit objektive Gegebenheiten, nämlich das Wetter und natürlich bedingte Arbeitskraftunterschiede (Geschlecht und Alter), die Verteilung der Arbeit und die Länge der Arbeitszeit in der bäuerlichen Familie geregelt hätten. Aus seiner Beschreibung kann nur geschlossen werden, daß daher die Verteilung der Arbeit und die Bemessung der Arbeitszeit zwischen den Geschlechtern gerecht ist, keine Konflikte erzeugt und herrschaftsfrei ist, da die Bewältigung des Arbeitsanfalls auf »rein physiologischer Grundlage« erfolgt.

Der französische Ethnologe Claude Lévi-Strauss sieht die geschlechtsspezifische Arbeitsteilung als eine Serie von Verboten an. Jede Gesellschaft ordnet bestimmte Aufgaben dem einen Geschlecht zu, während sie sie dem anderen verbietet. Die geschlechtsspezifischen Tätigkeitsverbote führen zur Abhängigkeit der Geschlechter voneinander und erschweren die Lage des unverheirateten Erwachsenen in primitiven Gesellschaften. Die geschlechtliche Arbeitsteilung ist danach das wirksamste Mittel, die Interdependenz in einer Gruppe zu fördern und sie zusammenzuhalten. Daher erklärt sich nach Lévi-Strauss die Universalität der Kleinfamilie. Die Vorteile, die in der geschlechtsspezifischen Arbeitsteilung liegen, sprechen auch nach Ansicht des amerikanischen Sozialanthropologen George Peter Murdock für ihre Verbreitung:

»Durch Konzentration und Praxis erwirbt jeder Partner besondere Fähigkeiten für seine besonderen Aufgaben. Für eine Unternehmung, die gemeinsame Anstrengungen erfordert, kann man komplementäre Teilaufgaben lernen. Wenn zwei Aufgaben zur gleichen Zeit, aber an unterschiedlichen Orten durchgeführt werden müssen, können beide wahrgenommen und die Ergebnisse untereinander geteilt werden. Die Arbeiten eines jeden Partners bedeuten Sicherheit für den anderen. Der Mann zum Beispiel kehrt von einem Jagdtag zurück, durchgefroren, ohne Beute, seine Kleidung ist beschmutzt und zerrissen, und er findet Wärme an einem Feuer, für das er nicht gesorgt haben könnte, er ißt Nahrung, die die Frau gesammelt und gekocht hat, anstatt hungrig zu bleiben, und er erhält frische Kleidung für morgen, die sie mit ihren Händen hergestellt, geflickt oder gewaschen hat. Oder die Frau hat vielleicht keine pflanzliche Nahrung gefunden, oder es fehlt ihr an Ton für das Geschirr oder Häute, um Kleidung herzustellen, Dinge, die man nur in einiger Entfernung vom Lager finden kann, das sie wegen der Kinderpflege nicht verlassen kann; der Mann hingegen kann diesen Bedarf auf seinen Streifzügen nach dem Wild gut besorgen. Darüber hinaus kann der eine den anderen gesund pflegen, wenn er verletzt oder krank ist. Diese und ähnliche nutzbringende Erfahrungen, die sich täglich wiederholen, würden schon an sich genügen, die Vereinigung zu festigen. Durch die Hinzufügung der machtvollen Verstärkung durch die Geschlechtsbeziehung wird die Partnerschaft von Mann und Frau unvermeidlich.«(3)

Dies sind die Gründe, die nach Murdock die geschlechtliche Arbeitsteilung in jeder bekannten Gesellschaft hervorgebracht haben. Er hält es für unnötig,

»angeborene psychologische Unterschiede zu beschwören, um die geschlechtsbezogene Arbeitsteilung zu erklären; die unbestreitbaren Unterschiede in den Fortpflanzungsfunktionen genügen, um die allgemeine Linie der Aufteilung zu ziehen«.(4)

Diese Auffassung, die heute von fast allen Vertretern der Ethnologie geteilt wird, ist allerdings so allgemein, daß sie kaum eine Erklärungsmöglichkeit für die Status- und Arbeitslastunterschiede von Mann und Frau in primitiven Gesellschaften liefert.

Die wichtigste Voraussetzung für die spezifische Arbeitsteilung der Geschlechter, die in der Ethnologie heute angenommen wird, ist die Unbeweglichkeit der Frau, die sich wegen der Pflege des Kleinkinds (Stillen) nicht so weit vom Lager oder von der Siedlung entfernen kann wie der Mann. Stimmt das?

In vielen Gesellschaften halten sich die Frauen nicht nur in der Nähe des Lagers oder Heimatdorfes auf, sondern legen weite Strecken zurück, um ihre Produkte auf einem Markt zu verkaufen. Stillende Frauen nehmen dabei ihre Kleinkinder mit. Eine scharfe Grenzlinie in der Arbeitsteilung der Geschlechter, die als universal anzusehen ist und nur in weniger als einem Prozent aller Gesellschaften gelegentlich durchbrochen wird, gibt es nur in bezug auf die Jagd. Primitives Jagen erfordert häufig tagelange Abwesenheit vom Lagerplatz oder vom Dorf, ohne die Möglichkeit, ein Kleinkind dabei versorgen zu können. Außerdem ist Jagen häufig eine Gruppenaktivität, an der alle erwachsenen Männer teilnehmen. Wenn Frauen mit Pflanzarbeiten oder der Ernte beschäftigt sind, können sie in vielen Gesellschaften ihren Säugling einer anderen Frau anvertrauen, die ihm die Brust gibt. Die Jagd als weibliche Gruppenaktivität ist in primitiven menschlichen Gesellschaften so gut wie ausgeschlossen, da die Mutter mehrere Jahre lang die Hauptnahrungsquelle des Säuglings und Kleinkindes ist.

Wenn Frauen auf die Jagd gehen, dann nur unter besonderen Bedingungen, wie sie zum Beispiel in der Feudalgesellschaft des europäischen Mittelalters vorlagen, wo den Edelfrauen Ammen zur Verfügung standen. So konnten sie tagsüber an der Falkenjagd teilnehmen, die nicht länger als bis zur Dunkelheit andauerte.

Auch in primitiven Gesellschaften kommt es vor, daß sich Frauen den Speer ihres Mannes oder Bruders ausleihen, um einen kurzen Jagdausflug zu unternehmen.(5) In 166 Gesellschaften, die George Peter Murdock auf die geschlechtliche Arbeitsteilung hin untersuchte, war Jagen ausschließlich männliche Tätigkeit. In 13 Gesellschaften waren Frauen gelegentlich an der Jagd beteiligt oder halfen ihren Männern dabei.(6)

In einem noch umfangreicheren Datenvergleich, der 741 Gesellschaften umfaßte, kamen die beiden amerikanischen Forscherinnen Erica Bourguignon und Lenora S. Greenbaum zu dem gleichen Ergebnis, daß Jagen fast ausnahmslos eine männliche Aktivität ist.(7) Ähnlich ausschließlich männlich sind das Anfertigen von Waffen und das Schmelzen und Verarbeiten von Metallen, während der Erzabbau immerhin in einer Gesellschaft ausschließlich weiblich ist.

Eine andere Erklärung für die geschlechtliche Arbeitsteilung, mit der sich die Ethnologen häufig begnügten, lautet, daß der Mann die körperlich schweren Arbeiten verrichte, die Frau die weniger anstrengenden. Auch diese Behauptung ist wenig befriedigend; es stimmt zwar, daß Holzfällen in über 90 Prozent aller Gesellschaften von Männern besorgt wird. Lastentragen ist jedoch nach der Skala von Murdock nur zu etwa 30 Prozent eine männliche Aktivität. Hausbau und Errichtung von Hütten oder Regenschutz ist in 36 Gesellschaften exklusiv weiblich.
Der größte Teil aller Verbrauchsgüter wird von Frauen hergestellt. Korbflechten, Mattenflechten, Weben, Töpfern, Konservieren von Fleisch und Fisch, Fabrizieren von Kleidung, Zubereitung von Getränken, Alkoholika und Narkotika, Korndreschen, außerdem Handwerke wie das Tätowieren und das Frisieren sind meist weibliche Arbeiten. Feuerholzsuchen, Feuermachen und -unterhalten, Kochen, Sammeln von Kräutern, Wurzeln und Samen, Wassertragen und Versorgung des Kleinviehes werden überwiegend von Frauen besorgt.

Für eine große Zahl von Gesellschaften liegen also heute Daten darüber vor, welche Tätigkeiten in ihnen exklusiv männlich oder exklusiv weiblich sind, und welche von beiden Geschlechtern verrichtet werden. Zum größten Teil unbeantwortet ist jedoch die Frage, nach welchen Gesichtspunkten in einer Gesellschaft Tätigkeitsbereiche dem einen oder dem anderen Geschlecht zufallen. Dies ist nur für die männliche Zuordnung der Jagd und des Waffenanfertigens einleuchtend. Eine These besagt, daß bestimmte Erfindungen, die von Mitgliedern des einen Geschlechts gemacht wurden, dazu führen, daß diese neuen Tätigkeiten diesem Geschlecht überlassen bleiben. Frauen zum Beispiel hätten den Ackerbau erfunden. Daher sei zu erklären, daß Frauen in einigen Gesellschaften fast ausschließlich alle Pflanzarbeiten allein verrichteten.(8)

Eine Reihe von Erfindungen jedoch wie das Flechten, Weben und Töpfern oder das Feuermachen wurde nicht in jeder Gesellschaft einzeln gemacht, sondern die Techniken haben sich ausgebreitet. Nach welchem Muster neue Aktivitäten in einer Gesellschaft dem männlichen oder dem weiblichen Geschlecht zufallen, darüber gibt es auch bei den Sozialanthropologen nur nichtssagende Ausführungen. George Peter Murdock schreibt:

> »Neu aufkommende Aufgaben werden dem einen oder dem anderen Tätigkeitsbereich zugeordnet, in Übereinstimmung mit Gewohnheit und Präzedenzfällen. Gewöhnung an unterschiedliche Aufgaben in der Erwachsenenzeit und frühe Geschlechtstypisierung in der Kindheit können die beobachtbaren Unterschiede in der geschlechtlichen Natur besser erklären als umgekehrt.«(9)

Die Beschreibung von Murdock erweckt den Eindruck, als ob bei der Teilung der Arbeitssphären zwischen den Geschlechtern ein harmonischer Adaptionsprozeß stattfinde, ohne daß dabei ein Zwang ausgeübt wird oder ein Vorrecht entsteht. Auch nach Lévi-Strauss ist die Arbeitsteilung ein willkürlicher, zufälliger Prozeß. Diese theoretische Selbstgenügsamkeit hat dazu geführt, daß die meisten Feldforscher keine systematischen Beobachtungen darüber angestellt haben, welche neuen Techniken und Arbeitsvorgänge in einer von ihnen beobachteten Gesellschaft männliche Aktivitäten und welche weibliche werden.

Ebenso wird die Frage der unterschiedlichen zeitlichen Arbeitsbelastung in den meisten ethnologischen Feldstudien nur ungenügend beachtet und grob eingeschätzt. Das Verhältnis zwischen Arbeitslast, Arbeitswert und den Rechten der Ehepartner wird selten genauer definiert. Dabei wäre die Zeitmessung der Aktivitäten und Arbeiten auch bei den ethnologischen Feldstudien eine viel verläßlichere Quelle als die Einschätzung von Einkommen, Arbeitsergebnis oder Prestige der Arbeit, die großen Variationen unterliegen. Jede menschliche Aktivität ist in Zeit zu messen, der Tag hat 24 Stunden oder 1440 Minuten.

Margaret Mead, eine Pionierin der amerikanischen Sozialanthropologie, vertrat im Gegensatz zu Simone de Beauvoir die Auffassung, daß Frauen in primitiven Gesellschaften ihren Männern aufgrund ihrer Mutterschaft überlegen sind. Ausgehend von Biologie und Freudscher Psychologie versucht sie, ein scheinbares Machtgleichgewicht der Geschlechter bei den Naturvölkern zu konstruieren. Ihre Gebärfähigkeit versieht Frauen mit einem unmittelbaren Lebenssinn, dafür müssen Männer bestimmte Vorrechte haben, oder man muß ihnen Kompensationsmechanismen gönnen. Wenn Männer heroische Aktionen brauchen, dann übernehmen es die Frauen selbstverständlich und heiter, für den alltäglichen Lebensbedarf zu sorgen. So beschreibt sie die Arbeitsteilung der Jatmül, eines Kopfjägerstamms aus Neuguinea.

> »Hier arbeiten die Frauen in Gruppen gleichmäßig, aber heiter, ohne ein Gefühl, unziemlich angetrieben zu werden. Sie sind verantwortlich für den täglichen Fischfang, für den Fisch, den man auf den Markt bringt, für das Sammeln von Brennholz und für das Wasserholen, für das Kochen und das Flechten der zylindrischen Moskitokörbe ... Die Arbeit des Mannes dagegen ist meist völlig episodisch – Häuserbau, Kanubau, gemeinsame Jagd auf Krokodile in der trockenen Jahreszeit oder Anlegen kleiner Rodungen durch Abbrennen des Grases oder Planen der sorgfältig ausgedachten theatralischen Inszenierung bei den Zeremonien.«

Diese ungleiche Arbeitsteilung wird bei Margaret Mead als

> »Fähigkeit der Jatmülfrauen, beständig und ohne Langeweile oder Störungen des Rhythmus an uninteressanten

> Aufgaben zu arbeiten und die Abneigung der Männer gegen alle derartigen Arbeiten«

gewürdigt und gerechtfertigt.(10) Ebenso unterstreicht sie an vielen Stellen die Fähigkeit der Frauen zu monotonen Arbeiten und die des Mannes zu spontanen bzw. sogenannten Sonderhandlungen.

Indem sie die Frage nach der ungleichen Arbeitsbelastung und den Vorstellungen, die sie in einer solchen Gesellschaft umgeben, zum Beispiel männlichen Ehrvorstellungen, weiblichem Gehorsam, gar nicht stellt, vermittelt sie den Eindruck, als ob die ungleiche Belastung von Mann und Frau und die Abneigung der Männer gegen einförmige Arbeiten die natürliche Selbstverwirklichung der Geschlechter darstellen.

In einer Studie über die Nsaw in Kamerun, die von Phyllis Kaberry 1952 vorgelegt wurde, zeigt sich das Ungleichgewicht der Arbeitsverteilung besonders deutlich. Die Männer roden Bäume und schweres Buschwerk bei der Vorbereitung neuer Felder, und sie helfen bei der Ernte. Ihre gesamte landwirtschaftliche Tätigkeit macht zusammengenommen nicht einmal zehn Tage im Jahr aus. Die Frauen arbeiten auf den Feldern, während die Männer im Dorf bleiben, Palmwein trinken und Geschichten erzählen. Die Nsaw sagen von einem Junggesellen, daß »er fast so schwer arbeiten müsse wie eine Frau«.(11) Die amerikanische Ethnologin Judith Brown kommt in einer Überprüfung der Arbeitsteilungs-Theorie zu dem Schluß, daß häufig die finanziellen Verpflichtungen des Nsaw-Ehemannes gegenüber seiner Familie ignoriert wurden. Sie müssen Öl, Salz und wenn möglich Fleisch liefern und das Geld für den Brautpreis verdienen. Dazu müßten sie eine Menge sozialer Kontakte herstellen, Trinkgelage und Gastfreundschaft bieten. – Die funktionalistische Betrachtungsweise Judith Browns übersieht dabei vollkommen den Herrschaftsaspekt einer solchen geschlechtsspezifischen Arbeitsteilung, die sehr an die zwischen einer müßigen Aristokratenschicht und der schwere körperliche Arbeit verrichtenden bäuerlichen Bevölkerung erinnert, wie sie in Europa vom Mittelalter an üblich war.(12) Auch die Führungsaufgaben des Managers erfordern zu ihrer Erfüllung ein großes Maß an Geselligkeit, Empfängen, »Arbeitsessen« usw.

Von 774 primitiven Gesellschaften in Erica Bourguignons Sample haben 369 (48 Prozent) keine Klassen. Dennoch gibt es eine Reihe von klassenlosen Gesellschaften, in denen Frauen nicht nur die Kinder großziehen und die Hausarbeit machen, sondern fast die gesamte Produktion der Gesellschaft tragen. Der Grund für diese ungleiche tägliche Arbeitsbelastung kann in manchen Gesellschaften in dem direkten Zwang und der physischen Gewalt der Männer gegenüber denjenigen Frauen gesehen werden, die ein bestimmtes Quantum an Arbeitsleistung nicht erbringen. Das ist zum Beispiel bei den Yanomamö in Venezuela der Fall und bei den Somali in Ostafrika, die ihren Frauen die schwersten Arbeiten zumuten. Die Somali betrachteten ihre weiblichen Kinder früher als Kapital und verkauften sie in Zeiten der Hungersnot als Sklavinnen. Frauen wurden unter Androhung physischer Gewalt von ihren Ehemännern gezwungen, alle harten und unbeliebten Arbeiten zu verrichten. Nur Schafe und Ziegen durften sie halten. Somalimänner dagegen betrachteten es als unter ihrer Würde, irgendwelche anderen Tiere außer Kamelen, Rindern und Ponys zu züchten, die wertvollsten ökonomischen Güter ihres Volkes.(13)
Wie bei den Yanomamö und bei vielen südamerikanischen Stämmen werden auch in Neuguinea die kleinen Mädchen schon vom Spielen abgehalten und zur Arbeit gezwungen. Die Frauen arbeiten hier in den selbst angelegten Gärten, in denen sie süße Kartoffeln anbauen, oder in den Sagopalmenhainen. Während in Afrika zum Beispiel die Rinderzucht und die Milchverarbeitung zum größten Teil Männerarbeit ist, wird die Schweinezucht in Neuguinea und auf den Südseeinseln von den Frauen betrieben. Ein Informant vom Stamm der Tsambigula berichtet, daß die Mädchen von klein an mit harten Strafen zur Arbeit angehalten werden. Eine Tochter bekommt Instruktionen wie diese:

> »Vergiß nicht, du bist ein Mädchen. Du darfst nicht mit anderen Kindern spielen. Jungen dürfen das tun, aber nicht Mädchen. Wenn du jetzt spielst, wirst du dabei bleiben, wenn du erwachsen bist.«

Wenn die jungen Männer abends ihre Liebeslieder singen, müssen die Töchter unter Aufsicht ihrer Mütter bleiben. Diese ermahnen ihre Töchter:

»Wenn du auf den süßen Kartoffeln tanzt, wird dich dein zukünftiger Mann nicht lieben. Sei streng gegen dich selbst. Dann wirst du die Arbeit nicht hart finden, wenn du heiratest.«

Wenn eine Mutter ihre Tochter im Garten spielen sieht, wird sie sie hart dafür bestrafen und schlagen.(14)

Der amerikanische Ethnologe Charles Wagley wurde Zeuge einer Gang-Vergewaltigung bei den Tapirapé-Indianern in Brasilien. Ein allzu unabhängiges junges Mädchen, das sich geweigert hatte, bei der Zubereitung des Manioks zu helfen (Frauenarbeit), wurde von ihrem Bruder den männlichen Dorfangehörigen zur Vergewaltigung überantwortet.(15)

In Gesellschaften, in denen die Arbeitsbelastung der Frau ungleich größer ist als die des Mannes, wird eine andere Arbeitsteilung oder auch gelegentliche Mithilfe des Mannes an schweren weiblichen Aufgaben dadurch unmöglich gemacht, daß alle Tätigkeiten, die der Mann ausübt, Prestigetätigkeiten sind und mit seiner Ehre bzw. mit der männlichen Herrschaft in der Gesellschaft verbunden sind. Ein Mann, der es wagte, seiner Frau zu helfen, würde sich unmöglich machen, da er dadurch zeitweilig ihren inferioren Status annimmt. Ein Beispiel dafür aus Palästina. Die schwedische Forscherin Hilma Granqvist schreibt:

»Ende Dezember 1926 traf ich in den Bergen von Artas Sheikha Shahin, die einen schweren Eisenpflug auf dem Kopf trug. Nur wenige Wochen, bevor ihr jüngster Sohn geboren werden sollte. Sie war zusammen mit ihrem Mann Abd il-Salam auf dem Weg nach Bet-Sahur, wo er das Feld des Schafhirten für den Besitzer pflügen und anbauen sollte. Er führte den Esel, der mit einem Sack Korn beladen war. Nun war Abd il-Salam alt und schwach und seine Frau jung und stark, aber selbst wenn er in der Lage gewesen wäre, den Pflug zu tragen, hätte er es nicht tun können. Die östlichen Sitten gestatten einem Mann nicht, eine Last zu tragen, sonst wird er den Respekt der anderen verlieren. Die Sitte ist hart und bindet sowohl Männer wie Frauen; sie erlaubt keinem, die durch die Gesellschaft gesetzten Schranken zu übertreten. Wie das Leben in den ländlichen Bereichen Palästinas nun mal ist, müssen die

Frauen schwere und anstrengende Arbeit leisten, und sie unterwerfen sich dem ohne Klage. Die Frauen würden die letzten sein, die gegen diese Ordnung der Dinge rebellieren, die man nicht ändern kann.«(16)

Ähnlich beschreibt auch ein anderer Autor in den sechziger Jahren das Leben der Frauen in den arabischen Dörfern. Sie sammeln Kräuter und Wurzeln, ziehen Hühner, Schafe und Ziegen groß, kochen die Mahlzeiten und beaufsichtigen die Kinder.
Sie verbringen ganze Tage in den Wäldern, um trockene Zweige zu sammeln oder Dung und Stroh, das sie zu brennbaren Briketts vermischen. Der arabische Bauer muß zwischen zwei Aufgaben, die für seine Ehre gleich wichtig sind, wählen. Er muß seine Frau und seine Töchter ständig unter Aufsicht haben, denn das geringste Gerede über Tugendverletzungen der weiblichen Familienmitglieder trifft seine Ehre. Andererseits darf er sich nicht an den Arbeiten der Frauen beteiligen, denn das würde seine männliche Würde verletzen.
In diesem Konflikt zwischen der männlichen Ehre und der männlichen Würde siegt nach der Darstellung eines amerikanischen Feldforschers die männliche Würde. In dem palästinensischen Dorf, in dem er sich aufhielt, wurde zum Beispiel einer der Dorfältesten in der Freitagspredigt öffentlich kritisiert. Er hatte seine Töchter ohne Aufsicht in die Wälder gelassen, um Holz zu sammeln. Aber er schickte sie weiterhin allein. Sie zu begleiten, hätte ihn in Konflikt mit seiner Position als Ältestem gebracht. Ein Ältester lenkt und befiehlt die Aktivitäten seines Hauses. Er nimmt nicht daran teil. Er war immer bereit, einen Kaffee für einen Gast oder einen Durchreisenden zu bereiten. Aber er würde nicht auf den öffentlichen Wegen unter einer Last von Feuerholz stöhnen.(17)

Ähnlich sklavisch wie im Mittleren Osten war die Lage der weiblichen Bevölkerung bei den Bergstämmen im Kaukasus.

»In Daghestan ›ist es entwürdigend für einen Mann, etwas weniger Würdevolles als ein Gewehr zu tragen‹. Während der Mann an der örtlichen Moschee herumsteht und schwatzt oder mit seinem Gewehr spielt, muß die Frau vom Morgen bis in die Nacht Sklavendienste tun. Zwar sät der Mann, macht das Heu, drischt, schert die Schafe, baut Häuser, aber diese Tätigkeiten halten ihn nicht über das ganze Jahr beschäftigt. Die Frau macht das meiste in der Ernte und ... ›trägt die Hälfte des Korns auf den Schultern und überläßt die andere Hälfte dem Esel‹. Sie muß das Gras für die Tiere schneiden, für die Pferde sorgen, hacken, weben, die Kühe melken, auf die Kinder aufpassen, die übliche Hausarbeit machen, die Kuhfladen zum Trocknen auslegen, die Wolle reinigen, spinnen und Wasser holen. Sogar die kleinen Mädchen in der Familie müssen sich an diesen Aufgaben beteiligen. Man kann häufig neun bis zehn Jahre alte Mädchen sehen, die unglaublich schwere Wasserkrüge schleppen, während Jungen, die genauso alt, wenn nicht älter sind, herumsitzen und sich amüsieren.«

Der männliche Teil der Bergbewohner Nordkaukasiens bildet nach Luzbetak eine reine Müßiggängerklasse, deren Frauen Holz und Heuladungen aus großer Entfernung herbeitragen. Sie tragen bis zu 120 Pfund auf einmal.

»Die Männer bevorzugen diese Art von Haustier, weil sie viel mehr aushalten kann als ein Ochse oder Pferd; der einzige Unterschied zwischen ihr und einem Haustier ist, daß sie Brot ißt, während ein Tier mit Heu zufrieden ist. Eine ideale Frau ist in den Augen der Avaren diejenige, die robust und vor allem fleißig ist!«

Bei diesen Stämmen darf ein Mann auch niemals sein Kind tragen, liebkosen oder in den Schlaf wiegen. Die Osseten würden einem solchen Mann eine sehr beleidigende Bezeichnung geben, »Baba«, das heißt alte Frau, wenn er jemals eine Kuh melken oder für die Kinder sorgen würde. Aber auch benachbarte südkaukasische Stämme haben das gleiche Tabu. Ein Vater darf sein Kind niemals in Gegenwart anderer tragen oder auch nur ein freundliches Wort zu ihm sagen. Das äußerste, was er ohne Gesichtsverlust bei diesen Stämmen tun kann, ist, das Kind an der Hand zu halten, wenn es alt genug ist zu laufen.(18)

In der sozialistischen Theorie, aber auch in der bürgerlichen

Soziologie, gilt als Indikator der Emanzipation der Frau ihr Eintritt in das Berufsleben und die Teilnahme an der Produktion. Die Zahl der berufstätigen Frauen eines Landes ist ein Gradmesser für die Gleichberechtigung. Mit der Industrialisierung war eine ganze Reihe von Produktionstätigkeiten, die früher im Haushalt getan wurden, in die Fabriken verlegt worden. Eine wesentliche Rolle für den Fehlschluß, daß der Anteil an der Produktion den Status der Frau bestimme, spielte Friedrich Engels. Er schrieb:

> »Es ist eine der absurdesten, aus der Aufklärung des 18. Jahrhunderts überkommenen Vorstellungen, das Weib sei im Anfang der Gesellschaft Sklavin des Mannes gewesen. Das Weib hat bei allen Wilden und allen Barbaren der Unter- und Mittelstufe, teilweise noch der Oberstufe, eine nicht nur freie, sondern hochgeachtete Stellung.«(19)

Diese Feststellung traf Engels zu einer Zeit, als ihm höchst ungenaue Berichte darüber vorlagen, in welcher Weise die Frau geachtet oder nicht geachtet wurde in Gesellschaften, die sich nur der Jagd oder dem Sammeln widmeten.

> »Nachträglich bemerke ich noch, daß die Berichte der Reisenden und Missionare über Belastung der Weiber mit übermäßiger Arbeit bei Wilden und Barbaren dem Gesagten keineswegs widersprechen. Die Teilung der Arbeit zwischen beiden Geschlechtern wird bedingt durch ganz andere Ursachen als die Stellung der Frau in der Gesellschaft. Völker, bei denen die Weiber weit mehr arbeiten müssen, als ihnen nach unserer Vorstellung gebührt, haben vor den Weibern oft weit mehr wirkliche Achtung als unsere Europäer. Die Dame der Zivilisation, von Scheinhuldigungen umgeben und aller wirklichen Arbeit entfremdet, hat eine unendlich niedrigere gesellschaftliche Stellung als das hart arbeitende Weib der Barbarei, das in seinem Volk für eine wirkliche Dame galt, und auch eine solche ihrem Charakter nach war.«(20)

Es wirkt seltsam, daß Engels, der den proletarischen Männern und Frauen insgesamt zuerkannte, daß sie durch harte übermäßige Arbeit den größten Teil der Produktion leisteten, dasselbe Merkmal bei den Frauen der »Wilden und Barbaren« als freiwillige Arbeit ansah, die ihnen eine hochgeachtete Stellung einbrachte. Engels war blind gegenüber der

Tatsache, daß ungerecht verteilte Arbeitslasten zwischen Mann und Frau in einer Gesellschaft, die kein Privateigentum kennt, ebenfalls eine Klassenteilung und Ausbeutung des Menschen durch den Menschen bedeuten. Nach Engels war die erste Vorbedingung zur Befreiung der Frau die »Wiedereinführung des ganzen weiblichen Geschlechts in die öffentliche Industrie«.
Der Anteil der Frauen an der öffentlichen Produktion, an der Verfertigung von Gütern ist nicht immer ein Merkmal für ihren hohen Status; in vielen Gesellschaften, die keine sozialen Klassen kennen, ersetzen Frauen die fehlenden Sklaven. Andererseits gibt es Gesellschaften, in denen Sklaven einen Teil der Produktion leisten. Dadurch haben die freien Frauen eine geringere Arbeitslast und sind eher in der Lage, politischen oder religiösen Einfluß zu gewinnen.

In einer Studie, die aus zwei Samples zusammengesetzt war (ein Sample wurde aus 499 Gesellschaften gebildet, das andere aus 249), versuchte die amerikanische Sozialanthropologin Peggy R. Sanday der Frage nachzugehen, ob es eine positive Korrelation zwischen dem Anteil der Frauen an der Produktion und ihrem Status gibt, und wie er sich äußert. Die Indikatoren für den weiblichen Status waren folgende: 1. Weibliche Kontrolle über die eigene Produktion, 2. Nachfrage nach weiblichen Produkten, 3. weibliche Teilnahme an politischen Aktivitäten in irgendeiner Form, 4. Anwesenheit von weiblichen Solidaritätsgruppen, die weibliche politische oder ökonomische Interessen vertreten (z. B. weibliche Geheimgesellschaften oder andere Zusammenschlüsse von Frauen).
Die Ergebnisse dieser Studie zeigten, daß in denjenigen Gesellschaften, in denen Frauen drei Viertel oder mehr zum Unterhalt beitragen (Kinderbetreuung und Hausarbeit nicht eingeschlossen), ihr Status gering war. Dort, wo der weibliche Status nach den beschriebenen Indikatoren hoch war, trugen Frauen jedoch mindestens 30 Prozent der Produktion. Der Anteil an der Produktion ist also eine notwendige, aber nicht ausreichende Bedingung für die Entwicklung des weiblichen Status. Eine Korrelation zwischen weiblicher Produktion und weiblichem Status war nicht vorhanden.

»In vielen Gesellschaften scheint es, daß Frauen als Sklavenarbeitskraft verwendet werden und daß ihnen jede Möglichkeit der Kontrolle über das, was sie produzieren, verweigert wird. In anderen Gesellschaften konzentriert sich die weibliche Arbeit auf Produkte mit einem niedrigen Prestige- und Marktwert, während die männliche Arbeitskraft für Güter oder Sachen verwendet wird, die einen hohen Prestige- oder Marktwert haben.«

Wie ein niedriger weiblicher Status sich verbessern kann, wenn die Frauen irgendeine Ware besitzen, die sie tauschen können, zeigt sich am Beispiel der afrikanischen Azande. Frauen wurden bei ihnen ähnlich wie Sklaven behandelt. Sie waren die Hauptarbeitskraft und das Hauptsymbol für Reichtum. Die Machtquelle in dieser Gesellschaft liegt jedoch in der Teilnahme an magischen Zeremonien, vor allen Dingen im Giftorakel. Der Status der Frau änderte sich, als die Azande mit den europäischen Kolonialherren in Berührung kamen. Die Frauen emanzipierten sich, ihre Feldfrüchte bekamen einen Geldwert. Die Tätigkeiten der Männer, Krieg und Jagd, wurden durch die Anwesenheit der Kolonialherren reduziert. Nachdem die Frauen ihren Status kurze Zeit verbessern konnten, gingen die Männer dazu über, selbst den Ackerbau zu betreiben und auf diese Weise den Zugang der Frauen zu einer neuen Kontrollsphäre zu beschneiden. Bei einem anderen Stamm, den Ibos in Ostnigeria, verlief die Neueinführung und die Nachfrage nach neuen Farmprodukten zugunsten der Frauen. Vor der Kolonialisation durch die Europäer machten die Ibofrauen Töpfe, sie handelten und betrieben ihre Farmen, aber die Männer kontrollierten den größten Teil ihres Einkommens und behielten sich die Prestigeaktivitäten des Yamfarming und den Sklavenhandel vor. Die Beweglichkeit der Ibofrauen auf den Märkten war begrenzt, weil es eine Menge Kriegshändel gab. Als diese durch den europäischen Einfluß aufhörten, erhöhte sich die Handelstätigkeit der Frauen. Zu dieser Zeit wurde eine neue Nutzpflanze (Kassava) eingeführt, die von den Ibomännern verschmäht wurde. Sie bauten weiterhin ihre Yamwurzeln an, die Prestige und rituelle Bedeutung hatten.

Die verschmähte Pflanze jedoch eliminierte die jährlich wiederkehrende Hungerperiode vor der Yamernte und erreichte einen hohen und stabilen Marktwert. Die Frauen wurden dadurch in die Lage versetzt, sich selbst und ihre Kinder ohne Hilfe ihrer Ehemänner zu unterhalten. Deshalb war es für die Ehemänner zunehmend schwieriger, ihre Frauen in ihrer untergeordneten Position zu halten.(21)

Es liegt auf der Hand, daß jede Frauenbewegung die Frage nach Ursprung und Entwicklung der geschlechtsspezifischen Arbeitsteilung stellt. Die Anthropologin Margaret Mead wurde weltberühmt durch ihr Buch »Mann und Frau«, in dem sie die Relativität weiblich und männlich definierter Tätigkeiten in sieben Gesellschaften Neuguineas und der Südsee darstellte. Dadurch machte sie zum ersten Mal über ihre Wissenschaft hinaus eine große Leserschaft mit dem Gedanken vertraut, daß es keine natürlich bedingte geschlechtliche Arbeitsteilung gibt. Würde es sie geben, dann wäre sie gewiß sinnvoller und vernünftiger auf beide Geschlechter verteilt. Aber auch nach dem Erscheinen von Margaret Meads vielzitierter Studie wurde die kulturabhängige Verteilung der Arbeiten von Mann und Frau nun häufig dahin interpretiert, daß in Gesellschaften, in denen Frauen Arbeiten verrichten, die bei uns als männlich gelten, sie dementsprechend auch mehr Einfluß haben müßten. Das Prestige, das einer Arbeit zukommt, ist aber nicht ausschließlich an den Inhalt dieser Tätigkeit gebunden. In einer Gesellschaft gilt zum Beispiel das Melken als Aufgabe des Mannes, in der anderen als Frauenarbeit. Jedoch ist es fast immer so, daß diese Arbeit dort ein höheres Prestige besitzt, wo sie der Mann macht. Ein Vergleich von Männer- und Frauenarbeit zwischen zwei oder mehreren Gesellschaften kann nur dann erfolgen, wenn in jeder von ihnen die Prestigeskala der Arbeiten von Mann und Frau bestimmt ist und die Möglichkeiten, daraus Gewinn zu ziehen bzw. durch diese Arbeit eine Machtstruktur zu schaffen, ermittelt sind.
Ein Beispiel, das permanente Mißverständnisse in der abendländischen Emanzipations-Literatur verursachte, war die Beschreibung der altägyptischen Gesellschaft durch den griechischen Historiographen und Reiseschriftsteller Herodot. In

Ägypten, so Herodot, trieben die Frauen den Handel, saßen auf dem Markt, und die Männer webten. Das war ein offenkundiger Gegensatz zu der geschlechtlichen Arbeitsteilung in den griechischen Stadtstaaten, in denen die Frau das Haus nicht verlassen sollte. Die ägyptische Arbeitsteilung war weniger scharf als die griechische, die prestigereichen Tätigkeiten waren jedoch nicht im Handel, sondern im Priester- und Beamtentum. Zu diesen Berufen hatten Frauen nur auf den untersten Ebenen Zugang.

Die Psychologin Mathilde Vaerting entwickelte 1920 aus dieser von Strabo, Herodot und Diodor an einigen Stellen beschriebenen Arbeitsteilung, die antiken Schriftstellern als »verkehrt« im Gegensatz zu ihrer eigenen griechischen Gesellschaft erschien, die These, daß in allen Gesellschaften das herrschende Geschlecht dem unterworfenen Geschlecht die Hausarbeit und die Säuglingspflege zudiktiere.(22) Dabei übersah sie jedoch, daß die Inhalte der »geschlechtsspezifischen« Arbeiten nicht ihr absolutes Prestige bestimmen. Die Säuglingspflege, soweit sie die Ernährung des Neugeborenen betraf, ist in allen Gesellschaften bis ins 20. Jahrhundert hinein ausschließlich an das Stillen durch die Mutter gebunden gewesen. Noch zu Beginn dieses Jahrhunderts starben in Deutschland 70 Prozent aller mit der Kuhmilch und Muttermilchersatzpräparaten ernährten Babys der Arbeiterschaft. Keine primitive Gesellschaft, auch nicht die kulturell höher entwickelte altägyptische, hat die technischen Voraussetzungen zur Sterilisierung von Säuglingsnahrung in irgendeiner Form besessen. Gesellschaften, in denen Mütter nicht diesen Teil der Säuglingsbetreuung übernommen hätten, wären zum sofortigen Aussterben verurteilt gewesen.
Wie sehr die Arbeitsteilung von der uns vertrauten abweichen kann, zeigt sich bei den tibetischen Nomaden:

> »Besonders befremdend wirkt es, daß die Nomadin nicht mit Nadel und Faden umgehen kann. Alle Näharbeit, einschließlich der Kleidung der Frau und ihres Hochzeitsstaates, ist Männerarbeit. Das wirkt um so eigenartiger, als die Nomadin unter ihren fraulichen Schmuckgegenständen bei der Hochzeit auch ein symbolisches (hölzernes) Nähkissen bekommt.«

Bei diesen tibetischen Nomaden gibt es auch noch eine andere Arbeitsverkehrung. Die Frauen weben die Wollstoffe und die Zeltbahnen aus Yakhaaren, das Spinnen des Fadens mit der freihängenden Spindel ist jedoch vorwiegend Männerarbeit, die von der Frau nur stellvertretend gemacht wird.(23) In der vorindustriellen Zeit Europas war Spinnen eine Angelegenheit der Frau und wurde innerhalb des Hauses erledigt. Weben dagegen war bereits ein Handwerk, zu dem nur noch Männer zugelassen waren. Die Näh- und Spinnarbeit des tibetischen Mannes bedeutet jedoch nicht, daß seine Frau die prestigereichere und angesehenere Tätigkeit in dieser Gesellschaft verrichtet.

Obwohl die ethnologische Literatur bis heute nur wenig Auskunft darüber gibt, warum und unter welchen Einflüssen bestimmte Tätigkeiten der einen oder der anderen Sphäre zugeordnet werden, läßt sich dennoch feststellen, daß in denjenigen Gesellschaften, die noch keine sozialen Klassen kennen und keine Spezialisten ausbilden, die Arbeitsteilung der Geschlechter bereits in vielen Fällen einen eindeutigen Klassencharakter aufweist. Die geschlechtliche Arbeitsteilung ist nicht allein naturwüchsig, wie es Karl Marx und viele Forscher nach ihm annahmen, sie wird von männlichem Zwang diktiert. Nur unter dieser Annahme ist es erklärlich, daß fast regelmäßig die männlichen Zuständigkeiten als die prestigehaltigeren angesehen werden.
Auch der hohe weibliche Anteil an der Güterproduktion bestimmt nicht die Wertschätzung und den Status der Frau, eher ist das Gegenteil der Fall. Nur die Beteiligung an Machtpositionen oder der Aufbau einer eigenen Machtstruktur sichern, daß ihre Arbeitsleistung und ihr Arbeitsprodukt ihr selbst und ihren Kindern zur Verfügung stehen und daß nicht alle unangenehmen, anstrengenden und zeitraubenden Arbeitsleistungen von ihr getragen werden müssen.

18. Kapitel

Heldentat und Hausarbeit

»Hast uns Stulln jeschnitten
un Kaffe jekocht
un de Töppe rübajeschohm —
un jewischt und jenäht
un jemacht und jedreht . . .
alles mit deine Hände.
Hast de Milch zujedeckt,
uns Bobongs zujesteckt
un Zeitungen ausjetragen —
hast die Hemden jezählt . . .
und Kartoffeln jeschält . . .
alles mit deine Hände.«
Kurt Tucholsky

»For men must work
and women must weep«
Charles Kingsley

Am Anfang war, so legt Goethe seinem Faust in den Mund, die Tat. Um den Menschen vom Tier abzugrenzen, um sein Verhältnis zur Umwelt – seiner natürlichen und selbstgeschaffenen – zu definieren, wurde das planvolle Handeln, die Tat, als einzigartiges Merkmal des Menschen gewertet.(1) Daß eine solche Definition des Menschen als handelndes Tier in erster Linie am Mann orientiert ist, liegt auf der Hand. Bis heute besteht – nicht nur in der philosophischen Interpretation, sondern in allen Verhaltenswissenschaften – eine merkwürdige Verwischung zwischen den Begriffen Handeln und Arbeiten.

In der vorindustriellen Gesellschaft lagen den Begriffen Handeln und Arbeiten verschiedene Inhalte zugrunde. Die Inhalte des Handelns und Tuns waren Ausdruck des Selbstinteresses einer männlichen Person und ihrer Herrschaft oder Überordnung über andere. Kriegführung, Rechtsprechung, Regierung, Verwaltung, gelehrte Studien treiben etc. fielen unter den Begriff Handlung. Arbeit war die nicht freibestimmte, mühsame und körperlich anstrengende Tätigkeit, die die Klasse der Bauern, Tagelöhner und Handwerker verrichtete. Dieser semantische Gegensatz zwischen Arbeiten und Handeln ist seit Beginn der Industriegesellschaft weggefallen. Arbeit ist zum kennzeichnenden Attribut aller Männer geworden – die klassenbedingten Unterschiede der Männerarbeit werden ausgedrückt durch Beschreibungen wie »Schuften« und »Malochen« im Jargon des Fabrikarbeiters und dem aktionistischen Arbeitsbegriff, der für leitende männliche Tätigkeiten gilt und mit »dynamisch«, »entscheidungsfreudig« und ähnlichen an Potenz und Wettkampf orientierten Begriffen beschrieben wird. Vor diesem Hintergrund von Arbeiterschweiß und aufregendem männlichen Konkurrenzkampf, den der kreislauf- und herzinfarktbedrohte Managertyp führt, erscheint die Hausarbeit der Frau als eine Idylle, die weder mit dem Malochen des Arbeiters noch mit dem harten Konkurrenzprinzip des nach Führerschaft strebenden Angestellten zu vergleichen ist.

Für das an männlicher Freiheit und an Selbstbestimmung orientierte Denken besteht die Tätigkeit der Hausfrau nicht im Handeln. Alles, was sie tut, besteht aus einförmigen Wiederholungen, aus einer Aneinanderreihung von Gesten, denen häufig das Prädikat Arbeit überhaupt nicht zugestanden wird. José Ortega y Gasset fragt:

> »Oder ist es vielleicht Arbeit, was die für ihre Kinder sorgende Mutter, die Gattin oder die Schwester tut? Was für ein unglaubliches Geheimnis ist doch all dem eigen, daß es kaum getan, auch schon verschwebt und nirgendwo die Umrißlinie einer Tat oder Unternehmung in der Luft hinterläßt!«(2)

Das »unglaubliche Geheimnis« der weiblichen Arbeit besteht darin, daß sie in der Wahrnehmung des männlichen Essayisten sich zum Nichts verflüchtigt. Die Frau als Mutter, Gattin oder Schwester – nur durch ihre Familienbeziehung zum Mann definiert – ist ein unsichtbares Dienstleistungsprogramm, das Geisterarbeit vollbringt. Würde der Essayist zugeben, daß es sich um mühsame, anstrengende Arbeit handelt, müßte er gleichzeitig die Frage stellen, wie bedeutsam und wichtig die eigene Arbeit ist und auf wessen Kosten sie ermöglicht wird.

Dieselbe Haltung, die in der Geschichte die Spur und die Existenz der Frau unauffindbar machen will, setzt sich auch in der Betrachtung ihrer Arbeitsleistung fort.

> »Der Mann schlägt mit seinem Arme die Schlacht, durchkreuzt als waghalsiger Forscher unseren Planeten, türmt Stein auf Stein zu einem Denkmal, schreibt Bücher, geißelt die Luft mit Reden; und selbst dann, wenn er nur nachdenkt, eignet der gesammelten Ruhe seiner Muskeln etwas derart Aktives, daß sie eher aussieht wie die Anspannung vor einem kühnen Sprung. Die Frau hingegen tut nichts, und wenn ihre Hände sich bewegen, dann eher zu einer Gebärde als zu einer Tat hin.«(3)

Von dem »Mühevollen, das den Beitrag des Mannes kennzeichnet«, ist bei der Frau nichts zu finden. Das »Verschweben des Vollbrachten ist eines der hervorragendsten Merkmale des Lebensberufes, der sich Frauentum nennt.« Die Frau kann von morgens bis abends arbeiten, nie wird ihre Arbeit den bienenhaften Charakter verlieren, denn alles, was sie im Haus tut, ist nach Auffassung des Mannes nicht mehr als die Geschäftigkeit eines Automaten ohne Phantasie und kreatives Ziel:

> »So rastlos und selbstlos tätig aber die Frau sei, von so reichem Wirken und ›Schaffen innerhalb ihrer Sphäre‹ ... so ist die Produktivität im Sinne jenes Ineinandergehens und gleichzeitigem Selbständigseins von Subjekt und Objekt doch nicht ihre Angelegenheit.«(4)

Das ist das Fazit von Georg Simmels Geschlechteranalyse. Frauen sind fleißig, aber beschränkt. Männer dagegen sind kreativ, ihrer Arbeit liegt stets ein geistiger Entwurf zugrunde, in dem ihr Intellekt sich verobjektiviert. Wenn eine Frau einen Gegenstand anfertigt, wenn sie ein Kleid näht, wenn sie eine Suppe kocht, dann verfolgt sie dabei keinen eigenen schöpferischen Plan. Dieselbe Tätigkeit, professionalisiert und zu einem männlichen Handwerk gemacht, bedeutet konstruktive Aktivität und selbständiges Denken.

> »In Hinsicht auf Gestaltung andererseits ist das männliche Werk – vom Schuster und Tischler bis zum Maler und Dichter – die vollkommene Bestimmung der objektiven Form durch die subjektive Kraft, aber auch das vollkommene Objektivwerden des Subjekts.«(5)

Stets auf Neues und Originelles bedacht, »langweilen sich Männer im allgemeinen eher als Frauen«. Die Arbeit der

Hausfrau – getan nach dem Motto: Und reget ohn' Ende die fleißigen Hände – ist die freiwillig erbrachte Leistung eines intellektuell begrenzten Wesens, das sich bemüht, sein Bestes zu geben. Denn

> »daß sie durch die kontinuierlichen, kleineren und größeren Aufgaben, die das häusliche Leben stellt, eher vor Langeweile geschützt sind als die Männer, ist auch nur die äußerlich historische Realisierung einer in der Tiefe angelegten differenziellen Seinsqualität«.(6)

Die Mythologisierung männlicher Aktivitäten und die unkritische Betrachtung der weiblichen Arbeitskraft finden sich nicht nur bei männlichen Schriftstellern. Vergleichen wir Simone de Beauvoirs Darstellung über die Entwicklung der Frauenrolle, die sie in eine imaginäre Frühzeit der Menschheit verlegt, mit den männlichen Stereotypen von weiblicher Arbeit:

> »Auf alle Fälle aber sind Gebären und Stillen keine Aktivitäten, sondern natürliche Funktionen; kein Entwurf ist dabei im Spiel, und daher kann auch die Frau darin keinen Grund einer hochgestimmten Bejahung ihrer Existenz finden; passiv unterzieht sie sich ihrem biologischen Geschick. Die häuslichen Tätigkeiten, denen sie sich widmet, da nur diese mit den Lasten der Mutterschaft sich vereinigen müssen, beschränken sie auf Wiederholung und Immanenz; Tag für Tag kehren sie in gleicher Form wieder, die fast unverändert die Jahrhunderte überdauert; es geht fast nichts Neues aus ihnen hervor.«(7)

Wer diese Passage liest, kommt nicht umhin festzustellen, daß Simone de Beauvoir hier mit Hilfe männlicher Wertkriterien, die überdies die unserer Zeit sind, die Selbstempfindung von Frauen beschreiben will, die Zehntausende von Jahren vor uns gelebt haben. Sie bleibt befangen in derselben mythologischen männlichen Aura von Wichtigkeit, die sie ja gerade zum Gegenstand ihrer Untersuchung machen will.

Verbringen Frauen ihre Zeit mit Gebären und Stillen und Männer demgegenüber ihre Zeit mit Aktivitäten und Sinnvollem? Mehr als einmal im Jahr kann aber keine Frau gebären, und dieses nimmt nicht mehr als einen Tag in Anspruch. Stillen jedoch ist eine Aktivität, auch wenn sie an eine natürliche Körperfunktion gekoppelt ist. Die Frau kann sich gegenüber ihrem Körper bewußt und zweckgerichtet verhalten. Sie kann Häufigkeit und zeitliche Dauer des Stillens bestimmen, und sie kann es auch unterlassen. Stillen ist weibliche Arbeitszeit und keine bewußtlose animalische Funktion, über die die Frau keine Willensfreiheit besitzt. Wenn ein Mann Straßenarbeiter wurde, weil seine körperliche Statur kräftig und muskulös genug war, dann ist das nichts wesentlich anderes, als wenn eine Frau sich als Amme verdingte.

Im Gegensatz zu Tiermüttern, deren Säugezeit durch angeborenes Verhaltensschema von Muttertier und Nachwuchs bestimmt ist, liegt bei der menschlichen Mutter die Initiative, das Kind zu nähren, bei ihr. Und die Betreuung des menschlichen Säuglings erfordert Vorausdenken und Geschicklichkeit. Stillen bedeutet auf der Ebene des Menschen genauso eine Arbeit wie die Tätigkeit, die mit Hilfe von Muskelkraft geleistet wird. Sie bedingt Zeitaufwand und Kontrolle und Aufmerksamkeit. – Wenn eine Säuglingsschwester in einer Entbindungsklinik die Neugeborenen mit der Flasche füttert, dann ist der Unterschied zwischen ihrer Tätigkeit und der der Mutter nur an der Bezahlung zu erkennen und vielleicht daran, daß die professionelle Mutter, die Säuglingsschwester, keine so intensive soziale Beziehung mit dem Säugling aufnimmt.

Simone de Beauvoir wurde in ihrem Buch zum Opfer der Vorstellung, daß Männer alleinige Erfinder aller Werkzeuge bzw. aller Techniken gewesen sind. Waffentechnik und Schmiedetechnik waren männliche Geistesprodukte, aber für die anderen ebenso wesentlichen Techniken ist es wahrscheinlich, daß sie von Frauen stammen, bzw. daß Frauen daran beteiligt waren. Simone de Beauvoir will die beginnende Herrschaft des Mannes in der frühen Gesellschaft erklären. Dabei heroisiert sie jedoch seinen Anteil an der Entstehung der Zivilisation und verfällt der alten Vorstellung, daß Frauen durch Schwangerschaft und Kleinkindbetreuung auf biologischem Wege von der Entwicklung der Kultur ausgeschlossen blieben, während der Mann zu stolzem Selbsterleben fähig wurde:

»Der Fall des Mannes liegt völlig anders; er ernährt die Gemeinschaft nicht nach Art der Arbeiterbiene durch einen einfachen Lebensprozeß, sondern durch Handlungen, die über sein tierisches Dasein hinausgehen. Der homo faber ist seit Anbeginn der Zeiten ein Erfinder gewesen: schon Stock und Keule, mit denen er seinen Arm bewehrt, um Früchte abzuschlagen oder andere zu töten, sind Werkzeuge, durch die er seine Macht über die Welt ausdehnt; er begnügt sich nicht damit, Fische ins Haus zu bringen, die er aus dem Meer holt, er muß zuvor den Bereich der Gewässer erobern, indem er Einbäume aushöhlt . . . Bei diesem Vorgehen wird er sich seiner Macht bewußt; er setzt Zwecke, plant Wege, die zu ihnen führen: Er verwirklicht sich in der Existenz; um zu erhalten schafft er; er überschreitet die Gegenwart und eröffnet die Zukunft. Deshalb haben Fischzüge und Jagdunternehmungen einen Charakter der Weihe. Ihr erfolgreicher Ausgang wird mit Festen und Triumphen begangen; der Mann erkennt darin sein Menschsein . . .«(7)

Dieser existentialistisch gefärbte Manneskult geht aber noch weiter. Der Mann der Frühzeit hat Höhepunkte, die die Frau nicht erreichte:

»Seine Tätigkeit hat noch eine andere Dimension, die ihr höchste Würde verleiht: Sie ist mit Gefahr verbunden. Wenn das Blut nur Nahrung wäre, hätte es keinen höheren Wert als Milch; der Jäger aber ist kein Schlächter, im Kampfe gegen die Tiere der Wildnis setzt er sein Leben aufs Spiel. Der Jäger tut es, um das Ansehen des Stammes, der Sippe zu vermehren, denen er angehört. Dadurch aber beweist er auf pathetische Art, daß nicht das Leben für den Mann das höchste ist, sondern daß es für Zwecke da ist, die höher stehen als es selbst. Der schlimmste Fluch, der auf der Frau lastet, ist, daß sie von den kriegerischen Unternehmungen ausgeschlossen ist; nicht indem er sein Leben hergibt, sondern indem er es wagt, erhebt der Mensch sich über das Tier; deshalb genießt innerhalb der Menschheit das höchste Ansehen nicht das Geschlecht, das gebiert, sondern das tötende Geschlecht.

Wir haben hier den Schlüssel des ganzen Geheimnisses in der Hand. Auf der Ebene der Biologie erhält sich eine Art nur dadurch, daß sie sich immer neu erschafft; aber diese Schöpfung ist nur eine Wiederholung des immer gleichen Lebens und der wechselnden Formen. Erst indem der Mensch das Leben durch Existenz übersteigt, sichert er die Reproduktion des Lebens; durch dieses sich selbst Überschreiten schafft er Werte, die die bloße Wiederholung in den Schatten stellen.«(8)

In diesem Absatz gerät S. Beauvoir vollends in den metaphysischen Strudel des Existentialismus. Existenz wird zum Privileg bzw. Synonym für Mann. Der Mann definiert sich durch Handlungen und Kampf, die Frau durch Gebären und ständig sich wiederholende Aktivitäten. Er wagt sein Leben, ihr Leben wird biologisch gewagt, zum Beispiel bei der Geburt. Er tötet Tiere nicht profan aus Gründen der Nahrungsbeschaffung, um zu überleben, sondern um das Ansehen seines Stammes zu vermehren (wem gegenüber wäre die Frage?).

Für welche Zwecke, die höher sind als er selbst und die er erkennen kann, riskiert der Jäger des Paläolithikums bewußt sein Leben? Und wieso fällt Jagd in dieselbe Kategorie männlich transzendierender Tätigkeit wie Krieg? Ist es der schlimmste Fluch der Frau, nicht am Krieg teilzunehmen? Unkritisch verleiht de Beauvoir bestimmten männlichen Aktivitäten dieselbe Aureole von Wichtigkeit und Heldentum, die es zu zerstören gilt, damit wir überhaupt zu einer gerechten Beurteilung der Arbeitsleistung der Geschlechter in der geschichtlichen Betrachtung kommen können.

Die Arbeitskraft der Frau wurde nicht nur im Produktionsbetrieb, in der Werkstatt oder Manufaktur, sondern von ihrem Ehemann ausgebeutet. Der erwirtschaftete Mehrwert gehörte jedoch dem Ehemann, der die alleinige Kontrolle des Eigentums besaß. In früheren Jahrhunderten waren Ehemänner weniger zimperlich, die Ehefrau nach ihrer Arbeitsleistung einzustufen. Unverblümt auf seinen Vorteil bedacht, stellt der deutsche Schriftsteller Justus Möser im 18. Jahrhundert die Arbeitsqualitäten einer Hausfrau heraus. In seinen »Patriotischen Phantasien« sucht ein Witwer eine neue Frau. Sie soll ein rechtes Arbeitstier sein. Möser wollte eine Moralpredigt gegen den Fremdsprachenunterricht für Bürgertöchter loswerden. Mit einer Frau, die Verstand hat, belesen ist oder französisch und englisch sprechen könne, sei ihm nicht gedient:

> »Ich wünsche eine rechtschaffene christliche Frau, von gutem Herzen, gesunder Vernunft, einem bequemen häuslichen Umgange und lebhaftem, doch eingezogenen Wesen; eine fleißige und emsige Haushälterin, eine reinliche verständige Köchin und eine aufmerksame Gärtnerin.«

Als Kontrast zu der gebildeten Frau stellt er dann die Eigenschaften seiner verstorbenen Frau dar:

> »Der Himmel weiß, daß ich es nie verlangt habe, alleine meine Selige stand alle Morgen um fünf Uhr auf, und ehe es sechs schlug, war das ganze Haus aufgeräumt, jedes Kind angezogen und bei der Arbeit, das Gesinde in seinem Beruf, und des Winters an manchem Morgen oft schon mehr Garn gesponnen, als jetzt in manchen Haushaltungen binnen einem ganzen Jahr gewonnen wird. Das Frühstück ward nur beiläufig eingenommen; jedes nahm das seinige in die Hand und arbeitete seinen Gang fort. Mein Tisch war zu rechter Zeit gedeckt und mit zwar guten Gerichten, welche sie selbst mit Wahl und Reinlichkeit simpel, aber gut zubereitet hatte, besetzt.«

Am Schluß seiner Würdigung stellt der Witwer dann fest, daß das, was die Frau in sechzehnjährigem Ehestand einschließlich der Ausstattung für vier Töchter erarbeitet hatte, sich höher belief

> »als das Geld, was sie in aller Zeit von mir empfangen hatte. So vieles hat sie durch Fleiß, Ordnung und Haushaltung gewonnen.«(9)

Die Hausarbeit seiner Frau hatte ihm also einen Batzen Geld eingebracht. Die nüchterne, offene Darlegung des männlichen Profitinteresses an der Haushaltung seiner Frau gehörte einer Zeit an, in der die Ehefrauen keinerlei Ansprüche auf die Ergebnisse ihrer Arbeit stellen konnten. Im Zeitalter einer gesetzlich deklarierten Gleichberechtigung und Zugewinngemeinschaft der Ehepartner kann sich kein Mann mehr eine so offene Sprache wie die des Hausvaters Justus Möser leisten. Da die Hausarbeit eine unbezahlte Tätigkeit ist, muß ihr zwanghafter Arbeitscharakter so weit wie möglich verdunkelt werden. Im heutigen familienpolitischen Jargon und am Sprachgebrauch der Sozialwissenschaftler sind die Bestrebungen zu erkennen, die Hausarbeit publicrelationsmäßig aufzuwerten. Sprachpsychologisch gesehen, wird dabei systematisch versucht, das Wort »Arbeit« zu vermeiden und statt dessen die Begriffe »häusliche Verpflichtungen« oder »häusliche Aufgaben« zu verwenden. Dieser Sprachgebrauch ist international üblich. Selbst das Internationale Arbeitsamt in Genf verwendet den Begriff der »familiären Verpflichtungen der Frau« völlig unreflektiert in seinen Vorschlägen, Richtlinien und internationalen Übereinkünften. Wenn es jedoch häusliche Verpflichtung statt Hausarbeit heißt, dann bekommt die Arbeitsleistung der Hausfrau einen ethischen Wert – Hausarbeit wird verpflichtender Liebesdienst an den anderen Familienmitgliedern und an der Gesellschaft. Das heimliche Gefühl, eine ethische Leistung zu bringen, hemmt wiederum viele Frauen, eine genau definierte Gegenleistung für diese Arbeit zu verlangen. Solange die Hausarbeit als Verpflichtung propagiert wird – so lange bleibt den Frauen der nüchterne Blick auf ihre eigene abhängige, unentlohnte Stellung in Ehe und Haushalt erspart. Sie geben sich jener gewissen Resignation und Melancholie hin, die Helge Pross bei Hausfrauen festgestellt haben will. Denn eine Pflicht ist der Gegensatz von Macht.

Wenn die Produktion innerhalb der Familie verbleibt und verbraucht wird, hat sie nach der Marxschen Definition keinen Warencharakter. Das wird auch in den Lehrbüchern des Marxismus-Leninismus betont:

> »Nicht jedes Arbeitsprodukt ist eine Ware. Deckt jemand mit seinem Arbeitsprodukt seinen eigenen Bedarf oder den seiner Familie, so schafft er nur ein Produkt, einen Gegenstand, jedoch keine Ware. Zur Ware wird nur das Arbeitsprodukt, das über den Austausch (Kauf und Verkauf) zur Konsumtion (Verbrauch) gelangt.«(10)

Dieser Satz wäre zweifellos richtig, wenn in ihm vier Wörter gestrichen würden, nämlich »oder den seiner Familie«. Mit dieser Einfügung verdrängen die Marxisten das gravierendste Problem der Arbeitsbewertung in allen existierenden Gesellschaften mit Geldverkehr, gleichgültig, ob sie nun kapitalistisch, nichtkapitalistisch oder gemischt organisiert sind.

Dies wird nicht dadurch verzeihlicher, daß sich die Autoren der »Grundlagen des Marxismus-Leninismus« sehr wohl auf Marx und Engels berufen können.

Die Marxisten verstoßen damit gegen von ihnen selbst aufgestellte Prinzipien. Es ist nicht zu leugnen, daß die Hausfrau durch ihre Tätigkeit zusätzliche Werte schafft. Sie kauft zum Beispiel Nahrungsmittel im Rohzustand, die sie durch Reinigen, Kochen usw. weiterverarbeitet. Das so entstandene Produkt ist zu allen Zeiten verkäuflich gewesen: Man kann in eine Gastwirtschaft gehen und ohne eigene Arbeitsleistung ein fertiges Essen serviert bekommen. Es ist für jedermann logisch, daß er dafür einen Preis zu zahlen hat, der höher ist als die Addition der Preise der Rohprodukte. Lediglich im eigenen Haushalt ist dies anders: Der das Geld verdienende Mann alimentiert seine Frau so, daß sie die Rohprodukte für die Nahrung kaufen kann, und sichert zusätzlich durch Wohnung, Kleidung usw. ihre sonstige Existenz – jedenfalls für die Dauer der Ehe. So gesehen stimmt also der letzte Satz unseres Zitats eigentlich nicht, denn auch hier findet ja ein Austausch statt, wenn auch nicht in der Form von Kauf und Verkauf, sondern in der weit primitiveren, der Grundexistenzsicherung gegen Arbeitsleistung.

Wenn die Marxisten wirklich konsequent wären, müßten sie also zugeben, daß in der Familie eine Ausbeutung der Frau durch den Mann stattfindet. Dadurch, daß sie die Arbeitsleistung in der Familie definitorisch der Arbeitsleistung eines Individuums für sich selbst gleichsetzen, negieren sie die tatsächlich existierenden Arbeitsbeziehungen zwischen den Familienmitgliedern, die zu einer kollektiven Überperson (Familie) zusammendefiniert werden.

Wie konsequent, obwohl unlogisch die Marxisten hier sind, zeigt ein Zitat von Ernest Mandel über die Hausarbeit:

> »Obwohl hier ein großer Aufwand menschlicher Arbeit notwendig ist, schafft die ganze Haushaltsproduktion keine Waren, sondern nur Gebrauchswerte; sie ist keine Warenproduktion. Wenn man die Suppe vorbereitet oder Knöpfe annäht, produziert man, aber man produziert nicht für den Markt.«(11)

Mandel nimmt einfach hin, daß die Arbeitsbeziehungen zwischen den Familienmitgliedern nicht durch Geld abgegolten

werden, nach der Berechtigung dieser Regelung fragt er nicht.
Das ist um so erstaunlicher, als die von ihm genannten beiden Tätigkeiten ansonsten durchaus »vermarktet« werden können und tatsächlich vermarktet werden, wie auch fast alle anderen Haushaltstätigkeiten. Ein Großteil von ihnen wie Waschen, Bügeln, Kochen, Putzen kann heute von Einzelpersonen oder Unternehmen »gekauft« werden. Es ist ein Charakteristikum unserer relativ hoch entwickelten Gesellschaft, daß gerade diese Tätigkeiten heute besonders hoch bezahlt werden müssen. Es zeigt sich deutlich, daß der Marxismus nicht in der Lage oder gar nicht willens ist, dieses Problem zur Kenntnis zu nehmen. Er akzeptiert damit an der Basis der Gesellschaft eine ganz elementare Form der Ausbeutung, die ansonsten in den zwischenmenschlichen Beziehungen zu bekämpfen und abzuschaffen er sich zum obersten Ziel gesetzt hat.

Die negative Einschätzung der Hausarbeit in der marxistischen Theorie rührt von einem Arbeitsbegriff her, der unausgesprochen an der Herstellung eines Gegenstandes im maschinellen Produktionsprozeß der Fabrik orientiert ist und der Dienstleistung als Arbeit nur einen zweitrangigen Wert beimißt. Die Hausarbeit umfaßt, nachdem der größte Teil der Produktion aus dem Haushalt verlagert wurde, heute ganz überwiegend Service- und Fürsorgeleistungen.
Für Friedrich Engels änderte sich die Stellung der Frau, als eine Reihe von Produkten nicht mehr von ihr hergestellt wurden, sondern in Werkstätten, später Fabriken:

> »Die Hausarbeit der Frau verschwand jetzt neben der Erwerbsarbeit des Mannes; diese war alles, jene eine unbedeutende Beigabe. Hier zeigt sich schon, daß die Befreiung der Frau, ihre Gleichstellung mit dem Manne, eine Unmöglichkeit ist und bleibt, solange die Frau von der gesellschaftlichen produktiven Arbeit ausgeschlossen und auf die häusliche Privatarbeit beschränkt bleibt.«(12)

Diese Bemerkung von Engels ist mehr demagogisch als analytisch. Niemals ist die Hausarbeit verschwunden, niemals war sie eine unbedeutende Beigabe. Sie war immer konstituierende Grundlage des Lebens. Was die Hausarbeit und Kin-

derbetreuung von anderer Arbeit unterscheidet, ist das Merkmal, daß sie keinen konkret definierten Tauschwert besitzt. Indem für die Hausarbeit keine Bemessungsgrundlage (Arbeitszeit, Leistung) gefunden wurde wie für andere berufliche Arbeit, blieb sie von dem Tauschwert ausgeschlossen, der erst die Möglichkeit gibt, die Arbeitsleistung anderer in Form von Produkten in freier Verfügung einzutauschen.
Der erwerbstätige Mann, der nicht mehr wie der Bauer seine eigenen Produktionsmittel besaß, tauschte seine Arbeitskraft ein gegen Bezahlung. Die Frau tauschte ihre Arbeitskraft weiterhin gegen eine nicht exakt festgelegte Zuteilung an Naturalien und Unterhalt. In heutigen Ehegesetzen ist der Ehemann verpflichtet, falls seine Frau nicht berufstätig ist, ihr einen angemessenen Betrag als Wirtschaftsgeld im voraus zur Verfügung zu stellen. In der Praxis ist dieses jedoch in das Ermessen des Ehemannes gestellt. Die Unterhaltsgewährung ist mit Hilfe der bürgerlichen Gesetze gewöhnlich nur dann durchzusetzen, wenn die Frau bereits die Scheidung eingereicht hat. Die Bezahlung der Ehefrau für ihre Arbeit besteht in der freiwilligen Gewährung einer Alimentation, von der die Ehefrau je nach Großzügigkeit oder Geiz des Ehemannes eigene Bedürfnisse befriedigen kann.

> »Die Befreiung der Frau wird erst möglich, sobald diese auf großem gesellschaftlichem Maßstab an der Produktion sich beteiligen kann, die häusliche Arbeit sie nur noch in unbedeutendem Maß in Anspruch nimmt.«(13)

Diese Einschätzung Engels, die von Bebel geteilt wurde, zeigt nur, wie ungenau sie den Anteil der traditionellen weiblichen Arbeit einschätzten. Die private Hausarbeit würde in eine öffentliche Industrie aufgelöst werden. Der dadurch entstehende Arbeitsmangel der Frau würde sie von allein aus dem Arbeitsplatz Küche vertreiben und in den Arbeitsplatz Fabrik überführen. Bebel ging in seiner Utopie noch weiter:

> »Die Privatküche ist für Millionen Frauen eine der anstrengendsten, zeitraubendsten und verschwenderischsten Einrichtungen, bei der ihnen Gesundheit und gute Laune abhanden kommt und die ein Gegenstand der täglichen Sorge ist, namentlich wenn, wie bei den allermeisten Familien, die Mittel die knappsten sind. Die Beseitigung der

Privatküche wird für ungezählte Frauen eine Erlösung sein. Die Privatküche ist eine ebenso rückständige und überwundene Einrichtung wie die Werkstätte des Kleinmeisters, beide bedeuten die größte Unwirtschaftlichkeit, eine große Verschwendung an Zeit, Kraft, Heiz- und Beleuchtungsmaterial, Nahrungsstoffen usw.«(14)

Die Überwindung der Privatküche entlockte Bebel eine geradezu enthusiastische Vision von Maschineneinsatz, der das Problem der Nahrungszubereitung ein für allemal lösen sollte:

»Da sind die elektrisch betriebenen Kartoffel- und Obstschäler, die Entkernungsapparate, Würstestopfer, Speckpresser, Fleischhacker, Fleischröster, Bratapparate, Kaffee- und Gewürzmühlen, die Brotschneideapparate, Eiszerkleinerer, Korkzieher, Korkpresser und hundert andere Apparate und Maschinen, die einer verhältnismäßig kleinen Zahl Personen mit mäßiger Anstrengung ermöglichen, für Hunderte von Tischgästen die Speisen zu bereiten. Dasselbe ist mit den Spül- und Reinigungseinrichtungen der Fall.«(15)

Wer sollte alle diese einfallsreichen Maschinen bedienen, Frauen oder auch Männer? Nach Bebel wählt die Frau für ihre Tätigkeit

»diejenigen Gebiete, die ihren Wünschen, Neigungen und Anlagen entsprechen und ist unter den gleichen Bedingungen wie der Mann tätig«.

Denn die Frau der Zukunft ist eine Überfrau. Sie ist nach Bebel von einer erstaunlichen Vielseitigkeit, die in der bisherigen Gesellschaft weder von Männern noch von Frauen erreicht wird.

»Eben noch praktische Arbeiterin in irgendeinem Gewerbe, ist sie in einem anderen Teil des Tages Erzieherin, Lehrerin, Pflegerin, übt sie in einem dritten Teil irgendeine Kunst aus oder pflegt eine Wissenschaft und versieht in einem vierten Teil irgendeine verwaltende Funktion. Sie treibt Studien, leistet Arbeiten, genießt Vergnügungen und Unterhaltungen mit ihresgleichen oder mit Männern, wie es ihr beliebt und wie sich ihr die Gelegenheit dazu bietet.«(16)

Diese Idealfrau der Zukunft arbeitet also in der Produktion

wie ein Mann, behält jedoch typisch weibliche Funktionen außerdem bei (Erzieherin, Lehrerin, Pflegerin), produziert nebenher noch ein Kunstwerk oder vertieft sich in wissenschaftliche Literatur. Eine verwaltende Funktion kommt hinzu. Nach einem solchen Tagesprogramm auf freiwilliger Basis geht sie dann noch ihren erotischen Interessen nach. Geradezu grotesk wird die Freiheit der Frau in der zukünftigen sozialistischen Gesellschaft, wenn Bebel behauptet:

> »Die Frau ist also frei, und Kinder, die sie besitzt, verkürzen ihr diese Freiheit nicht, sie können ihr nur die Freude am Leben vermehren. Pflegerinnen, Erzieherinnen, befreundete Frauen, die heranwachsende weibliche Jugend stehen ihr in Fällen, in welchen sie Hilfe braucht, zur Seite.«(17)

Diese Zukunftsprojektion zeigt die Inkonsequenz der sozialistischen Theorie, wenn es um Frauenarbeit geht. Bebels Utopie hat ihr bis heute den Blick für die tatsächliche Beanspruchung der Frau versperrt. Bebel will suggerieren, daß die traditionelle weibliche Arbeit abschaffbar sei, und zwar eins, zwei, drei. Wenn Arbeit übrigbleibt, zum Beispiel in der Kinderbetreuung, dann wird sie selbstverständlich unter Frauen aufgeteilt. Nur fällt diese Übernahme nicht unter den Begriff Arbeit, sondern ist nach Bebel eine Selbstverständlichkeit. In der vorsozialistischen Zeit nannte man so etwas Kindermädchen. Bebel übersah, daß durch Automatisierungs- und Rationalisierungsprozesse zwar ein großer Teil der Muskelarbeit eingespart werden kann, aber nicht die Kontrolle der Maschinen. Bei der Betreuung und Erziehung von Kindern jedoch werden seine Visionen absurd. Ein Säugling oder Kleinkind füttert sich nicht von allein und auch nicht zu irgend beliebigen Zeiten des Tages. Es zieht sich nicht allein an und putzt sich nicht allein die Nase, und die einzige Art der Arbeitserleichterung, die in bezug auf Kinderbetreuung denkbar ist, besteht in dem Zusammenbringen mehrerer Kinder in Kindertagesstätten, die von einer einzigen Person beaufsichtigt werden. Aber auch diese Möglichkeit hat ihre Grenzen. Die Relation von Kinderzahl und betreuender Person ist nicht willkürlich ausdehnbar: Je angemessener das Kind betreut wird, je mehr seine Bedürfnisse berücksichtigt werden, desto kleiner muß die Kinderzahl sein, die von einer Pflegeperson zu betreuen ist. Die Privatkindergärten, in denen anspruchsvolle Eltern ihre Kinder betreuen lassen, zeichnen sich in unserem Land vor den öffentlichen Kindergärten dadurch aus, daß die Anzahl der betreuten Kinder kleiner und die Qualität der Zuwendung und der zeitliche Aufwand für jedes Kind höher liegt.

In seiner Jugend hatte Marx eine ähnlich romantische Vorstellung vom Reich der Freiheit entwickelt wie August Bebel. In den späteren Schriften kommt dann allerdings eine solche Vision nicht mehr vor. So schrieb der junge Marx:

> »In allen vorangegangenen Gesellschaften war der Mensch ein Jäger, Fischer oder Hirt oder kritischer Kritiker und muß es bleiben, wenn er nicht die Mittel zum Leben verlieren will – während in der kommunistischen Gesellschaft, wo jeder nicht einen ausschließlichen Kreis der Tätigkeit hat, sondern sich in jedem beliebigen Zweige ausbilden kann, die Gesellschaft die allgemeine Produktion regelt und mir eben dadurch möglich macht, heute dies, morgen jenes zu tun, morgens zu jagen, nachmittags zu fischen, abends Viehzucht zu treiben, nach dem Essen zu kritisieren, wie ich gerade Lust habe; ohne je Jäger, Fischer, Hirt oder Kritiker zu werden.«(18)

Diese Vorstellung von Marx enthält gleich zwei Wünsche: einmal die Entspezialisierung menschlicher Tätigkeit und dazu im Widerspruch die äußerste Vielseitigkeit der Tätigkeit, den Multispezialisten, der von allem etwas versteht, ohne sich je für eine Tätigkeit entscheiden zu müssen. Die Regelung der Produktion durch die Gesellschaft kann allenfalls eine gerechte Umverteilung und bessere Einteilung der Arbeit bedeuten, eventuell auch Zeitersparnis. Sie kann nicht die unbeliebten, aber notwendigen Arbeiten aus der Welt schaffen, und sie kann niemals totale individuelle Freiheit garantieren. Es ist schier unvorstellbar, daß eine Frau sich einen solchen Freiheitstraum ausgedacht hätte.

Denn in allen vorhergegangenen Gesellschaften waren Frauen Mütter, und deren Tätigkeiten – die Betreuung von Kindern und die Herstellung der täglichen Lebensbedingungen – Küche, Heizung, Säuberung, Wäsche und regelmäßige Betreuung der kleinen Kinder – erforderten Kontinuität und Präsenz. Es ist kaum denkbar, daß Marx die Überlegung angestellt hätte, in einer kommunistischen Gesellschaft solle die Mutter zum Frühstück ein bißchen Mutter sein, um abends Viehzucht zu treiben, und heute dies und morgen jenes zu tun. Was die sozialistische Theorie, so wie sie später von Bebel den Frauen präsentiert wurde, verundeutlichte und dadurch falsche Vorstellungen erweckte, war die Suggestion, daß mit der Vergesellschaftung der Produktionsmittel die Arbeitsteilung der Gesellschaft völlig beliebig werden könne und es keinerlei Konflikt mehr über die Verteilung der unbeliebten Arbeiten geben würde.

Eine gerechte und gleichmäßige Verteilung der das Leben erst konstituierenden Grundarbeiten, die vor aller gesellschaftlichen Großproduktion geleistet werden müssen, auf Männer und Frauen und die Einbeziehung dieser Arbeit in die Errechnung und Verteilung des Bruttosozialprodukts fand weder damals noch heute statt.

Hätten Marx, Engels und Bebel ernsthafter über die Arbeitsteilung der Geschlechter nachgedacht, dann hätten sie nicht erst in der fernen Zukunft, als die Kartoffelschälmaschinen in Sicht waren und die Hausarbeit vollautomatisiert, sondern sofort eine andere Verteilung der Arbeit ins Auge gefaßt. Die verheiratete Arbeiterin mußte auch zu Bebels Zeit am Feiertag den Haushalt erledigen und die Wäsche waschen. Da die androzentrische Perspektive von der sozialistischen Theorie in diesem Punkt nicht durchbrochen wurde, ist die unbezahlte und gesellschaftlich nicht eintauschbare Dienstleistung der Frau im Haushalt und an den Kindern, die von der berufstätigen Frau nach dem offiziellen Feierabend und an arbeitsfreien Tagen geleistet wird, das gemeinsame patriarchalische Fundament von sozialistischen und kapitalistischen Ländern.

19. Kapitel

Die Automation und Vergesellschaftung der Hausarbeit — eine folgenschwere Utopie

»Wer macht das Klo sauber, wer holt die Haarknäuel aus dem Spülstein?«
(Dolle Mina-Pamphlet 1969)

In einem Artikel in der Komsomolskaja Prawda vom 27. Mai 1967 wurde eine Zuschrift von zwei Leningrader Leserinnen veröffentlicht, die als »offener Brief an unsere Männer« gedacht war. Die beiden Verfasserinnen forderten, daß den Frauen eine physisch leichtere, aber gleichzeitig ausreichend bezahlte Arbeit geboten werde. Der Unterricht in Hauswirtschaft sollte nicht nur den Mädchen, sondern auch den Jungen zur Pflicht gemacht werden. Dadurch solle die planmäßige Entfremdung der Männer von der Hausarbeit verhindert werden. Dieser Brief löste eine längere Diskussion in der Zeitung über die Verteilung der Hausarbeit in der sowjetischen Familie aus. Die Redaktion kommentierte die Forderung der beiden Leningrader Leserinnen.

»Eines der Paradoxe besteht in der Tat darin, daß von der Mechanisierung des täglichen Lebens der Mann mehr Vorteile genoß als die Frau.« – »Nach den Angaben des Instituts für Ökonomie der Sibirischen Abteilung der Akademie der Wissenschaften der UdSSR verwendet die Frau im Durchschnitt für die Hausarbeit 19 Stunden in der Woche mehr als der Mann.«

Trotzdem wurden im Programm der KPdSU aus dem Jahre 1961 und auch auf dem 23. Parteitag der KPdSU 1966 lediglich die alten Hoffnungen wiederholt, durch Mechanisierung und Kollektivierung könne die Hausarbeit auf ein solches Minimum herabgedrückt werden, daß sie in Zukunft keine Belastung mehr für die werktätige Frau bedeute.(1)

Im Krieg der ideologischen Systeme spielt der Emanzipationsvorsprung der Frau in den sozialistischen Ländern eine wichtige Rolle. Die »Doppelbelastung« jedoch wird in kapitalistischen wie sozialistischen Systemen bestenfalls für ein bedauerliches, aber zur Zeit unvermeidbares Nebenergebnis der weiblichen Berufstätigkeit angesehen. Mit fortschreitender Technologie wird sich irgendwann das Problem von allein lösen. Bis dahin wird die geringe Beteiligung von Ehemännern an der Hausarbeit als Kavaliersdelikt des Mannes angesehen. Von dieser Doppelarbeit profitiert der Unternehmer, der Ehemann, der Staat, dem kostenlos nach Feierabend die Leistungen erbracht werden, die zum Aufziehen und zur Erziehung der nächsten Generation notwendig sind. In allen Ländern findet nach dem Feierabend der tägliche Höhepunkt patriarchalischer Ausbeutung statt. Denn mittlerweile hat die empirische Beobachtung in den industrialisierten Ländern gezeigt, daß Hausarbeit durch Automation und Rationalisierung nicht einfach abzuschaffen ist. Es handelt sich bei der Doppelbelastung nämlich nicht um ein Zwischenspiel, um ein Intervall, das irgendwann beendigt sein wird. In einer multinationalen Studie, in der die Arbeitsteilung in Beruf und Familie in zwölf Ländern untersucht und verglichen wurde (unter der Leitung des ungarischen Soziologen Alexander Szalai), war in kapitalistischen und sozialistischen Ländern die Lage der berufstätigen Ehefrauen dadurch gekennzeichnet, daß sie im Durchschnitt 5,7 Stunden für Haushalt und Familie an ihren Ruhetagen arbeiteten. In allen in die Studie einbezogenen Ländern übernehmen die Ehemänner einen sehr geringen Anteil an der Hausarbeit. An Werktagen haben berufstätige Frauen 3,3 Stunden der Hausarbeit zu widmen, während berufstätige Männer nur eine Stunde beitragen. An freien Tagen verbringen berufstätige Frauen 5,1 Stunden mit solchen Aufgaben, berufstätige Männer nur 2,3 Stunden. Daraus ergibt sich, daß berufstätige Männer durchschnittlich über weit mehr Freizeit verfügen als berufstätige Frauen: 3,5 Stunden an Werktagen und 8,3 Stunden an freien Tagen. Für ihre berufstätigen Ehefrauen macht die Freizeit nur 2,5 Stunden an Werktagen und 6,0 Stunden an freien Tagen aus. Alexander Szalai schreibt:

»Es spricht für sich, daß unter den vielen tausend berufstätigen Frauen, die in dem Untersuchungssample des multinationalen Zeit-Budget-Projekts erfaßt wurden, 10 Prozent über keinerlei Freizeitaktivitäten an einem typischen

Werktag berichten konnten, während nahezu alle berufstätigen Männer wenigstens ein wenig davon hatten. Die ungewöhnlich geringe Freizeit, über die berufstätige Frauen verfügen können und die Belastungen, unter denen Hausfrauen stehen, sind zwei Faktoren, die stark für die eingeschränkte Beteiligung von Frauen am öffentlichen Leben, Berufsbildung und Erziehung verantwortlich sind.«(2)

Vergleiche, die in mittelgroßen Städten von sechs Ländern zwischen der Hausarbeit von berufstätigen Männern und Frauen vorgenommen wurden, ergaben in einer tschechischen Stadt, daß die Ehemänner ein knappes Viertel der Hausarbeit ihrer Frauen leisteten, während in Polen, USA und Frankreich der zeitliche Anteil der Männer zwischen 12, 13 und 17 Prozent variierte.

Am niedrigsten war die zeitliche Beteiligung der Männer im Vergleich zu ihren berufstätigen Frauen in der Bundesrepublik, wo für die Untersuchung die Stadt Osnabrück ausgewählt wurde. In Osnabrück verwandten verheiratete Frauen mehr Zeit auf ihre Haushalte als in den drei osteuropäischen Provinzstädten, die in der Untersuchung erfaßt waren. Die Zeit, die mit Hausarbeiten verbracht wird, scheint demnach unabhängig von den Haushaltsmaschinen zu sein, die z. B. in der Bundesrepublik in größerer Zahl zur Verfügung stehen als in den Vergleichsstädten in sozialistischen Ländern.

Zwei Berichte aus der Sowjetunion und aus den USA enthalten alarmierende Hinweise, die die alte Vorstellung, die Frau könne durch Haushaltstechnik unbegrenzt entlastet werden, völlig widerlegen.

Im Jahr 1924 verwandten berufstätige Frauen in Moskau und Leningrad insgesamt 4,47 Stunden auf die Hausarbeit pro Arbeitstag, im Jahr 1959 3,87 Stunden und im Jahr 1965 3,6 Stunden. Die Arbeitszeitverkürzung in vierzig Jahren lag also bei etwas mehr als einer Stunde für die berufstätige Frau. Jedoch waren die Kinderpflege und andere Pflege von Familienmitgliedern nicht in diese Erhebung eingeschlossen.(3)

In den Vereinigten Staaten stieg von 1952 bis zu den Jahren

1967/68 der Arbeitsaufwand der berufstätigen Frau für den Haushalt von 3,8 Stunden auf 4,5. Obwohl die Amerikanerin über all das verfügen kann, wovon August Bebel träumte, wurde sie nicht frei von der Hausarbeit. Während viele Arbeitsgänge wie zum Beispiel die Wäschepflege zeitsparender erledigt werden können, stiegen auf der anderen Seite der Zeitanfall für das Einkaufen und die Reparaturarbeiten im Haushalt, die von den meisten amerikanischen Frauen auf einer do-it-yourself-Basis getan werden.(4)

Der Einkauf, der immer mehr zur Aufgabe der Hausfrauen geworden ist, wurde in Amerika seit den zwanziger Jahren immer zeitaufwendiger. Neun Stunden in der Woche verbringen dort die Hausfrauen damit, in Supermärkten die Lebensmittel für ihre Familie einzukaufen und sie nach Hause zu bringen. Im Jahre 1920 brauchten sie für diese Beschäftigung nicht mehr als zwei Stunden.

Die Nurhausfrauen, die 1924 in den Vereinigten Staaten 52 Stunden in der Woche auf ihren Haushalt verwandten, verbrachten 1970 55 Stunden damit. Das ist das Ergebnis eines Vergleichs von 20 Studien, die Mitte der zwanziger Jahre von der amerikanischen Regierung finanziert wurden. Vergleichsstudien wurden in den Jahren 1965/66 in Michigan durchgeführt. In diesen Untersuchungen mußten Frauen in 15minütigen Intervallen ein Tagebuch ihrer Aktivitäten führen. Die berufstätigen Frauen dagegen kommen mit 26 Stunden Hausarbeit in der Woche aus. Die Autorin dieser Studie, Joann Vanek, kommt zu dem Ergebnis, daß Hausfrauen versuchen, ein Übersoll an Arbeit zu leisten, weil ihre Arbeit gesellschaftlich unterbewertet sei.(5) Diese Deutung berücksichtigt jedoch nicht, daß die berufstätige Frau, die ihre Hausarbeit abends erledigt, eine intensivere Leistung zu erbringen hat, die zu noch größerer Erschöpfung führt. Die berufstätige Frau betreut ihre Kinder außerdem nur am Feierabend, während ein großer Teil der Hausfrauenarbeit für die Kinder geleistet wird.

Ein anderer Punkt, der in den zitierten Untersuchungen bisher vernachlässigt wirkt, ist der Anstieg der Dienstleistungen, die die Hausfrau für ihre Familie durch die neugewonnene Freizeit der Familienmitglieder, Arbeitszeitverkürzung

des Ehemannes, Fünftagewoche und schulfreien Samstag von schulpflichtigen Kindern, erbringen muß. Je größer die Freizeit der Familienmitglieder, desto kleiner die Freizeit der Hausfrau. In vielen Familien muß sie selbst im Urlaub die übliche Hausarbeit verrichten, wenn im Wohnwagen oder in einer gemieteten Wohnung der Urlaub verbracht wird.
In der erwähnten Zwölfländerstudie von Alexander Szalai zeigte sich auch, daß berufstätige Männer nur halb so viel Zeit für die Betreuung der Kinder aufwenden wie berufstätige Frauen. Vor allem an der Grundpflege von Kleinkindern, Füttern, Baden, Anziehen etc. beteiligen sich die Väter kaum. Vorlesen, Unterhaltung, Spiel und Spazierengehen und Begleitung der Kinder zur Schule waren die Aktivitäten, an denen berufstätige Mütter und Väter gleich partizipierten.(6)

Unverhüllt tritt der Sexismus im häuslichen Leben immer dann auf, wenn es keinerlei Gründe gibt, die gegen eine männliche Teilnahme an der Familienarbeit sprechen. In Situationen, wo Männer von der Berufsarbeit frei sind, als Arbeitslose z. B., übernehmen sie keineswegs Arbeiten für die Familie.

> »Fallstudien über die Familien von 24 Arbeitslosen während der Depression zeigen, daß Männer mit mehr Freizeit, in der sie sich um Haushalt, Arbeit und die Kinder hätten kümmern können, tatsächlich sogar weniger taten als zu der Zeit, in der sie voll gearbeitet hatten.«(7)

Zu diesem Ergebnis kam der amerikanische Soziologe Bakke 1940.
Auch im Rentenalter ist es immer noch die Ehefrau, die die Wohnung putzt und für den Haushalt sorgt.
Bei gleicher Belastung durch Berufstätigkeit, so zum Beispiel in Ehen, in denen beide Partner als Lehrer tätig sind, hat sich auch unter jungen Ehepaaren kaum etwas verändert. Dies geht aus einer Untersuchung hervor, die im Jahre 1973 an Pädagogenehepaaren in Rheinland-Pfalz gemacht wurde. Der Soziologe Lothar Krecker schreibt darüber:

> »Besonders auffällig ist die geschlechtsspezifische Mehrbelastung der Frau in den Fällen, wo sie denselben Beruf wie ihr Mann ausübt. Bei unterschiedlichen Berufen kann

ja immer noch mit der nur halbtägigen Präsenzpflicht bzw. Abwesenheit der Lehrerin von zu Hause und mit vermeintlich oder wirklich leichteren Berufspflichten argumentiert und die mehr oder weniger totale Übernahme der Hausarbeit durch die Frau als Kompensation gerechtfertigt werden. Bei gleicher außerhäuslicher Belastung aber läßt sich diese Rechnung nicht mehr aufmachen. Bei gleicher Inanspruchnahme von Mann und Frau durch berufliche Pflichten ist Parität – ich verwende den Begriff aus der Mitbestimmungsdiskussion bewußt für diesen Sachverhalt – in der Bewältigung der Hausarbeit doch wohl die einzig gerechte Lösung und am ehesten zu erwarten.

Das Ergebnis der Lehrerinnenbefragung zu diesem Punkt straft die Erwartungen Lügen. Von den aktiven Lehrerinnen, deren Mann ebenfalls Lehrer ist, geben zwar nur 6 Prozent an, daß der Kollege, mit dem sie verheiratet sind, überhaupt nicht im Haushalt mithilft. Aber regelmäßige Hilfe des Mannes bei der Hausarbeit ist nur in jedem zweiten Haushalt zu finden (49,0 Prozent). In 45 Prozent der von uns erfaßten Pädagogenehen in Rheinland-Pfalz hilft der Mann nur gelegentlich im Haushalt mit – und das, obwohl für die Frau in über 90 Prozent unseres Samples die Last auch deshalb groß ist, weil Kinder zu versorgen sind.«(8)

Daß dies nicht auf Lehrer in der Bundesrepublik beschränkt ist, belegt Helge Pross in ihrer Untersuchung über »Gleichberechtigung im Beruf«, die in den EWG-Ländern gleichzeitig durchgeführt wurde.

»Nach wie vor gibt es freilich zahlreiche Ehemänner, die jegliche Hilfe verweigern. Es helfen von den Männern der berufstätigen Ehefrauen überhaupt nicht im Haushalt in

Italien	49 Prozent
Luxemburg	39 Prozent
BRD	32 Prozent
Frankreich	31 Prozent
Belgien	26 Prozent
Holland	24 Prozent.

Die ärgsten Paschas sind Italiener und Luxemburger. Allerdings kann dort ungefähr jede dritte Ehefrau mit der Hilfe von Verwandten rechnen. Als besonders kooperativ erweisen sich die Männer in Holland und Belgien. Für Holland ergab sich sogar ein sensationelles Resultat: 15 Prozent der befragten Ehefrauen sagten, der Mann versorge den Haushalt allein. Erneut zeigt sich, daß die durchschnittliche Arbeitnehmerin in den Niederlanden ein bequemeres Leben hat als ihre Kollegin in den anderen Mitgliedsstaaten der EWG: günstige und relativ kurze Arbeitszeiten, viele Kindergärten und Vorschulen, hilfsbereite Partner. Um so verwunderlicher, daß ausgerechnet in Holland so wenige Frauen beruflich reüssieren. Die belgischen Ehefrauen stellen ihren Männern ebenfalls gute Zeugnisse aus. Nur wenn die Frau bloß halbtags erwerbstätig ist, erledigt sie die Hausarbeiten allein. Hat sie einen Ganztagsjob, wird sie zu Hause vom Partner unterstützt. Ähnlich, wenn auch nicht ganz so günstig, sieht es in Frankreich und in der Bundesrepublik aus. Männliche Hilfe heißt freilich kaum jemals volle partnerschaftliche Assistenz. Vielmehr bilden die mithelfenden Ehemänner so etwas wie eine Internationale der Geschirrabwäscher und der Einkäufer und die Frauen eine Internationale der Köchinnen, Wäscherinnen, Putzfrauen und Kinderfrauen. Das heißt, daß die Mitarbeit der Männer mehr den Charakter einer Gelegenheitsarbeit hat und die der Frauen den einer Hauptarbeit.«(9)

Wir haben schon gesehen, daß dies in nahezu gleicher Weise für die kommunistisch regierten Länder gilt. Für Polen bezeugt dies Magdalena Sokolowska:

»Es heißt in Polen, daß die Frauen in ›zwei Schichten‹ arbeiten. Die eine Schicht ist die Berufsarbeit, die andere die Hausarbeit. Die Erfüllung dieser doppelten Pflichten bringt eine starke Belastung mit sich, wie die schon zu Beginn der fünfziger Jahre durchgeführten ärztlichen Untersuchungen der in der Textilindustrie von Lódz beschäftigten Handarbeiterinnen zeigten. Jene Frauen erklärten einstimmig, daß der Ort der Schwerarbeit vor allem das Haus sei.«(10)

Das einzige Land der Welt, in dem Ehemänner heute mit

Repressionen zu rechnen haben, wenn sie sich an der Hausarbeit nicht beteiligen, ist die Chinesische Volksrepublik. Die Kritik an der männlichen Suprematie begann während der Kulturrevolution. Einseitige Arbeitsteilung in der Ehe wird offiziell als neokonfuzianistisches Denken angeprangert. Ein Ehemann, dessen Frau die Scheidung einreicht, weil er die Beteiligung an der Hausarbeit versäumt hat, wird von der Partei ins Gebet genommen und umerzogen. Wie weit diese Praxis auch auf dem Lande begonnen hat, ist nicht zu beurteilen. Aus dem Propagandamaterial, in dem die Volksrepublik China sich selbst darstellt, geht jedoch klar hervor, daß die gleiche Beteiligung des Ehemannes an der Hausarbeit heute offizielle Forderung der allmächtigen Partei geworden ist, und nicht nur ein sanfter Appell an Ritterlichkeitsgefühle und Gleichberechtigungsdenken der Ehemänner, wie er in anderen östlichen und westlichen Ländern zu vernehmen ist.(11)

Alexander Szalai, Professor für Soziologie an der Karl-Marx-Universität für ökonomische Wissenschaften in Budapest, kommt in einer Schrift, die für die Weltkonferenz des internationalen Frauenjahres in Mexiko erstellt wurde, zu dem Schluß:

> »Es sollte hinreichend klar sein, daß – welche Hoffnungen man auch immer auf die zukünftige Entwicklung von arbeitsparenden Haushaltstechnologien setzt – diese keine Patentlösung des Problems bringen, jedenfalls nicht in der vorhersehbaren Zukunft. Die Lücke zwischen der geringen Beteiligung der Männer an den Haushaltspflichten und der Bürde, die die Frauen im Haushalt zu tragen haben, ist viel zu groß, und es ist keine Technologie in Sicht, die die Last der Frauen in dem Umfang verringern könnte, der zu einer substantiellen Verbesserung ihrer Situation nötig wäre.«(12)

Die Konsequenzen aus dieser Erkenntnis müssen endlich gezogen werden. Auch Szalai hütet sich, auszusprechen, daß die substantielle Verbesserung nur durch rechtliche Vorschriften zur Halbierung der Hausarbeit zwischen Ehepartnern gelöst werden kann und durch ihre Bezahlung.

20. Kapitel

Wie rückschrittlich ist der Fortschritt? Sexismus am Arbeitsmarkt

»...Handlungsgehilfen, Schreiber gibt es seit Jahrhunderten. Man überläßt diese Stellen heute Frauen, weil sie sich verhundertfacht haben und weil es nicht genug männliche Kräfte für sie gäbe und schließlich, weil man sie größtenteils nicht sehr hoch vergüten kann.« *Arnold Gehlen*

Die Verfassunggebende Versammlung der Bundesrepublik Deutschland, der Parlamentarische Rat, diskutierte in seinem Hauptausschuß die Frage gleicher Bezahlung für beide Geschlechter. Der KPD-Abgeordnete Renner forderte ausdrücklich, daß die Formulierung »gleicher Lohn bei gleicher Arbeit für Mann und Frau« in das Grundgesetz aufgenommen werde. In der darauf folgenden Debatte wurde von allen Parteien festgestellt, daß mit dem Gleichberechtigungsartikel auch die gleiche Bezahlung gemeint sei. Alle Grundrechte seien justiziabel und Richter und Gesetzgebung durch sie gebunden. Die sozialdemokratische Abgeordnete Elisabeth Selbert aus Kassel führte am 3. 12. 1948 aus:

»Ich möchte unter allen Umständen, daß die Gleichstellung der Frauen bereits zwingendes, bindendes Recht aufgrund der Verfassung wird, und zwar in der Weise, daß mit der Annahme der Verfassung diese Bindung bereits eingetreten ist. Ich denke zum Beispiel an den Neuabschluß von vielen Tarifverträgen, der jetzt in aller Kürze erfolgt. Wenn ich bereits die Bindung des Gesetzgebers in der Frage der Gleichberechtigung habe, dann sind die Tarifparteien oder die Schlichter verpflichtet, diesem Grundsatz bereits Rechnung zu tragen.«

Als der Vorsitzende Carlo Schmid zusammenfaßte:

»Ich kann wohl hier als allgemeine Auffassung des Hauptausschusses feststellen, daß der Satz von der Gleichberechtigung für Mann und Frau beinhaltet, daß Mann und Frau bei gleicher Arbeit gleichen Lohn bekommen« –

gab sich auch der KPD-Abgeordnete Renner damit zufrieden:

»Ich bin kein Shylock und bestehe nicht auf meinem Schein.«

Ihm genüge, daß ins Protokoll die einstimmige Auffassung des Hauptausschusses zu diesem Punkt aufgenommen wurde.(1)
In den Jahren nach der Verabschiedung des Grundgesetzes hielt Elisabeth Selbert eine Reihe von Vorträgen auf Frauenkonferenzen der Gewerkschaften. Dort vertrat sie den Standpunkt, daß die Tarifverträge, die besondere Frauenlöhne vorsahen, nichtig seien, wie alles Recht, das dem Gleichberechtigungsgrundsatz entgegenstehe. Nicht das gesamte Rechtsgeschäft eines Tarifvertrages sei davon betroffen, sondern nur die Teile des Vertrages, in denen besondere Frauenlöhne vereinbart wurden. Im Jahr 1972 kommentierte sie ihre damalige Aufklärungsarbeit:

»Dann habe ich ja einen furchtbaren Wirbel bei den Gewerkschaften dadurch hervorgerufen, und mehr und mehr hat man die Tarifverträge darauf überprüft und hat dann die Leichtlohnklausel hineingebracht. Die ist daraufhin erst hineingebracht worden, als ich rebellisch geworden bin, und ich habe den Gewerkschaften unheimlich den Kampf angesagt wegen dieser Geschichte.«

Auf die Frage, ob sie nachträglich bereue, die Formulierung der gleichen Bezahlung für Mann und Frau nicht ins Grundgesetz aufgenommen zu haben, wie es der KPD-Abgeordnete Renner vorschlug, meinte Elisabeth Selbert in diesem Gespräch:

»Ich bin der Meinung, die Interpretation beim Parlamentarischen Rat ist so umfassend und genau gewesen, daß es einer nochmaligen Herausstellung und einer speziellen Forderung nicht bedurfte.«

Die Tarifverträge, die nach dem Inkrafttreten des Grundgesetzes am 24. 5. 1949 abgeschlossen wurden, nahmen in vielen Fällen keine Notiz vom Artikel 3 des Grundgesetzes. Weiterhin wurden zehn- und mehrprozentige Abschläge für weibliche Arbeitnehmer in Anrechnung gebracht. Im Tarifgebiet Bayern waren in der Metallindustrie die Lohnabschläge für Frauen auch 1962 noch nicht abgeschafft, sondern lediglich von 27 Prozent auf 20 Prozent reduziert worden.(2) Eine Reihe von Arbeitsrechtlern mochte den Lohngleichheitsgrundsatz überhaupt nicht aus Artikel 3 ableiten. Das Arbeitsgericht Siegen lehnte dies in einem Urteil ab. In der Verfassung des Landes Nordrhein-Westfalen war dagegen ausdrücklich die Lohngleichheit erwähnt worden:

> »Für gleiche Tätigkeit und gleiche Leistung besteht Anspruch auf gleichen Lohn. Das gilt auch für Frauen und Jugendliche.«

Nur damit könne der Lohngleichheitsgrundsatz aber nicht aus der Bundesverfassung begründet werden.(3) Im Gegensatz zum Grundgesetz der Bundesrepublik hatten die Verfassungen der Länder, die vorher erarbeitet worden waren, das Prinzip des gleichen Entgelts aufgenommen, so in Bayern, Hessen, Rheinland-Pfalz, Nordrhein-Westfalen, Bremen und dem Saarland.(4)

Aber auch Verfassungen wie die von Mexiko, die 1917 als erste einen Artikel über den Grundsatz der Lohngleichheit von Mann und Frau enthielt, haben keine Lohngleichheit geschaffen. Schon 1908 war in Norwegen nach der Erkämpfung des Frauenstimmrechts ein Gesetz verabschiedet worden, das zu gleicher Bezahlung von Mann und Frau verpflichtete – ohne bemerkenswerten Erfolg. Die Labour Party in Großbritannien erkannte zwar 1947 den Grundsatz des gleichen Lohnes an, hielt aber die Zeit nicht für gekommen, ihn zu verwirklichen. Der Staatshaushalt würde dadurch zu stark belastet, und inflationistische Auswirkungen seien unvermeidlich.(5)
Die englischen Frauen waren 1939 bei Kriegsausbruch durch besonders hohe Arbeitslosigkeit betroffen, weil die Konsumgüterindustrien, in denen sie tätig waren, weniger produzierten. Dann wurden sie im Krieg im großen Maße in der Rüstungsindustrie eingesetzt. Nach Kriegsende, als die Männer diese Arbeitsplätze wieder übernahmen, stieg die Arbeitslosigkeit der britischen Frauen(6), diskriminierende Praktiken setzten sich durch. Verheiratete Frauen z. B. erhielten an englischen Universitäten keinen Studienplatz.

Auch im Nachkriegsdeutschland gab es Bestrebungen, Frauen vom Zugang zu den Universitäten per Verordnung auszuschließen. Dieses erwähnte der SPD-Abgeordnete Bergsträsser 1948 im Parlamentarischen Rat:

> »In Hessen habe ich mühsam erreicht, daß das nicht getan wird, und habe den Spaß gehabt, daß der Dekan einer Fakultät in Frankfurt allen Mädchen gesagt hat: Das verdanken Sie nur der SPD.«(7)

Der Grundsatz der gleichen Bezahlung von Mann und Frau wurde zudem in vielen Ländern höchst willkürlich ausgelegt. In der australischen Kriegsindustrie wurden Frauen, die mit Männern zusammen die gleiche Arbeit verrichteten oder diese an ihren Arbeitsplätzen ersetzten, nicht nach der Unterscheidung von Männerlöhnen und Frauenlöhnen bezahlt, sondern sie erhielten denselben Lohn wie die Männer. Jedoch brachte der staatliche Women's Employment Board einen Lohnabzug in Geltung, der zwischen 0 bis 40 Prozent der Männerlöhne schwankte. Hartwig Bülck vom Institut für Internationales Recht in Kiel stellte 1952 fest, daß der Gleichheitssatz des Grundgesetzes

> »zu einem heftigen Streit in der deutschen Rechtsprechung und Rechtslehre geführt hat. Der Ausgang ist noch offen. Die eine Seite behauptet den Grundsatz gleicher Lohn der Frau für gleiche Leistung als unmittelbar geltendes Verfassungsrecht, das nicht nur die Staatsgewalt binde, sondern auch für alle Tarif- und Einzelarbeitsverträge gelte. Demgegenüber bestreitet die andere Seite die Geltung des Satzes für die Tarifverbände und die einzelnen Arbeitgeber; Artikel 3 GG verpflichte nur den Staat zu gleicher Lohnbehandlung, lasse aber die private Vertragsfreiheit unberührt.«(8)

Es ist aufschlußreich, daß neben den sozialistischen Ländern, für die die gleiche Bezahlung von Mann und Frau politisches Programm war, gerade das kapitalistischste Land des Westens, die USA, zu diesem Zeitpunkt weitaus fortschrittlicher war als die anderen westlichen Länder. Während die Unternehmerorganisationen, insbesondere ihr internationaler Verband, den Gleichheitsgrundsatz bei der Bezahlung ablehnten, weil der Wert der Frauenarbeit für das Unternehmen niedriger sei als der der Männerarbeit, machten die nordamerika-

nischen Unternehmerverbände davon eine Ausnahme. Bei einer Untersuchung im Staat New York 1944 enthielten von 98 Tarifverträgen bereits 73 konkrete Lohngleichheitsklauseln.(9)
Dieses Phänomen scheint jedoch eher auf die relativ starke Stellung der amerikanischen Arbeiterin während der Kriegszeit zurückzugehen. Denn als 1955 die Kongreß-Abgeordnete Edith Green ein Gesetz über gleiche Bezahlung im Repräsentantenhaus einbrachte und den Männern schmackhaft zu machen versuchte, scheiterte sie damit.(10)

Im selben Jahr, als das Grundgesetz in Kraft trat und die Gleichberechtigung von Männern und Frauen im Unterschied zur Weimarer Verfassung auf allen Gebieten des Lebens bestimmte, zeigte sich bereits, daß die Verfassungswirklichkeit ganz anders aussah. Nicht nur die privaten Arbeitgeber, auch der Staat diskriminierte weiterhin. Das bayerische Kultusministerium erließ Sonderauflagen für weibliche Lehrer, um sie im Schuldienst zurückzudrängen. Am 1. 12. 1949 monierte die SPD-Abgeordnete Lisa Korspeter im Bundestag die Praxis des Staates im Bereich der Post:

> »Wenn wir beispielsweise aus dem Ausschuß für Post- und Fernmeldewesen gehört haben, daß trotz des Beamtengesetzes Nr. 15 in der Postverwaltung nicht ein einziger Angestellter zum Beamten gemacht worden ist mit der Begründung, daß dann 40 000 weibliche Angestellte in Frage gekommen wären, dann muß ich sagen, daß das eine Maßnahme gewesen ist, die sich ganz eindeutig gegen die Frauen gerichtet hat.«(11)

Drei Jahre später, am 27. Mai 1952, hielt der Bundespostminister Schubert eine Grußrede vor der Bundesfrauenkonferenz des Deutschen Gewerkschaftsbundes in Mainz, in der er sagte:

> »Ich darf für die Deutsche Post in Anspruch nehmen, daß sie die Probleme der berufstätigen Frau immer verstanden hat.«

Das Verständnis des Bundespostministers gipfelte in einer Wesensschau der Frau, die mit dem Geist des Grundgesetzes wenig zu tun hatte, und statt konkrete Vorstellungen zur Gleichstellung zu entwickeln, machte er aus der Postangestellten eine geheimnisvolle Madonna anstelle einer gleichberechtigten Arbeitnehmerin:

»Wir Männer, die wir als Vorsteher von großen Frauenbetrieben tätig sind, wissen, daß in der Frau das Geheimnis der Schöpfung am offenbarsten ist. Aus dieser Schau allein werden sich die Probleme auch lösen lassen, seien sie organisatorischer, betrieblicher oder sonstiger – beispielsweise materieller – Art.«(12)

In der Bundestagsaussprache vom 1. 12. 1949 prangerte auch die KPD die Lohndiskriminierungspraxis der Arbeitgeber an.

Die Abgeordnete Thiele von der KPD beanstandete, daß Betriebe auf der Basis der Frauenlöhne fast als Frauenbetriebe aufgebaut werden. Es sei das Bestreben der Unternehmer, möglichst Frauenabteilungen oder Frauenbetriebe zu schaffen, damit keine Vergleichslöhne vorhanden seien:

»Auf der Grundlage der ungleichen Löhne versuchen die Unternehmer ebenfalls, bei den Lohnverhandlungen prozentuale Lohnerhöhungen und nicht Lohnerhöhungn nach Beträgen durchzuführen. Durch die prozentualen Lohnerhöhungen auf dieser ungleichen Lohnebene verstärkt sich die Kluft zwischen den Männer- und Frauenlöhnen immer mehr. ... Es ist auch nach den heute geltenden Rechtsbegriffen als unsittlich zu bezeichnen, daß Teile der Arbeiter wegen ihres Geschlechts oder Alters schlechter bezahlt werden als der andere Teil.«

Dagegen brachte die Zentrumsabgeordnete Arnold Bedenken vor. Die gleiche Bezahlung von Mann und Frau solle nicht forciert werden:

»Man muß sich besonders in der heutigen Zeit und für die kommenden Jahre bei dem großen Frauenüberschuß davor hüten, daß man den Frauen vielleicht durch überspitzte Forderungen eher schadet als nützt, daß man die Tarifvertragsparteien hier allzusehr unter Zwang stellt.«

Auch die Forderung in einem Antrag der SPD, Frauen im öffentlichen Dienst, in der Bundesverwaltung und auch in leitenden Stellungen als Referentinnen anzustellen, beanstandete Frau Arnold in einer Ausführung, die klarlegte, wie gering sie die intellektuellen Fähigkeiten der Frau gegenüber dem Mann einschätzte:

»Einmal – und das muß man offen sagen – eignen sich wirklich Frauen nicht gerade für alle Ministerien. Es ist doch auch nicht so, daß nun gleich ein ganzes Heer von hochintelligenten und sehr fähigen Frauen zur Verfügung steht. Wir wollen doch den Männern nicht unnötig eine allzu große Angst vor den Frauen bereiten, daß wir ihnen Posten streitig machen könnten.«

Der Abgeordnete Wellhausen von der FDP beschloß diese erste Debatte des Deutschen Bundestages über die Lohngleichheit von Mann und Frau mit der Bemerkung:

»Im übrigen glaube ich feststellen zu dürfen, Herr Präsident, daß die Debatte beinahe charmant war, und ich möchte hoffen, daß sich dieses Beispiel fortsetzt.«(13)

Nach dieser ersten Behandlung im Bundestag schlief die politische Debatte über die Lohndiskriminierung der Frau für lange Jahre ein.

Die Publizistik begleitete das Verschwinden der Lohndebatte in der Bundesrepublik mit dem Tenor, die Frauenfrage sei gelöst. So konnte der Soziologe Helmut Schelsky 1955 feststellen, die Ausbeutung der Frau in der Industriearbeit gebe es in der Gegenwart nicht mehr:

»Das Schwinden dieser Prämisse in der gegenwärtigen Gesellschaftsstruktur ist nicht zuletzt die Ursache des Verfalls, ja des Verschwindens der Emanzipationsbewegung.«

Obwohl er angab, die Erwerbsarbeit der verheirateten Frau habe zwischen 1939 und 1955 um ein Viertel abgenommen, fand er in dieser Zahl keinen Widerspruch zu der Behauptung, die Emanzipation sei gelungen. Sein Artikel endete mit einer Bemerkung, die die Frauenfrage in einen geheimnisvollen, unfaßlichen und daher auch unlösbaren und ungestaltbaren Raum abschob:

»... Die Rolle der Frauen in der modernen Gesellschaft wird in Tiefenschichten und Gesetzesabläufen des politischen, sozialen und anthropologischen Geschehens bestimmt, die sich einer generellen, programmatischen Beeinflussung, einer allgemeinen Planung und Machbarkeit weitgehender entziehen, als sich die Wortführerinnen auch einer neu gestellten Frauenfrage in der Regel zugestehen.«(14)

Ein ebenso prominenter Vertreter der Soziologie, Arnold Gehlen, ersparte sich ebenfalls die Diskussion der wirtschaftlichen und sozialen Unterdrückung, die berufstätige Frauen erfuhren. Wenn Frauen nicht in Führungspositionen kämen, dann sei das eine freiwillige Abstinenz, deren Motive tief verwurzelt im Wesen der Frauen lägen:

»Wenn nach jahrzehntelangen praktisch gleichen Ausbildungschancen sich immer noch so wenig Frauen in leitenden politischen und wirtschaftlichen Stellungen größeren Ranges befinden, so muß man allmählich doch die Gründe dafür in gewissen wesensmäßigen Unterschieden der Geschlechter suchen.«

Die jahrzehntelange gleiche Ausbildung ist an den weiblichen und männlichen Studentenzahlen der Weimarer Republik und des Dritten Reiches abzulesen. Hatte Gehlen bereits wieder verdrängt, wie feindlich der Nationalsozialismus gegenüber dem Frauenstudium war? Gehlen hatte nichts gegen Frauenarbeit, soweit sie männliche Arbeitsplätze und das höhere Einkommen des Mannes nicht tangierte . . .

». . . Handlungsgehilfen, Schreiber gibt es seit Jahrhunderten. Man überläßt diese Stellen heute Frauen, weil sie sich verhundertfacht haben und weil es nicht genug männliche Kräfte für sie gäbe und schließlich, weil man sie größtenteils nicht sehr hoch vergüten kann.«

Eine Art Gnadenbrot und Zuverdienst gestand Gehlen den Frauen also zu. Auch den Beruf der Krankenschwester und Ärztin, wo die Frau ihre bewahrenden Instinkte ausleben könne, wolle er gelten lassen.

»Jedes taktische, berechnende und wendige Verhalten, jedes laute Pochen auf eigene Rechte und dreistes Fordern sind schlechterdings ausgeschlossen. Auf der anderen Seite liegt hier aber auch die Chance einer Lebenserfülltheit, einer Sicherheit des eigenen Daseinssinnes und einer Einwurzelung in das Leben selbst, die bei anderen Frauenberufen kaum erreichbar sind.«

Selbstaufgabe als Beruf der Frau, möglichst ohne Forderungen an Arbeitgeber und Gesellschaft – ist das das Weiblichkeitsideal des Soziologen? Gehlen:

> »Jetzt ist es aber auch Zeit, gewisse Vorstellungen zu verabschieden, die zur Zeit des Emanzipationskampfes ihren guten Sinn hatten, die aber nicht mehr einleuchten. Dahin gehört die Forderung auf paritätische Zulassung zu den politischen, großwirtschaftlichen und großorganisatorischen Führungsstellen, oder dahin gehört die immer wiederholte Betonung, die Frau habe ein Recht auf die individuelle Entwicklung ihrer Persönlichkeit und ihrer Talente, weil sie dem Mann geistig gewachsen und ebenbürtig sei.«(15)

Ohne Kritik der Öffentlichkeit blieben die Tarifparteien sich selbst überlassen. Das entscheidende Rechtsgutachten, das in der Bundesrepublik zu diesem Thema verfaßt wurde, stammt von dem Präsidenten des Bundesarbeitsgerichts, Nipperdey.(16) Er faßte den Artikel 3 des Grundgesetzes so auf, daß nicht nur der Staat und die öffentliche Verwaltung daran gebunden seien, sondern auch die Vertragsfreiheit der Arbeitgeber- und Arbeitnehmerverbände in diesem Punkt eingeschränkt ist. Durch eine Grundsatzentscheidung vom 15. Januar 1955 wurde der Artikel 3 des Grundgesetzes endgültig so ausgelegt, daß dieser unmittelbar geltendes Recht sei, das sich auf Gesetzgeber und Tarifvertragsparteien erstrecke. Die Rechtsprechung des Bundesarbeitsgerichts bei Klagen auf Lohndiskriminierung wurde zugunsten der klagenden Frauen entschieden. Die Zahl der Frauen, die einen solchen Prozeß wagen konnten, war jedoch minimal, und die geringe Publizität, die diese Verfahren erhielten, konnte kaum Nachfolgeklagen anregen. Nach einer Zusammenstellung des Bundesarbeitsministeriums vom Februar 1975 gab es nach dieser Grundsatzentscheidung von 1955 ganze 12 Verfahren, die bis vor das Bundesarbeitsgericht gelangt sind.

In der fast dreißigjährigen Geschichte der Bundesrepublik hat sich der Artikel 3 des Grundgesetzes als eine gutgemeinte Phrase herausgestellt, die keine Bürgerin vor willkürlicher Bezahlung durch Arbeitgeber geschützt hat. Auch die eindeutigen Urteile des Bundesarbeitsgerichts stützen nur die Illusion, daß die Arbeitnehmerin auf dem Rechtswege zu ih-

rem Recht gelangen könne. Es handelt sich dabei um ein formal bestehendes Recht, das von denjenigen, zu deren Schutz es geschaffen wurde, gar nicht wahrgenommen werden kann. Das liegt sicher nicht an der mangelnden Zivilcourage der Arbeitnehmerinnen, sondern an den vielfältigen Einschüchterungs- und Unterdrückungsmaßnahmen der Betriebsführungen. Statt ein Grundrecht zu garantieren, wird es der einkommensschwächsten Arbeitnehmerschicht anheimgestellt, es sich auf dem Rechtswege zu erkämpfen.
Nach dem Grundsatzurteil wurden fast überall die Frauenlohngruppen abgeschafft. Dabei entstanden jedoch Tarifabmachungen, die nichts als eine Umgehung der Grundsatzurteile des Bundesarbeitsgerichts waren. Die in den letzten Jahren ständig umstrittenen Leichtlohngruppen waren die Antwort der Arbeitgeber auf die Gleichheitsforderung des Grundgesetzes. Ein raffinierter Kniff machte sie juristisch unangreifbar. Man gruppierte jeweils ein paar Prozent der männlichen Hilfsarbeiter ebenfalls in diese Lohnklassen ein. Boten, Waschraumwärter, Fahrradwächter, Platzarbeiter kamen mit in Leichtlohngruppen: Auch dies war nicht mehr als ein optischer Trick. In den allermeisten Fällen wurde diesen männlichen Arbeitern die Lohndifferenz durch eine besondere Zulage ausgeglichen, die sie dann doch wieder an die Männerlöhne heranbrachte.(17)
Im März 1975 wurden bei einer Auswertung von 346 Tarifverträgen in 104 Fällen Vereinbarungen über Leichtlohngruppen gefunden.
In dem Tarifgebiet der IG Metall in Nordrhein-Westfalen, dem Land, das in seiner Verfassung die Lohngleichheit von Mann und Frau verankert hat, wurde 1973 eine Leichtlohngruppe abgeschafft. 1975, im internationalen Jahr der Frau, sollte die zweite Leichtlohngruppe in Nordrhein-Westfalen verschwinden. In dieser Gruppe waren 88 Prozent Frauen beschäftigt. Die Unternehmer waren in diesem Punkt unnachgiebig.(18)
In allen Ländern waren es nicht nur die Unternehmer, sondern auch die Gewerkschaften, die zur Vergrößerung und Stabilisierung der Kluft zwischen männlichen und weiblichen Einkommen beitrugen. Die Gewerkschaften waren von Anfang an Mittäter in der Lohndiskriminierung der Frau.

1962 entschuldigte sich der Deutsche Gewerkschaftsbund für die Akzeptierung der Leichtlohngruppen:

»Den Gewerkschaften war diese Entwicklung nicht sehr angenehm, aber sie waren gezwungen, diesen Weg mitzugehen, weil eine andere Übereinkunft mit den Arbeitgebern und damit eine allmähliche Beseitigung der erheblichen Lohndifferenzen zwischen Männern und Frauen nicht erreicht worden wäre.«

Allerdings hat keine Gewerkschaft der Welt, selbst die streikfreudigen britischen Gewerkschaften nicht, jemals die Unterbezahlung der Frau zum Anlaß eines Streiks oder einer Kampfmaßnahme genommen. In Großbritannien zum Beispiel lagen die weiblichen Löhne 1972 noch bei 59,3 Prozent der männlichen.(19) Die Einstellung gegenüber den weiblichen Mitgliedern ist fürsorglich-patriarchalisch. Zwar sichert die Satzung der Industriegewerkschaft Druck und Papier weiblichen Mitgliedern eine Heiratsbeihilfe zu. Gleiche Bezahlung und gleiche Ausbildungschancen als Gewerkschaftsziel werden in der Satzung nicht erwähnt. Obwohl sich die Industriegewerkschaften in der Bundesrepublik nicht nur als Organisationen für den Lohnkampf verstehen, sondern gesellschaftspolitische Zielvorstellungen für die Umgestaltung der Arbeitswelt vertreten, ließen sie zu, daß nach dem letzten Weltkrieg die Arbeitswelt genauso patriarchalisch aufgebaut wurde wie in der Weimarer Republik. Das gilt auch für die eigenen Reihen. 1969 saßen in den Hauptvorständen der 16 Einzelverbände 93 Männer und nur 7 weibliche Funktionäre, obwohl rund eine Million der 6,5 Millionen organisierten Arbeitnehmer zu diesem Zeitpunkt Frauen waren.(20)
Während die deutsche Industriearbeiterin 1963 68,7 Prozent des Männerlohnes bekam, erreichte sie neun Jahre später zwei Prozent mehr. Verglichen mit anderen westlichen Industrieländern schneidet die Bundesrepublik, das Land, dessen hohes Lohnniveau sich nur mit dem der Vereinigten Staaten und Schweden vergleichen läßt, sehr schlecht ab. In Schweden erhöhte sich der weibliche Stundenlohn zwischen 1963 und 1972 immerhin um 11,1 Prozent auf 83,2 Prozent des männlichen Lohnes. Auch in anderen Ländern, Dänemark und Australien beispielsweise, war der Anstieg der

weiblichen Löhne höher als in der Bundesrepublik.(21) Vergebliche Bemühungen finden seit Jahrzehnten statt, Kriterien zu finden, die bestimmte weibliche Arbeitskraftvorzüge wie Fingerfertigkeit der männlichen Muskelkraft gleichsetzen sollen. Ein wichtiges internationales Übereinkommen, das vom Internationalen Arbeitsamt in Genf erarbeitet wurde, sieht die gleiche Entlohnung für gleichwertige Arbeit vor. Ob es heißen soll, gleicher Lohn für gleiche Arbeit oder gleicher Lohn für gleichwertige Arbeit, darüber wurde zwischen Vertretern sozialistischer und denen der westlichen Industriestaaten immer wieder gestritten. Die Formulierung »gleichwertige« Arbeit soll dazu führen, eine objektive Bewertungsgrundlage für einen Arbeitsplatz zu finden. Dieser Ansatz darf zumindest skeptisch stimmen. Woher sollen die objektiven geschlechtsneutralen Kriterien kommen? In allen Ländern, für die Vergleichsdaten zur Verfügung stehen, läßt sich eine unmittelbare Verbindung zwischen dem Ausmaß der Geschlechterhierarchie einer Gesellschaft und der Bezahlung von Frauen ablesen. Wenn in einem hochindustrialisierten Land wie Japan die Frauen im Jahr 1972 nur 47,5 Prozent der Männerlöhne erhalten, in Schweden dagegen 83,2 Prozent,(22) dann läßt sich unschwer erkennen, daß der Wert einer Arbeit nichts mit Arbeitsplatzkriterien zu tun hat, sondern mit der Ausprägung des Sexismus und der mit ihm zusammenhängenden männlichen Machtstrukturen in einer Gesellschaft.

Wenn christlich-konservative Parteien in Europa den Begriff der Leistungsgesellschaft propagieren, weil nur die individuelle Bewertung der Leistung eine Wirtschaft wettbewerbsfähig halte, dann ist dazu festzustellen, daß es für Frauen gleich welcher Berufskategorien noch nie eine Bezahlung ihrer Tätigkeit aufgrund ihrer Leistung gegeben hat. Das gilt nicht nur für die Lohnarbeit, sondern für die Angestelltenberufe in noch größerem Ausmaß. Zum Beispiel hatten die weiblichen Angestellten im April 1974 in der Bundesrepublik nur 63 Prozent des männlichen Angestelltengehaltes. Da bei einem Einkommensvergleich zwischen Männern und Frauen die Industriearbeit immer im Blickpunkt des öffentlichen Interesses stand, wurde der Frage der Gehaltsdiskriminierung von Frauen in Angestelltenberufen immer weni-

ger Aufmerksamkeit zuteil. Eine große Dunkelzone besteht da, wo für konservative Politiker die Leistungsgesellschaft erst anfängt. In allen Berufen, wo sich Frauen auf dem freien Arbeitsmarkt befinden, in Berufskategorien, in denen sie eine Minderheit bilden, und die Bezahlung nicht durch den Tarifvertrag, sondern durch privatwirtschaftliche Arbeitsverträge geregelt wird, finden sich Gehaltsdiskriminierungen, die häufig über die der Industriearbeiterin hinausgehen, da sie das Ergebnis eines freien Spiels der Kräfte sind. Übertarifliche Vereinbarungen, die zugunsten des Mannes bestehen, verpflichten den Empfänger häufig zur Geheimhaltung. Die Diskriminierung in den Lohn- und Gehaltsbezügen wird zusätzlich erweitert durch bestimmte Betriebsregelungen, Betriebsrenten, Ruhegelder, Urlaubszuschläge, Weihnachtsgeld, Leistungen für Umzüge etc., die oft einseitig zugunsten des Mannes geregelt sind.(23)
Bei anderen gesellschaftspolitischen Problemen wie der Mitbestimmung der Arbeitnehmer im Betrieb kämpfen die Gewerkschaften mit einem Einsatz, den sie für das Problem der gleichen Bezahlung, Ausbildungschancen und Aufstiegsmöglichkeiten von Frauen nie aufbrachten. Was können Frauen sich persönlich von einer Mitbestimmung erhoffen? In der Montanindustrie, wo nach Kriegsende bereits durch das Diktat der britischen Besatzung die Mitbestimmung der Arbeitnehmer eingeführt wurde, gibt es kein Anzeichen dafür, daß die Diskriminierung der Mädchen bei der Vergabe von Ausbildungsplätzen, Stellen, Löhnen und Gehältern jemals ein Diskussionspunkt zwischen den Arbeitsdirektoren, die die Belegschaft vertreten, und den kaufmännischen und technischen Direktoren gewesen wäre.
In den bereits mitbestimmten Wirtschaftsbereichen, in denen die Arbeitnehmer mitverantwortlich für Unternehmenspolitik und Entscheidungen sind, zeigt sich deutlich, daß die patriarchalische Perspektive beiden Seiten, den Unternehmern und den männlichen Arbeitnehmervertretern, gemein ist. Das Lehrstellenangebot ist auch in mitbestimmten Betrieben eindeutig geschlechtsspezifisch eingeteilt. Technische Lehrstellen werden in der Industrie nur für männliche Lehrlinge bereitgestellt. Woher sollen dann Facharbeiterinnen kommen?

Industrie-, Versicherungs- oder Bankkaufmann kann eine Frau ebenfalls kaum noch werden; gerade die großen Firmen, in denen die Gewerkschaften und Betriebsräte besser vertreten sind, bieten Lehrstellen in diesen Bereichen häufig nur für männliche Bewerber an. Als weiblicher Ausbildungsberuf im kaufmännischen Bereich wird die Anlernstelle zur Bürogehilfin angeboten, die eine zweijährige Ausbildungszeit vorsieht anstatt der dreijährigen kaufmännischen Lehre. Die Gewerkschaften unterstützten diese geschlechtsspezifisch unterschiedliche Ausbildung für Mädchen und Jungen im kaufmännischen Bereich, die Frauen automatisch in Sackgassenberufe führte: Stenotypistin, Schreibpool, Vorzimmerdame. Auf der ersten Bundesfrauenkonferenz des DGB im Jahre 1952 heißt es im Protokoll, daß das Problem des Anlernberufes Bürogehilfin einen breiten Raum in der Diskussion eingenommen hätte:

> »Die Bestrebungen des Handels, zum Beispiel die kaufmännische Lehre der weiblichen Jugend einer Zweiteilung zu unterwerfen, verlangt weitgehende Beachtung.«

Beachtung ja, Kritik nein. Der DGB erhoffte sich offenbar von der Einführung eines Anlernberufes berufliche Aufstiegsmöglichkeiten für Frauen.

> »Bei der Schaffung und Förderung von anderen Berufen, zum Beispiel der Bürogehilfin oder Verkaufsgehilfin, würde die Gewerkschaftsbewegung diese Entwicklung unterstützen.«(24)

1961 wurden in der Bundesrepublik Deutschland 84 Prozent der weiblichen Lehrlinge in nur 12 Lehrberufen ausgebildet. In Großbritannien gab es im Mai 1970 112 000 männliche Lehrlinge, die sich in einer Ausbildung zum Facharbeiter befanden – die Zahl der weiblichen Lehrlinge betrug 110. Von den 7 Prozent der Mädchen, die in England einen Lehrberuf ergreifen, müssen sich drei Viertel auf das Friseurgewerbe beschränken. Bei knapp der Hälfte aller Frauen, die sich im Zeitraum 1972/73 in Kanada einer Ausbildung unterzogen, war das Berufsziel Stenotypistin, eine Tätigkeit in der Buchhaltung oder eine ähnliche Beschäftigung.(25)

> »Wie ist die Tatsache zu erklären, daß Löhne so häufig sinken oder nicht mehr steigen, wenn Frauen in größerer

Zahl in einen Berufszweig eindringen. Warum sind die Löhne in den sogenannten Frauenberufen seit jeher niedrig? Es hat den Anschein, als ob in einer von Männern beherrschten Gesellschaft die Arbeit von Frauen ohne Grund geringer eingestuft wird als die Arbeit von Männern.«(26)

Dieses Zitat zeigt die ganze Hilflosigkeit, mit der das Internationale Arbeitsamt, das 1919 gegründet wurde, im Jahr 1975 dem Fragenkomplex der ungleichen Bezahlung immer noch gegenübersteht. Die Antwort, die so zögernd gesucht wird, kann nicht ohne eine Theorie des Sexismus gefunden werden. In der Sowjetunion sind zum Beispiel fast 75 Prozent der Ärzte weiblich. Da dies damit ein Frauenberuf geworden ist, stellten sich auch die negativen Effekte der Verweiblichung des Berufes ein. Das Sozialprestige und auch die Bezahlung der Ärztinnen steht proportional in keinem Verhältnis zu dem gesellschaftlichen Einfluß und dem Einkommen der Ärzte in der Bundesrepublik. Die einzige Alternative, um solchen Entwicklungen vorzubeugen, liegt darin, jeden Beruf nach Geschlecht möglichst auszubalancieren. Das erfordert jedoch eine Steuerung der Berufsausbildung, die bisher in keiner Gesellschaft angestrebt wird. Nur in Schweden ist ein erster Versuch angelaufen, in diese Richtung Schritte zu unternehmen. Arbeitgebern, die Männer für bisher weibliche und Frauen für bisher männliche Tätigkeit ausbilden, soll eine Beihilfe zum Stundenlohn gezahlt werden, die für einen Zeitraum von sechs Monaten gewährt wird. Auch die durch regionale Entwicklungspläne neu geschaffenen Arbeitsplätze sollen den Unternehmern dann Beschäftigungsbeihilfen bringen, wenn sie diese neuen Arbeitsplätze mit mindestens 40 Prozent auf jedes Geschlecht verteilen.(27)

Seit 1945 existierte der Glaube, daß in parlamentarisch regierten Ländern, die die bürgerlichen Freiheiten garantieren, die Frage der Gleichberechtigung am Arbeitsplatz durch einen unaufhaltsamen Abbau von Vorurteilen erreicht werden könne. Die Politik der kleinen Schritte wurde gepriesen – selten darüber nachgedacht, ob diese kleinen Schritte nicht bereits Rückschritte waren. In den Vereinigten Staaten stand diese schmerzhafte Erkenntnis am Beginn der Frauenbewegung. Dort fiel der Durchschnittsverdienst von Frauen, der im Jahr 1960 63,9 Prozent der Männerlöhne betragen hatte, auf 59,4 Prozent im Jahre 1970. Es hatte keinen Fortschritt in der Arbeitsfrage gegeben, sondern nur eine Verschlechterung. Ebenso alarmierend waren die Angaben zu Familien, in denen das Oberhaupt die Mutter war. Von 1959 bis 1971 erhöhte sich die Zahl dieser armen Familien von 23 auf 40 Prozent. Ungefähr zwei Drittel aller Erwachsenen, die zur ärmsten Bevölkerung gehörten, waren 1971 Frauen. Von 15 Millionen Wohlfahrtsempfängern 1975 waren 10 Millionen Mütter und Kinder.(29)

In einer Grußadresse an eine Frauenkonferenz über die Beschäftigungslage von Frauen am 24. Januar 1970 in Chikago stellte die schwarze Politikerin und spätere Präsidentschaftskandidatin Shirley Chisholm fest, daß der Sexismus in der Lohndiskriminierung noch die rassistische Lohndiskriminierung übertraf:

> »Weiße Arbeiterinnen verdienten weniger als schwarze männliche Arbeiter, und natürlich verdienten schwarze Arbeiterinnen am wenigsten von allen.«(30)

Ungefähr im Jahre 1940 begann in den Vereinigten Staaten die Zahl der berufstätigen Frauen plötzlich zu wachsen. Um 1900 waren 20 Prozent berufstätig gewesen, die meisten von ihnen nur vor der Ehe. 1940 waren es 30 Prozent, und 1970 arbeiteten 50 Prozent der amerikanischen Frauen, die Hälfte von ihnen in den Altersgruppen zwischen 35 und 59. Seit 1950 gab es einen steigenden Trend bei Frauen, deren Kinder das Schulalter erreicht hatten, wieder in das Arbeitsleben zurückzukehren.

Ein amerikanischer Soziologe, Dean D. Knudsen, untersuchte 1970 zum ersten Mal kritisch, was das US-Arbeitsministerium stets enthusiastisch als positive Entwicklung für die weibliche Arbeitskraft gefeiert hatte. Knudsen fand, daß Statistiken, die die Entwicklung nur innerhalb eines Geschlechts betrachten, zu irreführenden und groben Verzerrungen geführt hatten. Die Entwicklung und der Status von Mann und Frau im Beruf können nur aneinander gemessen werden. So hatte das Arbeitsministerium festgestellt, daß

1960 innerhalb von zehn Jahren die Zahl der beruflich qualifizierten Frauen, die eine Ausbildung besaßen, um 41 Prozent gestiegen war. Knudsen schreibt:

> »Die Statistik ist beeindruckend, bis vergleichbare Zahlen für Männer vorliegen – fast $4^{1}/_{2}$ Millionen und eine Steigerung von 51 Prozent in zehn Jahren.«

Die meisten Soziologen hatten sich an die Idee eines ständig steigenden weiblichen Sozialstatus und einer zunehmenden weiblichen Qualifikation gewöhnt. Das liegt nach Knudsens Ansicht an dem allgemeinen Mißbrauch, der mit dem Begriff Status getrieben wird. Knudsen betont, daß der Status von Frauen immer nur relativ zu dem der Männer bestimmt werden kann und umgekehrt. Der Status von Mann und Frau muß vergleichbar gemacht werden, um Meßwerte zu haben. Er wählte dafür die am häufigsten gebrauchten Maßstäbe, um Klassenzugehörigkeit und Status zu bestimmen: Beruf, Einkommen und Ausbildung. Ergebnis: Je mehr die Zahl der weiblichen Arbeitskräfte in einer Berufsgruppe anstieg, desto mehr nahm das relative Einkommen der Frauen in den letzten 25 Jahren ab. Während die Durchschnittsgehälter für Lehrer in den Grundschulen und weiterführenden Schulen angestiegen sind, nahm die Zahl der weiblichen Lehrer ab. Obwohl eine enorme Steigerung der Lehrerinnenzahl, besonders im Alter von 20 bis 24, festzustellen war, war die prozentuale Steigerung für Männer in der Periode von 1940 bis 1966 mehr als dreimal so hoch wie für Frauen. Die Ausbildungsdaten, die Knudsen mit den Berufspositionen von Männern und Frauen verglich, unterstrichen die negative berufliche Entwicklung für Frauen in einem Zeitraum, der ständig als Epoche evolutionärer Annäherung an das Gleichheitsideal von Mann und Frau gepriesen wurde. In Fragen der Ausbildung seien Frauen »weniger gut gestellt als 25 Jahre vorher«. Knudsens Schluß aus dieser Auseinanderentwicklung von männlichem und weiblichem Status:

> »Bei der engen Korrelation von Beruf und Einkommen mit Ausbildungserfolgen erscheint es wahrscheinlich, daß die Frauen auch in der nächsten Generation in einer unterlegenen Position bleiben werden.«(31)

In drei Jahren, zwischen 1966 und 1973, führte das europäische sozialwissenschaftliche Koordinationszentrum in Wien ein Forschungsprojekt über die Vorstellungen von der Welt im Jahr 2000 durch. Zehn Länder nahmen an diesem internationalen Vergleich teil, Finnland, Großbritannien, Japan, Jugoslawien, Indien, die Niederlande, Norwegen, Polen, Spanien und die Tschechoslowakei. Im Rahmen dieses Projektes befragte die Soziologin Eva Bartova Frauen und Männer in den genannten Ländern über die zukünftige Stellung der Frau in der gesellschaftlichen Arbeitshierarchie. Die betreffenden Fragen lauten:

> »Glauben Sie, daß im Jahre 2000 Frauen in führenden Stellungen üblicher oder weniger üblich sein werden als heute?«

und:

> »Hoffen Sie, daß Frauen in führenden Positionen üblicher oder weniger üblich sein werden.«

In allen Ländern rechnete offenbar die Mehrheit der befragten Männer mit einem größeren Frauenanteil in leitenden Positionen, erhoffen tun sie dies jedoch nicht. Eva Bartova schreibt:

> »Ein anderes Bild, seltsamer und widersprüchlicher, zeigt sich auf dem Gebiet der Hoffnungen. In allen Ländern sind die Hoffnungen der Männer auf mehr Frauen in führenden Stellungen weniger häufig als ihre Erwartungen.«

In allen einbezogenen Ländern lagen sowohl die Erwartungen wie auch die Hoffnungen auf Frauen in Spitzenpositionen bei den Männern viel niedriger als bei den befragten Frauen. Frauen zeigten im allgemeinen einen starken Wunsch nach dem Zugang zu führenden Positionen, während sich die Männer mit diesem weiblichen Wunsch nicht identifizieren können. Zu ihrer Überraschung äußerten sich die Männer aus den beiden sozialistischen Ländern Polen und Tschechoslowakei, die in die Untersuchung einbezogen waren, am häufigsten negativ und wünschten am wenigsten Frauen in führenden Positionen zu sehen. Ähnlich ablehnend waren die Männer in Japan gegenüber der Möglichkeit, daß Frauen leitende Funktionen einnehmen könnten. Die erhöhte Berufstätigkeit von Frauen in den sozialistischen Ländern schränkte die Freiheit des Mannes im Bereich seiner beruflichen und privaten Möglichkeiten ein. Eva Bartova bringt die Ergebnisse in der Tschechoslowakei in Verbindung mit dem Sättigungsgrad des Arbeitsmarktes, in den fast alle Frauen im arbeitsfähigen Alter mit Ausnahme von Müttern, die Kinder im Säuglingsalter haben, einbezogen sind.(32) In Polen entspricht der Grad der weiblichen Berufstätigkeit etwa dem der Bundesrepublik (Polen 1969: 30 Prozent). Nach Magdalena Sokolowska, einer polnischen Wissenschaftlerin, wird auch in Polen der Anteil der Frauen um so geringer, je höher die Stellung ist:

> »Ebenso wie in anderen Ländern entspricht der Anteil der Frauen, die leitende Positionen einnehmen, nicht dem Niveau der Ausbildung der Frauen ... Die leitende Position ist für die große Mehrheit der Frauen unerreichbar, da es bei der Erfüllung der häuslichen Pflichten noch keine Gleichberechtigung gibt.«(33)

Die hohe Zahl der weiblichen Führungskräfte in Polen kann also wohl kaum die Erklärung dafür bieten, daß polnische Männer eine so große Abneigung gegenüber der Vorstellung zeigen, daß Frauen im Jahr 2000 stärker an gesellschaftlichen Entscheidungen beteiligt sein können.

In der Bundesrepublik lag 1974 der Frauenanteil bei leitenden Angestellten bei 1,8 Prozent. Dabei wurden Daten von 5000 Führungskräften ausgewertet. Das Durchschnittseinkommen weiblicher Manager lag rund ein Drittel unter dem der männlichen Kollegen.(34)

Solche Zahlen, vor allem aber die zitierten Untersuchungen von Knudsen zeigen, daß die Publizierung von Daten über die Verbesserung der weiblichen Berufsqualifikation als Erfolgsmeldung eine Irreführung ist. Wenn sich die Berufsqualifikation der Männer gleichzeitig stärker verbessert, dann haben die Frauen nicht höhere, sondern eher geringere Chancen, eine gute Position zu finden. Ihre bessere Ausbildung reicht dann vielleicht gerade aus, um eine Stelle zu bekommen, die ihre Mutter mit einer wesentlich schlechteren Qualifikation erhalten hätte. Die Praxis bei der Vergabe von Lehrstellen und die Berufsberatung (die sich daran orientiert) leitet die Schulabgängerinnen in der gesamten westlichen Welt in berufliche Sackgassen oder läßt sie unausgebildet zurück. Das ist die Folge davon, daß in diesen Ländern die Verteilung der Berufschancen dem »freien Spiel der Kräfte« ohne regulierendes staatliches Eingreifen überlassen bleibt.

VI.
Biologie und Ideologie

21. Kapitel

Die Evolution der Zweigeschlechtlichkeit: Ist die geschlechtslose Gesellschaft möglich?

> »Denn überall sehen wir zur Zeugung zwei ungleichartige Kräfte erforderlich, dieselben mögen nun, wie in einem Teil der Natur, in EINEM Wesen verknüpft, oder in zwei verschiedene verteilt sein. Da das Erzeugte mit dem Erzeugenden immer gleichartig und ihm ähnlich ist, so scheint es wunderbar, warum nicht unmittelbar aus dem Leben das Leben, aus einer Kraft die andere hervorgehen könne?« *Wilhelm von Humboldt*

Der lebenslängliche Zwang, eine Frau oder ein Mann zu sein: ist diese tyrannische Dimension unserer Existenz die letztmögliche Antwort der biologischen Evolution auf diesem Planeten?

Ist die Versklavung zum Geschlechtswesen ewiges Merkmal des Lebens? Könnten wir nicht Vorratskammern an DNS schaffen, die außerhalb unseres Körpers existieren? Könnten wir nicht ein, statt zwei sein, könnten wir nicht viele statt zwei Arten von Menschen sein, oder abwechselnd die eine oder die andere?

> ». . . es bedarf nur einer mäßigen Anstrengung des Nachdenkens, um den Begriff des Geschlechts weit über die beschränkte Sphäre hinaus, in die man ihn einschließt, in ein unermeßliches Feld zu versetzen. Die Natur wäre ohne ihn nicht Natur, ihr Räderwerk stände still, und sowohl der Zug, welcher alle Wesen verbindet, als der Kampf, welcher jedes einzelne nöthigt, sich mit seiner, ihm eigentümlichen Energie zu waffnen, hörte auf, wenn an die Stelle dieses Unterschiedes eine langweilige und erschlaffende Gleichheit träte« –

Der sich so bemüßigt fühlte, den Begriff des Geschlechts zu verteidigen und ihn in seinen Dimensionen aufzuzeigen, war der deutsche Geisteswissenschaftler Wilhelm von Humboldt.(1) Als Mann des Geistes, der dem männlichen Teil

die gestaltende Funktion in der Natur zusprach, fühlte er sich aufgerufen, das Prinzip der Zweiheit der Natur gebührend in eigener Sache zu feiern. Gleichzeitig sah er – lange vor Darwin und Mendel – den Zweck des Geschlechterprinzips:
»... so erhält die Natur zugleich Einheit und Fülle.« Die dualistische Formel der Lebenserhaltung durch zwei Geschlechter ist Billionen Jahre alt und hat ihre molekulare Basis schon bei Einzellern und Bakterien. Dieses Alter spricht für ihren Erfolg. Sie ist vielleicht durch neue zusätzliche Reproduktionsverfahren zu erweitern, verschwinden kann sie nicht, ohne die Existenz unserer Gattung zu gefährden. Die Verteilung der Erbinformationen auf zwei biologische Grundtypen bedeutet Überlebensgarantie und zahlenmäßig unvorstellbare Möglichkeiten an Rekombinationen. Nach der Meinung des Genetikers Theodosius Dobzhansky reicht unsere Mathematik nicht aus, um die Wahrscheinlichkeit einer Kombination auszurechnen, die – selbst bei niederen Tierarten mit wenigen Genen – zwei identische Lebewesen zur Folge hätte. Auf einem Planeten, dessen Klima und Oberfläche sich immer wieder geändert haben, ist der Variationsreichtum der Organismen notwendig.

> »Jede größere Änderung der Umweltbedingungen kann eine Gattung auslöschen, weil alle in gleicher Weise betroffen sein können. Wenn sich Eier und Spermien vereinigen, dann initiieren sie Entwicklung und stellen außerdem genetische Vielfalt der Population her. Diese Vielfalt ist wirklich die Essenz des Lebens und eines der Geheimnisse seines Erfolges; das Geschlecht ist nötig, um dies zu erreichen.«(2)

Manche Protozoen halten sich so lange an die Zellteilung, bis die Lebensbedingungen schlechter werden; sind die Umstände ungünstig, gehen sie zur geschlechtlichen Vermehrung über. Ein ähnlicher Wechsel von der eingeschlechtlichen Fortpflanzung zur zweigeschlechtlichen Fortpflanzung existiert bei den Daphnien, den Wasserflöhen. Unter idealen Umweltbedingungen sind sie alle weiblich. Bei einer Bevölkerungsexplosion, oder wenn die Temperatur gegen Ende des Sommers fällt, entwickelt sich eine gewisse Zahl von Eiern zu Männchen. Wenn es ein falscher Alarm war und die Ernährungssituation sich wieder bessert, produzieren die Weibchen weiter ohne Befruchtung – die Männchen sterben funktionslos. Kurz vor Beginn des Herbstes jedoch bilden die Weibchen große Eier, die von den Männchen befruchtet werden. Nur diese befruchteten Eier sind fähig, den Winter zu überleben.

Bei den höher entwickelten langlebigeren Tieren und beim Menschen ist die System-Stabilität wichtig. Es handelt sich hier nicht so sehr darum, neue Mutationen, ein breites Spektrum neuer Eigenschaften zu entwickeln. (Die Mutation wird erst zu einem Faktor der Evolution, wenn Gen-Duplikate vorhanden sind, die nicht unmittelbar zum fehlerfreien Aufbau des Organismus gebraucht werden.) Die Vereinigung der menschlichen Geschlechtszellen hat konservativen Charakter. Sie dient der Kontrolle dessen, was sich die Menschheit in ihrer Gattungsgeschichte erworben hat. Ei und Spermatozoen enthalten Erbprogramme, deren Informationen sich gegenseitig auf genetische Fehler kontrollieren. Die Fortpflanzung – das ist ein Beispiel aus der Kybernetik – arbeitet wie ein Zeitungskorrespondent, der seinen Bericht zweimal durch den Telegrafen jagt, in der Hoffnung, daß die Übertragungsfehler des ersten Telegramms nicht mit den Übertragungsfehlern des zweiten übereinstimmen, so daß sich aus beiden Exemplaren ein fehlerfreier Bericht konstruieren läßt.

Alle geschlechtliche Reproduktion ist die Aufgabe einzelner Zellen. Nur auf der Ebene der Geschlechtszellen kann die genetische Rekombination stattfinden – wie groß und komplex auch immer die Organismen sein mögen, die diese Zellen liefern. Die wichtigste Folge dieser Art von Fortpflanzung (neben der genetischen Vielfalt) ist, daß sie ein Kommunikationssystem voraussetzt und damit die Grundlage für alles soziale Leben legte. Um den Reproduktionserfolg zu gewährleisten, muß die zweigeschlechtliche Fortpflanzung auf einem sexuellen Kommunikationssystem beruhen, dessen wichtigste Aufgabe es ist, daß gegengeschlechtliche Partner derselben Art sich erkennen können und eine Paarung zustande kommt. Vielleicht ist die geringere Wahrscheinlichkeit des Zusammentreffens von Partnern verantwortlich dafür, daß sich kein drei- oder viergeschlechtliches Fortpflanzungssystem herausgebildet hat. Im Laborexperiment ist es jedoch vor einiger Zeit gelungen, sogenannte Multi-Mäuse zu züchten. Ihre Erbanlagen stammten von vier Eltern, wobei jeweils zwei befruchtete Zellen vereinigt wurden.(3)

Wenn die Möglichkeiten der sexuellen Kommunikation gering entwickelt sind, wie bei vielen Reptilien und auch bei Fischen, springen andere Mechanismen ein. Die Kommunikationsarmut muß ausgeglichen werden, z. B. durch Massenansammlungen derselben Tierart zu einer bestimmten Paarungszeit oder durch die Haltbarkeit und Wirksamkeit einer einzigen Kopulation (Schlangen legen noch monatelang, gelegentlich jahrelang nach einer Kopulation befruchtete Eier).

Visuelle, akustische, taktile und Geruchssignale dienen dieser sexuellen Kommunikation. Bei Menschen werden sie in Symbole transformiert. Ein Foto oder eine pornografische Beschreibung enthalten Codierungen sexueller Signale und Reize, auf die wir auch in Abwesenheit eines männlichen oder weiblichen Signalsenders mit sexueller Erregung reagieren können.

Zweigeschlechtlichkeit heißt also Zwang zur innerartlichen Kommunikation; vereinfachend gesagt haben alle sozialen Systeme beim Menschen und beim Tier in der geschlechtlichen Kommunikation ihren Ausgangspunkt. Neben dieser gibt es bei sozial höher organisierten Tieren noch andere Faktoren, die zur Evolution und Differenzierung von Kommunikationsstrukturen geführt haben. Dazu gehören einmal all jene Verständigungsarten, die zur Erhaltung und Betreuung des Nachwuchses dienen und entweder nur beim Weibchen, gelegentlich auch bei beiden Eltern ausgeprägt sind und – sehr selten – nur beim Männchen.

Die dritte Ebene der Kommunikation setzt (zumindest bei den Säugetieren) die beiden ersten Kommunikationsstrukturen und ein Gruppenleben voraus. Die Gruppenmitglieder entwickeln eine Gesten- und Zeichensprache. Die Partner kommunizieren über Futterplätze, Rangordnungen innerhalb der Gruppe, geben Warnsignale, drücken Emotionen aus oder lausen sich gegenseitig, wie dies die höheren Primaten tun.

Eingeschlechtlich reproduzierende und reproduzierte Wesen (falls es sie auf höherer Entwicklungsstufe gäbe) wären einander so ähnlich, daß der evolutionäre Druck auf die Entwicklung der Kommunikation sehr viel geringer und eine größere Indifferenz untereinander wahrscheinlich wäre. Der Sexus ist der Ursprung des Sozialen; der Trieb, miteinander in Beziehung zu treten, hat seinen Ausgangspunkt in dem Zwang zur Paarung. Das Verhalten der Sexualpartner muß in Raum und Zeit koordiniert sein, was durch ein Gruppenleben erleichtert wird. Die Kommunikation bleibt – in mancher Hinsicht – immer geschlechtsspezifisch. Selbst beim Menschen und seinen komplexen Kommunikationsformen ist z. B. das am häufigsten gebrauchte Kommunikationsorgan, die Stimme, geschlechtstypisch.

Die Zweikanaligkeit des sexuellen Systems – Empfänger und Sender müssen ihr eigenes sexuelles Verhalten und das des Partners unterscheiden können – scheint durch ein angeborenes doppeltes Verhaltensmuster gewährleistet zu sein.

> »Nur bei Tieren, bei denen das Weibchen vom Männchen einfach vergewaltigt wird, kommt es vor, daß dem weiblichen Geschlecht Antworthandlungen fehlen . . .«(4)

In Tierexperimenten stellte sich heraus, daß viele Tierarten zwei Verhaltensmuster besitzen, eins für das männliche Besteigen und eins für das weibliche Niederducken, Offerieren etc. Normalerweise ist eins davon latent, kann jedoch durch gegengeschlechtliche Hormone ausgelöst werden. Daß die neuralen Strukturen für einen doppelten Verhaltenscode auch beim Menschen bestehen, vermutet der amerikanische Sexualforscher John Money.(5) Durch eine solche Hypothese ist jedoch – wenigstens vorläufig nicht – die Vielfalt der als geschlechtstypisch und sexuell empfundenen Inhalte zu erklären, die beim Menschen z. T. von Person zu Person variieren und von Kultur zu Kultur verschieden sind.

Trotz des Paarungszwanges ist die Begegnung der Geschlechter bei vielen Lebewesen eine flüchtige, störungsanfällige Beziehung und keineswegs auf harmonische Ergänzung angelegt. Aggressionsabbau bei Weibchen und Männchen einer Tierart, sexuelle Kommunikation und sexuelle Technik (Besteigen) funktionieren nicht immer perfekt. Verletzungen als Folge von Paarungsversuchen sind häufig.

Da die Evolution blind und ziellos ist »wie ein Stein, wenn er zur Erde fällt« (Julian Huxley), ist sie auch keine Harmonielehre.
Die Harmonie der Geschlechterrollen, die Komplementarität des Weiblichen und des Männlichen, ist eine der stereotypen Vorstellungen, die im Dienste der Suprematie des Mannes stehen. Eine solche Harmonie ist in der Natur jedoch nur durch einen glücklichen evolutionären Zufall gegeben. Ein Beispiel, das diese Tatsache veranschaulicht:
Die Selektion als Mechanismus der Evolution muß die sexuelle Kommunikation nur so weit fördern, daß bestimmte Spinnenweibchen wie die Gottesanbeterin das Männchen, das sich ihnen zur Kopulation nähert, nicht vor diesem Akt auffressen, sondern erst nachher.
Bei vielen Eidechsen besitzen nur die Männchen ein sexuelles Verhaltensrepertoire (Imponiergehabe), ohne daß dem ein spezielles weibliches Reaktionsmuster entspricht. Die Weibchen verhalten sich wie schwächere Männchen, sie fliehen, werden verfolgt und vergewaltigt.(6)
Biologische Systeme kennen nicht die Dimension der Gerechtigkeit, sondern nur die der Anpassung.
Eine »Geschlechterdemokratie« sehen manche Autoren nur bei einigen Reptilien verwirklicht, deren Kommunikationssystem kaum entwickelt ist und die sich um ihre Jungen nicht kümmern – bei Säugetieren sei eine solche Gleichrangigkeit der Geschlechter nicht möglich.
Bei den Tieren, die ihre Jungen lebend zur Welt bringen und sie anschließend noch mit dem eigenen Körper ernähren müssen, ist das zweigeschlechtliche Reproduktionsverfahren asymmetrisch geworden. Biologisch gesehen sind die Weibchen ungleich wichtiger als die Männchen – auch ihre körperliche Ausstattung und ihr Verhaltensrepertoire sind reichhaltiger als die der Männchen. Die direkte Beteiligung eines Vaters an der Aufzucht ist durch die mütterliche Milchproduktion ausgeschlossen.
Soziale Konflikte bringt die biologische Ausstattung als Säugetier jedoch nur bei der Gattung, die in der Lage ist, begrifflich zu denken und ihr Sozialleben bewußt zu gestalten. Die Asymmetrie der Fortpflanzungsrollen bedeutet eine fundamentale natürliche Ungleichheit zwischen Menschen:

Mann und Frau sind hochspezialisierte biologische Grundtypen, die nicht nur in beinahe jeder physischen Variablen voneinander abweichen, sondern darüber hinaus innerhalb der menschlichen Rassen morphologische Unterschiede entwickelt haben.(7) Es gibt keine Interesseneinheit zwischen ihnen, weil ihre biologischen Funktionen ihnen unterschiedliche soziale Schicksale aufgezwungen haben – auch der brave sozialistische Begriff von der »Chancengleichheit« hat bisher vor den Gegebenheiten der Fortpflanzungsbiologie haltgemacht.

Eine hintergründige Reflexion über die Ungerechtigkeit menschlicher Fortpflanzung hat die amerikanische Autorin Ursula K. LeGuin in ihrem Science Fiction Roman »The Left Hand of Darkness« angestellt.(8)
Sie schildert darin die Zustände auf dem Planeten WINTER, den terranische Kolonisten in einer Zwischeneiszeit besiedelt hatten. Sie experimentierten dort mit einer »ambisexuellen« menschlichen Züchtung, mußten den Planeten und ihr Zuchtprodukt aber aus klimatischen Gründen abrupt wieder verlassen, das damit von den Hauptzentren menschlicher Entwicklung abgeschnitten war. Als die ersten Weltraum-Ethnologen nach Jahrtausenden wieder dorthin gelangten, fanden sie eine merkwürdige Entwicklung vor, die ihrem funktionalistischen Denken erhebliche Schwierigkeiten machte. Niemand wußte, warum sich die Gesellschaft in WINTER so entwickelt hatte, denn die »Ambisexualität« der Bewohner von WINTER hatte keinen oder nur einen geringen Anpassungswert an ihre Umwelt.
Das ist die Rahmenhandlung – tatsächlich aber geht es in diesem Roman kaum konkret um Fortpflanzungstechnologie. Ursula K. LeGuin, als Tochter des bekannten Ethnologen Alfred Kroeber vertraut mit der kulturrelativierenden Sicht der Ethnologie, verwendet den soziologisch-ethnologischen Jargon als Darstellungsmittel, um die biologischen Rollen unserer eigenen Kultur zu durchleuchten.
(Die folgenden Auszüge sind, ohne dem chronologischen Ablauf des Romans zu folgen, zusammengestellt – sie sollen die Verknüpfung von biologischen, psychologischen und soziologischen Strukturen aufzeigen.)

»Wenn jemand hierhergeschickt wird, muß man ihn warnen, daß sein Stolz leiden wird, falls er nicht sehr selbstsicher oder senil ist. Ein Mann wünscht, daß seine Männlichkeit geachtet, eine Frau, daß ihre Weiblichkeit geschätzt wird, wie indirekt und subtil die Zeichen von Achtung und Schätzung auch immer sein mögen. Auf WINTER existieren sie nicht. Hier wird man nur als menschliches Wesen geachtet und beurteilt. Das ist eine erschreckende Erfahrung.

21 oder 22 Tage lang ist das Individuum *somer*, sexuell inaktiv, latent. Ungefähr am 18. Tag werden hormonale Änderungen vom Kontrollzentrum in der Hypophyse eingeleitet, und am 22. oder 23. Tag beginnt für das Individuum *kemmer*, der Östrus. In dieser ersten *kemmer*-Phase bleibt es vollkommen androgyn. Geschlecht und Potenz werden nicht getrennt voneinander erreicht ...

Wenn der einzelne im *kemmer* einen Partner findet, wird die hormonale Sekretion weiter angeregt (vor allem durch Berührung – Absonderung? Geruch?), bis sich bei einem Partner entweder eine männliche oder eine weibliche Dominanz ergeben hat. Die Genitalien wölben sich vor oder schrumpfen entsprechend.

Das Vorspiel verstärkt sich, und der Partner, veranlaßt durch die Veränderung, übernimmt die Rolle des anderen Geschlechts (? ohne Ausnahme? falls es Ausnahmen gibt, die gleichgeschlechtliche *kemmer*-Partner zur Folge haben, dann sind sie so selten, daß man sie ignorieren kann).

Diese zweite Phase des *kemmer*, der wechselseitige Prozeß der Etablierung von Geschlechtlichkeit und Potenz ergibt sich offensichtlich in einer Zeitspanne von zwei bis zwanzig Stunden ... Falls einer der Partner bereits voll im *kemmer* ist, ist die Phase für den später hinzukommenden Partner wohl ganz kurz; wenn die zwei gleichzeitig in *kemmer* eintreten, dauert sie wahrscheinlich länger.

Normale Individuen haben keine Prädisposition für eine der beiden Geschlechtsrollen im *kemmer*; sie wissen nicht, ob sie männlich oder weiblich sein werden, und haben keine Wahl in dieser Sache.

Ist das Geschlecht einmal festgelegt, kann es sich während der *kemmer*-Periode nicht ändern. Die Kulminationsphase

des *kemmer* dauert zwei bis fünf Tage, während der die sexuelle Energie und Aufnahmefähigkeit am höchsten ist. Sie endet ziemlich abrupt, und wenn keine Empfängnis stattgefunden hat, kehrt das Individuum in wenigen Stunden zur *somer*-Phase zurück und der Zyklus beginnt von neuem. Falls das Individuum in der weiblichen Rolle war und geschwängert wurde, hält die hormonelle Aktivität natürlich an, und es bleibt während der 8,4 Monate langen Schwangerschafts- und der sechs bis acht Monate dauernden Stillperiode weiblich.
Die männlichen Sexualorgane bleiben eingezogen (wie im *somer*), die Brüste vergrößeren sich etwas, und der Bekkengürtel wird weiter. Mit der Beendigung der Stillperiode geht die Frau wieder ins *somer* über und wird wiederum vollkommen androgyn. Es entsteht keine physiologische Gewohnheit, und die Mutter mehrerer Kinder kann genauso Vater einiger anderer sein.
Die Struktur ihrer Gesellschaft, das Management von Industrie, Landwirtschaft und Handel, die Größe ihrer Siedlungen, die Themen ihrer Geschichten, alles ist so beschaffen, daß es in den *somer-kemmer*-Zyklus paßt. Niemand, unabhängig von seiner Stellung, ist verpflichtet oder gezwungen zu arbeiten, wenn er im *kemmer* ist.
Es ist für uns schwer zu verstehen, daß diese Leute vier Fünftel ihrer Zeit überhaupt nicht sexuell motiviert sind. Es gibt viel Raum für Sex, aber so wie es ist, gesondert. Die Gesellschaft von Gethen ist in ihren täglichen Abläufen und ihrer Kontinuität ohne Sex.
Die Tatsache, daß jeder zwischen 17 und ungefähr 35 möglicherweise »gefesselt ist durch Kinderkriegen«, hat zur Folge, daß niemand ganz so »gefesselt« ist, wie es Frauen anderswo sind – psychologisch oder physisch. Last und Vorteil sind ziemlich gleich verteilt; jeder muß das gleiche Risiko tragen oder die gleiche Wahl treffen. Deswegen ist hier auch niemand ganz so frei wie ein freier Mann irgendwo sonst.
Man stelle sich vor:
– ein Kind hat keine psychosexuelle Beziehung zu seiner Mutter oder zu seinem Vater. Es gib keinen Ödipus-Mythos auf WINTER,

– es gibt keine Sexualität ohne Einverständnis, keine Vergewaltigung. Wie bei den meisten Säugetieren außer dem Menschen kann der Koitus nur bei gegenseitiger Einladung und Einverständnis stattfinden. Anders ist er nicht möglich. Verführung ist natürlich möglich, aber sie muß zeitlich unwahrscheinlich genau geplant sein,
– es gibt keine Einteilung der Menschheit in starke und schwache Hälften, in Beschützer/Beschützte, Herrschende/Untergeordnete, Besitzer/Besitz, aktiv/passiv. Tatsächlich kann man die ganze Dualismustendenz, die das menschliche Denken durchdringt, auf WINTER gemildert oder verändert finden ...
Unser ganzes System sozio-sexueller Interaktion ist hier inexistent. All das läuft hier nicht. Sie sehen einander nicht als Mann und Frau. Unserer Vorstellung ist es nahezu unmöglich, dies zu akzeptieren. Was ist die erste Frage, die wir nach der Geburt eines Kindes stellen?
Andererseits muß wohl die Beschränkung des Sexualtriebs auf einen unzusammenhängenden Zeitabschnitt und seine »Angleichung« im Androgynen weitgehend sowohl die Ausbeutung wie auch die Frustration des Triebs verhindern. Es muß wohl auch sexuelle Frustrationen geben (obwohl die Gesellschaft dagegen Vorsorge trifft, so gut sie kann; solange die soziale Einheit groß genug ist, daß sich mehr als eine Person gleichzeitig im *kemmer* befindet, ist sexuelle Erfüllung ziemlich sicher), aber sie kann sich nicht aufbauen; sie ist vorüber, wenn *kemmer* vorüber ist.
Gut; so ersparen sie sich viel Überflüssiges und Verrücktes; aber was bleibt im *somer*?
Was gibt es dann zu sublimieren? Was würde eine Gesellschaft von Eunuchen erreichen?
Aber sie sind natürlich keine Eunuchen, sondern eher Heranwachsenden vergleichbar; nicht kastriert, aber latent.
Eine andere Vermutung, die das Ziel des angenommenen Experiments betrifft: die Ausschaltung des Krieges. Haben die alten Kolonisatoren angenommen, daß andauernde sexuelle Fähigkeit und organisierte gesellschaftliche Aggression, die beide bei keinem anderen Säugetier außer beim Menschen vorkommen, Ursache und Wirkung sind?

Oder haben sie den Krieg als eine rein männliche Verdrängungsaktivität angesehen, eine große Vergewaltigung, und deswegen in ihrem Experiment die Männlichkeit, die vergewaltigt, und die Weiblichkeit, die vergewaltigt wird, eliminiert?
Nur Gott weiß es. Tatsache ist, daß die Gether, obwohl sie hochgradig wettbewerbsorientiert sind, nicht sonderlich aggressiv erscheinen; wenigstens haben sie offensichtlich bis jetzt noch nie so etwas wie einen Krieg gehabt. Sie töten einander normalerweise einzeln oder zu zweit, selten zu zehnt oder zwanzigst, nie zu Hunderten oder Tausenden. Warum?«

Dies ist die sensible Vision einer Frau, die die Utopie einer nicht-sexistischen Welt zeichnet.
Was sie in ihrem Roman entworfen hat, ist die Gesellschaftsordnung eines feministischen Staates – ein Gesellschaftskörper, in dem ein Ausgleich der biologischen Zustände stattfindet und ein Gleichgewicht zwischen Gesellschaftsordnung und Natur in ständig neuen sexuellen Zyklen geschaffen wird.
Eine Biologie der Gerechtigkeit, die eine »gerechte« und glücksfähige Gesellschaft produziert? Wird es eine solche Möglichkeit je geben?

22. Kapitel

Biologismus und Humangenetik — Fabeln über die Rolle der Geschlechtschromosomen

»Was die Protozoen in prähistorischen Zeiten beschlossen haben, kann nicht durch einen Akt des Parlaments außer Kraft gesetzt werden.« *Patrick Geddes*

»Das Y-Chromosom ist wirklich eine traurige Angelegenheit.« *Ashley Montagu*

Die Geschichte der männlichen Herrschaft ist an biologistische Theorien gebunden. Ihr Inhalt ist über Jahrtausende und über kulturelle Grenzen hinweg immer der gleiche, nur die Einfallskraft der Autoren ist unterschiedlich. Mal verkündet ein berühmter Mediziner wie Rudolf Virchow, politisch ein fortschrittlicher Liberaler, daß das Wesen der Frau ein für allemal aus ihren Eierstöcken abzuleiten sei, mal wird die Erkenntnis verbreitet, daß die Frau niederen Rassen ähnelt, weil sie angeblich mehr zum Plattfuß neigt.(1) Das sind Details. Der Grundgedanke von der weiblichen Minderwertigkeit ist überall gleich. Eine besonders einflußreiche Studie über die genetisch bedingte Geschlechtsdifferenzierung wurde 1889 von dem schottischen Biologen Patrick Geddes publiziert. In diesem Buch mit dem Titel »The evolution of sex« wurde über Reproduktionsvorgänge das damalige Wissen mit den Vorstellungen verknüpft, die Geddes über die soziale Position von Frauen hatte, so daß der Eindruck erweckt wurde, die Wissenschaft habe nunmehr eine haltbare Grundlage für die geschlechtlichen Eigenschaften gefunden. Die männlichen Spermazellen zeigten nach Geddes eine Tendenz, Energie zu verschwenden, und die weibliche Passivität kam von der komplementären Tendenz, Nährstoffe zu speichern. Die ganze Evolution von den niedrigsten Organismen bis zum Menschen sollte auf diesen männlichen und weiblichen Qualitäten beruhen. Die männlichen und weiblichen Geschlechtsrollen waren schon in den niedrigsten Formen des Lebens geschieden, und keine Frauenbewegung der

Welt könne dieses ändern. Um die psychischen Differenzen zwischen den Geschlechtern zu verändern, würde es notwendig sein, »die ganze Evolution noch einmal auf einer neuen Basis« zu vollbringen. Geddes betrachtete die politische Agitation für weibliche Gleichstellung als fruchtlos. Sein berühmter, überall zitierter Satz über die Unabänderlichkeit der männlich-weiblichen Beziehungen lautete:

> »Was die Protozoen in prähistorischen Zeiten beschlossen haben, kann nicht durch einen Akt des Parlaments außer Kraft gesetzt werden.«(2)

Der Inbrunst, mit der im vorigen Jahrhundert phrenologische Messungen gemacht wurden, um aus Schädelumfang und Hirngewicht die Minderwertigkeit der Frau gegenüber dem Mann und die farbiger Menschen im Vergleich zur kaukasischen Rasse zu begründen, entsprechen in unserem Jahrhundert die Messungen von Intelligenzquotienten.

Womit, außer mit einem völlig unerschütterten patriarchalischen Wissenschaftsbegriff ist es zu erklären, wenn ein weltberühmter Forscher, der aus Rußland stammende Humangenetiker Theodosius Dobzhansky, in einer Darstellung über Vererbung und Umwelt selbstverständlich unterstellt, daß nur Väter Intelligenz an ihre Kinder vererben.

Dobzhansky zitiert eine Untersuchung

> »an 40 000 Erwachsenen und deren Kindern in Großbritannien ... Es wird hier unterschieden zwischen Akademikern, Fachschulabsolventen, Angestellten, Facharbeitern, angelernten Arbeitern und ungelernten Arbeitern. Die Durchschnitts-IQ der Väter variieren in diesen Kategorien zwischen 139,7 bei den Akademikern und 84,6 bei ungelernten Arbeitern. Jedoch liegen die Kinder von Vätern mit hoher Punktzahl im Durchschnitt unter dem elterlichen Mittel, die von Vätern mit niedriger Punktzahl darüber.«(3)

Die dazugehörige Tabelle korreliert die Intelligenz-Quotienten der Kinder ausschließlich mit denen der Väter, die der Mütter werden gar nicht aufgeführt: ein Paradebeispiel für die sexistische Perspektive der Intelligenzforschung.

Die richtige Hautfarbe, das richtige Geschlechtsmerkmal und die besten Gehirnfunktionen werden als das natürliche

Kapital betrachtet, für das auf jeden Fall im Lauf des Lebens Profit zu beanspruchen ist.
Viele Frauen, vor allen Dingen in intellektuellen Berufen, haben das Bewußtsein ihrer gesellschaftlichen Minderwertigkeit zu kompensieren versucht, indem sie sich bedingungslos Wertungen zu eigen machten, die das abstrakte Denkvermögen des weißen Mannes als Maßstab für die höchste menschliche Qualifikation schlechthin ansehen.
Selbst wenn sich bei der Messung durch Intelligenztests herausgestellt hätte, daß Frauen unfähig zur Lösung mathematischer Probleme sind, wäre damit die Basis für ihre Forderungen nach gesellschaftlicher Gleichheit nicht im mindesten erschüttert.
Es gibt keine exakte biologische Gleichheit von Organismen, sondern nur weitgehende Ähnlichkeiten, die wir im Begriff der Gattung zusammenfassen. Es gibt keine einheitliche Umwelt und keine Identität der Erfahrungen von Menschen. Biologisch sind wir neben der Zugehörigkeit zu einem Geschlechtstypus außerdem alle in verschiedenen altersbedingten Zuständen unseres Organismus, die absolute Gleichheit ausschließen. Ein dreijähriges Kind, eine zwanzigjährige Frau und ein 65jähriger Rentner sind einander nicht gleich in bezug auf ihre geistige oder körperliche Leistung.
Die Biologisten unterliegen immer wieder demselben grundlegenden Mißverständnis. Die Forderung nach Gleichheit war immer nur mit der biologischen Ungleichheit von Menschen und der daraus resultierenden Abhängigkeit aller voneinander zu begründen, niemals mit der Identität ihrer Talente, körperlichen Fähigkeiten und genetischen Eigenschaften.
Jede Umsetzung von Ergebnissen der Humanbiologie und der genetischen Forschung in Wertvorstellungen muß zwangsläufig im Rassismus oder Sexismus der einen oder anderen Spielart enden. Biologismus ist der Einsatz von immer nur vorläufigen, modellhaften Erkenntnissen über die angeborenen Eigenschaften von Menschen in politischem Zusammenhang, ihr Mißbrauch als Waffe in Machtauseinandersetzungen.
In dem Buch »Das Gastmahl der Xanthippe« (1959), das unter dem Pseudonym Delphica erschien, wird ein wissen-

schaftlicher Vortrag zitiert, der nach Auffassung der Autorin ein bezeichnendes Beispiel dafür ist, wie »das Gift der Minderwertigkeitsthese dem weiblichen Bewußtsein infiltriert« wird. Daraus, daß der Mann ein kleineres Y-Chromosom hat, während die Frau ein doppeltes X-Chromosom besitzt, wird gefolgert:

> »Der Mann ist das Unvollkommene, damit ist er zugleich das Suchende, das Schöpferische, während die Frau in ihrer Vollendung ruht und am Schöpferischen keinen Anteil hat.«

Delphica kommentiert diese Ausführungen des Wissenschaftlers folgendermaßen:

> »Ich brauche wohl nicht zu betonen, daß im umgekehrten Fall, hätte man so in der weiblichen Zelle weniger Chromosomen gezählt, auch hieraus der höhere Wert des Mannes sich zwanglos ergeben hätte: Aus seiner Fülle und seinem Überfluß heraus wäre ihm wiederum das Schöpfertum zugesprochen worden und die unfertige Frau ohne alle Hemmungen für zweitrangig erklärt worden.«(4)

Auch Forscher, die Frauen in ihrem Kampf unterstützen und sie mit wissenschaftlichen Argumenten versorgen wollen, erliegen der Versuchung des Biologismus. Das beste Beispiel ist der amerikanische Anthropologe Ashley Montagu. In seinem Buch »The natural superiority of women« begründet er die Überlegenheit der Frau mit einem genetischen Defizit des Mannes.

Ein feministischer Standpunkt kann jedoch nie genetisch begründet werden, und die Kategorien von Unter- und Überlegenheit sind an sich Ausdruck sexistischer Haltungen.

Montagu schrieb eine Zusammenfassung humangenetischer Erkenntnisse, einer der wichtigsten Forschungsbereiche, auf dem sexistische Positionen heute aufgebaut werden können. Vor allem gilt dies für die Erforschung der menschlichen Geschlechtschromosomen.

Bei niedriger entwickelten Tierarten sind noch keine geschlechtsbestimmenden Chromosomen entwickelt. Die genetischen Informationen über die reproduktiven Organe und das Geschlecht des Tieres sind auf die Autosomen verteilt.

Warum es zur Evolution von Geschlechtschromosomen kam,

ist eine der Fragen, die sich nur aus der Funktion dieser Geschlechtschromosomen bei den höheren Säugetieren erklären lassen.
Bei ihnen wird die Geschlechtsbestimmung durch den XY-Mechanismus besorgt. Die menschlichen Geschlechtszellen (Gameten) enthalten 23 Chromosomen, 22 davon werden Autosomen genannt. Ein einziges Chromosom ist geschlechtsabhängig und geschlechtsbestimmend, in weiblichen Gameten das X-Chromosom, in männlichen das Y-Chromosom.
Das weibliche Geschlecht ist homogametisch, das männliche heterogametisch, denn die Hälfte der männlichen Sperma-Zellen besitzt ein X-Chromosom, die andere Hälfte ein Y-Chromosom. Bei der Vereinigung von Ei und Spermazelle kann es also zur Kombination von zwei X-Chromosomen oder zur XY-Kombination kommen.
Die beiden X-Chromosomen, die eine Frau in jeder Zelle ihres Körpers mit Ausnahme der Eizellen besitzt, die ja nur die Hälfte des Chromosomensatzes, also ein X-Chromosom aufweisen, stammen immer von einer Frau – von ihrer eigenen Mutter und von der Mutter ihres Vaters. Das X-Chromosom eines Mannes stammt von seiner Mutter, das Y-Chromosom von seinem Vater.
Die Geschlechtschromosomen sind jedoch nicht vollständig verantwortlich für alle Geschlechtsunterschiede, sondern geben nur die erste Information darüber, in welche Richtung sich ein Organismus entwickelt. Bis zur sechsten Woche ist der Embryo geschlechtlich undifferenziert. Bis dahin ist die Entwicklung der Genitalien gleich, der Embryo hat jedoch eine weibliche Entwicklungsrichtung. Erst wenn makulinisierende Substanzen (das männliche Hormon Testosteron) hinzukommen, schlägt der embryonale Organismus eine männliche Richtung ein. (Reptilien und Vögel haben einen umgekehrten Entwicklungsablauf. Der Embryo ist in seiner Richtung männlich und wird feminisiert, um ein Weibchen herzustellen.)
Der Genotyp der Geschlechtschromosomen ist also nur konstituierend für die Richtung der geschlechtlichen Entwicklung, danach kommen andere Einflüsse hinzu, die Hormone. Die Information dieser Hormone kann im Widerspruch stehen zur ersten Information über das Geschlecht, die durch

die Geschlechtschromosomen gegeben sind. Unter dem Einfluß einander widersprechender geschlechtsbestimmender Informationen kommt es zur Entwicklung hermaphroditischer Züge, die das Lebewesen unfruchtbar machen.
Seit der Entdeckung der Geschlechtschromosomen beschäftigt sich die genetische Forschung einmal mit deren Evolution als Autosomen, die sich spezialisiert haben zur Geschlechtsbestimmung, und mit der Art der Spezialisation, nämlich den Größenunterschieden der Geschlechtschromosomen. Das X-Chromosom gehört zu den größten Chromosomen, das Y-Chromosom ist eins der kleinsten. Dieses wurde im Jahr 1958 von den Forschern J. H. Tijo und T. T. Puck entdeckt und löste zum erstenmal erhebliche Zweifel an der Biologie des Mannes aus. Denn nicht nur das weibliche Ei ist 85 000 mal größer als das Spermatozoon, sondern auch das Y-Chromosom ist, verglichen mit dem X-Chromosom, ein Mini-Chromosom.(5)
Da der weibliche Organismus ein zweites X-Chromosom hat, ist seine genetische Information in dieser Beziehung fast doppelt so groß wie die des männlichen.
Für die evolutionäre Entwicklung zu Geschlechtschromosomen sind nach Ansicht von Humangenetikern folgende Faktoren verantwortlich. Die Chromosomensätze der Gameten sind bei Säugetieren in jedem Autosomenpaar homolog. Das erst ermöglicht in der Meiose (Verschmelzung) die Rekombination der Chromsomensegmente. Bei zwei X-Chromosomen ist dieser Austausch auch möglich. Im heterogametischen Geschlecht muß die geschlechtsbestimmende Information jedoch isoliert sein. X muß von Y wirkungsvoll getrennt sein, denn sonst wäre durch ihre Rekombination und den Austausch von Informationen die Spezialisierung als Geschlechtschromosom wieder aufgehoben. Da bei der Verkleinerung eines der Geschlechtschromosomen im heterogametischen Geschlecht (XY-Kombination) also eine Dosis der genetischen Information ausfällt, können auf dem Y-Chromosom nur solche Gene angesammelt oder übriggeblieben sein, die in einfacher Dosis die Lebensfähigkeit des Organismus garantieren.
Auch angesichts dieser Tatsache hätte das weibliche homogametische Geschlecht immer noch einen Vorsprung an geneti-

scher Information, da es zwei X-Chromosomen besitzt. Es muß also einen ausgleichenden Mechanismus geben.
Dieser Ausgleich wurde 1961 von der englischen Genetikerin Mary Lyon in folgenden Hypothesen zusammengefaßt:
Eines der beiden X-Chromosomen wird im Verlauf der frühen weiblichen Embryonalentwicklung inaktiviert. Von den beiden X-Chromosomen wird in jeder Zelle rein zufallsmäßig das vom Vater oder das von der Mutter stammende X-Chromosom inaktiviert. Die Genetiker Ulrich Wolf und Helmut Baitsch sagen dazu:

> »Unterscheiden sich die genetischen Informationen auf den beiden X-Chromosomen voneinander, so wirkt in der einen Zelle nur die vom Vater übertragene, in einer anderen nur die von der Mutter übertragene Information: die jeweils homologe Gendosis wird inaktiviert.«(6)

Es fällt allerdings auf, daß diejenigen Autoren, die der Frau aufgrund ihrer »vollkommeneren« Biologie eine Erlöser- oder Heilsfunktion zusprechen – aus welchen ehrenwerten Motiven auch immer – von der Inaktivierung eines der beiden X-Chromosome keine Kenntnis nehmen.
So schreibt Ashley Montagu:

> »Es ist, als ob in der Geschlechtsevolution zu einer bestimmten Zeit ein Fragment eines X-Chromosoms abgebrochen ist und einige ziemlich bedauernswerte Gene mit sich genommen hat, und anschließend den anderen Chromosomen gegenüber unfähig war, sie davon abzuhalten, sich in der Form des unvollständigen Weiblichen auszudrücken, das Geschöpf, das wir das Männliche nennen!
> Diese ›Just-so‹-Story macht den Mann zu einer Art verkrüppelter Frau, einem Geschöpf, das biologisch nicht so gut ausgerüstet ist wie die Frau, weil es nur ein einziges X-Chromosom hat.«(7)

Die biologischen Vorteile, die Frauen haben, bestehen jedoch nicht in der doppelten X-Information, sondern darin, daß Chromosomen-Segmente, die auf dem einen oder anderen X-Chromosom Defekte haben, durch das andere ersetzbar sind. Beim Mann besteht eine solche genetische Korrekturmöglichkeit nicht. Er kann also sowohl auf dem Y-Chromosom als auch auf dem X-Chromosom genetische Defekte haben. Solche, die an das Y-Chromosom gebunden sind, treten nur beim Mann auf und sind statistisch leicht zu erfassen.

> »Daß der Mann mit einem Y-Chromosom ausgestattet ist, scheint ihm mehr Nachteile zu bringen, als wenn er überhaupt kein Y-Chromosom hätte; denn während das Y-Chromosom einige wenige Gene von einigem Wert trägt, enthält es zuweilen auch einige, die, zurückhaltend ausgedrückt, unglückbringend sind. Bis jetzt sind wenigstens vier Fehlentwicklungen auf Gene zurückzuführen, die nur im Y-Chromosom zuweilen vorkommen und daher nur vom Vater auf die Söhne übertragbar sind. Dies sind schorfartige Haut (ichthyosis hystrix gravior), dichter Haarwuchs im Ohr (hypertrichosis), nichtschmerzhafte harte Schädigungen an Händen und Füßen (keratoma dissipatum) und eine Flossenbildung zwischen den Zehen, bei der eine Hautverbindung zwischen dem zweiten und dritten Zeh besteht.«(8)

Andere Defekte, die bei Frauen kaum oder signifikant weniger vorkommen, stammen aus der genetischen Information des X-Chromosoms. Es ist z. B. sehr unwahrscheinlich, daß eine Frau ein mutantes Gen, das für die Bluterkrankheit (Hämophilie) verantwortlich ist, gleichzeitig von ihrer Mutter und von ihrem Vater bekommt. Erst dann könnte sie selber erkranken, weil die genetische Information auf beiden X-Chromosomen defekt ist. Ihre Söhne jedoch werden in jedem Fall an dieser Krankheit leiden. Bekannt ist auch, daß die Rot-Grün-Blindheit und Mängel im Farbsehen bei Männern sehr viel häufiger auftreten.

Bisher wurden ungefähr 35 an die Geschlechtschromosomen gebundene genetisch bedingte Krankheiten bzw. Defekte gefunden, die fast nur bei Männern vorkommen (Worttaubheit, Stottern etc.).

Auch die Liste der Krankheiten, für die Männer anfälliger sind, ist lang.(9)

Das Y-Chromosom kann wegen seiner winzigen Größe nur wenige Informationen enthalten, und es ist sogar wahrscheinlich, daß die Information, die zur Bildung männlicher Hormone führt, nicht auf dem Y-Chromosom liegt, wie die amerikanischen Forscher Susumo Ohno und zwei Kollegen

1971 in Kalifornien nachzuweisen versuchten.(10)
Da Montagu immer wieder Kategorien wie Über- und Unterlegenheit zur Darstellung von Unterschieden verwendet, bleibt er nicht nur in biologistischen Vorstellungen stecken, sondern vermittelt auch ein verzerrtes Bild.
Die Überbetonung seiner größeren genetischen Variabilität und geringeren Anfälligkeit für die meisten »männlichen« Krankheiten mißt den weiblichen Organismus immer wieder am männlichen, statt ihn von seinen eigenen biologischen Programmen her zu definieren.
Der weibliche Körper hat seine größte Krankheitsanfälligkeit im Bereich der reproduktiven Organe. Anämie, Krebs, Infektion und dysfunktionale Störungen der Unterleibsorgane bilden die häufigsten Erkrankungen bei Frauen. Schon aus mittelalterlichen Einwohnerstatistiken geht z. B. hervor, daß mehr Frauen die Pestepidemien überlebten als Männer.(11) Damals starben jedoch die meisten Frauen am Kindbettfieber.
Da diese Todesursachen im gynäkologischen Bereich heute weitgehend weggefallen sind, liegt die Lebenserwartung der Frau in Industriegesellschaften höher als die des Mannes. Das trifft jedoch nur für Frauen zu, die nicht der Doppelbelastung ausgesetzt sind. Mittlerweile ist der Trend insgesamt etwas rückläufig. Als Ursachen gelten höherer Nikotingenuß und Alkoholverbrauch.
Die wahrscheinlich genetisch fixierte höhere Lebenserwartung von Frauen wurde von der Autorin Esther Vilar als Argument gegen die Frauenbewegung verwandt, um die drohnenhafte Faulheit ihrer Geschlechstgenossinnen zu geißeln. Der Intendant der Deutschen Welle, Walter Steigner, leitete in seinem Sender das Internationale Jahr der Frau mit einem selbstverfaßten Kommentar ein, in dem er weitere Verbesserungen der Situation von Frauen strikt ablehnte. Begründung: Frauen hätten bereits eine höhere Lebenserwartung und ein niedrigeres Pensionsalter als Männer.
Und auch der Mann, der als erster ein Plädoyer für die genetische Überlegenheit der Frau geschrieben hat, Ashley Montagu, hält nicht zurück mit seiner Meinung über die Frauenbewegung, die er wegen angeblicher Kinderfeindlichkeit angreift.

»Einige Frauen in der Bewegung suchen offensichtlich verzweifelt nach Feinden, denn selbst angesichts der erdrückenden Beweise halten sie weiterhin daran fest, daß ein Kinderhort genausogut sein kann wie eine Mutter ... Aber für die wirklich liebende Mutter gibt es keinen Ersatz, weder biologisch noch als Surrogat. Wenn ein Baby geboren wird, wird auch eine Mutter geboren.«(12)

Genetische Vorzüge und eine stabilere biologische Konstitution besitzt die Frau nach Montagus Auffassung, um sich restlos in der Mutterrolle zu verwirklichen.

»Frauen könnten und sollten jede Beschäftigung oder jeden Beruf ergreifen, den sie wollen. Aber wenn sie Mutter werden, müssen sie erkennen, daß sie den wichtigsten von allen Beschäftigungen und Berufen zusammengenommen ergriffen haben, denn was kann wichtiger sein als die Erschaffung eines lebenden menschlichen Wesens?«(13)

Diese Argumente muten seltsam an. Denn diejenigen, die die Wichtigkeit von Kindererziehung nicht begriffen haben, sitzen in erster Linie in den patriarchalischen Institutionen, in den staatlichen und wirtschaftlichen Bürokratien sowie in den Parlamenten und haben sich bisher nicht daran gestört, die Kindererziehung zu einem Anhängsel der Wirtschafts- und Verwaltungsprozesse zu machen. Die feministische Bewegung ist als eine Verteidigungsgemeinschaft der Interessen von Frauen und Kindern entstanden.

Noch widerspruchsvoller ist Ernest Borneman in seinem Buch über die Entstehungsgeschichte des Patriarchats. Nach einer nahezu masochistischen Würdigung der weiblichen Geschlechtschromosomen verlangt er die Liquidierung der weiblichen Funktionen und Organe – Schwangerschaft, Menstruation und Brüste sollen wegfallen, damit die soziale Mütterlichkeit der Frau wirksam werden kann.(14) Warum – bei all den genetischen Vorzügen, die dieser besitzt – der weibliche Körper in seinem biologischen Repertoire erst einmal gründlich an den des Mannes angepaßt werden muß, bleibt unerfindlich.

Die Gegenreaktion auf die lautstark proklamierte biologische Überlegenheit der Frau ist ebenfalls da.

Im Mai 1975 trat der Hamburger Professor für Rechtsmedizin, J. Schröder, mit einem Aufsatz an die Öffentlichkeit, dessen Inhalt in der gesamten deutschen Presse Schlagzeilen machte (z. B. »Frauen sind doch dümmer«) Schröder beruft sich auf den französischen Genetiker J. Lejeune:

> »Der Genetiker definiert daher ›weiblich‹ mit Fehlen des Y-Chromosoms: der weibliche Typ Mensch ist durch einen Defekt vom männlichen Typ Mensch unterschieden.«

Die Inaktivierung eines der beiden weiblichen X-Chromosome, die rein zufällig in jeder Zelle des weiblichen Körpers erfolgt, und das mangelnde Y-Chromosom bilden nach Schröders Meinung die Ursache für eine überlegene männliche Intelligenz und einen Mangel an Steuerung im weiblichen Gehirn.

> »Es ist völlig verständlich, daß die Männer zwar die Frauen verstehen, nicht aber die Frauen die Männer. Dies geht erklärlicherweise darauf zurück, daß die Männer sowohl das Y- wie auch das weibliche X-Chromosom in ihren Hirnzellen besitzen. Die Frauen jedoch, welche ja kein Y-Chromosom in den Hirnzellen haben, können deswegen die Tätigkeit männlicher Gehirne niemals restlos begreifen.
>
> Bedenkt man, daß es 30 Milliarden Hirnzellen gibt, und rechnet man aus, daß der Chromosomendefekt bei der Frau ein Minus von in die Tausende gehenden Erbanlagen pro Hirnzelle bedeutet, so resultiert daraus ein Minus von Steuerfunktionseinheiten pro weiblichem Gehirn, welches zahlenmäßig die Größenordnung einer Billion beträgt.
>
> Da der Hirnapparat der Männer in allen Hirnzellen einheitlich ausgerüstet ist, ist männliches Gehirn bestens geeignet, klare Entschlüsse zu fassen. Im Hirn der Frau stehen sich zwei Populationen mit unterschiedlicher chromosomaler Ausrüstung gegenüber; nichts ist verständlicher als die Problematik, welche sich daraus für die weibliche Entschlußfähigkeit ergeben muß. Die Hirnzellen mit dem väterlichen X- und die mit dem mütterlichen X-Chromosom befinden sich in einem Zustande ständiger ›paritätischer Mitbestimmung‹. Kein Wunder, daß weibliche Gehirne sich so schwer entscheiden können.«(15)

Von der Größe des X-Chromosoms nimmt Schröder keinerlei Notiz; auch bleibt er die Antwort schuldig, auf welche Weise sich die Chromosomen in den weiblichen Gehirnzellen, die sich seiner Einschätzung nach in »paritätischer Mitbestimmung« blockieren, in Entscheidungsschwäche umwandeln, während die XY-Kombination im männlichen Gehirn zu einzigartigem Verstehen der weiblichen Psyche führt. Traurig ist nur, daß diese Art von provinziellem Biologismus heute immer noch ein Presse-Echo findet.

Jeder direkte Schluß von der genetischen Information, die aus DNS besteht, auf das Verhalten, auf Begabung und Phänomene wie Intelligenz, Phantasie – Begriffe, über deren Inhalt nicht einmal Einverständnis besteht – ist nicht nur eine unerlaubte Spekulation, sondern vom molekularbiologischen Denken her grundsätzlich falsch. Es gibt keine Gene, die Intelligenz herstellen. Die molekularbiologische Fragestellung interessiert auch nicht der Zusammenhang zwischen Gen und Intelligenz. Sie lautet, wie sieht das unmittelbare Gen-Produkt aus? Das ist eine mittlerweile triviale Feststellung. Die genetische Information ist in allererster Linie, vielleicht sogar ausschließlich, dafür verantwortlich, daß bestimmte Produkte, nämlich Proteine, synthetisiert werden – Proteine in komplexen oder weniger komplexen Strukturen. Diese Proteine sind das Baumaterial, mit dem der Organismus im Lauf seiner Ontogenese, also seiner individuellen Entwicklung, all das macht, was wir hinterher als Merkmal sehen. Zum Teil sind das Proteine, die sich als beständiges Merkmal an der Körperoberfläche zeigen: Muskelproteine, Hautprotein, Blutgruppensubstanz etc., oder Proteine, die beim Zusammenmontieren, bei der Funktion des Organismus, eine Rolle spielen, oder in einem Stoffwechselprozeß an einer ganz bestimmten Stelle eingreifen, um einen weiteren Entwicklungsschritt auszulösen.

Die Entwicklung des Zentralnervensystems, das wiederum die Gehirnentwicklung steuert und wesentliche Teile dessen, was wir Intelligenz nennen, muß also gar nicht primär von einer genetischen Urinformation wie männliche oder weibliche Richtung des Organismus abhängig sein, sondern kann durchaus an sekundäre Einflüsse gebunden sein. Weibliche oder männliche Hormone könnten auf die Bildung des Zentralnervensystems Einwirkung haben, da sie schon in den ersten Wochen nach der Befruchtung wirksam werden. Ob es sich allerdings so verhält, und diese sekundäre Einwirkungsmöglichkeit wirklich eine Rolle spielt, ist ein reines Denkmodell. Es ist mehr als fraglich, ob das Merkmal Intelligenz in seiner Komplexität überhaupt je so sorgfältig analysiert werden kann, daß die biologischen Anteile und ihre möglichen Einflüsse auf die Unterschiede zwischen den Geschlechtern präzise beschrieben werden können.

Die Chemie und Physik von Denken und Empfindung und ihr Zusammenhang mit Inhalten entziehen sich der Beschreibung. Lediglich die Defekte der Intelligenz sind beschreibbar und statistisch zu erfassen:

In psychiatrischen Anstalten befinden sich wegen angeborener geistiger Defekte mehr Männer als Frauen. Frauen stellen den größeren Anteil unter den leicht Schwachsinnigen, Männer den größeren Anteil bei schwerem Schwachsinn.(16)

23. Kapitel

Der Mann als Steuermann der Evolution: der sexyste Affe

> »Der Penis, sonst schlaff, wird bei der Erregung durch starke Blutüberfüllung steif, er richtet sich auf und vergrößert sich von neuneinhalb Zentimeter Durchschnittslänge um weitere sieben bis acht Zentimeter; auch sein Durchmesser nimmt zu, so daß der nackte Affe im Zustand der Erektion den größten Penis unter allen Primaten hat.«
> *Desmond Morris*

Der Mann ist das Lieblingstier der physischen Anthropologen. Jede Anatomiestudentin kann sich in ihren Lehrbüchern überzeugen, daß die weibliche Anatomie nur eine Unter-, Ab- oder Spielart der männlichen ist. (Ob in Fachpublikationen oder in populären Darstellungen – die Illustrationen stellen männliche Figuren dar. Der Mann ist – auch semiotisch gesehen – das Symbol für Mensch.)

Wie schlechthin beliebig anatomische Fakten ausdeutbar sind, wie man sie mal mit scheinbar logischen Argumenten als Vorteil, mal aus ebenso überzeugenden Gründen als Nachteil interpretieren kann, soll die folgende Gegenüberstellung erläutern. Von der Antike an wurde in den Wissenschaften immer wieder die Beobachtung diskutiert, daß die Frau in mehrfacher Hinsicht mehr mit dem Kind übereinstimmt als der Mann.

Ashley Montagu beschäftigt sich ausführlich mit dieser Frage. Seine Argumentationskette ist ungefähr die folgende: Im Vergleich zu den großen Primaten (Gorilla, Schimpanse, Orang Utan) ähnelt der Schädel des erwachsenen Menschen weit mehr dem des Fötus. Das gilt auch für andere Merkmale wie Behaarung, Kopfgröße, Nasenform. Man kann also sagen, daß der Mensch ein stärker »fötalisiertes« Lebewesen ist als die Primaten. Hinzu kommt, daß die Kopfformen der Menschenaffenbabys menschenähnlicher sind als die der Erwachsenen. Daraus schließt er, daß Fötusähnlichkeit ein Kriterium für Höherentwicklung ist. Da nun Frauen im Vergleich zu Männern mehr Ähnlichkeit zu fötalen Formen aufweisen, kommt er zu dem Ergebnis:

»Die Frau ist in mehrfacher Hinsicht ein höher fötalisierter Typus als der Mann und steht der Linie der evolutionären Entwicklung, die das Kind anzeigt, näher als dieser«

und

»das Entwicklungsversprechen des menschlichen Kindes ist vollkommener in der Frau als im Mann verwirklicht«.(1)

Arthur Schopenhauer kam auf der Grundlage des gleichen Faktums zum genau gegenteiligen Schluß:

»Zu Pflegerinnen und Erzieherinnen unserer ersten Kindheit eignen die Weiber sich gerade dadurch, daß sie selbst kindisch, läppisch und kurzsichtig, mit einem Worte, zeitlebens große Kinder sind: eine Art Mittelstufe zwischen dem Kinde und dem Manne, als welcher der eigentliche Mensch ist.«(2)

Dies ist kein Einzelfall. Man könnte die Beispiele für konträre Schlüsse aus den gleichen biologischen Fakten beliebig vermehren. Auch die Darwinisten befaßten sich eifrig mit dem Problem der niedrigeren Entwicklungsstufe der Frau. Auf dem deutschen Anthropologen-Kongreß in Breslau 1884 hielt der Anthropologe Paul Albrecht einen Vortrag über die größere Bestialität des weiblichen Menschen in anatomischer Hinsicht.

»Aus vielen Tatsachen läßt sich beweisen, daß das weibliche Geschlecht überhaupt das beharrlichere, d. h. unseren wilden Vorfahren näherstehende Geschlecht ist.«

Die bei den Frauen seltenere Glatzenbildung, die

»gewaltigere Ausbildung der inneren Schneidezähne«

und unterschiedliche Rückenwirbelformen mußten zur Begründung herhalten.(3)

Was von Wertungen dieser Art zu halten ist, hat der Philosoph Georg Simmel – der, wie sein Essay zeigt, wahrlich kein Feminist war – schon 1919 bekannt:

»Nehme man also wirklich an, die Entwicklung der Menschheit sei mit ihrem weiblichen Zweige auf einer früheren Stufe stehengeblieben als mit ihrem männlichen, so ist es eine völlig willkürliche Behauptung; sie erreiche ihre Vollendung erst mit dem Vorschreiten zum männlichen Stadium. Vielmehr, ein jedes Entwicklungsstadium hat in sich, als dieses bestimmte, seine Norm, an der sich der Grad seiner Vollendung mißt, und rangiert diese Norm nicht ihrerseits wieder unter ein anderes Stadium, bloß weil dieses ein späteres und irgendwie verändertes ist. Nun steht es natürlich jedem frei, das eine Stadium höher zu schätzen als das andere – obgleich ein Wertvergleich zwischen Wesensarten, deren jede nach ihrem ihr allein eigenen Ideal beurteilt sein will und die keinen irgendwie sicheren Generalnenner besitzen, immer etwas Mißliches hat. Immerhin, macht man von jener Freiheit des Wertens Gebrauch, so geschehe es mit dem Bewußtsein seiner vollen Subjektivität und der Unmöglichkeit, es aus einer angeblichen Logik des Entwicklungsbegriffes zu rechtfertigen, dessen Objektivität überhaupt keine Wertunterschiede seiner Stadien kennt.«(4)

Als wichtigstes Kriterium für die Inferiorität der Frau gilt seit Jahrtausenden der Unterschied in den Körperkräften der beiden Geschlechter.

Die Muskellücke wurde schon von Aristoteles und Thomas von Aquin als Grund für die gesellschaftliche Unterlegenheit der Frau angeführt.

In vielen Veröffentlichungen, die einen Vergleich zwischen den Menschenaffen und unserer Gattung ziehen, findet man die Erklärung, daß sich der Unterschied in Kraft und Stärke entwickelt haben müsse, als die Prähominiden auf dem Boden zu leben begannen und die Männchen Verteidigungsaufgaben übernahmen. Gewaltige Unterschiede in Körpergröße und Stärke gibt es z. B. zwischen Pavianmännchen und Pavianweibchen, bei einer Affengattung, die nicht im Schutz der Baumkronen lebt.

Die frühesten menschlichen Skelettfunde widerlegen jedoch diese Auffassung. Beim Australopithecus, einem kleinwüchsigen pygmäenhaften aufrechtgehenden Typus, dessen Hand und Fuß menschlich waren, und der sich ebenfalls durch eine stark verlängerte Jugendphase auszeichnete, bestand

»ein im Vergleich zu den großen Menschenaffen offenbar verhältnismäßig geringer Sexualdimorphismus, d. h. Unterschied in Größe und Stärke der Geschlechter«.(5)

Innerhalb menschlicher Populationen gibt es eine enorme Variationsbreite in Größe und Kraft zwischen den Geschlechtern. Die Mittelwerte zeigen jedoch einen konstanten Geschlechtsunterschied. Die Semang, ein kleinwüchsiger Negrito-Stamm auf der malaiischen Halbinsel, weisen ähnliche Größendifferenzen zwischen Männern und Frauen auf wie Europäer.

»Die Variationsbreite für Männer beträgt 138–175,0 cm und für Frauen 131,0–156,8 cm ... Das weibliche Geschlecht ist 10 – 12 cm kleiner als das männliche, im Mittel 10,8 cm ...«(6)

Die australischen Ureinwohner, die in Statur und Körpergröße den Mitteleuropäern entsprechen, zeigen ähnliche Geschlechtsunterschiede in der Größe; beide Geschlechter besitzen jedoch weniger Unterhautfett.

Nach Erreichen der körperlichen Reife sind z. B. weiße amerikanische Männer ungefähr 10 Prozent größer als Frauen und besitzen eine doppelt so große Muskelmasse.(7) Soweit Vergleichsdaten vorliegen, läßt sich erkennen, daß sie wenigstens 30 Prozent stärker als die Frauen sind. Die stärkere Entwicklung des männlichen Muskelgewebes wird durch das Hormon Androgen beeinflußt, die stärkere Fettentwicklung des weiblichen Körpers (etwa 25 Prozent Körperfett gegenüber 15 Prozent Körperfett beim männlichen Organismus) ist ebenfalls hormonabhängig. Männer besitzen außerdem eine größere Herz-Lungen-Kapazität und damit die Möglichkeit, mehr Sauerstoffmengen aufzunehmen. Im Verhältnis zu ihrer Körpergröße haben Frauen ein kleineres Herz, kleinere Lungen und einen niedrigeren Gesamtstoffwechsel. Ihr Energieverbrauch ist jedoch ökonomischer als der von Männern.(8)

Der weiblichen Muskellücke (aber auch dem männlichen Fettdefizit) entsprechen andere Leistungsschwerpunkte. Allerdings scheinen die Leistungsunterschiede zwischen männlichen und weiblichen Sportlern sehr viel geringer zu sein, als früher angenommen wurde, und entsprechen nicht dem Kraftunterschied.

Dies läßt sich zum Beispiel durch einen Vergleich der Rekorddaten für Männer und Frauen in solchen Sportdisziplinen beweisen, in denen auch Frauenwettbewerbe schon seit Jahrzehnten üblich sind. Der schnellste Mann im 400-Meter-Freistilschwimmen war auf der Olympiade 1924 16 Prozent schneller als die schnellste Frau, 1948 waren es lediglich 11,6 Prozent und 1972 in München nur noch 7,3 Prozent.(9) Der Abstand zwischen den 100-Meter-Lauf-Weltrekorden hat sich in einem Vierteljahrhundert von 1,3 auf 0,9 Sekunden reduziert.

Trotzdem geben all diese Zahlen ein unvollständiges Bild der Leistungsfähigkeit des weiblichen Körpers. Die ständigen neuen Rekorde sind auf die ständig gestiegene Zahl trainierter Athleten in der ganzen Welt zurückzuführen. Mittlerweile ist es für Entwicklungsländer zur Prestigefrage geworden, Athleten zu Olympiaden und internationalen Wettbewerben zu schicken. Die meisten von ihnen werden bei Militäreinheiten trainiert, Sportlerinnen aus Entwicklungsländern gibt es dagegen kaum.

In vielen Sportarten kommt es wie in anderen Lebensbereichen nicht primär darauf an, momentan oder jedenfalls kurzfristig ein Maximum an Kraft zu entfalten – wozu Männer physiologisch eher in der Lage sind – sondern seine Energie auf einen langen Zeitraum zu verteilen, und dies ist eindeutig eine Domäne der Frauen. Deswegen werden die Rekorde für die Überquerung des Ärmelkanals von Frauen gehalten, und es ist keine Utopie mehr, daß sie, falls sie zugelassen würden, in Disziplinen wie Marathonlauf und 50-km-Gehen gute Chancen hätten, die Männer irgendwann hinter sich zu lassen.

Es ist die Tyrannei der männlichen Definitionen ihres Körpers, der die Entwicklung eines eigenen körperlichen Selbstvertrauens bei Frauen verhindert. Das Erlebnis der Selbstbezogenheit und des Sichselbstgehörens wird diesem Körper immer wieder durch die entfremdende Perspektive des Mannes verweigert.

Wie haben sich nun männliche und weibliche Körperunterschiede in der Menschwerdung des Affen entwickelt?

Die Freilandbeobachtungen an unseren nächsten Verwandten in der Primaten-Reihe sind schwierig und daher immer noch spärlich – die Sekundärliteratur darüber und die Interpretationen des Primatenverhaltens sind jedoch so umfangreich, daß sie den Anschein erwecken, als ob darin endlich ein unabweisbares wissenschaftliches Fundament für die bürgerliche Sexualmoral, für die Hausfrauenehe und für die Machtverteilung in Staat und Gesellschaft entdeckt sei.
Das durch verschiedene weltweit gelesene Bestseller dieser Art vermittelte Weltbild schließt die Lücke von der biblischen Schöpfungsidee zur Evolutionstheorie durch neue patriarchalische Mythen.
Verhaltensforscher und Zoologen befriedigen ihre Leser, indem sie ihnen suggerieren, die Natur als einzige Kraft arbeite vernünftig und sei auf ein wundervolles Finale ausgerichtet. Unter dem Vorwand, den Menschen als zoologische Art unter anderen Arten zu betrachten, entwickeln sie dieselbe androzentrische Perspektive wie die Kirchenväter. Die Schöpfung, die Evolution, zielt auf den Mann.

Der englische Primatologe Desmond Morris begnügte sich nicht damit, dem »nackten Affen« seine phänomenale Virilität zu bestätigen, als dem Primaten mit dem längsten Phallus und der stärksten sexuellen Leidenschaft. Wurde der weibliche Körper im Mythos des Alten Testaments aus der Rippe des Mannes geschaffen, wird aus ihm ohne Federlesen mit Hilfe evolutionstheoretischer Konzepte ein formschönes Stromlinien-Produkt, das Brüste und Gesäß deswegen entwickelte, weil es den Steinzeit-Männern so sexy vorkam.
Die Brüste sind danach durch einen Mimikry-Akt des weiblichen Körpers entstanden. Durch den aufrechten Gang wurde auch die Stellung beim Koitus verändert. Sie wurde frontal. Deswegen bevorzugten die Männer nun Frauen, die an ihrer Vorderseite ein kräftiges Sexualsignal aufwiesen. Dieses entstand nach Morris in Form von halbkugeligen Brüsten, die er als Duplikate der Hinterbacken ansieht. Durch diese permanenten Brüste unterscheiden sich Frauen von anderen weiblichen Säugetieren.
Morris schreibt:

»Wegen der schweren Brüste, wegen der Last, die unseren Frauen beim Stillen auferlegt ist, und weil die Brüste so offensichtlich der Ernährung des Säuglings dienen, haben wir gemeint, sie gehörten ganz selbstverständlich als wesentliche Bestandteile zu der Ausstattung der Frau für die Erfüllung ihrer Mutterpflichten.
Nun aber sieht es doch ganz so aus, als ob diese Annahme falsch gewesen ist: Bei unserer Art hat die Form der Brust doch mehr die Funktion des Sexualsignals, als daß sie mit der Aufgabe des Stillens zusammenhinge.«(10)

Nachdem selbst im Europa des 19. und des 20. Jahrhunderts während und als Folge der beiden Weltkriege noch Säuglinge verhungerten, deren Mütter zu wenig Milch hatten oder an Brustentzündungen erkrankt waren, mutet diese Erklärung von Evolution und Zweck der weiblichen Brust und ihrer Überflüssigkeit bei der Ernährung des menschlichen Säuglings doch recht merkwürdig an.

Der Gedanke der geschlechtlichen Zuchtwahl stammt von Charles Darwin und ist ein wichtiger Aspekt seiner Evolutionstheorie. Er war der Ansicht, daß Frauen wegen ihrer Schönheit gewählt wurden und diese auch ihren weiblichen Nachkommen in höherem Maße vererbten als den männlichen. Zugleich meinte er jedoch, daß bei vielen Völkern Frauen die Wählenden seien:

»Eine Vorliebe seitens der Frauen, welche in irgendeiner Richtung stetig wirkt, wird schließlich den Charakter des Mannes afficiren, denn die Weiber werden allgemein nicht bloß die hübschen Männer je nach ihrem Maßstabe von Geschmack, sondern diejenigen wählen, welche zu einer und derselben Zeit am besten im Stande sind, sie zu vertheidigen und zu unterhalten.«(11)

Daß Darwins Grundgedanken von Selektion, Mutation und Vererbung richtig waren, ist heute unbestritten – die Steuerungsmechanismen der Partnerwahl in der menschlichen Evolution hat er jedoch getreu den Wertvorstellungen seiner Zeit beschrieben.
Wenn Autoren mehr als hundert Jahre nach Darwin den männlichen Teil der Menschheit und dessen Wohlgefallen als

alleingestaltende Kraft des weiblichen Körpers ansehen, wird die Angelegenheit absurd.
In der Sicht des Primatologen Morris haben sich Brüste und Fettdepots des weiblichen Körpers durch männliche Zuchtwahl gebildet. Er berücksichtigte dabei nicht, daß Unterhautfett, Brust- und Gesäßpolster eine sehr wirkungsvolle Isolierschicht bei der nackten Affenfrau bilden, die keinerlei Kälteschutz ihrer Organe durch einen Haarpelz besitzt. Beim männlichen Körper wird eine ähnliche Isolierung durch die Behaarung der Brust bewirkt. Auch läßt sich denken, daß diese Fettdepots der Frau »eiserne Reserven« waren, die ihr Überlebenschancen boten. In der Geschichte des Menschen sind die Zeiten des Nahrungsüberflusses wahrscheinlich kurz gewesen im Vergleich zu langen Perioden am Rande des Verhungerns oder der Unterernährung. Die Form der weiblichen Hinterbacken wird durch die ihnen zugrunde liegende andere Beckenbildung und das Muskelgewebe bestimmt, während die Brust aus Fettgewebe besteht.(12) Ein Unterschied, der für Morris nicht existiert. Daß in westlichen Gesellschaften Männer heute Busen und Po mögen, mag eine Folge dieser weiblichen Körperentwicklung sein, nicht aber deren Ursache. In einer großen Zahl von Gesellschaften gelten Brüste nicht als besondere erotische Stimuli und Auslöser für das männliche Sexualgefühl.

Gehen wir der These der modernen Evolutionsmärchen, daß der Mann der Steuermann der menschlichen Entwicklung war, einmal genauer auf den Grund.
Die heutige Geschlechterratio bei denjenigen primitiven Gesellschaften, deren Technik und Lebensweise der Mittleren und Jungen Steinzeit entsprechen, spricht nicht dafür – bei ihnen herrscht kein Frauenüberschuß, unter dem irgendwelche Wahl stattfinden könnte, sondern Frauenmangel.
In primitiven Gesellschaften gibt es auch keine »alten Jungfern«, unverheiratete Frauen, wohl aber unverheiratete Männer, die meistens der Spott der Gemeinschaft sind.(13) Geschlechtliche Zuchtwahl durch Ausscheidungskämpfe könnte also nur unter Männern wirksam sein.
Eine Übersicht über das Geschlechterverhältnis bei den paläolithischen und mesolithischen Menschen ergibt bei 309

Skelettfunden ein Verhältnis von 172 Männern zu 135 Frauen (gleich 125:100). Dabei ist allerdings zu berücksichtigen, daß die Bestimmung nicht in allen Fällen völlig gesichert ist. Ein etwas höherer Frauenanteil ist denkbar. Da die Norm auch hier das männliche Skelett ist, besteht die Neigung, wie auch einige Paläo-Anthropologen mittlerweile eingestehen, unsichere oder unidentifizierbare Funde als männlich zu verbuchen.

Interessant ist, daß sich der Männerüberhang auf das Paläolithikum zu beschränken scheint; die mesolithischen Funde zeigen nahezu Parität. Eine Aufschlüsselung nach dem mutmaßlichen Sterbealter ergibt einen deutlichen Überschuß von Frauen in der Altersgruppe 21 bis 30 Jahre (52 Frauen gegenüber 35 Männern), mit anderen Worten: Frauen sind in der Alt- und Mittelsteinzeit wahrscheinlich früher gestorben als Männer.(14)

Wahrscheinlicher ist es daher, daß die Tatsache des Frauenmangels als selektiver Faktor auf die Morphologie des männlichen Körpers gewirkt hat – denn jede Frau, deren Kinder am Leben blieben, trug zum Genenpool und zur Weitergabe von Erbinformationen bei, während mutmaßlich einige Männer keine Nachkommen zeugen konnten.

Der evolutionäre Druck auf die charakteristischen Merkmale des weiblichen Körpers bestand aus mehreren selektierenden Trends, die die Überlebenschancen unserer Gattung sicherten: aufrechter Gang und größeres Gehirn. In den Schilderungen vieler Autoren wird aus diesem komplexen Selektionsdruck auf die ganze Gattung eine vom Mann oder vom Kind her gesteuerte Initiative, der sich der weibliche Körper in seiner Entwicklung unterwerfen mußte.

> »Damit sie lernten, zu sprechen und zu denken, zu planen und komplizierte Werkzeuge herzustellen, mußte auch das Gehirn der Kinder größer werden ... Ein kleiner Rückblick wird uns zeigen, daß die weiblichen Menschen mit dem Anwachsen des Gehirns vor eine besonders schwierige Situation gestellt wurden. Der Schädel eines Kindes mußte groß genug sein, um das vergrößerte menschliche Gehirn zu beherbergen, aber gleichzeitig klein genug, um durch den Geburtskanal der Mutter zu gehen. Man möchte mei-

nen, daß es für die Weibchen am einfachsten gewesen wäre, einen größeren Geburtskanal zu entwickeln. Das konnten sie jedoch nicht. Die Merkmale nämlich, die für den bipeden Gang notwendig waren, machten eine Vergrößerung des Geburtskanals über eine gewisse Grenze hinaus physisch unmöglich.

So fanden die Anpassungen nicht im mütterlichen Organismus, sondern in dem des Kindes statt ...«(15)

In Wirklichkeit jedoch hatte die Frau die Hauptfolgen der Anpassung an den aufrechten Gang zu tragen. Eingeweide und Uterus sind in Lage und Anordnung durch den aufrechten Gang räumlich viel enger begrenzt als bei anderen Primaten.

Diese Beschränkung im Beckenraum hat aus Gebärmutter und Plazenta Organbildungen gemacht, wie sie bei keinem anderen Säugetierweibchen zu finden sind. Die starke Vergrößerung des Uterus im Verlauf der Schwangerschaft, seine Kontraktion während und die Verkleinerung nach der Geburt erfordern einen Aufbau, der von dem anderer Tiere völlig verschieden ist. Die Muskeln der Uteruswand verlaufen spiralförmig, so daß sich das Organ ohne passive Dehnung oder starkes Wachstum allein durch Materialverschiebungen der Muskeln vergrößeren kann, die eine Verdünnung seiner Wand zur Folge haben. Die Intensivernährung des menschlichen Fötus durch die hochdifferenzierte Plazenta findet auf engstem Raum statt und geht hauptsächlich zu Lasten der Mutter.(16)

Entwicklungsgeschichtlich ist wichtig, daß der Uterus diese Gestalt angenommen haben muß, bevor der Mensch vollkommen aufrecht ging, denn mit einem normalen Säugetier-Uterus könnten Aufrechtgehende keine Frucht austragen.

Für kein Säugetierweibchen ist es so lebensgefährlich zu gebären wie für die Frau. Ihr Kind hat ein viel größeres Geburtsgewicht als das anderer Primaten, wofür hauptsächlich das fast doppelt so große Gehirngewicht verantwortlich ist. Die Geburt dauert länger als bei den Primaten, was z. T. auf den aufrechten Gang zurückzuführen ist.

Es wäre falsch, zu behaupten, daß die Evolution der reproduktiven Organe der Menschenfrau bis heute unvollkommen oder nicht optimal ist; eher trifft vielleicht zu, daß ihre Entwicklung auf kleinstem Raum die beste »Notlösung« ist, die sich unter den Bedingungen des aufrechten Ganges denken läßt. Der Dammschnitt bei der Geburt, der in Entbindungskliniken heute fast immer prophylaktisch gemacht wird, ist nicht nur notwendig, weil die überernährten Frauen der Wohlstandsgesellschaften noch schwerere Babys bekommen.

> »Außer bei optimalen Pflegebedingungen werden nahezu hundert Prozent aller Frauen, die ihr erstes Kind voll austragen, bei der Entbindung verletzt. Selbst wenn äußerste Vorsicht waltet, kann es passieren, daß Geburtstraumen den Genitalstrukturen Schaden zufügen«,

schreibt die amerikanische Sexualforscherin Mary Jane Sherfey. Sie führt einen großen Teil der Frigidität von Frauen auf Genitalverletzungen durch die Geburt zurück, von denen sie meist selbst gar nichts wissen.(17)
Der Zoologe Joachim Illies schreibt:

> »Jede Geburt brachte die Mutter in unmittelbare Lebensgefahr; etwa 12 Prozent betrug im Mittelalter die Müttersterblichkeit, d. h. spätestens bei der siebenten bis achten Geburt starb gewöhnlich die Mutter, während von fünf Kindern nur eins überlebte.«(18)

Noch um 1930 schätzte der Generaldirektor des indischen Gesundheitswesens, daß ein Zehntel aller indischen Frauen irgendwann an den Folgen einer Schwangerschaft ums Leben kamen. Im 18. und 19. Jahrhundert starb in den Spitälern bis zu einem Drittel der Mütter kurz nach der Geburt am Kindbettfieber. In den überfüllten Krankenhaussälen war die Infektionsgefahr noch größer als unter primitiven hygienischen Verhältnissen bei Hausgeburten.(19)
Daß Tod und Lebensgefahr im Bewußtsein der schwangeren Frau eine Rolle spielen, zeigt eine Befragung von 500 Frauen, die beim Eintreffen in einem amerikanischen Entbindungsheim kurz vor der Niederkunft fast alle bekannten, der Gedanke an den Tod sei ihnen gekommen.(20)
Die übergroße Mütter- und Säuglingssterblichkeit waren also wahrscheinlich die wirksamsten Faktoren in der Evolution des weiblichen Körpers.

Für die Zoologen steht der bedeutsamste Unterschied des Menschen im Vergleich zu den Menschenaffen fest.

»Der nackte Affe ist der von allen Primaten am meisten geschlechtsbetonte – sagen wir ruhig: der sexyste Affe.«(21) Worauf gründet sich dieser Stolz, zur sexuell aktivsten Primatenart zu gehören?

Andere Primatenweibchen sind nur begrenzt sexuell, nämlich dann, wenn sie nicht schwanger sind und nicht säugen. Außerdem ist ihre Kopulationsbereitschaft, ausgelöst durch endokrinologische Reize, an Jahreszeiten, Klima und Befinden ihres Organismus gebunden.

> »Menschliche Weibchen verhalten sich ganz anders. Potentiell sind sie fast zu jeder Zeit empfängnisbereit. Sie können fast während ihres gesamten Monatszyklus und das ganze Jahr hindurch kopulieren. Warum erfolgte diese Veränderung? Welcher Vorteil ist damit verbunden?«

Die Primatenforscher Sarel Eimerl und Irven DeVore wissen darauf eine lesenswerte Antwort:

> »Hätten die menschlichen Mütter so wie die Affenweibchen während der Abhängigkeitsperiode der Kinder auf den Geschlechtsverkehr verzichten müssen, so würde die Unterbrechung ihrer sexuellen Aktivität Jahre gedauert und zur Schwächung oder Störung der Beziehungen geführt haben, die Männchen und Weibchen miteinander verbinden. Hätte jedoch, wie es tatsächlich der Fall war, eine Mutter schon bald nach der Geburt wieder sexuellen Kontakt haben können, so wäre man dieser Gefahr aus dem Wege gegangen.«(22)

Die Logik dieser Schlußfolgerungen ist keineswegs einleuchtend. Männchen und Weibchen bleiben in anderen Primatengruppen auch ohne dauernde sexuelle Beziehungen zusammen. Den eigentlichen Grund für die Entwicklung menschlichen Sexualverhaltens sehen die Autoren denn auch in neuartigen Bedürfnissen des Mannes.

> »Vielleicht war diese Veränderung auch eine Anpassung an eine neue psychologische Situation, die dadurch entstand, daß die Männer Jäger wurden. Obwohl die Sexualität eine angenehme Aktivität ist, kann sie bei aggressiven Tieren, die in Gruppen zusammenleben, jedoch auch einen sehr störenden Einfluß ausüben. Offensichtlich lösen Affen und Menschenaffen dieses Problem ohne weiteres, solange sie in ihrem natürlichen Habitat leben. Die Jagd hat

jedoch wahrscheinlich die menschlichen Männchen aggressiver gemacht, so daß sie durch die sexuelle Konkurrenz erregt wurden, was ja bei uns, ihren Nachkommen, tatsächlich der Fall ist. Besonders für Jäger dürfte aber jeder Kampf um das Geschlecht außerordentlich zermürbend sein, weil Zankereien und Groll ihre Fähigkeit und ihren Wunsch, beim Jagen zusammenzuarbeiten, empfindlich beeinträchtigt hätten. Wären jedoch ihre Weibchen dauernd empfängnisbereit, so würde der Streit weniger notwendig.«(23)

Danach ist die heutige weibliche Sexualität ein Produkt der Tatsache, daß Männer Jäger wurden.

Selbst wenn man das Denkmodell der Autoren grundsätzlich akzeptiert, bleibt ihre Erklärung abwegig, daß die häufigere Empfängnisbereitschaft der Frau sich entwickelt habe, um die Aggression in einer Männergruppe zu reduzieren. Je stärker und häufiger die Weibchen zum Geschlechtsverkehr bereit sind, desto mehr Rivalitäten sollte man unter den Männern erwarten. Die Jagd kann also wohl schwerlich der determinierende Faktor für die verlängerte sexuelle Ansprechbarkeit der Frau gewesen sein. Da den Autoren dieser Widerspruch irgendwie bewußt ist, behaupten sie, daß der nächste Schritt in der menschlichen Entwicklung die Aufteilung der Weibchen unter die Männchen war.

»Wenn außerdem jedes erwachsene Männchen ein Weibchen für sich hätte, so wären die Möglichkeiten für zersetzende Machtkämpfe um das Geschlecht schon erheblich herabgemindert.«(24)

Aber auch für Desmond Morris ist es unerläßlich, daß die Frau

»schon während des Stillens wieder zur Begattung bereit ist – anderenfalls wäre die Lage ja angesichts der langen Abhängigkeit der Kinder von ihr geradezu katastrophal«.

Da für ihn, von der Perspektive des heutigen Mannes gesehen, die Vorstellung längerer sexueller Abstinenz offenbar erschreckend ist, muß sich nach Morris in der menschlichen Urgesellschaft die »Paarbindung« entwickelt haben. Das passierte so:

> »Die Frauen mußten im Lager bleiben und die Kinder hüten, während die Männer zu jagen hatten ... Die Männer mußten sicher sein, daß ihre Frauen ihnen treu blieben auch in Abwesenheit der Männer während der Jagd. Folgerichtig hatte sich bei den Frauen die Tendenz zur Bindung an nur einen Mann – zur Paarbindung – zu entwickeln.«(25)

Diese Kausalkette ist, wie häufig bei Morris, verblüffend. Wenn alle Männer zusammen auf die Jagd gingen, hatten sie damit doch die absolute Sicherheit, daß ihre Frauen treu waren, auch ohne Entwicklung der Paarbindung.

Weil Morris sich nicht nur sicher ist, daß unsere Vorfahren, die prähominiden Frauen, den Tag damit verbracht haben, treu auf ihre Männer zu warten, sondern da es auch für ihn klar ist, daß sie vor der Entwicklung zur Paarbindung eine hierarchische Sexualordnung besaßen, fährt er so fort:

> »Der Anteil der Frauen an der Beute war zu erhöhen, die Sexualordnung mußte weniger tyrannisch werden, demokratisch sozusagen: Auch bei jedem Mann hatte sich die Tendenz zur Paarbindung zu verstärken. Der nackte Affe mußte die Fähigkeit gewinnen, sich zu verlieben, damit er sexuell auf einen einzigen Partner geprägt wurde ...«(26)

Da das Weib um des Mannes willen geschaffen wurde, hat die Evolution des weiblichen Körpers, aus der Sicht des zoologischen Playboys gesehen, aber noch weitere Einfälle gehabt. Der »nackte Affe« ist permanent sexuell und zur Kopulation bereit. Da nimmt es Morris wunder, daß bei diesem evolutionären Trend hin zum totalen Eros ein kleines Hindernis übriggeblieben ist, das Hymen.

Ei, warum, fragt er sich, hat Mutter Natur der wollüstigen Jungfrau diesen natürlichen Riegel vorgeschoben?

> »Indem das Hymen den ersten Begattungsversuch erschwert und schmerzhaft werden läßt, sorgt es dafür, daß er nicht leichtsinnig unternommen wird. Nun gibt es aber selbstverständlich in der Phase der sexuellen Reifung jenes Versuchen und Herumsuchen nach dem rechten Partner. Und die Jungmänner sehen eigentlich nicht ein, weshalb sie sich mit dem Begatten zurückhalten sollten. Bleibt die Paarbindung aus, so haben sie sich zu nichts verpflichtet und können weitersuchen, bis sie die Richtige finden. An-

ders die Jungfrauen: Wollten sie so weit gehen, ohne daß es zur Paarbindung kommt, könnte es sehr leicht passieren, daß sie schwanger sind und dem Tag entgegensehen müssen, an dem sie Elternpflichten zu übernehmen haben ohne jede Hilfe von männlicher Seite. Hier also soll das Hymen wenigstens etwas bremsen: Die Jungfrau soll erst wirklich starke und tiefe Gefühle entwickelt haben, bevor sie den letzten Schritt tut – so starke Gefühle, daß sie bereit ist, physisches Unbehagen auf sich zu nehmen, wenn sie die Beine spreizt.«(27)

Hier wird die Quintessenz der modernen bürgerlichen Ehe, der ja mittlerweile ein bißchen vorehelicher Verkehr vorausgehen darf, zum Prinzip der Evolution hochstilisiert. Ursache und Folge werden auf den Kopf gestellt, denn die Jungfrau des Paläolithikums, mit rudimentärer Sprache ausgerüstet, hat wie viele Jungfrauen nach ihr erst erfahren, daß es wehtut, wenn sie schon mitten in der Sache war.

Aus welchen privaten oder wissenschaftlichen Beobachtungen er die von ihm erfundene biologisch verankerte »Paar-Bindung« und die sexuelle Prägung auf einen Partner ableitet, läßt Morris wie so vieles offen.

Zwar ist die Ehe eine universale menschliche Institution und in jeder Gesellschaft bekannt, aber sie ist überall eine durchaus künstliche, willensgesteuerte Form des Zusammenlebens. In der Mehrzahl aller Gesellschaften war und ist auch heute noch »Verlieben« keine Voraussetzung der Ehe. Die zeitweilige sexuelle Vorliebe für einen bestimmten Partner ist eine ebenso flüchtige Angelegenheit wie die Liebesaffären und vorübergehende Partnerbevorzugung eines Schimpansenweibchens. Die beschriebene »Bindung« beruht – in vielen Teilen der Welt heute noch – auf der unfreiwilligen Eheschließung der Frau oder beider Partner.

Aber auch für Wissenschaftler, die die Evolution des Menschen nicht in der Art eines großen Kuchenbacken-Spiels der Natur beschreiben, zielt die Entwicklungsgeschichte der menschlichen Sexualität auf die Harmonie der Kernfamilie.

So schreiben Ann Roe und Lawrence Z. Freedman, beide international anerkannte Forscher auf dem Gebiet der Evolutionstheorie:

»Gewisse evolutive Veränderungen haben sich dahingehend ausgewirkt, daß die Sexualität ein grundlegender Faktor in der gesamten psychischen Entwicklung des Menschen wurde und daß sie ihre Signifikanz für die Reproduktion überschritt. Der Mensch ist vorzugsweise ein sexuelles Tier. Vielleicht am wichtigsten ist die Permanenz des sexuellen Triebes sowohl beim Mann wie auch bei der Frau. Unter den Säugern ist einzig der Mensch frei von den Begrenzungen zyklischer sexueller Triebe ... Es scheint durchaus möglich, daß diese Permanenz des sexuellen Triebes ein essentieller Faktor für die Konstanz der menschlichen männlich-weiblichen Beziehungen ist, die, zusammen mit der verlängerten Abhängigkeit des menschlichen Kindes, in der bekannten Einheit der Kernfamilie resultieren.«(28)

Diese Beispiele ließen sich fortsetzen, um die Spekulationssucht und die Voreingenommenheit auch von seriösen Wissenschaftlern in diesem Punkt zu belegen.

Der spezifische Entwicklungsweg der Sexualität ist aufgrund des heutigen Wissens über menschliches Sexualverhalten und das der anderen Primaten gar nicht in einem widerspruchsfreien Modell zu rekonstruieren.

Die Daten, die aus menschlichen Gesellschaften vorliegen, wurden fast ausschließlich in westlichen Ländern des 20. Jahrhunderts erhoben. Die Beobachtung von sexuellen Verhaltensweisen und der Physiologie bei Menschenaffen sind zum größten Teil in der Gefangenschaft, im Labor oder im Zoo, vorgenommen worden.

Daß auch andere Primatenweibchen orgasmusähnliche Gefühle erleben, ist bisher nur durch einige Untersuchungen belegt, deren Ergebnisse aber noch zu fragmentarisch sind, als daß sie gesichert erscheinen könnten.(29) Ebensowenig wissen wir darüber Genaues, wie groß unsere Abhängigkeit von hormonalen Einflüssen ist. Ein weiteres Problem ist die Frage, in welcher Stärke der Sexualtrieb genetisch angelegt ist und wie stark er durch die Ernährungsweise, durch die Ökologie oder durch die Situation (z. B. Krieg) beeinflußt wird.

Da alle diese Faktoren ungeklärt sind, ist der Spielraum für ideologiebefrachtete wissenschaftliche Deutungen besonders groß. Die adaptiven Vorzüge einer Entwicklung werden einseitig durch die Augen von Männern betrachtet, die die sexuelle Evolution des Menschen nur auf sich beziehen. So schreibt der deutsche Zoologe Irenäus Eibl-Eibesfeldt:

> »Durch eine Reihe von physiologischen Besonderheiten ist die Frau in der Lage, den Triebwünschen des Mannes auch außerhalb ihrer fruchtbaren Tage entgegenzukommen. Sie ist die meiste Zeit sexuell erregbar und bereit, sich dem Manne ihrer Neigung hinzugeben und ihn damit über die sexuelle Belohnung zu binden.«(30)

Daß diese ideale Abgestimmtheit des menschlichen Sexualverhaltens nur in der männlichen Phantasie existiert, zeigen die verwendeten Verben »entgegenkommen« und »hingeben«. In der Realität der meisten Gesellschaften hat sich die Frau den Triebwünschen ihres Mannes zu fügen, gleichgültig, ob sie dazu bereit ist oder nicht.

Die meisten Evolutionstheoretiker der Sexualität, die die ganzjährige sexuelle Ansprechbarkeit der Frau als vorteilhafte menschliche Errungenschaft rühmen, übersehen bei ihrer Interpretation, daß die größte sexuelle Verhaltensdifferenz zu anderen Primaten beim Mann besteht. Ein Schimpanse z. B. wird nur sexuell aktiv, wenn bei der Schimpansin dieses Verhalten biologisch erwünscht ist.

Die Schimpansenforscherin Jane van Lawick-Goodall beschreibt sehr anschaulich eine Szene in dem Reservat am Gombe-Strom. Ein junges Schimpansenweibchen, dessen Brunstschwellung bereits abgeklungen war, versuchte danach noch ein paarmal, sich den Männchen zu präsentieren. Die Reaktion darauf war jedoch völlige Gleichgültigkeit.

> »Tatsache bleibt, daß sich die Schimpansenweibchen so entwickelt haben, daß sie sich nur zehn Tage im Monat mit den Männchen paaren können – vorausgesetzt, daß sie weder trächtig sind noch stillen, was für ältere Weibchen bedeutet, daß sie unter Umständen über einen Zeitraum von fünf Jahren hinweg auf jegliche sexuelle Aktivität verzichten müssen.«(31)

Bedürfnisse, die ein solches Weibchen offensichtlich nicht hat, bedeuten jedoch keinen »Verzicht«.

Das permanent sexuelle Tier, das auch ohne die geringste sexuelle Erregung und biologische Bereitschaft seiner Partnerin, ja sogar gegen ihren physischen Widerstand, kopuliert, ist der menschliche Mann. Seine Verhaltensweisen sind die große biologische Ausnahme im Vergleich mit anderen Säugetiermännchen. Und der »sexyste Affe« hat seinen übergroßen permanenten sexuellen Anspruch in den meisten Gesellschaften und Staaten im Eherecht kodifiziert. Kopulation ist Pflicht für die Ehefrau. Vielleicht hängt die Ungebundenheit und Selbststeuerung des männlichen Triebs mit dem aufrechten Gang zusammen. Das weibliche Sexualorgan ist dadurch versteckter geworden. Auch Brunstschwellungen, diese auffälligen optischen Signale, bei denen ödemartige Gebilde rund um den Vaginaltrakt entstehen, gibt es beim weiblichen Menschen als visuelle Auslöser nicht.
Die amerikanische Psychotherapeutin Mary Jane Sherfey, eine Mitarbeiterin des Sexualforschers Kinsey, hat in ihren eigenen Arbeiten versucht, die Evolutionslinie von der Sexualität der weiblichen subhumanen Primaten zur sexuellen Reaktion der Menschenfrau zu ziehen. Sie sieht die Brunstschwellung der Primaten bei dieser transformiert zu dem hormonal gesteuerten prämenstruellen Syndrom, das in der Mitte des Zyklus beginnt und große Wasseransammlungen im Körper bewirkt, hauptsächlich im Uterus und im gesamten Beckenraum der Frau. Aber auch sie weiß keine zufriedenstellende Erklärung für den totalen Östrus-Ausfall der subhumanen Primaten während der Stillzeit. Sie ist der Ansicht, daß der Eisprung während der Stillzeit und der damit wieder beginnende Menstruationszyklus »nicht ein speziell adaptives Phänomen, sondern eher ein rein zufälliges Nebenprodukt« der weiblichen Sexualentwicklung ist, und führt es auf die »enorm gesteigerte Hormonausschüttung« zurück, »die den Fortpflanzungstrakt und den gesamten Rest des Körpers auf die Schwangerschaft vorbereitet.«(32)

1934 studierte der amerikanische Forscher Peckham das Wiedereinsetzen der Periode bei 2885 Frauen. Bei 34 Prozent kam die Menses zwei Monate nach der Geburt wieder. Nach dem Ende des sechsten Monats hatten 70 Prozent eine Blutung. In einer anderen Studie fand man, daß zwischen 42

und 63 Prozent der stillenden Frauen, die bereits wieder regelmäßig menstruierten, ihre ersten Zyklen ohne Eisprung hatten.
Eine Mutter, deren eigener Ernährungszustand zu wünschen übrigläßt, und die voll stillt, ohne daß das Kind zusätzlich gefüttert wird, hat nach Ansicht einer amerikanischen Expertin die meisten Chancen, nicht sofort wieder schwanger zu werden.(33)

Der männliche Sexualtrieb, losgelöst von den auslösenden Signalen der Partnerin, und der schon bald nach der Geburt wieder einsetzende Zyklus sind die beiden Faktoren, die zum größten Teil verantwortlich für die biologische Tragödie der Frau sind. Sie kann zu jeder Zeit gegen ihren Willen, auch in einem körperlich geschwächten Zustand, geschwängert werden.
Die »Paar-Bindung« bedeutet für sie ständige Lebensgefahr durch zu schnell aufeinanderfolgende Geburten. Dennoch wird die allmonatliche Empfängnisfähigkeit der Frau, die dem Mann ständige sexuelle Attacken ermöglicht, von den meisten Zoologen als evolutiver Vorteil unserer Art gefeiert. Aber die Freiheit »von den Begrenzungen zyklischer sexueller Triebe« hatte in der menschlichen Reproduktionsgeschichte einen ungeheuren Verschleiß des mütterlichen Körpers zur Folge.
In der Entwicklungsgeschichte der menschlichen Fortpflanzung hat die ungleiche Beteiligung der beiden Geschlechter an dieser Aufgabe nicht nur zu einer fundamentalen sozialen Ungerechtigkeit geführt, sondern auch zu einem dauernden psychischen Konflikt der Frauen, der sich mit dem Erleben keines anderen Primatenweibchens vergleichen läßt.
Die relative Freiheit von genetisch fixierten Verhaltensweisen, die Möglichkeiten der Selbstbestimmung, die im Menschen angelegt sind, existieren für die Frau zwar genauso wie für den Mann, in bezug auf die Fortpflanzungsfunktion ihres Körpers ist sie jedoch biologisch unfrei geblieben.
Sie muß den zermürbenden Widerspruch zwischen ihrem freien Willen und der Fremdbestimmung ihres Körpers permanent aushalten.
Shulamith Firestone hat die Schwangerschaft eine Deformie-

rung der Frau zugunsten der Art genannt. Diese Formulierung trifft jedoch nicht den wahren Kern des weiblichen Dilemmas, das darin liegt, daß Frauen keine freie Wahl darüber besitzen, ob sie schwanger sein wollen oder nicht. Eine Frau, die ein Kind will, lebt, wenn sie schwanger wird, in Identität mit ihrem biologischen Zustand. Eine Frau, die gegen ihren Wunsch schwanger ist, lebt mit ihrem Körper im Krieg. Der Fötus ist ein Fremdkörper, dessen Wachstum sich in ihr vollzieht, ohne daß sie etwas aus eigener Kraft und eigenem Willen dagegen ausrichten kann. Ihre biologische Funktion bringt ihrem Ich eine entsetzliche Niederlage bei. Dieser Streßsituation zwischen Körper und Bewußtsein ist kein Mann ausgesetzt.

Nur in Gesellschaften, die Frauen sexuelle Freiheiten zugestehen und nichteheliche Kinder ohne sozialen Makel integrieren, ist dieser grundsätzliche Konflikt der Frau gemildert. Mutterschaft bringt dort in jedem Fall soziale Anerkennung, auch wenn sie nicht gewollt war.

In dem Maße, in dem eine Frau die negativen sozialen Konsequenzen ihrer Fruchtbarkeit für sich überblickt, muß sie jede ungewollte Schwangerschaft als eine Körperverletzung empfinden, als einen imperialistischen Akt, der ihre Integrität und Autonomie zerstört.

Den größten Teil ihrer Geschichte haben sich Menschen vom Sammeln von Kleintieren (Insekten, Würmern, Käfern, Ratten) und Knollen sowie von der Jagd ernährt. In Jäger- und Sammlerinnen-Gruppen ist Fruchtbarkeit ein ambivalenter Wert. Abtreibungspraktiken, und bei deren Versagen Kindestötung, sind durchweg üblich. Große Kinderliebe und die negative Bewertung der Schwangerschaft als ständige Bedrohung für das Überleben der Gruppe sind gleichermaßen typisch für die Einstellung dieser Völker zur Fruchtbarkeit. Der innere Zwiespalt, daß ein- und dieselbe Funktion ihres Körpers, die sie nicht selbst bestimmen kann, gleichzeitig negativ und positiv von der Gemeinschaft bewertet wird, ist nur für die Frau erfahrbar und setzt sie unter einen ständigen psychologischen Druck.

Bei einigen Stämmen Zentralaustraliens wurde die Vernichtung weiblicher Fruchtbarkeit durch eine brutale Operation erreicht, die alte Männer an jungen Mädchen vornahmen. Die

Mädchen wurden dabei nicht nur grausam beschnitten. Einigen von ihnen zerrte man zusätzlich auch einen Teil der Gebärmutter heraus. Den europäischen Forschern des 19. Jahrhunderts wurden dafür folgende Gründe genannt: Man wolle vorbeugen, »daß die Frau fremden Stämmen Kinder gebäre und durch das Tragen von Kindern behindert werde, das trockene und wenig Nahrung bietende Land zu durchziehen.«(34)

Während Desmond Morris die sexuelle Ansprechbarkeit der Frau, die schon kurz nach der Geburt wieder geschlechtlich erregbar sei, für einen grundlegenden Vorteil unserer Gattung hält, haben sich fast alle Naturvölker Tabus auferlegt, die mindestens über einige Monate, meistens jedoch für ein bis vier Jahre nach der Geburt den Geschlechtsverkehr der Ehepartner verbieten.(35) Daß solche Gebote, die im Interesse der Gesundheit von Mutter und Kind, aber auch im Interesse des Überlebens der Gruppe standen, in einer Gesellschaft hauptsächlich von Frauen durchgesetzt wurden, ist mehr als wahrscheinlich.

Zu Beginn dieses Jahrhunderts, als sie mit ihrem Mann in Afrika Studien machte, entdeckte die Engländerin Katherine Routledge, daß die durchschnittliche Geburtenzahl der Mütter bei den Akikuyu weniger als vier war. Sie war jedoch noch mehr überrascht, als sie herausfand, daß die Kindersterblichkeit nur 84 auf tausend Geburten war, verglichen mit 138 auf 1000 Geburten im England ihrer Zeit.(36)

Angehörige vieler Naturvölker waren geschockt, wenn sie bei ihren ersten Kontakten mit Weißen hörten, daß europäische Mütter mehr als zehn Kinder zur Welt brachten.

> »Da die Säugungszeit sich gar nicht selten über mehrere Jahre hin erstreckt, so ist die geschlechtliche Trennung der Gatten dann eine außerordentlich lange dauernde. Es ist das sicherlich ein sehr bemerkenswerter Zug im Völkerleben, der wohl verdient, als eine halb unbewußte Maßregel primitiver Hygiene aufgefaßt zu werden«,

schrieben Ploss-Bartels gegen Ende des vorigen Jahrhunderts. Bei den Baktrern, den Medern und den Persern wurde für den Beischlaf während des Wochenbetts und der Stillzeit die gleiche Strafe festgesetzt »wie für einen Coitus in der

Menstruation: 200 Ruthenstreiche oder die Zahlung von 200 Desems waren die Strafe für denjenigen, welcher gegen das Verbot sündigte«.(37)

Da die Wöchnerin Ruhe haben soll, wird sie in vielen Gesellschaften von ihrem Mann völlig getrennt. So beschreibt Johann Frick die früheren Vorschriften bei einem chinesischen Volk.

> »Die meisten Männer halten sich heute noch an das Besuchsverbot und kommen weder bei Tag noch bei Nacht zu ihrer Frau. Den jungen Mann, der seine Frau gerne besuchen möchte, hält die Verachtung der anderen ab, nicht selten auch ein strenges Wort der eigenen Mutter, die sich schützend für die Schwiegertochter einsetzt. Manche energische Schwiegermutter legt sich nachts zu ihrer Schwiegertochter ..., um das mögliche Eindringen des Sohnes zu verhindern ... Gefährlicher ist es, wenn ... die Räumlichkeiten beschränkt sind. In diesem Fall kommt es wohl vor, daß der Mann auch in der Zeit des Wochenbettes den ehelichen Verkehr verlangt. Nach den Aussagen einer Hebamme, die das Leid der meisten Frauen kennt, ist der Beischlaf innerhalb des ersten Monats immer sehr schmerzhaft für die Frau und sehr gefährlich. Nicht wenige holen sich dadurch langdauerndes Siechtum oder gar eine todbringende Krankheit.«

Falls der Mann es dennoch versucht, und es kommt zu einer neuen Schwangerschaft und Geburt innerhalb eines Jahres,

> »so hat das Volk nur sehr ehrenrührige Vergleiche aus dem Tierreich, und zwar nur für den Mann, die Frau erklärt der Volksmund als unschuldig und bemitleidenswert«.

Geschlechtsverkehr in dieser Zeit führt nach Ansicht der Chinesen zu einer gefürchteten und verhängnisvollen austrocknenden Krankheit, die kan ping genannt wird. Sie befällt nach Fricks Schilderungen nur das weibliche Geschlecht von der Reifezeit bis Mitte der zwanziger Jahre.

> »Wesentlich ist das Ausbleiben der monatlichen Blutung beim reifenden Mädchen oder Aufhören der Blutungen nach der ersten oder nach wenigen Blutungen bei Jugendlichen, nach einem körperlichen oder seelischen Erlebnis bei jungen Frauen. Damit geht Abmagerung, Blutarmut,

Übererregtheit, die allmählich in Apathie umschlägt, Gelbsucht und Kachexie zusammen.«(38)

Da es sich offenbar um eine psychosomatische Krankheit handelt, half auch die Behandlung mit westlicher Medizin in diesem Fall nicht.

Die Erklärung, die einige Autoren für das Vorkommen des Post-partum-Tabus angeben, ist nicht ganz einleuchtend. Gesellschaften, in denen sich die Frauen länger als ein Jahr nach der Geburt vom Geschlechtsverkehr zu enthalten haben, sind nach Auffassung des amerikanischen Forschers Whiting durch einen geringen Eiweiß-Verzehr und durch Polygamie gekennzeichnet. Ob Polygamie ursächlich mit dem Post-partum-Verbot zusammenhängt, ist jedoch nicht unbedingt wahrscheinlich in Gesellschaften, in denen außerehelicher Verkehr gesellschaftlich toleriert ist.

Wichtig ist jedoch, daß unter westlichem Einfluß und vor allen Dingen unter dem Druck von Missionaren und Missionsschulen dieses lange Post-partum-Tabu, das Mutter und Kind schützte, in vielen Teilen der Welt aufgegeben wurde.

»Von den alten Frauen wird es heftig kritisiert, daß die modernen Frauen mehr als ein Kind alle drei Jahre haben«,

schreibt Ulli Beier über die Yoruba in Nigeria.(39)

Ein langfristiges Verbot des Geschlechtsverkehrs nach der Geburt – solch eine humane Regelung fand sich in keiner der sogenannten Hochkulturen. Im christlich-jüdischen und im islamischen Kulturkreis mußte sich die Frau entweder schon kurz nach der Geburt oder nach einer vier- bis sechswöchigen Enthaltsamkeitsperiode wieder dem Sexualverkehr unterwerfen. Auf den Status einer reinen Gebärmaschine und eines Produktionsmittels zur Nachkommen-Erzeugung ist sie hauptsächlich in den Zivilisationen gesunken, die die Welt beherrscht haben, und mit ihrer Weltherrschaft haben sie den anderen Völkern auch diese »Segnung« zuteil werden lassen.

Wie weit die Vernichtungswünsche von Männern gegenüber jedem Selbstbestimmungsanspruch von Frauen über ihren Körper gehen, zeigen die zynischen Bemerkungen eines berühmten deutschen Nationalökonomen, Werner Sombart, der zu Anfang dieses Jahrhunderts von Frauen die permanente Schwangerschaft im Dienste der Rassenbiologie forderte:

»Alles, was wir an Erfahrungen über die notwendigen Voraussetzungen einer sich physiologisch normal entwikkelnden Rasse wissen, ist, daß in dem Rahmen einer solchen Entwicklung für das Menschentum der Frau kein Platz ist, daß vielmehr das Gattungsinteresse nicht mehr und nicht weniger fordert, als daß die Frau zwischen dem 20. und 40. Jahr in Intervallen von je 12 Monaten sich der Schwangerschaft auszusetzen gewillt ist und dazu imstande bleibt. Unter diesem Minimum von Leistung vermag sich der Genius der Gattung nichts herunterhandeln zu lassen.«(40)

24. Kapitel

Psychoanalyse und Zoologie: Die neuen Fundamente des Mutterkults

»Die Gegner der modernen Frauenbewegung freilich sehen in der Mütterlichkeit des Weibes die Verbürgung der Rechte des Kindes. Daher ihre feindliche Haltung gegen die umstürzlerischen Weiber der Emanzipation, die, wie es scheint, nichts Geringeres planen als einen neuen bethlehemitischen geistigen Kindermord.« *Hedwig Dohm*

»Nicht anders in ihrem Verhältnis zum Kinde, vor und nach seiner Geburt, diesem typischsten aller Verhältnisse, das so tief in das Untermenschliche hinabreicht.«
Georg Simmel

Mit Freuds Entwicklungspsychologie und all den Anregungen, die sie auf die Wissenschaft ausübte, begann die letzte Phase der gesellschaftlichen Entmachtung der Frau. Ein bis dahin unangetasteter Bereich, in dem Frauen durch ihr Wissen und ihre Erfahrung dominierten, in dem sie als einzige kompetent waren, wurde vermännlicht. Die Erziehung des Kleinkindes – ein weibliches Erfahrungs- und Wissensmonopol – geriet unter die Aufsicht und ideologische Kontrolle von Männern, die diese Einmischung mit ihrem wissenschaftlichen Interesse legitimieren konnten.
Die Selbsterfahrung der Frau, ihr unbefangener Umgang mit dem Kind, wurde konfrontiert mit unbewiesenen Theorien über die lebenslangen negativen Folgen dieses Mutter-Kind-Verhältnisses – eine gewaltige Quelle von Schuldgefühlen, und neue Möglichkeiten der Erpressung der Frau wurden so geschaffen.
Die wissenschaftliche Versuchsanordnung, in der diese Kleinkindbeobachtungen zum großen Teil gemacht werden, wirkt wie eine schlechte Karikatur patriarchalischer Hoheitsverhältnisse. Der Therapeut und Vater sitzt mit gezücktem Notizbuch daneben, wenn seine Frau das Kind wik-

kelt, wartet ab, bis diese ihm den gereinigten Säugling zur Begutachtung überreicht, und schildert ausführlich »ihre« – nicht etwa »seine« Gefühle bei der Säuglingspflege. Nicht anders ist z. B. das folgende Zitat von Erik H. Erikson zu verstehen:

> »Der erwachende Säugling sendet eine Botschaft an seine Mutter aus und löst in ihr sogleich ein ganzes Repertoire gefühlsgesteuerten Verhaltens in Worten und Handlungen aus. Sie nähert sich ihm, spricht ihn mit heiterer oder besorgter Stimme an und beginnt zu handeln, indem sie mit allen Sinnen, durch Sehen, Fühlen, Riechen die möglichen Quellen des Unbehagens feststellt. Dann beginnt sie, seinen Bedürfnissen durch die nötigen Dienstleistungen abzuhelfen, indem sie ihn neu wickelt und bettet, seine Nahrung bereitet, ihn aufnimmt usw. Wenn man das mehrere Tage lang beobachtet . . ., so wird einem klar, daß dieses tägliche Geschehen hochgradig formelhaft verläuft: Die Mutter scheint sich verpflichtet zu fühlen (und zugleich große Lust daraus zu schöpfen), eine Handlungsfolge zu wiederholen, die im Kinde vorhersehbare Reaktionen erweckt, was wiederum sie dazu ermutigt, in dieser Weise fortzufahren.«(1)

Die Situation ist absurd – Männer, die nicht bereit sind, die mit der Säuglings- und Kinderpflege verbundene Arbeit mit ihren Frauen zu teilen, wählen als Forschungsgegenstand das frühe Kleinkindverhalten. Säuglinge sind für Männer also als Forschungsobjekte interessant, nicht aber als Objekte väterlicher Betreuung und väterlicher »Dienstleistungen«. Liest man das Erikson-Zitat genauer, dann sind alle die uralten männlichen Klischees vom Mutterinstinkt darin zu finden. Mütterliches Verhalten ist ausschließlich »gefühlsgesteuert«; sozusagen auf animalischer Stufe, durch Fühlen, Riechen, Sehen, beginnt die Frau die Quellen des Säuglings-Unbehagens zu erspüren. Ihre Intelligenz ist im Mutterschaftsverhalten offenbar außer Einsatz.

Es gehört schon viel männliche Ignoranz dazu, zu glauben, daß der Mutter aus dem Riechen an kotgefüllten Windeln »große Lust« erwächst.

Schon bevor sich unter dem Einfluß der Psychoanalyse männliche Forscher daran begaben, Vorschriften für die Kleinkindbetreuung zu formulieren, hatten zu Beginn des 19. Jahrhunderts die Frauen mit der Entwicklung der Gynäkologie und der Geburtshilfe einen wichtigen Praxisbereich verloren. Die Innovationen auf diesem Gebiet stammten alle von Männern, die einerseits Zugang zur anatomischen Wissenschaft hatten, andererseits bei ihrer Arbeit auf das uralte überlieferte Hebammenwissen zurückgreifen konnten.
Das politische Ergebnis dieses Kompetenzentzugs über die Geburtshilfe ist der organisierte Widerstand der Gynäkologen gegen das Recht auf Selbstbestimmung über den eigenen Körper und die Verweigerung des Schwangerschaftsabbruchs, der bisher in allen Ländern gegen den Widerspruch der Ärzteschaft durchgesetzt werden mußte.
Die große Masse der Frauen bezieht heute ihre Ansichten über Kindererziehung nicht mehr aus der mündlichen Tradition ihrer eigenen Mütter und Großmütter, sondern aus Taschenbuch-Reihen und Eltern-Zeitschriften, die untereinander um die Veröffentlichung der letzten mythischen Einsichten der Kinderpsychologen konkurrieren.
Die Folge davon ist, daß es kaum einer Frau gelingt, dieser vorgefertigten Perspektive und Wahrnehmungsweise einer bestimmten sich für wissenschaftlich ausgebenden Schule zu entkommen – geschweige denn, sich dagegen aufzulehnen, wenn ihre eigenen Beobachtungen ihr andere Schlüsse nahelegen.
Dabei waren Freud und seine zeitgenössischen Jünger Männer, die sich um eine empirische Erforschung des Säuglingsverhaltens gar nicht bemühten. Ihre Lebensweise war viel zu patriarchalisch, um auch nur eine zeitweilige systematische Säuglings- und Kleinkindbeobachtung zuzulassen.
Freuds Entwicklungspsychologie war das Ergebnis von Hypothesen, die er vor allem aus der Analyse und Interpretation von Lebensgeschichten Erwachsener gewonnen hatte. Da der Vater erst in der Ödipussituation zu einem beeinflussenden Faktor der kindlichen Entwicklung wird, konstatiert Freud, jeder Mensch kenne ursprünglich nur zwei Gegenstände der Liebe, »sich selbst und das pflegende Weib«.
Der erste Analytiker, der seinen Forschungsschwerpunkt auf

die Kinderbeobachtung verlegte, war Freuds jüngste Tochter Anna. Sie schreibt:

»Die Aufeinanderfolge der libidinösen Entwicklungsphasen (oral, anal, phallisch), die Einzelheiten von Ödipus- und Kastrationskomplex, das regelmäßige Vorkommen einer Amnesie für die frühe Kindheit waren als Funde ausnahmslos das Ergebnis der Analyse von Erwachsenen. Was im Mittelpunkt des analytischen Interesses stand, war keineswegs eine direkte Beschäftigung mit dem Kind, sondern Rückschlüsse auf Kindererlebnisse, wie sie in der Erwachsenenanalyse gemacht werden konnten.«

Trotz des gewaltigen Einflusses der psychoanalytischen Forschung auf die Erziehungspraxis der Eltern scheint Anna Freud am Ende ihres Lebens nicht recht glücklich mit deren pädagogischen Möglichkeiten zu sein.

»Ein Rückblick auf das erste halbe Jahrhundert psychoanalytischer Erziehungslehre läßt keinen Zweifel an ihrem unfertigen und widerspruchsvollen Charakter ... Für die pädagogische Welt blieb es enttäuschend, daß die neue psychoanalytische Erziehungslehre nicht vollkommener war als die ihr zugrunde liegende Theorie, mit der sie Schritt halten mußte, nämlich lückenhaft, unsystematisch und in fortwährender Veränderung begriffen.«

So zieht sie die ernüchternde Bilanz:

»Im großen und ganzen bleibt also die psychoanalytische Pädagogik hinter dem Ziel zurück, das sie sich anfangs gesteckt hatte. Die unter dem neuen Regime aufgewachsenen Kinder mögen in mancher Hinsicht anders sein als die Kinder früherer Generationen. Sie sind aber nicht freier von Angst und von Konflikten und darum neurotischen und anderen psychischen Störungen nicht weniger ausgesetzt.«(2)

Die negativen Hauptfolgen der Theorie ihres Vaters unterschlägt Anna Freud – nämlich die Ideologisierung der Mutterschaft bei den Massen der amerikanischen und europäischen Mittelschichten, deren Ursache Freuds Behauptung war, daß der Säugling als Triebbündel auf die Welt kommt und, der mütterlichen Allmacht unterworfen, ein passives Produkt seiner durch die Mutter erfahrenen Befriedigungen und Frustrationen wird.

Zwar sah Freud die Mutter ihrerseits in ihrem Verhalten determiniert, aber nicht durch ihre minderwertige, abhängige Position in der Gesellschaft oder durch ökonomische Sachverhalte. Die Haltung der Mutter zum Säugling wurde in seiner Sicht nicht durch reale Umweltfaktoren bestimmt, sondern ging aus der Verarbeitung ihrer eigenen ödipalen Situation hervor. Hatte sie Glück, und das Neugeborene war ein Junge, konnte sie sich auf vollkommene Weise ihren uralten, aus der Ödipussituation stammenden Wunsch befriedigen, nämlich den »geraubten« väterlichen Penis in ein männliches Baby zu verwandeln.

Das Bild des Säuglings bei Freud und das der Mutter ähneln sich – beide werden in ihren Beziehungen zueinander eindimensional beschrieben. Wer den Säugling ausschließlich als oral und triebunterworfen sieht, definiert komplementär dazu die Frau als Lustobjekt des Kindes, die für jede Lustunterbrechung der Gesellschaft gegenüber verantwortlich ist. Erikson, der den Begriff »Urvertrauen« prägte, schreibt:

> »Die orale Phase bildet also beim Kind die Ursprünge des Grundgefühls des Vertrauens und des Grundgefühls des Schlechten aus, die durch das ganze Leben Quelle der Urangst und der Urhoffnung bleiben.«(3)

Erikson unterstellt Säugling und Mutter beim Stillen dieselbe emotionale Eindimensionalität:

> »In dieser Zeitspanne lebt und liebt das Kind durch und mit dem Mund, und die Mutter lebt und liebt durch und mit ihren Brüsten.«(4)

Jede Panne in der Produktion von Mutterliebe und Muttermilch wird zum individuellen Verschulden der Frau. Denn selbst die Tatsachen der Natur – die Ungleichheit individueller körperlicher Voraussetzungen wie z. B. geringe Milchbildung, ungeeignete Brustwarzen, körperliche Schwäche des Säuglings – werden der Frau angelastet. Das Bild, das tiefenpsychologisch orientierte Kinderärzte, Gynäkologen und neuerdings auch Zoologen und Ethnologen von der Beziehung zwischen Mutter und Kind zeichnen, zeugt von dem Glauben, daß die Natur »ideal« arbeite und eine prästabilierte Harmonie bilde, die die nichtstillende Frau mit ihren egoistischen Motiven absichtsvoll zu stören versuche.

In der gesamten tiefenpsychologischen Literatur wird die Flaschenernährung, die im 20. Jahrhundert vorherrschende Methode der Säuglingsernährung, kaum oder nur negativ registriert. Denn es ist die Mutterbrust, der in der psychoanalytischen Theorie quasi dämonische Eigenschaften zugeschrieben werden (als das introjizierte böse Objekt).
Im zweiten Stadium der Oralität, in dem das Kind Zähne bekommt, wird die Grundlage für seine sadistischen und aggressiven Triebe gelegt. Das Kind hat einen Drang zu beißen und verletzt die mütterlichen Brustwarzen. Die Mutter reagiert frustrierend auf diese »kannibalischen« Impulse des Kindes. Da kaum eine Mutter in der entwickelten Welt bis zu diesem Zeitpunkt stillt und das Beißen auf den Sauger durch keine Frustrationsreaktion der Mutter beantwortet wird, müßte sich das Phänomen der Aggression nach der Logik der Freudianer in den letzten Jahrzehnten wesentlich reduziert haben.
Da aber entgegen ihrem Anspruch die Tiefenpsychologie keine naturwissenschaftliche Methode besitzt, können ihre Autoren immer wieder neue Ursache-Folge-Modelle aufstellen, da sie nicht unter dem Zwang stehen, diese statistisch zu verifizieren. Niemand wird leugnen, daß die frühen Mutter-Kind-Beziehungen einflußreiche Faktoren der Persönlichkeitsbildung sind, nur welche Einflüsse welche Effekte haben, ist ein kaum geklärtes und zu klärendes Problem, das jedoch die Analytiker nicht davon abhält, immer neue Mutmaßungen darüber zu entwerfen.
Einer der Hauptverfechter dieser neuen Mutter-Kind-Biologie ist der deutsche Zoologe Bernhard Hassenstein. Für ihn sind Zoologie, Verhaltensforschung und Psychologie in einen »fruchtbaren Dialog« getreten. Das Ziel dieses Dialogs läßt sich unschwer erraten: neue Verhaltensvorschriften für die totale Mutterschaft quer durch die Wissenschaften.

> »Das Verhältnis zwischen Trinkmenge und Sauganstrengung bzw. Schluckzahl hängt bei Flaschenkindern von der Größe des Loches im Flaschensauger ab. Geht das Trinken wegen eines zu groß gemachten, erweiterten Loches schneller, als es der Brusternährung entspräche, so verschiebt sich das Verhältnis zwischen zwei Komponenten der zentralnervösen Antriebsreduktion (Sättigung) ...«

Für ihn spricht die Tatsache, daß eine Mutter ein zu großes Loch in einen Sauger macht, gegen die Flaschennahrung insgesamt.

> »Kein Mensch kann heute schon genau sagen, was man durch all diese chronischen Antriebssteigerungen somatisch und für die spätere psychische Entwicklung anrichtet. Aber ein Verdacht verdichtet sich immer mehr: daß orale Süchte und Depressivität als Spätfolgen frühkindlicher oraler Frustrationen zu fürchten sind.«

Was kein Mensch sagen kann, Hassenstein sagt es deutlich genug. Für ihn gibt es eine

> »selbsttätige Regelung der Nahrungszufuhr des jungen Organismus innerhalb des Systems Säugling–Mutter«.
> »Mutter und Säugling bilden beim Menschen wie beim Tier ein sich selbst steuerndes System, das die zuträgliche Ernährung des Säuglings gewährleistet.«(5)

Was stimmt nun an diesen Behauptungen der idealen natürlichen Systeme eigentlich?
Eine amerikanische Untersuchung aus dem Jahr 1959, die von einem Autor stammt, der keinesfalls ein Propagandist der Flaschennahrung ist, zeichnet ein nüchternes Bild. Der Autor der Studie, F. E. Hytten, analysierte mehrere hundert Stichproben, die er den Müttern über einen Zeitraum von 24 Stunden bei jedem Stillakt entnahm. Bei einem Drittel fand er, daß sie den Bedürfnissen des Säuglings inadäquate Quantitäten an Milch produzierten, daß die Qualität nicht ausreichend war, oder beides. Drei Monate nach der Geburt fühlten sich die meisten Mütter ungewöhnlich müde. Nur 2 von 106 Frauen, deren eigene Mütter zur Unterstützung im Haushalt waren, hatten keinerlei Schwierigkeiten mit dem Stillen. Zwei Drittel von ihnen gaben die Brustnahrung auf.(6)

Beim Stillen wie bei der angeblich schmerzlosen Geburt wird außerdem immer wieder ein falsches Bild von den Naturvölkern gezeichnet. Danach sollen Frauen, die naturnäher leben, keine Schwierigkeiten bei der Milchbildung haben. Der amerikanische Sexualforscher Ford schloß jedoch aus der Existenz zahlloser Methoden, die den Milchfluß verbessern sollen, daß diese Frauen genau dieselben Probleme haben wie Frauen der industrialisierten Welt. Nur »erwarten sie nicht, daß jedes Kind in einem Zustand rosiger Gesundheit überlebt; viele ihrer Babys sterben einfach.«(7) Kinder, die auch nach dem ersten Lebensjahr immer noch nur von der Brust leben müssen, sind meistens unterernährt.

Schon einmal hat es – philosophisch begründet – eine solche Bewegung gegeben, die die selbstvergessenen Frauen zu ihren Naturpflichten zurückführen sollte – eine Ideologie, die die Behauptung von der natürlichen Freiheit des Mannes mit der Feststellung der natürlichen Unfreiheit der Frau nahtlos verband, wie es die Schriften von Jean-Jacques Rousseau tun, der ganz Europa in einen »Natürlichkeits-Wahn« versetzte. Einer seiner Anhänger, der deutsche Dichter Jean Paul, schimpfte und mahnte seine Zeitgenossinnen – all jene Frauen, die leichtfertig sich lieber mit dem Liebhaber und Vater abgäben, als den hilflosen Säuglingssohn an der Brust zu stillen.

Allen Zurück-zur-Natur-Bewegungen ebenso wie dem von christlichen Theologen behaupteten Naturrecht liegt das Bedürfnis zugrunde, in der äußeren wahrnehmbaren Welt unverrückbare, unveränderliche Ordnungen zu finden. Das Verhältnis zwischen Mutter und Kind ist dieser Art von Denken ein sicherer Anhaltspunkt für die Ewigkeit der Natur. Der natürliche, vom Willen unabhängige biologische Teil der Mutter-Kind-Beziehung (Schwangerschaft und Milchbildung) dämpft die Ängste der männlichen Weltbetrachter, die sich an etwas absolut Gutes, Vernünftiges und Unwandelbares im menschlichen Dasein halten wollen. Das Relative, dauernd in Veränderung Begriffene, und die Fülle aller individuellen Unterschiede in der Natur sind für sie eine schreckliche Vorstellung. Je schneller der von ihnen selbst verursachte gesellschaftliche Wandel und der technische Fortschritt, desto größer das Bedürfnis der Männer nach dem ewig Natürlichen, das ihnen Boden unter den Füßen gibt.

Für dieses Denken ist das Realitätsprinzip unerträglich, daß alle biologischen Funktionen und alle Substitute dafür (z. B. Flaschennahrung) gleichzeitig Vor- und Nachteile haben können, die situations-, kultur- und personenabhängig sind.

Für eine Mutter im Europa des 20. Jahrhunderts, die die Möglichkeit besitzt, jederzeit Flaschen zu sterilisieren und auf den Säuglingsorganismus abgestellte Milchpräparate zu verwenden, ist diese Ernährung nicht nur risikoloser, weil sie sich selbst und dem Baby Komplikationen durch Bruststillen erspart, sondern unter Umständen auch gesünder für das Baby. (Man denke an die hohe DDT-Konzentration, die noch vor einiger Zeit in der Muttermilch gefunden wurde.)

Stillen verlangt außerdem eine ungewöhnliche Ausgeglichenheit der Mutter, die von der Kernfamilie, in der die Mutter den Haushalt und eventuell andere Kleinkinder allein betreuen muß, nicht sehr gefördert wird. Jede seelische Belastung und Aufregung kann den Milchfluß versiegen lassen. Andererseits kann in tropischen Entwicklungsländern, wo Milchpräparate und Säuglingsnahrung teure Importartikel sind und Möglichkeiten zur Sterilisierung kaum bekannt sind, die unsachgemäße Verwendung fertiger Säuglingsnahrung lebensgefährliche Folgen haben. (Fälle dieser Art wurden in letzter Zeit aus Entwicklungsländern berichtet.)

Wer also für oder gegen das Stillen argumentiert, sollte es nicht mit dem Argument »natürliche Pflicht« tun, sondern auf dem Hintergrund ökonomischer Bedingungen und dadurch gegebener Verhaltensspielräume.

Es wird auch in unserer Gesellschaft weiterhin Frauen geben, die gern die körperliche Erfahrung des Stillens und das intimere körperliche Verhältnis zu ihrem Baby erleben wollen. Nur gegen unreflektierte patriarchalische Normen, die das Stillen mit der Brust als einzig richtiges Mutterschaftsverhalten vorschreiben und alles andere als ethisch minderwertig verdammen, müssen sich Frauen geschlossen wehren.

Wurde der »Stillzwang« Rousseaus von einigen Aristokratinnen und Bürgerinnen des frühen 19. Jahrhunderts eher als eine moralische Forderung verstanden, nach der sich die Frauen fortschrittlicher Kreise eine Zeitlang richteten, so behaupten die Tiefenpsychologen und Verhaltensforscher immer wieder den naturwissenschaftlichen Charakter ihrer Forderungen. Die 24 Stunden pro Tag währende Unentbehrlichkeit der Mutter für die Kleinkinderziehung wurde Anfang der fünfziger Jahre zum Dogma.

Dabei verkehrten sich nun merkwürdigerweise die klassengebundenen Frauenrollen. Es waren in erster Linie die bürgerlichen Frauen, die sich zu Hochleistungsmaschinen in der Produktion nachsichtiger, quantitativ unbegrenzter Mutterliebe entwickeln sollten. (Das trifft auch für das Stillen zu: nach einer englischen Studie aus dem Jahr 1963 gab es in Amerika und in England prozentual weitaus mehr Frauen aus höheren Einkommensschichten, die ihre Babys stillten.(8) Hatten in früheren Zeiten Frauen des Bürgertums ohne weiteres ihr Kind einer Amme oder einem Kindermädchen überlassen, wurde die mütterliche Präsenzpflicht nun hauptsächlich für diese Frauen gefordert. Die Abwesenheit der Arbeiterin von ihrem Kind wurde sozial geduldet – denn einmal brauchte man sie als billige Arbeitskraft, zum anderen verhalf die intensive und ausschließliche Mutter-Kind-Betreuung dem Bürgertum zum Gefühl einer ethischen Überlegenheit gegenüber den Proletariereltern, die ihre Beziehung zum Kind »dem Lebensstandard opfern«. (Ein Argument, das bei konservativen Familienpolitikern immer wieder auftaucht.

Während die nationalsozialistische Ideologie »Stillfähigkeit« mit »Stillwillen« gleichsetzte, vermittelten die Freudianer den Frauen Schuldgefühle auf sanftere Art, die im Namen einer humanistischen Psychologie an ihr Gewissen gegenüber dem Kind appellierte. Jüngstes Beispiel aus der bundesrepublikanischen Buchproduktion bietet die 1976 erschienene Untersuchung des Schweizer Portmann-Schülers Franz Renggli.

> »Im Zusammenhang mit der Ernährung muß ferner darauf hingewiesen werden, daß noch im letzten Jahrhundert die meisten Mütter ihre Kinder an der Brust nährten. Heute dagegen werden sie meist nur noch im Spital gestillt oder gar nicht mehr ... Damit wird dem Kind auch der letzte mögliche Körperkontakt, nämlich der Kontakt während der Ernährungssituation, entzogen.«(9)

Der Autor, Jahrgang 1942, beschwört eine Horrorvision von verlassenen Babys, die man einem Eremiten, fernab von jedem Familienleben, eher zutrauen würde als einem jungen Mann von heute. Ein Baby, Ende des 20. Jahrhunderts, wird (was für breite Kreise der Bevölkerung des 19. Jahrhunderts nicht zutraf) im Normalfall jeden Tag in warmem, auf die

Körpertemperatur abgestimmtem Wasser gebadet, in vorgewärmten weichen Frotteetüchern getrocknet, gecremt, geölt und gepudert. Es wird, aufgrund der Möglichkeiten moderner Waschtechnik und der Erfindung der Wegwerfwindel, häufiger gereinigt und gewickelt, als es europäischen Müttern vergangener Jahrhunderte je möglich war. All diese Akte der Körperpflege scheinen sich nach Ansicht des Autors durch Geisterhände zu vollziehen.

In seiner ideologischen Realität wird dem Baby des 20. Jahrhunderts durch herzlose, faule Mütter »der letzte mögliche Körperkontakt entzogen«.

Renggli geht jedoch in seiner Analyse von Mutter-Kind-Beziehungen noch einen Schritt weiter, über die Schilderung der individuellen Folgen versagender Mütterlichkeit hinaus. Kühn entwirft er – aufgrund eines interkulturellen Vergleichs zwischen drei Gesellschaften, die er nur aus zweiter Hand durch ethnographische Berichte kennt – folgende Kulturtheorie:

> ». . . alle Hochkulturen zeichnen sich in ihrer Kinderbehandlung dadurch aus, daß das Kind die meiste Zeit des Tages von seiner Mutter getrennt an einer Schlafstelle liegt . . . Die Verbannung der Kleinkinder an eine bestimmte Schlafstelle zog notwendigerweise eine gestörte Mutter-Kind-Beziehung nach sich, und diese Art der Kinderbehandlung bildete ein wesentliches Moment bei der Entstehung und Entwicklung der Hochkulturen. Noch präziser formuliert: Die frühe Trennung der Kinder von der Mutter und die damit erzeugten Ängste beim Kleinkind gaben einen oder sogar den wesentlichen Anstoß zur Bildung einer Hochkultur.«(10)

Unsere eigene Kultur sieht er durch die Tendenz »zum naturwissenschaftlich-logischen und abstrakt-mathematischen Denken« gekennzeichnet, ein Phänomen, das für ihn auf die seit dem Mittelalter eingetretenen Veränderungen in der Kleinkindpflege zurückgeht.

> »Alle genannten Veränderungen in der Kinderbehandlungstechnik seit dem Mittelalter bis zur Neuzeit haben somit letztlich nur ein gemeinsames Ziel, die immer frühere Trennung und das heißt die immer konsequentere Entfremdung zwischen Mutter und Kind zu erreichen.«(11)

Der Determinismus der Geschichte, das Ziel der endgültigen Mutter-Kind-Trennung, wird bei ihm durch unbewußte Kräfte bestimmt:

»Mit zunehmender Trennung von Mutter und Kind in der Zeit vom Mittelalter bis zur Neuzeit aber wurde die Kindestötung und Aussetzung immer stärker verpönt, verboten und schließlich bestraft. Besteht vielleicht zwischen den beiden Entwicklungstendenzen ein Zusammenhang? Ich möchte ihn etwas drastisch so formulieren: Je mehr man das Kindestöten in unserer Kultur beseitigen wollte, mit einer desto größeren ›Dennoch-Wirksamkeit‹ setzen sich die Ablehnungstendenzen (Aggressionen) gegen die Kinder durch, und zwar in der dargestellten immer stärkeren Trennung von Mutter und Kind. Und umgekehrt: Je mehr das Kind abgelehnt wurde, desto mehr Schuldgefühle entwickelten sich, die sich in der Bestrafung der Kindestötung äußern mußten – ein Circulus vitiosus auf Kosten des Kindes!«(12)

Auf den tiefen Pfaden des Unbewußten wandelt er jedoch nicht nur, wenn er bestimmte negative Einstellungen der Gesellschaft (z. B. die von Hausbesitzern gegenüber Mietern mit kleinen Kindern) in Tötungswünsche europäischer Mütter umdeutet, auch den Ifaluk-Müttern in Polynesien unterstellt er grenzenlosen Kinderhaß:

»Im Zusammenhang mit dem Stillen sei auf folgendes Detail hingewiesen: Ganz besonders vorsichtig behandelt die Mutter den Kopf des Kindes, welchen sie zuerst mit einem steifen Tuch, später mit ihrer Hand unterstützt, und zwar bis zu dem Zeitpunkt, da das Kind kriechen kann. Dieses Unterstützen praktiziert sie aber nicht nur in der Ernährungssituation, sondern immer wenn sie das Kind in die Arme nimmt, und mit ihr alle Pflege- oder Kontaktpersonen auf Ifaluk. Offensichtlich befürchtet man, das Kind könnte sein Genick brechen, wenn es nicht vorsichtig behandelt wird. Nach psychoanalytischer Auffassung wird eine Befürchtung in den meisten Fällen als abgewehrter Wunsch interpretiert, das heißt, auch hier wieder erscheinen die latenten Todeswünsche der Ifaluk und ganz besonders der Mutter ihrem Kind gegenüber.«(13)

Es gehört schon eine überdurchschnittliche Menge an tiefenpsychologischer Phantasie und wenig empirischer Umgang mit dem Gegenstand des Buches, dem Kleinkind, dazu, um aus der selbstverständlichen und überall üblichen Kopfstützung des Babys in den ersten Monaten zu schließen, die Mutter wünsche insgeheim, dem Baby das Genick zu brechen.

Anthropologen, orientiert an Freud, machten bereits in den dreißiger Jahren die Stillpraxis zur monokausalen Erklärungsgrundlage für die Entwicklung des Individuums und, noch spekulativer, verantwortlich für die Charakterzüge ganzer Kulturen.

Eine der Hauptvertreterinnen dieser Auffassungen wurde die amerikanische Anthropologin Margaret Mead, die in ihren ersten Arbeiten das Freudsche Mutter-Modell distanzlos übernahm. In ihrem Buch »Mann und Weib« beschreibt sie, wie die unterschiedlichen Temperamente der Papuastämme Neuguineas und anderer Südseegesellschaften aus der Haltung der Mütter zum Stillen erwachsen.

Auch die Temperamentsunterschiede zwischen Mädchen und Knaben führt sie auf die Haltung der Mutter beim Stillen zurück:

> »Seiner Mutter Lächeln, das leicht kokette oder auch aggressive Umschlingen ihres Armes, die besondere Passivität, mit der sie ihm die Brust gibt, sagen ihm, daß er herausfinden muß, wer er ist; daß er männlich ist und nicht weiblich. So wird dem Knaben sofort am allerersten Anfang seines Lebens eine Anstrengung, der Versuch zu größerer Selbst-Unterscheidung aufgezwungen, während dem Mädchen eine entspannte Annahme ihrer selbst nahegelegt wird.«(14)

Auf welche der von ihr beschriebenen Gesellschaften sich diese besondere Beobachtung bezieht, verschweigt sie, es handelt sich also wohl um eine konstruierte Schilderung mütterlichen Idealverhaltens.

Die Haltung der Mutter beim Stillen liefert für Mead das Modell für eine ideale geschlechtsspezifische Erziehung:

> »Wie dem auch sei: die Mutter-Kind-Situation schafft einen vollkommenen Zusammenhang, in dem Mädchen lernen zu sein und die Knaben, daß sie handeln müssen.«

Das ist nichts anderes als die Übernahme Freudscher Aktivitäts- und Passivitätsschemata, die ewige Gegenüberstellung von »Sein« und »Handeln«, das unverbindlich Geplänkelhafte, das zusammen mit exotisch anmutenden Fakten über Naturvölker der ganzen Richtung der tiefenpsychologisch inspirierten Anthropologie und Ethnologie so viele Leser verschaffte.

Lesen wir z. B., wie Arno Plack die Meadschen Ergebnisse in sein Plädoyer für die Änderung der gesellschaftlichen Moral einbaut:

> »Daß die Mundugamor-Frauen ihre Säuglinge in harte und rauhe Tragkörbe legen (in denen sie jede körperliche Wärme und Berührung entbehren) und sie oft recht lange hungern lassen, ist wohl der Hauptgrund für den aggressiven Charakter dieses Papuastammes ... Ihr, der Mundugamor späteres sehr lebhaftes Sexualleben erscheint selber nur wie eine beständige Überkompensation der buchstäblich harten Behandlung in früher Kindheit. Aggressivität muß da der vorherrschende Charakterzug bleiben.«(15)

Die Ursache-Wirkung-Kette ist beängstigend eindimensional: hart, rauh und Stillfrustration ergibt Aggressivität und aktive Sexualität im späteren Leben.
Da wird nun nicht mehr gefragt, ob vielleicht auch andere Stämme aggressiv sind und welche Meß- oder Einschätzungsskala Mead verwandte, um Gesellschaften als besonders aggressiv und sexuell aktiv einzustufen.

Ähnlich beschreibt Erik H. Erikson das Stillverhalten bei den Sioux-Indianern. Die Sioux-Frauen stillen ihre Kinder über Jahre (was für die meisten primitiven Gesellschaften gilt). Da die Kinder nach dem Zahnen die Brustwarzen aufbissen, haben die Sioux-Mütter sie kräftig frustriert, indem sie den Kopf aufschlugen und die Kinder hinterher fest an das Wiegenbrett banden, was ihren motorischen Bewegungsdrang stoppte. Dieser Vorgang liefert bei Erikson die Erklärung für die aggressive Kultur der Sioux, und zwar in allen Bereichen. Die meisten Mütter der Naturvölker stillen ihre Kinder über das Zahnen hinaus und frustrieren sie. Damit sie loskommen von der Brust und entwöhnt werden können, flößt man ihnen zum Beispiel in anderen Gesellschaften bitter schmeckende Getränke ein – aus Pflanzen gewonnen,

die Vergessen hervorrufen sollen. Trotzdem ist das Sozialleben dem der Sioux nicht ähnlich.
Die Stillfrustration, obwohl sie das kleine Mädchen genauso erfährt, bestimmte nach Erikson das ganze Verhalten des männlichen Sioux-Individuums:

> »... richtete der Knabe offenbar alle seine Frustrations- und Wutgefühle auf die Jagd nach Wild, nach Feinden und nach lockeren Frauen«. Denn »es galt als durchaus ›recht‹ für jeden Jungen, jedes Mädchen zu vergewaltigen, das er außerhalb des Bezirks antraf.«(16)

Die Kausalkette Oralität/Frustration/Aggressivität/Vergewaltigung ist geschlossen und unausweichlich. Ist der Mut, der dafür erforderlich ist, Büffel zu jagen, vergleichbar mit dem Mut und der Aggressivität, die zur Vergewaltigung eines kleinen spielenden Mädchens außerhalb des Lagers gebraucht wird?
Steht die letztere aggressive Handlung nicht in einem ganz anderen gesellschaftlichen Zusammenhang, nämlich daß derjenige, der vergewaltigt, keinerlei Strafe zu erwarten hat? So genau will der Tiefenpsychologe den Macht- und Rechtsverhältnissen bei einem Jägerstamm nicht auf den Grund gehen.

Nur wenige Forscher fanden sich bereit, die Freudschen Hypothesen erst einmal zu überprüfen und, statt gleich die kulturellen Charaktere ganzer Nationen mit ihrer Hilfe zu interpretieren, erst einmal die Frage zu stellen, wie sich der Einfluß des Stillens, der frühen Ernährungspraxis überhaupt, in der verwirrenden Vielfalt gesellschaftlicher Verhaltensweisen auffinden lasse und woran er zu erkennen sei.
Die beiden Yale-Professoren Child und Whiting waren die ersten, die zu Anfang der fünfziger Jahre ein solches methodisch schwieriges, aber eindrucksvolles Unternehmen begannen. Sie sammelten Daten über die Kleinkinderziehung in 75 Gesellschaften – in einem halbwegs repräsentativen Sample, das alle Erdteile umfaßte.(17)
Nach Freud führen Frustrationen in den einzelnen Entwicklungsphasen, die bei ihm als oral, anal, phallisch, ödipal bezeichnet sind, zu angstbesetzten Fixierungen im späteren Leben. Daher gingen die beiden Forscher Child und Whiting davon aus, daß diese Fixierungen sich in den Erklärungen

primitiver Gesellschaften über die Ursachen und Entstehungen von Krankheiten widerspiegeln müßten.
Die durchschnittliche Stillzeit in den untersuchten Gesellschaften betrug zweieinhalb Jahre.
Ihre Untersuchung fand in der Tat einen signifikanten Zusammenhang zwischen Stillpraxis und gesellschaftlichen Ängsten. Dieses Ergebnis bezog sich aber nicht auf die Stilldauer, sondern auf die Art und Weise der Entwöhnung. Abruptes Abstillen und schroffe Methoden der Entwöhnung standen in Zusammenhang mit der Erklärung von Krankheiten auf oralem Wege (Krankheitserreger in der Nahrung, Vergiftung, Besprechung, Verfluchung etc.).
Einige Nachfolgestudien bestätigten diese Funde. Auch wurde nachgewiesen, daß »sowohl mangelnde wie auch exzessive Befriedigung« persönlichkeitsprägend im negativen Sinne sind. Sowohl äußerst kurz gestillte Kinder wie auch extrem lang gestillte Kinder unterschieden sich in einer Längsschnittstudie an »Deutschen Nachkriegskindern« von anderen Kindern durch ihre größere Unsicherheit.(18)

Die gefährlichste und bis heute politisch folgenreichste Waffe in der Hand der Freudianer waren die Kleinkind-Untersuchungen des aus Österreich stammenden Psychotherapeuten René A. Spitz. Er war der erste Analytiker, der eine Lehranalyse als Ausbildungsbestandteil des Therapeuten anregte und sich ihr als erster unterzog. In den Jahren 1910/11 wurde er von Freud selbst analysiert.
Seine am häufigsten zitierten Forschungen stammen noch aus den vierziger Jahren. Er untersuchte 91 Findelkinder in einem Waisenheim, die alle schwere Entwicklungsschäden zeigten. Ein Teil der Kinder starb in den ersten Lebensjahren.(19) Spitz deutete diese Erscheinungen als Folge der Deprivation von einer Mutter-Beziehung.
Ein amerikanischer Forscher, John Bowlby, bestätigte seine Interpretation durch eine Untersuchung, die er 1951 im Auftrag der Welt-Gesundheits-Organisation in Genf machte und die ebenso weltweite Verbreitung fand wie die von Spitz.(20)
Die Deutungen dieser beiden Forscher bildeten die fragwürdige wissenschaftliche Grundlage des nach-hitlerischen Mutterkults.

Weder Spitz noch Bowlby kamen überdies auf die Idee, daß Waisen- und Findelkindern Eltern fehlen. Nach ihrer Auffassung fehlte nur die Mutter. Unter diesem Gesichtspunkt beschrieb Spitz die von ihm entdeckte berühmte Lächelreaktion des Kindes, die etwa im Alter von drei Monaten auftritt, und verallgemeinerte einige seiner Beobachtungen zu der Behauptung der sogenannten »Achtmonatsangst«. Eine Trennung von der Mutter von diesem Zeitpunkt an verursache eine nicht zu überwindende Schädigung der emotionalen Entwicklung, da zu diesem Zeitpunkt eine individuelle Bindung des Kindes an die Mutter stattfinde und das Kind beim Anblick jeder anderen Person »fremdele«.
Eine ganze Schule von Psychotherapeuten, Human-Ethologen und Zoologen ist heute davon überzeugt, daß es eine sensible Phase der Mutter-Kind-Beziehung gibt, in der das Kind auf die Mutter geprägt wird, ähnlich wie das Grauganskküken auf die Graugansmutter, eine Prägungsart, die von Konrad Lorenz 1935 zum erstenmal beschrieben wurde.
Das Mutterideal, das ihnen vorschwebt, wäre eine Frau, die ganztägig nur dem Kind zur Verfügung steht und das Kind nicht einmal zur Erledigung ihrer natürlichen Bedürfnisse allein läßt – das ist eine Situation, die es in der menschlichen Evolution nie gegeben hat. Die menschliche Mutter mußte immer Nahrung herbeischaffen oder erarbeiten, daher mußte sie zeitweilig ihr Baby anderen Frauen, jüngeren Geschwistern, dem Vater überlassen, auch in den Gesellschaften, in denen das Kind normalerweise auf dem Rücken oder auf der Hüfte getragen wird. Auch ist es durchaus üblich, daß eine Mutter das Kind der anderen Frau stillt, falls diese einmal nicht erreichbar ist. In arabischen Gesellschaften muß die Mutter, die ein fremdes Kind stillen will, erst die Genehmigung ihres Ehemannes einholen, da er der rechtmäßige Besitzer ihrer Milch ist.
Lapidar stellte John Bowlby die Nichtzuständigkeit des Vaters für die Kleinkinderziehung in seinem Auftragsbericht für die Welt-Gesundheits-Organisation mit der Bemerkung fest, der Vater sei »von keiner direkten Bedeutung für das Kleinkind, ist aber von indirektem Wert durch seine wirtschaftliche und emotionale Unterstützung der Mutter«.(21)
Erst 1965 bei der Durchsicht der wissenschaftlichen Litera-

tur zum Kleinkindverhalten und zur Kindererziehung fiel einem Mann, dem amerikanischen Psychologen John Nash, immerhin auf, daß in der Fachliteratur zwar von »Kindererziehungspraxis« geredet wird, damit aber ausschließlich die »mütterliche Erziehung« gemeint war und die Verwendung des Wortes Eltern »für viele Autoren . . . Mutter bedeutet«.
So fand sich zum Beispiel das Stichwort »Vater« nicht einmal im Index eines 1954 erschienenen »Handbuchs der Kinderpsychologie« (Hrg. Carmichael), – ein bekanntes und von allen Autoren benutztes Standardwerk der Fachliteratur.(22)

Die politischen Folgen der seit langem widerlegten Untersuchungen von Spitz und Bowlby dauern bis heute an. Sie fanden ihren Niederschlag in den familienpolitischen Vorstellungen und Programmen der westlichen Parteien(23), im weltweiten Akzeptieren einer Dreiphasentheorie vom Leben der Frau, das in der Abfolge von vorehelicher Berufstätigkeit, Mutterschaft und – in der dritten Periode – der Wiedereingliederung in den Beruf nach Erfüllung der Mutterpflichten bestehen sollte.
Eine junge Frau und Mutter, die eine politische Karriere anstrebte, wurde undenkbar. Erst in der dritten Lebensphase sollte die Frau sich der Politik zuwenden und in eine Partei eintreten. »Wenn wir in die Politik kommen, ist der Lack bereits ab«, resümierte die spätere Bundesministerin Änne Brauksiepe (CDU).
Mit den Ergebnissen des Freudianers Spitz im Rücken konnte die CDU ihre Anti-Kindergarten- und Anti-Kinderkrippenpolitik hervorragend begründen. Die letzte große politische Kontroverse, in der wieder einmal mit den fragwürdigen Spitzschen Ergebnissen argumentiert wurde, entzündete sich an der Frage des sozialdemokratischen Tagesmütter-Programms – einem Modellversuch, der über mehrere Jahre in wissenschaftlicher Begleitung durchgeführt werden sollte.
Dieses Vorhaben, von dem nur Mütter profitieren sollten, die ohnehin bereits erwerbstätig sein mußten, stieß auf den geschlossenen Widerstand von Kinderärzten und den Frauen der Christlich-Demokratischen Partei.
Die Ergebnisse systematischer sorgfältiger Überprüfung der

Deprivationstheorie von Spitz blieben bis heute in der öffentlichen Meinung völlig wirkungslos. Die Bonner Psychologin Ursula Lehr faßte die Ergebnisse jahrzehntelanger internationaler Sozialisationsforschung so zusammen:

»Während nun einseitig psychoanalytisch orientierte ›Fachleute‹ Retardationserscheinungen bei Heimkindern auf die fehlende Nestwärme und die fehlende mütterliche Zuwendung zurückführen und aufgrund dieser Überzeugung – oder auch aufgrund eines Mythos von der ›Stimme des Blutes‹ – sich gar nicht erst um eine Überprüfung des behaupteten Ursache-Folge-Verhältnisses bemühen, haben exakte, an mehreren Tausenden von Kindern durchgeführte systematische Untersuchungen zum Hospitalismusproblem doch gezeigt, daß eine Reihe anderer Faktoren für die Benachteiligung von Heimkindern verantwortlich zu machen ist.«(24)

Sie zitiert den amerikanischen Forscher Casler, der eigene und fremde Untersuchungen zu diesem Thema analysierte und zu dem Ergebnis kam:

»In keiner dieser Studien zeigt sich die zwingende Evidenz, daß negative Auswirkungen der Institutionalisierung Folgen fehlender mütterlicher liebevoller Zuwendung sind.«(25)

»Nahezu alle Sammelreferate«, so Lehr, »kommen übereinstimmend zu der Überzeugung, daß im Fehlen sensorischer Stimulation der eigentlich schädigende Einfluß des Heimaufenthalts gesehen werden muß. Allerdings gilt es hierbei zu bedenken, daß durch die Zuwendung anderer Menschen (›durch soziale Stimulation‹) vielfach sensorische Reize vermittelt werden. So gesehen ist soziale Stimulation zweifellos notwendig ... Die Tatsache, daß die Mutter selbst diese Stimulation vermittele, erhöhe nicht etwa den Wert solcher anregender Reize ...«(26)

Auch das Zusammensein mit der Mutter verhindert nicht Deprivation und kann zur gleichen Art von Hospitalismus führen, wenn das Kind keine genügend stimulierenden Umweltkontakte hat.

Die negativen Erscheinungen, die Spitz fand, waren das Ergebnis einer unvollkommenen Heimsituation. Auch waren die Heimkinder, die er untersuchte, so verschieden in ihrer

rassischen und sozialen Herkunft, ihrer Vorgeschichte und ihrem Gesundheitszustand, daß ein objektiver Vergleich ihrer Entwicklung gar nicht möglich war.
In sozialistischen Staaten, wo besonders intensive Studien über die Entwicklung des Kleinkindes in Tagesheimen gemacht wurden, gab es zunächst eine Reihe von negativen Befunden. Günstige Ergebnisse wurden jedoch bei Musterkrippen in der DDR festgestellt, in denen die Bedingungen optimal an die oben beschriebenen Bedürfnisse des Kindes angepaßt waren.(27)
Aus den überzeugenden Befunden der als positivistisch verschrienen Persönlichkeitsforschung können wir schließen, daß der Säugling nicht allein jenes affektgesteuerte orale Bündel eines Menschen ist, als das Freud ihn einst beschrieben hat. Der Säugling lebt – platt ausgedrückt – nicht nur von der Brust oder der Flasche – sondern von der Vielfalt der sinnlichen Eindrücke, die er von seiner Umwelt erhält. Die Bildung der Person muß von vornherein als ein ganzheitlicher Vorgang verstanden werden, denn das Neugeborene hat eine Fülle von umweltbezogenen Antrieben.
In den ersten Lebenswochen sind es vor allem taktile Reize, da die Haut in dieser Zeit das wesentliche Organ für die Erfassung sensorischer Stimuli ist. Aber auch visuelle Reize und Anregungen sind von Anfang an entscheidend. Schon in den ersten Lebenstagen kann das Baby grobe Formen unterscheiden, in den ersten Lebenswochen bereits Gegenstände und Personen in ihren unterschiedlichen Formen und Bewegungen erfassen und verfolgen.(28)
Gerade die hygienischen weißen Kinderbetten sind z. B. ein negativer Faktor in der visuellen und geistigen Entwicklung des Kindes. Sprachliche und akustische Reize spielen schon nach wenigen Wochen eine bedeutende Rolle. Der Schweizer Kinderforscher Piaget wies schon bei vier Wochen alten Kindern Reaktionen auf Laute und Ansätze zur Lautnachahmung nach.(29)
Wichtig für die Entwicklung des Kindes ist nicht die individuelle Mutter, sondern diese ist gewöhnlich die Person mit der stärksten Motivation, eine positive Umweltqualität für das Kind herzustellen. Ein Kind, das von Anfang an von mehreren Personen betreut wird, fremdelt nicht.

Nach Freud verhält sich das Kleinkind zu seiner Umgebung rein affektiv, und die Lernleistungen werden in ihren Motiven von dem Gegensatz Lust/Unlust gesteuert. Mit dem Gegensatzpaar Lust/Unlust ist jedoch kaum zu erklären, daß Kinder laufen lernen, und obwohl ständig frustriert durch Hinfallen, es immer wieder aufs neue versuchen.
Da der Säugling kein Bewußtsein seiner selbst besitzt, kann er nach Freud auch keine seiner Lustgefühle in ihren Quellen unterscheiden. Seine Sexualität ist amorph und nicht genitalisiert.
Es gibt jedoch keinen Anhaltspunkt dafür, daß der Säugling andere erogene Zonen hat als der Erwachsene. Auch ist nicht festzustellen, ob er nicht schon von Anfang an verschiedene Lustarten unterscheiden kann – zur Befriedigung von Nahrungstrieb und Sexualtrieb gibt es im Gehirn unterschiedliche Zuständigkeiten.
Bei vielen Völkern wird der schreiende Säugling durch das Streicheln seiner Genitalien beruhigt. Das spricht dafür, daß seine erogenen Zonen sich da befinden, wo sie auch beim Erwachsenen stimulierbar sind, nämlich an allen Körperteilen, die eine hohe Konzentration von Nervenenden aufweisen (dazu gehört natürlich die Mundpartie).
Aus dem Tagebuch Héroards, des Lehrers von Ludwig XIII., das Philippe Ariés als Hauptdokument seiner »Geschichte der Kindheit« verwendet, geht hervor, daß dem Thronfolger schon im ersten Lebensjahr, bevor er nach Freudschen Theorien in die anale Phase gerät, sein Penis Spaß macht. »Er lacht aus vollem Halse, als die Kinderfrau mit den Fingerspitzen seinen Piephahn hin und her bewegt.« Oder: er ist ein Jahr alt. »Sehr lustig«, notiert Héroard, »übermütig; läßt jeden seinen Piephahn küssen«.(30)
Nach Freud werden die Ich-Funktionen erst entwickelt durch das chronologische Passieren und Verarbeiten bestimmter Entwicklungsstufen. Doch deutet das schon nach kurzer Zeit intentional eingesetzte Schreien des Neugeborenen eher auf einen primären Willen hin, auf ein psychisches Zentrum – ein Ich, das sich nur seiner selbst nicht bewußt ist. Vielleicht ist es am besten zu beschreiben mit dem, was in manchen primitiven Gesellschaften als »Körperseele« bezeichnet wird. Die Sexualität erschafft nicht dieses Ich,

sondern dieses Ich hat die Sexualität als eine seiner Dimensionen zur Verfügung. Eine Frau – gleichgültig, welchen Standpunkt Wissenschaftler dazu einnehmen – muß voraussetzen, daß ihr Kind ein solches Ich besitzt. Sie muß von Anfang an ein solches Persönlichkeitszentrum annehmen, denn nur dadurch entgeht sie der Gefahr, den Säugling entweder als Teil des eigenen Körpers, als eine Erweiterung ihrer Person mißzuverstehen oder als ein manipulierbares Objekt auf nichtmenschlicher Stufe.

Obwohl gerade die Tiefenpsychologie andererseits behauptet, daß eine Mutter, die ihr Kind zu sehr an sich bindet, unermeßlichen psychischen Schaden anrichtet, predigen ihre Vertreter ein Mutterverhalten, das an einem animalischen Modell orientiert ist.

Der Wunsch nach Eins-Fühlung, nach Aufgehen in einem anderen, nach dem widerspruchslosen Zusammenfall der Interessen zweier Individuen ist eine gefährliche, zur Realitätsleugnung führende Sehnsucht, die durch biologistische Deutungen der Mutter-Kind-Beziehung immer wieder verstärkt wird.

Ein Beispiel dafür, wie die Symbiose mit dem Säugling in einem depressiven Verlusterlebnis der Mutter endet, ist in einem Brief Karoline von Humboldts enthalten, den sie 1795 an ihren Mann schrieb:

> »Ach, so tief hat mich kaum je etwas geschmerzt, wenn er schon nun für einen großen Jungen und für keinen Säugling mehr gelten wird. Der große Junge wird nicht mehr so m e i n sein, wie es der kleine war. Ich werde nichts, nimmer, nimmer, nichts mehr haben, was in diesem Sinne mir mehr so gehören wird wie dieser Junge. Es ist mein bestes Kind, ich bin dessen so sicher, und ich vermag nicht, so kindisch ich auch fühle, daß es ist, vermag nicht, mich ohne tausend Tränen von ihm zu trennen.«(31)

Genau darin liegt das psychische Dilemma von Frauen, die durch die Mutterschaftsidee unserer Gesellschaft in die dyadische Beziehung zum Kind hineingezwängt werden, durch die Vorstellung von einem »Ur-Wir«, in dem die Individuen Mutter und Kind, die zur Trennung bestimmt sind, nach der Geburt noch einmal zu einer seelisch-physischen Einheit verschmelzen.

Eine Überidentifizierung vieler Frauen mit ihren Kindern, in denen sie die einzige Quelle ihres Lebens- und Selbstgefühls erblicken, ist die keineswegs seltene Folge. Bei weiblichen Selbstmordversuchen oder Selbstmorden z. B. wird diese Tendenz zum »Ur-Wir« häufig transparent. Gerade Mütter mit einer stark symbiotischen Kinderbeziehung neigen dazu, ihre Söhne und Töchter mit in den Tod zu nehmen, da das Ich ihres Kindes für sie nur als Teil ihres eigenen Ichs existent ist. Viele handeln dabei wahrscheinlich sogar aus überstarkem Verantwortungsgefühl, da sie der gesellschaftlichen Umwelt in diesem Punkt berechtigt mißtrauen.

Gegen die gefährliche Wirksamkeit der Mutterschaftsideologie wäre die wichtige Aufgabe einer feministisch orientierten Psychologie, den Frauen insgesamt Kompetenzen zurückzugewinnen, die sie an wissenschaftliche Schulen verloren haben, deren Fragestellungen sich immer nur am angeblichen Wohl des Kindes und niemals am psychischen Wohlbefinden der Mutter orientiert haben, obwohl dieses die wichtigste Voraussetzung für das erstere ist.
Vom Ende des Zweiten Weltkrieges bis heute ist eine bereits unübersichtliche Menge an sozialpsychologischen Untersuchungen erschienen, die sich mit den Auswirkungen der mütterlichen Berufstätigkeit auf die Entwicklung der Kinder befaßten. Bestenfalls kamen sie zu dem Ergebnis, daß diese nicht schädlich sei. Keine einzige hat nach den Auswirkungen der Nichtberufstätigkeit, den Folgen mangelnden gesellschaftlichen Einflusses von Müttern und ihres Ausschlusses von sozialen Kontakten geforscht. Die Deprivation der Mutter von einer großen Zahl gesellschaftlicher Anregungen und ihre Auswirkungen auf die Entwicklung der Kinder zu untersuchen, bleibt ein vordringliches feministisches Forschungsziel.

25. Kapitel

Empirie und Vorurteil – Die Psychologie der objektiven Geschlechtsunterschiede

»Was die gelehrten Frauen betrifft: so brauchen sie ihre Bücher etwa so wie ihre Uhr, nämlich sie zu tragen, damit gesehen werde, daß sie eine haben; ob sie zwar gemeiniglich stillsteht oder nicht nach der Sonne gestellt ist.« *Immanuel Kant*

»Möglicherweise erschreckt mich ein Mann, der mir auf einem Wissensgebiet überlegen ist, wenn aber ein Mädchen mehr weiß als ich, dann nehme ich ihm das übel.«
Student, zitiert von Mirra Komarovsky

Während die Annahmen Freuds über die Geschlechtsunterschiede zum Alltagswissen wurden – vielleicht gerade deswegen, weil sie viele traditionelle Urteile über Frauen und Männer mit einer wissenschaftlichen Aura versahen –, konnten die Resultate der Experimentalpsychologie die öffentliche Meinung nur in geringem Umfang beeinflussen.
Der größte Teil dieser Untersuchungen über Geschlechtsdifferenzen wurde in den Vereinigten Staaten gemacht. Die amerikanischen Universitäten und Forschungszentren haben unvergleichlich höhere finanzielle Etats für die psychologische Forschung zur Verfügung als die europäischen. Die Untersuchung der Geschlechtsdifferenzen in Begabung und Verhalten wurde ein Schwerpunkt der amerikanischen Psychologie. Ein solches Forschungsinteresse bestand in Europa nicht.
Die Misogynie der empirischen psychologischen Forschung wurde dadurch gedämpft, daß in ihrer Methode die experimentelle Situation genau beschrieben wird und daher zwischen Voraussetzungen, Ergebnissen und Interpretation von Ergebnissen klarer unterschieden werden kann. Gegenüber der Tyrannei der freudianischen Psychologie besitzt die experimentelle Schule den Vorzug, daß ihre Methode sie expo-

niert und daß sie ihre Ergebnisse nicht so leicht gegen kritische Überprüfung immunisieren kann. Schon bei einem kurzen Überblick über die Fragestellungen, Hypothesen und Schlüsse der Forschung auf diesem Gebiet gewinnt man den Eindruck, daß die Arbeiten immer dann intensiviert wurden, wenn sich in irgendeinem Bereich zeigte, daß es keine Geschlechtsdifferenzen gab bzw. daß Mädchen bessere Ergebnisse zeigten.

Die erste Hälfte des Jahrhunderts wurde hauptsächlich von der Frage nach angeborenen intellektuellen Unterschieden beherrscht. Als nicht mehr zu übersehen war, daß es kein Intelligenzgefälle zwischen Männern und Frauen gibt, verlagerten sich die Untersuchungen mehr auf die Unterschiede in bezug auf Aggressivität, Dominanzverhalten, Interessen, unterschiedliche Identifikationen, Lernstile und Einstellungen.
Zwei an das Geschlecht des Forschers gebundene Tendenzen lassen sich in der amerikanischen psychologischen Forschung erkennen.
Männer neigen dazu, die gefundenen Geschlechtsunterschiede, sofern sie positiv in bezug auf traditionelle Vorstellungen von Männlichkeit und Weiblichkeit ausfallen, maximal zu interpretieren.
Bei Frauen besteht eine Tendenz, die gefundenen Geschlechtsdifferenzen, auch da wo sie eher positiv für die Frauen ausfallen, weitgehend zu minimalisieren.
Eine gewaltige wissenschaftliche Anstrengung, eine Übersicht und Bewertung der gesamten Literatur und Befunde der Geschlechterpsychologie zu geben, machten 1975 die Autorinnen Eleanor Emmons-Maccoby und Carol Nagy Jacklin.(1) In dreijähriger Arbeit untersuchten sie über 2000 Bücher und Aufsätze zum Problem der Geschlechtsdifferenzen. Dabei zeigt sich deutlich, daß der größte Teil der Forschung sich auf Vergleiche zwischen Mädchen und Jungen vom Kleinkind- bis zum jugendlichen Alter konzentriert hat. Vergleichende Studien an erwachsenen Männern und Frauen sind weitaus seltener.
Die Differenzen der Geschlechter, die von einer überwältigenden Mehrheit der Untersuchungen dokumentiert werden, konzentrieren sich auf zwei Punkte: unterschiedliche Aus-

prägungen im Bereich der Intelligenz und signifikante Unterschiede im aggressiven Verhalten.
Beobachtet wurden: verbale Aggression, Raufereien, Drohverhalten, Kampfspiele, Feindseligkeiten gegenüber Eltern, Autoritäten, Spielgefährten oder neuen Gruppenmitgliedern, Intensität und Häufigkeit aggressiver Verhaltensweisen, Nachahmung aggressiver Vorbilder, Intensität und Frequenz aggressiver Episoden in Träumen, Strafzumessung gegenüber verbündeten Spielgefährten. Eine Fülle von Meßverfahren, Beobachtungsmethoden, Einschätzungsskalen und experimentellen Situationen wurde in diesen Untersuchungen aufgeboten.
Ein Vergleich der Ergebnisse läßt keinen Zweifel daran, daß Männer und Knaben sich in allen getesteten Bereichen aggressiver als Frauen und Mädchen verhalten.
Diese Verhaltensdifferenz ist in jedem Alter von dem Moment an konstant, wo die ersten Spiele mit anderen Kindern beginnen. Sie zeigt sich bereits deutlich im Alter von zwei Jahren und läßt kaum einen anderen Schluß zu, als daß es sich um eine von angeborenen Faktoren bestimmte Bereitschaft zu aggressiven Reaktionen handelt.
Die Studie von Maccoby beschränkt sich auf die Untersuchungen der letzten zehn Jahre. Ihre Vorgänger Terman und Tyler, die die Ergebnisse der dreißiger und vierziger Jahre zusammengestellt haben, kamen zu denselben Ergebnissen. Und selbst die Ausnahmen von diesen Ergebnissen erwiesen sich bei Überprüfungen als wenig haltbar und stabil.
Bestätigt wurden die Unterschiede in bezug auf aggressives Verhalten auch durch zwei größere interkulturelle Studien, die aus den Jahren 1973 und 1974 stammen.
In einer extensiven, zeitaufwendigen Beobachtung wurden Kindergruppen in drei Ländern verglichen, in den Vereinigten Staaten (450 Kinder im Alter von vier bis acht), in der Schweiz (250 Kinder im Alter von fünf bis neun) und in Äthiopien (250 Kinder im Alter von acht bis zehn). Es handelte sich um Beobachtungen auf Spielplätzen. Gemessen wurde die Frequenz von Schlägen und Schubsen, die ausgeteilt wurden, ohne daß die Aggressoren dabei ein Lächeln zeigten. In allen drei Ländern verhielten sich die Jungen signifikant aggressiver.(2)

Die Studie aus dem Jahr 1974 vergleicht je zwei Altersgruppen (drei- bis sechsjährige und sechs- bis zehnjährige) in sieben Gesellschaften, zum Teil aus Entwicklungsländern, zum Teil aus Industrienationen.
Bei den beobachteten Jungen kam es zu mehr Scheingefechten und Beleidigungen, und Jungen neigten mehr als Mädchen zu Gegenattacken, wenn sie verbal oder physisch angegriffen wurden.(3)
Da in einer Reihe von Untersuchungen argumentiert wurde, daß möglicherweise die Stärke der Aggression bei beiden Geschlechtern gleich sei und nur die Art und Weise des Ausdrucks eine soziale Formung erfährt, ging man dieser Frage genauer nach.
Die Hypothesen, die dieser Annahme zugrunde liegen, lassen sich so zusammenfassen: Mädchen werden dazu erzogen, ihre Feindseligkeiten in versteckter, kätzchenhafter Weise zu äußern, nicht in physischen Auseinandersetzungen. Oder eine andere Hypothese: Mädchen werden durch direkte Bestrafung oder Liebesentzug entmutigt, Aggressionen zu zeigen. Daraufhin entwickeln sie größere Ängste gegenüber Aggression und größere Hemmungen, ihren aggressiven Impulsen offen zu folgen.
Diese Annahmen bestätigten sich jedoch in einer Reihe von Studien nicht, in denen Jungen sowohl verbal als auch physisch aggressiver waren.
Maccoby und Jacklin schließen daraus nicht, daß aggressives Verhalten ungelernt ist, sondern, daß es eine größere biologische Basis für Aggression bei Knaben gibt, die dazu führt, daß sie schneller aggressives Verhalten lernen und produzieren.
Die größere Bereitschaft, auf aggressives Verhalten zu reagieren, wurde auch in einem anderen Experiment deutlich. Kindern im Alter zwischen acht und sechzehn Jahren wurden Bilderpaare in einem Stereoskop gezeigt. Ein Bild stellte eine Gewaltszene dar, das andere Bild enthielt eine Szene, die friedlich war. Jungen berichteten weitaus häufiger als Mädchen, daß sie die gewalttätige Szene gesehen hatten. In einer anderen Untersuchung brauchten Mädchen eine weitaus längere Zeit als Jungen, um den aggressiven Gehalt einer ihnen vorgeführten Szene zu bemerken.(4)

Viele Forscher, die von der Lerntheorie als einzigem Faktor in der Sozialisation ausgehen, nehmen an, daß Mädchen, wenn sie aggressives Verhalten zeigen, kontinuierlich von den Eltern entmutigt, Jungen dagegen dazu angeregt werden.

Die Analysen der vorliegenden Untersuchungen, die Maccoby durchsah, deuteten jedoch eher auf das Gegenteil. Maccoby und Jacklin:

> »Die vorhandenen Beweise zeigen, daß Erwachsene im allgemeinen weder beim einen noch beim anderen Geschlecht Aggressionen ermutigen. Entweder ist ihre Reaktion gleich negativ gegenüber beiden Geschlechtern, oder sie reagieren strenger gegenüber der Aggression von Jungen, in der Annahme, daß Jungen stärker sind und mehr zu Kämpfen neigen, und daher unter größerer Kontrolle gehalten werden.«(5)

Wie wirkt sich nun die verstärkte männliche Aggression im Verhältnis der Geschlechter aus?

Die Untersuchungen, die sich mit dieser Frage befassen, wurden fast ausschließlich an Kindern gemacht. Aggression in der Beziehung von erwachsenen Männern und Frauen ist eine ununtersuchte Komponente des Soziallebens. Auch ist die Aggression als Verhaltenscharakteristikum in der Beziehung von Jungen und Mädchen schwer zu erfassen, da beide Geschlechter in der Kindheit dazu neigen, sich voneinander abzusondern. Bei Knaben besteht die Aggression in physischem Kräftemessen und der Ausbildung von Hierarchien in ihrer Spielgruppe.

In der schon zitierten Studie, in der Kindergruppen in drei Ländern passiv beobachtet bzw. ihnen Aufgaben gestellt wurden, sollten die biologischen Wurzeln sozialer Hierarchien untersucht werden.

Die Hauptergebnisse dieser Untersuchung fassen Maccoby und Jacklin so zusammen:

1. Vom Kindergartenalter an bilden Jungen größere Gruppen als Mädchen. Mädchen spielen zu zweit oder zu dritt zusammen, Jungen in »Schwärmen«.

2. Die Spielgruppen sind größtenteils getrennt, aber ein paar Mädchen machen gewöhnlich in den größten Jungengruppen

mit – diese Mädchen wurden von allen Kindern als die stärksten Mädchen eingeschätzt.

3. Die Spiele der Jungengruppen sind rauher und wilder.

4. Jungen werden vom Kindergartenalter an als stärker eingestuft. Die stärksten Mädchen werden als stärker eingeschätzt als die schwächsten Jungen.

5. Dominanzhierarchien existieren in Jungen- und Mädchengruppen, waren aber in Jungengruppen wesentlich stabiler.(6)

Aufschlußreicher und interessanter sind jedoch aggressive Akte, die nicht das Ergebnis von Spielen und freien Interaktionen waren.

Einer großen Anzahl von Versuchen lag ein Experiment zugrunde, das vor einiger Zeit in der Bundesrepublik einen großen Schock in der Öffentlichkeit auslöste. In der Versuchssituation hatten die Kinder Altersgenossen und Spielgefährten zu bestrafen. Es wurde ihnen gesagt, daß sie dem Versuchsleiter helfen sollten, diesen Kameraden etwas beizubringen. Immer dann, wenn die Spielgefährten Fehler machten, sollten sie auf einen Knopf drücken, und bei den Versuchspersonen einen Schock auslösen. Das »Opfer« simulierte daraufhin physische Schmerzen. Die Ergebnisse dieser Versuche zeigten konstant, daß männliche Versuchspersonen größere Quantitäten an Schocks austeilen und daß sie den schockauslösenden Knopf länger nach unten drücken.(7)

Die zweite Differenz der Geschlechter, die von einem angeborenen genetischen Faktor mitbestimmt wird, betrifft die Intelligenz.

Der erste Unterschied im Bereich der Intelligenz besteht in bezug auf die verbalen Fähigkeiten. Mädchen lernen früher und leichter sprechen und sind Jungen somit im Kleinkindalter voraus. Untersuchungen im Alter zwischen drei und elf zeigen jedoch nur geringe Differenzen in den sprachlichen Fähigkeiten.

Ungefähr vom 11. Lebensjahr an entwickeln Mädchen dann signifikant höhere sprachliche Fähigkeiten als Jungen. In einer Großuntersuchung, die 8905 dreizehnjährige schwedische Kinder umfaßte, zeigte sich die größere sprachliche Ausdrucksfähigkeit der Mädchen; in bezug auf verbale Intelligenz wurden keine Unterschiede gefunden.(8)

In einer anderen Großuntersuchung, die von 1966 bis 1967 lief und 238 145 Achtzehnjährige testete, schnitten ebenfalls die Mädchen signifikant besser ab.(9)
Daß die größere Sprachfähigkeit wahrscheinlich bis ins Alter erhalten bleibt, geht aus einer kleineren Studie hervor, bei der 64- und 84jährige Erwachsene getestet wurden.
In einer Langzeitstudie, die eine größere Gruppe von Oberschülern über Jahre hinweg beobachtete, stellte sich heraus, daß die Überlegenheit der Mädchen in sprachlichen Aufgaben während dieser Periode ständig anstieg. Sie umfaßte Orthographie, Zeichensetzung und Erzählfähigkeit, gefunden wurden jedoch auch Differenzen in höheren sprachlichen Fähigkeiten, z. B. die Zusammenfassung komplizierter Texte, schnelles Verstehen von komplexen logischen Beziehungen innerhalb der Sprache und eine größere verbale Kreativität.(10)
Diese für Frauen positive Geschlechtsdifferenz findet kaum einen gesellschaftlichen Niederschlag. Frauen dominieren nicht in Berufen, die direkt mit Sprache zu tun haben. Sie bilden weder die Mehrheit bei den Journalisten und Schriftstellern noch bei den Politikern, für die rhetorische Gewandtheit und Ausdrucksfähigkeit wichtig sind. Wissenschaftlerinnen publizieren weniger und halten weniger Vorträge als ihre Kollegen. Die sprachlichen Fähigkeiten der Frau zeigen sich hauptsächlich in Berufen, die mittlere Anforderungen an diese Begabung stellen, bei Stenotypistinnen und Sekretärinnen, die Orthographie beherrschen müssen, bei Fremdsprachenkorrespondentinnen und Übersetzerinnen.
Daß Frauen sprachliche Fähigkeiten besitzen, die aber fast ausschließlich negativ bewertet werden, zeigt die Fülle von Kommentaren über schreibende Frauen oder die Sprichwörter über Frauen, deren Mundwerk nicht stillsteht. In islamischen Gesellschaften bestehen ausgesprochene Sprechverbote für Frauen in Anwesenheit von Männern.(11)
Die zweite große Differenz im intellektuellen Bereich besteht in bezug auf das Raumsehen.
Die Fähigkeit des räumlichen Sehens beinhaltet das visuelle Wahrnehmungsvermögen von Figuren oder Objekten im Raum und ihre Beziehungen zueinander. Die männliche Überlegenheit in diesen Fähigkeiten zeigt sich in der Kind-

heit kaum, entwickelt sich jedoch während der Pubertät und erhöht sich ständig.
Es gibt Anhaltspunkte dafür, daß die Fähigkeit des räumlichen Sehens von einem rezessiven geschlechtsgebundenen Gen abhängig ist. Gegenwärtige Schätzungen gehen davon aus, daß ungefähr 50 Prozent der Männer und 25 Prozent der Frauen dieses Begabungselement phänotypisch besitzen, obwohl nur ein Teil des Raumsehens genetisch bedingt zu sein scheint.(12)
Die Fähigkeit des räumlichen Sehens ist eine Vorbedingung für eine Reihe von Ingenieurberufen, so daß geringere weibliche Leistungen in diesem Bereich mit einer genetisch bedingten Geschlechtsdifferenz erklärt werden könnten. Jedoch bedeutet ein angeborener Faktor nicht, daß die Fähigkeit nicht in Lernprozessen entwickelt werden kann.
Untersuchungen in afrikanischen und in Eskimo-Gesellschaften stellen die männliche Überlegenheit im räumlichen Sehen jedoch in Frage. In neun Gruppenversuchen, die jeweils drei Tests umfaßten, schnitten die Frauen dort schlechter ab, wo diese Fähigkeiten insgesamt wenig entwickelt waren. In mehreren Gruppen zeigten sie aber bessere Werte als die Männer.(13)

Ein altes Vorurteil besagt, daß Frauen weniger begabt für Mathematik seien. Eine große Zahl von Untersuchungen beschäftigt sich damit. Vom Alter von 12 und 13 Jahren an erhöhen sich die mathematischen Fähigkeiten von amerikanischen Jungen schneller als die von Mädchen, unabhängig von der Zahl der Mathematik-Kurse, die sie belegen. Der Unterschied jedoch ist nicht so auffallend wie der Unterschied im Raumsehen. Maccoby und Jacklin betonen deshalb, daß diese Frage noch weitgehend offen ist.
Ein DDR-Forscher, Volkmar Weiß, nimmt dagegen an, daß mathematische Begabung auf einem Erbfaktor beruht, der autosomal-rezessiv vererbt wird, also nicht an das Geschlechtschromosom gebunden ist, sondern an eines der Autosomen. Dieser Erbfaktor scheint nur dann ausgeprägt, wenn er von beiden Eltern vererbt wurde. Weiß untersuchte 225 Schüler zwischen 15 und 18 Jahren, die von etwa 600 000 Teilnehmern aus der gesamten DDR in die letzte

Stufe des Leistungswettbewerbs »Olympiade junger Mathematiker« gelangt waren. Weder eine Geschlechts- noch irgendeine andere Sozialdeterminante ließ sich dabei nachweisen.(14)
Dies wird durch eine in der Bundesrepublik durchgeführte Untersuchung bestätigt: Erika Schildkamp-Kündiger befragte 1971 365 13- bis 14jährige Mädchen der 7. und 8. Klasse des Saarbrücker Städtischen Gymnasiums.(15) Die Autorin zitiert andere Studien, die belegen, daß Eltern und vor allem Lehrer glauben, daß Mathematik etwas typisch Männliches sei, und es daher für unangebracht halten, die Mädchen in diesem Fach besonders zu fördern. So ist es denn kein Wunder, daß die Studie auch bei intelligenten Schülerinnen eine Blockierung durch emotionale Störungen feststellt, die die Lösung mathematischer Aufgaben verhindern. Hier zeigt sich deutlich, wie die alten misogynen Geschlechtsstereotype durch einen Prozeß der »selffullfilling prophecy« scheinbar bestätigt werden.

Eine Reihe von Geschlechtsunterschieden taucht im Lauf der kindlichen Entwicklung auf und verschwindet wieder. In den meisten Fällen haben die Mädchen Entwicklungsvorsprünge, die dann von den Jungen etwas später wieder aufgeholt werden. Mädchen lernen früher Laufen, Sprechen und sind früher »sauber«.
Maccoby und Jacklin betonen stark die Einebnung dieser Unterschiede in der Entwicklung. Gerade in der unterschiedlichen Entwicklungsrhythmik könnte jedoch ein wesentlicher Faktor der Selbsterfahrung liegen, der das Gefühl für zeitliche Abläufe zumindest unterschiedlich bei Mann und Frau beeinflussen kann.
Je mehr sich die beiden Autorinnen Maccoby und Jacklin darauf konzentrieren, die vielen negativen Befunde in bezug auf Geschlechtsdifferenzen herauszuarbeiten, desto mehr stellt sich die Frage, durch welche Faktoren denn nun alle die ewigen Mythen über die Unterschiede in den Fähigkeiten und Verhaltensweisen der Geschlechter zustande kommen.
Alle Spielarten moderner populärer und traditioneller Vorurteile gegenüber Mädchen müssen durch die Mehrzahl der empirischen Untersuchungen als widerlegt gelten.

Mädchen sind nicht beeinflußbarer als Jungen. Es fehlt ihnen nicht an Leistungsmotivation. Es gibt keine Unterschiede in den Lernstilen. Mädchen sind nicht besser im Erlernen einfacher monotoner Aufgaben, und Jungen erreichen keine besseren Leistungen bei komplizierten Aufgabenstellungen. Auch gehen Jungen nicht analytischer vor als Mädchen.
Das Ergebnis dieser objektiven Messungen von weiblichen und männlichen Verhaltensweisen und Fähigkeiten steht in scharfem Kontrast zu dem, was Männer und Frauen subjektiv als geschlechtstypisch empfinden. Es ist außerdem nicht in Einklang zu bringen mit den Auffassungen, die in menschlichen Kulturen bisher über die Unterschiede der Geschlechter vorherrschen.
Nur eine Ausnahme gibt es davon – in allen menschlichen Gesellschaften werden Männer für aggressiver gehalten als Frauen. Aggressives Verhalten bietet jedoch kaum eine Erklärung dafür, warum fast alle Herrschafts- und Führungspositionen von Männern besetzt werden. Bei erblichen Ämtern ist das Merkmal der männlichen Geburt entscheidend, nicht eine aggressive Auseinandersetzung.
Intrige, Diplomatie, Geschmeidigkeit, Opportunismus, Kompetenz, Integrationsfähigkeit, Bündnisfähigkeit sind Eigenschaften, die weitaus eher zu sozialem Aufstieg führen als direkte aggressive Akte.

So sind offenbar auch diese Autorinnen ratlos vor der Frage, wie es zu einer so umfassenden Diskrepanz zwischen den objektiv meßbaren Daten des geschlechtstypischen Verhaltens und den herrschenden Meinungen darüber kommt. Wie reproduzieren sich die Mythen? Wie und warum konnten sie sich durchsetzen? Maccoby und Jacklin meinen, etwas hilflos, daß »Stereotype« sehr »mächtige Dinge« seien. Damit machen sie es sich zu einfach. Schon das Beispiel mit der mathematischen Begabung hat gezeigt, wodurch Stereotype mächtig werden: Kinder und Jugendliche werden einer Erziehung unterworfen, die die stereotypen Vorurteile als feststehende, unabänderliche Grundbedingungen so lange darstellt, bis sich die Jugendlichen ihnen angepaßt haben und damit scheinbar die Richtigkeit der Behauptung bestätigen.
Den fatalsten Beleg für diese Verhaltensweise liefert die Ein-

stellung von jungen Männern gegenüber Mädchen, die ihnen an Intelligenz überlegen sind. Dies entspricht ja nicht dem Stereotyp, daß Männer eine ausgeprägtere wissenschaftliche Intelligenz haben als Frauen. Mirra Komarovsky hat solche Beziehungen untersucht und typische Antworten mitgeteilt:(16)

> »Ich fange an zu spüren«, bemerkt ein älterer Student über seine gegenwärtige Freundin, »daß sie nicht klug genug ist. Sie sagt niemals irgendwas, das mich hochreißt und sagen läßt ›Ach, das ist aber interessant!‹ Ich wünsche mir ein Mädchen, das einen umgrenzten Kern eigener Persönlichkeit hat und nicht einfach ein Echo meiner Gedanken ist.« Kürzlich traf er ein Mädchen, das ihn mit seiner schnellen und aufnahmefähigen Intelligenz faszinierte, aber dieses neue Mädchen gab ihm das Gefühl, ›nervös und erniedrigt‹ zu sein.«

Immerhin hatte dieser Student das Bedürfnis nach einer intelligenten Partnerin, das bei anderen gar nicht mehr vorhanden ist oder unterdrückt wird:

> »Ich habe es gern, mich mit intelligenteren Mädchen zu unterhalten, aber ich habe nicht den Wunsch nach einer engen Beziehung zu ihnen. Ich vermute, daß ich immer noch glaube, der Mann sollte der Intelligentere sein.«

Die beiden Beispiele zeigen, daß die männliche Reaktion auf überlegene weibliche Intelligenz Liebesentzug oder -vorenthaltung ist. Intelligente Mädchen müssen also feststellen, daß ihre Intelligenz in den Beziehungen zu Männern kein Plus, sondern ein Minus ist. Es ist nicht verwunderlich, daß die wenigsten bereit sind, dies auf Dauer in Kauf zu nehmen. Sie werden entweder bewußt oder unbewußt auf die volle Ausbildung ihrer intellektuellen Anlagen verzichten, oder Mimicry betreiben:

> »Ich begegnete einmal einer Philosophiestudentin, und wir kamen sehr gut miteinander aus. Wir hatten eine ähnliche Einstellung zum Leben, und obwohl wir einige unterschiedliche Ansichten hatten, schien ich besser in der Lage zu sein, meinen Standpunkt darzustellen. Eines Tages hörte ich sie zufällig einen Aspekt von Kant mit einem anderen Mädchen diskutieren, den sie mir gerade am Abend zuvor als obskur und verwirrend geschildert hatte. Aber nun

erklärte sie ihn einem Mädchen so klar und nüchtern, daß ich mich irgendwie verletzt und dümmlich fühlte. Vielleicht war es unreif von mir, so zu reagieren.«

Vielleicht war es »unreif«, aber es war genau die Reaktion, die schon seit ewigen Zeiten Frauen mit emotionalen zwischenmenschlichen Bedürfnissen daran hinderte, offen in den Wettbewerb des Wissens und der Intelligenz mit den Männern einzutreten.

VII.
Sexualität und Gewalt

26. Kapitel

Der brutale Beschützer: Sexualität, Gewalt und Doppelmoral

»Er prügelte mich, bis ich bewußtlos umkippte. Als ich wieder zu mir kam, lag er im Bett und schnarchte.
Bild-Zeitung vom 29. Mai 1976

»Und wenn er hinkt und wenn er spinnt
und wenn er ihr Schläge gibt:
es fragt die Hanna Cash mein Kind
doch nur, ob sie ihn liebt.«
Bert Brecht

»Wer weiß, am Ende ist die ganze moderne Frauenbewegung nichts als eine Revolte gegen das Mürbeprügeln der Weiber, und sie bezweckt nichts als die Emanzipation des Weibes vom Stock.«(1)

Hundert Jahre nachdem Hedwig Dohm sich gegen das Züchtigungsrecht des Mannes wandte, ist ihre Forderung nach Emanzipation der Frau von der ehelichen Prügelstrafe genauso aktuell. Die Regelung der ehelichen Probleme durch männliche Fäuste ist in Zeit und Raum so weit verbreitet, daß die physische Gewalt gegenüber Frauen als ein universales Merkmal der menschlichen Gesellschaft angesehen werden muß. Unterschiedlich sind nur die gesellschaftlichen Sanktionen, die das Prügeln von Frauen verdammen oder bestrafen oder es ausdrücklich rechtlich legalisieren.

Bei Naturvölkern hat die Frau gewöhnlich dann eine größere Chance, den physischen Attacken ihres Mannes zu entgehen, wenn sie Gesellschaften angehört, in denen kein oder ein unbedeutender Brautpreis gezahlt wird. In diesen Fällen kann sie leicht zu ihrer Familie zurückgehen, ohne daß endlose Auseinandersetzungen zwischen den Familien über die Rückerstattung der Geschenke erfolgen. In diesen Gesellschaften werden ihr Vater und ihre Brüder eher bereit sein, die Tochter und Schwester wieder aufzunehmen. Der Pater Martin Gusinde berichtet über den Sittenkodex der Feuerlandindianer, daß der junge Mann entmutigt wird, seine

Frau zu verprügeln. Frauen sind knapp, und er muß damit rechnen, daß sein Schwiegervater sich einschaltet, wenn er seine Frau mißhandelt.

»Du darfst sie niemals schlagen. Deinem Schwiegervater wird es eines Tages doch zu Ohren kommen, daß du seine Tochter geschlagen hast. Er wird sagen: ›Jener Mann hat mir meine Tochter weggeholt, ist damit zu seiner Familie gegangen und dort prügelt er sie!‹ Kämest du später zu diesem Schwiegervater zu Besuch, wird er dich nicht in seine Hütte einlassen; er wird dir fernbleiben und dir schließlich seine Tochter wegnehmen.«(2)

Norbert Mylius untersuchte die ehelichen Verhältnisse der ostafrikanischen Nomaden- und Jägerstämme und stieß dabei auf eine »Fülle von Berichten, die immer nur von Schlägen und Beleidigungen der Frau sprechen«. Bei einigen Stämmen hat die Frau die Möglichkeit, sich gegen heftige Mißhandlungen zu wehren. Bei den Massai, einem extrem patriarchalischen Hirtenstamm, ist es üblich, daß die Frau »mäßige Prügel« bezieht. Wird sie zu oft geschlagen, so hat sie das Recht, im Haus eines Altersgenossen des Mannes Zuflucht zu suchen. Der Ehemann der Frau wird dann von weiteren Schlägen absehen, weil er den Fluch seines Altersgenossen fürchtet.(3)

Bei den südafrikanischen Bantustämmen, den Xhosa, Zulu und Sotho gehört das Schlagen der Ehefrau ebenfalls zur Tradition. Die Ethnologin Laura Longmore beschreibt, daß das Prügeln der Ehefrau immer noch allgemein üblich sei, obwohl ihr einige Ehemänner, vor allem in den Städten, erzählten, daß sie sich dieser Sitte aus Angst vor den gesetzlichen Bestimmungen enthielten. Sie berichtet in ihrer Studie über das Sexualleben der Bantufrauen in den städtischen Gebieten um Johannesburg:

»Es konnte keinen Zweifel daran geben, daß viele Frauen in der Stadt von ihren Männern hart behandelt wurden. Die Hauptgründe dafür, daß sie geschlagen wurden, waren erstens Untreue seitens der Frau; sollte ein Mann entdecken, daß seine Frau Beziehungen zu anderen Männern hat, wird er sie sicherlich schlagen; wenn dagegen der Mann Beziehungen zu anderen Frauen hat und die Frau beschwert sich, wird sie ebenfalls geschlagen, weil die

Vorstellung besteht, daß ein Mann das Recht hat, anderen Frauen den Hof zu machen; es scheint, daß die Sitte der Polygynie kaum ausstirbt; Fälle dieser Art kommen häufig vor. Zweitens Trunkenheit; Männer kommen von der Mai-mai Bierhalle in der Nähe oder von anderen Orten, wo sie Alkohol erhalten, und verlangen Unvernünftiges oder beschweren sich, wenn sie nach Hause kommen; sowie die Frau versucht, etwas zu sagen, wird sie geschlagen und tätlich beleidigt, weil sie widersprochen hat.«(4)

Ein anderes Beispiel aus Südamerika: Die Yanomamös, ein Indianerstamm an der Grenze von Venezuela zu Brasilien, der heute etwa 10 000 Mitglieder zählt, gewöhnen schon die kleinen Mädchen an ständige Prügel. Die Brüder dürfen ihre Schwestern schlagen, die Mädchen werden angehalten, nicht zurückzuschlagen. Die Yanomamös leben von ihren Gärten, in denen sie Bananen und süße Kartoffeln kultivieren. Die Männer gehen gelegentlich auf Jagd. Wenn der Ehemann von einem Jagdausflug zurückkommt, muß die Frau springen, um ihm sein Mahl zu bereiten. Sie muß alles auf der Stelle stehen- und liegenlassen. Wenn sie nicht lernt, diese Aufgaben zu verrichten, wird ihr Mann sie mit der Hand oder mit einem Stock schlagen. Ein Ehemann, der richtig in Wut gerät, weil das Essen nicht fertig wird, schießt seine Frau mit einem Pfeil in den Hintern oder verbrennt sie mit dem Ende eines brennenden Scheites.(5)

Bei den kaukasischen Stämmen wurde die Frau ebenfalls regelmäßig geprügelt, ohne eine Möglichkeit der Zuflucht. Besonders die lesghischen Ehemänner waren für ihre Grausamkeit berühmt. In einer Forschungsarbeit aus dem Jahr 1951 über die Ehe- und Familienauffassung der Kaukasus-Stämme schreibt Louis J. Luzbetak:

»Die Lesghier haben ein Sprichtwort, das lautet: ›Es gibt zwei Götter: Allah und der Ehemann.‹ Ein Ehemann hat das Recht, seine Frau bei jedem vertretbaren Anlaß zu schlagen, jedoch nicht in der Öffentlichkeit.«

Omarov, ein Schriftsteller des 19. Jahrhunderts, berichtete, was seine eigene Mutter zu leiden hatte, und

»wie Ehemänner gnadenlos ihre hilflosen Frauen mißhandelten und Brüder ihre Schwestern.«

Gewöhnlich wurde dazu die Peitsche benutzt. Manche Ehemänner leisteten sich allerdings den Luxus zweier Peitschen, eine für das Pferd, eine andere für die Ehefrau.(6)

In den christlich-germanischen Gesellschaften Europas wurde das Recht, die Ehefrau zu schlagen, aus göttlichen Geboten abgeleitet. Die Minnesänger und Troubadoure machten dabei einen feineren Unterschied zwischen der eigenen Ehefrau und der Dame, die sie verehrten, und in deren Dienst sie sich stellten. Hedwig Dohm zitiert aus dem Liebesgedicht eines Troubadours, in dem die Empfehlung gegeben wird:

> »Hüte dich, deine Dame zu schlagen, denke daran, daß sie nicht deine Frau ist und daß du sie verlassen kannst, wenn irgend etwas an ihr dir mißfällt.«(7)

Humbert IV., französischer König, der für die Stadt Villefranche eine Vorliebe hatte, bewilligte dieser verschiedene Privilegien, in denen es unter anderem hieß:

> »Jeder Einwohner von Villefranche hat das Recht, seine Frau zu schlagen, vorausgesetzt, daß der Tod nicht erfolge.«(8)

In einer belehrenden Erzählung, die der Ritter Geoffrey de la Tour de Landry zur Erziehung seiner Töchter verwandte, werden die Folgen dargestellt, die widerspenstige Frauen zu erwarten haben:

> »Hier ist ein Beispiel für jede gute Frau, damit sie geduldig leidet und erträgt und nicht mit ihrem Mann wetteifert noch ihm vor Fremden widerspricht, wie einmal eine Frau, die ihrem Mann vor Fremden kurzangebunden widersprach; und er schlug sie mit der Faust zu Boden, und mit dem Fuß trat er ihr ins Gesicht und brach ihr die Nase, und sie hatte von da an ihr ganzes Leben lang eine verkrüppelte Nase, die ihr Gesicht so verdarb und verunstaltete, daß sie aus Scham ihr Gesicht nicht mehr zeigen mochte, denn es war so widerlich entstellt. Und das hatte sie für ihre Worte erhalten, die sie zu ihrem Mann gesagt hatte. Und deswegen ist die Frau verpflichtet zu leiden, und dem Manne das Reden zu überlassen und der Herr zu sein, denn das ist ihre Pflicht.«(9)

Im germanischen Dorfrecht, das erst im 16. Jahrhundert allmählich vom römischen Recht verdrängt wurde, gehörte das Züchtigungsrecht zur Vormundschaft (Munt) des Ehemannes über die Frau.

»Eine intensive Äußerung seiner Munt stellte das Züchtigungsrecht dar. Dasselbe war begründet auf der in der Munt liegenden Gehorsamspflicht der Frau. Positiv ist es nur aus niederösterreichischen Quellen überliefert. Aber es kann kein Zweifel sein, daß auch die Bauern der anderen Gebiete ein solches ehemännliches Zuchtrecht anerkannten.«(10)

Dieses bäuerliche Familienrecht war ein Gewohnheitsrecht, das in »Weistümern« aufgezeichnet war. Ein Weistum war ein Normenkomplex, der entweder von einer unabhängigen bäuerlichen Gemeinde aufgestellt wurde, durch einseitige Erlasse einer Gutsherrschaft oder durch das Zusammenwirken von Gutsherrschaft und Dorfgenossenschaft. Seine Geltung war lokal begrenzt und reichte meist nicht weiter als ein paar Dorfgemeinden. In verschiedenen Weistümern wurden Normen aufgestellt zum Schutz der Frau gegen Schläge. Der Mann, der seiner Frau beim Schlagen Körperverletzungen beigebracht hatte, mußte in einigen Gemeinden ein Sühnegeld zahlen. Ein Faustschlag galt jedoch als weniger schwerwiegend als ein Schlag mit der flachen Hand. In verschiedenen Weistümern aus österreichischen Dörfern kostete die Ohrfeige fünfmal soviel wie der Faustschlag.

»Ein Delikt der Frau war die Basis des Züchtigungsrechts. Diesem Züchtigungsrecht des Ehemannes entsprach aber – wenigstens nach dem einen Weistum – eine Züchtigungspflicht. Denn wenn der Mann seine Frau nicht schlug, so verfiel er, gleich wie sie selbst, in eine Buße.«(11)

Aus einigen Weistümern geht hervor, daß Frauen, die stark genug waren, sich gegen männliche Mißhandlungen zu wehren oder die ihre Ehre verteidigen wollten, selbst Männer zum Zweikampf herausforderten.

»Namen begegnen dafür nur im österreichischen und schweizerischen Rechtsgebiete, und die Anschauung ist da und dort ganz verschieden«,

schreibt Hans Fehr, der die Rechtsstellung von Frauen und Kindern in den Weistümern 1912 zum ersten Male eingehend untersuchte. Es galt für den Mann als Schmach, von einer Frau herausgefordert zu werden.

»Bekanntlich wurde die Herausforderung als solche bestraft und verschiedene Weistümer ... setzen nun die dop-

> pelte Buße auf die Herausforderung durch eine Frau, weil in dieser Gleichsetzung mit dem Manne eine Beleidigung lag. Forderte ein Mann eine Frau zum Zweikampf heraus, so zahlte er nach einigen österreichischen Weistümern »fünf Pfund Pfennig« die Hälfte der Summe, die eine Frau zahlen mußte, wenn sie einen Mann herausforderte.«(12)

In der Schweiz wird der entgegengesetzte Standpunkt vertreten. Im Weistum von Drei Höfen der Abtei St. Gallen aus dem 15. Jahrhundert wird die herausfordernde Frau einem Minderjährigen gleichgesetzt und zahlt eine zehnmal geringere Buße als der männliche Herausforderer.

In einem anderen Schweizer Weistum ist die Herausforderung der Frau zum Zweikampf im Fall von Brandstiftung, Tötung oder Notzucht zugelassen. Wenn die Frau allerdings ihren eigenen Mann herausforderte, so hatte sie nach österreichischem Dorfrecht nur eine geringe Buße zu zahlen. In Österreich gestattete das Weistum von Streithofen und Einsiedel, »die Hübscherin, d. h. die Dirne, zu schlagen«.

Dem Manne, der sein Züchtigungsrecht nicht wahrnahm oder sich selbst von einer Frau schlagen ließ, drohten in vielen Gemeinden Repressionen, oder er wurde lächerlich gemacht. Mit sichtlichem Gefallen an solchen Maßnahmen wird von Wilhelm Heinrich Riehl eine solche Straflektion geschildert, die in den Wetterau-Gemeinden Kirchgöns und Pohlgöns noch im 16. Jahrhundert praktiziert wurde, »nicht zu Ehren eines Principes, wohl aber zu Ehren der Natur«.

> »Wenn eine Frau ihren Mann geschlagen, dann brachen die Nachbarn dem Manne, der sich solches hatte gefallen lassen, die First vom Dache ab, und die Mannschaft des verbündeten Dorfes kam solenniter herbeigezogen mit einem Esel, auf welchen die Frau gesetzt und im Orte herumgeführt wurde, ›damit die Männer nach Gottes Gebot Herren bleiben und die Oberhand behalten sollen‹. Der Mann, der sich's hatte gefallen lassen, wird so gut bestraft wie die Frau, welche den Frevel verübt, und nur durch Spendung einer Ohm Bier an die verbündeten Gemeinden konnte sich das straffällige Ehepaar von der Strafe loskaufen.«(13)

Im 17. und 18. Jahrhundert wurde das bäuerliche Familienrecht vom Landesrecht abgelöst. Das Züchtigungsrecht des Mannes bei Ungehorsam der Frau wurde nun als Recht ehelicher Herrschaft kodifiziert. Der Jurist und Vizekanzler von Bayern, Frhr. Wiguläus Xaverius Aloysius Kreittmayr, der das bayerische Recht schuf, kommentierte dieses Züchtigungsrecht des Ehemannes in seinen fünfbändigen Kommentaren zum Bayerischen Landrecht, die er zwischen 1757 und 1768 veröffentlichte. Darin heißt es:

»Unser Codex weiset die Ehefrauen dahin an, daß sie ihrem Mann nicht nur in domesticis gehorchen, sondern auch gebührenden Respect bezeigen, und nicht weniger gewöhnlich – und anständige Haus- und Personal-Dienst erweisen sollen. Der Gehorsam aber ist das Correlatum von obiger Herrschaft. Das Züchtigungs-Recht sowol mit Worten als Wercken ist ebenfalls ein Effectus potestatis maritalis und fundirt sich zum Theil in Jure divino selbst, wann die Schweitzer-Version richtig ist, nach welcher die Worte der Schrift: Vir dominabitur tui, auf deutsch soviel heissen, als er wird dich peinigen und kneipen. Es kann sich auch das weibliche Geschlecht solches um so minder verschmähen lassen, als diese Ehr der Göttin Juno von Jove selbst öfter widerfahren ist, und sie dahero beim Homero Plagiatida Juno genannt wird.«(14)

Das Züchtigungsrecht des Mannes war bis zum Ende des 19. Jahrhunderts im europäischen Familienrecht verankert.

Nach Ansicht eines englischen Parlamentariers waren um die Mitte des 19. Jahrhunderts in England die Zeitungen voll von Berichten über mißhandelte Frauen.

»In der Review Britannique vom März 1853 las man folgende Worte eines Deputierten: ›Vor versammeltem Parlament höre ich von einem Mitglied, daß in England ein Ehemann für eine Entschädigungssumme von 5. Pfd. Sterling seine Frau bis zur Verstümmelung schlagen darf. Dieses Mitglied, Mr. Fitzroy, hat bemerkt, man könne die Zeitung nicht lesen, ohne von Abscheu ergriffen zu werden, so zahlreich seien die Beispiele grausamer und brutaler Behandlung, welche das schwache Geschlecht von Männern zu leiden habe, deren Brutalität allen Engländern die Röthe der Scham in's Gesicht treiben sollte. Er führte darauf eine Anzahl von Beispielen empörender Mißhandlungen an.‹«(15)

Ein amerikanischer Autor, Thomas Higginson, der sich in seinem Buch »Common sense about Women« für die politischen Rechte von Frauen einsetzte, schrieb:

»Ein englisches Parlamentsmitglied sagte vor einigen Jahren in einer Rede, daß der dümmste Mann ein klareres Verständnis politischer Fragen hätte als die klügste Frau. Er unterließ es, darauf einzugehen, in welchem Zustande sich ein Volk befinden muß, das seit vielen Jahren eine Frau als Herrscher hat ...«

»Bei manchen Dingen werden sie langsam lernen; aber in bezug auf alles, was sie unmittelbar angeht, werden sie von Anfang an mehr wissen, als viele weise Männer von Weltbeginn an gelernt haben. Wie lange hat es bei den Völkern englischer Zunge gedauert, bis sie auch nur zum Teil die Ungerechtigkeiten des alten Rechts abgestellt haben! Ein Frauenparlament aber würde in einer einzigen Sitzung das angemaßte Recht des Mannes beseitigt haben, seine Frau mit einem Stock, der nicht dicker als sein Daumen ist, zu züchtigen ...«(16)

Als nach der Mitte des 19. Jahrhunderts unter dem Eindruck der ersten Plädoyers für die politischen Frauenrechte auch von Schriftstellern ohne feministische Absicht kompliziertere Frauencharaktere beschrieben wurden, appellierten Literaturkritiker an das gesunde männliche Empfinden. Eine kräftige Tracht Prügel würde genügen, um diese irregeleiteten Figuren auf den richtigen Weg zurückzubringen. Darüber berichtet Hedwig Dohm:

»Vor einiger Zeit war in einer unserer ersten Zeitungen eine Besprechung französischer Bücher zu lesen, die von einem der bekanntesten und berühmtesten Literaturhistoriker herrührte, einem milden Mann und vortrefflichen Gatten, dessen Privatcharakter unantastbar ist.

In dieser Besprechung heißt es bezüglich des Flaubert'schen Romans ›Madame Bovary‹: ›Wenn sie (Mad. Bovary) einen Mann gefunden hätte, der sie zu besänftigen und mitunter den Stock zu gebrauchen verstand, – denn das war nöthig – so wäre sie vielleicht gar nicht so übel geworden?‹ Wir wiederholen, diese warme Empfehlung der Prügelstrafe zur Aufbesserung leichtfertiger Weiber geht von einem deutschen Manne aus, der auf der Höhe der Bildung seiner Zeit steht. Haben wir es nicht herrlich weit gebracht?«(17)

Auch August Strindberg schrieb um diese Zeit eine Erzählung darüber, wie eine Frauenrechtlerin letzten Endes durch einen brutalen Schlag ihres Ehemannes nicht nur von ihren Ideen kuriert wird, sondern darüber hinaus anhänglich und anschmiegsam wie ein Kätzchen.(18)

Als in den siebziger Jahren immer mehr Frauen in England nach Rechten verlangen, regt sich die englische Königin über diese Forderungen auf. Eine Hofdame der Königin Victoria berichtet darüber, daß die Königin eifrig bemüht sei, alle diejenigen zusammenzutrommeln, die reden und schreiben könnten,

»um dieser verrückten, verruchten Torheit der Woman's Rights Einhalt zu gebieten mit all den damit verbundenen Schrecken, zu denen ihr armes schwaches Geschlecht sich neigt und dabei jedes Gefühl für weibliches Empfinden und Schicklichkeit vergißt. Lady Amberley muß eine gehörige Züchtigung erhalten«,

fordert die Königin.(19) Lady Amberley, die nach Meinung der Königin von ihrem Mann die Peitsche bekommen sollte, war die aufsässige Mutter eines rebellischen Sohnes: Bertrand Russell.

Während das Züchtigungsrecht um die Jahrhundertwende aus dem Familienrecht europäischer Länder verschwand, wurde es in islamischen Ländern, die ihre nationale Souveränität erlangten, gesetzlich eingeführt.

»Im ägyptischen Familiengesetz wird das Recht des Mannes zur körperlichen Züchtigung der Frau bestätigt. Die Frauenorganisationen gingen ohne Erfolg dagegen an.«(20)

Das religiöse Recht des Korans, auf das sich jeder Mohammedaner berufen kann, wurde in Ägypten ausdrücklich vom Staat zum Bestandteil des Eherechts gemacht. Nach Ansichten der alten und modernen Kommentatoren gelten folgende Koranverse als Grundlage zur Behebung ehelicher Konflikte.

»Und wenn ihr fürchtet, daß (irgendwelche) Frauen sich auflehnen, dann ermahnt sie, meidet sie im Ehebett und schlagt sie.«

In seiner Dissertationsschrift, »Die Stellung der Frau im Sunnitischen Islam« (1968) nennt der Ägypter Muhammad Schamah die islamischen Autoritäten, die die Beibehaltung des Züchtigungsrechts befürworten.

> »Hierzu bemerkt az-Zamabšarī, daß der Mann seine Frau nicht so stark schlagen dürfe, daß sie gesundheitliche Schäden erleide, und daß die Züchtigung keine Spuren an ihrem Körper hinterlassen dürfe, anderenfalls könne die Frau ihren Mann vor dem Gericht verklagen. Obwohl der Koran die körperliche Züchtigung der Frau erlaubt, sah Muhammad das Schlagen als ein ungeschicktes Verhalten des Ehemannes an.«

Ein anderer islamischer Gelehrter, Šaltūt, ist der Auffassung:

> »Es gibt Frauen, bei denen keine Ermahnung nützt, noch reagieren sie auf das Meiden im Ehebett. Bei solchen Frauen ist dem Mann eine Art der Züchtigung (das heißt das Schlagen) erlaubt. Der Koran hat dies als letztes Erziehungsmittel, das dem Mann zusteht, aufgeführt. Daher stellt es das letzte Heilmittel dar, auf das man nötigenfalls zurückgreifen darf.«(21)

Daß das Züchtigungsrecht des Vaters, Bruders oder Ehemanns exzessiv ausgenutzt wird, zeigt ein jordanisches Sprichwort, das lautet: »Die Brüste der Männer haben keine Milch – die Männer kennen keine Gnade.«(22)

Daß ein Ehemann wie der verstorbene japanische Ministerpräsident Sato, der sich vor Journalisten häufig damit rühmte, seine Ehefrau durchgeprügelt zu haben, den Friedensnobelpreis erhält, zeigt nur, als wie wenig anstößig die private Gewalt des Hausherrn gegenüber seiner Ehefrau im 20. Jahrhundert von der Weltöffentlichkeit empfunden wird. In einer repräsentativen Befragung, die von einem bundesrepublikanischen Forschungsinstitut Anfang der siebziger Jahre durchgeführt wurde, war die Mehrheit der Befragten der Ansicht, daß die Mißhandlung von Tieren stärker zu verurteilen sei als das Verprügeln der Ehefrau.
In der westlichen Gesellschaft, wo die physische Aggression gegenüber Frauen heute überdeckt ist von einer Ideologie der Ritterlichkeit und besonderen Höflichkeit gegenüber

Frauen, ist die Brutalität des Ehemannes im Gegensatz zu islamischen oder asiatischen Gesellschaften ein Phänomen, das geheimgehalten werden muß. Im westlichen Sittenkodex gilt es heute als unmännlich, wenn ein Mann die Frau schlägt. So kommt es zur gespaltenen Haltung westlicher Männer, die beim Betreten eines Lokals oder beim Einsteigen in ein Auto sich konventionell kavaliershaft verhalten, aber nichts dabei finden, wenn sie ihrer Frau innerhalb der Wohnung einen Schlag versetzen. Wenn das Rampenlicht der Öffentlichkeit da ist, genießen Frauen das Privileg, als erste Geiseln bei einer Flugzeugentführung freigelassen zu werden, Szenen, die in den letzten Jahren immer wieder in Fernseh-Berichten zu sehen waren.

In ihren vier Wänden genießen Frauen solche Schutzrechte nicht. Die westliche Gewalt hat also eine öffentliche und eine heimliche Seite. Das zeigt sich z. B. in den Ergebnissen verschiedener Aggressionstests, bei denen zwischen dem Geschlecht des Opfers gewählt werden kann. Die beiden amerikanischen Psychologinnen Eleanor E. Maccoby und Carol N. Jacklin zogen bei einer Überprüfung von Testergebnissen den Schluß:

> »Obwohl es nur wenige Untersuchungen gibt, sind die Ergebnisse gleichbleibend. Mädchen und Frauen sind weniger die Objekte ... aggressiver Aktionen.«

Die einzige Ausnahme in diesen Untersuchungen war ein Test, in dem weibliche und männliche Autofahrer beobachtet wurden. Darin wurden weibliche Autofahrer in größerem Maße angehupt.(23)

Die Auffassung, daß männliche Gewalt sich hauptsächlich gegen das eigene Geschlecht richtet, mag demnach durch solche Testsituationen bestätigt werden, in denen die vorgeführten weiblichen Figuren dem getesteten Mann unbekannt sind. Es gibt jedoch eine Fülle von ethnologischen Belegen und Fällen aus unserer Gesellschaft, die zeigen, daß die männliche Aggression sich hauptsächlich gegen die weiblichen Familienmitglieder richtet, Ehefrau, Schwester oder Tochter.

Derselbe Mann, der artig einer fremden Gastgeberin die Hand küßt, findet vielleicht nichts dabei, seiner eigenen Frau die Zähne auszuschlagen.

Der Tätertyp ist auch nicht durch Zugehörigkeit zu einer bestimmten sozialen Schicht, Einkommen oder Ausbildung charakterisierbar, sondern findet sich in allen Gesellschaftsschichten und Berufen. Auch in sozialistischen Gesellschaften: in der DDR wurden in den Jahren 1970–72 ca. 10 Prozent der Scheidungen wegen Tätlichkeiten eingereicht.(24)

Bisher hat sich nur der englische Gesetzgeber mit diesem Thema befaßt, nachdem 1971 die englische Feministin Erin Pizzey als erste in London ein Haus für geprügelte Frauen eingerichtet hatte (Chiswick's Women's Aid).(25) Das britische Unterhaus ernannte im Februar 1975 einen Untersuchungsausschuß, der in 23 zum Teil öffentlichen Anhörungen – die zuständigen Minister und Staatssekretäre waren anwesend – geschlagene Ehefrauen befragte, Zeugen vernahm und Berichte über Gewalt in der Ehe überprüfte. Zunächst gingen die Komitee-Mitglieder von einer Zahl von 5000 Frauen unter den 680 000 englischen Ehefrauen (Stand 1971) aus, die pro Jahr Opfer ständiger schwerer Körperverletzungen durch den Ehemann werden. In ihrem abschließenden Report äußern sie allerdings die Meinung, daß sie die Überzeugung gewonnen hätten, die Zahl von 5000 Fällen sei nur die Spitze eines Eisbergs. Auch über die Vorurteile, die der Arbeit der Kommission entgegengebracht wurden, enthält der am 30. 7. 1975 veröffentlichte Report eine einleitende Bemerkung:

> »Einige Leute, darunter solche in hohen Positionen, verdrängen immer noch das Denken an geschlagene Frauen. Ist es nicht das Recht des Mannes, sie zu schlagen? Ist es nicht ihr Fehler? Sollte sie ihn nicht einfach verlassen? Könnte sie nicht sogar Freude daran haben, geschlagen zu werden? Solche Leute sollten nicht vergessen, daß ein großer Prozentsatz aller bekanntwerdenden Morde innerhalb der Familie stattfinden: Das Heim ist für viele ein sehr gewalttätiger Platz. Wenigstens einige jener Ermordeten waren schlechtbehandelte Frauen, die nicht rechtzeitig flüchteten oder fliehen konnten.«

Der Untersuchungsausschuß kam in seiner Empfehlung an den Gesetzgeber dazu, in jeder englischen Stadt oder in einem Kreisgebiet über 50 000 Einwohner ein Familien-Krisen-Center mit einem 24-Stunden-Service einzurichten. Zwei der in diesem Bericht zitierten Fälle seien hier wiedergegeben:

»Zum Beispiel machte eine Mrs. X eine anonyme mündliche Aussage am 12. März. Sie war in einem Zeitraum von 16 Jahren regelmäßig geschlagen worden, bevor sie ihren Mann verließ. In ihren eigenen Worten: ›Ich hatte mal 10 Stiche gehabt, 3 Stiche, 5 Stiche, 7 Stiche, wo er mich gerade getroffen hat. Mir wurde ein Messer durch den Magen gestoßen; mir ist ein Feuerhaken quer über das Gesicht geschlagen worden; ich hatte keine Zähne mehr, weil er sie alle ausgeschlagen hat; ich bin mit rotglühenden Feuerhaken verbrannt worden; ich bin mit Petroleum besprüht worden und stand da, während er angezündete Streichhölzer nach mir schnippte.‹ Diese Angriffe ereigneten sich nicht nur, wenn er betrunken war, sondern ›zu irgendeiner Zeit, früh am Morgen, spät in der Nacht; mitten in der Nacht zog er mich aus dem Bett und begann, mich zu schlagen, er tat es auch vor den Kindern. Es hat ihm nie etwas ausgemacht, wenn die Kinder da waren. Ich bin bei der Polizei gewesen. . . . Ich brachte meinen Mann ins Gefängnis. Er stach mich 10mal, und sie hielten ihn über das Wochenende fest. Er kam am Montag wieder heraus. Er war verpflichtet worden, friedlich zu sein; das war alles. Am Dienstag gab er mir die Prügel meines Lebens.‹«

»Ähnlich sagte uns eine Mrs. A.: ›Ungefähr vor vier Jahren begann mein Mann als Geschäftsführer für . . . zu arbeiten. Anfangs war es ganz gut. Ich arbeitete einen Teil der Zeit mit ihm, und dann begann er, die Nacht wegzubleiben, weil er entweder in seiner eigenen Bar trank oder in eine andere Wirtschaft wegging, so daß ich alleine mit dem Personal, dem Hotel und den Kindern fertig werden mußte. Dies ging so für zwei oder drei Monate, und dann begann er, an den Wochenenden wegzubleiben, und ich blieb immer noch zurück, um mit den Dingen fertig zu werden. Gewöhnlich kam er Freitag nacht herein und gab mir 5 Pfund. Das war der Unterhalt für meine vier Kinder, für mich und auch für sein Essen. Am Sonntag trank er gewöhnlich von 9 Uhr morgens durch bis manchmal um 2 Uhr am Montagmorgen, bevor er nach

Hause kam ... Einmal hatte ich einen gebrochenen Kiefer, ein gebrochenes Wangenbein, eine gebrochene Nase und drei gebrochene Rippen. Zu der Zeit war er nüchtern. Normalerweise war er völlig betrunken und verfehlte mich öfters, als daß er mich traf. Die Polizei war nicht hilfreich. Denn einmal warf er mich durch eine Glastür. Es gab eine Tür mit einer Glasplatte zwischen meinem Wohnraum und der Kleinküche, und ich brach genau durch diese Tür. Die Ofentür hing offen, und ich schlug mit dem Kopf auf sie. Der Polizist kam herein und sagte: ›Sind Sie in Ordnung?‹ Ich lag da und konnte mich nicht bewegen, und er sagte: ›Da können wir nichts machen – er war im Hause.‹«(27)

Im Jahr 1975 gab es 29 Stellen, die von englischen Frauengruppen aufgebaut worden waren, um geschlagene Ehefrauen zu betreuen. In anderen Ländern sind die Hilfsprogramme für mißhandelte Frauen immer noch im Anfangsstadium.(28) Die ersten Reaktionen in der Öffentlichkeit auf Presseberichte über die Gewalttätigkeit in der Ehe war Skepsis, und selbst bei denjenigen Politikern, die bereit waren, Mittel für den Unterhalt von Frauen-Häusern bereitzustellen, war das Unverständnis für die Haltung der betroffenen Frauen deutlich zu spüren. Warum laufen mißhandelte Frauen nicht weg, sondern lassen sich über Jahre weiterprügeln? Von 49 Ehefrauen mit Körperverletzungen durch ihren Ehemann, die von dem Soziologen-Ehepaar Dobash befragt wurden, hatte nicht eine einzige die Scheidung eingereicht.(29) Die Motive für das Aushalten des ehelichen Martyriums bestehen in wirtschaftlicher Abhängigkeit und Mittellosigkeit der Ehefrauen. Um aus der ehelichen Wohnung auszuziehen, brauchten sie Geld, damit sie und ihre Kinder in einer neuen Wohnung unterkommen. Da in den meisten Fällen das Ehe- und Familienrecht vom Schuldprinzip bei der Scheidung ausgeht, ist ein solches Verhalten leicht als böswilliges Verlassen durch die Ehefrau zu deklarieren. Damit verliert sie den Unterhaltsanspruch für sich.
Das andere Druckmittel, das der Ehemann besitzt, sind die Kinder. Die meisten verprügelten Ehefrauen stehen vor der Angstsituation, keine Arbeit oder eine so schlecht bezahlte

zu finden, daß sie davon allein nicht existieren können. Auch Ganztags-Kindergärten oder Ganztagsschulen stehen kaum zur Verfügung, so daß sie leicht durch die Drohung, ihre Kinder kämen dann in ein Heim, von der Scheidung abzuhalten sind.
Die lange Reaktionszeit der Ehefrauen, die die Prügel häufig jahrelang ertragen, bis sie die Scheidung einreichen, hängt mit einem kontinuierlichen Prozeß der Einschüchterung, Resignation, Verlust des Selbstwertgefühls und der Furcht zusammen, daß sich niemand in der Gesellschaft auf ihre Seite stellen wird.
Ein Polizeioffizier aus Glasgow gab vor dem Untersuchungsausschuß des britischen Parlaments an, daß mißhandelte Frauen seiner Erfahrung nach kaum jemals wissen, wie sie zum Beispiel eine einstweilige Verfügung gegen den Ehemann zum Verlassen der Wohnung erreichen. – Es sei ungewöhnlich in Glasgow, einen solchen Schritt zu unternehmen. Die Polizei, wenn sie von Nachbarn gerufen wird, unternimmt selten etwas gegen den Ehemann. Diese Haltung wird dadurch erklärt, daß die Polizisten die Körperverletzung bei der Ehefrau als eine private Auseinandersetzung ansehen. Außerdem befürchten sie den unnötigen Schreibaufwand. Denn in vielen Fällen zieht die Ehefrau die Anzeige wieder zurück und sagt gegen ihren Ehemann nicht aus.

Als die schwedische Ethnologin Hilma Granquist Ende der vierziger Jahre in Jordanien eine Studie über die Kindererziehung machte, wurde ihr von einer europäischen Frau berichtet, die nach Transjordanien gekommen war, um verführten oder vergewaltigten Mädchen zu helfen. Aber man verstand sie nicht. »Gefallene Frauen«, fragten sie verwundert, »die gibt es hier nicht. Wir lassen sie nicht am Leben.«(30)
Im gesamten Mittleren Osten wird ein Mädchen, das eine sexuelle Beziehung vor der Ehe hat, auch heute noch getötet. In den meisten Fällen wird jedoch der Mörder freigesprochen. Aber auch Gefängnisstrafen besitzen keine abschreckende Wirkung. Ein Mädchen, das verführt wurde, gleich ob sie freiwillig oder unter Zwang gehandelt hat, ist Makel für die ganze Familie, die mit Isolation bedroht ist, wenn sie

nicht das einzige traditionell vorgeschriebene Mittel zur Sühne anwendet, die Schande aufzuheben. Das Mädchen muß sterben. Ein amerikanischer Anthropologe war im Sommer 1960 in einem jordanischen Dorf Zeuge, wie der soziale Druck auf die Familie eines geschändeten Mädchens so stark wurde, daß der Vater seine Tochter schließlich vor aller Augen tötete. Das Mädchen, für das bereits der Brautpreis gezahlt war, wurde von drei jungen Männern in einem Taxi entführt, unter Alkohol gesetzt und sexuell mißbraucht. Die drei Männer wurden verhaftet, das Mädchen dem Vater zurückgebracht. Die Verwandten der drei Männer wollten ein Sühnegeld an die beleidigte Familie zahlen. Sie weigerten sich aber, das Mädchen »zu entführen«, um es mit einem ihrer Verführer zu verheiraten. Dies wäre die einzige Möglichkeit gewesen, das Leben des Mädchens zu retten. Die Verhandlungen blieben aber ergebnislos. Darauf traf sich der Onkel des Mädchens mit allen leitenden Ältesten der Gegend, um den Fall zu besprechen und deren Haltung in bezug auf die Reaktion zu erkunden, die sie von der beleidigten Familie erwarteten. Zwei Wochen nach der Verhaftung der drei Männer, am Morgen des Opferfestes, eines großen islamischen Feiertags, brachte der Vater seine mißbrauchte Tochter zum Haus der Familie der drei Angeklagten. Vor diesem Haus tötete er sie mit seinem Dolch. Dann ging er zur Polizei und überlieferte sich selbst den Behörden. Die Männer aus seinem Dorf, sobald sie die Neuigkeit gehört hatten, marschierten in die Stadt, um die Läden niederzubrennen, die den Verwandten der Angeklagten gehörten, fanden diese jedoch schon von der Polizei bewacht. Dann gingen sie zur Polizeistation und verlangten, den Vater des Mädchens zu sehen. Als er auf den Balkon herausgebracht wurde, wurde er mit Hochrufen von den dreihundert Männern seines Dorfes gefeiert.(31)

Die christlich-abendländische Gesellschaft, deren Sexualkodex bis zum Ende des letzten Jahrhunderts große Ähnlichkeit mit dem der islamischen Gesellschaft hatte, reagierte auf voreheliche sexuelle Beziehungen ebenfalls mit Todesstrafe, (in den meisten Fällen war Ertränken vorgeschrieben) oder mit Zwangsverheiratung.

»In einigen Gegenden Thüringens handhabte man die Unzuchtstrafen bis in das 16. Jahrhundert derart, daß eine gefallene Maid sofort in Haft genommen wurde, ebenso der Täter. Beide wurden festgehalten, bis die Trauung stattfand. Wollte der glückliche Bräutigam das Ja nicht laut und vernehmlich aussprechen, dann tat das der Gemeindediener an seiner Stelle.«(32)

Wie weit die Todesstrafe an Frauen, die voreheliche sexuelle Beziehungen aufgenommen hatten, wirklich vollzogen wurde, läßt sich schwer feststellen. Eine milde Form der Bestrafung scheint im mittelalterlichen England gebräuchlich gewesen zu sein.

»Die Behandlung der Frauen war von Anwesen zu Anwesen etwas unterschiedlich, wie auch die Beziehungen zwischen dem Herrn, seinen Dienern und den gewöhnlichen Pächtern. Überall beanspruchte der Herr das Recht, eine Strafgebühr von Mädchen zu nehmen, die uneheliche Kinder gebaren. Manchmal berichtet der Schreiber einfach, daß bestimmte Mädchen die lerewita zahlen müssen; das angelsächsische Wort bezeichnet die Strafe, die man für Geschlechtsverkehr zahlen muß. Manchmal notiert der Schreiber, daß ein Mädchen ein uneheliches Kind geboren hat, und berichtet die Strafsumme, die sie dem Herrn schuldet. An einem Gerichtstag in Chatteris 1272 wurden nicht weniger als acht Mädchen bestraft, von denen die meisten 6 pence, eine aber 12 pence zahlen mußte. Einige dieser Mädchen, darunter Mathilda, genannt die Verrückte, wurden wegen ihrer Armut begnadigt.«(33)

Im Deutschen Reich waren ledige Mütter im 18. Jahrhundert von härteren Strafen bedroht. Sie wurden öffentlich an den Pranger gestellt und ausgepeitscht. Ein Kupferstich aus der Mitte des Jahrhunderts, abgebildet in Max Bauers »Frauenspiegel«, zeigt eine solche Szene. Während eine Mutter bereits mit ihrem Kind am Boden liegt, steht eine andere gefesselt am Pfahl, vor ihr ein städtischer Beamter mit der Peitsche.(34)

In Algerien, dem Land, in dem Frauen erfolgreich für die nationale Befreiung gekämpft haben, das seinen eigenen Weg zum Sozialismus verkündete und großzügig politisch Verfolgten Asyl gewährt, werden unverheiratete Mütter sofort nach der Geburt eines unehelichen Kindes ins Gefängnis gebracht. Der junge englische Arzt Ian Young, der in einer Klinik in Kabylien sein Praktikum als Gynäkologe leistete, berichtet über solche Fälle. In einem Fall hatte die Frau ihre Schwangerschaft vor ihrem Vater geheimhalten können. Sie wurde von den Krankenschwestern der örtlichen Polizei gemeldet. Mit Hilfe einer Krankenschwester gelang es ihr, aus der Klinik zu entkommen. Sie hatte Zwillinge geboren. Beide Kinder wurden kurz darauf ausgesetzt gefunden. Die Frau hatte sich nicht weit flüchten können. Kurz darauf wurde sie von der Polizei aufgegriffen und ins Gefängnis gebracht.

Aber auch sonst wurde die Klinik des öfteren für polizeiliche Zwecke mißbraucht. Die örtliche Gendarmerie nahm offenbar nach Belieben Frauen auf der Straße fest, auch wenn sie verschleiert waren, und brachte sie zur Klinik, um nachprüfen zu lassen, ob die Frau Geschlechtsverkehr gehabt hatte bzw. ob sie schwanger war. Besonders verwitwete Frauen scheinen von dieser Behandlung betroffen zu werden.(35)

Vergewaltigung ist nach Susan Brownmillers extensiver Studie über dieses Thema das politische Konzept des Mannes, um die Frau zu beherrschen. Da die menschliche Anatomie den gewaltsamen Geschlechtsverkehr möglich mache, habe dieses einfache Faktum genügt, »um eine männliche Ideologie der Vergewaltigung« entstehen zu lassen.

> »Als Männer entdeckten, daß sie vergewaltigen konnten, gingen sie dazu über.«

Und

> »von prähistorischen Zeiten bis zur Gegenwart glaube ich, hat Vergewaltigung eine entscheidende Rolle gespielt. Es ist nicht mehr oder weniger als ein bewußter Prozeß der Einschüchterung, durch den alle Männer alle Frauen in einem Zustand der Furcht halten.«(36)

Susan Brownmiller macht in ihrer Dokumentation kaum Unterschiede zwischen den Motiven und den auslösenden Bedingungen, die zur Vergewaltigung führen. Die Vergewaltigungen von Frauen, die Teil der Kriegshandlungen sind, die

Vergewaltigung durch einen Triebtäter, die Vergewaltigung durch den eigenen Ehemann (die bei Brownmiller kaum vorkommt) und die Vergewaltigung, die durch bestimmte Auffassungen in einer Kultur ermutigt und legitimiert wird, sind jeweils anders zu beurteilen und zu bekämpfen.

Vergewaltigung als Kriegshandlung ist von allen Heeren der Welt zu allen Zeiten praktiziert worden, meist mit Zustimmung oder Duldung ihrer Führung, aber sie ist Teil eines Handlungskomplexes, in dem bereits systematisch die Tötungshemmungen außer Kraft gesetzt werden. Ein anderer Bereich, in dem Vergewaltigung bis heute praktisch nicht strafverfolgt werden kann, besteht in allen Gesellschaften für sexuelle Handlungen, die unter Ehepartnern passieren. Mit der Eheschließung hat der Ehemann in primitiven und in zivilisierten Gesellschaften fast unbeschränkte sexuelle Rechte am Körper seiner Frau, unabhängig von ihren eigenen Stimmungen und Bedürfnissen. Der englische Arzt Ian Young schildert, wie ein junges algerisches Mädchen ein paar Tage nach der Hochzeit vom Bräutigam zugerichtet worden war. Das 16jährige Mädchen, in Schweiß gebadet und schmerzverzerrt, wurde von den Hochzeitsgästen gebracht. Young schreibt:

> »Sie hätte gerade wie ein kleines Mädchen ausgesehen, wenn nicht alles so geschwollen und entzündet gewesen wäre. Eine einfache Berührung dort mit Baumwolle läßt sie aufspringen und sich krümmen. Es ist eine Heiratsverletzung – ein herausgerissenes Hymen, eine zerfetzte Vagina – und überall ist Blut. Das abgelegte Hochzeitsgewand ist damit getränkt, es tropft in die Emailleschüssel. Als Doktor Kostov seinen Stuhl aufrichtet, trifft ihn überraschend ein großer Klumpen. Es sprudelt hervor zwischen den Beinen des Mädchens und spritzt einen Schauer roter Flecken auf seinen Mantel und die Brille.«

Der Arzt wollte das Mädchen im Krankenhaus behalten, bis die Blutungen aufhörten. Der Ehemann versuchte ihn zu überreden, die Braut wieder herauszurücken.

> »Versetzen Sie sich in meine Lage, sagt der Gatte: Was bleibt von der Hochzeit, wenn die Braut im Hospital bleiben muß? Außerdem, so sagt er, liebt er seine junge Braut sehr. Und er zwinkert, zum Mann in mir. Ihre Frau

braucht eine sanfte Behandlung, predigt der Arzt dem Ehemann und droht ihm, wenn Sie sie zurückbringen, rühre ich sie nicht mehr an. Dann bring ich sie eben nach Algier, lautete die Antwort des jungen Ehemanns.«(37)

Laura Longmore erfuhr bei ihren Interviews mit Bantufrauen im Gebiet um Johannesburg, daß der häufigste Grund für die Schläge, die sie erhielten, die Verweigerung des Geschlechtsverkehrs war. Auch wenn sie sehr müde waren oder sich krank fühlten, wurde die Verweigerung von ihren Männern nicht akzeptiert. Ähnliches berichtet Isaak Schapera von einem anderen afrikanischen Stamm.

»Häufig beschweren sich Frauen über die Art, in der der Mann von seinen Rechten Gebrauch macht. Viele sagten mir verbittert, daß sie keine Nachsicht erfuhren, wie müde sie auch immer waren, und wenn sie ablehnten oder sich widersetzten, wurden sie normalerweise in die Unterwerfung geprügelt. Eine Jungverheiratete sagte, daß, wenn sie gewußt hätte, was ihr bevorstand, sie lieber ledig geblieben wäre. Denn dann hätte sie sich wenigstens die Zeit für Geschlechtsverkehr aussuchen können, anstatt gezwungen zu sein, sich ihrem Mann jede Nacht zu unterwerfen. In einer Scheidungssache, die 1929 vor dem Häuptlingsgericht verhandelt wurde, beschwerte sich die Zweitfrau eines Polygamisten, daß ihr Mann in seinen Wünschen so exzessiv gewesen sei, daß er sie sogar gezwungen habe, wenn sie von der Arbeit völlig erschöpft gewesen sei, und sie mit einem Lederriemen geschlagen habe, wenn sie abgelehnt habe, so daß sie zum Schluß keine Wahl mehr gehabt hätte als wegzulaufen. Der Mann wurde zur unschuldigen Partei erklärt, weil ihn seine Frau verlassen hatte. Es ist selten, daß solche extremen Formen des Protestes vorkommen, aber Beschwerden, weil der Mann nicht bereit ist, die Wünsche seiner Frau zu berücksichtigen, sind ein Gemeinplatzthema im Eheleben der Kgatla. Die Männer hingegen sind der Auffassung, daß Geschlechtsverkehr eine Pflicht ist, die jede Frau ihrem Manne schuldet, und daß sie sie getreulich ausführen muß (daher das Urteil in dem gerade erwähnten Fall). »Die Frauen können uns nicht zurückhalten«, sagte man mir,

»wir haben bogadi für sie gegeben, und deswegen sind wir berechtigt, ihre Körper zu benutzen.«(38)

Bogadi ist der Brautpreis. Schapera bemerkt, daß es eine allgemeine Redensart unter den Kgatla-Frauen ist, daß »die Männer einen stechenden Speer tragen, sie durchbohren dich damit und gehen dann ihrer Wege.«

Die beliebige Vergewaltigung in der Ehe, bei der die Frau stets die sexuellen Wünsche des Mannes erfüllen muß, wurde von dem deutschen Philosophen Johann Gottlieb Fichte mit einer haarsträubenden Argumentation begründet. Die Frau habe keinen Geschlechtstrieb, sondern nur einen Liebestrieb, der sie dazu treibe, Mittel zu werden für den Zweck eines anderen, des Ehemanns.

»Im unverdorbenen Weibe äußert sich kein Geschlechtstrieb, und wohnt kein Geschlechtstrieb, sondern nur Liebe; und diese Liebe ist der Naturtrieb des Weibes, einen Mann zu befriedigen.«(39)

Nach dieser weltfremden Äußerung kommt er zum Kern der Sache. Fichte sieht durchaus, daß der Vollzug eines Geschlechtsaktes die Frau unter solchen Umständen erniedrigen muß, da er ihr jeden eigenen geschlechtlichen Impuls abspricht. Also erfindet er einen neuen Trieb, indem er ihr einen angeborenen Trieb zu masochistischer Selbstentäußerung andichtet. Damit wird die erotische Nutznießung des weiblichen Körpers durch den Mann und das Stillhalten der Frau zu einer Handlung von hohem sittlichen Gehalt erklärt.

»... und da sie sich denn doch zufolge eines Triebes hingeben muß, kann dieser Trieb kein anderer seyn, als der, den Mann zu befriedigen. Sie wird in dieser Handlung Mittel für den Zweck eines andern; weil sie ihr eigener Zweck nicht seyn konnte, ohne ihren Endzweck, die Würde der Vernunft, aufzugeben. Sie behauptet ihre Würde, ohnerachtet sie Mittel wird, dadurch, daß sie sich freiwillig, zufolge eines edlen Naturtriebes, des der Liebe, zum Mittel macht. Liebe ist also die Gestalt, unter welcher der Geschlechtstrieb im Weibe sich zeigt.«(40)

Zwei Gründe machen die Verfolgung von Vergewaltigung besonders aussichtslos. Der eine ist die unausrottbare männli-

che Vorstellung, daß die vergewaltigte Frau es im Grunde so haben wollte. Polizei und Justiz halten die Opfer für hysterisch oder besonders prüde und meinen, daß sie es darauf angelegt hätten, daß der Täter sie mit Gewalt genommen habe.
Der zweite Grund dafür, warum die Dunkelziffer bei Vergewaltigungen so hoch bleibt, liegt darin, daß das Opfer einer Vergewaltigung auf kein gesellschaftliches Verständnis rechnen darf, auf kein Mitgefühl, wie Opfer anderer Gewalttaten, sondern auf eine Mischung von Verachtung und Ablehnung trifft. Wenn die Frau einen gewaltsamen Sexualakt angibt, trifft sie damit sich selbst. Sie löscht in den Augen ihrer Umwelt ihre eigene Menschenwürde aus. Zu welchen Perversionen die Begründung einer doppelten Moral fähig ist, zeigt sich bei dem Philosophen Georg Simmel, dem Ehemann einer Frauenrechtlerin. Der Mann kann seine Ehre nie verlieren außer durch seine eigene Handlungsweise.

> »... immer ist es nur sein Verhalten, das über seine Ehre entscheidet. Die vergewaltigte Frau aber ist durch etwas, wobei sie rein passiv war, schon entehrt. Auch wenn sie nachher den Vergewaltiger tötet – was bezeichnenderweise von ihr nicht verlangt wird wie entsprechend vom Manne –, ist ihre Ehre dadurch nicht wiederhergestellt. Dies kann überhaupt durch nichts geschehen, was sie tut – höchstens dadurch, daß sie von dem Manne geheiratet wird.«(41)

Indem sie sich also mit dem sexuellen Aggressor verheiratet und sich freiwillig seinen Triebansprüchen unterwirft, ist ihre Würde wiederhergestellt. Sie hat dem Mann die Möglichkeit eröffnet, unter dem Schutz des Rechts dieselbe sexuelle Gewalt zu praktizieren wie vorher. Nur gilt sie nach der Logik Simmels für die Umwelt dann nicht mehr als entehrt.
Die vergewaltigte Frau tut also in jedem Fall besser daran, die Tat geheimzuhalten. Dann bleibt nichts an ihr haften, sie wird sogar in islamischen Gesellschaften wieder integriert. Die Soziologin Rounac Jahan aus Bangladesh untersuchte die Behandlung von Frauen in ihrem Land, die während des Krieges von pakistanischen Soldaten vergewaltigt worden waren. Sie schreibt:

»Das Nichtakzeptieren vergewaltigter Frauen in Bangladesh ist eine gute Illustration für diese Wirkung des »Schande«-Mechanismus. Wenn eine Frau vergewaltigt wird, und es kann vor ihren Gesellschaftskreisen geheimgehalten werden, dann ist sie akzeptabel. Es ist nicht die Vergewaltigung als solche, sondern die Kenntnis des Samaj darüber, die der Familie einen Ansehensverlust bringt. In einem solchen Fall der Verletzung einer Frau ist die Familie mehr wegen des Gesichtsverlustes als wegen ihrer körperlichen und geistigen Gesundheit besorgt. Eine Organisation, die mit den vom Krieg betroffenen Frauen in Bangladesh arbeitete, informierte die Autorin, daß sie die Fälle vergewaltigter Frauen strikt geheimhielt, weil davon die Chance der gesellschaftlichen Wiedereingliederung abhing.«(42)

Das nationale Komitee für die Rehabilitation der Bangladesh-Frauen in Dacca erhielt nur 22 500 Anträge von vergewaltigten Frauen. Die Mehrheit der Fälle, die auf 200 000 geschätzt wurden, wurde nicht gemeldet, weil die Familie die Vergewaltigung geheimhalten wollte. Ähnliches spielte sich nach den Bürgerkriegen auf Cypern ab.

Ein ordentlicher Geschlechtsverkehr wird in unserer Kultur von Männern als Allheilmittel für weibliche Unzufriedenheit angesehen. Bekannt ist Goethes Ausspruch, daß die Leiden der Weiber aus einem Punkt zu kurieren seien. Hat eine Frau in den Augen des Mannes psychische Probleme oder verhält sie sich nach seiner Auffassung ungewöhnlich, zum Beispiel wenn sie nach Emanzipation verlangt, dann steckt der Wunsch nach einem brutalen Koitus dahinter. Wenn sie den gehabt hat, lösen sich ihre in den Augen des Mannes überspannten Ideen von selbst auf.

Als im Jahre 1912 in Berlin die erste Frauenausstellung stattfand, meinte der Satiriker Karl Kraus, daß die Lösung der Probleme der Frauenbewegung am besten durch eine richtige Behandlung mit dem männlichen Organ gelöst werden könnte:

»Ich würde den Anfang damit machen, daß ich einen Frauenkongreß von St. Marxer Viehtreibern einfangen und so behandeln ließe, wie das Geschlecht es meint, wenn

> der Mund: Fortschritt sagt. Wenn sie die Augen zu verdrehen beginnen, rufe man mich ... So meine Herren Damen, geht es nicht weiter. Ich will nichts mehr von euch, aber kann ich dafür, daß, wenn eine von euch ›Sombart‹ oder ›Mereschkowski‹ sagt, oder vom sphärischen Polygon oder Sanskrit plappert, mir der Wunsch ersteht, sie wenigstens mit einem Aushilfsdiener einer Leihbibliothek gepaart zu sehen, kann ich dafür? Ich bin pervers, ich hörte, wie eine nur einmal den Ausdruck ›pars pro toto‹ gebrauchte, und sofort stellte ich mir vor, daß sie es 25mal auf ihrem pars pro toto zu spüren bekäme. So geht es nicht weiter. Die Frauenbewegung ist eine Aufregung, aber eine Aufregung braucht einen Abschluß. Stallknechte gönne ich euch nicht; die gehören für die Vornehmen, die auf den Höhen des Lebens durch Zucht den Abstand von der Natur markieren. Ihr, die es mit der Bildung besorgt, brauchet Schuldiener.«(43)

Der Mann muß in unserer Kultur als sexueller Überwinder auftreten. Je mehr sie sich sträubt, desto mehr regt es seine Phantasie an. Daß sie nicht will, kann sich der Mann, der sich als Führer und Verführer fühlt, gar nicht vorstellen. Würde er ihre Abwehr ernst nehmen, dann wäre das eine empfindliche Schlappe für sein Ego. Viele Notzuchttäter bemerken deswegen nicht einmal, daß sie eine Vergewaltigung begangen haben. Nach den Untersuchungen des Hamburger Sexualforschers Eberhard Schorsch versucht der Täter in einer Reihe von Fällen auch nach der Vergewaltigung weiter mit dem Opfer zu flirten:

> »In 13 Prozent verhält sich der Täter in einer Weise, die auf eine echte und durchhaltende Situationsverkennung schließen läßt: er will das Mädchen hinterher nach Hause begleiten, fragt, ob es schön gewesen sei und versucht, sich mit dem Mädchen erneut zu verabreden.«(44)

Der Kult der Gewalt gegenüber Frauen spiegelt sich nicht nur in den Statistiken der Kriminalisten, sondern zeigt sich auch in den Ventilen, die sich unsere Gesellschaft für ihre Frustration schafft. Von 1967 bis 1971 wurden von einem Wissenschaftler-Team in den Vereinigten Staaten die Programme mit Spielhandlung im Abendprogramm des Fernsehens und am Samstagmorgen untersucht. Die Analyse der Gewalttaten, die gezeigt wurden, ergab, daß Frauen wesentlich häufiger als Opfer von Gewalttaten dargestellt wurden. Weiße Frauen waren fast doppelt so oft wie weiße Männer Opfer aggressiver Handlungen in diesen Fernsehprogrammen. Waren die gezeigten Charaktere Angehörige anderer Rassen, verschob sich das Mißverhältnis zwischen weiblichen und männlichen Opfern weiter. Der Anteil der farbigen Frauen, die als Opfer von Gewalttaten gezeigt wurden, lag dreimal so hoch wie der Anteil der farbigen Männer.(45) Die gesellschaftliche Hackordnung, die sich in solchen Ergebnissen zeigt, ist ein exakter Spiegel der Machtverhältnisse zwischen den Geschlechtern, wobei sich Sexismus und Rassismus gegenseitig beeinflussen. Das kollektive Unbewußte, dessen Phantasien die Schriftsteller oder die Regisseure inszenieren, fordert die physische Vernichtung der Frau als ein Spannungselement, das Liebe und Tod zum Mythos vereinigt. Kino und Fernsehen haben den Gewalt- und Todeswünschen gegenüber Frauen nur ein neues Medium verschafft. Der französische Regisseur Alexandre Astruc hat dies einmal so ausgedrückt:

> »Der Film hat die Großaufnahme erfunden, um den Leuten zu erlauben, Frauen sterben zu sehen.«(46)

27. Kapitel
Klitoridektomie auf abendländische Art: Das Jesuitische an der Psychoanalyse

»Worthis wandte ein: Aber meinen Sie nicht, daß es am besten wäre, wenn beide Partner gleichberechtigt wären?« Worauf Freud erwiderte: »Das ist praktisch eine Unmöglichkeit. Ungleichheit muß es geben, und die Überlegenheit des Mannes ist das kleinere Übel.«
Erich Fromm

»Es gibt genügend Anlaß zum Haß«, leitet die Psychoanalytikerin Margarete Mitscherlich ihr Buch über Sexualität und Lebensprobleme der Frau ein und meint weiter:

»Systeme oder Personen, die unmenschliche Handlungen gutheißen, sinnlose Grausamkeit verherrlichen, hilflose Menschen erniedrigen und ausbeuten, sollten wir hassen.«(1)

Unter die von ihr beschriebenen Systeme fällt die Psychoanalyse nicht. Unmenschliche Züge, Erniedrigung von Menschen hat jedoch gerade diese Theorie hervorgebracht, die zur Befreiung von Patientinnen gedacht war. Freud entwikkelte im Namen des medizinischen Fortschritts das perfekteste Instrument zur Unterdrückung der weiblichen Sexualität und Psyche. Da in den Massendemokratien des 20. Jahrhunderts niemand mehr durch unverhüllte Machtdemonstration zu beherrschen ist, verband die Psychotherapie eine Befreiungsidee – die Enttabuisierung der Sexualität – mit einer neuen Zwangsvorschrift für die Frauen, dem vaginalen Orgasmus.

Diese Methode, in der ein Heilungsversprechen sowohl auf Elementen großzügiger Duldung als auch auf psychischer Tyrannei aufbaut, enthüllt den jesuitischen Charakter der Psychoanalyse. Mehr als ein halbes Jahrhundert lang wurden Patientinnen im Namen einer befreienden Therapie damit gequält, ihre Klitorisempfindungen verdrängen zu müssen, um so ihre angeblichen Männlichkeitswünsche loszuwerden.

Vaginaler Orgasmus wurde insbesondere in den Vereinigten Staaten, in denen Freuds Vorstellungen zur Allgemeinbildung vor allem der Mittelklasse gehören, für die normal empfindende Frau zur Pflicht.

Normal war nach Freud, daß das kleine Mädchen im Zuge seines Ödipuskonflikts enttäuscht von seiner Klitoris war (weil sie eben keinen Ersatz für den Penis bildete), daß es aufhörte zu masturbieren und als erwachsene Frau die erotischen Empfindungen völlig in ihre Vagina verlagerte. Nach Freud war die Klitoris männlich und aktiv, und um eine normale Frau zu sein, mußte die Klitoris als erogene Zone so überflüssig wie der Blinddarm werden.

Patientinnen, die Empfindungen an der Klitoris beschrieben, aber den vaginalen Orgasmus nicht erlebten, wurden auf Frigidität behandelt. Vaginaler Orgasmus war die Reifeprüfung der Frau – Frauen, die nicht auf diese Weise erlebten, mußten sich in ihrer Weiblichkeit total in Frage stellen lassen, wollten unbedingt aktive Rollen, besonders im Beruf, spielen.

> »Als eine der häufigsten Frigiditätsursachen sah Freud das Festhalten an der Klitoriserregbarkeit und damit an phallischen, aktiven, männlichen Wünschen an, die in der präödipalen Periode auf die Mutter gerichtet seien. Er meinte, daß die Enttäuschung wegen der Penislosigkeit eine Abkehr von der Sexualität überhaupt bewirken könne. Wenn durch Identifizierung mit einer aktiven Mutter diese als Liebesobjekt aufgegeben wird, könne das in Widerspruch stehen zu dem Prozeß, der normalerweise zum femininen Masochismus führt, bei dem nämlich Aktivität nach innen gerichtet und in Passivität verwandelt wird. Dadurch könne der erotische Genuß beeinträchtigt werden. Übersteigerter sekundärer Narzißmus, der als Abwehr gegen den Masochismus dienen soll, könne dazu führen, daß der ganze Körper anstelle der Vagina genitalisiert wird und die genitale Wunde nicht akzeptiert wird, sondern an einem imaginierten Penis festgehalten wird.«

Diese Kurzfassung Freudscher Vorstellungen über weibliche Frigidität gibt die Hamburger Psychoanalytikerin Lili Fleck.(2) Sie schreibt weiter:

»Solche Frauen würden dann mit Männern in erbitterte Konkurrenz treten und die Frigidität als Waffe benützen, indem sie den Mann enttäuschen und kastrieren. Ferenczi sprach von ›genitaler Kriegführung‹.«

Frauen, die sexuelle Empfindungen an der Klitoris haben, sind danach frigide, und wenn sie dem Ehemann keinen Orgasmus vorspielen, »kastrieren« sie ihn und setzen auf dem genitalen Kriegsschauplatz ihre Frigidität unbewußt oder bewußt ein.

Schuld am Mißlingen des Sexualverkehrs ist immer die Frau – unzulängliche sexuelle Technik des Mannes wird in der psychoanalytischen Theorie nicht diskutiert.

Aber zitieren wir weiter, was an psychoanalytischen Wahnideen über weibliche Sexualität im Lauf der Zeit produziert wurde:

»Lorand« (ein französischer Psychoanalytiker), schreibt Lili Fleck, »vertritt die Ansicht, daß vaginale Sensationen immer oralen Charakter haben und damit die Frigidität stets eine Beziehung zu in der oralen Periode erlebten Frustrationen durch die Mutter hat. Vagina und Mund werden dabei gleichgesetzt und die destruktiven Impulse auf den Penis des Vaters übertragen, der seine Liebe bedeutet, die nur die Mutter besitzt ...«

»Nach M. Heimann ist die Grundlage der Frigidität ein Schutz gegen die verschlingende Tendenz der Vagina, deren Wünsche unbewußt mit oralen Bedürfnissen verwechselt werden. Die Vagina möchte sich seiner Ansicht nach den Penis einverleiben.«

Wie in der animistischen Vorstellungswelt der Primitiven, in der jeder Busch und Baum und jedes Tier einen eigenen Geist besitzen, so verwandeln sich nach psychoanalytischer Vorstellung die Sexualorgane in einem großartigen Metamorphose-Zirkus in Träger eines selbständigen Willens. Denn jede noch so wahnwitzige Vorstellung ist dem tiefenpsychologischen Denken recht, um nicht zugeben zu müssen, daß das von ihm entwickelte Konzept Männlichkeit/Weiblichkeit nicht stimmt.

Diese Vergewaltigung der weiblichen Selbsterfahrung durch eine geschlossene psychologische Doktrin ging erst zu Ende,

als das Forscherehepaar W. H. Masters und V. E. Johnson 1966 die Ergebnisse ihrer jahrelangen systematischen Untersuchungen vorlegten. Jede einzelne Phase der sexuellen Erregung und der körperlichen Reaktion war von ihnen durch elektrophysiologische Messungen und Farbfilmaufzeichnungen untersucht worden.
Sie stellten fest, daß die Klitoris »als Organ einzigartig in der menschlichen Anatomie« ist.

»Sie dient allein zur Rezeption und Transformation sensibler Reize. Die Frau besitzt damit ein Organ, das in seiner physiologischen Funktion vollkommen auf die Auflösung oder Erhöhung der sexuellen Erregung eingestellt ist. Ein derartiges Organ kommt beim Mann nicht vor.«(3)

Die Ergebnisse ihrer Untersuchung haben jedoch bis heute wenig Einfluß auf die allgemeine Meinung und die der Psychoanalytiker gehabt.
Die Klitoris ist die Haupterregungszone der Frau, und ohne ihre sexuelle Stimulation kommt kein Orgasmus zustande. Die direkte Reizungsmöglichkeit ist die Manipulation der Klitoris. »Die indirekten Reizungsmöglichkeiten sind vielfältiger: Manipulation anderer erogener Zonen, Koitus, Phantasie.« Wird die Klitoris nur indirekt gereizt, ohne direkte Berührung, dann kommt es »zu einer deutlichen Verzögerung«. Die indirekte Reizung kann z. B. durch Streicheln der Brust oder durch Übertragung der Vibrationen der Vaginawände auf die Klitoris erfolgen. Masters und Johnson fanden auch, daß die Klitoris ein dem Penis in seiner Struktur homologes Organ ist, daß jedoch ihre Reaktionszeit auf die sexuelle Stimulierung von längerer Dauer ist als die des Penis.

»Leider«, so Masters und Johnson, »sind die verschiedenen Rollen, die der Klitoris bei der sexuellen Reaktion der Frau früher zugeschrieben wurden, auf dem Boden von Überlegungen männlicher Forscher entstanden, unabhängig von den subjektiven Äußerungen der Frau.«(4)

Eindrucksvollere Beweise für die alles umfassende Herrschaft des Mannes kann es wohl kaum geben. Denn in unserer Zivilisation hat die Frau trotz all der Gesetze, die eine formale Gleichstellung bedeuten, keinen wesentlich anderen Status als unter dem strengsten mohammedanischen Regime.

Sie kann kein Zeugnis ablegen für sich; berichtet sie über ihre sexuellen Empfindungen, über das Erleben ihres Körpers, dann wird ihr nicht geglaubt. Erst wenn sie Versuchskaninchen in einem naturwissenschaftlichen Experiment ist, in dem ihre physiologischen Vorgänge apparativ gemessen werden und ihre eigene Darstellung sexuellen Erlebens eine sekundäre Rolle bei der Auswertung spielt, dann wird es im Namen der Religion der Objektivität möglich, daß diese Ergebnisse zur Kenntnis genommen werden.

Auf diesem Hintergrund bedeutete das Pamphlet der amerikanischen Psychologin Anne Koedt »Der Mythos vom vaginalen Orgasmus« ein zentrales Dokument der internationalen Frauenbewegung.(5)

Eines der wichtigsten Argumente dieser Diskussion, das auch andere Sexualforscher wie das schwedische Ehepaar Kronhausen schon gebracht hatten, war, daß es keine Entschuldigung für die Ignoranz gegenüber der sexuellen Kapazität der Klitoris gab, da vielen Ärzten bekannt war, daß sie in der Vagina ohne Betäubung Eingriffe vornehmen konnten, weil ein großer Teil dieses Organs nur wenig Nervenenden enthält – verständlich, denn die Vagina ist der Kanal, den das Kind passieren muß. Bei einer reichhaltigen Ausstattung mit Nervenenden würde wahrscheinlich jede Frau bei der Geburt vor Schmerzen in Ohnmacht fallen.

Der deutsche Sexualforscher Undeutsch führt die richtigen Erkenntnisse über weibliche Sexualität bereits 1950 in die deutsche Diskussion ein, wenn auch ohne die richtigen Konsequenzen.

> »Im Verlaufe dieser Entwicklung vollzieht sich in der weiblichen Sexualität ein sehr wesentlicher qualitativer Wandel, bedingt durch den Wechsel der führenden ›erogenen‹ Leitzone. Die erwachende, stärker ausgegliederte und enger lokalisierte Sexualität der Reifungsjahre ist zuerst und ganz natürlich auf die Klitoris zentriert. Diese ist das dem männlichen Gliede entsprechende Organ und entwicklungsgeschichtlich, histologisch und physiologisch die prädestinierte Auslösungszone des Orgasmus. Sie ist im Gegensatz zur Vagina nicht nur mit einem ausgesprochenen Schwellkörper ausgestattet, sondern auch in reichem Maße mit jenen spezifischen Nervenendkörperchen, von

denen die lustvolle Reizung der Genitalsphäre ausgeht. Beim Übergang zum normalen Geschlechtsverkehr wird nun aber von der Frau eine ganz außergewöhnliche Umstellung verlangt: die Ablösung von dem bisherigen klitoridalen Auslösungsmodus zugleich mit der Entwicklung einer vaginalen orgastischen Erregbarkeit. Wenn man bedenkt, daß die Schleimhaut der Vagina über keinerlei spezifische Nervenendkörperchen verfügt und überhaupt sehr arm an Rezeptoren ist, so wird einem die außerordentliche Schwierigkeit dieser Umstellung deutlich. Kein Wunder, daß sie längst nicht von allen Frauen geschafft wird.«(6)

Obwohl durch die Ergebnisse der Studie von Masters und Johnson zur Überholung der Freudschen Konzeption gezwungen, erfolgte die erste Reaktion und vorsichtige Diskussion darüber in der Bundesrepublik unendlich langsam und mit Vorbehalt.
Erst im Jahr 1969 erschien der schon zitierte Artikel von Lili Fleck (zum 60. Geburtstag von Alexander Mitscherlich), in dem sie schreibt, daß Freud irrte und »die Klitoris die stärkere Erregungsquelle bleibt«.
Und zaghaft fragt sie:

»Könnte dies nicht bedeuten, daß die dem psychologischen Äquivalent des Klitoriserotismus zugeschriebenen aktivaggressiven nicht durch die dem Vaginalerotismus zugeordneten passiven Strebungen abgelöst werden, sondern aktive und passive Triebimpulse gleichzeitig befriedigt würden?«

Das unglückselige Konzept von aktiv und passiv mußte nun der veränderten Erkenntnis angepaßt werden, was die Tiefenpsychologen zu der kompliziertesten geistigen Gymnastik innerhalb ihrer festgefahrenen diskriminierenden Terminologie veranlaßte.
Wie unmöglich – trotz guten Willens – innerhalb der herrschenden Richtungen der Psychoanalyse die Durchsetzung neuer Ansichten über die weibliche Persönlichkeit ist, zeigt Margarete Mitscherlich (1972) sechs Jahre nach Masters. So schreibt sie, daß mit Recht die Frage aufgetaucht sei, »ob es dabei bleiben kann, daß wir weiterhin die klitoridale Erre-

gung mit dem Wunsch nach männlich-phallischer sexueller Aktivität gleichsetzen«. Und verrät gleich den ganzen Widerwillen, mit dem eine wissenschaftliche Richtung sich dazu bequemen muß, neue Realitäten zu akzeptieren.

> »Sind wir nicht vielmehr *gezwungen*, anzunehmen, daß die Klitoriserregung zur normalen vollen weiblichen Sexualität gehört, da sie auch durch koital ausgelösten Orgasmus befriedigt werden kann?«(7)

Gezwungen?

Wie hat denn nun diese abendländische Art der Klitoridektomie (Klitorisentfernung) eigentlich funktioniert, und was rechtfertigt den Vergleich mit den afrikanischen Beschneidungsritualen?

In Deutschland wurden bereits in den Jahrhunderten vor Freud in bestimmten Fällen Beschneidungen der Klitoris vorgenommen. Als Grund wurde angegeben, daß bei einer zu großen Klitoris die sexuelle Vereinigung nicht stattfinden könne. So heißt es in Johann Georg Waichs philosophischem Lexicon, das 1775 in Leipzig erschien:

> »Zu dieser Impotenz aber, welche aus den Theilen selbst hergenommen wird, rechnet man vorzüglich, wenn die Clitoris allzugroß ist, wodurch allerdings der Congreß der Manns- und Weibsperson verhindert wird. Man kann durch Abschneidung dem Fehler abhelfen.«(8)

Überlegungen zu chirurgischer Entfernung bei schweren Fällen alleiniger Klitoriserregbarkeit wurden auch von Freuds berühmter Schülerin, der Prinzessin Bonaparte, angestellt.

Die Entfernung der Klitoris gehörte zu Freuds Zeit zur psychiatrischen Therapie. Gegen Ende des 19. Jahrhunderts nahm ein Londoner Chirurg Klitoridektomie an Patientinnen vor, die wegen Hysteria behandelt wurden, um ihre exzessiven sexuellen Wünsche zu reduzieren.(9)

Während die chirurgische Entfernung der Klitoris Orgasmusunfähigkeit zur Folge hat, erreicht die Freudsche Methode, die Klitoris durch eine simple Denkoperation zu eliminieren, einen Effekt, der psychologisch mit den Folgen der Klitoridektomie zu vergleichen ist.

Freuds Vorstellungen von weiblicher Sexualität waren weit über den Kreis der Patientinnen von Psychotherapeuten hinaus wirksam – sie bildeten im einzelnen nicht mehr identifizierbare Elemente der Gesamtvorstellung von Sexualität in allen westlichen Gesellschaften. Das Argument, daß Freud nur auf die Vorstellungsweise der oberen Mittelschicht eingewirkt habe, trifft nur bei oberflächlicher Betrachtung zu. Der Einfluß der idealistischen Philosophie auf das Bürgerliche Gesetzbuch und unsere Moralvorstellungen ist auch nicht auf eine Gesellschaftsschicht zu begrenzen, in denen vielleicht die Namen Kant und Fichte bekannt sind.

Unzählige Frauen simulierten den Orgasmus – was im Laufe ihres Lebens fast jede Frau über längere oder kürzere Zeit getan hat, um den Partner nicht zu kränken.

Der Betrug um die sexuelle Befriedigung ist aber nur die eine Seite der Auswirkungen. (Es gab und gibt natürlich viele Frauen und Männer, die sich bewußt oder unbewußt so verhalten, daß die Klitoris stimuliert wird und die weiblichen Partner befriedigende Sexualerfahrungen haben.)

Die Leugnung der Klitoris als zentrales Sexualorgan der Frau geht jedoch weit über die Dimension eines anatomischen oder wissenschaftlichen Irrtums hinaus. Sie ist ein Anschlag auf die geistige Autonomie der Frau, die selbst nicht in der Lage ist, ihre eigenen Körpererfahrungen gegen männliche Definitionen durchzusetzen.

Die Realität wird in unserer Gesellschaft vom Mann definiert, ohne daß eine ernsthafte Chance besteht, sich der Allgewalt dieser Definitionen zu entziehen.

Daß dieser Krieg um Form und Funktion der Geschlechtsorgane etwas mit männlichem Herrschaftsdenken zu tun hat und keineswegs nur eine Hyperreaktion von Feministinnen ist, offenbart eine Beschreibung des Soziallebens der Hyäne, die der Ethologe Robert Ardrey gibt.(10)

> »Eine der Besonderheiten der Hyäne ist, daß das Weibchen nicht nur größer ist als das Männchen, sondern auch dominierend. So etwas kommt in der Tierwelt derart selten vor, daß man irgendeine evolutive Abartigkeit, eine uralte Mutation annehmen muß, die zwar völlig sinnlos ist, das Überleben der Spezies jedoch nicht gefährdet . . .«

Hier wird die Dominanz des Hyänenweibchens etwa so beschrieben wie das gelegentliche Auftauchen einer Frau als Herrscherin in einer Monarchie – sinnlos, aber das System geht nicht daran zugrunde. Dann kommt Ardrey zu dem eigentlichen Punkt, der ihn an der Dominanz des Hyänenweibchens stört.

> »Die sozialen Folgen der weiblichen Dominanz bei den Hyänen sind unwesentlich, die anatomischen jedoch sind grotesk. Ihre verlängerten Schamlippen, die einige Zentimeter herunterhängen, lassen sich von einem Penis kaum unterscheiden. Und wo das Männchen Hodensäcke hat, findet sich beim Weibchen eine vergrößerte Fettkugel als perfekte Imitation des Skrotums.«

Wie nun die männliche Suprematie zu retten ist, um Frauen weiterhin sexuell zu unterdrücken, das machen auch Äußerungen wie die folgenden deutlich:

> »Auf dieser Grundlage ist die erschütternde und verderbliche Wirkung der Kinsey-Reporte gar nicht zu unterschätzen: Genauso wie die Soldaten in Korea werden Tausende von Frauen jetzt die ehelichen Schwierigkeiten, die sie sonst vielleicht noch als relativ selbstverständliches Eheschicksal hingenommen und getragen hätten, im Lichte der Statistiken der Kinsey-Reporte interpretieren und nun endlich wissen, ›was in ihrer Ehe anders sein könnte oder müßte‹.«(11)

Diese Reaktion Helmut Schelskys auf den Kinsey-Report aus dem Jahr 1955 offenbart eine Überzeugung, die mit Sicherheit von vielen seiner Kollegen geteilt, normalerweise jedoch camoufliert wurde.

Der Krieg gegen die Genitalien der Frau ist – ob als geistige oder chirurgische Operation – nur eine aus der Vielzahl der symbolischen Handlungen, bei der die Frau um eine Dimension verkürzt wird.

Anstelle der Entfernung oder Leugnung der Klitoris lassen sich viele andere symbolische Operationen setzen. Eine der typischen und für viele Teile der Welt zutreffenden Kastrationen der Frau ist z. B. die Ableugnung ihrer Seele, die symbolische Amputation ihrer psychischen und intellektuellen Organe.

Die Klitoris steht symbolisch für die Unabhängigkeit der Frau, für ihren Eigenwillen und ihre Überlegenheit an sexueller Potenz. Deswegen mußte nach Freud dieses Organ aus dem Bewußtsein erwachsener Frauen so verschwinden, als ob sie es nie besessen hätten. Sonst ist sie nicht mehr kontrollierbares Sexualobjekt, sondern sexuelles Subjekt, voller eigener Wünsche und Impulse, voll Neugier.

Wer glaubt, daß wir nach der sexuellen Revolution der sechziger Jahre, als in den westlichen Industrieländern eine Sintflut von Aufklärungsschriften auftauchte, nun am Ende eines Prozesses stehen, an dem auch die Aufklärung über die weibliche Sexualität fortgeschritten ist, der schaue sich die Sexualaufklärungsbücher für Kinder an. Stellvertretend für diese moderne Aufklärungsliteratur sei ein Beispiel zitiert, das 1973 in Amerika und 1974 in der Bundesrepublik veröffentlicht wurde.

Das Buch »Wo komm ich eigentlich her?« (deutscher Autor: Thaddäus Troll) ist für siebenjährige Kinder gedacht.(12)

> »Als du eben geboren warst, war der Busen deiner Mutti wie eine Milchbar.«

Hier wird der Körper der Frau – in flottem pseudoprogressivem Stil – schon gleich zu Anfang verdinglicht und mit einer Sache verglichen, an der man sich gütlich tun kann.

Über den Penis heißt es:

> »Aber das wichtigste, was man da sieht, hängt dem Mann zwischen den Beinen. So etwas hat die Frau nicht.«

Die Organe der Frau sind noch genauso bescheiden wie zur Zeit Freuds.

> »Aber was hat die Frau zwischen ihren Beinen? Sie hat eine kleine Öffnung. Sie heißt Vagina. (Man spricht das wie Wagiena aus. Ist eigentlich ein hübscher Name, nicht?)«

Die Klitoris als das primäre Sexualorgan der Frau ist in keinem Aufklärungsbuch dieser Art erwähnt.

Dann heißt es:

> ». . . nach einer Weile wird der Penis des Mannes steif und hart und viel größer als sonst. Er wird größer, weil er jetzt gleich etwas zu tun kriegt.«

Nahtlos wird der Penis zum Subjekt, das die Situation bestimmt und dominiert.

Dann legt er sich auf sie »und tut seinen Penis in ihre Vagina hinein«.

Wer oben und wer unten liegt, und wer was tut, ist nun vermittelt. Jetzt folgt die Beschreibung der Empfindungen so:

»Die Stellen, wo es am meisten kitzelt, sind beim Mann der Penis und bei der Frau die Vagina.«

Das Ejakulat wird dann so beschrieben:

»Man nennt es Samen. Und wie kein Grashalm und keine Rose und kein Kirschbaum, so kann auch kein Mensch ohne Samen entstehen.«

Und weiter:

»Und was diese Samen zustande bringen, das ist wirklich ganz erstaunlich.«

Oder Don-Juan-haft:

»Wie könnte ein Ei einem so prächtigen Samen widerstehen?«

Nun wird über eine halbe Seite der Samen und seine Vorzüge beschrieben, bis in einem Satz die Bedeutung des Eis so geschildert wird.

»Die Samen suchen eines der winzigen Eier, die die Frau jeden Monat in ihrem Innern erzeugt.«

Die Dimensionen von Samen und Ei (in Wirklichkeit 1:85 000), von männlichen und von weiblichen Geschlechtsorganen stehen nach einer solchen Lektüre für die kindlichen Leser fest, und auch die Kategorien von aktiv und passiv, Handeln und Sein, wichtig und unwichtig sind vermittelt.
Zusammengefaßt lautet die Botschaft der Aufklärung so: Männer machen Frauen Lust. Und Männer machen Babys, für die die Frau den Behälter liefert.

28. Kapitel
Kriegführung gegen die Klitoris: die sexuelle Domestizierung der Frau in der Dritten Welt

> »Der Gott Amma der Dogon, der Unsichtbare und Schöpfer, der alles Leben geschaffen hat, hat erst die Erde geschaffen. Dann war das seine Frau. Er schlief ihr bei. Aber es war nicht gut so. Dieser erste Akt der Schöpfung ging fehl. Das Glied Ammas stieß gegen das Glied der Frau, ihre Klitoris, den Termitenhügel, der aus der Erde herausragt. Amma riß den Hügel aus, beschnitt damit die Frau, und die Erde wurde folgsam ihrem Herrn. Aus der Unordnung der ersten Schöpfung ist Yurugu, der Wüstenfuchs, entstanden.«
> *Schöpfungsmythos der Dogon in Mali*

Im Jahr 1844 erschienen in Deutschland Aufzeichnungen über eine Reise in den Sudan, deren Autor sich als »Verfasser der Briefe eines Verstorbenen« bezeichnete.
Der Schriftsteller, der sich dahinter versteckte, war der berühmte Fürst Pückler-Muskau.
Einige geheimnisvolle Kapitelchen seines Buches tragen die Überschrift: »Nicht für Damen«. Damit keine seiner bürgerlichen und aristokratischen Leserinnen in Ohnmacht fiel, wurde der Druck dieser Kapitel auf den Kopf gestellt, und die noch schockierenderen Tatsachen sind zwar auch in Deutsch, aber in griechischen Buchstaben geschrieben (eine Schrift, die zu diesem Zeitpunkt kaum von einer Frau beherrscht wurde). Damit der europäische Mann auch weiß, wie es mit der Damenwelt des Sudans bestellt ist, heißt es da:

> »Sie haben den Ruf, sehr galant zu seyn, jedoch nur für Geld, da ihnen die abscheuliche Operation des Zunähens und Wiederaufschneidens, so wie das gänzliche Abschneiden eines anderen Theils der Genitalien fast alles natürliche Gefühl benimmt. Es gibt Weiber, welche die erste Operation zehnmal erlitten haben, da es ganz gewöhnlich

> ist, daß der Ehemann, wenn er auf einige Zeit verreist, durch das Zunähen seiner Ehehälfte sich ihrer Treue zu versichern sucht ...«(1)

Die operative Entfernung von Klitoris und Schamlippen soll nach einigen Berichten schon im Ägypten des Alten Reiches praktiziert worden sein. Angeblich hat man beschnittene weibliche Mumien gefunden. Neuere Auskünfte von Ägyptologen besagen, daß die Beschneidung von Mädchen in Texten nicht direkt überliefert sei. An einer Stelle sei jedoch von »Unbeschnittenen Jungfrauen« die Rede.(2) Knaben wurden in Ägypten nicht bei der Geburt, sondern erst in höherem Alter beschnitten. Der griechische Reiseschriftsteller Strabo berichtete ungefähr 25 v. Chr., daß in Ägypten die Mädchenbeschneidung üblich sei.

Die Beschneidung der männlichen Vorhaut ist offenbar eine uralte Praxis, von manchen Forschern wird ihr Auftauchen auf das Neolithikum datiert. Das Verbreitungsgebiet dieser Operation umfaßt die ganze Erde mit Ausnahme Europas. Dabei wird jedoch nur ein Teil der Vorhaut entfernt. Dies ist im Gegensatz zur Mädchenbeschneidung eine relativ unkomplizierte und wenig schmerzhafte Operation, die selten mißlingt. Sie hat zudem die positive hygienische Konsequenz, daß die Smegmabildung verhindert wird.

Die Beschneidung der weiblichen Genitalien tritt fast nur da auf, wo auch die Zirkumzision praktiziert wird. Es ist überflüssig, über ihre Entstehungsgeschichte zu spekulieren. Der Ursprung von Sitten und Ritualen, ihre Funktion und ihre Beibehaltung über lange Zeiträume müssen durchaus nicht den gleichen Motiven und Anlässen entstammen.

Wichtig für das Festhalten an einem Ritus mag seine Darstellungskraft und seine Brauchbarkeit sein, einer ganzen Reihe vieldeutiger Motive und Empfindungen in einer symbolischen Handlung Ausdruck zu verleihen. Je dramatischer, schmerzhafter und folgenschwerer dieses rituelle Ereignis ist, desto mehr haftet es im individuellen Gedächtnis und lenkt das Verhalten in die gewünschte Richtung. Nicht alle Initiationsriten, die den Übergang zwischen Kind- und Erwachsenenstatus markieren sollen, sind schmerzhaft. Die meisten Gesellschaften kennen nur männliche Initiationsriten.

Vergleicht man nur die Schmerzhaftigkeit der Prozedur, die die Zöglinge bei Initiationen insgesamt aushalten müssen, dann haben Mädchen es im Durchschnitt besser als Knaben.
Die große Schmerzhaftigkeit der Klitorisbeschneidung gibt also keine generelle Auskunft über die unterschiedliche Behandlung der Geschlechter. Auch die äußeren Umstände, z. B. die Verbindung mit einer Festlichkeit zu Ehren der Zöglinge, sind häufig für Angehörige beider Geschlechter gleich. Der Unterschied liegt im sozialen Ziel des Ritus.
So stellen Initiationsriten für Knaben, gerade wenn sie sehr schmerzhaft sind, immer eine individuelle Leistung dar, bei der mehrere Erwartungen an den zukünftigen erwachsenen Mann ihre Synthese finden. Stolz, Männlichkeit, Selbstbewußtsein und Überlegenheit über die Frau – das sind die ich-stärkenden Gefühle, die er erleben soll und die ihm seine männliche Rolle bewußt machen sollen. Daneben wird allerdings auch Unterordnung unter die Befehle der Älteren verlangt.
Die Initiationsriten für Mädchen verfolgen dagegen nicht das Ziel, sie selbstbewußt zu machen, sondern das Gegenteil: ihr Eigenwille soll gebrochen, ihre Selbständigkeit eingeschränkt, sie soll zu unbedingtem Gehorsam gebracht werden. Die weibliche Identität wird durch eine Reduzierung der Persönlichkeit hergestellt. Für diesen Verzicht werden Fruchtbarkeit und die Zuneigung des Mannes in Aussicht gestellt.
In Asien sind es Mohammedaner auf den indonesischen Inseln, etliche Stämme in Pakistan und arabische Nomaden, die diese Operation vornehmen. Auf einigen Inseln der Molukken findet die Operation nach Riedel zwischen dem 7. und 10. Jahr statt und ist mit einem großen Fest verbunden.

> »Nicht selten tritt nach der Operation der Tod an Verblutung ein; jedoch werden die Kinder dann glücklich gepriesen, da sie dann in Mohammeds 7. Himmel kommen.«

In Lateinamerika praktizieren einige Stämme im östlichen Mexiko, in Peru und im westlichen Teil Brasiliens weibliche Beschneidungen, für die sie ein Steinmesser benutzen.

> »In Ecuador, in der Landschaft Maynes leben die Panos-Indianer, welche im vorigen Jahrhundert der Missionar Franz Xavier Veigel besuchte; er erfuhr, daß sie früher

die Mädchen der Beschneidung unterworfen hatten; als er nach der Ursache dieses Brauches sich erkundigte, sagte man ihm, man habe beschnittene Weiber für fähiger und geschickter erachtet, ihren natürlichen Obliegenheiten nachzukommen.«

Eine christliche Sekte im Rußland des 19. Jahrhunderts, die Skopzen, verlangte ebenfalls die Entfernung der Klitoris, gelegentlich zusammen mit der Verstümmelung der weiblichen Brust.(3)

Das Hauptverbreitungsgebiet liegt jedoch in Afrika. Die Klitoridektomie wird von den Ägyptern, Sudanesen, den Somalis, in Äthiopien, bei den Mandingos und den meisten Bantustämmen in Zentral- und Westafrika angewandt, so in Ghana, Nigeria, Zaire, Kongo, Kenia, Sierra Leone, Obervolta, Mali, Senegal, Mozambique und in der Zentralafrikanischen Republik.

In den meisten Gebieten wird sie von einer alten Frau durchgeführt, von einer Region im Nordwesten Zaires wird berichtet, daß sie ein männlicher Priester vornimmt. Nach einer vorsichtigen Schätzung, bei der die Bewohner der städtischen Zentren nicht mitgerechnet wurden, ergibt sich für Afrika eine Zahl von zehn Millionen beschnittener Frauen.

Aber selbst in den Hauptstädten ist die Beschneidung immer noch verbreitet. In Ouagadougou, der Hauptstadt von Obervolta, wurde die Zahl der beschnittenen Frauen von französischen Ärzten auf 40 Prozent geschätzt. Selbst unter Christen wurden beschnittene Mädchen gefunden.(4)

Alle bisherigen Bemühungen, eine Untersuchungskommission der Welt-Gesundheits-Organisation (WHO) einzusetzen, die die Verbreitung der Klitoridektomie feststellen sollte, sind bisher auf Widerstand gestoßen.

Die wichtigste Kampagne, die Praxis der Klitoridektomie zu dokumentieren und weltweit auf diese grausame und gefährliche Körperverstümmelung von Frauen aufmerksam zu machen, wurde 1975 von der Amerikanerin Fran P. Hosken begonnen, die als Herausgeberin eines internationalen Pressedienstes (WIN: Women's International Network News) Frauenorganisationen und Politiker aus der ganzen Welt mit Informationen konfrontiert, die vielleicht zu wirksameren

gesetzlichen Maßnahmen gegen die Klitoridektomie führen.(5)
Der dänische Ethnologe Henny Harald Hansen wundert sich in einem 1973 erschienenen Artikel darüber, daß in den letzten vierzig Jahren von Forschern keine Hinweise oder Berichte über die Klitoridektomie in Ägypten und anderen Ländern des Mittleren Ostens veröffentlicht wurden. Auch die westlichen Ethnologinnen, die noch am ehesten in der Lage gewesen wären, Auskünfte über diese Praxis zu erhalten, erwähnen sie nicht. Die Klitoridektomie, die in Ägypten immer noch an fast allen Mädchen im Alter von acht bis zehn Jahren vorgenommen wird, unabhängig davon, ob sie zur islamischen oder koptischen Religion gehören, ist ein Thema, das die Feldforscher offensichtlich vermeiden, weil es ihnen zu heikel ist. Hansen wurde jedoch von zwei ägyptischen Ärzten in Kairo eine Studie zur Verfügung gestellt, die 1965 veröffentlicht worden war. Die beiden Mediziner Mahmoud Karim und Roshdi Ammar stellten nach der Untersuchung von 331 beschnittenen Frauen fest, daß 30 Prozent von ihnen eine Beschneidung des ersten Grades, 50 Prozent eine Beschneidung des zweiten Grades aufwiesen, wobei der größte Teil der Klitoris entfernt wird, und 20 Prozent eine Beschneidung dritten Grades, wobei die Klitoris und die kleinen Schamlippen ganz entfernt werden.
Hansen gewann, nachdem er eine Reihe von Familienplanungskliniken besucht hatte, den Eindruck, daß hundert Prozent der dort beratenen Frauen beschnitten waren. Eine junge Ärztin informierte ihn, falls das Kind, das sie erwartete, ein Mädchen sein würde, wolle sie es selbst beschneiden. Die Gründe, die sie dafür angab, waren religiöser und ästhetischer Art. Der islamische Glaube erfordert diese Operation. Der andere Grund war kosmetischer Art. Sie wollte »etwas Entstellendes, Häßliches, Abstoßendes« entfernen. Außerdem meinte sie, daß das kleine Mädchen vor sexueller Stimulierung durch die Klitoris behütet sein würde, die eventuell durch eigene manuelle Betätigung oder durch die Reizung der Kleidung hervorgerufen werden könnte.(6)
In dem französischen Bericht werden folgende Gründe für das Beibehalten dieser grausamen Praxis genannt:
»– Daß eine Frau bei der Geburt eines Kindes sterben

würde, wenn sie die Operation nicht hinter sich hat, denn die Klitoris ist ein gefährliches Organ.
– Die Klitoris ›verursacht Impotenz‹.
– Ein Mann riskiert sein Leben, wenn er Geschlechtsverkehr mit einer nichtbeschnittenen Frau hat.
Außerdem werden die Jungfräulichkeit und die Treue der Frau als Begründung für die Operation angeführt. Andere glauben, daß ein schreckliches Schicksal diejenigen erwartet, die sich nicht der Tradition der Ahnen in diesem Punkt fügen.«(7)

Es gibt mehrere Typen der weiblichen Beschneidung. Der erste besteht in der Entfernung der Klitorisspitze, eine Methode, die heute von den meisten offiziellen islamischen Autoritäten befürwortet wird.
Der zweite Typ besteht in der totalen Entfernung der Klitoris, zusammen mit dem anschließenden Teil der kleinen Schamlippen. Diese Prozedur kommt am häufigsten vor, sie war in ganz Ägypten vor dem gesetzlichen Verbot üblich. Im Sudan löst sie allmählich den dritten Beschneidungstyp ab, die Infibulation. Es ist die Operation, von der Fürst Pückler den deutschen Männern Mitteilung machen wollte.
Die Infibulation ist neben der australischen Beschneidung die grausamste Prozedur. Dabei wird nicht nur die Klitoris weggeschnitten, sondern auch die kleinen Schamlippen insgesamt und mindestens zwei Drittel der großen Schamlippen. Dann werden die beiden Seiten der Vulva mit Seide oder Katzendärmen zusammengenäht, so daß eine nadelgroße Austrittsöffnung für den Urin und den Menstruationsfluß übrigbleibt.
Die somalische Zeremonie der Beschneidung wurde von dem Franzosen Jacques Lantier in seinem Buch »La Cité Magique en Afrique Noire« beschrieben als eine Zeremonie, die dem Kastrieren eines Tieres gleicht. Mit kaum vorstellbarer Grausamkeit werden die Genitalien des kleinen Mädchens an das Weiblichkeitsideal der Gesellschaft angepaßt.
Die Beschneidung wird von der Mutter und deren weiblichen Verwandten vorgenommen. Der Vater des jungen Mädchens muß draußen als symbolischer Wächter vor der Tür stehen bleiben.

Das junge Mädchen sitzt auf einem kaum gereinigten Stuhl, und mehrere Frauen halten es fest. Dann blättert eine der alten Frauen die Schamlippen auseinander und befestigt sie seitlich mit Dornen, um die Klitoris völlig freizulegen. Mit einem Küchenmesser schneidet sie das Haupt der Klitoris ab und beginnt sie dann herauszuschneiden. Während eine der Frauen das Blut fortwährend wegwischt, gräbt die Mutter mit dem Finger unter die eingeschnittene Klitoris, um das Organ herauszulösen. Das Mädchen schreit entsetzlich, ohne daß ihren Schmerzen geringste Aufmerksamkeit geschenkt wird. Wenn die Mutter die Klitoris herausgerissen hat, geht sie daran, die Reste bis zum Knochen wegzuschneiden und die umliegenden Teile der Schamlippen zu entfernen. Dann wühlt sie mit dem Finger in der blutenden Wunde. Die anderen Teilnehmerinnen der Operation befühlen ebenfalls das blutende Loch, um festzustellen, daß alles Gewebe entfernt und nichts übriggeblieben ist.
Da das kleine Mädchen wild zappelt vor Schmerz, wird bei der Operation öfter das Rectum verletzt oder auch die Harnröhre angeschnitten.
Nun folgt der zweite Teil der Tortur, bei dem die Mutter die inneren Schamlippen total wegschneidet und Fleisch und Haut von den großen Schamlippen wegkratzt. Bis zu diesem Zeitpunkt ist das Mädchen schon mehrere Male ohnmächtig geworden und wird mit einem Pulver wiederbelebt. Die Nachbarinnen begutachten sorgfältig die Arbeit der Mutter und spornen sie an.
Manchmal beißt sich das Mädchen in rasenden Schmerzen die Zunge ab. Deswegen beobachtet eine Frau sorgfältig die Mundpartie des Kindes. Wenn die Zunge herauskommt, streut sie Pfeffer darauf, was ein sofortiges Zurückziehen der Zunge bewirkt.
Wenn die Operation vorbei ist, heftet die Mutter die beiden Seiten der Vulva zusammen, wozu sie Akaziendornen verwendet. Ihr Hauptziel ist es, eine so winzige Öffnung herzustellen, daß gerade der Austritt von Urin und Menstruationsblut möglich ist. Je kleiner das künstliche Loch ist, desto größer der Wert der Frau.
Wenn die Operation beendet ist, wird das Mädchen von den Knien bis zur Taille bandagiert und muß in diesem Zustand

ungefähr zwei Wochen unbeweglich auf einer Matte liegen, während Urin und Exkremente in ihrem Verband bleiben.(8)
Im Sudan wird die Beschneidung nie von der Mutter, sondern von einer alten weisen Frau vorgenommen.
Die größte medizinische Studie über die Durchführung und ihre Folgen stammt von Dr. Ahmed Abu-El-Futuh Shandall, der während seiner Arbeit als Gynäkologe am größten sudanesischen Krankenhaus in der Hauptstadt Karthoum in der Zeit von 1962–1966 4024 Patientinnen untersuchte und systematisch befragte.(9)
Von ihnen waren nur 204 nicht beschnitten, die große Mehrheit, nämlich 3013 Frauen waren beschnitten und infibuliert. Von den Töchtern dieser Patientinnen wurden ebenfalls 500 im Schulalter untersucht, von denen die Hälfte ebenfalls beschnitten und zugenäht war, die andere Hälfte hatte nur die einfache Beschneidung hinter sich. Diese Zahlen geben nur eine Übersicht über den Stand der Dinge in der Hauptstadt, in der die Bevölkerung weitaus aufgeklärter ist als auf dem Lande.
Die unmittelbaren Folgen waren schwere Blutungen, Harnzurückhaltungen, Infektionen, Verletzungen der umliegenden Gewebe, schwere Verletzungen der klitorialen Arterie, die sofortige Bluttransfusionen notwendig machten. 102 Patientinnen erinnerten sich, während dieser Operation in Ohnmacht gefallen zu sein. Andere berichteten von schweren Nervenschocks. Ungefähr seit 1950 wurde zumindest im Bereich der Hauptstadt von vielen Hebammen die lokale Anästhesie angewandt.
Im Landesinneren und bei der ärmeren Bevölkerung der Hauptstadt dagegen ist der Gebrauch von Narkose oder hygienischen Vorkehrungen kaum üblich. Von 336 Mädchen brauchten 130 eine Katheterisation, mußten jedoch nach Auftrennung der Naht wieder von den Ärzten zugenäht werden, da die Mütter sie sonst sofort zu einer Geburtshelferin gebracht hätten, um die Vulva wieder zu schließen.
Da die Harnröhre häufig verletzt wird, bestand ein Teil der Behandlung darin, Harnröhrenplastiken zu implantieren. Einige Patientinnen konnten den Urin nicht halten. Die häufigste Folge war jedoch die chronische Infektion der Vagina oder des gesamten Beckenbereichs, schmerzhafte wuchernde

Narbenbildung, Zysten und Abszesse, die Dränage erforderten.
Durch die winzige Öffnung wird jeder Geschlechtsverkehr zu einer schmerzhaften Prozedur. Von dreihundert Ehemännern, die der Arzt befragte, gaben immerhin 90 an, sie hätten den Eindruck, daß der Geschlechtsverkehr für ihre Frauen große Schmerzen mit sich brächte.
In der Studie wird dafür ein besonders grausamer Fall angeführt. Ein Mädchen wurde im Alter von 14 Jahren verheiratet, bevor sie ihre erste Menstruation hatte. Nach einem Jahr kam sie wegen ständiger Schmerzen ins Krankenhaus. Bei der Untersuchung fiel unter anderem auf, daß die Harnröhre beinahe zwei Finger breit war. Dies war auf den Umstand zurückzuführen, daß der Ehemann, wie es in der Studie heißt, ein Jahr lang Geschlechtsverkehr praktiziert hatte, indem er die Harnröhre benutzte, im Glauben, es sei die Vagina.
Die Beschneidung hat alle möglichen Formen von Geburtskomplikationen zur Folge. Kurz vor der Geburt wird die Naht von der Geburtshelferin aufgetrennt, was neue Verletzungsgefahren in sich birgt. Falls die Geburt schnell geht, muß der Kopf des Kindes die Naht zerreißen. Anschließend wird die Vulva wieder zugenäht mit der Begründung, dem Ehemann dadurch sexuelles Vergnügen zu verschaffen.
Neben dem Schmerz und der Dauerinfektion sind die Gefahren der Unfruchtbarkeit, von Fehl- oder Totgeburten die schwerstwiegenden, zumal der soziale Status, die lebenslängliche Achtung durch ihre Mitmenschen für die afrikanische Frau von ihrer Fruchtbarkeit abhängt. Daß Unfruchtbarkeit und Fehlgeburten eine Folge der Beschneidung sind, bestätigt eine andere Studie in Ghana.
Die sudanesische Studie beweist auch, daß die Klitoris und ihre Nervengewebe hauptsächlich verantwortlich für den weiblichen Orgasmus sind. Die Patientinnen, scheu und reserviert, beantworteten Fragen nach der sexuellen Befriedigung erst nach mehreren Besuchen in der Klinik. Die Antworten wurden im Laufe der Behandlung überprüft.
Es zeigte sich, daß eine große Zahl von Frauen gar keine Vorstellung vom Orgasmus hatte. Über 80 Prozent der Infibulierten waren noch nie in ihrem Leben sexuell befriedigt

worden, gegenüber weniger als sieben Prozent bei den unbeschnittenen Frauen.
Daß ein Verlust der Nervenzentren nicht mit dem totalen Verlust der Orgasmusfähigkeit einhergehen muß, ist medizinisch belegt. Auch Querschnittgelähmte erleben gelegentlich Phantomorgasmen. Auch ohne physiologisch begleitende nervliche Erregungszustände in der Genitalgegend ist ein Orgasmus aufgrund der Gehirntätigkeit in solchen Fällen vereinzelt möglich, wofür es bisher keine eindeutige medizinische Erklärung gibt. Jedenfalls liegt es nahe, das gelegentliche Vorkommen des Orgasmus bei einem Teil der Patientinnen des Khartoumer Krankenhauses mit diesen Phantomorgasmen in Verbindung zu bringen.

In Sierra Leone werden die Mädchen im Alter von 12 bis 13 Jahren in Anwesenheit des ganzen Stammes beschnitten. Bei Vollmond führt eine Matrone die Zeremonie am Flußufer aus. Die Klitoris wird entfernt, um das sexuelle Vergnügen zu reduzieren und die Gefahr, daß das Mädchen auf männliche Verführung reagiert, zu verkleinern. Dann wird ihm ein Name gegeben. Sie wird in absoluter Abschirmung in einer Hütte gehalten, bis ein Mann ihren Vater um die Heirat fragt. Die abgeschnittenen Teile der Klitoris werden hinter einem Baum oder am Flußufer begraben.
In anderen Ländern wie Kenia, Äthiopien und Somalia wird die Beibehaltung damit begründet, daß kein Mann bereit wäre, eine nichtbeschnittene Frau zu heiraten.
Den besten Einblick in die Motive und Zusammenhänge der Praxis der Klitoridektomie gibt der heutige Staatschef von Kenia, Präsident Kenyatta, Student der Anthropologie an der London School of Economics, der im Jahre 1938 eine Monographie über sein Volk, die Kikuyu, veröffentlichte, der einflußreichste und größte Stamm im heutigen Kenia.
Er beschreibt die Beschneidung von Jungen und Mädchen als unverzichtbaren Teil der Pubertätsriten seines Volkes.
Schottische Missionare und britische Behörden hatten immer wieder versucht, Kikuyus von der Grausamkeit und der Infektionsgefahr der Operation an Frauen zu überzeugen. Im Jahr 1930 kam die Frage im Britischen Unterhaus auf, und eine Untersuchung wurde anberaumt. Während dieser Dis-

kussion empfahl eine internationale Konferenz in Genf, die Beschneidung der Mädchen als kriminellen Akt zu betrachten und gesetzliche Strafen dafür zu verhängen.
Kenyatta schreibt dagegen in seinem Buch:

»In der ehelichen Beziehung ist der Pubertätsritus der bestimmende Faktor. Kein ordentlicher Kikuyu würde auch nur daran denken, ein unbeschnittenes Mädchen zu heiraten, und umgekehrt. Es ist tabu für einen Kikuyumann oder eine -frau, Geschlechtsbeziehungen mit jemandem zu haben, der sich dieser Operation nicht unterzogen hat. Wenn es passiert, muß ein Mann oder eine Frau eine zeremonielle Reinigung vornehmen ..., nämlich ein rituelles Erbrechen der bösen Taten.«

Er erklärt, daß die Klitoridektomie wie die jüdische Beschneidung die »conditio sine qua non des ganzen Lernens von Stammesrecht, Religion und Moral« ist.

»Es ist wichtig festzustellen, daß das Sittengesetz des Stammes von dieser Sitte zusammengehalten wird, und daß sie die Vereinigung der gesamten Stammesorganisation symbolisiert.«(10)

Die Aufgabe der weiblichen Beschneidung würde die Desintegration der sozialen Ordnung hervorrufen »und die Kikuyus daran hindern, ihren Geist von Kollektivität und nationaler Solidarität«, den sie seit unvordenklichen Zeiten besäßen, beizubehalten.
Die Zeremonie und der Ablauf der Riten sollen in beiden Geschlechtern das Selbstgefühl stärken. Sie werden in die Stammesgeschichte und religiösen Vorstellungen eingeweiht, und große Festlichkeiten begleiten diese Riten.
Die Kinder sind Mittelpunkt des Geschehens, bekommen neue Kleider und einen neuen Status. Der fundamentale Unterschied zwischen der Behandlung von Jungen und Mädchen besteht jedoch darin, daß das Mädchen vor der Beschneidung ein Bekenntnis darüber ablegen muß, ob sie jemals Geschlechtsverkehr gehabt oder masturbiert hat. Während von Jungen ausdrücklich erwartet wird, daß sie masturbieren, wird dies bei Mädchen als etwas Schlechtes angesehen.

»Wenn eine Mutter sieht, daß ihre Tochter soweit geht, diesen Teil ihres Körpers zu berühren, sagt sie ihr sofort, daß sie unrecht tut. Man kann sagen, daß dies, die Mädchen vor der Entwicklung sexueller Gefühle um diese Stelle herum abzuhalten, unter anderem wahrscheinlich das Motiv für die Beschneidung der Klitoris ist.«(11)

Bekennt sich das Mädchen zur Masturbation vor der Beschneidung, so muß die ganze Familie eine Reinigungszeremonie durchmachen, bevor die Operation vollzogen werden kann.

Das Verbot der Klitoridektomie, von den Kikuyus und anderen ostafrikanischen Stämmen als Anschlag auf ihre Identität betrachtet, bildete später im Verlauf der Mau-Mau-Aufstände ein wesentliches emotionales Element, das sie zum Kampf gegen die britische Kolonialmacht veranlaßte.

Daß dieser Ritus tatsächlich eine Methode zur Unterwerfung der Frau ist und auch als solche erkannt wird — und zwar in dem doppelten Sinn, daß die Frau damit unterworfen und zugleich der Mann von Konkurrenzängsten befreit wird –, beweist ein Mythos der malischen Dogon, der dem Kapitel vorangestellt ist und dem Buch der Psychoanalytiker Parin-Morgenthaler und Parin-Mathey »Die Weißen denken zuviel« entnommen ist.(12) Der französische Afrikanist Griaule erläutert die Vorstellungen der Dogon wie folgt:

> »Solange das Kind noch Vorhaut und Klitoris behält, die Träger des konträren Geschlechtsprinzips im Gegensatz zu dem sexuellen Erscheinungsbild, solange ist das Männliche und das Weibliche gleich stark ... Würde diese Unentschiedenheit im Geschlecht andauern, würde niemand mehr Nachkommen erhalten. Tatsächlich ist die Klitoris, die ein Mädchen bekam, ein symbolischer Zwilling, ein männlicher Zwilling, mit dem es sich nicht fortpflanzen kann, der im Gegenteil die Vereinigung mit einem Mann hindern würde. So wie Gott dieses Organ der Erde hat vor sich aufrichten sehen, so würde sich ein Mann, der sich mit einer Frau vereinigen würde, ›stechen‹ ...«(13)

Die Klitoridektomie kommt häufig zusammen mit einer Jungfräulichkeitsprobe vor, so zum Beispiel bei den Nandi, einem hamitischen Stamm in Kenia. Ihre Zeremonie wird von dem afrikanischen Religionsforscher John S. Mbiti in

seinem Buch »African Religions and Philosophy« beschrieben.
Lange vor der Initiation, wenn die Mädchen ungefähr zehn Jahre alt sind, müssen sie mit Jungen zusammen in einem Gruppenhaus schlafen. Das ist obligatorisch, und wenn das Mädchen sich weigert, dürfen die Jungen sie ohne Intervention der Eltern schlagen. Das soll den Mädchen zeigen, wie sie sich gegenüber den Männern zu benehmen haben, und wie sie ihre sexuellen Wünsche kontrollieren können.
Kein Geschlechtsverkehr ist erlaubt, wenn Jungen und Mädchen zusammen übernachten. Später wird das Mädchen auf ihre Jungfräulichkeit hin untersucht, und es ist eine große Blamage für das Mädchen und die Eltern, wenn gefunden wird, daß sie ihre Jungfräulichkeit verloren hat. In einigen Fällen wurden solche Mädchen mit dem Speer getötet, während die Jungfrauen Geschenke an Kühen und Schafen bekamen.
Am Abend vor der Beschneidung wird die Klitoris mit einem Verband zusammengeschnürt. Danach beginnt ein stundenlanger Tanz. Die Jungen beginnen sie zu hänseln und als Feiglinge und Angsthasen zu beschimpfen. Diese rituelle Beschimpfung soll die Mädchen mutig und tapfer während der Operation machen.
Später in der Nacht wird die Klitoris der Mädchen mit stechenden Nesseln behandelt. Das macht die Klitoris gefühllos und geschwollen. Die Brust wird ebenfalls gestochen und verbrannt mit den Nesseln. Die alten Frauen, die die Zeremonie durchführen, singen absichtlich laut, damit man keinen Schmerzensschrei der Mädchen hören kann.
Am nächsten Morgen kommen die Leute zur Zeremonie, bleiben jedoch etwa 150 Meter entfernt. Eine alte Frau schneidet die geschwollene Klitoris weg.
Wenn von einem Mädchen gesagt wird, daß sie ein Feigling war und geschrien hat, oder daß sie keine Jungfrau mehr ist, sind ihre Eltern und ihre Brüder so beschämt, daß sie drohen, sich selbst oder das Mädchen umzubringen.
Dann werden die Mädchen für einen Zeitraum von sechs Monaten bis zu drei Jahren abgeschirmt, sie sind nur mit einer alten Lehrerin zusammen, die sie lehrt, wie sie sich zu benehmen haben, wie sie Kinder aufziehen müssen etc.(14)

Die Nandi glauben, wenn ein Mädchen nicht beschnitten ist, daß die Klitoris länger wird, wächst und Ableger bildet. Kinder von unbeschnittenen Frauen sollen abnormal werden.
Das Sozialisationsziel der Nandi ist dabei die Vorbereitung auf die große Arbeitslast, die die junge Frau zu übernehmen hat. Kein Nandi-Mann darf sein Kind berühren oder irgend etwas mit ihm zu tun haben, bevor dieses Kind nicht mindestens zehn Jahre alt ist. Es ist daher die Pflicht der Frauen, die Kinder in jeder Beziehung zu erziehen.

Eine andere Form der Operation weiblicher Genitalien wird von einem Teil der australischen Ureinwohner praktiziert. Die Operation geht einher mit einer rituellen Vergewaltigung des Mädchens. Der Psychotherapeut und Anthropologe Geza Róheim, der längere Zeit unter zentralaustralischen Stämmen tiefenpsychologische Studien machte, schildert die Operation so:(15)
Kurz nach der ersten Menstruation nimmt der zukünftige Ehemann zusammen mit einigen Clan-Brüdern das Mädchen mit in den Busch. Dort machen sie einen Vagina-Schnitt. Sie schneiden mit einem Steinmesser die Vagina bis zur Klitoris auf und spalten den Damm. Danach wird das kleine Mädchen von allen an der Zeremonie Beteiligten in einer festgelegten Reihenfolge dem Geschlechtsverkehr unterworfen, mit Ausnahme des zukünftigen Ehemannes.
Ein paar Tage nach der Operation geht der Mann, der die Operation vorgenommen hat, zum Lager des Mädchens. Er hebt sie auf und umarmt sie und befiehlt ihr, immer ihrem Mann treu zu sein. Dann hat er Geschlechtsverkehr mit ihr. In der nächsten Nacht folgen dann noch einmal die anderen bei der Operation anwesenden Männer.
Bei anderen Stämmen wird die Operation vom Ehemann vorgenommen, der unmittelbar nach dem Schnitt, während die Wunde noch blutet, mit dem Mädchen Geschlechtsverkehr haben muß. Die Erklärung, die dafür gegeben wird, lautet meist, daß die Geburt durch die Operation erleichtert wird.
Róheim zitiert einen Mythos, nach dem der Sinn der Zeremonie ist, die Frauen »still« zu machen.

»Vom Standpunkt des eingeborenen Mannes gibt es nur zwei Arten von Frauen – solche, die seine Wünsche erfüllen und solche, die sich weigern, alknarintja und nguanga – ›wilde‹ und ›ruhige‹. (›Ruhig machen‹ heißt nach Auskunft von Róheims Informantinnen ›vergewaltigen‹.)
Dieses Ritual wendet eine Schockbehandlung gegenüber der unentwickelten Sexualität der Frau an, mit dem Ziel, ihren Widerstand zu brechen.«

Eine andere Mythengruppe handelt von Frauen, von denen jede drei lange chelia (Klitoris) besitzt, die so groß sind wie ein para (Penis). Eine alte Frau, die der Chef aller Frauen war, schnitt die männlich aussehenden Genitalia mit ihrem Steinmesser weg. Danach waren die Frauen mara (gut) und wie heute ohne Penis – das heißt, sie haben nur einen kleinen noch (die chelia, Klitoris), die übriggeblieben ist.

Róheim fand, daß die Phantasien der Frauen in dieser Gesellschaft, in der jede, die allein außerhalb ihres Lagers angetroffen wird, mit Vergewaltigung rechnen muß, die ständige Angst und Flucht vor einem Schattengeist widerspiegeln. Diese Schattengeister sind die Doppelgänger der Männer.

»Die australische Frau ist immer die liebende Tochter ihres Vaters, und ihr ganzes sexuelles und psychisches Leben besteht aus Reaktionsbildungen und Sublimierungen, die auf dem Ödipus-Komplex basieren . . .
Sie wird geboren, sieht den Vater in der Urszene und fährt fort, seinen Penis zu begehren. Aber sie muß mit ihrer introjizierten Mutter rechnen, und ihr ganzes Leben ist eine Flucht vor ihren wirklichen Wünschen, zuerst vor dem Inzest mit dem Vater und dann vor dem Inzest mit dem Sohn.«

Róheims Interpretation der weiblichen Ängste in dieser Gesellschaft läßt nicht einmal gelten, daß die junge australische Frau einen Vergewaltigungsschock erlebt hat und ihre Ängste daher real sind. Nicht sie wird operiert und vergewaltigt, sondern sie begehrt den väterlichen Penis und muß durch die gesellschaftliche Praxis dementsprechend hart frustriert werden, um von ihren Inzestwünschen abzukommen.

Róheim:

»Wir wissen sehr gut, daß das Akzeptieren der weiblichen Position, die Vorstellung, keinen Penis zu besitzen, der heikle Punkt in der Entwicklung der weiblichen Sexualität ist. Um das Ziel, den Übergang vom Mädchen-Status zur Frau zu erreichen, von Frigidität zur Objekt-Erotik, von Homosexualität zu Heterosexualität, muß die Frau der Gewalt ausgesetzt: vergewaltigt, unterworfen, kastriert werden.«

Damit ist für Róheim, in der schlichten Übertragung seines tiefenpsychologischen Denkmodells auf eine primitive Gesellschaft, die Vergewaltigung der Frau eine Notwendigkeit. So resümiert er:

»Im allgemeinen können wir sagen, daß die Frauen Zentralaustraliens ein glückliches Leben führen.«

Denn die brutale Form der Sexualität erzwingt die vaginale Sexualität der erwachsenen australischen Frau.

»Obwohl Homosexualität und Klitoris-Erotik weit verbreitet sind, erreicht die Vagina im späteren Leben ihre eigentliche Funktion als das führende erotogene Organ.«

29. Kapitel

Die Zukunft der Reproduktion — Niederlage oder Befreiung der Frau?

»Ich will es deshalb ganz deutlich sagen: Die Schwangerschaft ist barbarisch.«
Shulamith Firestone

»Wenn man den Mond erreichen kann, kann man auch Vitriparitie (Babies aus der Retorte) möglich machen, sobald es nur genügend gesellschaftlichen Druck gibt. Und dieser gesellschaftliche Druck könnte sehr wohl entstehen, denn Vitriparitie wäre eine der am meisten emanzipierenden Möglichkeiten, die wir gewinnen könnten.«
M. L. Jane Abercrombie

Es gibt keine Theoretikerin, die eindringlicher die Aufhebung der biologischen Arbeitsteilung und der natürlichen Reproduktion der Art gefordert hat als Shulamith Firestone. Sie betrachtet die Abschaffung der Schwangerschaft als wichtigsten Inhalt feministischer Politik.

»Und genau wie am Ende einer sozialistischen Revolution nicht nur die Abschaffung von ökonomischen Klassenprivilegien, sondern die Aufhebung der Klassenunterschiede selbst steht, so muß die feministische Revolution, im Gegensatz zur ersten feministischen Bewegung, nicht einfach auf die Beseitigung männlicher Privilegien, sondern der Geschlechtsunterschiede selbst zielen: genitale Unterschiede zwischen den Geschlechtern hätten dann keine gesellschaftliche Bedeutung mehr ... Die Reproduktion der Art allein durch ein Geschlecht zugunsten beider Geschlechter würde durch künstliche Fortpflanzung ersetzt werden ...«(1)

Es ist ein ganzes Sammelsurium falscher Schlüsse, das S. Firestone hier zieht – der realitätsfernste und verhängnisvollste ist der, daß es ihrer Meinung nach nicht genügt, männliche Privilegien abzuschaffen, sondern daß die beiden wesentlichen weiblichen Geschlechtsfunktionen, Schwangerschaft und Geburt, beseitigt werden müssen.

Wäre dann die Misogynie unserer Kultur endgültig abgeschafft? Würde dadurch automatisch die Frage unwichtig, wer biologisch Vater und Mutter des Retortenbabys ist?
Da sie diese negative Aussicht vage sieht, muß nach Ansicht von Firestone die feministische Revolution unmittelbar vor der Revolution der Reproduktion stattfinden. Wie sie die jetzige Gesellschaft transformieren will (durch Einsatz von Gewalt, Organisation einer Massenbasis etc.), spart sie aus. Die Machtergreifung der Frauen muß jedoch genau in dem Moment stattfinden, wo die neuen Fortpflanzungstechnologien zur Verfügung stehen.

> »Denn genauso wie die vorübergehende Diktatur des Proletariats die Inbesitznahme der Produktionsmittel, die Abschaffung der ökonomischen Klassen sichert, wird die Inbesitznahme der Kontrolle der Reproduktion durch die Frauen die Vernichtung der geschlechtsspezifischen Klassengesellschaft gewährleisten ... Frauen müssen ... vorübergehend die Kontrolle über die Fruchtbarkeit des Menschen übernehmen, also über die neue Bevölkerungsbiologie wie auch über alle sozialen Institutionen, die mit Geburt und Erziehung der Kinder zu tun haben.«(2)

Wissenschaftsgläubigkeit und revolutionäre Attitüde gehen hier im Denken von Firestone eine seltsam illusionäre Verbindung ein.
Die sensationellen embryologischen Experimente von Petrucci in Italien und Edwards in England, denen die Befruchtung eines menschlichen Eis in vitro gelang, lenken eher ab von den aktuellen Forschungsfeldern der Mediziner. Die biochemischen Prozesse, die während der Schwangerschaft in der Plazenta und in der Gebärmutterwand ablaufen, sind bisher noch weitgehend unbekannt – trotz aller Spekulationen, die eine neue Fortpflanzungstechnologie bereits jetzt umgeben. Ein deutscher Wissenschaftler schätzt die Zahl der Forscher, die an der Aufklärung dieser unbekannten Vorgänge arbeiten, auf etwa fünfzigtausend in der ganzen Welt. Besonders die Japaner haben hier Forschungsschwerpunkte gesetzt. Ziel ist das komplette Wissen über die Schwangerschaft – das erst die Voraussetzung bieten würde, eine perfekte künstliche Plazenta zu schaffen oder sie sogar noch gegenüber der menschlichen zu verbessern.

Bei der patriarchalischen Weltkultur, in der wir leben, könnte damit weitaus eher die endgültige und unumstößliche Niederlage der Frauen als ihre Befreiung eingeleitet sein. Ein verräterisches Zitat, das kurz nach den ersten embryologischen Experimenten in einer chinesischen Parteizeitung erschien, gibt darüber Aufschluß, von welcher Art diese Entwicklung sein könnte.

> »Wenn man Kinder haben kann, ohne daß sie geboren werden müssen, würden arbeitende Mütter nicht vom Arbeitsplatz ferngehalten durch den Aufwand der Geburt.«

Die geschlechtslose Gesellschaft als Ziel der menschlichen Entwicklung? – Damit wäre der Traum aller totalitären Staaten erfüllt, die direkte unmittelbare Herrschaft und Kontrolle über den Menschen von der Vereinigung der Geschlechtszellen bis zum Tod.

Durch die Verlagerung der Reproduktion in künstliche Organe würde nichts erreicht, außer daß die Entscheidung über Nachkommen vergesellschaftet würde. Das bedeutet, falls die technologischen Voraussetzungen für eine künstliche Befruchtung und Aufzucht des Fötus geschaffen werden könnten, die Verlagerung der Entscheidung und die gesellschaftliche Kontrolle über die Reproduktion in die Hand von Männern. Parlamentarische und Volksdemokratien sowie Militärdiktaturen, die heute die Mehrzahl der Regierungen bilden, sind so weit entfernt von einer feministischen Attacke oder Übernahme, daß jeder Politiker über die Perspektive von Shulamith Firestone nur schmunzeln kann.

Alle männlichen Machtmonopole stehen zwar historisch gesehen in ursächlichem Zusammenhang mit der weiblichen Fortpflanzungsbiologie, aber die wirtschaftlichen, militärischen und kulturellen Institutionen, die staatlichen und überstaatlichen Einrichtungen, die sich daraus entwickelt haben, bilden längst mächtige Eigenfaktoren. Wenn die Reproduktion in absehbarer Zeit vom weiblichen Körper gelöst werden könnte, hätten Frauen daher noch weniger Chancen, diese zu kontrollieren. Wenn das »Ewig-Weibliche« nur noch eine chemische Formel ist, muß diese Entwicklung durchaus nicht zur »Menschwerdung« der Frau führen, wahrscheinlicher wäre ein totaler Machtverlust – die völlige Unwichtigkeit weiblicher Existenz.

Diese Zukunftsdrohung ist durchaus real. Denn obwohl die künstliche Reproduktion ein ungeheuer kostspieliges Verfahren der Arterhaltung wäre, könnte sie derjenigen Nation, die sie zuerst besitzt, durchaus das Prestige und die Vorteile verschaffen, die heute der Besitz von atomaren Waffen international einbringt. Jede Großmacht muß ein Interesse an solchen Züchtungsmöglichkeiten haben, weil sich daraus unter Umständen bessere Überlebenschancen bei einem Einsatz atomarer, biologischer oder chemischer Waffen ergeben würden. Eine Nation, die die Keimzellen ihrer Bürger in strahlensicheren Depots lagern und bei Bedarf (vielleicht erst 25–30 Jahre nach einer atomaren Katastrophe, wenn das ökologische Gleichgewicht annähernd wiederhergestellt ist) zur Befruchtung bringen könnte, hätte erhebliche Vorteile von der Verfügbarkeit eines solchen Verfahrens.
Ein anderer ebenso mächtiger Antriebsfaktor bei der Entwicklung künstlicher Reproduktionsverfahren ist die Befriedigung wissenschaftlichen Ehrgeizes. Derjenige Forscher, der den Alchemistentraum von der Züchtung eines Homunculus unabhängig vom weiblichen Körper verwirklicht, hat ein Ziel erreicht, das ihm Weltberühmtheit und wissenschaftliche Anerkennung sichert. Daß die künstliche Reproduktion genau zu dem Zeitpunkt machbar wird, wenn die »feministische Revolution« in greifbare Nähe gerückt ist, oder daß die Anwendung solcher Methoden vorher verhindert werden kann, ist vollkommen unwahrscheinlich. Diese Gedankengänge von Shulamith Firestone führen den Feminismus in eine gefährliche Sackgasse, an deren Ende eine weitere Abwertung der Rolle der Frau stehen könnte.
Es ist eine Frage, die Frauen unmittelbar betrifft. Jede neue biologische Möglichkeit in diesem Bereich kann zu ihrem Schaden sein – angesichts ihrer geringen Beteiligung an Entscheidungsprozessen und der Tatsache, daß ihre soziale Stellung fast ausschließlich auf ihrer Fähigkeit zur Mutterschaft beruht.

Nach neuesten Experimenten, die sich – noch? – nur auf Nutztiere konzentrieren, erscheint es möglich, daß befruchtete Eier in »Ammentiere« transplantiert werden. Bei Rindern ist dies bereits gelungen. Damit kann eine Vorzugskuh, gepaart mit einem Musterstier, jährlich bis zu hundert Nachkommen zeugen, die von anderen Kühen, den Ammen, ausgetragen werden.(3) Auf den Menschen übertragen, könnte nach der Überwindung religiös-ethischer Hemmschwellen ein »Musterpaar« etwa zwölf Nachkommen jährlich zeugen. Wer kann uns, angesichts der nahezu totalen Unterdrückung der Frauen in den meisten Gesellschaften, eigentlich garantieren, daß diese Degradierung der Frau zum Brutkasten nicht bald Wirklichkeit wird?

Die Methode, die bisher am meisten diskutiert wird, ist das Klonen. Klonen heißt, aus der Körperzelle eines Tieres oder eines Menschen eine perfekte genetische Kopie seiner selbst anzufertigen. Vor allem für die Tierzucht ist die Entwicklung solcher Verfahren interessant, da durch Klonen besonders gelungene Zuchtexemplare verewigt werden könnten. Der amerikanische Biologe Joshua Lederberg begrüßte die Aussicht des Klonens beim Menschen überschwenglich in einem Artikel, der 1966 in der Zeitschrift »Bulletin of the Atomic Scientists« mit dem Titel »Experimental Genetics and Human Evolution« erschien.

> »Wenn man ein überlegenes Individuum – und vermutlich einen Genotyp – identifiziert hat, warum soll man das dann nicht direkt kopieren, statt all das, einschließlich Geschlechtsbestimmung, zu riskieren, was der Bruch der Rekombination mit sich bringt?«(4)

»In anderen Worten«, so kommentierte der Wissenschaftsjournalist Gerald Leach in seinem Buch »Die Biokraten« diese Aussicht, »wenn ein Einstein oder Russell erscheint, warum nicht mehr Einsteins und Russells sichern?«(5) Was bei Pflanzen schon vorher gelungen war, hatte der Oxford-Biologe J. B. Gurdon 1966 zum erstenmal erfolgreich in einem tierischen Experiment erreicht.

Gurdon verpflanzte die Darmzelle eines Frosches in ein unbefruchtetes Froschei, dessen Chromosomensatz durch Röntgenstrahlen zerstört war. Die Zelle verhielt sich genauso, als ob sie befruchtet wäre. Die Kaulquappen, die daraus entstanden, waren genetisch genaue Kopien des Frosches, dem die Darmzelle entnommen war.(6)

Falls die technischen Voraussetzungen für dieses Verfahren

beim Menschen erfüllt wären, müßte ein Mann seine Ehefrau nur überzeugen, eine genetische Kopie von ihm als seinen Sohn in ihrer Gebärmutter auszutragen. Oder wenn bis dahin die Reproduktionstechnik auch auf dem Gebiet des Gebärmutterersatzes fortgeschritten und die Aufzucht in vitro möglich ist, könnte damit zum erstenmal die Reproduktion unabhängig von der Frau stattfinden. Das neue Individuum wäre die genetische Kopie des Vaters.

Wie unrealistisch dieses Ziel der Reproduktionsbiologie im Moment auch sein mag – verräterisch sind die Perspektiven, die von Männern damit verbunden werden. Gerade die unreflektierte, unbefangene Zukunftsprojektion offenbart, als wie unwesentlich Frauen selbst von Männern empfunden werden, die gelegentlich ihre Sympathien für eine mutterorientierte Gesellschaftsordnung zum Ausdruck gebracht haben, wie der englische Bestseller-Autor Gordon Rattray Taylor.

In seinem Buch »Die biologische Zeitbombe« beschreibt er die Möglichkeiten, die durch geklonte Menschen gegeben würden, folgendermaßen: Geklonte Menschen würden es leichter haben, in Teams zu arbeiten, da sie sich untereinander so gut verstehen könnten wie eineiige Zwillinge.

> »Die Fähigkeit, in einem Team arbeiten zu können, ist besonders wichtig bei Sportarten wie etwa Bergsteigen, bei bestimmten Militäreinheiten – ich denke an Wachstreifen oder an eine Bomberbesatzung – und möglicherweise auch bei Tiefseetauchern ... Eine Gruppe von Astronauten, die auf einem entfernten Planeten verstreut leben, ist ein weiteres Beispiel. Es wird ersichtlich, daß zahlreiche Interessierte (von der Weltraumbehörde bis zum Manager einer Eishockeymannschaft) diese Art der biologischen Forschung voranzutreiben wünschen.«(7)

Taylor zitiert einen der berühmtesten Genetiker, J. B. S. Haldane, der sich für das Klonen beim Menschen ausgesprochen hat.

> »Auffallend war für ihn, daß viele außergewöhnliche Persönlichkeiten eine unglückliche Kindheit hatten und daß manche an diesem frühkindlichen Erlebnis zerbrochen sind. Daher sei es vorteilhaft, daß sich große Genies ab

dem 55. Lebensjahr der Erziehung ihrer aus der eigenen Zellkultur entstandenen Nachkommen widmen würden. Auf diese Weise könnte man ihnen am besten die Enttäuschung ihrer ›Väter‹ ersparen.«(8)

Diese Zitate genügen bereits, um zu demonstrieren, in welche Richtung die Gedankengänge von Männern gehen, wenn sie über die Anwendung neuer Reproduktionsverfahren zu entscheiden hätten.

Die Kriterien sind nicht an dem Wohlergehen der Allgemeinheit orientiert, sondern an Interessen und Werten der männlichen Daseinshierarchie: Sport, Bergsteigen, militärische Ziele, männliche Geniezüchtung, Reproduktion großer Väter, die mit ihren großen Söhnen in eine neue erzieherische Symbiose eintreten sollen. Mütter werden dann allenfalls noch instrumental gebraucht, als diejenigen, die ihre Gebärmutter zur Verfügung stellen.

Die Möglichkeit des Klonens enthält aber auch einen Aspekt, der für die Frauenbewegung interessant ist und jedenfalls als Spekulation einige amerikanische Feministinnen beschäftigt.

Während der Mann entweder eine künstliche Plazenta braucht, um seine genetische Kopie herzustellen, oder eine Frau, die bereit ist, sie in ihrem Körper auszutragen, braucht eine Frau nur eine ihrer Körperzellen in die Eizelle zu verpflanzen, um sich zu klonen. Da in jeder Körperzelle auch die Geschlechtschromosomen enthalten sind, wäre die Geschlechtsbestimmung immer möglich – eine Körperzelle der Frau ergibt weiblichen Nachwuchs, eine Körperzelle des Mannes männlichen.

Das heißt nichts anderes, als daß das Klonen den Frauen eine wirksame Methode der Kontrolle über die Reproduktion erlauben könnte, die sie im Moment nicht haben. Die Nachteile dieses Verfahrens liegen auf der Hand. Beim Klonen werden alle genetischen Defekte eines Individuums auf das der folgenden Generation übertragen. Falls dieses einmal leicht praktikabel wäre, könnte es als eine Widerstandsstrategie von Frauen dienen. Immerhin scheint es sogar natürliche Rudimentärformen von Parthenogenese beim Menschen zu geben. Der amerikanische Embryologe Leroy Stevens vermutet, daß eine bestimmte Art von Gebärmutterzysten bei

Frauen, die u. a. Haarstücke, Haut, Knochen, Gehirnsubstanz und sogar voll entwickelte Zähne enthalten, »abgebrochene« Parthenogeneseentwicklungen sind.

30. Kapitel
Weiblicher Genozid als Instrument der Bevölkerungspolitik

> »Besser, wenn eine Tochter nicht geboren oder nicht am Leben bleibt. Wird sie geboren, so ist es besser, wenn unter der Erde, wenn das Totenmahl mit der Geburt vereint.«
> *Verse der Uiguren*

> »Ein Geschlecht würde vielleicht bei der Auswahl bevorzugt werden. Das kann zur Verzerrung der Geschlechter-Relation führen. Ein Männerüberschuß würde das Bevölkerungswachstum einschränken, möglicherweise aber das allgemeine Aggressionsniveau in der Gesellschaft erhöhen.« *Anne McLaren*

Die Vorstellung von der harmonischen Ergänzung der Geschlechter und ihrer natürlichen Arbeitsteilung ist eine fast selbstverständliche Prämisse abendländischer Sozialforschung. Sie läßt uns Phänomene unserer Vergangenheit eher als ethnologisches oder volkskundliches Kuriosum erscheinen denn als eine Verhaltenskomponente, die auch in unserer heutigen Zivilisation Einfluß gewinnen könnte. Es handelt sich um die Sitte der weiblichen Kindestötung und die Frage nach den Ursachen eines solchen Verhaltens.
Einer der ersten bedeutenden Ethnologen des 19. Jahrhunderts, der Schotte Mac Lennan, hielt die weibliche Kindestötung bei primitiven Völkern für eine so weitverbreitete Erscheinung, daß er sie für die Ursache der Exogamie hielt. Der durch die Tötung der weiblichen Kinder erzeugte Männerüberschuß führe automatisch dazu, Frauen oder heranwachsende Mädchen anderer Stämme zu rauben, zu adoptieren oder zu kaufen.
Daß Neugeborene getötet werden, ist ein universales Phänomen der menschlichen Gesellschaft. Es läßt sich bei primitiven Völkern aller Kontinente nachweisen, aber auch in den großen historischen Zivilisationen. Bei einigen Völkern ist es eine Reaktion auf die feindliche Umwelt, die schlechte Er-

nährungslage. Mütter, die noch ein Kind stillen und ein weiteres zur Welt bringen, töten das Neugeborene, weil sie nicht für zwei Kinder Milch haben. Die Tötung oder Aussetzung des Neugeborenen ist eine Frage des Überlebens der Gruppe und ein Substitut für unzulängliche Techniken der Verhütung.

Von dieser Ursache sorgfältig zu unterscheiden ist die Tatsache, daß in den meisten Gesellschaften, die diese Praxis übten, die Neugeborenen weiblichen Geschlechts häufiger ausgesetzt oder getötet wurden als die Knaben und in vielen Gesellschaften ausschließlich Mädchen ein solches Schicksal ereilt. Wichtig zur Beurteilung dieses weiblichen Genozids ist schließlich die Tatsache, daß auch reiche Leute ihre Töchter töteten bzw. aussetzten. Die Entscheidung über Leben und Tod des Kindes lag nie in den Händen der Frau, sie entspringt in den meisten Fällen dem Vernichtungswunsch des Mannes.

> »Selbst unter den Missionsindianern besteht der Brauch, weibliche Kinder bei der Geburt zu töten, besonders wenn man bereits mehrere Töchter besitzt«,

berichtet eine Autorin über die heutige Praxis der Waika-Indianer am oberen Orinoko.(1)

Und im Koran findet sich folgende Stelle:

> »Hört der Araber, daß ihm eine Tochter geboren worden ist, so färbt die Traurigkeit sein Gesicht schwarz; diese Nachricht dünkt ihm ein so schmähliches Übel, daß er sich vor keinem Menschen sehen läßt, und er ist zweifelhaft, ob er die ihm geborene Tochter zu seiner Unehre behalten oder ob er sie in die Erde verscharren soll.«(2)

Daß Kindesaussetzung oder Tötung des Neugeborenen im vorchristlichen Europa üblich war, ist bekannt. Diese väterlichen Terrorakte werden mit der harten Umwelt begründet und als notwendige verantwortungsvolle Bevölkerungspolitik interpretiert. Daß sie dazu dienten, die ehelichen Dominanzverhältnisse immer wieder klarzustellen, ist kein Gesichtspunkt der Historiker. Jede Wegnahme oder Tötung eines Neugeborenen mußte die innere Widerstandskraft der Mutter brechen. Die Aussetzung der weiblichen Neugeborenen beraubte sie außerdem jeder Hilfe bei der Arbeit und auch einer eventuellen weiblichen Verbündeten, die ihr in einer Tochter erwachsen konnte.

Die Folge der Veränderung der Geschlechterratio war in vielen Gesellschaften die Ausbreitung männlicher Homosexualität und Junggesellentum.

Aufschlußreich sind Zahlen aus Griechenland, das jahrhundertelang in Angst vor Übervölkerung lebte und besonders im dritten und zweiten Jahrhundert nur Ein- bis Zweikinderfamilien kannte. Der englische Althistoriker W. W. Tarn schreibt dazu:

> »Von einigen tausend Familien, die etwa zwischen 228 und 220 das milesische Bürgerrecht erhielten, sind von 79 Einzelheiten enthalten. Diese brachten 118 Söhne und 28 Töchter mit, die meisten davon minderjährig, ein solches Verhältnis ist durch keine natürlichen Gründe erklärbar.«(3)

Im Athen des 4. Jahrhunderts wird ein Verhältnis von 87 Söhnen und 44 Töchtern aus 61 Familien genannt und dazu bemerkt, daß das Mißverhältnis der Geschlechter ständig zunahm.

Das Ideal war die Familie mit ein oder zwei Söhnen (falls einer im Krieg fiel). Gelegentlich verschob sich das Geschlechterverhältnis in Griechenland auf 1:7 zugunsten der männlichen Bevölkerung. Dabei ist noch nicht berücksichtigt, daß ein Teil der Söhne unter Umständen dann ausgewandert war, so daß das Mißverhältnis in Wirklichkeit noch größer sein mochte.

Tarn:

> »Mehr als eine Tochter wurde praktisch niemals aufgezogen, womit die Feststellung des Poseidippos bestätigt wird, daß ›selbst ein reicher Mann immer eine Tochter aussetzt‹. Von 600 Familien der delphischen Inschriften, zweites Jahrhundert, zog ungefähr gerade ein Prozent zwei Töchter auf; die Zeugnisse aus Milet stimmen damit überein, und in den vielen Inschriften, die uns vorliegen, sind überall Schwestern fast mit den Fingern zu zählen . . .«(4)

Bei der Einschätzung der Einbürgerungsinschriften wie auch bei den delphischen Weihinschriften ist zu berücksichtigen, daß es sich wohl fast ausschließlich um wohlhabende Familien, vor allem um Kaufleute gehandelt hat.

»Erwägungen darüber anzustellen, wie weit sie (die Frau) sich in diese primitive Absicherung gegen den Hunger gefügt hat, ist nutzlos; sie hat keine Nachrichten hinterlassen«,

schreibt Tarn, während er kurz darauf dokumentiert, daß es sich nicht nur um ein Phänomen des Hungers handelt, denn auch reiche Leute setzten ihre Töchter aus.(5)

Nicht nur Historiker, auch die meisten Ethnologen sind bereit, die weibliche Kindestötung nur als bevölkerungspolitische Maßnahme zu sehen und nicht als Ausdruck männlicher Macht und Willkür, zufälliger Stimmungen und Eifersucht. Der adaptive Wert dieses weiblichen Genozids wird einseitig betont.

Forscher, die den psychologischen Charakter der weiblichen Kindestötung herausstellen, sind selten.

Eine der Ausnahmen ist der Amerikaner Milton R. Freeman, der zu dem Schluß kommt, daß der systematische weibliche Kindesmord bei den Netsilik-Eskimos andere als nur ökologische Ursachen hatte.(6) Ein halbes Dutzend prominenter Eskimo-Forscher, die sich mit diesem Phänomen befaßt haben, begnügte sich mit der generalisierenden Feststellung, daß die weibliche Kindestötung zur Ausbalancierung des Geschlechtsverhältnisses diene. Die Zahl der männlichen Stammesmitglieder werde durch Unfälle so dezimiert, daß dieses eine sinnvolle Maßnahme sei.

Auch die Tatsache, daß das jahrelange Stillen eines Mädchens die Wahrscheinlichkeit herabsetze, einen Sohn zu bekommen, der im Alter für die Eltern sorgt, wird von einigen Autoren zitiert. Freeman hält dies für »nachträgliche Rationalisierungen«.

»Kurz gefaßt ist meine These, daß es wegen der gegenseitigen Abhängigkeit und Ergänzung der männlichen und weiblichen Arbeitsrollen notwendig ist, die männliche Dominanz explizit herauszustellen. Die Stellungnahmen von Netsilik-Informanten selbst erhellen reichlich die Dominanz des Mannes über die Frau.«

Er zitiert ein Ereignis aus dem Jahr 1913, das in den Aufenthalt eines dänischen Forschers fiel. Dieser hatte Kontakt zu einem berühmten Jäger mit drei Söhnen, der die neun

Töchter, die ihm seine Frau bis dahin geboren hatte, stets zum Tod bestimmt hatte. Als ihm die Nachricht übermittelt wurde, daß wieder eine Tochter geboren sei, war er gerade beim Speerfischen – eine der beliebtesten Tätigkeiten der Jäger – und hatte einen reichen Fang gemacht. Er ging zum Zelt seiner Frau und erlaubte diesmal seiner Tochter zu leben.
Freeman schreibt:

> »Die Stimmung des Vaters ist offenkundig bedeutsam bei der Entscheidung über das Schicksal des weiblichen Kindes.«

Er erwähnt einen anderen Fall aus dem Jahr 1918, wo die Mutter das weibliche Kind gern aufgezogen hätte. Sie erzählte:

> »Ich konnte nichts tun, in jenen Zeiten hatten wir Angst vor unseren Ehemännern.«

Freeman folgert aus seinen Untersuchungen, daß der Vater eifersüchtig ist auf die Mutter, der in der Tochter eine Hilfe und eine Gefährtin erwächst, während er leer ausgeht.

> »Er hegt keinen Groll gegen das neugeborene Kind, aber er hält es für erforderlich, sich seiner Dominanz über seine Gattin wiederum zu versichern: er mag sogar denken, sie habe ihm einen Streich gespielt.«

Obwohl er zu der Auffassung gelangt, daß die bevölkerungspolitischen Vorteile ein unbeabsichtigtes Nebenresultat der weiblichen Kindestötung bei den Eskimos sind, muß er wie alle Anhänger funktionalistischer Theorien diese Sitte für adaptiv erklären,

> »weil es die Spannung innerhalb der die Entscheidungen treffenden Einheit der Netsilik-Gesellschaft reduziert, nämlich im Haushalt«.

Mit anderen Worten, weil der Eskimo-Mann durch die Tötung der Tochter seine inneren Spannungen kompensieren kann, tut es der Eskimo-Mutter nicht weh. Ihr Schmerz ist wegen ihrer gesellschaftlichen Ohnmacht keine Spannung, die das Zusammenleben bedroht.

Daß die systematische Tötung weiblicher Kinder nicht aus Umweltstreß erfolgt, sondern die Konsequenz eines übersteigerten männlichen Ehrgefühls sein kann, zeigt das Beispiel Indien.

Im Punjab und in Kaschmir gab es bis zu Anfang dieses Jahrhunderts Kasten und Stämme, in denen kein einziges Mädchen am Leben blieb. Besonders ein Zweig der Sikhs, die Bedees, war bekannt als »koree mar«, das heißt Tochter-Schlächter. Die Sitte existierte bei ihnen aufgrund traditioneller Überlieferungen seit 300 Jahren. Bei anderen Kasten, den Rajputs und den Chouhans, soll die Sitte »seit unvordenklichen Zeiten« bestanden haben.

Drei Hauptgründe wurden für dieses Vorgehen angeführt. Die Chouhans hatten Angst vor den hohen Kosten, die mit der Hochzeit einer Tochter wegen der Aussteuer und der Festlichkeiten verbunden waren. Sie waren zu stolz, um sich darein fügen zu können, der Schwiegervater oder Schwager von irgend jemanden zu sein, und sie sahen es als Unglück an, eine Tochter am Leben zu erhalten. »Der letzte dieser drei Gründe war der tiefstverwurzeltste.«

Als in den vierziger Jahren des 19. Jahrhunderts der Rajah of Mynpoory seine Enkelin am Leben erhielt, war sie wahrscheinlich das erste weibliche Kind, das in der Festung der Chouhans seit ihrer Erbauung geboren und auch aufgezogen wurde. Als jedoch ihr Vater und kurz darauf ihr Großvater, der Rajah, starb, vertiefte das die Überzeugung der Choun-Gemeinde, daß ihr Tod durch das Überleben des kleinen Mädchens verursacht worden war.(7)

In Rajputana und bei den Jumaa in Etawah gab es noch ein weiteres Motiv. Der Kastengeist forderte, daß eine Tochter nur einem Mann von gleichem oder höherem Rang versprochen werden konnte. Dieses erforderte jedoch so viel Geschenke, daß die Väter Bettler geworden wären, einem Mann von niederem Rang konnte eine Tochter jedoch aus Gründen der Ehre nicht überlassen werden.

Das Konzept der männlichen Ehre stellte nach dem Kommentar eines britischen Majors die Rajputs vor die Wahl, entweder

> »das Glück der Väter oder das Leben der Töchter zu opfern«.

Bei den Bedees galt ein Spruch ihres Kastengründers Dhurm Chand,

»wenn die Bedees ihrem Glauben treu blieben und sich der Lüge und der starken Alkoholika enthalten würden, würde sie die Vorsehung ausschließlich mit männlichen Kindern belohnen«.(8)

Die neugeborene Tochter wurde unmittelbar nach der Geburt getötet, indem ihr der Mund mit Kuhdung vollgestopft wurde. Eine andere Methode war Ertränken in Kuhmilch.

In Gujerat wurde sie lebendig begraben. Ihren Körper legte man in einen Keramiktopf, dessen Öffnung mit einer dicken teigigen Paste bedeckt war. Eine kleine Pille Opium wurde dem Kind eingegeben, die nach einigen Stunden den Tod herbeiführte.

Bei den Bedees war es Aufgabe der Hebamme, das Kind zu töten, entweder durch Erwürgen oder indem es auf den kalten Boden gelegt und dem Wind ausgesetzt wurde.

In manchen Fällen war auch die Mutter selbst verdammt, ihre Tochter zu töten. Sie schmierte ihre Brustwarze mit einer Opiumsalbe ein, legte das Kind an und wartete ab, bis es starb.

Was sollten diese Schilderungen einer Sitte, die längst überwunden ist? Kann jemand ernstlich behaupten wollen, daß im letzten Drittel des 20. Jahrhunderts solche Praktiken noch möglich sind?

Die Antwort kann kein uneingeschränktes Nein sein. Sicher – es ist unwahrscheinlich, daß ein weiblicher Genozid wie bei den höheren indischen Kasten sich in unserem Jahrhundert wiederholen wird.

Andererseits ist durchaus möglich, daß es auf anderem Wege zu einer Dezimierung der weiblichen Bevölkerung kommt. Die psychologischen Grundkonstellationen, die solche Entwicklungen möglich machten, haben ihren Nährboden noch immer in unserer Kultur. Frauen sind das ungewollte Geschlecht.

Es folgen ein paar Beispiele dafür, wie sich die Tendenz der abschätzigen Bewertung einer Mädchengeburt weiter erhalten kann.

Die normale Geschlechterratio der Geburten beträgt auf 100 Mädchengeburten 105 bis 106 Knabengeburten. Da die

Sterblichkeit der Knaben aufgrund ihres genetischen Defizits bis vor kurzem auch in industrialisierten Ländern höher war als die der Mädchen, war ungefähr zum Zeitpunkt der Geschlechtsreife das Zahlenverhältnis der beiden Geschlechter ausgeglichen, verschob sich jedoch ab dem 20. Lebensjahr zugunsten der Frauen, so daß es in allen westlichen Gesellschaften einen Frauenüberschuß gibt.
Da auch in den meisten Ländern die Mütter- und Säuglingssterblichkeit zurückgegangen ist und Frauen eine höhere Lebenserwartung haben als Männer, müßte der Anteil der Frauen an der Weltbevölkerung etwas höher sein als der der Männer.
Tatsächlich wird sich auf das Jahr 1985 projiziert der Anteil der Frauen von 49,91 Prozent auf 49,78 senken, was heißt, daß es ungefähr 21 Millionen weniger Frauen als Männer geben wird.(9)
Das Frauendefizit läßt sich nicht durch die Gegenüberstellung industrialisierte Länder – unterentwickelte Länder erklären, sondern es finden sich eindeutige Unterschiede zwischen Entwicklungsländern mit einer superpatriarchalischen Struktur und solchen, in denen aufgrund der Kultur weniger frauenfeindliche Einstellungen vermutet werden können.
Arabische und islamische Länder haben den geringsten Frauenanteil.

Ägypten	49,54 %
Libanon	49,21 %
Jordanien	49,15 %
Tunesien	48,95 %
Syrien	48,73 %
Malaysia	48,17 %
Libyen	48 %
Iran	46,92 %
Kuwait	43,19%

Den niedrigsten Frauenanteil an der Bevölkerung geben die Vereinigten Arabischen Emirate an, nämlich 38,14 Prozent, ein Bevölkerungsanteil, der nur zwei Schlüsse zuläßt – entweder werden die Frauen für so unbedeutend gehalten, daß auf ihre Zählung keine besondere Sorgfalt verwandt wird, oder ihr Anteil an der Bevölkerung wird durch nachlässige

Pflege der weiblichen Neugeborenen und unzureichende Säuglings- und Mütterhygiene bewußt dezimiert.
Auch einige Staaten Südamerikas (Kolumbien, Ecuador, Kuba, Panama und Guatemala) und Afrikas (Zentralafrikanische Republik, Rhodesien, Äquatorial-Guinea) fallen durch ihre geringe Frauenzahl auf.

Ein Beispiel, an dem sich nachweisen läßt, daß frauenfeindliche Tendenzen Ursache des Rückgangs des Frauenanteils sind, bietet Indien.
Nach Professor Ashish Bose vom Institute of Economic Growth, der für den demographischen Teil einer Regierungsenquete über die Situation der Frauen verantwortlich ist, ändert sich das Zahlenverhältnis der Geschlechter ständig zuungunsten der Frauen. Im Jahr 1901 kamen auf 1000 Männer noch 972 Frauen, im Jahr 1971 waren es nur noch 930 Frauen. Die Säuglingssterblichkeit der Mädchen war 148 auf 1000 Geburten, die der Jungen nur 132 auf 1000 Geburten. Diese Zahlen, die im Gegensatz zu den Erfahrungen in westlichen Ländern stehen, in denen bei gleicher Betreuung die Sterblichkeit der Jungen weitaus höher liegt als die der Mädchen, sind ein Beweis dafür, daß in Indien Mädchen schon von Geburt an weniger aufmerksam betreut werden als Jungen. Nach Meinung von Medizinern und Entwicklungsexperten werden weibliche Kinder nicht so aufmerksam gestillt und ernährt wie männliche, und nahezu die Hälfte der indischen Frauen ißt täglich ihre Mahlzeiten nach ihren Ehemännern, Vätern und Söhnen – eine Sitte, die zu großer Unterernährung der Frauen in den Schichten der Armen führt.(10)
Diese Tradition der Geschlechtertrennung beim Einnehmen der Mahlzeiten und der Bevorzugung der Männer hat vor einigen Jahren bereits Aufsehen erregt – als bekannt wurde, daß in Biafra zuerst die Kinder verhungerten, dann die Frauen und erst am Schluß die Männer. Ähnliches wird von Augenzeugen über die Hungersnöte in der Sahel-Zone berichtet.

Jede Verschiebung der Geschlechterratio zugunsten der männlichen Bevölkerung erhöht jedoch das Aggressionsniveau einer Gesellschaft, wie Genetiker und Biologen übereinstimmend festgestellt haben.(11)

Der Eingriff in die Reproduktion, der wahrscheinlich die größten bevölkerungspolitischen Konsequenzen hätte, ist schon bald zu erwarten. Es handelt sich um Methoden der Geschlechtswahl eines zukünftigen Kindes. Einige Bevölkerungswissenschaftler – Statistiker und Mediziner – haben dazu Untersuchungen gemacht. In einer Studie an Ehepaaren im mittleren Westen der USA aus dem Jahre 1941 hatte man gefunden, daß zweimal soviel Männer wie Frauen einen Sohn als einziges Kind bevorzugten.(12)
Auch eine ähnliche Untersuchung, die das Gallup-Institut 1947 durchführte, zeigte, daß Männer eine viel stärkere Vorliebe als Frauen für einen Sohn als ältestes Kind hatten. 23 Jahre später hatte sich in den Vereinigten Staaten an der männlichen Vorliebe für Söhne nichts geändert. Bei einer Umfrage unter unverheirateten College-Studenten, die im Jahr 1970 stattfand, wollten 90 Prozent der männlichen Befragten und 78 Prozent der weiblichen einen Sohn, falls sie nur ein Kind haben sollten.
Auch die jungen Männer, die nicht studierten, bevorzugten in gleichem Ausmaß Söhne – eine andere Präferenz hatten nur die jungen Frauen der Unterschicht, von denen sich 70 Prozent eine Tochter wünschten.
Auch andere Statistiken hellen das Bild nicht auf: Wenn das erste Kind ein Junge war, warteten die Eltern im Durchschnitt drei Monate länger, bevor das nächste Kind gezeugt wurde. Nach der Geburt eines Mädchens tauchten bei amerikanischen Müttern signifikant mehr emotionale Störungen auf, und in den Träumen schwangerer Frauen kamen doppelt so viele männliche Babys vor wie weibliche.(13)
Diese Ergebnisse belegen, daß bei einer Geschlechtsvorherbestimmung der Einfluß des Ehemannes dahingehen wird, einen Sohn zu zeugen. Will man jedoch den Effekt der Geschlechtspräferenz auf das tatsächliche Geschlechterverhältnis vorhersagen, das sich dann einstellen könnte, muß man noch andere Einflüsse berücksichtigen, die ausschlaggebend sein könnten.
Da ist einmal die Tatsache, daß ein Kind, das ein bestimmtes

Geschlecht haben soll, ein geplantes Kind sein muß, und die Eltern ausreichende Methoden der Empfängnisverhütung praktizieren, die dann beim bewußten Aussetzen zur Planung des Kindes führen. In den USA lag der Prozentsatz der ungeplanten Geburten zwischen 1966 und 1970 immerhin noch bei 44 Prozent.
Die anderen Variablen sind die Abneigung oder Neigung, Geschlechtswahl zu praktizieren (bei einer amerikanischen Befragung waren 46,7 Prozent dagegen, 38,4 Prozent dafür.(14) Die Neigung, das Geschlecht des Kindes zu bestimmen, kann jedoch entscheidend verändert werden. Bei einer einfachen Technik der Geschlechtswahl z. B. durch chemische Prophylaxe, die entweder weibliche oder männliche Spermatozoen blockiert, würde sicher die Motivation steigen, diese Methode anzuwenden. Bei einer komplizierten Methode. z. B. Temperaturmessen, bestimmte Verhaltensweisen etc., wird die Motivation zur Geschlechtswahl vielleicht erst nach der Geburt des ersten Kindes ansteigen.
Studien, die Wünsche von kinderlosen und von Paaren berücksichtigen, die bereits Kinder hatten, kamen in ihren Ergebnissen auf Geschlechtsverhältnisse zwischen 113 zu 100 und 122 zu 100 Mädchengeburten.(15)
Bei 6752 verheirateten Frauen unter 45 Jahren, die im Jahr 1970 befragt wurden, zeigte sich jeweils die Tendenz, daß Frauen, die mehr Mädchen als Jungen oder nur Mädchen hatten, stärker zur Geschlechtsvorherbestimmung des nächsten Kindes neigten.(16)

Die Amerikaner erwarten aufgrund ihrer Ergebnisse, daß es in den ersten Jahren nach Einführung einer praktikablen Methode zu einer Welle von Knabengeburten kommt, gefolgt von einer Welle von Mädchengeburten.
Das Ideal der meisten ist die Zweikinderfamilie mit einem Pärchen, das erste Kind ein Sohn, das zweite ein Mädchen. Bei denjenigen Frauen, die eine Einkinderfamilie anstreben oder eine Dreikinderfamilie, würde die Realisierung des Geschlechtswunsches einen Überschuß an Knabengeburten bringen. (Bei Dreikinderfamilien würden auf 100 Mädchengeburten 125 Knabengeburten zu erwarten sein.)

Nach übereinstimmender Feststellung wäre der größte Effekt die Erstgeburt von Knaben. Was für psychologische und soziale Folgen das für die Stellung der Frauen haben könnte, ist bisher kaum analysiert worden, obwohl es eine Unmenge Untersuchungen zum Einfluß der Stellung in der Geschwisterreihe und zur Entwicklung von Einzelkindern gibt. Die Werte für intellektuelle Leistungsfähigkeit, Kreativität und Neurotizismus lagen nach vielen Untersuchungen bei Erstgeborenen höher. Weitere erhebliche Bildungsnachteile für Mädchen sind zu erwarten. Eltern investieren nicht nur allgemein mehr in die Ausbildung von Söhnen, sondern auch von Erstgeborenen.

Forscher in den westlichen Ländern neigen vielleicht dazu, die Folgen der Geschlechtswahl zu bagatellisieren. In den westlichen Industrieländern könnten Faktoren wie Arbeitsplatzentwicklung, Einschätzung der gesamten Zukunft durchaus Einfluß auf die Geschlechtswahl haben. Mütter, die sich Söhne wünschen, müssen nicht unbedingt Söhne höher einschätzen, sondern hoffen vielleicht nur, daß diese sich in einer von brutalem Wettbewerb geprägten Welt besser behaupten können.

Auch Spannungen zwischen politischen Lagern könnten ausschlaggebend sein, Söhne zu produzieren, weil Soldaten gebraucht werden. Alle Länder mit einer starken patriarchalischen Tradition werden einen Geburtenüberschuß an Söhnen zu erwarten haben, falls die Technik der Geschlechtswahl nicht zu kostspielig oder zu kompliziert ist. In einer patriarchalischen Industriegesellschaft wie Japan z. B. sind die Konsequenzen leicht zu erraten. Regierungen in allen überbevölkerten Ländern können nur ein Interesse an solchen Methoden haben, da ein männlicher Geburtenüberschuß Bevölkerungsprobleme auf lange Sicht löst. Für alle Länder im Aufbau, mit imperialistischen Tendenzen und starker patriarchalischer Struktur kann der Männerüberschuß so verlockend sein, daß Regierungen die Einfuhr chemischer Präparate zur Geschlechtsvorherbestimmung fördern würden. Die Motivation einer Frau, solche Mittel zu nehmen, wird wahrscheinlich sehr viel höher sein, als die Motivation, Empfängnisverhütung zu betreiben, denn in allen unterentwickelten Ländern hängt der Status der Frau davon ab, ob und wie viele Söhne sie zur Welt bringt. Die Folge einer solchen Verschiebung der Geschlechterratio wäre jedoch durchaus nicht positiv für die geborenen Frauen. Vielleicht würden sich bei knapperem Angebot ihre Heiratschancen vergrößern, bestimmt jedoch nicht ihre Chancen zur Befreiung.

VIII.
Bewußtseinsstrukturen des Sexismus

31. Kapitel

Das Rollendiktat: Die Differenzierung der Geschlechts-Identität

The only way a man can be a man is if a woman is a woman. *Elizabeth Janeway*

Ein auffallendes Kennzeichen einflußreicher psychologischer Theorien des 20. Jahrhunderts – mit Ausnahme der Tiefenpsychologie Freuds – ist die völlige Auslassung der Geschlechterfrage oder ihre Abkapselung als ein Spezialproblem. Das ist kein Zufall, sondern geschichtlich beeinflußtes Forschungsinteresse. In den ersten beiden Jahrzehnten des 20. Jahrhunderts wurde die Gleichberechtigung der Geschlechter zur politischen Doktrin. Die psychologische Theorie wandte sich der Erforschung der Persönlichkeit zu. Geschlechtliche Unterschiede in der Persönlichkeit wurden mit den noch bestehenden Vorurteilen erklärt – zumal sich in vielen Untersuchungen herausstellte, daß die individuellen Unterschiede zwischen Angehörigen eines Geschlechts größer sind als die allgemeinen Unterschiede zwischen den Geschlechtern.

Beispiele für die Verständnislosigkeit gegenüber dem Geschlechterproblem liefern die Arbeiten von zwei der bekanntesten Persönlichkeitspsychologen, Charlotte Bühler und Gordon W. Allport.

Beide entwarfen in ihren Konzeptionen, die stark die Rolle des Individuums als eines selbstgesteuerten Wesens betonen, eine nahezu geschlechtslose »Philosophie der Person« und des Selbst. Die Bestrebungen nach Selbstverwirklichung und Autonomie, den hohen Rang der »schöpferischen Prozesse«, die Charlotte Bühler(1) ins Zentrum ihrer Persönlichkeitstheorie stellt, geben nirgendwo Auskunft über die einschränkenden Bedingungen, denen die weibliche Persönlichkeitsbildung durch ihre soziale Umwelt unterworfen ist, bzw. wie diese Beschränkung zurückwirkt auf das Selbst.

Gordon W. Allport, einer der Hauptvertreter einer humanistischen und personalistischen Persönlichkeitspsychologie, schenkt der Geschlechtsprägung der Person kaum Beachtung. In seinem großen Alterswerk »Gestalt und Wachstum in der Persönlichkeit« finden sich nur ein paar banale Absätze über Geschlechtsunterschiede.

Die Frau weise eine geringfügige, aber konstante Überlegenheit im intuitiven Denken auf. Diese Fähigkeit erklärt er »mit der besonderen Wichtigkeit persönlicher Beziehungen im Leben der Frau«.

Die Erläuterung dazu macht deutlich, daß er sehr wohl die grundsätzliche Unterlegenheit der Frau gegenüber dem Mann erkennt, denn seiner Meinung nach ist es »weise für eine Frau, die Qualitäten ihrer Bekannten zu beobachten und auf der Hut zu sein«, vor allen Dingen im Beruf.(2)

Er führt an anderer Stelle auch empirische Untersuchungsergebnisse an, die deutliche Belege für die starken Minderwertigkeitsgefühle von Frauen bieten. Studentinnen haben nicht nur häufiger Minderwertigkeitsgefühle in körperlicher (39 Prozent der Studenten gegenüber 50 Prozent der Studentinnen) und intellektueller Hinsicht (29 Prozent der Studenten gegenüber 61 Prozent der Studentinnen), sondern nannten auch häufiger mehrere Bereiche, in denen sie sich minderwertig fühlten.(3)

Aus solchen Ergebnissen folgert Allport nicht, daß das weibliche und männliche Selbst prinzipiell unterschieden sind. Aus dem Gesamtzusammenhang seiner Ausführungen könnte man seine Auffassungen eher so deuten, als ob das weibliche Selbst eine durch einige soziale Handikaps beeinträchtigte Ausgabe des männlichen sei.

Sexualität, Schwangerschaft, Geburt als Erlebnisdimension des Selbst kommen in seiner Persönlichkeitstheorie nur am Rande vor.

Bemerkenswerterweise registriert Allport in einem früheren Werk durchaus den Antifeminismus der führenden Geistesheroen des 19. Jahrhunderts. In »Die Natur des Vorurteils« sagt er dazu:

> »Interessant an diesem Antifeminismus ist die Tatsache, daß er Zufriedenheit und Sicherheit für die eigene Geschlechtszugehörigkeit mit sich bringt. Für Chesterfield und Schopenhauer war die Kluft zwischen den Geschlechtern eine Kluft zwischen anerkannter Wir-Gruppe und zurückgewiesener Fremd-Gruppe. Aber für viele Men-

schen ist dieser ›Krieg der Geschlechter‹ völlig unwirklich. Sie finden darin keinen Grund zum Vorurteil ...
Da Frauen in westlichen Ländern Rollen eingenommen haben, die früher den Männern vorbehalten waren, erscheint der Antifeminismus von Chesterfield und Schopenhauer heute wirklich altmodisch.«(4)

Der »Krieg der Geschlechter« ist also für viele Menschen »unwirklich«, und weil es mittlerweile – wieso eigentlich nur in westlichen Ländern? – einige Vorzeige- und Konzessionsfrauen gibt, ist Antifeminismus »altmodisch«. Damit hat Allport das Problem des fortwirkenden Antifeminismus verdrängt.

Die heute am meisten akzeptierte wissenschaftliche Erklärung zum Erwerb der Merkmale, die das Geschlechterverhalten kennzeichnen, liefert die Theorie des »Sozialen Lernens«. Nach dieser Theorie ist die Geschlechterrolle eine unter vielen sozialen Rollen, die der Mensch anderen Menschen gegenüber spielt. Das Lernen der Eigenschaften dieser Rolle erfolgt nach dem Muster von Belohnung, Verstärkung, Kritik, Entmutigung, Strafe. Daraus leitet der Lernende seine Verallgemeinerungen über die Richtigkeit seines eigenen Verhaltens und Wertvorstellungen über dieses Verhalten ab.
Wenn ein Junge sich »tapfer« zeigt und seine Angst verbirgt, wird er von seiner Umgebung dafür gelobt. Ein Mädchen wird für sein Äußeres und seine Liebenswürdigkeit mit Komplimenten bedacht. Die jeweils andere Verhaltensweise wird mit Kritik belegt. Durch diese Umweltreaktion formen sich die Vorstellungen von »richtigem« männlichem und »richtigem« weiblichem Verhalten.
Einer der Hauptvertreter dieser vom Behaviorismus beeinflußten Schule, Walter Mischel, beschreibt die Wirkungsweise dieser Prozesse so:

»Nach der Theorie des sozialen Lernens kann der Erwerb und die Ausübung geschlechtsgeprägter Verhaltensweisen durch dieselben Lernprinzipien beschrieben werden, die gebraucht werden, um jeden anderen Aspekt des individuellen Verhaltens zu analysieren. Zusätzlich zu Unterscheidung, Generalisierung und beobachtendem Lernen schließen diese Prinzipien das Muster von Belohnung, Nicht-

Belohnung und Bestrafung bei spezifischen Anlässen ein, und die Prinzipien des direkten und stellvertretenden Konditionierens.«(5)

Aus diesem Zitat geht hervor, daß die Theorie des sozialen Lernens nicht primär entwickelt wurde, um die Geschlechtsdifferenzen in Verhalten, Einstellungen, Motivationen etc. zu erklären, sondern daß das Geschlechtsrollentraining ein Bereich ist, auf den sie übertragen wurde. Die Theorie des sozialen Lernens hat jedoch keine eindeutige Begründung dafür, warum alle anderen sozialen Rollen durch das Geschlecht determiniert werden. Auch liefert sie keine Erklärung darüber, wie sich Geschlechtsrollenattribute verändern. Es fehlt eine Aussage darüber, wer wie und wodurch die Inhalte der sozialen Merkmale der Geschlechtsrolle bestimmt (Politik, Ökonomie, Religion etc.).

Die zweite Schwäche dieser Theorie besteht darin, daß sie das sexuelle Verhalten, sowohl hetero- wie auch homosexuelles, ebenfalls als das Ergebnis einer durch Strafe und Belohnung erlernten Übereinstimmung und Anpassung an kulturelle Rollenmuster betrachtet.

Die Theorie des sozialen Lernens bewegt sich in einer langen abendländischen Tradition. Schon der englische Philosoph Locke hatte seine Zeitgenossen im 18. Jahrhundert mit der Behauptung erregt, daß das Verhalten und Denken Ergebnisse von Assoziationen und Verknüpfungen seien, die durch die Verbindung mit Lust und Schmerz im Individuum Vorlieben und Abneigungen hervorrufen.

Der amerikanische Psychologe Skinner und der sowjetische Forscher Pawlow gingen im 20. Jahrhundert von derselben Grundvorstellung aus. Sie machten die Reaktionsmuster von Reiz und Antwort für die Entwicklung persönlicher Verhaltensweisen verantwortlich. Ein neutraler Reiz, dem ein vorher als unangenehm empfundener hinzugefügt wird, wird von diesem infiziert und bekommt ebenfalls eine unangenehme Eigenschaft.

Das Bestrafungs- und Belohnungsmuster als alleinverantwortlicher Faktor für die Konditionierung des Kindes zur Übernahme seiner Geschlechtsrolle steht jedoch in Gegensatz zu vielen empirischen Befunden.

So hat zum Beispiel der amerikanische Harvard-Professor Kohlberg(6) experimentell festgestellt, daß auch durch Belohnungen kein stärkeres maskulines oder feminines Verhalten bei Kindern zu erzielen war.
Als Reaktion darauf, daß viele psychische und soziale Phänomene mit dieser Auffassung nur unbefriedigend erklärt werden können, wandten sich Forscher wie Kohlberg einer Theorie der kognitiven Stufen zu.
Die Grundlagen dafür wurden durch die Arbeit des Schweizer Kinderforschers Jean Piaget geschaffen, der die geistige Entwicklung des Kleinkindes erforschte und darauf stieß, daß es sich dabei nicht um einen linearen Lernprozeß handelt, die Erweiterung eines seelisch-geistigen Repertoires, sondern um vom Erwachsenen fundamental unterschiedliche Denkmethoden und Ordnungsprinzipien, die das Kind entwickelt, um seine Wahrnehmungen zu einem einheitlichen Bild von sich und der Umwelt zu formen.
Piaget interessierte sich für die Entwicklung von Sprache, Logik und Verhalten und unterstellte, daß es darin keine geschlechtsspezifischen Unterschiede gäbe. Erst nahezu vierzig Jahre nach dem Beginn seiner Arbeiten gewann er mehr und mehr Anhänger für seine Theorie, vor allem in den Vereinigten Staaten.
Lawrence Kohlberg, der auch andere Aspekte der Theorie der kognitiven Stufen weiterentwickelte, benutzte deren Grundannahmen dazu, um den Erwerb der Geschlechtsidentität und der Rollen- und Wertvorstellungen zu erklären.
Unter dem Begriff Kognition werden alle die psychischen Funktionen in einem Begriff zusammengefaßt, die wir mit Fühlen, Denken, Erkennen, Urteilen, Wahrnehmen bezeichnen.
Die kognitive Theorie unterscheidet sich von der Lern-Theorie darin, daß sie weder den Intellekt, den menschlichen Organismus und die Sinnesorgane für autonom im Fühlen und Denken hält, noch meint, daß die soziale und sonstige Umwelt das Fühlen und Denken ausschließlich passiv prägt. Vielmehr ist das, was wir Verstand und Logik nennen, das Produkt einer komplizierten wechselseitigen Beeinflussung von inneren und äußeren Strukturen.
Es gibt also weder angeborene Denkstrukturen, wie einst der

Philosoph Immanuel Kant meinte, der die Kategorien von Raum und Zeit als angeborene Determinanten des Erkennens ansah, noch eine rein passive Umweltprägung durch Reize, Belohnungen oder Bestrafungen. Der Intellekt, die Art und Weise des Erkennens, die Logik sind Produkte der Auseinandersetzung von Organismus und Umwelt.

> »Die Entwicklung der kognitiven Struktur ist das Ergebnis von Interaktionsprozessen zwischen der Struktur des Organismus und der Struktur der Umwelt und nicht Folge der Reifung oder direkte Folge des Lernens ...«(7)

Die emotionale, »affektive« Entwicklung (das von Gefühlserregungen bestimmte Verhalten) und die intellektuelle Entwicklung (Denken, Urteilen, Verstehen) verlaufen im Ich nicht getrennt, sondern repräsentieren nur »verschiedene Perspektiven« dieser Struktur.

> »Unter kognitiver Struktur sind die Regeln der Verarbeitung von Informationen oder Verbindung von Erfahrungen zu verstehen. Erkennen (das sich am deutlichsten im Denken darstellt) bedeutet, Dinge verbinden oder Ereignisse in Beziehung setzen ...«(8)

Die zweite zentrale Grundannahme der kognitiven Theorie lautet, daß jeder menschliche Organismus in einer nicht umkehrbaren Reihenfolge kognitive Stufen durchläuft. Die Stufen sind keine Aneinanderreihung von Denk- und Erkenntnisformen, also ein ständig sich erweiterndes Repertoire, sondern Transformationen, jeweils völlig neue Denkformen, um Ordnung und Übersicht in den Wahrnehmungsprozeß zu bringen. Jede Stufe hat eine eigene logische Struktur, die von der vorhergehenden Stufe unterschieden ist. Dieses System der kognitiven Stufen beruht auf einer »Hierarchie der Differenzierung und Integration«. Jede höhere Stufe ist zugleich differenzierter und integrierter als die vorhergehende. Dennoch bleiben die vorhergehenden Stufen erhalten. Obwohl es nach Kohlberg eine Präferenz gibt, ein Problem auf der höchsten Stufe zu lösen, kehrt ein Kind zur nächst niedrigeren kognitiven Stufe zurück, wenn das nicht gelingt. Die anderen bleiben aber zur Verfügung und werden in einer adäquaten Situation eingesetzt.

Die Evolution der Geschlechtsidentität erfolgt zwischen dem zweiten und fünften Lebensjahr. In einer Untersuchung von Kohlberg konnten etwa zwei Drittel einer Gruppe von 60 Kindern zwischen 30 und 41 Monaten (Durchschnittsalter drei Jahre) die Fragen nach dem Geschlecht einer vorgezeigten Puppe richtig beantworten. Ähnliche Ergebnisse fanden auch andere Forscher. In einer neueren Untersuchung aus dem Jahr 1975 zeigte sich in einem Untersuchungssample, daß im Alter von zwei Jahren die Kinder die Fähigkeit hatten, die Geschlechter zu identifizieren. Die Anwendung der Geschlechtsbezeichnung auf sich selbst war jedoch den zwei Jahre alten kaum möglich. Im Alter von 30 Monaten gab es in dieser Untersuchung noch 25 Prozent falsche Selbsteinordnungen der Kinder in bezug auf ihr Geschlecht.(9)
Aber auch von den Dreijährigen konnte nur die Hälfte der Kinder Fragen beantworten, die sich auf ihre eigene zukünftige Elternschaft bezogen, nämlich ob sie später einmal Mütter oder Väter sein würden. Die hauptsächlichen Anhaltspunkte für das Kind, um das Geschlecht einer anderen Person zu identifizieren, sind offenbar die Kleidung und die Frisur.
Nach Kohlberg gibt es irgendwann in der frühen Entwicklung des Kindes eine Selbstkategorisierung als Junge oder Mädchen. Diese Selbstkategorisierung ist irreversibel. Sie bildet den Ausgangspunkt aller Wertungen, die das Kind künftig über seine Geschlechtsrolle trifft.
Kohlberg:

> »Sobald der Knabe sich stabil als männlich kategorisiert hat, wird er jene Objekte und Akte positiv bewerten, die mit seiner Geschlechtsidentität übereinstimmen.«(10)

Er unterstreicht die Abweichung seiner Auffassung von der Theorie des sozialen Lernens.

> »Der Syllogismus der Theorie des sozialen Lernens lautet: ›Ich will Belohnungen; ich werde dafür belohnt, daß ich mich wie ein Junge benehme; daher will ich ein Junge sein.‹ Die kognitive Theorie hingegen geht von folgender Sequenz aus: ›Ich bin ein Junge; daher möchte ich mich wie ein Junge benehmen; daher ist die Gelegenheit, mich wie ein Junge zu benehmen (und dafür gelobt zu werden), belohnend.‹«(11)

Die kindlichen Auffassungen von »männlich« und »weiblich« sind nach Kohlbergs Ansicht nicht das Ergebnis des direkten Lernens der Geschlechtsrollen von den Eltern und Geschwistern.
Zwischen Mittel- und Unterschicht-Kindern oder zwischen Kindern aus einer weißen und solchen aus einer matriarchalischen Neger-Subkultur gibt es nur geringe Unterschiede der Auffassungen über Geschlechtsrollen und deren Bewertung. Auch habe die Forschung gezeigt, daß diese allgemeinen, einfachen Vorstellungen sich bei den Kindern, die nur einen Elternteil oder überhaupt keine Elternvorbilder haben, genauso schnell und eindeutig entwickeln.
In allen bislang untersuchten Ländern, so meint Kohlberg, werden Männer von Kindern als aktiver, mächtiger und aggressiver als Frauen angesehen. Väter werden als »furchtloser, instrumentell kompetenter, mächtiger, strafender, aggressiver und weniger fürsorglich« beurteilt.

> »So erscheinen Macht und Prestige als ein wichtiges Attribut der kindlichen Geschlechtsrollen-Stereotype, Aggression und Gefährdung sind ein weiteres wichtiges Attribut, und ein drittes sind Fürsorge und Kinderpflege. Mit der Anerkennung der Kinderpflege als einer weiblichen Funktion geht die allgemeine Differenzierung zwischen mütterlichen, häuslichen und väterlichen, außerhäuslichen Funktionen einher.«(12)

Diese stereotypen Auffassungen von Status und Eigenschaften der Geschlechter entwickeln sich bei Kindern, indem sie Größen- und Kraftunterschiede der Geschlechter in Wertungen verwandeln.

> »Die Kinder scheinen sich mit vier bis fünf Jahren der Geschlechtsunterschiede der Erwachsenen in Größe und Körperstärke klar bewußt zu sein und messen ihnen große Bedeutung bei. Größe und Körperstärke sind aus zwei Gründen besonders bedeutsam: Erstens, weil die allgemeine Konkretheit des Denkens bei kleinen Kindern diese veranlaßt, soziale und verhaltensmäßige Attribute konkret körperlich zu definieren. Soziale Macht, so glauben sie, sei die Folge körperlicher Kraft (Stärke, Aggressivität, Fähigkeiten usw.), welche wiederum von der Körpergröße herrühre. Zweitens, die erste grundlegende soziale Unter-

scheidung, die Kinder treffen, ist die von Alter/Körpergröße (Babys, Jungen und Mädchen, Erwachsene) – eine Unterscheidung, die der zwischen Geschlechtern vorausgeht. Alterskonzepte (Zeit) sind für das Kind schwieriger als Konzepte der Größe und werden letzteren assimiliert. So wird die Größe ein fundamentaler Indikator für alle wichtigen Alters-Status-Unterschiede, z. B. Unterschiede der Stärke, des Wissens oder der Klugheit, der sozialen Macht und der Selbstkontrolle.«(13)

Kohlberg folgert aus diesen Beobachtungen:

»Es erscheint also wahrscheinlich, daß die kindlichen Stereotypen der männlichen Dominanz oder sozialen Macht sich weitgehend aus diesen Körper-Stereotypen der Größe, des Alters und der Kompetenz entwickeln. Die Kinder sind zuerst – nahezu einhellig – überzeugt, daß Väter größer und stärker sind als Mütter, sodann glauben sie, daß diese klüger sind als Mütter, und danach meinen sie, daß diese mehr soziale Macht haben und Chef der Familie sind.«(14)

Kohlberg hatte in einer früheren Arbeit nachgewiesen, daß ein entscheidender Entwicklungsschritt zwischen dem fünften und sechsten Lebensjahr stattfindet. Kinder von vier und fünf Jahren verstehen noch nicht, daß man das Geld im Austausch für Arbeit erhält. Für sie ist die Mutter der Ernährer der Familie, da sie die Lebensmittel einkauft. Diese Kinder bezeichnen daher auch seltener den Vater als den Besten in der Familie als die sechsjährigen Kinder, die mit der Begründung: »Er arbeitet und verdient das Geld« mehrheitlich dieser Auffassung sind.(15)

»Hingegen haben wir den Eindruck, daß die von Kindern zwischen fünf und acht Jahren erzielten Antworten nur durch die Tatsache erklärbar sind, daß beide Geschlechter in dieser Altersphase der männlichen Rolle einen höheren Wert oder mehr Prestige zumessen.«(16)

Während im Alter bis zu fünf Jahren sowohl Jungen als auch Mädchen jeweils ihr eigenes Geschlecht bevorzugen und höher schätzen als das andere, nimmt diese egozentrische Sicht nach diesem Alter ab. Dies trifft besonders für Mädchen zu. Kohlberg:

»Obgleich die Geschlechtsrollen-Wert-Stereotype vielleicht die geschlechtstypischen Präferenzen von Mädchen beeinflussen, veranlassen sie die Mädchen nicht, ihre Geschlechtsidentität aufzugeben.«

»Das Stereotyp der erwachsenen Weiblichkeit ist zwar dem männlichen hinsichtlich Macht und Kompetenz unterlegen, doch es ist dem eines Kindes, gleich welchen Geschlechts, gleichwohl überlegen. Die Mutter oder die Lehrerin werden sowohl als kompetenter wie als femininer in der Erscheinung, der Kleidung und dem Auftreten angesehen als das kleine Mädchen. Daher appellieren die femininen Stereotypen an den Wunsch des Mädchens nach Kompetenz und Macht.«(17)

Betrachtet man Kohlbergs kognitive Entwicklung der Geschlechtsrollen genauer, dann entpuppt sie sich in mancher Hinsicht als eine neue Version der Penisneid-Theorie Freuds. Auch er behauptet die Universalität der Geschlechtsstereotype als ein zwangsläufiges Ergebnis, das zwar nicht aus dem männlichen Stolz und dem weiblichen Neid auf das männliche Organ herrührt, aber aus anderen physischen Dimensionen, nämlich körperliche Größe und Kraft.

Kohlberg meint, daß ein großer Teil der Auffassungen des Kindes über Geschlechtsrollen sich radikal von denen der Erwachsenen unterscheidet.

»Seine physikalischen Konzepte von anatomischen Unterschieden, von Geburt, sexuellen Beziehungen usw. sind ganz unterschiedlich, wie auch seine Konzepte von den sozialen Attributen und Werten von Männern und Frauen.«(18)

Die Unterschiede in den Auffassungen von Kindern und Erwachsenen sind nicht durch Unzulänglichkeit in der kindlichen Unterweisung bedingt, sondern »durch qualitative Unterschiede zwischen der Struktur des kindlichen Denkens und der des Erwachsenen.«

Verhielte es sich mit der Bewertung der Geschlechtsrollen wirklich so, dann wäre zu erwarten, daß Erwachsene und Kinder wirklich radikal andere Auffassungen davon haben. Hier ist die schwache Stelle in Kohlbergs Theorie, denn die Meinungen von Erwachsenen und Kindern stimmen in diesem Punkt völlig überein.

Daß körperliche Größe von Kindern in das Urteil »größere Macht« verwandelt wird, mag der Fall sein. Aber daß derjenige, der das Geld bringt, mächtiger in der Familie ist, stellt ein klares Realitätsurteil des Kindes dar und unterscheidet sich durchaus nicht von der Einschätzung des Erwachsenen. Daß Männer instrumentell kompetenter und weniger fürsorglich sind, daß Mütter die Kinderpflege ausüben, sind ebenfalls keine Urteile, die sich von denjenigen des Erwachsenen unterscheiden. Wenn Kohlberg anführt,

> »Mädchen mit berufstätigen Müttern scheinen dieselbe primär häusliche Definition der feminin-mütterlichen Rolle zu haben wie Mädchen, deren Mütter nicht berufstätig sind«,(19)

dann kann auch das ein klares Realitätsurteil der Töchter sein – es sei denn, Kohlberg könnte nachweisen, daß berufstätige Mütter nicht primär für Kinderbetreuung und Haushaltspflichten zuständig sind und von den Töchtern so erlebt werden.

Wenn Männer als klüger und intelligenter von Kindern eingestuft werden, dann besteht auch hier kein Unterschied zu den Urteilen der Erwachsenen. Wenn heute Erwachsene in westlichen Gesellschaften zugestehen, daß es Ausnahmen von dieser Regel gibt, hängt dieses Zugeständnis eng mit dem Kampf um Gleichberechtigung zusammen, der in diesem Jahrhundert den Frauen mehr soziale Macht und Bildungsmöglichkeiten eingetragen hat. Im vorigen Jahrhundert waren fast alle Erwachsenen – gleich welcher kognitiven Stufe – der Meinung, daß Männer klüger und intelligenter sind als Frauen.

Daß Kinder eine unmittelbare Vorstellung von gesellschaftlichen Machtverhältnissen haben, unabhängig von der Wahrnehmung von Größe, körperlicher Kraft und aggressivem Verhalten, geht aus einer Anzahl von Befragungen schwarzer Kinder hervor, die in den USA nach dem Zweiten Weltkrieg in großem Umfang gemacht wurden. Darin sollten die Orientierungsmuster und das Selbstgefühl schwarzer Kinder erfaßt werden.

In den Untersuchungen stellte sich fast regelmäßig heraus, daß schwarze Kinder die weiße Farbe bevorzugten. Wenn man ihnen zwei Puppen zeigte, eine weiße und eine schwarze, wählte die Mehrheit der schwarzen Kinder die weiße Puppe. Wenn man sie fragte, welche Puppe nett und hübsch aussehe und welche böse und schlecht aussehe, wählten sie ebenfalls in großer Mehrheit die weiße Puppe als hübsch und nett und die schwarze als böse. Schwarze Kinder aller Altersstufen (drei bis sieben Jahre) bevorzugten weiße Puppen.

Die befragten weißen Kinder bevorzugten ebenfalls fast ausschließlich weiße Puppen. An Größe und Kraft sind schwarze Männer weißen Männern eher überlegen, an sozialer Macht jedoch nicht. Eine Transformation von Körpergröße und -kraft in Machtbewertungen im Sinne von Kohlbergs Theorie kann also wohl kaum von den getesteten Kindern vorgenommen worden sein.

Es stellte sich außerdem heraus, daß nur wenige Kinder (6 Prozent) nicht in der Lage waren, weiße und schwarze Puppen korrekt zu identifizieren.

Erst Ende der sechziger Jahre kamen Untersuchungen in einzelnen Städten zu anderen Ergebnissen. Die Mehrheit der dort befragten schwarzen Kinder entschied sich in einer Studie, die in Lincoln durchgeführt wurde, für eine schwarze Puppe.

Die Autoren Joseph Hraba und Geoffrey Grant schlossen daraus, daß die »Black is beautiful«-Bewegung den Stolz auf die eigene Hautfarbe erhöht habe, da in dieser Stadt im Zeitraum vor der Untersuchung eine schwarze Bürgerrechtskampagne stattgefunden hatte und die Anwesenheit selbstbewußter schwarzer Organisationen möglicherweise auf das Ergebnis dieser Studie durchgeschlagen habe.(20)

Diese Resultate lassen sich zumindest so interpretieren, daß die Wahl und die höhere Einschätzung der weißen Puppen durch schwarze Kinder in einem Machtzusammenhang stehen, den die Kinder genau wahrgenommen haben, und daß die Tatsache der Entwicklung einer schwarzen Gegenmacht (Black power, Black is beautiful) auch die Wertvorstellungen und Vorlieben der schwarzen Kinder beeinflußt.

Ohne das folgende Beispiel verallgemeinern zu wollen, will ich folgende Unterhaltung mit einem siebeneinhalbjährigen

Mädchen zitieren, deren Mutter alleinstehend und in einem qualifizierten Beruf tätig war. Das Mädchen hatte außerdem eine Klassenlehrerin, also zwei weibliche Vorbilder, die beide über eine überdurchschnittliche intellektuelle Ausbildung verfügten:

»Wer ist klüger in eurer Klasse, die Jungen oder die Mädchen?«

»Die Mädchen.«

»Warum?«

»Die meisten Mädchen bekommen bessere Zensuren als die Jungen. Sie passen besser auf.«

»Wie findest du dich selbst? Bist du klüger als die Jungen in der Klasse oder bist du nicht so klug?«

»Gleich. Ich bin genauso gut wie die Jungen.«

»Was meist Du, wie ist das bei den Erwachsenen? Sind Männer klüger oder Frauen?«

»Männer!»

»Warum?«

»Warum? – Darum, das ist doch klar.«

»Wieso ist das für dich klar?«

»Weiß ich nicht!«

Aus dem zitierten Gespräch geht hervor, daß das Mädchen zunächst ein Realitätsurteil über ihre Klasse traf, das zutreffend war: Mädchen hatten bessere Noten als Jungen. Die Selbsteinschätzung des Mädchens enthielt vielleicht eine Überbewertung – es hatte selbst nur befriedigende Noten. – Das Urteil über Männer und Frauen allgemein stammte offensichtlich nicht aus ihrem unmittelbaren Erfahrungsbereich – denn Mutter und Lehrerin waren beide in intellektuellen Berufen tätig. Die Einschätzung war kein Produkt eigener Überlegung, sondern übernommen aus einer Kultur, in der vom Bilderbuch bis zur Fernsehsendung Männer als geistig überlegen dargestellt werden.

Kohlbergs Untersuchungen über die kognitive Entwicklung des Kindes haben jedoch ein großes Verdienst. Sie lassen das schreckliche Ödipus-Drama, das Sigmund Freud an das Gewahrwerden genitaler Unterschiede knüpfte, in einem völlig anderen Licht erscheinen. Auch von ihren Eltern aufgeklärte Kinder verwenden genitale Unterschiede nur selten als

Hauptkriterium der Geschlechtszuordnung. Einige Jungen fragten Kohlberg zum Beispiel während der Untersuchung, ob sie immer noch Jungen wären, wenn sie keinen Penis hätten.

> »Im Verlauf dieser Studie wurden Kinder zwischen vier und acht Jahren gefragt, ob ein abgebildetes Mädchen ein Junge sein könnte, wenn sie dies wollte, wenn sie Jungenspiele spielte oder wenn sie einen Jungenhaarschnitt trüge. Die meisten Vierjährigen sagten, sie könne ein Junge sein, wenn sie dies wollte oder wenn sie einen dementsprechenden Haarschnitt und Kleider trüge. Mit sechs bis sieben Jahren waren sich die meisten Kinder ganz sicher, daß ein Mädchen ungeachtet der Veränderungen im Äußeren und im Verhalten kein Junge sein könnte.«(21)

Kohlberg zitiert als Erklärung für diese Veränderung im Wahrnehmungsvermögen der Kinder die Befunde des Begründers der kognitiven Forschung, Jean Piaget:

> »Die Entwicklung solcher begrifflicher Konstanzen wurde von Piaget als Erhaltung der Eigenschaften physischer Objekte unter scheinbaren Veränderungen abgehandelt. Piaget und seine Nachfolger haben demonstriert, daß Kinder unter sechs Jahren nicht der Meinung sind, daß physische Objekte eine invariable Masse, Zahl, Gewicht, Länge usw. behalten, wenn die perzeptive Konfiguration, in der die Objekte erscheinen, variiert.«(22)

Die Verschiebungen im Identitätskonzept eines 2½jährigen Kindes hat Piaget in einem seiner bekanntesten Beispiele belegt:

> »Als J. L. in einem neuen Badeanzug mit einer Badekappe sah, fragte sie: ›Wie heißt das Kind?‹ Ihre Mutter erklärte, daß es ein Badekostüm sei, aber J. zeigte auf L. selbst und sagte: ›Aber wie heißt sie denn?‹ (Indem sie auf L.'s Gesicht zeigte) und wiederholte die Frage mehrere Male. Sobald jedoch L. ihr Kleid wieder anhatte, rief J. ganz ernsthaft aus: ›Es ist wieder Lucienne‹, als ob ihre Schwester ihre Identität dadurch geändert hätte daß sie ihre Kleidung wechselte.«

Bei Kohlberg meinte eine Mehrheit vierjähriger Kinder in einer Untersuchung, daß eine abgebildete Katze auch ein Hund sein könne, wenn sie dies wollte, oder wenn ihr

Schnurrbart abgeschnitten würde. Erst im Alter von sechs bis sieben Jahren behaupteten die meisten Kinder eindeutig, daß eine Katze trotz scheinbarer perzeptiver Veränderungen ihre Identität nicht verändern würde. Ähnliche Ergebnisse fand ein anderer von Kohlberg zitierter Forscher, der eine lebendige Katze verwendete, die vor den Augen der Kinder mit einer Hundemaske verkleidet wurde.

Kinder, die von ihren Eltern früh über anatomische Geschlechtsunterschiede aufgeklärt worden waren, zeigten sich bezüglich der Geschlechtsrollenkonstanz nicht weiter fortgeschritten als Kinder, denen keine solche Aufklärung zuteil geworden war.

Auch sie glaubten, trotz Kenntnis von Penis und Vagina, daß ein Junge auch ein Mädchen werden könne und umgekehrt, wenn sie es wirklich wollten. Kohlberg:

> »Unglücklicherweise neigte die Psychoanalyse dazu, die konnotativen und symbolischen Bedeutungen der Geschlechtsunterschiede als etwas Einzigartiges zu behandeln. Das Vorhandensein gemeinsamer symbolischer Bedeutungen von Objekten beruht daher nicht auf den einzigartigen Merkmalen der Sexualtriebe und ihrer Unterdrükkung, auch nicht auf angeborenen Archetypen; gemeinsame symbolische Bedeutungen existieren wegen der allgemeinen Disposition des Menschen zu konkretem symbolischen Denken.«(23)

Die kognitive Theorie kann einige unverständliche Phänomene, die von der Psychoanalyse als Kastrationsangst und Penisneid behauptet werden, widerspruchsfreier erklären.

Wenn einige Mädchen im frühen kindlichen Alter der Ansicht sind, es könne ihnen möglicherweise auch ein Penis nachwachsen, kann das damit zusammenhängen, daß sie eben noch nicht von der physischen Konstanz und Unveränderbarkeit des Körpers überzeugt sind wie auf späteren kognitiven Entwicklungsstufen. Erinnern wir uns, daß in dem australischen Mythos, der die Begründung für die Beschneidung der Klitoris liefern sollte, sogar von drei männlichen Organen die Rede ist, die die Frauen früher besessen haben, oder daß sich Ableger bilden könnten.

Eine Menge von Mythen primitiver Völker zeigt eine ähnliche Ignoranz gegenüber der realen Konstanz von Körper und Objekten. In all diesen Mythen kann sich alles jederzeit in etwas anderes verwandeln, nur auf eigenen oder fremden Wunsch hin. In Afrika gibt es nach Hermann Baumann eine Anzahl von Mythen, in denen erzählt wird, daß früher die Genitalien an anderen Stellen saßen. Unter anderem wird in einem Mythos berichtet, daß die Frauen früher ihre Geschlechtsteile abnehmen und umbinden konnten wie einen Schurz. Einer Königsfrau soll es beim Baden einmal geschehen sein, daß ein Affe ihren abgelegten Geschlechtsteil beschlief.(24)

Aber auch Beobachtungen an Kindern unserer eigenen Gesellschaft zeigen, wie schwierig es ist, ein Konzept von körperlichen Vorgängen zu vermitteln, die über das Vorstellungsvermögen einer bestimmten Altersstufe hinausgehen. Es kommt zum Beispiel häufig vor, daß ein bereits mehrfach über den Geburtsvorgang aufgeklärtes Kind nach einiger Zeit wieder behauptet, bei der Geburt würde der Bauch aufgeschnitten. Der Mangel an räumlicher Vorstellungskraft, die dazu gehört, zu realisieren, auf welche Weise ein Kind durch die Erweiterung des Geburtskanals zwischen den Beinen auf die Welt kommt, findet sich ebenso in afrikanischen Mythen wieder. So wurde den Nuba zum Beispiel die richtige Entbindung erst durch die Belehrung eines Geistes bekannt. Früher schnitt man die Schwangeren einfach auf.(25)

Ebenso häufig sind die Vorstellungen in den Mythen, die von einer Geburt aus den Achselhöhlen oder einer Begattung in den Achselhöhlen berichten.

Die aufsehenerregendsten Fälle über die Erziehungsabhängigkeit von Geschlechtsrolle und Geschlechtsidentität hat der amerikanische Sexualforscher John Money(26) berichtet.

Am Johns Hopkins Hospital in Baltimore wurden seit 1950 Eltern beraten, deren Kinder mit uneindeutigen, hermaphroditischen Geschlechtsorganen geboren wurden. Die Ursachen lagen zum großen Teil in Chromosomenanomalien oder hormonalen Einflüssen. Die Beratung fand bei eindeutigen Fällen bereits kurz nach der Geburt statt. Anderen Kindern, die schon eine Zeitlang als Junge oder Mädchen erzogen worden waren, wurde ein neues Geschlecht zugewiesen, das dem körperlichen Befund mehr entsprach. Dabei stellte sich heraus, daß solche Neuzuweisungen bis zum Alter von 18 Monaten problemlos waren.

Daß es eine biologische Grundlage für geschlechtsspezifisches Verhalten gibt, wurde in diesen Fällen ebenso überzeugend belegt wie in den Untersuchungen, die Maccoby und Jacklin analysierten. Ein Junge, der mit normalen Genitalien geboren wurde, aber im Alter von sieben Monaten einer Penisamputation unterzogen werden mußte, wurde danach von seinen Eltern auf Beratung der Sexualwissenschaftler als Mädchen erzogen. Als Mädchen zeigte er in seinem ganzen Verhalten als »weiblich« definierte Interessen, wünschte sich eine Puppenstube im Gegensatz zu seinem Bruder etc. Nur im Spiel mit anderen Kindern zeigte er als Mädchen aggressivere und wildere Züge als der Durchschnitt der Spielkameradinnen. Money erklärt das Zustandekommen der Geschlechtsrollenidentität so:

> »Die Entwicklung der Geschlechtsidentität kann durch das Beispiel eines zweisprachig aufwachsenden Kindes näher erläutert werden. Eine zweisprachige Umgebung verwirrt ein Kind, wenn alle Bezugspersonen beide Sprachen sprechen. Bei einem solchen Kind ist die Sprachentwicklung meistens langsamer als bei Kindern, die einsprachig aufwachsen. Ein Kind wächst dagegen ohne Verwirrung in einer zweisprachigen Umgebung auf, wenn jede Person dieser Umgebung immer nur eine Sprache spricht. So kann ein Kind Chinesisch als die Sprache seiner engeren Familienangehörigen und Englisch als die Sprache der Personen in Nachbarschaft und Schule lernen. Die Trennung der Sprachumwelten erlaubt dem Kind, klare Demarkationslinien zu ziehen und einem chaotischen Durcheinander von Tonwellen zu entgehen. Die Trennung der Sprachträger definiert die Trennung der Sprache.
>
> Das gleiche Prinzip gilt für die Träger der beiden Geschlechtsrollen. Es ist vorteilhaft, wenn die elementaren Aspekte der männlichen Geschlechtsrolle nur von Männern und die elementaren Aspekte der weiblichen Rolle von den Frauen in der Umgebung des Kindes gezeigt werden.«(27)

Entsprechend kodiert der normale Junge im Verlaufe seiner

Entwicklung alles negativ und als nicht akzeptabel, was mit der weiblichen Geschlechtsrolle zu tun hat. Das kleine Mädchen macht dies mit der männlichen Geschlechtsrolle ebenso. Das negative Kodesystem ist bei beiden sozusagen eine Matrize, auf der eingetragen ist, was man selbst nicht machen darf, was man vom anderen Geschlecht erwarten kann und was zum anderen Geschlecht komplementär ist.

> »Die positiv kodierten Verhaltensweisen wird ein Kind in den dafür angemessenen Situationen praktizieren. Die negativ kodierten Verhaltensweisen kommen dagegen meistens nicht zum Vorschein. Manchmal jedoch werden diese Verhaltensweisen manifest, zum Beispiel wenn im Zustand der Senilität Hemmungen reduziert werden. Dann zeigt ein alter Mann oder eine alte Frau plötzlich Verhaltensweisen des anderen Geschlechts – auch erotische Vorlieben –, die in früheren Jahren für ihn bzw. für sie völlig undenkbar gewesen wären. Die Hemmungen können auch durch eine Gehirnschädigung aufgehoben werden, zum Beispiel in den seltenen Fällen von Temporallappen-Epilepsie, bei der zwanghaft transvestitische Verhaltensweisen vorkommen. Anfälle und Transvestismus verschwinden häufig, wenn die Epilepsie erfolgreich behandelt wird.«(28)

Die Forderungen, die Money aufgrund dieser Theorie einer zweisprachigen Geschlechtsrolle erhebt, wovon eine Sprache negativ kodiert ist und nicht verwirklicht wird, sind die nach klarer Unterscheidbarkeit der Geschlechter.

> »Dabei spielt es keine Rolle, wie ausgeprägt die kulturell vorgeschriebenen geschlechtsspezifischen Unterschiede in Verhalten oder Erscheinung sind und wie weit Überschneidungen kulturell erlaubt werden.«

Auch macht er ein Zugeständnis an die Emanzipation. Denn:

> »Solange ein Kind die Geschlechtsunterschiede kennt, die die Fortpflanzungsfunktion der Geschlechtsorgane betreffen, solange es stolz ist auf seine eigenen Geschlechtsorgane und deren Funktionen, verunsichern Überschneidungen der häuslichen Erziehungs- und Berufsrollen von Vater und Mutter die Differenzierung seiner Geschlechtsidentität nicht. Es ist dann bedeutungslos, ob die Mutter Bus-

fahrer ist und der Vater zu Hause kocht oder ob es umgekehrt ist.«(29)

Auf den ersten Blick scheint Money das Rollenproblem in den Griff bekommen zu haben. Bei einer genaueren Betrachtung und Analyse verliert sich des Rätsels Lösung allerdings wieder im Nebel allzu vager Feststellungen.
Denn welches sind die »elementaren Aspekte« der weiblichen und männlichen Geschlechtsrolle außerhalb des unmittelbaren sexuellen Verhaltens, das zum Koitus führt und das Kindern normalerweise nicht vorgeführt wird?
Das Problem, daß die Mutter Busfahrer ist und der Vater zu Hause kocht, ist ja nicht die eigentliche Frage, die die Frauenbewegung zur Forderung nach Gleichheit der geschlechtlichen Erziehung veranlaßt.
In vielen Gesellschaften überschneiden sich männliche und weibliche Rollen, so daß es einige Tätigkeiten gibt, die beide ausüben. Was jedoch geschieht, wenn beide Elternteile sich gleich viel um die Betreuung und Erziehung der Kinder kümmern, wenn beide einen gleich qualifizierten Beruf ausüben, wenn beide gleiche Interessen zeigen – würde in diesem Fall, der ja nur hypothetisch ist, die Geschlechtsidentität des Kindes sich nicht herstellen können?
Money kümmert sich überhaupt nicht um die bestehende Machtdifferenz der Geschlechter – sie ist kein Thema für ihn. Das wird erschreckend deutlich in der Schilderung der Beratung und Entwicklung des kleinen Jungen, dessen Penis wegen einer Verletzung bei der Beschneidung amputiert werden mußte. Er wurde operiert, eine künstliche Scheide wurde angelegt, und er wurde unter Beratung des Hospitals als Mädchen erzogen im Gegensatz zu seinem Zwillingsbruder. Jede Einzelheit, an denen die weibliche Geschlechtsidentität des als Jungen geborenen Kindes sich manifestiert, ist ein Bilderbuchbeispiel für die Elemente der weiblichen Rolle, die die Frauenbewegung angreift.
Die Mutter kleidete das »Mädchen« zu Anfang in rosa Hosen und Spitzenblüschen, danach immer nur in Kleider. Mit ungefähr zwei Jahren mochte sie Kleider eindeutig lieber als lange Hosen. Money:

»Wer Wert darauf legt, hübsch angezogen zu sein, muß auch Wert auf Ordentlichkeit legen. Als die Patientin viereinhalb Jahre alt war, berichtete die Mutter, die Tochter sei viel ordentlicher als der Sohn und wolle sich, im Gegensatz zu diesem, nicht schmutzig machen ...«

Die Mutter der Patientin bekannte gleichzeitig:

»Was mich wirklich erstaunt, ist, daß sie so weiblich ist. Ich habe noch nie ein kleines Mädchen gesehen, das so ordentlich und sauber ist ... Sie läßt sich furchtbar gern kämmen ...«

Money:

»Selbstverständlich werden Mädchen und Jungen nicht nur auf ihre unterschiedlichen Aufgaben im Hinblick auf die Fortpflanzung vorbereitet, sondern auch auf die anderen Rollen, die *die Gesellschaft für sie vorsieht:* Ehefrau bzw. Ehemann, Ernährer der Familie bzw. Hausfrau und Mutter usw.

Die Mutter berichtete sehr anschaulich, wie ihre Kinder bestimmte Züge der Ehemann-Ehefrau-Rolle kopierten ...«

Da der Vater der Initiator von Zärtlichkeiten gegenüber seiner Frau war, ahmte der Sohn bei seiner Schwester dieses nach. Die Mutter berichtete:

»Und wenn er (mein Mann) mir einen Klaps auf den Hintern gab, ging er zu seiner Schwester und tat dasselbe.«

Die Tochter ahmte die Mutter bei der Hausarbeit nach.

»Sie machte sauber und half in der Küche, während sich der Sohn nicht im geringsten darum kümmerte. Die Mutter versäumte nicht, ihre Tochter für die Hilfe im Haushalt ausdrücklich zu loben.«

Die Mutter formulierte schon, als die Zwillinge ein Jahr und zehn Monate alt waren, genaue Ausbildungs- und Zukunftsvorstellungen für beide. Sie sollten aufs College gehen, aber für das Mädchen sei dies weniger wichtig.

»Als die Zwillinge fünf Jahre und neun Monate alt waren, hatten sie eindeutig unterschiedliche Zukunftsziele. Die Mutter berichtete: »Mein Sohn wählte immer sehr männliche Sachen, wie Feuerwehrmann, Polizist oder so ... Sie will keine dieser Sachen, sie möchte Ärztin oder Lehrerin werden ... Aber sie wollte nie so was werden wie Feuerwehrmann oder Polizist, solche Sachen waren nie interessant für sie.«

Bekümmert zeigte sich die Mutter darüber, daß sie es noch nicht geschafft hatte, »daß sie sich ruhiger und damenhafter benimmt«.(30)

Was ist bei diesen erworbenen weiblichen bzw. männlichen Eigenschaften nun in irgendeiner Weise »elementar« zu nennen? In diesem Fall war sogar die Aufklärung über die zukünftige Mutterrolle eine Lüge, denn dieser zum Mädchen verwandelte Junge kann natürlich nicht Mutter werden.

32. Kapitel

Das stimmlose Ich – Allmacht und Ohnmacht des Selbst

»Wie mir, so muß einem Stummen sein, der im höchsten Affect sprechen will, sprechen, und er kann nicht, kann nicht.« *Aus: Hedwig Dohm: Werde, die Du bist*

So gehört die Stimmlosigkeit zur Charakteristik der niedern Tierformen und ist ein unverkennbares Zeichen von einem innerlich gehemmten und beschränkten, engbeklommenen, niedergedrückten, dumpfen, gefühllosen, mehr noch pflanzlichen als tierischen Leben ... *Ludwig Feuerbach*

Männer und Frauen sind zwei Nationen auf einem Boden – diese Bemerkung eines berühmten Rabbi trifft den Kern der Geschlechterbeziehungen: Fremdheit und Macht. Frauenrollen und Männerrollen sind dialektisch geformte Produkte unseres Bewußtseins – Projektionen und Ausdifferenzierungen von psychischen und sozialen Unterschieden –, Vorstellungen, in denen wir uns unser biologisches Sein als Geschlechtswesen vermitteln.

Über »Weibliches« und »Männliches« an sich läßt sich nichts Absolutes feststellen. Auch die »objektiven« psychologischen Differenzen sind nur statistische, die zwar zum Bewußtseinsinhalt werden können, aber kaum unmittelbare Selbsterfahrung sind. Die Wesensattribute der Geschlechter bleiben grundsätzlich unerkennbar. Es ist eine Grundschwierigkeit der Erkenntnis, die der Philosoph Max Scheler in seiner Betrachtung über die Frauenbewegung gleichzeitig sah und ignorierte, nämlich

> »daß alle unsere intellektuellen Bilder von Mann und Weib selbst wieder durch männliche oder weibliche Geistesfunktionen aufgebaut sind – nicht aber durch solche, die unabhängig und über dem Geschlechtsgegensatz Bestand und Recht hätten ...«(1)

Männliche und weibliche Temperamente als kollektive

Kreationen, Entwürfe unserer Phantasie, Einbildungskraft und Angst sind willkürliche Schöpfungen, aber sie kommen nicht in Freiheit zustande, sondern werden innerhalb einer Machtauseinandersetzung entwickelt. Das aber wird von den heutigen psychologischen Theorien über die Bildung der Geschlechtsidentität überwiegend geleugnet oder ignoriert.

Daß Geschlechterrollen gelernt werden, besagt nichts über das Zustandekommen ihrer Inhalte und über die Variabilität des Maskulinen und Femininen innerhalb menschlicher Gesellschaften.

Durch das Erlernen von Symbolen in einer bestimmten Kultur und die Identifizierung dieser Symbole als männlich und weiblich (sprachliche Symbole, Gestik, Haartracht, Kleidung, Schmuck, Bemalung, Blicke, Stimme, Tonfall) wird vermittelt: ich bin weiblich, ich bin männlich.

Es gibt keine menschliche Kultur, die die Festlegung dessen, was männlich oder weiblich ist, auf die biologisch erkennbaren sexuellen Funktionen beschränkt hätte. Das ist schon deswegen unmöglich, weil Männlichkeit und Weiblichkeit aneinander definiert werden und so das Urmodell dialektischer Rollenentwicklungen darstellen. Die Psychologen suchen auch nicht die Verbindungen einzubeziehen, die zwischen Geschlechtsrolle und Wirtschaftsformen, zwischen Geschlecht und Religion oder Weltanschauung bestehen. Deswegen gelingt es ihnen auch kaum, etwas über die Dynamik dieser Rollen auszusagen. Die Theorie des sozialen Lernens der Geschlechterrollen kann ebensowenig wie die empirische Beobachtung der Sexualforscher, daß Geschlechtsidentität für das Individuum notwendig ist, Veränderungen dieses Rollenverständnisses prognostizieren und so etwa die Entstehung einer Frauenbewegung erklären. Das liegt daran, daß sie keine Bewertung der Inhalte dieser Geschlechtsrolle vornimmt. In dem Begriff Geschlechtsidentität ist jedoch als zentrales Thema die Frage enthalten: wer darf ich nach den Normen einer Gesellschaft sein, und wer nicht?

Eine Theorie des Ichs ist identisch mit einer Theorie der Macht. Sie muß die Frage beantworten: was nehme ich von dieser Welt für mich in Anspruch, was ordne ich meinem Ich zu? Wo sind meine Grenzen, und wer diktiert sie mir?

Wie es zur Selbstfeststellung des Ichs kommt, hat Jean Paul einmal so beschrieben:

> »An einem Vormittag stand ich als ein sehr junges Kind unter der Haustüre und sah links nach der Holzlege, als auf einmal das innere Gesicht, ich bin ein Ich, wie ein Blitzstrahl vom Himmel vor mich fuhr und seitdem leuchtend stehenblieb: Da hatte mein Ich zum ersten Male sich selber gesehen und auf ewig.«(2)

Schon an der Beschreibung erkennen wir, daß eine reine Introspektion nicht möglich ist. Jean Paul redet vom »inneren Gesicht«, aber gleichzeitig schaut er nach der Holzlege hin. Das visuelle Bild, das er von seinem Ich empfängt (ein Blitzstrahl vom Himmel, der leuchtend stehenblieb) zeigt, daß dieses Ich an sich nicht ist, sondern sich nur durch die sinnliche Erfahrung, durch das Erlebnis der Außenwelt feststellen kann.
Die »Selbstkategorisierung« (Kohlberg) als Mädchen oder Junge gibt dem Ich Auskunft darüber, wer es ist und wer es immer sein wird, bei allem Wandel des Organismus und der Umwelt. Von allen sozialen Merkmalen und in allen Lebensaltern ist diese Identifizierung des Ichs als männlich oder weiblich deswegen grundlegend, weil es sich selbst inmitten all seiner vergänglichen Zustände an dieser Tatsache immer wieder neu als kontinuierlich existierend erfahren kann. Kein anderes soziales Merkmal, zum Beispiel die Klassenzugehörigkeit, kommt deshalb an die Wichtigkeit des Geschlechtsmerkmals heran. Die Zugehörigkeit zu einer sozialen Klasse ist zu transzendieren. Sie ist zumindest in der Vorstellung und für einzelne Individuen überwindbar. Das Geschlecht ist ein- für allemal festgelegt: Das Ich hat in den körperlichen Geschlechtsunterschieden einen lebenslänglichen Anhaltspunkt für seine Dauerhaftigkeit. Die Sicherheit, ich war weiblich, ich bin weiblich, ich bleibe weiblich garantiert die Kontinuität der Person.
Diese Geschlechtsidentität ist ein struktureller Rahmen, der mit den verschiedensten Inhalten in Verbindung gebracht und ausgefüllt werden kann. Genau um diese Selbstzuordnungen geht der kollektive Machtkampf der Geschlechter.

Der Identitätserwerb wird durch selektive Identifizierungen bei Männern und Frauen in einer bestimmten Kultur gegeneinandergesteuert. Identitätsgewinn und Dialektik (Selbstunterscheidung) sind dabei nur zwei Seiten desselben Prozesses. Die Konstituierung des Ichs ist ein Vorgang, bei dem sich das Ich ununterbrochen in Beziehung setzt zu der Gesamtheit aller natürlichen und gesellschaftlichen Erscheinungen, zur unmittelbaren Umwelt, Wohnung, Heimat, Sprache, Gruppe, Nation, Betrieb, Arbeit etc.

Hegel schrieb:

> »Ich ist diese untrennbare Verknüpfung des Einzelnen und Allgemeinen und der Einzelheit als allgemeiner aller Natur und des Allgemeinen, aller Wesenheit, alles Denkens.«(3)

Trifft diese Definition des Ich auch für Frauen zu, oder gehören sie zu denjenigen, von denen er sagt:

> »Der Sklave weiß nicht sein Wesen, seine Unendlichkeit, die Freiheit, er weiß sich nicht als Wesen ...«(4)

Das Verhältnis von Ich und Umwelt charakterisiert er wie folgt:

> »Wenn ich Ich sage, so lasse ich darin jede Besonderheit fallen, den Charakter, das Naturell, die Kenntnisse, das Alter. Ich ist ganz leer, punktuell, einfach, aber tätig in dieser Einfachheit. Das bunte Gemälde der Welt ist vor mir: Ich stehe ihm gegenüber und hebe bei diesem Verhalten den Gegensatz auf, mache diesen Inhalt zu dem meinigen.«(5)

Die Einverleibung und Aneignung der Außenwelt ist die Tätigkeit des Ichs.

> »Da ich die Möglichkeit habe, mich hier oder dort zu bestimmen, das heißt, da ich wählen kann, so besitze ich Willkür, was man gewöhnlich Freiheit nennt. Die Wahl, die ich habe, liegt in der Allgemeinheit des Willens, daß ich Dieses oder Jenes zu dem Meinigen machen kann.«(6)

Die Freiheit besteht also darin, daß sich das Ich seine Inhalte aussucht, sie aber nicht bestimmen kann.

> »Die Wahl liegt daher in der Unbestimmtheit des Ich und in der Bestimmtheit eines Inhalts.«(7)

Mit der Willkür der Wahl begibt sich das Ich in eine dialektische Abhängigkeit vom gewählten Inhalt:

»Ich bin also ebenso abhängig von diesem Inhalt, und dies ist der Widerspruch, der in der Willkür liegt.«(8)

An einer anderen Stelle spricht Hegel von der »unendlichen Habsucht der Subjektivität, alles in dieser einfachen Quelle des reinen Ich zusammenzufassen und zu verzehren«. Ich und Freiheit sind unmittelbar identisch.

Da das Ich sich aber nur in der Außenwelt feststellen kann, beschlagnahmt es Teile der Natur und der Sachenwelt als zu ihm gehörig. Für Hegel, als »Mystiker des Privateigentums« (Marx), erweist sich das Ich dadurch seine Freiheit. Das Privateigentum ist die symbolische Ausdehnung des Ichs und die Aneignung der Welt innerhalb bestimmter Spielregeln. Damit fallen Eigentum und Freiheit des Ichs zusammen.

»Daß Ich etwas in meiner selbst äußeren Gewalt habe, macht den Besitz aus sowie die besondere Seite, daß Ich etwas aus natürlichem Bedürfnisse, Triebe, und der Willkür zu dem Meinigen mache, das besondere Interesse des Besitzes ist.«(9)

Das Ich als freier Wille macht sich im Besitze gegenständlich.

Zwar schließt er die Frau vom Eigentum oder Erbe nicht aus, aber das Familieneigentum wird vom Ehemann und Vater verwaltet. Bei der Gleichsetzung von Ich und Eigentum, die für Hegel wichtig war, heißt das unausgesprochen: der Ehemann ist Verwalter ihres Ichs.

Die Ich-Definition ist nicht nur bei Hegel durch Macht, Kontrolle und Kompetenz bestimmt. Zwischen rein symbolischen Zuordnungen und Identifizierungen (Nation, Sprache etc.) und einem Besitzverhältnis (z. B. an Grund und Boden) wird in diesem Ich-Begriff kein Unterschied gemacht.

Ein Beispiel dafür, wie sich das Ich eines einzelnen Mannes in expansionistischem Größenwahn in Verbindung zur gesamten Gesellschaft bringt und durch diese Beziehung seine ganze Macht ausdrückt, ist der berühmte Ausspruch Ludwig XIV: »L'état c'est moi!« – »Der Staat bin Ich.« Fast identisch mit diesem absolutistischen Hochmut ist Adolf Hitlers: »Ich bin Deutschland und Deutschland ist Ich.«

Wer sich die Herrschaft über die Sachen sichern will, braucht die Herrschaft über die Definitionen. Herrschaftsbeziehungen zur Umwelt werden durch Zeichen ausgedrückt. So schreibt Hegel:

> »Die Besitznahme durch die Bezeichnung ist die vollkommenste von allen, denn auch die übrigen Arten haben mehr oder minder die Wirkung des Zeichens an sich. Wenn ich eine Sache ergreife oder formiere, so ist die letzte Bedeutung ebenfalls ein Zeichen, und zwar für andere, um diese auszuschließen und um zu zeigen, daß ich meinen Willen in die Sache gelegt habe. Der Begriff des Zeichens ist nämlich, daß die Sache nicht gilt als das, was sie ist, sondern als das, was sie bedeuten soll.«(10)

Die Gründe für die Unterlegenheit der Frau, für das, was Kate Millett mit einer »äußerst klugen Art innerer Kolonisierung« bezeichnet hat, liegen nicht im biologischen Bereich – dazu verhält sich der Mensch viel zu unbiologisch –, sondern hängen mit unseren Denkmöglichkeiten und Kommunikationsstrukturen zusammen. Die sexuellen und ökonomischen Kämpfe zwischen den Geschlechtern ähneln Propagandakriegen – es geht um Begriffe und Symbole. Die Herrschaft besitzt derjenige, der die Spielregeln der Kommunikation bestimmt und sie anderen aufzwingen kann.

Nach Ernst Cassirer lebt der Mensch

> »in einem symbolischen Universum ... Er steht der Wirklichkeit nicht unmittelbar gegenüber; er kann sie nicht sehen, wie sie ist, von Angesicht und Angesicht ... Anstatt sich mit den Dingen selbst zu befassen, spricht der Mensch in gewissem Sinn ständig mit sich selbst. Er hat sich derart in linguistische Formen verwickelt, daß er jenseits der Vermittlung durch dieses künstliche Medium nichts sehen oder wissen kann.«(11)

Die vielseitigsten Zeichen und Symbole sind die Wörter. In der Sprache steht uns eine unendliche Zahl an Symbolen zur Verfügung, Begriffe und Definitionen, mit denen wir über Vergangenheit, Gegenwart und Zukunft kommunizieren können.

Die Unterschiede zwischen Kulturen, aber auch zwischen den Individuen innerhalb einer Kultur liegen darin, wie weit sie die zur Verfügung stehenden Symbole und damit alle Bereiche der Wahrnehmung, der Natur und Gesellschaft in diese Dialektik der sexuellen Rollen mit hineinziehen. Theoretisch ist es möglich, jedes Phänomen als männlich oder weiblich zu klassifizieren. Alles ist zu dualisieren, und in jedes Ding, in jede Handlung, in jede Differenz können wir weibliche oder männliche Qualitäten hineinlegen. In vielen formalistischen Gesellschaften ist alles dualisiert, von der Arbeitsteilung bis hin zum Universum und jeder Naturerscheinung.

Alle latenten Möglichkeiten der Dualisierung in männlich und weiblich werden in unserer Wirtschaftsform unerbittlich von Werbung und Produktion ausgenutzt. Als männlich und weiblich geltende Qualitäten werden mit Produkten verbunden, die dadurch eine geschlechtsspezifische Aura bekommen. Die herrschenden Geschlechterstereotype können praktisch unbegrenzt auf die Konsumgüter übertragen werden. Die wichtigste Strategie, um Herrschaft zu errichten, ist die Kontrolle des Informations- und Kommunikationsprozesses (weswegen die Besetzung der Telefonzentralen und des Rundfunksenders schon geradezu ritueller Bestandteil eines lateinamerikanischen Pronunciamiento ist). Die Beherrschten sollen nicht erkennen können, wer sie sind oder sein könnten. Es ist bezeichnend, daß der deutsche Autor der Aufklärung, Hippel, in seinen Schriften zur bürgerlichen Gleichstellung der Frauen als erstes die Frage aufwarf: »Warum sollen die Weiber nicht ›Ich‹ sagen dürfen?« Bei einigen kaukasischen Stämmen durften Frauen niemals von selbst das Wort an ihren Ehemann richten, und wenn er sie etwas fragte, die Antwort nur wispern. Normales Sprechen war nicht erlaubt.

Über die Bescheidenheitsgebote für Frauen im Mittleren Osten machte ein amerikanischer Anthropologe folgende Beobachtung: Der Informant aus dem Dorf, in dem er seine Untersuchung vornahm, ein junger Mann, sah ein Mädchen die Straße hinunterrennen und verfluchte ihren Vater. Frauen sollten niemals aus dem Haus gehen, und wenn sie es tun, sollten sie huschen, niemals laufen und immer sich so bewegen, daß ihre Stimmen nicht gehört werden können. Als zwei ältere Frauen sich über die Straße hinweg etwas zuriefen, meinte derselbe junge Mann: »Ich würde meiner Frau nicht erlauben, so etwas zu tun. Ich würde sie einschließen und ihr mit einem Stein den Mund verschließen.«(12)

Nichts über sich selbst zu wissen, abgeschnitten zu sein von jeder Möglichkeit, die eigenen geringen Erfahrungen in einen größeren Zusammenhang zu bringen, das ist die Lage der Unterworfenen.
Wie die Inhalte von männlichen und weiblichen Fähigkeiten und Kompetenzen dann wechseln, wenn sich herausstellt, daß an eine weiblich zugeordnete Fähigkeit Machtausübung oder ein Selbstfindungsprozeß geknüpft sein kann, läßt sich historisch an der Einstellung zu weiblicher Bildung nachweisen.
Claude Lévi-Strauss zieht die Linie zwischen kalten und heißen Gesellschaften, wie er es nennt, zwischen primitiven und zivilisierten, mit der Entwicklung der Schrift. Lesen und Schreiben waren die wichtigsten Vorbedingungen, um Wissen zu konservieren, um Gesellschaft und Eigentum zu administrieren. Die Erfindung der Schrift bedeutete in der Entwicklung des Patriarchats eine neue Machtquelle, die es den Männern gestattete, Frauen von dem akkumulierten Wissen auszuschließen. Lesen und Schreiben wurde die wichtigste Voraussetzung für Staatsämter und Handel. Im Laufe der Christianisierung der germanischen Völker waren Frauen neben den Priestern die ersten, die sich bemühten, Lesen und Schreiben zu lernen. Die Vorteile und Möglichkeiten, die in der Schreibkunst lagen, wurden zu diesem Zeitpunkt von den Männern nicht erkannt. Es galt ihnen als unmännlich, sich mit Wissenschaften abzugeben. Ein Knabe, der Lesen und Schreiben lernte, war höchstenfalls tauglich für den Klosterberuf. In einer Schrift dieser Zeit erbost sich ein Ritter, daß seine Frau das Söhnchen in den Anfangsgründen des Lebens und Schreibens unterweist. Sollte er doch Ritter und Erbe und nicht Pfaffe werden.

> »Frauenbildung jedoch sah man gern. War doch die des Lesens und Schreibens kundige Frau die unentbehrliche Mitarbeiterin des Gatten, selbst des Sohnes. Kaiserin Adelheid las ihrem Sohne Otto II. lateinische Briefe vor; denn lesen können war gleichbedeutend mit dem Lateinisch verstehen, das Schriftsprache war. Lateinisch waren alle die heiligen Bücher abgefaßt, deren Lektüre den Frommen für unerläßlich galt.«(13)

Gewandtheit im Lesen wurde von den Frauen der Oberschichten allgemein erwartet. Das spätere männliche Privileg, lesen und schreiben zu können, wurde also zunächst von den Adelsfrauen in Mode gebracht. Sie waren für die Priester und die Kirche die Vermittlerinnen und Garanten dafür, daß Adel und Ritterschaft mit christlichen Ideen besser vertraut wurden. Die städtischen Bürger und die Bauern legten weniger Wert auf weibliche Erziehung. Immerhin gab es von den Städten unterhaltene öffentliche Mädchenschulen. An manchen Orten – Emmerich und Siegen – wurden auch die großen Schulen, die Lateinschulen, von Mädchen besucht. Mit der zunehmenden Notwendigkeit von Bildung und Wissen für die Übernahme von erfolgversprechenden Stellungen wandelte sich auch die Einstellung gegenüber dem Unterricht der Mädchen.

Lesen und Schreiben wurden zu unweiblichen Fertigkeiten. Friedrich Nietzsche spottet über die Frau, die auf das Buch herabgekommen sei. Und als endlich der Zugang der Mädchen zur höheren Schule in Deutschland erkämpft ist, gibt es erbitterte Auseinandersetzungen darüber, ob Mädchen Latein lernen dürfen. Die Amerikanerin Katherine Anthony belustigt sich 1915 in einem Buch über den Feminismus in Deutschland und Skandinavien über die Haltung der deutschen Gymnasiallehrer, die gegen die Idee, daß ein Mädchen ein lateinisches Nomen deklinieren könnte, so allergisch sind, als ob Latein ein sekundäres männliches Geschlechtsmerkmal sei. Im zehnten und elften Jahrhundert hatten die Männer des deutschen Adels nichts gegen Lateinkenntnisse ihrer Frauen gehabt.

Andere Beispiele dafür, wie sich als männlich eingestuftes Verhalten und damit das Männliche selbst in seinen Ausdrucksweisen verändern kann, bieten Gefühlsausbrüche, vor allem das Weinen. Ein Junge, der weint, oder ein Mann, der Tränen vergießt, gilt in westlichen Gesellschaften als ausgesprochen unmännlich. Vor 160 Jahren jedoch schrieben Männer völlig ungeniert über ihre tränenseligen Emotionen:

»O mein Bruder! Wir träumten uns solche Lose nicht. Du kennst mich, ich bin kein Stein, aber auch keine Welle – meine Brust kann brechen, aber meine Augen rinnen nur über, wann ich gewaltige Männer weinen sehe; ich will

> Dir es sagen, ich habe heiße Tränen geweint über die Vergänglichkeit des Schönen und über die Nichtigkeit dieser Zeit.«(14)

Goethe, der Dichter des Weltschmerzes, der ganz Europa zum Weinen brachte, schreibt in seinem »Werther«, wie der Held sich häufig in einem Garten verkriecht, zu dem »nicht ein wissenschaftlicher Gärtner, sondern ein fühlendes Herz den Plan gezeichnet« hat.

In der Gartenlaube, so bekennt er, hat er schon manche Träne geweint. An einer anderen Stelle steht seine geliebte Lotte, in Bewunderung des Himmels und der Aussicht versunken. Und Werther »versank in dem Strome von Empfindungen« bei ihrem Anblick.

> »Ich ertrug's nicht, neigte mich auf ihre Hand und küßte sie unter den wonnevollsten Tränen.«

Als die Kutsche vorbeifährt, in der sie sitzt, ohne ihn zu bemerken, steht ihm eine Träne im Auge. Und als Werther ihr wieder einmal seine Liebe ausdrücken will, heißt es:

> »Lotte!, rief ich aus, indem ich mich vor sie hinwarf, ihre Hand nahm und mit tausend Tränen netzte.«(15)

Ein verliebter Mann, der immerzu seiner Freundin etwas vorheulen würde, müßte heute unaussprechlich lächerlich wirken. Männlichkeit und Tränenbäche schließen einander in der heutigen männlichen Geschlechtsrolle aus, die durch Verbergen und Verheimlichen des Gefühlvollen gekennzeichnet ist. Nehmen wir ein anders literarisches Beispiel:

> »Unsere Seelen mußten um so stärker sich nähern, weil sie wider Willen waren verschlossen gewesen. Wir begegneten einander, wie zwei Bäche, die vom Berge rollen ...«

Von unserer heutigen Sicht der Geschlechterrollen her müßte es sich bei dieser Seelenbegegnung um ein Liebeserlebnis zwischen Mann und Frau handeln. In diesem Text aus dem »Hyperion« von Hölderlin geht es aber um eine Männerfreundschaft.

> »Alabanda flog auf mich zu, umschlang mich, und seine Küsse gingen mir in die Seele. Waffenbruder! rief er, lieber Waffenbruder! Oh, nun hab ich hundert Arme!«

Heute würden wir darin eine ausgesprochen homosexuelle Begrüßungsszene erblicken. Dabei ist unwesentlich, ob Hölderlin selbst hier homosexuelle Neigungen zum Ausdruck bringt. Hätte er um diese gewußt, dann hätte er sich sicherlich gescheut, einen Roman voller Männerküsse und Umschlingungen zu schreiben. Wichtig ist nur, daß in der Geschlechtsrollensprache seiner Zeit durchaus nichts dabei empfunden wurde, wenn zwei Männer sich aneinander schmiegten:

»Wir waren zusammen aufs Feld gegangen, saßen vertraulich umschlungen im Dunkel des immergrünen Lorbeers und sahen zusammen in unseren Plato ...«

Ein anderes Mal trifft Hyperion den Helden Alabanda, und er beeilt sich, ihm so schnell wie möglich entgegenzureiten.

»Mein Roß flog, wie ein Pfeil, ihm zu ... Guten Abend! rief der liebe Rüstige, sah mit zärtlich wildem Blicke mich an und drückte mit seiner nervigen Faust die meine, daß mein Innerstes den Sinn davon empfand ... Herrlicher! rief ich, sieh nur zu! an Liebe sollst du mich nimmer übertreffen. Wir wurden immer inniger und freudiger zusammen.«

Eine derart innige Männerbeziehung, bei der die beiden Freunde »errötend einander nachsehen« oder einer den Körper des anderen preist, ist heute verpönt, die Sprache nur noch für heterosexuelle Beziehungen üblich.

»Wie ein junger Titan schritt der herrliche Fremdling unter dem Zwergengeschlecht daher, das mit freudiger Scheue an seiner Schöne sich weidete, seine Höhe maß und seine Stärke, und an dem glühend verbrannten Römerkopfe, wie an verbotener Frucht, mit verstohlenem Blicke sich labte ...«(16)

Diese Würdigung einer prächtigen Männergestalt und die vertraulichen Berührungen dazu würden einen Mann unserer Zeit unmittelbar in Verdacht bringen, homosexuell zu sein. Männer zeigen in unserer Gesellschaft eine ausgesprochene Berührungsangst voreinander. Die zärtlich-wilden Blicke sind nur erlaubt, wennn sie sich auf eine Frau richten.

In anderen Ländern, zum Beispiel im Mittleren Osten, aber auch in Südostasien gilt es jedoch bis heute nicht als etwas Unmännliches, Hand in Hand zu gehen und körperlichen Kontakt unter Männern öffentlich zu zeigen. Dieser Kulturunterschied in der Männlichkeitsauffassung trug zum Beispiel in Vietnam dazu bei, daß die US-Soldaten südvietnamesische

Soldaten nicht für voll nahmen, sondern für effeminiert hielten, weil diese händchenhaltend durch die Straßen bummelten. In Amerika gilt Körperkontakt unter Männern als unvereinbar mit Männlichkeit.

Der Lächelzwang, dem in westlichen Ländern hauptsächlich Frauen unterliegen, erstreckt sich in Ostasien auf beide Geschlechter als normale Höflichkeitsform.

Die Änderungen der Ausdrucksbereiche und Ritualisierungen, in denen Männlichkeit oder Weiblichkeit zum Ausdruck gebracht wird, bedeuten deswegen nicht automatisch Machtverschiebungen. Derselbe Autor, Ernst Moritz Arndt, der Tränen vergießt und sich aus der Perspektive unserer Zeit unmännlich verhält, möchte am liebsten alle Frauen einsperren und ihnen jeden Verkehr mit anderen Menschen verbieten. Er schreibt über sie:

> »... aber dabei bleibt es, gehorchen sollen sie uns, was recht ist: Denn sonst wird es ein verkehrtes Leben. Aber wir müssen auch Männer sein, und herrschen können.«(17)

Wenn die männliche Rolle vor zweihundert Jahren auch große Gefühlsausbrüche und ein Schwimmen in Emotionen einschloß, dann beinhaltete dies keine Minimalisierung der sozialen Geschlechtsdifferenzen, sondern nur, daß Männer zu dieser Zeit auch das ganze Universum der Gefühle, der Empfindungen und Empfindsamkeiten für sich als Ausdrucksfeld ihres Ichs in Anspruch nahmen. Frauen sollten nicht in ihren Gefühlen schwimmen, sondern möglichst unauffällig arbeiten.

> »Ist sie sittsam, einfältig, freundlich, gehorsam, ist sie in Stille, Zucht, Gottesfurcht, Arbeitsamkeit und Fröhlichkeit erzogen?«(18)

fragt der über die Nichtigkeit der Welt Tränen vergießende Arndt.

Ähnliche Wandlungen der Geschlechtsstereotype zeigen sich in der Mode.

Männliche und weibliche Selbstdarstellungsmuster verändern sich da, wo eine Dissonanz innerhalb der Logik der Geschlechtsrolle entsteht.

Noch um die Jahrhundertwende war das Bettkleidungsstück des Mannes ein Nachthemd, heute würde das Tragen eines Nachthemdes als unmännlich gelten. Der Mann hat das

Nachthemd an den Stil seiner sonstigen Bekleidung angeglichen. Er hat eine Dissonanz aufgelöst, die dadurch entstanden war, daß seine Tages- und seine Nachtbekleidung differierten und die Nachtbekleidung weibliche Merkmale hatte, nämlich unten offen war. Als Männer zum Pyjama übergegangen waren, versuchten die Frauen, Pyjamas ebenfalls zu ihrem Kleidungsstück zu machen, da die Bekleidung des Mächtigeren dazu reizt, ihn zu imitieren.
Die Normen männlicher und weiblicher Bekleidung verschieben sich also gegeneinander. Es ist noch keine zehn Jahre her, als es ein offizieller Skandal und Verstoß gegen die Etikette war, daß eine Frau im Bundestag in Hosen erschien. Heute haben die Frauen das männliche Hosenmonopol gesprengt. Das ist nicht das erste Mal in der Geschichte. Im 19. Jahrhundert hat es bereits einen langen Hosen-Krieg gegeben. Als die ersten Frauen mit Hosen auftauchten, wurde das von Karikaturisten und Journalisten jahrzehntelang als ein Angriff auf die männliche Identität gewertet.

Wie Frauen versuchen, eine kognitive Dissonanz zwischen dem, was sie sein möchten, und dem, was sie sind, aufzulösen, läßt sich an den folgenden Beispielen aufzeigen.

> »Als ich sechs Jahre alt wurde, schenkte mir Mohr zu meinem Geburtstag den ersten Roman – den unsterblichen ›Peter Simple‹. Dieser erste war gefolgt von einer ganzen Reihe von Marryat und Cooper. Mein Vater las alle diese Bücher mit mir und besprach deren Inhalt ganz ernsthaft mit seiner kleinen Tochter. Und das kleine Mädel – begeistert von Marryats Seefahrergeschichten – erklärte, sie wolle auch ›Postkapitän‹ (was immer das auch sei) werden, und ihren Vater fragte, ob es nicht ginge, ›sich als Junge anzuziehen‹ und sich auf einem Kriegsschiff anwerben zu lassen, versicherte er, daß dies wohl möglich sei, nur dürfe sie niemandem das geringste sagen, bis die Pläne ganz ausgereift seien.«(19)

Diese Erinnerung von Eleanor Marx gibt einen Einblick darein, wie unbefangen sie die Abenteuergeschichten und Heldenrollen (Postkapitän) auf sich bezieht und nachmachen möchte. Das logische Hindernis, das dem im Wege steht, ist ihre Selbstkategorisierung als Mädchen. Dieses jedoch scheint ihr als Sechsjährige leicht dadurch zu überwinden, daß sie sich wie ein Junge anziehen will. Ein einfacher Kleiderwechsel genügt, um die entstandene Dissonanz nach der Meinung des kleinen Mädchens aus der Welt zu schaffen. Auch sonst ist ihr Selbstgefühl noch nicht einseitig auf die sozialen Möglichkeiten und Schranken der weiblichen Geschlechtsrolle ihrer Zeit eingeengt.

> »Um dieselbe Zeit, ich erinnere mich noch sehr gut, hatte ich die unerschütterliche Überzeugung, daß Abraham Lincoln unmöglich ohne meinen Rat in den Fragen des Krieges auskommen könne, und so adressierte ich lange Briefe an ihn, welche Mohr natürlich lesen und zur Post tragen mußte. Viele, viele Jahre später zeigte er mir die kindlichen Briefe, die er aufbewahrt hatte, weil sie ihn belustigten.«(20)

Identifizierungen mit Funktionen, die offensichtlich in einer Gesellschaft als männlich gelten und Männern zugeordnet werden, müssen das Mädchen Eleanor Marx später unweigerlich zu Frustrationen geführt haben, indem sie ihre Ich-Identifikationen auf weibliche Grenzen einschränken und das Spektrum ihrer Verhaltensweisen auf das in ihrer Zeit für eine Frau Erreichbare und Machbare verengen mußte. Bekannt sind ihre Ohnmachtsanfälle als junges Mädchen, als sie sich gegen ihre Eltern, besonders den verehrten Vater, durchsetzen will.

Ein anderes Beispiel für eine solche Dissonanz, die bei den jetzigen Herrschaftssphären der Geschlechter nicht aufgelöst werden kann, zeigt die Äußerung der indischen Ministerpräsidentin Ghandi, die sich nach ihren eigenen Worten »bis zum heutigen Tag nie als eine Frau gefühlt« habe. Sie sei sich vielmehr immer wie »ein hart arbeitender Mann« vorgekommen.(21) Aus dieser Äußerung geht hervor, daß sie den Widerspruch zwischen der Macht ihres Amtes und ihrer weiblichen Physis, die in Indien Trägerin der Unreinheit und Minderwertigkeit ist, nur dadurch bewältigen kann, daß sie sich geistig und sozial zum Mann erklärt.

Der englische Schriftsteller Jan Morris, Vater von fünf Kindern, lebt seit einigen Jahren als Frau. Nach jahrzehntelangem inneren Widerstand gegen seinen unüberwindlichen

Wunsch, weiblich zu werden, unterzog er sich mehreren operativen Eingriffen bei einem mittlerweile weltberühmten Spezialisten in Casablanca. Hat er/sie nun wirklich eine neue Physis? Oder besitzt er/sie nur ein neues Vehikel seiner/ihrer Einbildungskraft? Morris schildert sein Lebens- und Körpergefühl als junger Mann. Bei dem Rückblick auf eine Bergtour im Himalaja, die er als junger Mann mit einem smarten durchtrainierten Körper machte, versucht er, weibliches und männliches Körpererleben einander gegenüberzustellen:

»Er ist der Herr. Er fühlt, daß ihm alles möglich ist und daß seine relative Einstellung gegenüber Ereignissen immer die gleiche bleiben wird. Er muß sich keine Sorgen um seine Form von morgen machen, denn sie wird genauso wie heute sein. Sein Geist ist wie sein Körper auf seine Funktionen eingespielt und wird nicht aus dem Takt kommen. Ich denke, es ist dieses Gefühl niemals schwankender Kontrolle, das Frauen nicht teilen können, und es entspringt natürlich nicht aus dem Intellekt oder der Persönlichkeit und ebensowenig aus der Erziehung, sondern speziell aus dem Körper. Der männliche Körper mag unedel, sogar unschöpferisch in tiefster Weise sein, aber wenn er richtig funktioniert, ist es wundervoll, ihn zu bewohnen. Ich verstehe rückblickend besser als damals, und ich erinnere mich dieser Augenblicke äußerster männlicher Fitneß, wie sich jemand an Champagner oder an morgendliches Schwimmen erinnert. Nichts konnte mich schlagen, ich war ganz sicher; und nichts schlug mich.«(22)

Jahre später, zur Frau geworden, reflektiert Morris das Erleben seines »neuen« Körpers so:

»Psychisch war ich deutlich weniger stark. Eine unter Frauen weitverbreitete neurotische Kondition nennt man Penisneid, dessen Befallene annehmen, daß der reinen Existenz der männlichen Organe eine mächtige geistige Energie innewohnt.

An dieser Einbildung ist etwas Wahres. Es ist nicht nur der Verlust der Androgene, der mich müder, folgsamer, passiver gemacht hat: die Entfernung der Organe selbst hat dazu beigetragen, denn die Existenz des Penis vermittelte etwas Positives, Vorwärtsdrängendes, Muskulöses. Früher war mein Körper dazu da, etwas voranzubringen und zu initiieren, jetzt nur, sich zu unterwerfen und anzunehmen, und so hatte die äußerliche Veränderung ihre inneren Konsequenzen.«(23)

Morris Selbstschilderungen wirken wie eine ideale Versuchsanordnung, um ein halluzinatorisches Wechselspiel zwischen Sein und Bewußtsein aufzuzeigen.

Er hat auch nach der Operation keinen neuen Körper erworben mit grundsätzlich neuen Erlebnismöglichkeiten. Er selbst führt sein neues Körpererleben nur zum Teil auf hormonale Umstellung zurück, die Amputation von Penis und Hoden suggeriert ihm Verlust von Muskelkraft, körperlicher Spannung und Initiative.

Das Spiel seiner Imagination enthüllt die groteske Wirksamkeit geschlechtsfixierter Körperklischees. Der Sexismus in unseren Köpfen arbeitet mit Assoziationen und Analogien weit weg von jeder Wahrnehmung biologischer Realität, selbst wenn es sich um den eigenen Körper handelt.

Der Mythos von männlicher Kraft, assoziiert mit phallischen Qualitäten, und weiblicher Schwäche ist unzerstörbar. Die Körperstereotype einer am Mann orientierten Kultur schreiben jeder Frau ein ständiges körperliches Schwächeerlebnis zu.

Ein Selbstzeugnis wie das der amerikanischen Tennissportlerin Billie Jean King, das diese Perspektive einmal durchbricht, ist immer noch eine Rarität:

> »Vor allem hatte ich etwas, wofür ich nichts konnte – mein Talent. Ich bin mit der physischen und, bis zu einem gewissen Grade, geistigen Fähigkeit auf die Welt gekommen, einen Tennisball mit Genauigkeit und Wucht zu schlagen. Das ist schon alles ... An meinen besten Tagen habe ich dieses phantastische, völlig unbewußte Gefühl der Unbesiegbarkeit.«(24)

Daß Frauen ihre Körper ebenfalls als kraftvoll, ausdauernd, geschmeidig und in Hochform erfahren wie Morris es einem jungen durchtrainierten Mann zubilligt, darf eigentlich gar nicht wahr sein. Denn ein solches Körpererlebnis stellt die Objekthaftigkeit in Frage.

Können Männer und Frauen einander das unterschiedliche Erleben ihrer Körper überhaupt vermitteln, ohne zu Opfern eingebildeter, durch Jahrhunderte männlicher literarischer

Tradition vorgeprägter Sehweisen zu werden? – Der weibliche Körper ist ein Phantomobjekt – es gibt kaum authentische literarische Zeugnisse über ihn. Menstruation und Schwangerschaftsempfinden sind erst im Verlauf der feministischen Bewegung teilweise enttabuisiert und zum Literaturthema gemacht worden.

In der deutschen Nachkriegs-Literatur kamen Helden in Mode, die ihre Geschlechtsorgane in phantastischen bundesweiten Aktionen zur Bewältigung der deutschen Vergangenheit einsetzten.
Die Unbedenklichkeit, mit der sich das männliche Ich, symbolisiert in seinem Organ, dabei für das Ganze ausgibt, läßt sich in früheren literarischen Epochen in anderen symbolischen Verkleidungen wiederfinden. Ob es das All der Gefühle, das All des Geistes, das All der Sexualität ist – die Symbole wechseln, ihr Macht- und Ganzheitsanspruch nicht.
Das Phallus-Symbol wurde zu einem wichtigen Darstellungsmittel, um die Handlungsfähigkeit der Helden zu unterstreichen. Wer genügend häufigen Geschlechtsverkehr mit wechselnden Personen hat, der hat auch was zu erzählen. Dieses allein jedoch wäre nur eine Aneinanderreihung pornographischer Szenen. So wählt Günter Grass den Penis seines Helden Walter Matern in dem Roman »Hundejahre«, um die Gleichsetzung von Männlichkeit mit deutscher Geschichte zu inszenieren. Walter Matern respektive Günter Grass haben sich dabei etwas besonders Infames ausgedacht. Matern will Rache nehmen an ehemaligen Kumpeln, die ihn für kurze Zeit vor dem Krieg für nationalsozialistische Ideen gewonnen hatten. Nach Kriegsende bereist er die verschiedenen deutschen Zonen und sucht seine ehemaligen Kameraden auf.

> »Dreht Euch nicht um – der Tripper geht um. Mit so geladener Pistole, mit solch widerhäkiger Liebesgeißel, mit einer Spritze, serumtoll, bereist Matern mit Hund«

die ehemaligen deutschen Gaue. Direkte Rache von Mann zu Mann kommt ihm nicht in den Sinn. Die Töchter, Freundinnen und Ehefrauen entjungfert, verführt und infiziert er mit seinem Tripper, den er »rächende Milch« nennt.

»Dreht Euch nicht um, der Tripper geht um! Und zwar immer geschwinder, weil Materns rachevollziehendes Gerät dem Rächer keine Ruhe gönnt, sondern, soeben getätigter Rache bereits voraus, neuen Anlauf nimmt: ... Wer heute nachliest in den Krankenstatistiken der ersten Nachkriegsjahre, wird bemerken, wie die Kurve dieser harmlosen aber lästigen Geschlechtskrankheit ab Mai siebenundvierzig jäh ansteigt, ihren Höhepunkt Ende Oktober des gleichen Jahres erreicht, sodann spontan sinkt und endlich auf dem Frühjahrsniveau verbleibt, einer Linie, die vorherrschend vom innerdeutschen Reiseverkehr und dem Standortwechsel der Besatzungstruppen bestimmt wird, und nicht mehr von Matern, der privat und ohne Lizenz durch die Lande zog, um mit gonokokkengeladener Spritze Namen abzuzinken und einen weitverstreuten Bekanntenkreis zu entnazifizieren. Deshalb nennt Matern später, wenn unter Freunden Nachkriegsabenteuer erzählt werden, seinen halbjährigen Tripper einen antifaschistischen Tripper; und in der Tat, Matern hat über den weiblichen Anhang ehemaliger Parteimittelgrößen einen Einfluß ausüben können, den man im übersetzten Sinn einen heilsamen nennen kann.«(25)

Die Psychologie dieser phallischen Entnazifizierung mittels Tripper ist doppeldeutig genug: die Frauen, Freundinnen und Töchter – waren sie die eigentlichen Schuldigen am nationalen Unglück und müssen deswegen phallisch geheilt werden, oder sollen die Väter und Ehemänner in ihrem patriarchalischen Besitzerstolz getroffen und über die Vagina ihrer Frauen selbst infiziert werden?

Da Matern die so behandelten Frauen offenbar erst kennenlernt, kann es ja nicht darum gehen, ihnen selbst faschistische Taten anzulasten. Sie sind die Objekte dieses Entsühnungskultes, an denen sich der Phallus als aktives Gestaltungsprinzip der Nachkriegsgeschichte bewährt. Die Frauen sind geblieben, was sie immer waren und heißen »Ingemaus und Ingeloch«, absolut verrückt nach dem ihnen gnädig gewährten Organ.

Nehmen wir dagegen ein literarisch-phallisches Ereignis aus jüngerer Zeit. Da kommt der Ich-Held des Buches schon mit erigiertem Penis auf die Welt, und der Titel des Buches macht die phallische Allmachtvorstellung des Autors deutlich: »Der kleine Herr in Krieg und Frieden« (Gerhard Zwerenz). In der Schilderung der Geburt heißt es:

> ». . . man erzählt sich die wahnwitzigsten Dinge, etwa, daß der Neugeborene über eins verfügt habe, das dem eines erwachsenen Mannes vergleichbar gewesen sei, manche reden sogar von einem Hengste . . .«(26)

Der Penis als Ich und als Schatten des männlichen Selbst und das Selbst als Phallus setzt von der Geburt des Helden an die ganze Handlung in Gang, die aus einer Aneinanderreihung von Vitalitätsinszenierungen und ununterbrochenen Potenzzeugnissen dieses Ichs besteht, dem eine Frau nach der anderen willig ihren Schoß öffnet und die er natürlich alle restlos befriedigt hinter sich läßt. Zwerenz geht es jedoch nicht darum, ein Dokument seiner Ejakulationsfähigkeit zu liefern. Dieser unendlich aktive Penis ist das Verbindungsstück des männlichen Ichs mit dem allgemeinen – die symbolische Beziehung zwischen Penis und einem Stück deutscher Geschichte. Der kleine Herr ist die symbolische Einheit von männlichem Ich und Nation.

Welche Frau könnte so unbekümmert die Lusterlebnisse ihrer Klitoris oder das Schwellgefühl ihrer Brüste in einen großen nationalen Zusammenhang bringen und sagen: Das bin ich, und das ist meine Geschichte. Die Psyche der Kolonisierten darf nicht einmal ihre eigenen Sexualorgane benennen. Frauen kennen und benutzen weitaus weniger Bezeichnungen für ihre Geschlechtsorgane.(26a)

Da die Frau die von dieser Kultur Gespiegelte, Verherrlichte und Verdammte ist und als Sinnproduzentin kaum in Erscheinung tritt (selbst Schriftstellerinnen übernehmen häufig genug die vorgegebene Sehweise), lebt sie in einem Vakuum an Informationen über sich selbst. Die masochistische Selbsterniedrigungsliteratur der Marlitt und Hedwig Courths-Mahler, in der ein weibliches Ich nach dem andern sich selbst zum Opfer bringt, um am Ende dafür in der Phantasie belohnt zu werden, findet ihre Fortsetzung in den Millionenauflagen der Regenbogenpresse, der Lektüre für Hoffnungslose, die vom Klimakterium an aus der Realität emigrieren.

In einer Erzählung hat Hedwig Dohm den Ausbruchsversuch einer Kanzleiratswitwe beschrieben, die als alternde

Frau mit bereits erwachsenen Töchtern in eine Art Selbsterfahrungsrausch gerät, und, sich selbst nicht geheuer, immer ketzerischere Fragen an das Leben stellt.

»Man hatte meine Natur an die Kette gelegt. Nun bin ich losgelassen, und ich irre in der neuen, fremden Welt umher und würde vielleicht Unheil anrichten, aber da ist schon eine neue Kette – das Alter. Für andere leben, das soll das Richtige, das Wahre sein. Wäre es so, und Jeder lebte für den Andern, so hätten doch auch Andere für mich leben müssen, und es wäre dann doch dasselbe und viel einfacher, wenn Jeder gleich für sich selbst lebte.«

Dann reflektiert sie.

»Ich war doch aber immer zufrieden? Ich? Aber ich war ja gar kein Ich. Agnes Schmidt! Ein Name! Eine Hand, ein Fuß, ein Leib! Keine Seele, kein Hirn. Ich habe ein Leben gelebt, wo ich gar nicht dabei war.
Ich war ein Mechanismus, den fremde Mächte in Bewegung setzten.«

Zum ersten Male in ihrem Leben wagt sie etwas auf eigene Faust, »um die kleine Hausfrauenseele loszuwerden«. Sie fährt nach Capri. Sie verliebt sich in einen jungen Mann, der nichts von ihren Gefühlen ahnt.

»Ich habe oft das unheimliche Gefühl, daß ich nicht mehr weiß, ob ich bin und wer ich bin. Dann spreche ich wohl ein Dutzend Mal den Namen Agnes Schmidt vor mich hin, aus Angst, ich könnte ihn vergessen. Aber ich will ihn ja vergessen. Ich und Agnes Schmidt? Was haben wir gemein?(27)

Dieser rauschhafte Selbstentdeckungsprozeß ist der Entfremdungsprozeß von dem, was sie selbst und andere in der Witwe Agnes Schmidt gesehen haben. Im Verlauf der Entwicklung findet die Heldin zwar zu sich selbst, aber nun steht ihr Bewußtsein diametral zur Realität – sie wird nach ihrer Rückkehr aus Capri in eine Heil- und Nervenanstalt gebracht, wo sie als glückliche Greisin stirbt, die einen Blick auf sich selbst geworfen hat.

In einem Gedicht aus dem Jahr 1972, das von Robin Morgan, einer der militantesten Feministinnen Amerikas stammt, ist die Sehnsucht nach dem unentdeckten Ich fast ähnlich enthalten:

»Denn das Leiden zugeben, heißt die Schöpfung von Freiheit zu beginnen.«

Trauer und Kampfbereitschaft entsprechen sich:

»Ich will eine Frauenrevolution wie eine Liebhaberin. Ich habe Verlangen danach, ich will diese Freiheit ... um wenigstens einen leisen Schimmer zu bekommen, was ich hätte sein können und niemals sein werde, hätte ich nicht mein Leben verschwenden müssen, um für das zu kämpfen, was meine Unfreiheit mich nicht einmal von Ferne sehenließ ...«(28)

33. Kapitel

Die Genitalien der Rede – Sprache und Geschlecht

> Das Mittelalter machte mit feinfühligem Sprachsinne eine Abstufung in den Wörtern »Weib« und »Frau«. »Weib« bezeichnet einmal den allgemeinen Geschlechtsgegensatz, ... Anders gefärbt wird aber die Bedeutung dieses Wortes, wenn man es dem Worte »Frau« gegenüberstellt. Dann wurde die bewegliche, unstäte, schmiegsame Naturseite des andern Geschlechts, welche radikal macht aus mißverstandenem Aristokratismus, in dem Ausdruck »Weib« zusammengefaßt. »Frau« war das treu beharrende, in der Selbstbeschränkung große, in der Zucht der Sitte gefestete Wesen, das Idealbild des andern Geschlechts. Von einer »Würde der Frauen« konnte Schiller singen, aber nicht von einer »Würde der Weiber«. *Wilhelm Heinrich Riehl*

> Die Anwendung des Genus-Begriffes auf die Wörter ist so alt wie Adam und Eva.
> *Franz Bücheler*

Ein Bereich, in dem wir die Vervielfältigung der Analogien männlich und weiblich und ihren projektiven Charakter ganz deutlich erkennen können, findet sich in den Theorien der Sprachforscher. Dabei geht es seit über zweitausend Jahren darum, ob das grammatische Geschlecht aus dem natürlichen abzuleiten ist, das heißt, ob die Wortendungen der Nomina und der Pronomina sowie die Artikel eine Ausweitung der als männlich oder weiblich geltenden Qualitäten in die Sprache bedeuten. Alle indogermanischen Sprachen zum Beispiel kennen die Einteilung in zwei oder drei Klassen, die als männlich, weiblich und sächlich gelten. In einigen gibt es nur zwei Klassen, zum Beispiel im Französischen, in anderen wie im Englischen ist die Unterscheidung der Artikel oder Adjektive weggefallen, erhalten geblieben ist jedoch die der Pronomina (he, she, it).

Der Streit über diese Frage begann bei den altgriechischen Philosophen und Grammatikern. So sah zum Beispiel Aristoteles die Endungen eines Wortes als klassifizierendes Kriterium an. Er stellte »das Männliche, wie es bewegt und handelt« dem »Weiblichen, wie es leidet« gegenüber. Dieser Anschauung widersprachen schon damals einige Sprachtheoretiker, die darauf hinwiesen, daß natürliches und grammatisches Geschlecht nicht miteinander übereinstimmten. Deswegen seien die Endungen der Wörter nur ein morphologisches Element. Auf der anderen Seite fanden sich zum Beispiel die Sophisten, unter ihnen vor allem Protagoras, die versuchten, die Verteilung der Geschlechter, wie sie in der Sprache vorkam, zu korrigieren. Daß für ein männliches und ein weibliches Wesen dasselbe Wort gebraucht wurde, war ihrer Ansicht nach eine Fehlentwicklung. Ihre Anstrengungen, das grammatische Geschlecht auf eigene Faust zu verändern, wurde jedoch von Zeitgenossen verspottet, besonders von dem Komödiendichter Aristophanes.
Manchmal finden sich Elemente beider Auffassungen, die doch eigentlich widersprüchlich sind, in eine Aussage verwoben, so zum Beispiel bei einem der maßgeblichen Alexandriner, die vom dritten bis zum ersten Jahrhundert das Studium der griechischen Grammatik systematisiert und damit die Grundlage der wissenschaftlichen Grammatik überhaupt gelegt haben. Er sagt, »daß die Grammatik die Unterscheidung der Geschlechter nicht der Wahrheit gemäß vornimmt«.

Die scholastischen Grammatiker des Mittelalters wie auch die Humanisten begründen die sprachliche Klassenscheidung in maskulin und feminin ebenfalls ganz in der aristotelischen Tradition. In einer anonymen »Grammatica speculativa« heißt es:

> »Das maskuline Geschlecht ist die Weise, eine Sache von der Art des Handelns zu kennzeichnen, wie Mann, Stein*). Das feminine Geschlecht ist die Weise, eine Sache von der Art des Erduldens zu kennzeichnen, wie Fels**), Frau.«

*) lat: lapis, der kleinere bewegliche Stein, zum Beispiel als Wurfgeschoß.

**) lat.: petra, nachklassisch aus dem Griechischen, der Fels, der unbewegliche Stein.

Auch in der »Philosophia rationalis« des italienischen Philosophen und Sozialutopisten Tommaso Campanella von 1638 findet sich die Erklärung der Genera aus dem Gegensatz Handeln – Erleiden. Tommaso beruft sich auf die Pythagoräer und übernimmt ihre Deutung:

»So wie das Handeln (agens) männlich sei, sei das Erdulden (patiens) und der Stoff (aus dem etwas gebaut wird: materia) weiblich.«

Gott und Feuer sind männlich, Erde und Wasser jedoch weiblich, »weil aus dem einen Handeln (actio), aus dem anderen Erdulden (passio) zurückscheint«.

P. Royen hat 1925/26 mit »Die nominalen Klassifikationssysteme in den Sprachen der Erde« das umfangreichste Werk zu diesem Thema geschrieben, aus dem auch die vorstehenden Zitate stammen. Er resümiert die Theorien der Scholastiker und Humanisten:

»Alle diese betrachten das Genus der Dingnamen als etwas in der Realität Begründetes: einerseits auf ein aktives männliches, andererseits auf ein passives weibliches Prinzip.«(1)

Diese Tendenz erhält sich in der Folgezeit, so bei dem Franzosen Abbé Girard, der im Genus »eine Beziehung zum Geschlecht« sieht (1747). Der Engländer Harris setzt deutlich die sexistische Tradition fort, wenn er in seinem »Hermes« 1751 schreibt:

»daß solche Substantiva für männlich gehalten worden sind: an welchen die Attributa des tätigen Einflusses und der Mitteilung in die Augen fielen; oder die ihrer Natur nach tätig, stark und wirksam waren, und dies ohne Unterschied, ob in guten oder bösen; oder sie in einer löblichen oder anderen Absicht sehr merklich hervorstachen. Weiblich hingegen waren: solche, die sich durch die Attribute des Aufnehmens, des Enthaltens, des Gebärens und Hervorbringens auszeichneten; oder die ihrer Natur nach mehr leidend als tätig; oder die ausnehmend schön und liebenswürdig waren; oder die sich auf mehr weibliche als männliche Fehler bezogen.«(2)

Ein Höhepunkt – oder besser Tiefpunkt – dieser Denkrichtung findet sich bei Johann Gottfried Herder, der in seiner von der Berliner Akademie preisgekrönten »Abhandlung über den Ursprung der Sprache« sich 1772 zu der emphatischen Aussage versteigt:

»Die Dichtung und die Geschlechterschaffung der Sprache sind also Interessen der Menschheit, und die Genitalien der Rede gleichsam das Mittel ihrer Fortpflanzung.«(3)

Auch Wilhelm von Humboldt berührte die Frage des Genus in der Sprache:

»Jede Sprache, welche dasselbe in sich aufnimmt, steht, meines Erachtens, schon der reinen Sprachform um einen Schritt näher, als eine, die sich mit dem Begriff des Lebendigen und Leblosen, obgleich dieser die Grundlage des Genus ist, begnügt. Allein der Sprachsinn zeigt nur dann seine Herrschaft, wenn das Geschlecht der Wesen wirklich zu einem Geschlecht der Wörter gemacht ist, wenn es kein Wort giebt, das nicht, nach den mannigfaltigen Ansichten der sprachbildenden Phantasie, einem der drei Geschlechter zugetheilt wird.«(4)

Die umfangreichste Theorie zum Geschlecht in der Sprache lieferte der Germanist Jakob Grimm. Er stellte 1831 folgende Definition des Genus auf:

»Das grammatische Geschlecht ist eine, aber im frühsten Zustande der Sprache schon vorgegangene Anwendung oder Übertragung des natürlichen auf alle und jede Nomina.«(5)

Die Frage, ob auch das Neutrum in Beziehung zum Sexus stehe, beantwortet er damit, daß der Ursprung des sächlichen Geschlechts »in dem Begriff von foetus oder proles lebendiger Geschöpfe» zu suchen sei.

»Urbedeutung des Neutrums scheint, daß es die Unentwicklung des Geschlechts, nicht gerade Geschlechtslosigkeit bezeichne.«

So wie Wilhelm von Humboldt die Kategorie männlich und weiblich aus dem »Einbildungsvermögen« der Sprache erklärte, verstand es auch Jakob Grimm.

»Das grammatische Genus ist demnach eine in der Phantasie der menschlichen Sprache entsprungene Ausdehnung des natürlichen, auf alle und jede Gegenstände.«(6)

Dabei sei das nominale Genus nicht das Ergebnis einer wirklichen Personifizierung, sondern nur der Ausfluß einer naiven Phantasie. Die menschliche Phantasie sehe in den Dingen etwas Männliches oder etwas Weibliches oder etwas Embryonales.

> »Auf diesem Wege allein kann es vielleicht gelingen, Analogien aufzuspüren, denen die menschliche Einbildungskraft nachgehangen hat, indem sie das natürliche Geschlecht auf eine unabsehbare Menge anderer Substantiva übertrug.« (7)

Aufschlußreich an Jakob Grimms Grammatik-Theorie ist die Beschreibung der Kriterien für das maskuline und feminine grammatische Geschlecht. Er meint:

> »Das Maskulinum scheint das frühere, größere, festere, sprödere, raschere, das tätige, bewegliche, zeugende; das Femininum das spätere, kleinere, weichere, stillere, das leidende, empfangende; das Neutrum das erzeugte, gewirkte, stoffartige, generelle, unentwickelte, kollektive, das stumpfere, leblose.«

Im Neutrum liege außerdem vorzugsweise »der Begriff des Gemeinen, Verächtlichen«. An einer anderen Stelle sagt Grimm, daß die beiden Geschlechter nicht allein den sexuellen Tatbestand ausdrücken, sondern »dem Maskulinum wohnt die Vorstellung des Starken, Festen, Kräftigen, dem Femininum die des Weichen, Milden, Anmutigen ein . . .«(8)

Irritiert wurden die Grammatiker des 19. Jahrhunderts in ihrer Gleichsetzung von natürlichem und grammatischem Geschlecht und den geschlechtstypischen Eigenschaften, die sie dazu philosophierten, vor allen Dingen durch die Entdekkung, daß nicht alle Sprachen ein natürliches und grammatisches Geschlecht kennen. Das Chinesische und die altaischen Sprachen – dazu gehören die türkischen, mongolischen und tungusischen – kennen kein Geschlecht, die afrikanischen Bantu-Sprachen teilen die Nomina in acht oder mehr Klassen ein. Nur einige von ihnen kennen eine Geschlechtsunterscheidung. In vielen dieser Sprachen ohne eine grammatische Repräsentation des Geschlechts werden die Kategorien belebt – unbelebt zum Beispiel einander gegenübergestellt. Häufig

werden eine Menschenklasse, dann Tier-, Baum- oder Pflanzenklassen sowie Werkzeuge, kleine und große Dinge als Kriterien der Einteilung verwandt.
Der deutsche Sprachforscher und Ägyptologe Karl Richard Lepsius, der sich mit den afrikanischen Sprachen und ihren Einteilungskriterien beschäftigte, meinte 1880, daß der Gegensatz Mensch und Natur die Klassifikationen der Bantu-Völker in Afrika bestimme. Auch Lepsius drückt den Gedanken aus, daß der Mann über die Sprache herrscht, vor allem in den semitischen und hamitischen Sprachen:

> »Da der Mann die Sprache bildet, so geht die Unterscheidung der Geschlechter von der Aussonderung des Femininums aus, daher wird man diese vorzugsweise ausgebildet finden. Es ist eine Steigerung, wenn auch das Maskulinum seinen besonderen Ausdruck erhält.«(9)

Da aber das natürliche Geschlecht als grammatisches Geschlecht auch in einer Reihe von afrikanischen Sprachen (zum Beispiel Haussa und Hottentottisch), außerdem in Australien vorkommt, meinte Lepsius, daß es sich hier um ein tief im menschlichen Geist verwurzeltes Phänomen handele. Die Grundlage der geschlechtlichen Unterscheidung in Sprachen war für ihn:

> »Die Unterscheidung und Scheidung der Geschlechter und ihre vorwaltend sittliche Ordnung und Gegenüberstellung in der Ehe, worauf die Familie beruht.«

In der Familiengemeinschaft sei demnach die psychologische Grundlage des Genus zu suchen:

> »Der in der Sprache sich überall treu abspiegelnde Volksgeist war von dieser Anschauung so beherrscht, daß er sie vom Menschen auf die ganze ihn umgebende Natur übertrug und demgemäß auch alle ihre individualisierten und benannten Erscheinungen unter die beiden Geschlechter verteilte.«(10)

Der französische Grammatiker Lucien Adam weitete die Genustheorie zu einer völkerpsychologischen Erklärung der verschiedenen Klassifikationssysteme aus. So behauptete er, die Klassifikationen seien durch die Gegenüberstellung von Kraft und Schwäche entstanden. Die Intensität der Lebenskraft sei am Anfang in allen Sprachen zur Klassifizierung verwendet worden. Später seien die Wesen mit intensiverem

Leben als männliche, jene mit weniger intensiver Vitalität als weibliche Gruppe einander gegenübergestellt worden. Auch der größere oder kleinere Wert einer Person oder Sache seien dabei im Spiel gewesen. Die Ungleichheit der Lebenskraft würde in karibischen Sprachen dadurch ausgedrückt, daß Männer und männliche Tiere und eine kleine Anzahl unbelebter Dinge in eine Kategorie fielen und weibliche Wesen und die meisten der unbelebten Dinge in eine andere. Im Irokesischen und im Tschikito, so Adam, gehören die Männer und die Götter zu der einen Klasse. Die zweite Klasse umfaßt alles andere: Frauen, Tiere und Dinge.(11)
Der deutsche Sprachforscher Carl Meinhof entwickelte dagegen 1910 anhand der afrikanischen Ful-Sprache noch stärker den Gegensatz des unterschiedlichen Wertes von Mann und Frau. Die Ful kennen eine vierfache Klassifizierung in Personen, Sachen, groß und klein. Große Tiere werden dabei häufig als Personen behandelt und kleine Menschen wie Kinder und Frauen als Sachen, schreibt Meinhof. Die kleine und gesellschaftlich geringere Frau sei im Ful von der Personenklasse zur Sachenklasse übergegangen:

> »Da nun schon im Ful begonnen wird, die Frauen ebenso wie Sklaven als Sachen zu behandeln, entsteht die Neigung, sie mehr und mehr der Sachenklasse zuzuweisen.«(12)

Während die Grammatiker nach einer plausiblen Erklärung für das Phänomen des grammatischen Geschlechts suchten, wurde dies von anderen im ideologischen Krieg gegen die Frauenemanzipation gebraucht. So zum Beispiel von dem deutschen Schriftsteller Theodor Gottlieb Hippel, der als einer der ersten Ende des 18. Jahrhunderts die Ausbildung und bürgerliche Besserstellung von Frauen befürwortete. Trotzdem glaubte offenbar auch er, daß Verstand und Weiblichkeit sich ausschlössen, weil das Wort Verstand im Deutschen einen männlichen Artikel besitzt.

> »Verstand! Sieh doch! was ihr Weiber dieß in den kleinen Mund nehmt. Dies Wort ist mit Ew. Gnaden Erlaubniß generis masculini, oder wenn Du es im Deutschen haben willst: Es hat Haar um den Mund.«

Und der Konservative Wilhelm Heinrich Riehl argumentier-

te, daß »der Staat männlichen Geschlechts« sei. Und auf die Frage »Wo bleiben da die Frauen?« antwortete er: »Sie sollen bleiben in der Familie, die ja die vorwiegende Signatur der Weiblichkeit schon in ihrem Geschlechtsartikel aufzeigt.«(14)
Ein ebenso großes Rätsel wie das grammatische Geschlecht gaben die verschiedenen Frauen- und auch Männersprachen auf, die in einem Stamm nebeneinander gesprochen werden. Das wichtigste Beispiel sind die Frauensprachen in der Karibik, wo die jungen Männer nach ihrer Aufnahme in die Männergemeinschaft die Frauensprache sorgfältig meiden, und die Frauen in ihren Gesprächen mit Männern ängstlich besorgt sind, ausschließlich die Männersprache zu gebrauchen, bei sorgfältiger Vermeidung jedes Frauenwortes. Für dieses Phänomen wurde eine Reihe von Theorien entwickelt, zum Beispiel die Hypothese, daß die Frauen von den karibischen Stämmen in früherer Zeit geraubt worden seien. Aber auch diese These führte nicht wesentlich weiter. Denn sie bot zwar eine Erklärung für den sprachlichen Ursprung der Frauenworte, aber nicht dafür, warum die Sprachen sich nicht assimiliert haben wie in vielen anderen Gebieten der Welt, wo ebenfalls bei Kriegszügen Frauen erobert wurden. Welche psychischen, sozialen, religiösen oder anderen Motive diese Trennungen zwischen einer partiellen Männer- und Frauensprache aufrechterhielten, ist bis heute nicht geklärt. Eine These besteht darin, die scharfe Trennung der Arbeitssphären als Ursache für die Differenzierung zwischen Männer- und Frauenausdrücken anzusehen.(15)
Der berühmte britische Ethnologe und Mythenforscher James George Frazer meinte, daß bei vielen ehelichen Verbindungen zwischen zwei Stämmen, deren Sprachen verschieden sind, jedes Geschlecht seine eigene Sprache behält, daß aber nur eine der beiden Sprachen als Verständigungsmittel untereinander benützt werde. Frazer nannte als Beispiel eine Stadt in Paraguay, wo die Frauen ausschließlich Guarani verstehen, während die Männer untereinander immer Spanisch sprechen und nur in den Gesprächen mit ihren Frauen das Guarani benützen. In der Frauensprache der Mbayas in Paraguay sollen sich jedoch nur einzelne Flexionsformen von der Männersprache unterscheiden.

Andere Forscher wie der Deutsche Lasch verneinten, daß die Raub- oder auch die Kaufehen von anderen Stämmen eine große Rolle bei der Entstehung von Frauensprachen gespielt haben. Lasch hielt religiöse Vorstellungen und die Trennung der wirtschaftlichen Sphären für die Bildung der Frauensprachen entscheidend. Daneben, meinte er, sei es der weibliche Spieltrieb gewesen, der die Frauen zu Frauensprachen verleitet hätte.

In einigen Stämmen unterscheiden sich Männer- und Frauensprache nur dadurch, daß die Männer oder die Frauen einen Buchstaben am Anfang oder in der Mitte eines Wortes einfügen. In einigen Fällen scheint die Frauensprache volltönendere Formen zu besitzen, die als älter gewertet werden, in anderen Stämmen mag die Männersprache volltönender sein.

Im Yana, einer kalifornischen Sprache, sind die Wortformen aus der Frauensprache kürzer als die aus der Männersprache. Bei den Kariben, aber auch bei australischen Stämmen gab es eine Geheimsprache der Männer, in die Frauen und jüngere Männer nicht eingeweiht wurden, da sie hauptsächlich als Kriegssprache galt.

In vielen Fällen, wo enge Berührungen mit einem anderen Sprachbereich vorkommen, zum Beispiel bei Emigranten, sind es gewöhnlich die Frauen mit ihren geringeren äußeren Kontakten, die die alten Sprachen im Familienkreise noch sprechen, während die Männer häufig zweisprachig sind. Das galt zum Beispiel für die Juden und die Zigeuner.

Auch in einigen Eskimosprachen haben zumindest früher die Frauen nicht die gleichen Endungslaute wie die Männer gesprochen. Heute sind jedoch die Männer dazu übergegangen, die Endungslaute der Frauen anzunehmen.(16)

Royen und der niederländische Sprachforscher Christianus Cornelius Uhlenbeck erklären sich die Männer- und Frauensprache hauptsächlich mit der Furcht der Männer, daß sie von der Schwäche der Frauen angesteckt werden könnten.

> »Man kann sich recht gut vorstellen, daß die Furcht der Männer, von der Schwäche der Frauen angesteckt zu werden, dann noch viel größer ist, wenn die Frauen zu einem unterworfenen Stamm gehören.«(17)

Uhlenbeck hält es für eine List der Männer, zu den Frauen

in der Frauensprache zu reden, wie dies bei Yana-Indianern geschieht. Damit wollten sie den Glauben erwecken, daß die Männer Frauen seien. Und auch bei den Kariben erklärt sich Uhlenbeck die Sprache als eine Täuschung und einen Trick. Dort sprechen die Frauen zu den Männern in der Männersprache. Es handele sich dabei um eine magische Lösung.

Der Sprachgebrauch von Männern und Frauen unterscheidet sich jedoch auch in modernen Sprachen, zum Beispiel in den Wörtern, die sexuelle Dinge bezeichnen. Ein merkwürdiges Beispiel liefert dafür das Rumänische: Die Sexualterminologie der Männer ist im allgemeinen lateinischen, die der Frauen slavischen Ursprungs.(18) Hier zeigt sich wie bei den männlichen Geheimsprachen ein typisches Verhaltensmuster: das Rumänische ist eine romanische Sprache, in die durch den jahrhundertelangen Kontakt mit dem Slavischen, das nicht nur die Sprache mitwohnender Völker, sondern auch Kirchensprache war, slavische Elemente, vor allem Wörter aufgenommen wurden. Mit dem Aufkommen eines nationalen Selbstwertgefühls werden diese Wörter als weniger gut, als Fremdkörper empfunden, die genuin romanischen gelten als überlegen. Es entstehen so Differenzierungen zwischen »gehobener Sprache« und »Volkssprache«, und diese ist gerade gut genug für die Frauen.

Analoge Beispiele bieten die Länder, deren Eliten eine Fremdsprache benutzen, weil sie sie der eigenen für überlegen erachten. Das gilt für den Gebrauch des Lateinischen im europäischen Mittelalter wie auch für die Rolle des Chinesischen im mittelalterlichen Japan.

Im 10. und 11. Jahrhundert war es Frauen der höheren Klassen dort erlaubt, sich schriftstellerisch zu betätigen. Am Beginn der japanischen Literaturgeschichte stehen die Novellen und Romane japanischer Hofdamen. Kenner der japanischen Literatur meinen, daß über einen Zeitraum von hundert Jahren fast jeder japanische Schriftsteller von Bedeutung eine Frau gewesen sei. Die bekannteste Autorin ist Lady Murasaki Shikibu, Verfasserin der weltberühmten »Geschichten von Genji«. Die Hofdamen und Töchter der Aristokraten genossen zu diesem Zeitpunkt mehr Freiheit als zu anderen Zeiten der japanischen Geschichte.

Worauf ist nun die Tatsache zurückzuführen, daß es Frauen

waren, die die ersten literarischen Meisterwerke Japans schrieben? Des Rätsels Lösung ist einfach. Die Bewertung und Einschätzung als große Literatur war späteren Zeiten vorbehalten. Unter den zeitgenössischen Literaten bildeten die schreibenden Frauen eine schriftstellerische Subkultur, die weitaus weniger Prestige besaß als die offizielle männliche Dichtung.

> »Männer mit literarischen Ambitionen gebrauchten weiterhin die chinesische Sprache, die damals für elegant, würdevoll und prestigeträchtig gehalten wurde, – die Sprache der Gelehrten, Priester und Beamten, die eine Rolle analog zu der des Latein im Westen spielte.
> Frauen dagegen, die vom Sprachstudium dieser Art meistens ausgeschlossen waren, benutzten die phonetische Schreibweise der japanischen Sprache, der Sprache, die tatsächlich gesprochen wurde, in einer »direkten und einfachen Art und Weise, die weder im reinen Chinesisch noch in dem hybriden Sinojapanisch, bekannt als kambun, möglich war«.(19)

Die Unterscheidung war so scharf, daß der Ausdruck für die einheimische Silbenschrift (onnade) wörtlich »weibliche Handschrift« bedeutet, während das für die chinesischen Zeichen (otokomodschi) gebrauchte »männliche Zeichen« bedeutet.

Sexuale Gegensätze und Einteilungen wurden bei primitiven Stämmen, aber auch in den antiken Sprachen, häufig bei wichtigen Pflanzen und Tieren gemacht. In Holland und Teilen Belgiens gebraucht man zum Beispiel verschiedengeschlechtliche Bezeichnungen für den Hanf. Wilhelm von Humboldt berichtete über die Sprachen in der Südsee, daß in Tahiti der Sexus der Pflanzen durch bestimmte Attribute angegeben wird. Diese Unterscheidung wird auch bei Tieren gemacht. Auch im Malayischen wird das Geschlecht von Pflanzen bezeichnet. Und die Maori auf Neuseeland haben ein außergewöhnlich entwickeltes Nomenklatursystem zur Bezeichnung der Flora, worin sie auch den Sexus der Bäume unterscheiden. Ebenso bekannt für ihre Pflanzensystematik, die mit geschlechtlichen Kategorien arbeitet, sind die nordamerikanischen Indianer, zum Beispiel die Navajos.

Die am meisten sexualisierten Sprachen, in denen eine förmliche Obsession besteht, das Geschlecht auszudrücken, sind die semitischen, Arabisch und Hebräisch. In ihnen sind alle Hauptwörter maskulin oder feminin. Auch die zugehörigen Adjektive müssen im Geschlecht übereinstimmen, und zusätzlich muß das Verb das Geschlecht des Subjektes tragen. Außerdem sind auch die Pronomina alle nach männlich oder weiblich eingeteilt. Wenn jemand sagt, »Ich liebe dich«, dann gibt es dafür vier Möglichkeiten, diesen Satz auszudrücken, je nachdem, ob ein Mann eine Frau liebt oder eine Frau einen Mann liebt oder ein Mann einen anderen Mann oder eine Frau eine andere Frau. Jedesmal ist der Satz verschieden.(20)

Linguistische Tabus, die Frauen verbieten, Wörter zu benutzen, die männliche Gebrauchsgegenstände wie Waffen bezeichnen, existieren bei den amerikanischen Indianern. In einigen Fällen wird die Frau ein Frauenwort für die Männerdinge benutzen, und die Männer werden ein spezielles männliches Wort für weibliche Dinge, zum Beispiel Kochutensilien, gebrauchen.

Bei den Hopi-Indianern gebrauchen Männer und Frauen unterschiedliche Ausdrücke für »danke schön«. Ähnlich unterscheiden auch die Portugiesen zwischen der männlichen und der weiblichen Weise »danke schön« zu sagen (›obrigado‹ für einen Mann und ›obrigada‹ für eine Frau).

Die Mazateco-Indianer in Mexiko haben eine geheime Pfeifsprache, wobei die Länge der gepfiffenen Silbe mit dem Wort korrespondiert. Nur Männer dürfen diese Sprache gebrauchen, und wenn Frauen versuchen, sie nachzumachen, geraten sie in einen schlechten Ruf.(21)

In vielen Sprachen wird selbst das Wort »ich« in eine weibliche und eine männliche Bezeichnung zerlegt. Das ist auch im Japanischen der Fall, das sonst kein grammatisches Geschlecht kennt. Es gibt zwar ein allgemeines Wort für ich (»Watakushi«), aber Frauen, die besonders weiblich sein wollten, sagten häufig »watashi«. Ein drittes Wort für Ich (»boku«) war den Männern der Kriegerkaste, den Samurai, vorbehalten. Eine weibliche Form von Ich kannte auch die ansonsten geschlechtslose chinesische Sprache.(22)

Pater Wilhelm Schmidt unterteilt die Sprachen, die die Sexualkategorien männlich, weiblich, sächlich kennen, in vier Unterarten.

> »1. eine solche, wo dieser Unterschied nur beim Personal- (oder Demonstrativ-)Pronomen erscheint; 2. eine solche, wo er außerdem auch beim Substantiv auftritt, aber nur auf Personen (oder Tiere) sich bezieht; 3. eine solche, wo auch eine große Anzahl oder die Gesamtheit der nicht belebten Dinge in eine der beiden Klassen eingeteilt werden, und so das sogenannte grammatische Geschlecht zustande kommt; 4. wo neben der Maskulin- und Femininklasse noch eine dritte, eine Sachklasse oder Neutrum gebildet und als solche äußerlich gekennzeichnet wird, eine Klasse, die solche Substantive umfaßt, die aus irgendeinem Grunde weder Maskulinum noch Femininum sind.«(23)

Schmidt weist darauf hin, daß bei den Personalpronomina in der größten Zahl der Fälle ein Unterschied nur in der dritten Person Singular vorkommt. Das bedeutet, daß der Geschlechtsunterschied in der Anrede von einer Person zur anderen nicht gemacht wird, sondern nur im Reden über dritte.

Bei den Papuasprachen gibt es ähnlich wie in den semitischen Sprachen eine exzessive Einteilung in Maskulinum, Femininum und Neutrum. Daneben existieren jedoch noch weitere Wortklassen für andere Gruppen. Zum Beispiel kennt das Monumbo in Neu-Guinea beim Personal- und Demonstrativpronomen wie beim Substantiv, Adjektiv, Numerale und Verb die Einteilung in männlich, weiblich, kindlich, sächlich und eine weitere nicht näher zu bestimmende Klasse. Bei den Bewohnern von Bougainville in der Südsee werden nicht nur eine Maskulin- und Femininklasse, sondern auch noch zahlreiche andere für große und kleine Vierfüßler, Vögel, Fische, Bäume, Früchte, Werkzeuge und viele weitere Kategorien gebildet.

Über die Entstehung des grammatischen Geschlechts, seine Notwendigkeit oder Überflüssigkeit in einer Sprache besteht bis heute keine Klarheit. Noch 1953 versuchte Herbert Seidler in seiner »Allgemeinen Stilistik« an die Theorie von Jakob Grimm wieder anzuknüpfen, die besagte, daß das grammatische Geschlecht eine Ausdehnung des natürlichen Geschlechts in die Sprache ist. Seidler schreibt:

> »Am Ursprung der Ausbildung der Geschlechtsformen steht eine gemüthafte Einstellung zur Welt; sie erwächst aus unserem menschlichen Wesen, dem die Geschlechtertrennung als einem Lebewesen sehr grundlegend ist. Das eine erleben wir als aktiv, gebend, groß, es nimmt in unserer Erfassung männliche Wesenszüge an; das andere erleben wir als passiv, empfangend, klein, es nimmt in unserer Erfassung weibliche Wesenszüge an.«

Da er aber auf der anderen Seite sieht, daß sich in Wirklichkeit die Verteilung der Geschlechtsartikel und der dazugehörigen Adjektivendungen nicht nach solchen von ihm als geschlechtstypisch empfundenen Eigenschaften richtet (der Uterus, das Ei), nimmt er eine Ökonomisierung des sprachlichen Gebrauchs an. So ist für ihn das Neutrum ein »geradezu erzwungener oder bewußter Verzicht auf gemüthaft belebende Erfassung«.

> »Der Gebrauch der Sprache als Vermittlungs- und Verständigungsvehikel führt zur Rationalisierung und vollständigen Entleerung der Geschlechtsformen. Daneben bleibt die andere Entwicklungsrichtung, die auf Bewahrung der Vollkraft geht.«

Seidler meint, daß die Geschlechter des Gegenstandswortes in der Sprachkunst weiterhin verwendet werden.

> »Und zwar haben männlich und weiblich gegenüber dem Neutrum eine schärfere, lebendige und wirkende Bestimmtheit voraus. Im Neutrum ruhen Stilwerte des Unbestimmten, des bewußten Außerachtlassens belebender Kennzeichen, der Abwertung, dann einer kühlen Sachlichkeit. Das Männliche hat die Stilwerte des Aktiven, Wirkenden, Harten, das Weibliche des Empfangenden, Weichen. Das sind grobe Bestimmungen. Man kann eben gefühlsmäßige Erfassungen nicht begrifflich formulieren, ohne ihnen gerade Wesentliches zu nehmen. Denn auf Mond und Sonne passen diese Bestimmungen nicht, und doch sind sie deutlich als männlich (kühl, für sich) und weiblich (wärmespendend) in der deutschen Sprache erlebt, im Gegensatz zu den südlichen Sprachen.«(24)

Andere Forscher, vor allem der Ungar István Fodor,(25) führen heute das grammatische Geschlecht nicht mehr auf die Analogie mit dem natürlichen zurück, sondern auf innersprachliche Mechanismen, zum Beispiel Lautveränderungen und Analogien, die sich nur auf die Ähnlichkeit oder Verschiedenheit der Laute beziehen. Ein Zusammenspiel von syntaktischen und morphologischen Momenten hat demnach zur Einteilung der Sprache in mehrere Klassen geführt. Vor allen Dingen wird der Gesichtspunkt der Kongruenz innerhalb einer Sprache betont. Das heißt, an der Endung des Adjektivs ist dann zum Beispiel genau zu erkennen, zu welchem Substantiv es gehört. Ein Personalpronomen kann an die Stelle des Substantivs rücken. Dadurch ist es möglich, auf endlose Wiederholungen des Substantives in den nachfolgenden Sätzen oder innerhalb eines Satzes zu verzichten. Diese Theorie lehnt es ab, das natürliche Geschlecht oder Wertunterscheidungen (hoch und niedrig) als Ursprung des grammatischen Geschlechts anzusehen. Denn der Inhalt des Denkens ist nicht transferierbar zu seiner äußeren Form, dem System der Sprache. Wortformen sind rein morphologische Erscheinungen, die völlig neutral gegenüber Inhalten und Wertungen sein müssen, weil sonst die Sprache, die ein System eigener Regeln ist, sich innerhalb kurzer Zeit auflösen würde.

Auch wenn man dieser Auffassung folgt, bleibt jedoch immer noch die Tatsache bestehen, daß in vielen Sprachen das natürliche Geschlecht, soweit es sich um Personen handelt, sprachlich ausgedrückt wird. Der amerikanische Sexualforscher John Money hält die unterschiedlichen Personalpronomina in der dritten Person (he, she, it) für eine wichtige Voraussetzung zur Ausbildung der geschlechtlichen Identität, und dies in einer Sprache, die ansonsten nur einen Geschlechtsartikel (the) kennt im Gegensatz zum Deutschen (drei) oder zum Französischen (zwei).

Außerdem ändern auch neue linguistische Thesen nichts daran, daß Forscher – aber sicherlich nicht nur sie, sondern mit ihnen ein großer Teil der Gebildeten seit fast zweitausend Jahren – davon überzeugt waren, das grammatische Geschlecht lasse sich in jedem Fall aus dem natürlichen herleiten. Sie haben damit auf ihrem Gebiet einen ganz wichtigen Beitrag zur Rechtfertigung sexistischer Strukturen geleistet.

Daß die Übereinstimmung von natürlichem und grammatischem Geschlecht psychologisch wichtig ist, weil bei Abweichungen die Sprache als Mittel der Degradierung wirkt, zeigt sich in indogermanischen Sprachen zum Beispiel daran, daß die Frau häufig sächlich ausgedrückt wird. Im Deutschen heißt es wie in indischen Dialekten »das Mädchen«, und das Personalpronomen dazu ist »es«. Heute gibt es eine Tendenz, zwar weiterhin »das« Mädchen zu sagen, aber als Personalpronomen dazu »sie« zu benutzen. Die Versächlichung der Frau ist im Deutschen immer negativ und abwertend gebraucht worden. Die geläufigste Bezeichnung für Frau war noch bis vor ungefähr fünfzig Jahren »das Weib«, und der Sachencharakter der Frau war in dieser Bezeichnung offenkundig. Heute wird das sächliche Geschlecht immer noch auf das weibliche Kind angewandt. Es besteht jedoch ein Trend in der deutschen Sprache, das Wort Mädchen nicht nur für das Kindstadium der Frau anzuwenden, sondern es auszudehnen auf die erwachsene Frau. Das kumpelhafte »Mädchen«, das so häufig in Büros zu hören ist, ist in Wirklichkeit nichts anderes als eine in kollektivem Sprachprozeß entwickelte neue Verdinglichung von Frauen, die einen ausgesprochenen degradierenden Charakter hat.
Die übliche Reihenfolge, in der wir die Geschlechtsartikel aufzählen, besagt ja auch schon einiges über die Wertzumessung der Artikel (der, die, das). Wie in einer indogermanischen Sprache die Personalpronomina eingesetzt werden, um eine Frau zu degradieren, zeigt sich deutlich am Beispiel der indischen Havik-Kaste. Ist der Ehemann einer Frau gestorben, wird die Frau defeminisiert. Niemals wird von ihr mehr als einer »sie« gesprochen. Statt dessen wird sie durch das Neutrum »es« bezeichnet. Der häufigste Ausdruck für eine Witwe ist Rani, was so viel wie das Tier bedeutet.(26) In Kônkanî, einem indischen Dialekt, wird das Neutrum gebraucht, um Frauen vor der Pubertät zu bezeichnen, aber ebenso für Frauen von niedrigem Rang.(27)
Erinnern wir uns, daß Sigmund Freud die niedrigste, unentwickelte und undifferenzierte Stufe der Person als »Es« bezeichnet hat.
Wie wichtig im Unbewußten die sprachliche Form für männlich und weiblich ist, kann man an den Identitäts-

schwierigkeiten von Frauen ersehen, die ein in unserer Gesellschaft als männlich geltendes Amt einnehmen. Ein Beispiel: Auf einer Tagung zum Jahr der Frau im Jahr 1975 wandten sich während einer Podiumsdiskussion sowohl eine anwesende Ministerin wie auch eine Staatssekretärin vehement und mit großer Emotionalität gegen die Feminisierung ihres Titels. Die Begründung, die eine von ihnen gab, lautete, sie habe eine Funktion inne, und diese habe mit ihr als Person nichts zu tun. Deswegen müsse es bei »Staatssekretär« bleiben und dürfe nicht zu »Staatssekretärin« werden. Die unausgesprochene Furcht, die hinter einer solchen Ablehnung der Feminisierung einer Funktion steht, liegt darin, daß damit eventuell auch wieder die Abwertung und Minderwertigkeit der weiblichen Rolle in dieses Amt einfließen könnte. Dieselbe Frau, die die männliche Form von Minister oder Staatssekretär gewahrt wissen will, findet sicher nichts dabei, wenn ein weiblicher Lehrer sich Lehrerin nennt, oder ein weiblicher Beamter Beamtin.
Daß die Sprache männliche Herrschaftsstrukturen besitzt, zeigt sich auch daran, daß in Sprachen, wo es das grammatische Geschlecht und unterschiedliche Pronomina für männlich und weiblich gibt, das männliche Pronomen für gemischtgeschlechtliche Gruppen benutzt werden muß. Im Französischen gibt es zum Beispiel für Plural in der dritten Person des Personalpronomens die männliche Form »ils« und die weibliche »elles«. Wenn jedoch der Plural in der dritten Person für eine gemischtgeschlechtliche Gruppe gebraucht werden soll, so ist es immer die männliche Form »ils«, die für die gemischtgeschlechtliche Gruppe steht, selbst dann, wenn es sich dabei nur um einen Mann und zwanzig Frauen handelt. Ähnlich ist es im Italienischen, Spanischen, Portugiesischen, wo der männliche Plural immer dann genommen wird, wenn es darum geht, eine Gruppe zu bezeichnen, die aus Mitgliedern beiderlei Geschlechts besteht. Wenn ein Protestmarsch von fünfhundert Frauen und einem Mann stattfindet, muß trotzdem die männliche Form gewählt werden.(28)

In der Geschichte von Emanzipationskämpfen war es immer ein wichtiges Kampfziel der Unterdrückten, den Status

Mensch für sich zu gewinnen. Der schwarze Amerikaner Eldrige Cleaver schrieb über diesen Kampf:

> »Wir werden Menschen sein. Wir werden es sein, oder die Welt wird dem Erdboden gleichgemacht bei unserem Versuch, es zu werden.«(29)

Ein Mensch zu sein, ist der erstrebenswerteste politische Status für alle Unterdrückten. Denn es gehört zu den psychologischen Kolonisierungsstrategien der Herrschenden, das Selbstwertgefühl der Unterlegenen dadurch zu zerstören, daß man ihnen den menschlichen Status abspricht. Hedwig Dohms berühmter Satz lautete:

> »Die Menschenrechte haben kein Geschlecht.«

Was für andere politische Gruppen, die ihre Unabhängigkeit wollen, ein höchst erstrebenswertes Ziel ist, nämlich Menschen zu sein, ist dennoch für Frauen als unterdrückte Hälfte der Menschheit ein sprachliches Symbol, das nicht nur Vorteile bietet, sondern erhebliche Möglichkeiten der Machtverschleierung eröffnet.

In der Geschichte der Definitionen vom Menschen hat die Frau keinen Platz. Der Mensch (althochdeutsch Mannisco, Adjektiv zu Mann) ist in den indogermanischen Sprachen fast überall identisch mit der Bezeichnung für Mann. Das ist bekannt und wurde immer wieder als Beleg für die Herrschaft der männlichen Norm angeführt. Natürlich wird kaum jemand bestreiten, daß Frauen Menschen sind. Überprüfen wir jedoch ein paar der philosophischen Definitionen vom Menschen daraufhin, ob sie die Frau mit einschließen, ob sie von der Definition ausgeschlossen ist, oder ob sie eventuell mitgemeint sein kann.

Für Aristoteles war der Mensch das politische Tier. Da er in seiner »Politeia« Frauen ausdrücklich von politischen Rechten ausschloß, kann er die Frau wohl nicht darunter verstanden haben. Auch in dem Begriff Vernunftwesen hat sie kaum einen Platz. Vernunft ist ein männliches Attribut, noch Kant meinte, daß die Frauen höchstens einen »schönen Verstand« besitzen. Humanisten und Aufklärer beschrieben den Menschen als Wesen mit sittlicher Autonomie. Aus der Geschichte ihrer Zeit wissen wir jedoch, daß sie der Frau diese Autonomie keineswegs zubilligten. Auch als Widerspruch und antagonistische Einheit von Körper und Geist, wie die franzö-

sischen Rationalisten den Menschen sahen, konnten sich die Frauen schwerlich verstehen. Geist war ein männliches Kennzeichen.
Ist die Frau eingeschlossen in die Definition vom homo homini lupus, den menschlichen Wölfen, die sich gegenseitig zerfleischen, wenn sie keinen Gesellschaftsvertrag abschließen? Ist sie gemeint mit dem Menschen, der eine angeborene Gottesvorstellung besitzt (Feuerbach)? Daß sie in Marx' Klassenbegriff nur eine Sekundärfigur ist, haben wir schon erörtert.
Als »Über-Mensch« (Nietzsche) war sie ganz sicher nicht gemeint. Als Mensch der Tat, als faustisches Wesen, wie bei Goethe, sollte sie sich auch nicht verstehen, denn dieser faustische Drang äußert sich ja darin, daß er eine Frau (Gretchen) zum Opfer macht und zerstört.
Auch die anthropologischen Definitionen des Menschen in unserem Jahrhundert sind nicht so beschaffen, daß eine Frau sich darin eingeschlossen fühlen könnte. Der Mensch als territoriales Wesen, wie ihn Verhaltensforscher definieren, ist männlich. Territorialität ist die Eigenschaft der männlichen Primaten. Dieser kurze Streifzug duch die Definitionen vom Menschen in der abendländischen Geschichte zeigt schon, daß wir es hier mit einer ganz besonderen Art von Diskriminierung zu tun haben. Biologisch hätte wahrscheinlich keiner der zitierten Philosophen gezögert, die Frau nicht als Mensch einzureihen. Aber durch die Definition der Haupteigenschaften des Menschen, seines innersten Wesens, machen alle klar, daß diese Grundsubstanz vom Mann abgeleitet ist.
Die einzige Definition, die eindeutig den weiblichen Menschen einschließt bzw. sich an der Frau orientiert, ist die Klassifizierung des Menschen als »Säugetier«.
Noch zu Anfang dieses Jahrhunderts setzte der Nationalökonom Werner Sombart das Menschsein der Frau mit dem Untergang der Kultur gleich.

> »Ja, ich möchte sagen, schon jedes Nachdenken über diese Dinge ist eine Dekadenzerscheinung. Das Beweismaterial für die Richtigkeit dieser Auffassung entnehmen wir dem Schicksal aller bisherigen Kulturnationen, die gerade daran zugrunde gegangen sind, weil ihre Frauen Menschen wurden ...«(30)

Semantisch gesehen enthalten viele geschlechtslose Begriffe eine unbestimmte männliche Bedeutung, die sich häufig nur schwierig nachweisen läßt.
Denn die Begriffe, in denen beide Geschlechter gemeint sein können, sind oft nur ein Synonym für Männliches. Ein Beispiel ist das Wort Kind. Im Arabischen ist das häufigste Wort für Kind Walad (Plural ulàd). Dieses Wort für Kind ist auch das Wort für Junge. Die Frage »wie viele Kinder haben Sie?« kann also auch heißen, wie viele Jungen (Söhne) haben Sie? Bei der Übersetzung arabischer Texte ist es nicht einfach zu entscheiden, wann das Wort Walad für Kind steht und wann für Junge.(31)
In seiner Geschichte der Kindheit berichtet der französische Historiker Philippe Ariès fast ausschließlich über die Erziehung der männlichen Kinder. Das mag davon mitbestimmt sein, daß es für die Kindheit der Mädchen weniger geschichtliche Quellen und Dokumente gibt, besagt aber nichts über die unbestimmte Gleichsetzung von Kindheit mit männlicher Kindheit.
Ein anderes Beispiel ist der Begriff Volk. Das Wort Volk oder Volksversammlung wird zum Beispiel für die politischen Institutionen in griechischen Stadtstaaten verwandt, obwohl Frauen davon ausgeschlossen waren. Semantisch steht Volk also dabei für Mann. Ähnlich wurde die Schweiz immer als eines der Ursprungsländer der Demokratie gefeiert, obwohl diese Demokratie (wörtlich Volksherrschaft) auf die Männer beschränkt war.
Ebenso geht es mit dem Begriff Jugend. Auch die Bedeutung von Jugend ist in unbestimmtem Maße eher mit dem Inhalt junge Männer verknüpft als mit dem Inhalt junge Frauen. Wer zum Beispiel Berichte über die steigende Jugendarbeitslosigkeit in der Bundesrepublik verfolgte, fand diese immer wieder belegt durch Beispiele von männlichen Arbeitslosen, obwohl unter den jugendlichen Arbeitslosen mehr Frauen als junge Männer sind.

> »Was das Individuum betrifft, so ist ohnehin ein jedes der Sohn seiner Zeit ... Wer, was seine Zeit will, ausdrückt, ihr sagt und vollbringt, ist der große Mann seiner Zeit.«(32)

Dieses berühmte Hegel-Zitat zeigt, daß auch der Begriff Individuum rein männlich gedacht wird, obwohl es ein neutraler Begriff ist. Betrachten wir folgenden Satz aus einem deutschen Schulbuch:

»Die beiden Weltkriege stellten die Frauen vor Aufgaben, die ihnen niemand zugetraut hätte.«(33)

Das unbestimmte Pronomen »niemand« stellt hier offenbar ein kollektives männliches Über-Ich dar, das darüber befindet, ob und wie Frauen sich selbst etwas zutrauen. Die Reihe dieser Begriffe wäre leicht fortzusetzen. Denken wir nur an Schillers »Hymnus an die Freude«:

». . . Alle Menschen werden Brüder, wo dein sanfter Flügel weilt.«

Alle Menschen sind demnach offenbar Männer, denn nur diese können allesamt zu Brüdern werden.

34. Kapitel
Dualismus und Dialektik: Der Koitus der Gegensätze

> »Die Empfängnis ist die Kontraktion des ganzen Individuums in die einfache sich hingebende Einheit, in seine Vorstellung: der Same diese einfache Vorstellung selbst — ganz Ein Punkt, wie der Name und das ganze Selbst. Die Empfängnis ist also nichts anderes, als dies, daß das Entgegengesetzte, die abstrakten Vorstellungen zu Einer werden.« *Georg Wilhelm Friedrich Hegel*

> »Das Tao produzierte die Einheit. Die Einheit produzierte die Dualität. Die Dualität entwickelte sich in die Trinität, und die Trinität brachte die zehntausend Dinge hervor.«(1)

Dieser Satz aus dem Lao-tzu sagt in der chinesischen Denkschule der Taoisten, wie die Vielheit der Dinge aus der ungeschiedenen Einheit zustande kommt. In der ägyptischen Hieroglyphensprache wird das Wort »Alles« aus der Zusammensetzung »das Seiende und das Nichtseiende« gebildet. Der Begriff »Drei« wurde von den Ägyptern mit »viel« gleichgesetzt.
Die Weltschöpfung wurde von den Ägyptern als Entstehen der Zweiheit aus der Einheit beschrieben. Die Präexistenz wird durch das noch ungeteilte Eine gekennzeichnet. Die Formel zur Kennzeichnung der Urzeit im Ägyptischen lautet »Ehe zwei Dinge (gleich Zweiheit) in diesem Lande existierten«. Das Wesen der Existenz ist die Zweiheit, und zwar in der Form einander ergänzender Gegensatzpaare. Obwohl Anspielungen auf das Ende der Schöpfung seltener sind, wird die Aufhebung der Zweiheit zum Weltende vorausgesagt. Das undifferenzierte Urwesen Atum und Osiris, der Herrscher der Toten, sind durch Millionen von Jahren getrennt und werden sich einmal wieder vereinigen.(2)
In der chinesischen Philosophie wurde das Prinzip des Yin und des Yang benutzt, um die Phänomene des Universums

zu erklären. Das Yang ist das männliche Prinzip, das Yin das weibliche. Dem Yang entspricht der Himmel, dem Yin die Erde. Aus ihrer Hochzeit geht die Transformation aller Dinge hervor, als Interkommunikation des Samens zwischen Mann und Frau. Das Reich der Mitte ist der Punkt, wo Himmel und Erde sich berühren. Im Appendix zum I Ching heißt es über die Qualitäten des männlichen Prinzips, daß es unermeßlich ist, alle Dinge verdanken ihm ihren Anfang. Es enthält den Himmel. Sein Werk ist der Wechsel und die Verwandlung, durch das jedes Ding seine richtige Natur erhält, die seinem Schicksal entspricht. Vollkommen ist das weibliche Prinzip. Alle Dinge verdanken ihm ihre Geburt. Es empfängt gehorsam die Einflüsse des Himmels.

Bevor Himmel und Erde ihre Form bekamen, gab es einen amorphen Zustand, der in eine leere Ausdehnung überging, die den Kosmos produzierte. Dieser erzeugte eine Urflüssigkeit, und das, was daran klar und hell war, formte sich zum Himmel. Das, was schwer, schlämmig und verworren war, formte sich zur Erde. Die Vereinigung des Klaren und Leichten ging besonders schnell, während die Erstarrung des Schweren und Trüben besonders schwierig war, so daß der Himmel vor der Erde geformt wurde. Das Wesen von Erde und Himmel formte das Yin und das Yang, und die vereinigten Wesen von Yin und Yang brachten die vier Jahreszeiten hervor. Die verstreuten Wesen der vier Jahreszeiten formten die Myriaden Dinge. Die heiße Kraft des Yang brachte akkumuliert das Feuer hervor, und das Wesen des Feuers formte die Sonne. Die kalte Kraft des Yin produzierte das Wasser, und das Wesen des Wassers formte den Mond. Aus den überflüssigen Kräften der Sonne und des Mondes bildeten sich durch Verfeinerung die Sterne und Planeten.

Die beiden Prinzipien, die das Universum etablierten, werden benutzt, um die Beziehungen zwischen Männern und Frauen zu erklären. Dazu heißt es im Appendix 1 des I Ching:

»Wenn Himmel und Erde Geschlechtsverkehr miteinander haben, entwickeln sich alle Dinge frei. Wenn hoch und niedrig miteinander verkehren, sind sie von demselben Ziel erfüllt. Das weibliche Prinzip hat seine Schönheiten, aber es muß sie unter Kontrolle halten im Dienste seines

> Herren und darf nicht Ruhm für sich selbst in Anspruch nehmen.«(3)

Die Erde hat keinen Ruhm für sich selbst zu beanspruchen, sondern nur im Dienst eines anderen die Dinge auf ihr rechtes Ziel zu lenken. Wenn das weibliche Prinzip sich alleine vorschiebt, wird es konfus werden und den rechten Weg verlieren. Die gigantische Schöpfung des Universums und ihre Erhaltung dienen als eine metaphysische Interpretation, um die Beziehungen zwischen Mann und Frau in der Welt zu beschreiben. Die Erhabenheit des Himmels wird der Niedrigkeit der Erde gegenübergestellt, ebenso wie die geehrte und die untergeordnete Position in der Gesellschaft das Verhältnis von Männern und Frauen kennzeichnen. Weiblich ist im Chinesischen Erde, Wasser, Wolke, Mond, Winter, Herbst. Die Qualitäten des Weiblichen sind: schwer, grob, unrein, dunkel, das sich Senkende, das sich Zusammenziehende, Kalte und Feuchte, Viereckige, Passive. In polynesischen Schöpfungskonzeptionen wird ebenfalls die höhere Macht, das männliche Prinzip, Licht, Leben und der Tag einerseits, die niedere Natur, das Gemeine und Profane, das weibliche Prinzip, die Dunkelheit, Nacht und Tod andererseits einander gegenübergestellt.(4)

Georg von der Gabelentz schreibt in seiner chinesischen Grammatik, wie sehr die chinesische Sprache vom Sinn für Gegensätze geprägt ist.

> »Dualismus. Sinn für scharfe Antithese wurzelt tief in der chinesischen Geistesanlage und äußert sich lebhaft in Sprache und Stil. Eigentümlich ist dabei die häufige Verbindung begrifflich entgegengesetzter Wörter zur Bildung mehr abstrakter Begriffe . . .«

So wird das Wort für »Zahl« aus einer Komposition entgegengesetzter Begriffe gebildet, nämlich aus viel und wenig. Die Zusammenstellung von »kommen–gehen« heißt: »verkehren, Reisende«.

> »Sind zwei aufeinander folgende Wörter in einer oder mehreren ihrer Bedeutungen einander logisch entgegengesetzt, so bilden sie ein antithetisches Kompositum.«

Die chinesischen Schriftsteller lassen häufig Sätze von völlig gleichem Bau mit entgegengesetztem Inhalt aufeinanderfolgen.

Auch die Abstracta werden häufig durch Komposita entgegengesetzter Adjektive und Verben geformt. Die Zusammenstellung von »klein–groß« bedeutet »Größe«, von »leicht–schwer«: Gleichgewicht. Die Zusammenstellung von »bestehen–vergehen« bedeutet »Existenz«.(5) Diese dialektische Form der Begriffsbildung, die bei den Chinesen besonders ausgebildet ist, wird in allenTeilen der Welt benutzt, um die Geschlechter in ihrem Wesen und in ihren Eigenschaften als etwas scharf Getrenntes und Gegensätzliches zu betrachten, die keine identischen Eigenschaften und Fähigkeiten besitzen. Der Gegensatz Himmel–Erde, der das chinesische Weltbild über Jahrtausende prägte, wurde in der ägyptischen Kultur umgekehrt gesehen. Hier trennte sich die Himmelsgöttin von dem Erdgott, um die beiden Sphären Himmel und Erde zu scheiden.
In Indonesien, zum Beispiel in Ambon, lag in einem Schöpfungsmythos der männliche Himmel eng auf der weiblichen Erde. Während die Chinesen die Farbe Schwarz dem weiblichen Prinzip und die Farbe Weiß dem männlichen zuordneten, steht im indonesischen Denken die Farbe Weiß auf der weiblichen Seite.(6)
Diese Umpolungen sind auch in bezug auf Mond und Sonne bekannt. In den romanischen Sprachen hat die Sonne männliches Geschlecht und der Mond weibliches, im Germanischen ist es umgekehrt. Wichtig scheint dabei immer nur die Polarität zu sein, die konstitutiv ist. Nicht der Inhalt der Gegensätze, sondern ihre Bewertung (minderwertig, hervorragend, positiv, negativ) ist entscheidend.
Über die ganze Welt verbreitet ist die rechts-links-Symbolik. Rechts ist männlich und links ist weiblich, nur die Chinesen machen eine Ausnahme. Bei ihnen gilt rechts als weiblich und links als männlich.(7)
Die Einteilung rechts und links, Mann und Frau war schon in der Jungsteinzeit verbreitet.

> »In der späten Theiß-Kultur war es herrschender Brauch, daß Männer auf der rechten Seite, Frauen auf der linken Seite liegend bestattet wurden.«(8)

Die Vorstellung von rechts und links als Opposition, aber auch als einander die Existenz gewährend, findet sich bei den Kogi-Indianern der Sierra Nevada. Sie glauben, daß die

Permanenz eines Prinzips des Guten, das sie mit der rechten Seite und der richtigen Richtung gleichsetzen, bestimmt wird durch die simultane Existenz eines bösen Prinzips, das mit der linken Seite identifiziert wird. Das Gute kann nur existieren, weil das Böse ein aktives Prinzip ist. Das Gute würde verschwinden, wenn es das Böse nicht gäbe. Das Hauptproblem des menschlichen Lebens in der Sicht der Kogi besteht darin, diese zwei Gegensätze in ein Gleichgewicht zu bringen und sie dabei als ergänzende Kräfte zu erhalten. Die fundamentale Konzeption ist Yuluka, ein Terminus, der übersetzt werden kann mit »In Einverständnis sein« oder »Gleichsein«. Die kreativen und destruktiven Energien müssen in Balance sein.(9)

In einem Schöpfungsmythos aus Hawai wird der Mensch aus dem Lehm aller Weltrichtungen gemacht. Die rechte Seite wurde aus dem Lehm des Nordens und Ostens, die linke aus dem Lehm von Süd und West gemacht. Dabei setzt das polynesische Denken den Osten stets mit rechts und rechts stets mit Mann, Licht und Leben gleich. Links dagegen ist mit dem Westen verbunden und bedeutet das Weibliche, Dunkelheit und Tod. Bei den Maoris auf Neuseeland gehört die rechte Seite des Mannes dem Osten. Sie besaß Mana, die linke Seite war die schwache Seite, die »Ort der alten Frau« genannt wurde. Auch in Ägypten war die Rechts-links-Symbolik bekannt. Der König wurde mit dem rechten Auge und der Sonne, die Königin mit dem linken Auge und dem Mond verglichen. Bei den Be-Tammaribe in Norddahomey gilt die rechte Seite des Hauses als männliche, die linke Seite als weibliche. Die Familienaltäre stehen auf der rechten Seite. Im Grab liegt der Mann auf der rechten und die Frau auf der linken Seite.(10) Diese Rechts-links-Einteilung, verbunden mit männlich und weiblich, mit Zuordnungen der Himmelsrichtungen und Gestirne, der Jahreszeiten und der Farben findet sich in Religionen und Riten auf der ganzen Welt. In Europa war sie Bestandteil der griechischen Zeugungslehren. Vor allem die hippokratische Medizin verwendete die Rechts-links-Theorie zusammen mit dem Gegensatzpaar warm und kalt. Danach entstehen die Knaben im warmen und rechten Teil des Uterus, die Mädchen im kalten und linken. Hermann Baumann schreibt:

»Entscheidend aber war Galens Eintreten für die Rechts-links-Theorie gleichfalls in Verbindung mit kalt-warm. Er geht von der Ernährung des Uterus durch die Blutgefäße aus und schließt: die rechte Seite wird von warmem, reinem Blut ernährt, die linke von kaltem, unreinem. So bildet sich das männliche auf der rechten, das weibliche auf der linken Seite des Uterus. Seltsam trifft sich hier abendländische Medizin in einem Gemisch induktiver und spekulativer Schlüsse mit den Theorien papuanischer Völker, die vom schlechten weiblichen und guten männlichem Blut sprechen und jenes bei der Initiation ausscheiden wollen.«(11)

Baumann, der eine Fülle von Beispielen aus der ganzen Welt für die Rechts-links-Ordnung der Geschlechter aufzählt, weist auch darauf hin, daß der europäische Volksglaube die Analogie von rechts und links zur Geschlechtsbestimmung gebraucht hat. So deutet auf Island die Entwicklung der rechten Brust bei einem Mädchen darauf, daß ihr erstes Kind ein Knabe sein wird. Und eine Frau mußte auf der rechten Seite liegen, wenn sie sich einen Knaben wünschte. Dieser Glaube der Isländer taucht in völlig gleicher Art auch bei den südafrikanischen Sotho auf.

Die linke Hand war bis auf einige Ausnahmen fast überall die Hand, die negative Züge trug, die Hand, die unrein war und profan gegen die rechte. Diese Rechts-links-Symbolik und die Negativ-positiv-Wertung setzten sich heute noch im politischen Bereich fort. Rechts verkörpert Recht und Ordnung, Links ist politisch die Seite der geringeren Macht, überall und immer zu diffamieren und leicht zu assoziieren mit dem Negativen, das die Welt der Ordnung (des Rechts und des Richtigen) in Unordnung bringen will.

Wird der weibliche Aspekt nun immer nur als machtlos und niedrig angesehen? In einer Untersuchung über die Sexualoppositionen in einem Hindupantheon (1972) kommt der Autor Lawrence Babb zu der Auffassung, daß eine Reihe der Lokalgöttinnen in der Chattisgarh-Region in Madhya Pradesh immer als die aktive Kraft in den Erscheinungen der Welt dargestellt wird. Die Lokalgöttinnen werden als die Verursacherinnen der Pockenkrankheit gefürchtet. Man hält sie verantwortlich für Fieber und Cholera. Die Pockenkrankheit ist vor allen Dingen eine Krankheit der heißen Jahreszeit, und die Konzeptionen von dieser Krankheit sind mit dem Thema Hitze und Erhitzen verbunden. Da die Hauptmanifestation der Göttinnenkraft das Fieber des Patienten ist, muß die schreckliche Göttin gekühlt werden. Eine Menge Vorsichtsmaßnahmen müssen gegen die Hitze oder das Heizen getroffen werden. Zum Beispiel darf kein Öl in ihrer Umgebung erhitzt werden, sonst wird die Göttin noch unheilvoller. Die ganze heiße Jahreszeit wird dominiert von dem Göttinnenkult.

Die schrecklichste Form weiblicher Gottheit ist die Göttin Kali, die mit einer Girlande von Schädeln, in eine Tigerhaut eingewickelt, den Himmel mit ihrem Gebrüll erfüllt. Ihre einzige Emotion ist Zorn, schwarzer blutrünstiger Zorn. Lawrence Babb meint dazu, daß immer dann, wenn einer der Aspekte der Göttinnen in Tempeldarstellungen zusammen mit einem Gott abgebildet wird, die Göttin hinter ihrem Ehemann in einer unterwürfigen Haltung steht. So zum Beispiel das Götterpaar Shiwa und Parvati. Aber wenn die Göttin in ihren fürchterlichen Aspekten in einem Tempel dargestellt wird, ist kein männlicher Gott an ihrer Seite. Jedoch verwandelt sich in einigen Tempeln Shiwa in ihren Leibwächter. Dabei ist er der Göttin untergeordnet und nicht länger als ihr Ehemann porträtiert. Seine Charateristika werden von ihren aufgesogen. In dieser Form nimmt er Blutopfer an, was er als Gott Shiwa niemals tut. Wenn das Paar in der richtigen sozialen Ordnung als Ehemann und Ehefrau dargestellt ist, handelt es sich um eine positive und freundliche Darstellung der Aspekte der Göttin, und die Konflikte und das Destruktive fallen dann weg. Die duale Vorstellung der Göttlichkeit ist in diesen Transformationen mit der Opposition von männlich und weiblich verbunden. Wenn das Feminine das Maskuline dominiert, ist das Paar schrecklich, wenn das Männliche das Weibliche dominiert, ist das Götterpaar gütig und milde.(12)

Bei den Zuni-Indianern wird das erste Wesen der Welt »Er-Sie« genannt oder Behälter des Alls. Dieses Mann-Frau-Wesen transformierte sich selbst in die Sonne und erzeugte zwei Samen, mit denen die großen Wasser geschwängert wurden. Daraufhin entstanden der alles bedeckende Vater Himmel und die vierteilige Mutter Erde. Die Erdmutter enthielt alle Dinge der Schöpfung in ihrer Gebärmutter. Im Zunikult ist das religiöse Leben dominiert von einer systematischen Opposition zwischen dem Kult der Regengötter im Sommer und der Tiergötter im Winter. Die bestimmenden Kräfte wechseln sich in ihrer Dominanz ab.(13)

Ähnlich kennen die Khasi in Zentral-Assam eine Schöpfergottheit, die den bestimmten Artikel des männlichen als auch den des weiblichen Geschlechts erhält. Der weibliche Aspekt ist mit dem des Erhaltens und Verwaltens der Dinge verknüpft, der männliche mit dem Erschaffen selbst.(14)

Gelegentlich wird argumentiert, daß die Vielfalt der androgynen oder bisexuellen Gottesvorstellungen weniger diskriminierende Züge gegenüber Frauen aufweist als ein monotheistisches Gottwesen mit patriarchalischen Zügen wie der jüdische Gott Jahwe oder der christliche Gott. Zu dieser Auffassung neigt auch der Afrikanist Hermann Baumann in seinem Werk »Das doppelte Geschlecht«. Er meint, daß in den bisexuellen Schöpfungsgottheiten der scharfe Geschlechtsantagonismus aufgehoben sei. Das stimmt jedoch nur bedingt. Denn die bisexuellen Eigenschaften, die ein androgynes Gottwesen erhält, sind nicht zu einer ununterscheidbaren Einheit verschmolzen. Androgynität ist ebenfalls eine künstliche logische Figur, die aus der Zusammensetzung zweier vorher streng getrennter begrifflicher Qualitäten und Kompetenzen gebildet wird. Diese Einheit der Zweiheit erscheint gewöhnlich als mit dem Zwang zur Harmonie in sich selbst verbunden. Der weibliche Teil der zusammengesetzten Gottheit steht in derselben logischen Beziehung zum männlichen Teil wie sonst in den dualistischen Systemen. Das heißt, der weibliche Aspekt einer bisexuell gedachten Gottheit ist häufig der negativ bewertete oder passive Teil.

Taoistische Philosophen versuchten, das komplizierte Problem von der Einheit der Gegensätze aufzulösen, indem sie behaupteten: Yin und Yang sind Eines, aber man kann auch sagen, daß sie zwei Dinge sind. In der Tao-Psychologie ist jeder Mensch aus zwei Prinzipien gemacht, deren Verschmelzung Geburt, deren Trennung Tod bedeutet.

In vielen Schöpfungsmythen steht am Anfang das Ur-Ei, aus dem ein Welternpaar entsprang. Dann bleibt die Frage offen, woher stammt das Ei? Oder am Anfang wird ein Zwillingspaar gezeugt, aus dem alle Dinge und alle Widersprüche hervorgehen.
Das unauflösbare Rätsel des Ursprungs der Dinge, ihrer Verschiedenheiten und ihrer Beziehungen zueinander, die Frage nach der Ur-Kausalität kann nicht beantwortet werden, ohne einen neuen Widerspruch zu produzieren. Wie kam das Eine in die Welt, wie wurden aus dem Einen die zwei grundsätzlich verschiedenen Dinge, die in nichts identisch sind (sonst könnten sie nicht zwei sein), obwohl sie trotzdem zusammengehören?
Oder umgekehrt: wie kann aus Zweien Eines werden (das Kind?). Das ist das Rätsel, mit dem das Denken fertig werden muß. Die Lösung dieses Problems hat überall Konsequenzen für die soziale Ordnung.
Claude Lévi-Strauss behauptet, daß das Denken nur mit diesen binären Oppositionen arbeitet. Alle mythologischen Systeme seien ein endloser Versuch, die logischen Widersprüche, die das Denken selbst hervorbringen muß, in unzähligen Varianten vor sich selbst zu verschleiern. Er interpretiert den Ödipus-Mythos und seine Variationen als eine Antwort auf die antike griechische Vorstellung vom Anfang, daß ein autochthones Wesen, der erste Mensch, ohne Fremdursache von allein aus der Erde wuchs wie eine Pflanze. Dadurch wird verleugnet, daß jeder Mensch aus der Vereinigung eines Mannes und einer Frau geboren wird. Der Ödipusmythos liefert ein logisches Instrument zur Beantwortung der Frage:

> »Wird man aus einem oder aus zweien geboren? – und dem abgeleiteten Problem, das man etwa so formulieren kann: wird das Selbst aus dem Selbst geboren oder aus dem Anderen?«(15)

Eine andere logische Lösung des Problems, wie aus Einem das Eine oder aus Zweien das Eine entstand, zeigt ein Mythos der Mbowamb-Papua, den Hermann Baumann zitiert. Danach stammten die Frauen von Mädchen ab, die keine Geschlechtsteile hatten, neutrisch waren und nur Masturbation betrieben. Ein Mann traf einen Vogel, der ihn verführte, durch eine List den Frauen Geschlechtsteile anzubringen.

Eine Frau blieb jedoch neutrisch. In einem wichtigen Stammesfest, dem Kor-Nganap-Fest, versuchen die Männer durch Kulthandlungen sich dieser neutrischen, übernatürlichen Macht der Frau anzugleichen.(16) In diesem Mythos wird ausgedrückt, daß aus dem Gleichen das Gleiche hervorgehen kann, nämlich eine Frau aus einer Frau. Verliefe die Reproduktion symmetrisch, müßte auch ein Mann einen Mann hervorbringen können.

Wie bei diesem Papua-Mythos, so beginnt fast jede Kosmogonie mit einem monokausalen Schöpfungsakt. Erst auf einer zweiten Stufe folgt die Genese dem dialektischen Schema, nach dem durch die Vereinigung zweier Wesen ein drittes entsteht.

So wie in der chinesischen Philosophie das Tao, das Eine und Ungeschiedene, existiert in der westlichen Welt der Begriff des Geistes. Hegel schreibt:

> »Der Geist hat seine Wirklichkeit nur dadurch, daß er sich in sich selbst entzweit, in den Naturbedürfnissen und in dem Zusammenhange dieser äußeren Notwendigkeit sich diese Schranke und Endlichkeit gibt . . .«(17)

Das Hegelsche Denksystem entsteht aus einer ständigen Wiederholung des Schöpfungsaktes. Das Bewußtsein bewegt sich in einem unaufhaltsamen Gebären und Zeugen von Begriffen. Dabei entsteht mit jedem neuen Begriff und jedem Denkschritt gleichzeitig ein Widerspruch zu sich selbst, der dazu führt, daß sie sich in einem dritten Zustand wieder vereinigen. Die Synthese enthält dabei die vorherigen Stufen des Begriffs und führt gleichzeitig über sie hinaus, bis sich ein neuer Entzweiungsprozeß vollzieht.

Betrachten wir das Hegelsche System der Dialektik näher, dann offenbart es sich als ein gigantischer geistiger Fruchtbarkeitskult, bei dem die Gegensätze endlos koitieren. Die gewaltige Anstrengung, die seinem begrifflichen System zugrunde liegt, wirkt wie ein Befruchtungszwang. Denn es ist ihm ja nicht genug damit, einen Begriff gegen einen anderen abzugrenzen und ihn als ein vorläufiges Modell zur Beschreibung der Wirklichkeit zu verwenden, sondern die Dialektik ist für ihn real, den Dingen immanent, »die eigene Seele des Inhalts«:

> »Die höhere Dialektik des Begriffes ist die Bestimmung nicht bloß als Schranke und Gegenteil, sondern aus ihr den positiven Inhalt und Resultat hervorzubringen und aufzufassen, als wodurch sie allein Entwicklung und immanentes Fortschreiten ist. Diese Dialektik ist dann nicht äußeres Tun eines subjektiven Denkens, sondern die eigene Seele des Inhalts, die organisch ihre Zweige und Früchte hervortreibt.«(18)

Hegel zeugt Begriffe, um sie sofort in einem neuen Zeugungsakt wieder aufzuheben. Die ewige Entzweiung des Bewußtseins und der Begriffe, die durch immer neue Geburten endlich zu sich selbst kommen sollen, scheint ihr Vorbild in der natürlichen Zweiheit der Geschlechter zu besitzen, die im Moment des Geschlechtsaktes zur Einheit werden.

Hegel will die Realität der Trennung und Entfremdung nicht anerkennen, deswegen muß aus jeder Trennung ein Zusammenführen und Einswerden entstehen.

> »... Denn was sich vereinigen soll, muß ein vorher Getrenntes sein; die Kraft der Zeugung wie des Geistes ist desto größer, je größer auch die Gegensätze sind, aus denen sie sich wiederherstellt.«(19)

Der konkrete Gegensatz in dieser Welt, die Zweiheit, der für einen Moment zur Einheit werden kann, ist die Tatsächlichkeit der Geschlechter, die aufeinander bezogen sind, weil nur aus ihrer Einheit in der Zweiheit etwas Drittes hervorgehen kann, das Kind.

Der Begriff der Aufhebung, des Aufgehobenwerdens, die bei Hegel und später bei Karl Marx die entscheidende Rolle spielt, wirkt wie eine Beschreibung eines Orgasmus, bei dem sich im Idealfall ein paar Sekunden bewußtloser Verschmelzung und des Selbstvergessens von Mann und Frau ereignen. In diesen Momenten kann es zum gleichzeitigen Außersichsein und Fürsichsein kommen, zu der Selbstentäußerung, die beim Hegelschen Rhythmus der Begriffsbildung sofort wieder zur Rückkehr des Bewußtseins in sich selber führt.

Was erschrickt bei Hegel, ist die Totalität dieses Prinzips in der Anwendung auf das menschliche Verhalten. So schreibt er zum Beispiel über das Verhältnis des Subjekts zur Arbeit:

> »... Die Trennung ist stärker, aber eben darum der Trieb zur Vereinigung; wie der Magnet seine Pole ohne Trieb

derselben auseinanderhält, aber zerhauen, diese Identität, aufgehoben, Elektrizität, stärkere Trennung, realer Gegensatz, Trieb zur Vereinigung ist. Was hier aufgehoben wird, ist das Einssein mit dem Objekt durch eigene Arbeit, individuelle eigene Bestimmung desselben (Magnetismus); was an die Stelle tritt, ist reale Differenz, Aufgehobensein der Identität des Subjekts und Objekts; und dadurch reale Vernichtung des Entgegengesetzten oder eine Differenz, welche Beziehung auf das Bedürfnis hat.«(20)

Vergleichen wir diese Beschreibung, die sich auf das Verhältnis von Arbeit, Besitz und Genuß bezieht, mit der Beschreibung der Geschlechterbeziehung:

»... Durch die Natur ist dies Verhältnis der Begierde vollkommen objektiv, das eine in der Form der Indifferenz, das andre des Besondersseins; diese höchste organische Polarität in der vollkommensten Individualität eines jeden Pols ist die höchste Einheit, welche die Natur hervorbringen kann ...«(21)

Die »höchste organische Polarität als die höchste Einheit«, aber dennoch das männliche Geschlecht als das allgemeine, das weibliche als das besondere, subjektive, das nicht für das allgemeine stehen kann – das ist Hegels Vorstellung von dem unterschiedlichen Wesen von Mann und Frau, die unterschiedliche Endbestimmungen haben.

»... Die Geschlechter sind schlechthin im Verhältnis, eins das allgemeine, das andere das besondere; nicht absolut gleich; also ist auch ihr Einssein nicht nach der Weise des absoluten Begriffs, sondern weil es vollkommen ist, das differenzlose Gefühl. Die Vernichtung der eigenen Form ist gegenseitig, aber nicht absolut gleich; es schaut sich jedes in dem andern an, als zugleich ein fremdes, und dieses ist die Liebe.«(22)

An anderer Stelle drückt er das Verhältnis von Trieb, Begierde und Willen bei Mann und Frau so aus:

»Der Wille ist ein gedoppelter, entzweiter geworden. Er ist bestimmt; er ist Charakter. Der eine Charakter ist diese Spannung, die Macht der Entgegensetzung des Seienden, ... es ist das offen Liegende, geradeaus Gehende, Hinaustreibende und Getriebene.«(23)

Dieser Charakterisierung des männlichen Triebes, der geradeausgeht und hinaustreibt, wird das andere als »das Böse, In-sich-Seiende, das Unterirdische« gegenübergestellt. Das Weibliche sieht dem Männlichen zu, »wie dieses sich seinen Untergang durch sich selbst gibt«. Dann beschreibt er diese zwei Arten von Trieben, von denen der eine aktiv ist, der andere empfangend. Das weibliche Sein wird dabei »wie ein Mantel dem Stiere dargeboten«, »gegen den er anrennt, und nicht treffend, getroffen wird«. »Der Wille hat sich selbst in die zwei Extreme entzweit, in deren einem er ganz ist, dem allgemeinen, wie im andern, dem einzelnen. Seine einsame Existenz ist vollendet.« Die entzweiten Extreme hat er vorher so beschrieben:

> »Der Mann hat Begierde, Trieb; der weibliche Trieb ist dies vielmehr, nur Gegenstand des Triebes zu sein, zu reizen, Trieb zu erwecken und ihn sich an ihm befriedigen zu lassen.«

Kehrt der konvulsivische Trieb in sich selbst zurück, wird in seiner Schlußbewegung die Mitte in der Entzweiung gefunden.

> »Das Andre verschließt seine Unruhe, seine Tätigkeit in sich und verhält sich ruhig, als ob nichts geschehen wäre. An-sich-selbst – Aufheben beider: Gerade darin ist jedes dem andern gleich, worin es ihm entgegengesetzt ist . . .«(24)

Das Weibliche ist das »Wissen in sich« und das Männliche ist »das Wissen als Tätigkeit nach außen«. Das Wissen ist Doppelsinn:

> »Sein Sichunterscheiden von Andern ist daher sein Sichgleichsetzen mit ihm und es ist Erkennen ebendarin, daß es selbst dies Wissen ist, das ihm für es selbst seine Entgegensetzung in die Gleichheit umschlägt oder dies, wie es im Andern sich anschaut, als sich selbst weiß.«(25)

Dann beschreibt er in einer dem Sexualakt nachempfundenen Darstellung:

> »Die Bewegung des Wissens ist daher im Innern selbst . . . Sie nähern sich zwar mit Ungewißheit und Schüchternheit, aber doch mit Vertrauen, denn Jedes weiß unmittelbar sich im Andern und die Bewegung ist nur die Verkehrung, wodurch Jedes erfährt, daß das Andre sich ebenso in seinem Andern weiß. Diese Umkehrung liegt darin, daß

eben Jedes dadurch, daß es sich im Andern weiß, sich aufhebt, als fürsichseiend, als verschieden, seine Selbständigkeit aufgibt . . .«(26)

Die Aufhebung der eigenen Person in einer anderen ist gekennzeichnet von ekstatischem Verschmelzungsdenken und Selbstauslöschungswünschen.

»Dies Erkennen ist die Liebe. Es ist die Bewegung des Schlusses, so daß jedes Extrem vom Ich erfüllt, unmittelbar so im Andern ist, und nur dies Sein im Andern vom Ich sich abtrennt . . .«(27)

Der Höhepunkt der Vereinigung, der Orgasmus, überführt die Liebe in die Begierdelosigkeit der Beteiligten.

»Sie ist, befriedigt, die Einheit der Extreme, die vorher der Trieb war. Diese befriedigte Liebe, unterschieden von den Charakteren, ist das Dritte, das Erzeugte.«(28)

Auf der zeitlichen Ebene mündet die Vereinigung in einen Zustand des Gleichgewichts ohne Begehren, auf der organischen Ebene resultiert sie im Kind.

Das Dritte, die erzeugte Mitte der Begriffe, entwickelt sich in allen Erscheinungen als triumphaler Akt verbaler Potenz, die sich als fortschreitende Höherentwicklung der Geschichte ausgibt.

Hegel vermittelt auf diese Weise nichts anderes, als daß Kindermachen und »Wortemachen« (Begriffebilden) identische Vorgänge sind.

»Zugleich ist diese Mitte nicht die formale Identität, die bisher als Gefühl vorkam, sondern eine reale absolute Identität . . . Solche Mitte ist das Kind; es ist das höchste individuelle Naturgefühl, ein Gefühl von solcher Totalität der lebendigen Geschlechter, daß sie ganz in ihm sind, daß es also absolut real und selbst für sich individuell und reell ist.«(29)

Im Kind ist die Synthese der Geschlechtsgegensätze verwirklicht. In ihm

»schauen die Eltern ihre Einheit als Realität an, sie sind es selbst, und es ist ihre herausgeborene sichtbare Identität und Mitte; die reale Vernünftigkeit der Natur, worin die Differenz der Geschlechter vollkommen vertilgt, und beide in absoluter Einheit sind . . .«(30)

Diese idealistische Selbstbefriedigung durch Wörter ist ein Scheinmanöver zur Aufhebung und »Vertilgung der Geschlechtsdifferenz«, denn der biologische Reproduktionsvorgang ist asymmetrisch auf die Geschlechter verteilt. Das Kind wird nicht aus beiden herausgeboren, sondern aus der Mutter, und es ist selbst von Anfang an ein Geschlechtswesen.

Da Hegel alle Phänomene nach demselben Schema behandelt, überträgt er das Prinzip der Begierde, die sich in ihrer Befriedigung auf der Ebene des Menschen nicht mehr nur vernichtet, sondern in einem Dritten ideell aufhebt, auf jeden Bereich des Lebens.

> »Der befriedigte Trieb ist die aufgehobne Arbeit des Ich ...«(31)

Während die Liebe im Kind ihr »Bleibendes« hat, hat die Arbeit im Werkzeug ihre existierende vernünftige Mitte.

> »Es ist das, worin das Arbeiten sein Bleiben hat, was von dem Arbeitenden und Bearbeiteten allein übrigbleibt und worin ihre Zufälligkeit sich verewigt; es pflanzt sich in Traditionen fort ...«(32)

Die animalische Begierde ist in ihrer Stillung

> »ein unmittelbares Aufgehobenwerden ohne alle Idealität, ohne Bewußtsein. Die menschliche Begierde muß im Aufheben selbst ideell, aufgehoben sein ...«(33)

Das sich in zeitlicher Linie durch Traditionen fortpflanzende Werkzeug (das Werkzeug der Vernunft ist bei Hegel die Rede) ist der phallische Träger von Vergangenheit und Zukunft.

Der Mann ist nämlich bei Hegel in dem Verhältnis des Paares das »nach außen Mächtige und Betätigende«, die Frau ist das Passive und Subjektive. Der Mann besitzt zwei Leben. Er hat

> »sein wirkliches substantielles Leben im Staate, der Wissenschaft und dergleichen und sonst im Kampfe und der Arbeit mit der Außenwelt und mit sich selbst, so daß er nur aus seiner Entzweiung die selbständige Einigkeit mit sich erkämpft ...«(34)

Die Frau hat dagegen nur ein Leben. Ihre substantielle Bestimmung liegt in der Familie.

Obwohl nun die Liebe nach Hegel darin besteht,

> »daß ich mich in einer anderen Person gewinne, daß ich in ihr gelte, was sie wiederum in mir erreicht«,(35)

ist die Frau dennoch als Ehefrau nur Geschlechtswesen und kann nicht Subjekt der Begierde sein. Sie kann sich in ihrer Geschlechtlichkeit nicht zu sich selbst verhalten. Dagegen ist der Mann in diesem Punkt ganz Subjekt und frei Handelnder.

> »... Indem er als Bürger die selbstbewußte Kraft der Allgemeinheit besitzt, erkauft er sich dadurch das Recht der Begierde und erhält sich zugleich die Freiheit von derselben.«(36)

Die Frau steht nur als Schwester gegenüber dem Bruder in einer reinen sittlichen Beziehung,

> »... das Moment des Anerkennenden und anerkannten einzelnen Selbsts darf hier sein Recht behaupten, weil es mit dem Gleichgewichte des Blutes und begierdeloser Beziehung verknüpft ist.«
>
> »Das sittliche Reich ist auf diese Weise in seinem Bestehen eine unbefleckte durch keinen Zwiespalt verunreinigte Welt ...
>
> Das eine Extrem, der allgemeine sich bewußte Geist, wird mit seinem andern Extrem, seiner Kraft und seinem Element, mit dem bewußtlosen Geiste, durch die Individualität des Mannes zusammengeschlossen.
>
> Dagegen hat das göttliche Gesetz seine Individualisierung, oder der bewußtlose Geist des Einzelnen sein Dasein an dem Weibe, durch welches als die Mitte er aus seiner Unwirklichkeit in die Wirklichkeit, aus dem Unwissenden und Ungewußten in das bewußte Reich herauftritt.
>
> Die Vereinigung des Mannes und des Weibes macht die tätige Mitte des ganzen und das Element aus, das, in diese Extreme des göttlichen und menschlichen Gesetzes entzweit, ebenso ihre unmittelbare Vereinigung ist ...«(37)

Die sittliche Vereinigung der Geschlechter ist auf der weiblichen Seite das unterirdische Gesetz, auf der männlichen Seite die Wirklichkeit des Tages und das bewußte Dasein. Das Merkmal des Unterirdischen, dessen Gesetz die Frau folgt, wirkt wie eine symbolische Darstellung des Innern ihres Körpers.

Hegel hielt die Frau im Sexualakt zwar für ein Objekt, an

dem durch den Mann etwas geschieht, gleichzeitig gesteht er ihr jedoch zu, daß sie selbst ein sittliches Wesen ist, was sich am reinsten in ihrer Beziehung zum Bruder beweist. Aus ihrer Objekthaftigkeit im Sexualakt entspringt ihre Subjektivität. Das ist die gleiche Vorstellung, wie sie sich bei romanischen Männern findet. Hegel schreibt:

> »Frauen können Einfälle, Geschmack, Zierlichkeit haben, aber das Ideale haben sie nicht.«

Sie können nur für sich stehen, exzentrisch, launisch, sprunghaft, ihrer eigenen Subjektivität anheimgegeben, aber ohne Beziehung zum Ganzen. Sie sind Gefangene ihrer Innenwelt, denn sie bestehen nur aus einem inneren Körper, während der Mann das sie umgebende und beherrschende Außen darstellt.

Die höhere Bestimmung der Frau besteht in bezug auf den Mann. In einem Brief an seine zwanzig Jahre jüngere Braut schrieb Hegel, welche Erwartungen er an ihre Verbindung knüpft. Sie soll sein

> »die Versöhnerin meines wahren Innern mit der Art und Weise, wie ich gegen das Wirkliche und für das Wirkliche – zu häufig – bin . . .«(38)

Dieser »Gesichtspunkt deiner Bestimmung« heißt es dann weiter, gibt der Beziehung der Braut zu ihm »eine höhere Seite«.

Die schwerfällige, dabei eigenartig rhythmische Sprache Hegels, dieses Hinaustreiben und zu sich Zurückkehren, dieses besessene Verschmelzungsdenken, dieses Erschaffen und die Vernichtung des Erschaffenen in einem sich hebenden und senkenden Sprachfluß, diese Ejakulation des Selbst in Begriffen, macht Hegels Prosa zu einer durch und durch erotisierten Darstellung,

> »Die Liebe ist das Hervorbringen und die Auflösung des Widerspruchs zugleich.«(39)

Die Hervorbringung des begrifflichen Universums wirkt gleichzeitig wie die erotische Verflüssigung seines Selbst, das Denken ist ein Kopulieren. Das Ich ist der Phallus, der in einem imperialistischen Ausdehnungstrauma alle Dinge und Zeichen für die Dinge berühren muß, um sich seiner selbst zu vergewissern. Jede Befriedigung geht in ihren Gegensatz über. Und da das Denken in Analogie zum Sexualakt steht, ist es eine Eigenschaft des Mannes, das Empfinden eine Eigenschaft der Frau. Und die Söhne werden die »Häupter« (Phalli) neuer Familien, die Töchter werden zu »Frauen«. Nur durch diesen ununterbrochenen Zeugungsakt, in dem es die Wirklichkeit durch Begriffe vergewaltigt, kann sich dieses Ich seine eigene Wirklichkeit beweisen.

Die Unterdrückung der Frau hat ihren Grund nicht in der Dualisierung der das Universum konstituierenden Kräfte an sich, sondern in deren Hierarchisierung. Erst damit, daß die dem Dualismus Männlich – Weiblich zugeordneten Werte nach dem Schema positiv – negativ, gut – schlecht oder hoch – niedrig einseitig verteilt werden, wird ein solches System zur Ideologie der Unterdrückung.

Jedenfalls liegt die Unterdrückung und Ohnmacht der Frau zuerst und zutiefst in diesen dialektisch aufgefaßten Schöpfungsakten begründet, wie sie sich in der chinesischen Philosophie, in den Mythen vieler primitiver Völker und in der europäischen Philosophie, zum Beispiel bei Hegel, finden lassen. Ausgehend von der Differenz der Geschlechtsorgane und den unterschiedlichen Funktionen in der Reproduktion wird ein Bild der belebten und unbelebten Natur entwickelt, bei dem auf der einen Seite die positiven, auf der anderen Seite die negativen Züge und Qualitäten begrifflich voneinander getrennt werden.

Auch wenn Hegel ausdrücklich von der Gegenseitigkeit der männlich-weiblichen Beziehungen spricht, von dem Einen, das sich im Anderen anerkennen müsse, bleibt es immer ein phallischer Monolog, der keine Wechselseitigkeit aufkommen läßt, denn die Frau hat ja nichts anderes als die Sphäre, die ihr begrifflich zudiktiert, die Familie. Er ist der Makrokosmos und sie die Mikrowelt.

Die Emanzipation der Frau wird nur zu erreichen sein, wenn es ihr gelingt, sich von der Brutalität dieser Dialektik zu befreien, die sie in die Begrifflichkeit des Negativen einsperrt.

35. Kapitel
Hexen und Zauberinnen – Die vaginale Todesdrohung

»Wer hat mich in das Leid der Welt geworfen, wer mich in die böse Finsternis versetzt?«
»Es erkenne der geistbegabte Mensch sich selbst als unsterblich – und als Ursache des Todes die Liebe.«
Aus Texten der Gnosis

Kate Millett geht in ihrem Buch »Sexus und Herrschaft« mit der Beschreibung des Koitus als Gewaltakt bei Henry Miller und Norman Mailer ins Gericht. Mailers Held, der gerade seine Frau umgebracht hat, schläft mit seinem deutschen Dienstmädchen und phantasiert beim Sexualakt, ihre Vagina und ihre Gebärmutter seien ein Friedhof, »voller kalter Gase aus dem Mutterschoß«. An anderer Stelle nennt er ihre Vagina einen Warenschuppen. Nach Kate Millett meditiert der Held, nachdem er zum Analverkehr übergegangen ist, daß »der leere Schoß, der Friedhof ... um eine Blume gespielt und das Spiel verloren hatte«.(1)
In Georg Büchners Drama »Dantons Tod« sagt der Held zu seiner Gattin: »Julie, ich liebe dich wie das Grab.« Als Julie erschrickt, fährt er fort:

> »Die Leute sagen, im Grab sei Ruhe, und Grab und Ruhe seien eins. Wenn das ist, liege ich in deinem Schoß schon unter der Erde. Du süßes Grab, deine Lippen sind Totenglocken, deine Stimme ist mein Grabgeläute, deine Brust mein Grabhügel und dein Herz mein Sarg.«(2)

Die Kiwai-Papua auf Neu-Guinea sehen in den weiblichen Geschlechtsteilen die Quelle aller Zauberei:

> »Die weiblichen Geschlechtsteile sind so gefährlich wie ein offenes Grab.«(3)

Bei den Maori auf Neuseeland ist die Vagina auch Te whare o aitu, das Haus des Todes.(4) In ihrer Anthropogonie wird der Held, als er die Frage nach der Unsterblichkeit stellt, von dem weiblichen Organ erwürgt.
Oswald Spengler schreibt:

»Mit dem Wissen um das Leben, das den Tieren fremd blieb, ist das Wissen um den Tod zu jener Macht aufgewachsen, die das menschliche Wachsein beherrscht.«(5)

Der »ewige, aus der Weltangst geborene Haß der Geschlechter« (Spengler) ist durch die begriffliche Einheit von Geburt und Tod gegeben. Der Ort des Todes fällt mit dem Ort der Zeugung in der mythischen Phantasie zusammen.

Die gedankliche Einheit Geburt/Tod bildet den Hintergrund für den größten Teil der zum Mythos geronnenen Ängste vor der Frau. Weil diese beiden Begriffe nur zusammen gedacht werden können, wird die Frau als das in sich ruhende Wesen, mit der »unbestimmteren Einigkeit der Empfindung« (Hegel) angesehen, während der Mann sich als der Zerrissene empfindet. Da die Frau für die Geburt verantwortlich ist, ist sie auch für den Tod verantwortlich, in ihr existiert der Zusammenfall des Grundgegensatzes Leben/Tod.

Das »Fundamentale, das weiblich ist«, bildet nach Georg Simmel »die Einheit, in deren Form der Mensch gewissermaßen unter sich selbst hinuntergeht in die ungeschiedene Möglichkeit aller Entwicklungen«.(6)

In einem Aufsatz, der für die Selbstbestimmung der Frau über ihren eigenen Körper plädiert, drückt der deutsche Schriftsteller Hans Henny Jahnn dennoch die Ängste vor den weiblichen Geschlechtsorganen aus:

»Die Frau hat gelernt, daß ihre Zeugungsorgane ein bequemes Einfallstor für Krankheiten sind. Ein gewaltiges System von mit feinsten Schleimhäuten überzogenen Funktionsträgern wartet auf den Befruchtungsvorgang. Es empfängt gleich willig zerstörende und aufbauende Zellen. Die Wunder des Lebens und Verwesens liegen ohne Trennung nebeneinander. Ihre Feuer breiten sich mit verzehrender Schnelligkeit aus.«(7)

Im philosophischen und im mythologischen Denken stellt sich die Überwindung des Todes und damit der Frau als ein permanentes logisches Problem dar. Bei Schopenhauer zum Beispiel liest es sich so, daß, um den Tod zu vernichten, auch die Welt vernichtet und überwunden werden muß. Will man den Tod bekämpfen, dann muß man auch das Leben bekämpfen.

»Geht man bei der Auffassung der Welt vom Dinge an sich, dem Willen zum Leben, aus; so findet man als dessen Kern, als dessen größte Konzentration den Generationsakt . . .«

Der Geschlechtsverkehr, in dem neues Leben entsteht, wird einem Verbrechen gleichgesetzt.

»Der Akt nun aber, durch welchen der Wille sich bejaht, und der Mensch entsteht, ist eine Handlung, deren alle sich im innersten schämen, die sie daher sorgfältig verbergen, ja, auf welche sie betroffen erschrecken, als wären sie bei einem Verbrechen ertappt worden.«

Das Verbrechen entsteht dadurch, daß mit dem Leben neuer Tod in die Welt gebracht wird. Der Wille zum Leben ist bei Schopenhauer in den Geschlechtsorganen verkörpert, und die Verneinung des Lebens und des Todes ist Sache des Gehirns.

»Diesem allen zufolge sind die Genitalien der eigentliche Brennpunkt des Willens und folglich der entgegengesetzte Pol des Gehirns, des Repräsentanten der Erkenntnis, das ist der anderen Seite der Welt, der Welt als Vorstellung . . . Die Erkenntnis dagegen gibt die Möglichkeit der Aufhebung des Wollens, der Erlösung durch Freiheit, der Überwindung und Vernichtung der Welt.«(8)

Vergleichen wir Schopenhauers Rezept gegen den Tod und gegen die Frau als Repräsentantin des Todes mit dem der Mbom in Kamerun. Dort können nur Frauen böse Zauberer sein. Ihre Schadenskraft sitzt in den geschlechtlichen Sekreten und im Leib. Die magischen Kräfte des Mannes finden sich dagegen im Kopf.(9)

Diese Vorstellung – der Mann überwindet den Tod durch den Geist – ist die Grundlage der christlichen Religion und des Buddhismus. Die unbefleckte Empfängnis ohne Sexualverkehr bedeutet, daß Gott bei der Zeugung seines Sohnes nicht mit dem Tod in Berührung gekommen ist, und deswegen kann dieser auch den Tod aufheben. Im Buddhismus steht am Ende das Nichts, in dem Leben und Tod negiert sind.

Der Zölibat eröffnet die Möglichkeit, sich dem Generationsakt zu entziehen und damit aus der Kette Leben/Tod auszubrechen. Genau darin liegt aber auch die Möglichkeit der

Herrschaft. Die anderen werden dazu verdammt, Leben zu produzieren. Deswegen muß jeder Geschlechtsakt nach der Auffassung der katholischen Kirche auf die Erzeugung neuen Lebens gerichtet sein. Alle kollektiven Sexualängste sind Todesängste.
Die Kogi-Indianer in der Sierra Nevada haben ein kosmogonisches Konzept entwickelt, das deutlich die Einheit von Leben und Tod in den reproduktiven Fähigkeiten der Frau symbolisiert. Die Welt und die Menschen wurden durch die Mutter des Universums geschaffen. Sie hatte neun Töchter, jede von ihnen repräsentierte eine bestimmte Qualität der fruchtbaren Erde, zum Beispiel schwarze Erde, rote Erde, Tonerde, sandige Erde etc. Diese fruchtbaren Böden konstituieren ebenso viele Schichten innerhalb des kosmischen Alls und stellen eine Wertskala dar. Die Menschen leben auf der fünften Erde, der schwarzen Erde, die sich in der Mitte des Alls befindet. Das kosmische All wird als der Uterus der Universumsmutter angesehen, in dem die Menschheit lebt. Auch die Erde und jedes Kulthaus, jedes Haus und jedes Grab ist ein Uterus. Die Höhlen und Spalten und Riffe der Erde symbolisieren die Öffnungen des mütterlichen Körpers. Die Dächer der Kulthäuser repräsentieren das Sexualorgan der Mutter, Türen, die zu höheren Ebenen führen. Während des Beerdigungsritus kehren die Verstorbenen zurück zum Uterus. Die Priester heben den Körper neunmal hoch, um anzuzeigen, daß der Tote rückwärts durch die neun Monate der Schwangerschaft geht. Das Grab selbst repräsentiert wieder den Kosmos.(10)

Die Angst vor der Frau ist eine existentielle Angst. Es ist die Angst des Existierenden vor dem Nichts. Deswegen ist für den Araber die schlimmste Beschimpfung eine Anspielung auf die Genitalien seiner Mutter. Darum gilt es als eine große Beleidigung, wenn man in Spanien einen Mann direkt nach dem Befinden seiner Mutter fragt.
In arabischen Dörfern im Mittleren Osten dürfen die Männer die Namen von Frauen nie in der Öffentlichkeit erwähnen. Auch nach der Heirat wird über eine Frau nur als Tochter von Soundso gesprochen, nie wird ihr Name genannt. Da Kopf und Genitalregion, weil sie zwei Entgegen-

setzungen innerhalb des Körpers sind, einander symbolisch vertreten, darf die Frau ihr Haar, das als Krone ihrer Schönheit gilt, niemals in der Gegenwart ihres Mannes unbedeckt lassen. Im Islam gibt es sechs Zustände der Unreinheit, von denen nur drei für Männer zutreffen: Samenerguß, Sexualakt und Tod, während Geburt, Nachgeburtblutung und Menstruation zusätzliche weibliche Zustände der Unreinheit sind.

Die Waschung nach jedem Geschlechtsverkehr ist für Mohammedaner Pflicht. Jede Berührung mit der Unreinheit ist im symbolischen Denken eine Sache von Leben und Tod. Der Reinigungsritus bewirkt die Bannung der unmittelbaren Todesgefahr für die Lebenden.

Schon das bloße Nennen des Namens der Ehefrau kann nach arabischer Vorstellung Unglück über die ganze Familie bringen. Hilma Granqvist zitiert folgenden Fall aus einem jordanischen Dorf. Der Name einer Beduinenfrau, die mit einem Mann aus Artas verheiratet war, klang ähnlich wie die Bezeichnung für »Guten Morgen«. Schon diese Lautähnlichkeit, die jeden Morgen beim Grüßen wieder auffällig wurde, führte zu dem Verdacht, daß durch das Nennen dieses Namens das Vieh der Familie gestohlen wurde und Angehörige der Familie des Ehemanns aufgrund dieses Zwangs, jeden Morgen ihren Namen zu wiederholen, ständig in Todesgefahr schwebten.(11)

Die Frauensprache der südafrikanischen Zulu (Ukuteakwapapzi) verbietet es den Frauen, die Namen des Königs, ihres Schwiegervaters und der Brüder des Schwiegervaters auszusprechen. In der königlichen Familie war das Namensverbot noch ausgedehnter. Frauen hatten die permanente Pflicht, auf ihre Worte zu achten. Ein deutscher Forscher teilte 1880 darüber folgendes mit:

> »Sie haben immer nur Worte und Silben zu erfinden, und je nach Umständen zu verändern. Würde also der Name ein Z enthalten, so würde das Wasser gewöhnlich amanzi in amandavi umgeformt und dergleichen mehr. Diejenige Frau, welche dieser Sitte zuwiderhandeln sollte, würde durch einen Priester der Hexerei angeklagt mit dem Tode bestraft werden.«(12)

Hermann Baumann, der deutsche Afrikanist, hat in seinem Buch »Das doppelte Geschlecht« eine große Zahl von Informationen über Geschlechtsantagonismus, Bisexualität und bisexuelle Vorstellungen zusammengestellt. Unter anderem beschreibt er die Analogiehandlungen, die Frauen praktizieren, wenn ihre Männer in Gefahr sind. Die Ewe-Frauen in Westafrika unterstützten ihre kriegführenden Männer, indem sie zu Hause in Männerkleidern Scheinkämpfe aufführten. Bei den Agni, die weiter westlich an der Elfenbeinküste wohnen, gibt es ein ähnliches Verhalten. Die Frauen beschimpfen bei ihren Scheinkämpfen die Feinde der Männer mit obszönen Ausdrücken. Dieses Ritual soll den kämpfenden Männern helfen, indem es die Todesdrohung der Feinde auf die Frauen zieht. Sie haben sich dazu mit Kalkweiß bemalt und tragen bei ihren Scheinkämpfen Stöcke, die als Gewehre bezeichnet werden. Während dieser Zeremonie gelten die Frauen als in Männer verwandelt. Sie tragen die Namen ihrer abwesenden Männer, Brüder und Söhne.

> »Wenn sie müde sind von den wilden Agitationen, setzen sie sich hin, unterhalten sich nach Art der Männer, grüßen sich auch so. Auch beim Palmweinopfer an Ahnen und Erdgöttin zur Hilfe im Krieg ahmen sie die Männer nach, sogar die Art des Trinkens wird drastisch gemimt. Die Frauen nennen sich mit den Männernamen, erzählen sich ihre Kriegstaten und malen mit drastischen Worten ihr männliches Vergnügen aus, das sie (als Männer) haben werden, wenn sie mit ihrer Frau (also sich selbst) zu Hause, im Bett zusammen sein werden ... Von der Intensität ihrer Aktionen hängt der Ausgang der Schlacht ab, und die Tänze, Gesänge und Mimiken werden am intensivsten, wenn man Gewehrschüsse hört.«(13)

Die Altertumswissenschaftlerin Hedwig Kenner berichtet, daß in Lykien, also auf kleinasiatischem Gebiet, wo Bachofen einst den Geburtsort der Gynaikokratie vermutete, die Männer während der Trauerzeit für einen Verstorbenen Frauentracht anlegten. Auch hier wird das symbolische Denken deutlich. Frauen sind weniger todesgefährdet als Männer, weil sie gleichzeitig die Quelle des Lebens sind. Deswegen sind Männer, die Mimikry betreiben, geschützter vor den gefährlichen todbringenden Einflüssen.(14)

Wie Frauen und Tod zusammenhängen, ergibt sich auch aus dem Geschlechtswechsel des griechischen Sehers Teiresias, wie er in den Metamorphosen des Ovid geschildert wird. Teiresias trifft einmal ein kopulierendes Schlangenpaar an und verwundet die eine der Schlangen. Daraufhin wird er in eine Frau verwandelt. Nachdem er sieben Jahre als Frau zugebracht hat, begegnet ihm wieder ein sich begattendes Schlangenpaar. Wieder verwundet er eines der Tiere und wird daraufhin in einen Mann zurückverwandelt.(15)

Die Verwandlung des Geschlechts ist ein Übergang in das Totenreich und gleichzeitig eine Wiedergeburt. Da die Frau sowohl Tod wie Leben verkörpert, kann eine Berührung von ihr oder eine Handlung ebenso verjüngenden und lebenspendenden Charakter haben, wie sie auf der anderen Seite in anderen Gesellschaften den Tod bringen kann.

Die Frauen im Grasland von Kamerun zum Beispiel haben eine bedeutende Rolle in der wichtigsten, einmal im Jahr stattfindenden Zeremonie. Die noch nicht erwachsenen Mädchen der Häuptlingssippe müssen dabei das heilige Wasser für den Häuptling schöpfen. Dieses Quellwasser erneuert Kraft und Leben des Häuptlings. Einen ähnlichen Ritus gab es auch auf Madagaskar, wo die Jungfrauen in einem Pool badeten, um das Leben von König und Königin zu erneuern.

Im deutschen Mittelalter gab es ebenfalls einen Brauch, der die Leben und Kraft spendenden Qualitäten von Jungfrauenblut zum Inhalt hatte. Um in Turnieren zu siegen und unverwundbar zu werden, sollte sich der Ritter ein Stück von dem Hemd einer Jungfrau, die zum ersten Mal menstruierte, auf die bloße Haut unter den rechten Arm binden.(16)

Bei den Haviks, einer südindischen Kaste, werden alle Witwen verdächtigt, Hexen und Todesmagierinnen zu sein. Sie sollen ihr tödliches Gift von einer Eidechse bekommen, die sie Godinaga nennen. Da Eidechsen, Schlangen und Spinnen wegen ihrer Häutung als Symbole für Leben und Tod gelten, ist der Zusammenhang hier unverkennbar. Wenn ein Ehemann vor seiner Frau stirbt, ist es ihre Schuld. Da in der Havik-Kaste strenge Reinheitsgebote in bezug auf die Nahrung bestehen und ein Havik niemals Essen oder Trinken von einem Angehörigen einer niedrigeren Kaste akzeptieren würde, könnte er nur von Frauen seiner eigenen Kaste ver-

giftet werden. Der Verdacht fällt auf die Witwe, deren Assoziierung mit dem Tod ihres Mannes naheliegend ist. Sie muß ihre Haare abschneiden und ihren Kopf scheren. Sie darf nicht länger Schmuck und sie muß eine Kleidung tragen, die ihren degradierten Status anzeigt. Trotz all ihrer Erniedrigung gilt sie als gefährlich.
1969, bei einer Befragung durch den amerikanischen Anthropologen Edward B. Harper, glaubten selbst die gebildeten Haviks, daß solche Frauen andere vergiften können. Die am häufigsten geäußerte Ansicht war, daß Witwen Gift gebrauchen, um sich zu versichern, daß sie in ihrer nächsten Inkarnation viele Söhne haben und vor ihren Ehemännern sterben werden.(17) Wenn die Witwe einmal damit begonnen hat, dann, so wird vermutet, muß sie dabei bleiben, sonst wird sie selbst sterben. Sie muß mindestens ein Leben pro Jahr vernichten.
Der wichtigste Verdacht, der mit der Vorstellung verbunden ist, daß die Frau der Ursprung von Leben und Tod ist, äußert sich also darin, sie der Todesmagie zu bezichtigen. Ein besonderes Verbreitungsgebiet dafür ist Neuguinea. Der Krieg der Geschlechter findet in endlosen Verdächtigungen statt. Die häufigste ist die des Todeszaubers. Wenn ein Mann gewarnt wird, daß seine Frau eine Todesmagierin sei, gibt es verschiedene Methoden, um die Wahrheit dieser Behauptung herauszufinden. Er kocht ein Stück Schwein, bemalt es rot, spitzt einen Stock an und durchbohrt das Fleisch damit. In der Nacht schleicht er zur Veranda des Hauses seiner Frau und plaziert das Stück Fleisch nahe dem Eingang. Wenn sie eine Todesmagierin ist, holt es ihr Geist und bringt es zu ihr. Am nächsten Morgen hat sie dann von dem genossenen Fleisch einen roten Mund. Man zieht sie aus ihrer Hütte und hängt sie auf.
Bei den Ndika schlachten die Eltern eines verstorbenen Kindes am Morgen nach der Beerdigung ein Schwein. Alle Frauen des Dorfes sind zum Verzehr eingeladen. Wenn eine der Frauen sich übergeben muß, ist sie verdächtig, das Kind durch Todeszauber umgebracht zu haben. Früher wurde sie dann mit dem Speer getötet und in den Fluß geworfen. Heute wird sie nur noch aufgefordert, die Magie aufzugeben.(18)

Der amerikanische Psychologe Lawrence Kohlberg beschäftigt sich in seiner Theorie zur Entwicklung des Kindes mit den verschiedenen kognitiven Stufen, die es bis zur Pubertät durchläuft. Interkulturelle Vergleiche ergeben dabei, daß Kinder in einer irreversiblen Abfolge zum Beispiel das Entstehen und die Ursache von Träumen begreifen. Als erstes erkennt das Kind, daß andere seinen Traum nicht sehen können, daß der Traum seinen Ursprung im Inneren hat und daß er innen stattfindet und keine materielle Substanz hat. In der letzten dieser Sequenzen begreift es, daß Träume nicht durch Gott oder andere Instanzen, sondern durch Denkprozesse des Ich verursacht sind. Kohlberg stellte fest, daß die Atayal auf Formosa zwar ebenfalls diese Sequenzen durchlaufen, daß sie aber in der Pubertät und im Erwachsenenalter auf eine frühere kognitive Stufe zurückkehren. Die Adoleszenten lernen, daß Träume durch Geister verursacht werden und die Seele im Traum den Körper verläßt, sich an anderen Orten aufhält und dort Erfahrungen macht.(19) Warum die Atayal auf eine frühere kognitive Stufe zurückgehen, um das Phänomen der Träume zu erklären, kann allerdings auch die kognitive Theorie nicht beantworten.
Bei der Todesmagie scheint es eine ähnliche Regression auf kindliche Stufen von Realitätsurteilen zu geben. Der Todeswunsch oder -gedanke, häufig zusammen mit einer Zauberformel, wird für ausreichend gehalten, den Tod zu bringen. An diese unmittelbare Gleichsetzung von Todesgedanken mit Todesfolgen glauben nicht nur die Ankläger, die Papua-Frauen selbst sind davon überzeugt, daß sie zaubern können. Sie geben ihren Schweinen Futter, über das sie Zauberformeln sprechen. Auch sind sie der Ansicht, daß sie den Tod bringen können. Bei den Vandeke in Neuguinea bekannte zum Beispiel eine Frau, die sich wegen Todesmagie vor dem Distriktoffizier zu verantworten hatte:

> »Der Kumo ist in meinem Kopf, und er sieht aus wie ein kleines Mädchen. Es ist nicht ›Ich‹, die die Leute töten will, es ist der Geist, der die Leute umbringen will.«(20)

Die Nupe in Nigeria glauben an die zweifache Seele, die Schatten- und die Lebensseele. Nur die Schattenseele von gewissen Frauen ist es, die herumstreift, während die Körper im Schlaf liegen, und die Lebensseele der anderen stiehlt.(21)

Diese Vorstellung entspricht der Traumkonzeption der Atayal.(22)
Wie bei der Brahmanenkaste der Haviks gibt es auch bei den Nupe Männer, die zaubern können. Bei den Haviks stehen die Zauberer ausschließlich im Dienste der Hexenopfer. Bei den Nupe besitzen Männer eine gute Zaubermacht, die dazu dient, Hexen zu sehen und sie zu bekämpfen.(23)
Bei den Nyamwezi in Ostafrika wird das Essen nicht familienweise, sondern kollektiv zubereitet, indem jeweils eine bestimmte Frau für das ganze Dorf kocht. Die Frauen wechseln einander bei dieser Aufgabe ab. Die Männer essen an einem bestimmten Platz des Dorfes, dem Männerplatz oder der Männerhalle. Die Frauen, die das Essen den Männern überbringen, dürfen den Männerkreis nicht betreten. Sie setzen die Töpfe vor der Männerhalle ab. Die Burschen tragen sie dann hinein. Wenn Unglück und Krankheit über die Familie kommen, wird das häufig den Frauen zugeschrieben. Sie werden verdächtigt, Hexen zu sein und heimlich giftige Stoffe in die Speisen zu mischen.(24)
Bei den Sandawe muß die Frau sich verstecken, während der Mann beim Essen ist. Blicke und das Aussprechen von Namen gehören zu den Verhaltensweisen, die tod- oder gefahrbringend sein können.(25)
Der kenianische Religionswissenschaftler John S. Mbiti schreibt über die Todesvorstellungen der Afrikaner:

> »Die meisten afrikanischen Völker haben mythologische Erklärungen dafür, warum der Tod zuerst in die Welt kam. Der Mensch hat mittlerweile den Tod als Teil des natürlichen Lebensrhythmus angenommen; und dennoch glaubt man paradoxerweise, daß jeder Tod eines Menschen äußere Ursachen hat, was ihn sowohl natürlich als auch unnatürlich macht. Die Menschen müssen unmittelbare Todesursachen herausfinden und zuordnen. Bei weitem die gebräuchlichste Ursache ist, so glaubt man, magisch, nämlich Zauberei und Hexerei. Dies findet man in jeder afrikanischen Gesellschaft, allerdings mit graduellen Unterschieden in der Betonung, und oft wird jemand beschuldigt, durch die Anwendung dieser Methode den Tod eines anderen verursacht zu haben.«(26)

Bei der engen Assoziierung von Frau und Tod richten sich solche Anklagen natürlich meist gegen Frauen.
Welche Ausmaße diese Angst vor der Frau und ihrer Todesdrohung annehmen kann, wird besonders deutlich am Beispiel der Chinesen in Tsinhai, die unerbittlich strenge Menstruationstabus befolgten und grauenhafte Visionen der Bestrafung der Tabu-Verletzerin entwickelten. Die folgende Zusammenfassung referiert einen mehrteiligen Aufsatz von Johann Frick, der 1952 in der Zeitschrift »Anthropos« erschien.
Sozial-religiöse Unreinheit (tsang) begleitet jede weibliche Person durch das ganze Leben. Die Tragik erreicht ihren Höhepunkt, wenn das Mutterwerden zum Tode führt. Das Sterben im Wochenbett wird mit der Bluthölle, dem qualvollsten Los im Jenseits bestraft.
Während der gewöhnliche Schmutz und die Unreinheit des Alltags nur Körperteile des Menschen betreffen und in gewissem Sinne entehren, beinhaltet das tsang des weiblichen Wesens eine Beleidigung der Götter. Der gedrängte Ausdruck dafür lautet übersetzt »Himmel und Erde beleidigen«.
Schon das Mädchen unterliegt dem tsang vom ersten Augenblick seines Lebens an. Nach der Volksüberzeugung sieht die reine Sonne bei der Geburt eines Knäbleins das Wöchnerinnenzimmer unter Blut und die Mutter bis zum Halse in Blut versenkt. Beim Mädchen ist die Wöchnerin so in Blut getaucht, daß ihre Haare davon triefen. Selbst über das Geburtszimmer hinaus überschwemmt das Blut noch den ganzen Hof. Nach der Geburt eines Knaben dauert das Wochenbett vorschriftsmäßig 30 Tage, das Mädchen verlangt 40 Tage, weil es unreiner sei als der Knabe.
Die Frau muß sorgfältig darauf achten, daß nie ein Tropfen Monatsblut auf Naturerde fällt. Sonst beleidigt sie den Erdgeist, was als sehr schweres Vergehen gilt. Um jeder Beleidigung der Geister vorzubeugen, muß sie während der Periode die Beinkleider an den Knöcheln zubinden. Ein Blutstropfen, der hier ausflösse, könnte die örtlichen Geister verletzen und würde für immer die Sonne beleidigen. Das bringt auf Erden Unglück und nach dem Hinscheiden die Strafe der Bluthölle. Vorschrift ist, daß alles Blut von den Kleidern aufgesogen wird.

Frauen und Mädchen dürfen sich nicht auf die Türschwelle setzen; sie werden von Kind an dazu erzogen. Jede Tür betrachtet man als »Mund des Hauses«, wodurch auch die Götter ein- und ausgehen.

Während der Tage der Blutung hat die Frau das Wassertragen zu unterlassen. Unreinheit würde den »Drachenkönig« beleidigen, dem Brunnen und fließende Wasser heilig sind.

Reitspiele sind bei Kindern sehr beliebt; denn das Reittier – Pferd, Maultier, Esel, selbst Rind – gehört hier zum Leben der beiden Geschlechter. Beim Spiel jedoch wacht man sorgfältig, daß nie ein Mädchen auf einem Knaben sitze. Kommt es einmal vor, wird das Mädchen sofort ermahnt oder sogar bestraft, meist von der eigenen Mutter. Mag es auch noch so klein sein, es gilt als unrein und überträgt durch sein Reiten diesen Fluch auf den Knaben. Dagegen dürfen Buben ohne weiteres das Mädchen als Reitpferd benützen.

Jede Mutter bringt ihrem Töchterchen schon von der frühesten Jugend an bei, nie auf Männerschuhen zu stehen oder über die hinwegzuschreiten.

Noch schlimmer ist es, wenn eine Frau über die Beinkleider eines Mannes schreitet, oder wenn nach dem Waschen die Kleider zum Trocknen aushängen und dabei auf den Boden fallen. Durch dieses Vergehen schädigt das weibliche Wesen den Mann und beschwört viel Unglück über ihn. In allen Fällen, wo das Wohlergehen und die Unternehmungen des Mannes beeinträchtigt werden, sagt man, das tsang der Frau habe ihn angefallen. Damit ist sein Glück entflohen; das Glückspferd sei entlaufen.

Die Bluthölle ist »ein riesiger Bottich, gefüllt mit Blut und Schmutz; so groß, daß man 840 000 Tage braucht, um ihn zu überqueren und hundertzwanzig Arten von Qualen dort Anwendung finden«.

Sie ist eine spezifische Frauenhölle, in die kein Mann verbannt wird. Die Bluthölle hat eine Sonderstellung im buddhistischen Höllensystem. Die Höllen sind keine Endstation sträflichen Lebens, sondern nur Durchgang; die endliche Bestimmung der Lebewesen ist das Nirwana, ein dualistisches Daseinsziel für Gute und Böse gibt es nicht.

Im ursprünglichen Buddhismus gab es nur acht Höllen, nun soll es bis zu 84 000 geben.

Der nördliche Buddhismus kennt die Vorstellung vom westlichen Paradies. In diesem Westhimmel gibt es nur ganz vollendete Menschen mit ätherischem, unvergänglichem Körper, aber Frauen und Mädchen gibt es dort nicht.
Damit steht dem Pol der ewigen Seligkeit in einem Paradies der Pol ewiger Qual in einer Hölle gegenüber. Die ursprünglich einzige Endstation des Buddhismus, das Nirwana, hat sich in zwei diametral entgegengesetzte Ziele aufgespalten: Himmel – Hölle.
Im reinen Lande weilen keine Frauen, in der Bluthölle nur Frauen. Im reinen Lande sind die Bewohner der zwangsläufigen Wiedergeburt entzogen, in der Bluthölle auch. Im reinen Lande können die Lebewesen freiwillig wieder verkörpert werden, in der Bluthölle müssen sie warten, bis sie jemand erlöst.
Die tote Wöchnerin, die ein solches Schicksal erwartet, wird ehrlos aus dem Haus geschafft und auf ehrlosem Boden begraben. Sie wird förmlich aus der Familie ausgestoßen. Die Totenehrungen werden ihr vorenthalten. Mit ihrem Hinscheiden verwandelt sie sich in einen gefährlichen, verabscheuungswürdigen Dämon.
Auch von unverheirateten Töchtern, die sterben, nimmt man an, daß sie sich nach dem Tode in äußerst gefährliche Dämonen verwandeln.
Die gebräuchlichsten Bezeichnungen für die Bluthölle sind Blutbecken oder Blutpfuhl. Sie stellt eine besondere, die schlimmste Abteilung der Unterwelt dar. Wie der Name Bluthölle schon andeutet, ist sie ein Raum, der mit Blut überschwemmt ist. Nach Ansicht der meisten liegt die Seele der Wöchnerin »angepreßt an den Boden«; ein schwerer Stein lastet auf ihrem Nacken. Einige meinten, die Seele sei an den Stein geschmiedet. Sie stöhnt, ja schreit laut vor Qual. Rundherum, wohin ihr Auge angstvoll stiert, sieht sie nur Blut. Was sie ißt, sind Blutklumpen; was sie trinkt, ist blutige Flüssigkeit ... übelriechendes Vaginalblut und Fruchtwasser. Die Seele kann sich nicht rühren in den furchtbaren Qualen, die sie erduldet.
Daß die Wöchnerin eine ganze Woche innerhalb des Geburtszimmers weilen soll, verlangt hauptsächlich die Ehrfurcht vor der Sonne. Man sieht es als schweren Frevel an,

wollte sie sich in den ersten Tagen nach der Entbindung draußen sonnen oder auch nur im Sonnenlicht zeigen. Die Frauen meinen, das Verbrechen könne sogar eine Sonnenfinsternis heraufbeschwören, ein außergewöhnliches und schreckenerregendes Ereignis.
Wenn die Wöchnerin die Bedürfnisstätten aufsucht, wählt sie eine Zeit, da kein Sonnenstrahl sie treffen kann, das heißt bei Nacht oder bei bewölktem Himmel.
Eine Verfehlung von seiten der Wöchnerin kann schwere Strafen nach sich ziehen, auch im künftigen Dasein: sie kann nicht als Mensch wiedergeboren werden, sondern muß als minderwertiges Tier erscheinen, zum Beispiel als Esel oder als ein noch verächtlicheres Wesen.
Überraschend ist die Haltung der Frau selbst gegenüber der Auffassung von der weiblichen Unreinheit, die alles entweiht. Sie klagen über sich: »Unser Geschlecht ist so unrein.«
Die religiöse Lehre nährt diese Sehnsucht mit der Begründung, daß eine gewöhnliche Frau nur dann eine höhere Wiedergeburt erlangt, wenn sie im früheren Dasein einem Knäblein das Leben geschenkt hat. Sie hat dann auch das Anrecht erwirkt, später als männliches Wesen wiederzukommen.(27)

Auch der Hexenwahn in Europa enthielt ähnliche Elemente. Frauen, vor allem alleinstehende, wurden für Tod, Krankheit, Impotenz und Unfruchtbarkeit verantwortlich gemacht. Soldan und Heppe, die beiden deutschen Historiker, die Pionierarbeit in der Erforschung der Hexenprozesse leisteten – sie schlossen ihre Forschungen Mitte des 19. Jahrhunderts ab – meinten, daß im Jahrhundert nach Erfindung der Buchdruckerkunst durch Gutenberg diese hauptsächlich dazu gedient habe, das berühmteste Werk über die Hexen, den »Hexenhammer« von Sprenger, zu vervielfältigen. Die Geschichte der Hexenverfolgung in Europa hat sexuelle, ökonomische und politische Hintergründe, die viel zu komplex sind und von Stadt zu Stadt, von einer Region zur anderen variieren, als daß sie auf einen einzigen Ursachenkomplex, zum Beispiel die Sexualfeindlichkeit der Kirche, zurückzuführen wären. Der amerikanische Historiker Erik

Midelfort, der eine der detailliertesten Studien über die Hexenprozesse im Südwesten Deutschlands veröffentlichte, kommt zu der Ansicht, daß die demographischen Veränderungen in Europa und die veränderte Sozialstruktur ein Bestandteil des sozialen Klimas waren, das zur Massenverfolgung und Ausrottung unbequemer Personen, hauptsächlich Frauen, führte. Erst im 15. oder 16. Jahrhundert entwickelte sich das charakteristische europäische Heiratsmodell:

> »Ein Modell, das durch späte Heirat und große Anteile von sowohl Männern als auch Frauen gekennzeichnet ist, die niemals heiraten. Zum ersten Male in der gesamten westlichen Geschichte, so scheint es, stieg das Alter des Mannes bei der ersten Heirat auf 25 oder sogar 30, während das weibliche Heiratsalter auf 23 bis zu 27 anstieg. Der Anteil der ledig Bleibenden stieg wahrscheinlich von ungefähr 5 auf 15 oder gar 20 Prozent.«(28)

In Südwestdeutschland wie im übrigen Westeuropa scheint das 16. Jahrhundert eine tiefgreifende Veränderung der Familienmodelle gebracht zu haben. Die Gründe dieser Veränderung seien bis jetzt kaum erkennbar. In einer Gesellschaft, in der nunmehr 20 Prozent aller Frauen ledig bleiben mußten, hätten sich Identitätsprobleme und Rollenkonflikte ergeben. Zu den unverheirateten Frauen kamen noch die Witwen, die oft 10 bis 20 Prozent der steuerzahlenden Bevölkerung ausmachten. Da die patriarchalische Familie als die Grundlage der Gesellschaft angesehen wurde,

> »wird die wachsende Zahl unverheirateter Frauen als ein aufrührerisches Element in der Gesellschaft erschienen sein, besonders dann, wenn sie noch der Tod ihrer Väter von aller patriarchalischen Kontrolle vollkommen befreite«.(29)

Da die Nonnenklöster sogar in katholischen Ländern im 16. Jahrhundert zurückgegangen waren, gab es wenig Institutionen, die alleinstehende Frauen aufnahmen.

> »Man könnte behaupten, daß unverheiratete Frauen so lange Angriffen besonders ausgesetzt waren, bis die Gesellschaft gelernt hatte, sich den neuen Familienverhältnissen anzupassen.«(30)

Schon Soldan/Heppe berichteten über Frauen, die die Folter ohne Geständnis durchgestanden hatten, dennoch aber dazu verurteilt wurden, ständig unter der Aufsicht ihrer Familie zu leben und ihr Haus lebenslänglich nicht mehr zu verlassen. Midelfort schreibt:

»In einigen Fällen scheinen die Gerichte sogar anerkannt zu haben, daß das Problem der gefährlichen Frau mit ihrer bindungslosen, unkontrollierten Lebensweise zusammenhing. 1571 ließ das Gericht in Korb, einige Meilen flußaufwärts von Rottenburg, Agatha, die Witwe von Hans Bader von Bildechingen, unter der Bedingung frei, daß sie schwöre, ruhig und züchtig zu leben und die Jurisdiktion von Bildechingen nicht mehr zu verlassen und Tag und Nacht im Haushalt ihres Schwiegersohns zu leben. Die Unterstellung unter männliche Herrschaft würde helfen, das Problem zu lösen.«(31)

Hexenverfolgung und Folter, deren Opfer zunächst alte Frauen und Witwen gewesen waren, dehnte sich später auf Männer und Kinder beiderlei Geschlechts aus, auch reiche Personen und wohlhabende Bürger wurden als Teufelspaktierer denunziert. Erst als das Hexenstereotyp der alten, alleinstehenden Frau durchbrochen war und die Verfolgung nun nicht mehr hauptsächlich die sozial schwächsten Gesellschaftsglieder traf, sondern auch einflußreiche Männer, formierte sich der Widerstand gegen die Inquisition mit dem Erfolg, daß in der zweiten Hälfte des 17. Jahrhunderts die Hexenprozesse in Süddeutschland fast aufhörten.

Das Bevölkerungswachstum, das vor dem 30jährigen Krieg zu einer Erschöpfung der Produktivkräfte führte, Kriegszeiten und Wirtschafts- und Versorgungskrisen, auf dem Lande die rücksichtslose Ausbeutung der unfreien Bauern, die selbst der Witwe beim Todesfall des Mannes häufig das einzige Stück Land wegnahm, dazu Epidemien wie die Pest und Cholera, die mehr Frauen als Männer überlebten, Mißernten, verursacht durch Hagel oder Unwetter, und Hungersnöte, das war der Hintergrund, vor dem die Hexenfolterungen zu sehen sind. Besonders häufig wurde den Frauen Wetterzauberei nachgesagt. Aber auch bei einer Fehl- oder Totgeburt, oder wenn eine Frau im Wochenbett starb, richtete sich das Mißtrauen gegen die Hebamme, also gegen diejenige Frau, die ihr geholfen hatte.

Die amerikanische Autorin Elizabeth Janeway berichtet von

einem Hexenwahn, der in einem Teil des indischen Staates Mysore in jüngster Zeit aufkam. Dort hatte man erst vor kurzem Bewässerungssysteme installiert, die mit dem ökonomischen Aufschwung den Übergang zur Geldwirtschaft brachten. Damit traten auch Frauen als Geldverleiher auf. Ihre Gläubiger neigen dazu, sie der Hexerei anzuklagen, wenn sie von ihnen hart bedrängt werden.(32)
Da Frauen für Tod und Leben verantwortlich sind, sind sie auch schuld an allen Zuständen, die zwischen Leben und Tod liegen, das heißt an Krankheiten. Da sie das fruchtbare Geschlecht sind, sind sie auch für die Unfruchtbarkeit verantwortlich, nicht nur für die ihres eigenen Körpers, sondern auch für die der Natur. Dürren und Unwetterkatastrophen gehen auf ihr Konto. Wenn der Kuh der Milchfluß versiegt, ist es eine Hexe gewesen.
Im Jahr 1975 begannen im Norden Nigerias die dortigen Emire, die Dürre auf die Unmoral der alleinstehenden Frauen zurückzuführen. Sie riefen zum Dschihad, dem heiligen Krieg der Mohammedaner, gegen die Prostitution auf. Die Dürrekatastrophe in der Sahelzone sei auf die Unmoral der ledigen Frauen und auf Prostitution zurückzuführen. Eine Woche gab man in der Stadt Minna den unverheirateten Frauen Zeit, einen Ehemann zu finden. Andere Frauen, die sich von ihrem Mann getrennt hatten, wurden aufgefordert, sofort in das Haus des Ehemannes zurückzukehren. Andernfalls seien sie von Vertreibung bedroht. In der Universitätsstadt Zaria zitierte der Emir Alhadschi Mohammadu Aminu alle alleinstehenden Frauen in seinen Palast und hielt ihnen einen Vortrag über die islamische Moral. Auch er bezichtigte sie, schuld an der Dürre zu sein, die die Strafe Allahs für Unzucht und Hurerei sei. Außerhalb des Elternhauses lebende junge Mädchen sollten nach seinem Befehl sofort zu ihren Eltern zurückgehen. Hausbesitzer wurden in mehreren nordnigerianischen Städten aufgefordert, alleinstehenden Frauen, die bei ihnen zur Miete wohnten, zu kündigen. In Maiduguri, im Nordosten des Landes, attackierten große Menschenmengen die Wohnungen von Frauen. Sie nahmen unter dem Vorwurf, sie seien Prostituierte, alles mit, was nicht niet- und nagelfest war.(33)

Alle Widersprüche der Existenz, alles Unglück, alle Verbrechen werden in letzter Instanz auf die Frau zurückgeführt, da sie dem Denken immer als die erste Ursache erscheint. Welche Folgen diese Projektion der Mutter als einzigartige Ursache und Quelle für das Böse haben kann, zeigt sich zum Beispiel in dem unausrottbaren populären Glauben, die deutschen Frauen seien es gewesen, die Hitler an die Macht gebracht hätten, obwohl sie in großer Mehrheit die christlichen Parteien gewählt haben. Es waren also in der Volksphantasie die bösen Mütter, die ihre Söhne ins Verderben jenes Dritten Reiches geführt haben.
Die uralte Beschuldigung, eine Hexe zu sein, Unglück zu bringen und den Tod anderer zu verursachen, wird häufig von resignierten Frauen zum Selbstvorwurf erhoben. Die amerikanische Psychiatrin Dr. Field, die in den dreißiger Jahren in Ghana arbeitete und 1955 dorthin zurückkehrte, fand eine starke Tendenz unter den Frauen, die an Depressionen litten, sich selbst wegen Hexerei anzuklagen. Häufig beschuldigten sie sich, ihre Kinder umgebracht zu haben. Die meisten dieser Frauen lebten in dem Gefühl, in ihrem Leben völlig gescheitert zu sein, und obwohl sie gegen ihren Verdacht ankämpften, bot ihnen gerade die Selbstanklage als Hexe eine Erklärung für das offenbar verfehlte Leben.(34)
Das ganze Dilemma der Existenz, Geburt und Tod, Seuchen, Leid und Armut, wird immer wieder dann auf die Frau zurückgeführt, wenn der Mensch vor der Komplexität der Ursachen und Wirkungen kapituliert.

36. Kapitel

Antagonismus und Symmetrie — Frauenstreiks und Doppelkönigtum

> Sie nannten sich selbst Oha Ndi Nyiom, was anscheinend eine abstrakte Bedeutung hat und als »Welt der Frau« oder »Weiblichkeit« wiedergegeben werden kann, und ihr Benehmen bei dieser Gelegenheit (nämlich der Zerstörung eines Gerichtsgebäudes) zeigte wohl an, daß sie selbst glaubten, vom Weiblichkeitsgeist besessen und deswegen unverwundbar zu sein.
> *Sylvia Leith-Ross über den Aba-Aufstand der Ibofrauen*

»Jede Unterdrückung schafft einen Kriegszustand«, schreibt Simone de Beauvoir. Die erste europäische Frauenbewegung im 19. Jahrhundert scheiterte daran, daß sie es als ihr Ziel ansah, in den Institutionen männlicher Macht aufzugehen. Es war eine Strategie der Selbstvernichtung. Aber Europa und Nordamerika waren nicht die einzigen Kontinente, auf denen Strategien zur Zerstörung männlicher Alleinherrschaft entwickelt wurden.

Die hierarchischen Vorstellungen der Geschlechterbeziehungen gehen von der Notwendigkeit männlicher Herrschaft aus. Es gibt jedoch auch soziale Konzeptionen, die nicht nur auf Komplementarität beruhen, wobei dem Mann die Haupt-, der Frau die ergänzende Nebenrolle zugewiesen ist, sondern in denen sich ein Gleichgewicht der Kräfte eingependelt hat. Idealtypisch können wir dabei zwei Auffassungen unterscheiden: eine antagonistische Machtverteilung, in der Männer und Frauen eifersüchtig über ihre Kompetenzen wachen und sich gegenseitig in Schranken halten, und ein annähernd symmetrisches Verhältnis, bei dem in der männlichen wie in der weiblichen Sphäre parallele Kompetenz- und Machtstrukturen bestehen, wo also die weibliche auch politisch und nicht nur emotional organisiert ist.

Ideologische Waffen, die Männer gegen Frauen verwenden, können diese als kollektives Mittel der Selbstbehauptung ge-

gen die Männer kehren. Da Frauen überall im Verdacht stehen, zaubern zu können, ist diese Vorstellung auch gegen die männliche Herrschaft einzusetzen. Frauen können ihre angebliche Zauberkraft propagandistisch dazu verwenden, um ihrerseits Gerechtigkeit für sich zu erzwingen, und sich eine spirituelle Gegenmacht aufbauen. Das fand zum Beispiel vor kurzem die amerikanische Anthropologin Nancy Mcdowell in einer Neuguinea-Gesellschaft heraus. Sie studierte das Verwandtschaftssystem in einem papuanischen Dorf. Frauen haben dort in fast allen Bereichen einen außergewöhnlich dominierenden Status. Das Teilen aller Nahrungsmittel ist unter Verwandten obligatorisch. Die Frauen nehmen darauf einen großen Einfluß. Wenn eine Frau meint, daß sie bei der Fleischverteilung durch einen Mann ihrer Familie zu kurz gekommen sei, wird sie ein bestimmtes Ritual durchführen, um seinen Jagderfolg zu verhindern. Wenn der betreffende Mann dies herausfindet oder auch nur vermutet, wird er sein Verhalten gegenüber dieser Frau korrigieren. Sie kann dann dieses Ritual rückgängig machen, mit Ausnahme einer einzigen Zeremonie, die irreversibel ist und deshalb nur dann angewendet wird, wenn der Mann sich als unbekehrbar erwiesen hat.(1)
Auch bei den Kiwai-Papua haben die Frauen die Möglichkeit, auf den Jagderfolg der Männer Einfluß zu nehmen. Sie legen sich nackt mit gespreizten Beinen neben die Tür, durch die ihr Mann in der Dämmerung fortgeht, um zu jagen. Damit lockt die Frau die Jagdbeute an. Der Ehemann weiß, welchen magischen Beitrag seine Frau zur erfolgreichen Jagd liefert, und gibt ihr und ihren Verwandten von der Beute reichlich ab.(2)

Das Feld der Liebesmagie ist ein anderer Bereich, in dem Frauen versuchen, sich der männlichen Dominanz zu erwehren. Auch hier gibt es die vielfältigsten Beispiele. Besonders in Gesellschaften, in denen Frauen am stärksten unter der sexuellen Doppelmoral zu leiden haben, entwickeln sie effiziente magische Methoden, die den Liebhaber bei der Stange halten sollen. Ein kompliziertes Ritual der Liebesmagie ist zum Beispiel von den Kabylen-Frauen in Algerien bekannt.(3) In Lateinamerika, in Brasilien und in der Karibik halten Frauen häufig spiritistische Sitzungen ab. Bekannt dafür ist zum Beispiel im heutigen Brasilien der Umbanda-Kult, eine spiritualistische Religion, die mit Geisterbesessenheit und Beschwörung verbunden ist. Sie enthält kultische Elemente der afrikanischen, der eingeborenen Indianerreligion und des Katholizismus. Umbanda ist dabei nur eine von mehreren synkretistischen Religionen in Brasilien und hat ihre Anhänger hauptsächlich in der oberen Unterschicht und Mittelklasse. In den spiritistischen Sitzungen der Umbanda-Zentren werden abwechselnd in einer Nacht die Geister der brasilianischen Indianer und in der nächsten Nacht die Geister der afrikanischen Sklaven angerufen, die nach Brasilien gebracht wurden. Die religiöse Hierarchie des Umbanda-Kults wird in den kleineren Städten hauptsächlich von Frauen gestellt, die auch fast ausschließlich als Medien fungieren. Ein großer Teil der männlichen Klienten kommt, um sich von weiblicher Liebesmagie zu befreien. Die amerikanische Ethnologin Esther J. Pressel war bei einer solchen Sitzung anwesend. Der Klient, der Schwierigkeiten hatte, war ein Brasilianer italienischer Abstammung, der ein kleines Unternehmen leitete. Mit seinem Geschäft war es während des letzten Jahres bergab gegangen, und er glaubte, daß ein böser Exu-Geist sein Glück zerstören wolle. In der Sitzung riefen die weiblichen Medien ihre männlichen Exu-Geister an. Das Medium, das die Hauptaufgabe übernommen hatte, verwandelte sein Gesicht sowie seine Mimik und Sprechweise in männliches Gebaren. Der männliche Geist in ihm (marimbondo) verlangte zuerst eine Zigarre und ein Glas starken Alkohol. Dann erklärte er plötzlich, daß die Probleme des Klienten mit seiner Exverlobten zusammenhingen. Die verschmähte Verlobte hätte einen bösen Geist bezahlt, um seinen Geschäftserfolg zu blockieren. Der Klient bestätigte, daß er die Verlobung aufgelöst habe und daß seine Schwierigkeiten damit begonnen hätten. Dann schickte der Marimbondo, der männliche Geist des Mediums, den Klienten zur Toilette, um zu urinieren. Auch die anderen anwesenden Männer wurden zum Urinieren geschickt, um dem Klienten zu assistieren, der sehr viel böse Flüssigkeit in sich hätte. Nach der Auflösung der Verlobung war der Klient unfähig zu sexuellen Beziehungen mit Frauen gewesen. Einige Mona-

te nach dieser Sitzung bekannte er, daß sich sein Geschäft verbessert habe, und auch seine Beziehungen zu Frauen seien wieder in Ordnung.
In allen Fällen, die Esther J. Pressel bekannt wurden, war die Liebesmagie zunächst von Frauen betrieben worden. Jeder Mann, der persönliche oder berufliche Schwierigkeiten auf solche von Frauen betriebene Magie zurückführt, muß eine Gegenmagie betreiben und die Hilfe von Medien in Anspruch nehmen. Einer der Klienten erklärte ihr, daß sein Autounfall und sein Krankenhausaufenthalt durch Magie seiner früheren Geliebten verursacht worden seien.(4)

Auf Malekula fand der englische Forscher A. B. Deacon 1934 ein besonders faszinierendes Beispiel für ein antagonistisches Gleichgewicht zwischen den Geschlechtern. Männer und Frauen besitzen dort heilige Zeremonien, die sie wirkungsvoll vor dem anderen Geschlecht schützen. Die männlichen Sakralien und heiligen Kräfte werden Ileo genannt, die weiblichen Igah. Jedes Dorf ist in zwei Hälften geteilt, die männliche und die weibliche. Die Frauen leben in Frauenhäusern, die Männer im Männerhaus. Die Geschlechter sehen sich selten. Nur den Verheirateten ist der nächtliche Aufenthalt in den Frauenhütten erlaubt. Die Frauen dürfen nicht mit den Sakralien der männlichen Dorfhälfte in Berührung kommen. Umgekehrt müssen die Männer alles vermeiden, was ihre eigenen heiligen Kräfte paralysieren könnte. Falls ein Mann die Frauen bei ihren geheimen Zeremonien erblicken würde oder auch nur ihren Kopfputz für einen Moment zu Gesicht bekäme, würde er »wie ein Kind werden« und seinen Rang in der männlichen Geheimgesellschaft verlieren. Selbst die Objekte, die Frauen während ihrer Rituale berührt haben, sind gefährlich und tabu für Männer. Deacon schreibt:

> »Die Beziehung zwischen Igah und Ileo ist ungefähr so wie die Beziehung zwischen positiven und negativen elektrischen Ladungen.«(5)

Das Igah wird von den Männern gefürchtet und stärkt die Frauen.

Schon im Mittelalter berichteten arabische Reisende über die Frauenstreiks in Westafrika, die meist zum Erfolg führten. Der arabische Handelsreisende Ibn Batouta, der im Jahr 1352 den Sudan besuchte, erzählt, daß die Palastfrauen während seines Aufenthalts in der Hauptstadt von Mandin streikten, und keine ihre häuslichen Pflichten mehr verrichtete. Der wilde Protest richtete sich gegen die Ungerechtigkeit des Souveräns jener Epoche, Mansa Shuleyman, der sich gegenüber seiner ersten Frau schuldig gemacht hatte. Bei den Fulbe im östlichen Teil Westafrikas wurden häufiger Massenattacken von Frauen gegen Männer beobachtet, die ihre Ehefrauen ohne respektablen Grund verstoßen hatten.(6)

Die Ibo-Frauen in Südnigeria besaßen ihre eigenen politischen Institutionen, eine Art Selbstregierung, die die speziellen ökonomischen und sexuellen Interessen der Ehefrauen gegen die Männer wahrnahm. Sie praktizierten äußerst wirksame Boykott- und Streikmethoden, die um so erstaunlicher scheinen, als die Ibo ein patrilineares und patrilokales Volk sind. In jedem Dorf gab es eine Frauengesellschaft, deren bedeutendste Funktion es war, als Händlerinnenorganisation zu fungieren und die Hauptaktivität der Frauen, den Handel, zu fördern und zu regeln. In den Frauenversammlungen (Mikiri) wurden Preiserhöhungen, Regeln über Marktbesuche diskutiert. Das Mikiri setzte Gebühren fest für diejenigen, die die Regeln verletzten. Da die Frauen individuell ihr Recht nicht gegen die Männer erkämpfen konnten, versuchten sie es kollektiv und hatten damit häufig Erfolg.

Wenn sie Beschwerden hatten, wandten sie sich an die Dorfältesten, zum Beispiel, wenn die jungen Männer durch ihr rowdyhaftes Betragen ihre Markt- und Handelstätigkeit gestört hatten. Wurden ihre Forderungen ignoriert, nahmen die Frauen die Sache selbst in die Hand. Eine besonders wirkungsvolle Taktik bestand darin, ein »sit on« zu machen und einen Mann zu belagern. Sie versammelten sich vor seiner Hütte und sangen und tanzten den ganzen Tag bis spät in die Nacht, wenn es notwendig war. In ihren Gesängen zählten sie alle die Beschwerden auf, die sie gegen ihn hatten, verhöhnten ihn und zogen häufig seine Männlichkeit in Zweifel. Dabei klopften sie an seine Hütte mit den Mörsern, die sie gewöhnlich zur Zerkleinerung des Yams gebrauchten. Gelegentlich demolierten sie seine Behausung oder bewarfen sie mit Schlamm. Ein Mann, der seine Frau mißhandelt oder geschlagen oder seine Kühe in die Felder der Frauen gelassen hatte, wurde auf diese Weise so lange belagert, bis er Besserung versprach. Die Handlungsweise der Frauen wurde von der Gemeinschaft als legitim betrachtet, und kein Mann hätte zu intervenieren gewagt.

Wenn sie gegen die Männer als Gruppe vorgingen, gebrauchten sie hauptsächlich die Methode des Streiks. So berichtet der englische Forscher Harris einen Fall, in dem die Männer wiederholte Aufforderungen der Frauen ignoriert hatten, die Wege zum Markt in Ordnung zu bringen, eine Arbeit, die als männliche Aufgabe gilt. Als die Männer nicht reagierten, weigerten sich alle Frauen, für ihre Ehemänner zu kochen, bis die Straßen in Ordnung wären. Um diesen Streik effektiv durchzuführen, mußten alle Frauen kooperieren, so daß die Männer nicht zu ihren Brüdern gehen konnten, um dort zu essen. Da die Ibo-Männer die Besitzer des größeren Viehs sind – Kühe, Schweine, Ziegen und Schafe – und häufig sorglos ihr Vieh in den Feldern der Frauen fressen lassen, war dies wie auch in anderen westafrikanischen Gesellschaften ein ständiger Konfliktherd. Ein Forscher berichtet zum Beispiel einen Fall, in dem die Frauen eines Ibo-Dorfes einen Eid schworen, daß alle anderen derjenigen beistehen würden, die eine Kuh oder ein anderes Tier töten würde, das sie auf ihren Feldern fände.

Die Frauengesellschaften handelten auch effektiv und solidarisch, um ihre sexuellen Freiheiten zu sichern. Harris beschreibt einen solchen Fall. Die Männer waren verbittert, weil ihre Frauen offen Beziehungen mit ihren Liebhabern hatten. Sie veranstalteten ein Treffen und beschlossen eine Maßnahme, die jede Frau zwingen sollte, ihren Liebhaber aufzugeben und als Buße eine Ziege an ihren Ehemann abzuliefern. Daraufhin hielten die Frauen ein Geheimtreffen ab. Ein paar Tage später marschierten sie geschlossen in den Nachbarort und nahmen nur ihre Säuglinge mit sich. Die Männer hielten es eineinhalb Tage aus. Dann baten sie die Frauen zurückzukehren. Sie gaben ihnen eine Ziege und entschuldigten sich informell und formell.

Die britische Kolonialherrschaft ignorierte die politischen Institutionen der Ibo-Frauen und brachte durch ihre selbstherrlichen Entscheidungen das ganze System der weiblichen Selbstverwaltung und des Machtausgleichs zwischen den ökonomischen Interessen der Frauen und der Männer durcheinander, indem sie in einer weitgehend egalitären und auf persönlichen Charakterzügen aufbauenden dörflichen Selbstverwaltung plötzlich jüngere Männer zu Dorfältesten ernannte, die jedermann Anweisungen geben konnten. Im Jahr 1929 begannen die Frauen einen Aufstand gegen die von den Briten eingesetzten Eingeborenenhäuptlinge und ihre Gerichtshöfe. In diesen großen Frauenkrieg, der ungefähr einen Monat dauerte, waren zwei Millionen Frauen verwickelt.
Es begann damit, daß die britische Regierung die Ibo-Männer im Jahr 1925 zu Steuern verpflichtet hatte, die vier Jahre später innerhalb einer Wirtschaftskrise sehr viel schwieriger aufzubringen waren. Ein Eingeborenenhäuptling, Okugo, der auf Anweisung eines Distrikt-Offiziers angefangen hatte, eine neue Einkommensschätzung vorzunehmen, zog sich den besonderen Zorn der Frauen zu. Er wollte Haushaltszählungen durchführen. Ein Teil der Haushaltsgegenstände und des Kleinviehs gehört aber nach traditionellem Eherecht den Frauen. Deshalb entstand bei den Frauen sofort der Verdacht, daß ihre geringen eigenen Einkünfte aus dem Handel nunmehr auch besteuert werden sollten. Als am 23. November 1929 ein Beauftragter des eingesetzten Chefs Okugo einer Frau in der Owerri-Provinz auftrug, ihre Ziegen und Schafe zu zählen, war der Präzedenzfall geschaffen. Die Frauen dieser Gegend hatten schon vorher beschlossen, erst einmal Klarheit zu gewinnen, ob sie besteuert würden, bevor sie handelten. Diejenige, die als erste Angaben über Haushaltsinventar und Viehbestand machen sollte, alarmierte die Frauen der ganzen Gegend. Aus der gesamten Provinz strömten sie im Protest zum Distrikt-Offizier. Als sie nach mehreren Protesttagen die Versicherung erhielten, daß sie nicht besteuert würden, und daß der eingesetzte Häuptling Okugo zu zwei Jahren Gefängnis verurteilt werde, witterten die Frauen Siegesmöglichkeiten auch in anderen Angelegenheiten. Nunmehr wollten sie im ganzen Land die von der britischen Regierung eingesetzten Häuptlinge und Eingeborenen-

gerichtshöfe auf einen Schlag loswerden. In allen Ortschaften marschierten sie zur Eingeborenenverwaltung und verlangten die Absetzung der Häuptlinge. Die britischen Offiziere gerieten in Panik angesichts der nach Tausenden zählenden Frauenscharen, die überall die Gebäude der Eingeborenenverwaltung und Justiz belagerten. Die Frauen verbrannten die Verwaltungsgebäude und befreiten in einigen Fällen Gefangene aus dem Gefängnis. Das größte angezündete Gebäude war die Distriktsbehörde in Aba. Bei zwei Zusammenstößen mit den englischen Truppen wurden mehr als fünfzig Frauen getötet und andere verwundet. Männliche Opfer gab es während der Zwischenfälle nirgendwo.(7)
In der zweiten Dezemberwoche versammelten sich mehrere Zehntausende Frauen in Aba, einem bedeutenden Handelszentrum mit einer Eisenbahnstation. Sie trugen Stöcke und waren mit Farnblättern bekleidet. Sie attackierten und zerstörten die europäischen Handelsgeschäfte und die Barclay's Bank. In anderen Gegenden tauchten sie auf, in Sackkleider gehüllt, die Gesichter mit Kohle beschmiert, Stöcke mit jungen Palmblättern umbunden in ihren Händen, während sie auf dem Kopf junge Farnblätter trugen. Das alles bedeutete Krieg. Sie verlangten ein Dokument, mit der Schreibmaschine geschrieben, mit sechs Kopien, für jede der anwesenden Frauensektionen. Zusätzlich verlangten sie auch die Abschaffung der männlichen Besteuerung. Die Ibo-Männer verhielten sich während des ganzen Aufstandes vollkommen passiv. Niemals zuvor habe er so etwas gesehen, bekannte ein alter Häuptling, niemals hätten die Frauen Sand auf ihre eigenen Häuptlinge und die weißen Männer geworfen und sie mit Stöcken angegriffen. Frauen, die zögerten, sich anzuschließen, wurden von den aufständischen Frauen unter Druck gesetzt. Aus den Zeugenberichten geht an mehreren Stellen hervor, daß sie auf ihrem Marsch ständig wiederholten, sie wären bereit zu sterben. Obwohl der Aufstand Ende Dezember niedergeschlagen war, schickten die Briten weitere Truppen. Noch zehn Jahre später konnte die Engländerin Sylvia Leith-Ross, die eine ausführliche Studie über die Ibo-Frauen machte, nichts über die genaueren Motive oder Hintergründe und die politischen Kontakte der Frauen erfahren.(8) Offensichtlich waren auch bestimmte Rituale und

Geheimzeremonien abgehalten worden, durch die die Frauen sich immun gegen die britischen Kugeln machen wollten. In einigen Fällen war von den bedrängten britischen Offizieren offenbar versprochen worden, daß die Frauen Sitze in den Gerichtshöfen bekämen. Als 1933 größere Reformen verabschiedet wurden, wurde nur eine einzige Frau in die Eingeborenenverwaltung aufgenommen. Indem die Briten eine Verwaltung aufbauten, die viele Funktionen der Dorfversammlungen übernahm, zerstörten sie viele der ursprünglichen politischen Einrichtungen, durch die sich die Frauen eine Kontrollmöglichkeit über für sie wichtige Sphären eingerichtet hatten.
Die Hauptursache für die begrenzten Freiheitsrechte, die die Ibo-Frauen in einer männlich organisierten Gesellschaft erreichten, war ihre ökonomische Rolle als Händlerinnen und Farmerinnen. Das gewaltige Kommunikationsnetz, das sie kontrollierten, hat in dieser patrilinearen Gesellschaft seinen Ursprung darin, daß die Frauen sowohl an ihrem Geburtsort der Frauengesellschaft des Dorfes angehören wie auch an ihrem ehelichen Wohnsitz. In beiden Gesellschaften haben sie Rechte. So sind sie nicht nur über das Kommunikationsnetz der Märkte, wo sie Informationen austauschen können, sondern auch über diese Doppelmitgliedschaft miteinander in Verbindung. Die Frauengesellschaft in dem Dorf, in das sie einheiraten, ist heute eine Art von Selbsthilfekooperative, die Monatsbeiträge erhebt und Kleinkredite an Frauen vergibt, die einen Handel anfangen wollen.(9)

Ähnlich solidarische Frauenorganisationen gibt es bei den Yoruba. Im politischen und religiösen Leben haben sie keine so große Bedeutung, in der Güterproduktion und im Handel erstreikten sie sich häufig ihr Recht.
Bestimmte Handwerke sind das exklusive Monopol der Frauen: Spinnen, Färben, Töpferei und die Produktion von Batik-Stoffen werden von Männern nicht angerührt. Weben wird von Männern und Frauen ausgeübt, aber sie gebrauchen unterschiedliche Webstühle und weben verschiedene Arten von Stoffen.
Eine der bedeutendsten Einnahmequellen für Frauen ist der Handel. Auf dem Markt haben die Frauen die meisten Güter

monopolisiert. Männer verkaufen hauptsächlich Fleisch und Lederwaren. Fast alles andere wird von Frauen gehandelt: Yam-Wurzeln und Cassava, Gemüse wie Okra, Tomaten etc., Kolanüsse, Palmöl, gekochte Nahrungsmittel, Matten, Körbe, Töpfe, Häute, Eingeborenenmedizin, Ketten, Schmuck, Kleider und europäisches Essen wie Zucker, Milch, Sardinen und andere europäische Produkte wie Zündhölzer, Kerosin etc. Jeder Ort hat eine Frauenführerin (Iyalode), deren Pflicht es ist, die Frauen gegenüber dem König und seinen Häuptlingen zu repräsentieren. Ihre Meinung wird von den Häuptlingen und vom König sehr respektiert. Eine ihrer Hauptaufgaben ist es, Handelsstreitigkeiten mit den Männern zu schlichten. Der amerikanische Forscher H. U. Beier schreibt:

> »Neulich konnte ich einen solchen Disput hier beobachten. Die Frauen, die ›Ogi‹ verkaufen, ein Nahrungsmittel, das aus Mais zubereitet wird, müssen ihren Mais zu den Mühlenbesitzern bringen, um ihn zu mahlen. Diese Mühlenbesitzer sind Männer. Nun begannen die Frauen, sich zu beklagen, daß der Preis der Männer zu hoch war, um ihnen genügend Profit zu bringen beim Verkauf der ›Ogi‹. Die Iyalode (Frauenhäuptling) wurde bei den Mühlenbesitzern vorstellig, um einen niedrigeren Preis für das Mahlen zu fordern. Die Männer verweigerten dies zunächst, dann versuchten sie zu handeln. Die Iyalode jedoch rief alle Ogi-Verkäuferinnen zum Streik auf. Die Frauen begannen daraufhin, ihr Korn mit der Hand zu mahlen, und nach einer Woche ergaben sich die Mühlenbesitzer bedingungslos.«(10)

Hauptsächlich in West- und Südafrika finden wir ein symmetrisches politisches System der Gewaltenteilung zwischen den Geschlechtern, besonders in der Form des sakralen Königtums.(11) Unter dem Einfluß der Kolonialherrschaft und der darauf folgenden Unabhängigkeitsbewegung sind viele dieser politischen Institutionen zerstört oder zurückgedrängt worden. Neben dem männlichen König wurde eine weibliche Funktionärin an die Spitze des Staates gewählt, die häufig den Titel Königinmutter oder Königinschwester besaß, obwohl es sich nur in einigen Königreichen um die wirklichen

Schwestern oder Mütter des Königs handelte. In einigen Fällen war die Stellung der königlichen Funktionärin etwas schwächer als die des Königs, in anderen Reichen existierte ein wirkliches Doppelkönigtum. In dieser dualistischen Gewaltenteilung waren die Kompetenzen des männlichen und weiblichen höchsten Funktionärs so ineinander verschränkt, daß keiner ohne den anderen grundsätzliche Entscheidungen treffen konnte. Ein Beispiel für die Ausgewogenheit dieser Machtausübung waren die Swazi.

Die französische Ethnologin Annie M. D. Lebeuf schreibt:

> »Bei den Swazi ist die Indlovukati, die Mutter des Königs, zusammen mit ihrem Sohn an der Spitze der politischen Hierarchie. Sie haben jeder ihren eigenen Wohnsitz in getrennten Dörfern, ihren eigenen Hof, ihre eigenen Beamten. Ihre Beziehungen sind durch eine Serie von Verpflichtungen geregelt. Sie kontrollieren zusammen die Altersklassen, weisen Land zu, pflegen das Recht, präsidieren bei religiösen Zeremonien. Sie unterstützen einander in allen diesen Tätigkeiten, aber anscheinend nicht so sehr, indem sie sich in die gleichen Vorrechte teilen, als vielmehr durch getrennte Machtausübung, jedoch in der Weise, daß sie sich in all den verschiedenen Bereichen, in denen sie tätig sind, ergänzen oder ausbalancieren. In rechtlichen Angelegenheiten zum Beispiel kann der König die Todesstrafe allein aussprechen, aber die Anwälte der Indlovukati konnten vor dem höchsten Gericht auftreten, wo solche Angelegenheiten mit ihnen besprochen werden, und zum Tode Verurteilte konnten in ihrer Hütte Zuflucht nehmen. In gleicher Weise kontrolliert der König die gesamte Armee, aber der Oberbefehlshaber ist mit seinem (des Königs) eigenem Regiment in der Hauptstadt der Königinmutter stationiert, während sie Regimenter unter der Führung von Prinzen in der Hauptstadt des Königs unterhält. In rituellen Angelegenheiten nimmt sie mit dem König an Regenmacherriten und am Ahnenkult teil; sie ist die Wächterin der Regalien (königl. Insignien), aber diese sind unwirksam ohne die Mitarbeit des Königs.«(12)

Bei den Swazi gilt die Königin als Elefant, die Erde, die Schöne, die Landesmutter. Der König gilt dagegen als der Löwe, die Sonne, das große wilde Tier. Schon aus diesen

Vergleichen läßt sich erkennen, daß es sich hierbei nicht um eine Gegenüberstellung von Macht und Ohnmacht, Kraft und Schwäche handelt wie in vielen anderen dualistischen Systemen, sondern um die Bilder, mit denen zwei einander ebenbürtige Mächte verglichen werden.

In dem Königreich Ankole besteht die Regierung aus drei Personen, die früher alle den gleichen Status hatten. Es sind der König oder Mogabe, seine Mutter und eine seiner klassifikatorischen Schwestern, der in diesem System gestattet ist, daß sie heiraten und Kinder haben kann.

Bei den Lunda, einem matrilinearen Stamm, der von einer patrilinearen Aristokratie beherrscht wird, hat der König eine Frau an seiner Seite, die von seinen vier obersten Würdenträgern ausgewählt wird. Sie ist an allen Regierungsangelegenheiten beteiligt, hat ihren eigenen Hof, ihre eigenen Beamten und Steuern. Bei den Lunda existieren die Frauenorganisationen parallel zu denen der Männer. Trotzdem gibt es gemischte Vereinigungen, in denen alte Menschen beider Geschlechter direkt über die öffentlichen Angelegenheiten bestimmen. Frauen, die nicht mehr im gebärfähigen Alter sind, werden häufig Älteste.

In Südkamerun, bei den Bamileke, wird die Mutter des Fong als gleichwertig mit dem Häuptling betrachtet. Bei ihrem Tod erhält sie die gleichen Riten wie er. Sie hat ihren eigenen Palast und ihre eigenen Güter, die nicht von ihrem Sohn kontrolliert werden und über die Recht zu sprechen er nicht berechtigt ist. Sie ist zuständig für die Planung und Ausführung der gesamten Landarbeit, die von den Frauen geleistet wird. Sie ist Vorsitzende aller Geheimgesellschaften der Frauen und gehört denen der Männer an mit Ausnahme der militärischen. Jedoch ist ihr Status von dem aller anderen Frauen weitgehend unterschieden. Sie hat völlige Freiheit und Immunität, kann Handel treiben, einen Ehemann auswählen und Ehebruch begehen, wie sie es will. Für diese Art von Doppelregierung, die sich zum Teil auf den niedrigeren Ebenen fortsetzt, gibt es noch eine Fülle anderer Beispiele.(13)

Von einem sakralen König wurde Großzügigkeit und Freizügigkeit dem Volk gegenüber verlangt. Er war das Symbol für das Wohlergehen, den Überfluß an Gütern, die er als

Zeichen des von ihm ausgehenden Segens zu vergeben hatte. Elisabeth Dorothea Hecht schreibt über das afrikanische sakrale Königtum:

> »Es überrascht, wenn man feststellt, daß wirklicher privater Besitz von einem Herrscher gar nicht erwartet wurde – im Gegenteil: Ein Omanhene in Ashanti zum Beispiel durfte kein Privateigentum haben; bei seiner Einsetzung fiel sein gesamtes Vermögen (allerdings auch seine Schulden) an den Stuhl.«(14)

Das sakrale Königtum verband anders als der Monarchiegedanke in Europa demokratische und elastische Möglichkeiten mit seiner Institution. Es gab konstitutionelle und legale Möglichkeiten, einen mißliebigen Herrscher zu entfernen.

Eine besonders einflußreiche Position hatte die Königinmutter in den Akan-Staaten, im heutigen Ghana. Sie war die erste Beraterin des Königs. Die Schreiben englischer Gouverneure aus dem 18. Jahrhundert berichten häufig darüber, daß der Herrscher ganz unter dem Einfluß der Königinmutter stand. Mehrfach übernahm die Königinmutter, die den Titel Ohemmaa führt, den Oberbefehl über die Armee. Die Clans der Akan sind totemistisch gegliedert und matrilinear. Das Oberhaupt eines Clans wird auf Lebenszeit von den erwachsenen weiblichen und männlichen Clanmitgliedern gewählt. Auch auf Bezirksebene hat bei den Ashanti jedes Dorfoberhaupt eine ältere Frau an seiner Seite.

Die Ohemmaa der Akan-Staaten wirkte als eine ständige moralische Kontrolle des Königs. Sie war die einzige, die ihn und seine Ratgeber öffentlich tadeln durfte.

Sie bewohnt einen eigenen Palast und unterhält einen eigenen Hof. Wenn ein neuer König gewählt werden muß, wird sie konsultiert und hat über die Legitimität der Rechte der verschiedenen Anwärter zu entscheiden. Bei der Nominierung des neuen Königs hat sie ihn dem Volk vorzustellen und nimmt an den Inthronisationszeremonien teil.

Sie unterhält ihren eigenen Ratgeberinnenstab. In ihren direkten Zuständigkeitsbereich fallen alle Fragen, die das Familienleben, den Status und das Besitzrecht der Frauen und die Heiraten der Mädchen ihres Clans betreffen. Aus den Überlieferungen sind zahlreiche Beispiele für die Bemühun-

gen von Königinmüttern um Gesetzgebung und Reformen zum Schutze der Frauen bekannt.
Die Königinmutter wird als Tochter des Mondes aufgefaßt, der König als Sohn der Sonne. Diese Konzeptionen sind wahrscheinlich Ende des 14. Jahrhunderts von dem damals regierenden Paar eingeführt worden.
Früher wurde je ein Knabe und ein Mädchen aus jedem Clan der Akan-Staaten als Page und Dienerin an den Hof des Omanhene bzw. der Ohemmaa entsandt, um zu verdeutlichen, daß die Clans dem König und der Königinmutter als Repräsentanten des gesamten Staates untergeben seien.(15)

In Südrhodesien waren die Manyika bekannt für ihre Königinnen und deren bemerkenswerten Einfluß. Die Männer der Häuptlingslinie wurden Wachinda genannt und die Frauen Wazzari. Es war Sitte, daß die Wachinda sich in einem Teil des Stammesgebietes niederließen und die Funktion des Distrikthäuptlings übernahmen. Ungefähr Anfang des 19. Jahrhunderts wurde bei ihrem Tod eine Reihe von Frauen als lokale Regierungschefs gewählt. Die Entstehungslegende der Frauenhäuptlinge wird so erzählt:

> Beim Tod eines dieser Häuptlinge wurden die Knochen gewürfelt, um die Todesursache festzustellen. Der Zauberer berichtete, daß der Distrikt des Verstorbenen für den Tod verantwortlich war. In einer religiösen Zeremonie konsultierte der Häuptling des Stammes den großen Geist durch ein Medium. Der Geist antwortete ihm, daß das Land des toten Distrikthäuptlings einen weiblichen Nachfolger benötige. Der Geist sagte, »Laß sie ihr Feuer dort anzünden und die Leute regieren. Wenn du einen Mann dort einsetzt, wird es eine Rebellion geben.« Daraufhin versammelte der Häuptling seine Ratgeber und verkündete die Ernennung seiner Töchter als Distriktsoberhaupt.

Im Jahr 1940 zählte W. Selwyn Bazelay neun weibliche Distriktshäuptlinge, die teilweise noch regierten bzw. seit Ende des 19. Jahrhunderts gewählt worden waren. Es handelte sich jedoch um eine aussterbende Institution, da die meisten von ihnen bei ihrem Tod nicht mehr ersetzt wurden.(16)

In einer anderen Gegend Afrikas, in Sierra Leone, gibt es ebenfalls eine lange Tradition, Frauen zu Häuptlingen zu wählen. Im Jahre 1914 waren von den 84 Regionen zehn von Frauen regiert, 1970 zehn von 81 Gebieten.
Im Jahr 1787 wurde die Kolonie Sierra Leone von der britischen Krone gekauft, um dort Land für zurückgekehrte Sklaven in Besitz zu nehmen. Der Vertragspartner der britischen Krone war damals die Königin Yamacouba, eine Sherbro-Frau, die ein Stück Territorium an die Briten abtrat. Auch mit zwei anderen Frauen handelten englische Kommissare im Jahr 1889 auf diesem Gebiet Friedensverträge aus. Die mächtigste Frau in Sierra Leone, Madame Yoko, schaffte es um die Jahrhundertwende, 14 verschiedene Distrikte unter ihre persönliche Hegemonie zu bringen. Die heutige Nachfolgerin in ihrem Gebiet ist ebenfalls eines der führenden Mitglieder der Sierra-Leone-Volkspartei und war eine Zeitlang Minister in der Regierung.(17)
Carol P. Hoffer, eine amerikanische Anthropologin, die 1969 und 1972 Feldstudien unter den Mende- und Sherbro-Frauen in Sierra Leone machte, ist der Ansicht, daß die ungewöhnlichen politischen Karrieren von Frauen in dieser patrilinearen Gesellschaft vor allem auf die weibliche Geheimgesellschaft Bundu zurückzuführen sind, die die jungen Mädchen initiiert, und deren Geheimnisse von den Frauen streng gewahrt werden müssen. Kein Distriktchef darf dabei anwesend sein. Die Macht der Bundu-Gesellschaft geht so weit, daß irgendein Mann, der ihre Tabus verletzt hat, Krankheit und Tod riskiert, falls er nicht zu den Funktionärinnen der Gesellschaft geht und beichtet. Dann hat er sich einer Reinigungszeremonie zu unterziehen und zahlt eine Gebühr. Auch Ehemänner sind vorsichtig, ihre Frauen in einer ehelichen Auseinandersetzung allzusehr herauszufordern. Es gibt immer die Möglichkeit, daß eine rachsüchtige Ehefrau oder ihre Mutter eine Impotenz erzeugende Medizin gebraucht, deren Geheimnis nur die Bundu-Frauen kennen.
Carol P. Hoffer konnte bei ihrem Aufenthalt die Kandidatenaufstellung für das Repräsentantenhaus in Sierra Leone verfolgen. Die Mitglieder der Bundu-Gesellschaft fungierten dabei als eine einflußreiche Pressure-Group, um Kandidatinnen zu unterstützen.(18)

Gerade das letzte Beispiel zeigt, daß solche Strukturen in einem parlamentarischen System fortwirken und den Frauen Einflußmöglichkeiten sichern können. Aber sicherlich sind die Institutionen agrarischer afrikanischer Gesellschaften oder ein symmetrisches Regierungssystem nicht einfach auf entwickelte Industrienationen zu übertragen.

Der hohe Status, den Frauen in diesen Gesellschaften erreicht haben, geht offensichtlich auf die Existenz von unabhängigen Frauenorganisationen mit eigenen Leitungs- und Kommunikationsstrukturen zurück.

IX.
Schluß

37. Kapitel
Feminismus — unsere Vergangenheit, unsere Zukunft

> Wir fragen nicht, ob etwas reformistisch, radikal, revolutionär ist . . . wir fragen, ist es gut für Frauen oder schlecht für Frauen.
> *Grundsatzpapier der New York Radical Women*

Der Feminismus hat die ökonomischen und sexuellen Machtauseinandersetzungen zwischen den Geschlechtern nicht erfunden, sondern aufgezeigt. Die Phänomenologie des Sexismus umfassend zu dokumentieren und zu analysieren ist die Aufgabe der feministischen Theorie. Die selbstverständliche Verfügungsmacht des Mannes über die gesamte weibliche Existenz ist heute die unreflektierte Grundannahme von wissenschaftlichen Theorien, die universale Erklärungsmodelle liefern wollen.

Claude Lévi-Strauss hat absichtslos den Sexismus als den nicht weiter zu begründenden Anfang der menschlichen Kultur hingestellt. Der Frauentausch zwischen menschlichen Gruppen, in dem die Frau als »wertvollste Gabe« zwischen den männlichen Angehörigen verschiedener Gruppen getauscht wird, bedeutet den Übergang von der Natur zur Kultur. Aus diesem Tauschakt, der die Überwindung des Instinkts und den Eintritt des Menschen in seine freiheitliche Existenz kennzeichnen soll, leitet Lévi-Strauss das ganze Kommunikationssystem der menschlichen Gattung ab.
Eine solche Ursprungsthese der Kultur muß ebenso willkürlich bleiben wie viele andere. Es wurde gezeigt, daß die Fremdbestimmung der Frau nicht das Kennzeichen aller primitiven Gesellschaften ist, sondern daß es in einigen ein breites Spektrum der Verfügungsrechte und Entscheidungen über Heiraten ihrer Mitglieder gibt.

Auf der anderen Seite stehen immer noch undifferenzierte marxistische Denkansätze, die vielfach in die gegenwärtige

feministische Theorie eingegangen sind. Aus der Anwesenheit oder Entstehung von Privateigentum werden monokausal alle Formen der Herrschaft des Menschen über den Menschen abgeleitet. Dabei wird übersehen, daß das Eigentum an den Produktionsmitteln nur ein zentrales Medium der Macht – in unserer Gesellschaft das entscheidende – ist, nicht ihr Wesen. Ebenso zentral ist die Vermachtung der Sexualität, die nicht erst da zu finden ist, wo bereits eine in Klassen geteilte und auf Eigentum aufgebaute Gesellschaft besteht. Die Urgesellschaft, die die evolutionistischen Theoretiker suchten, um dort die Urform gesellschaftlicher Institutionen zu finden, wird immer eine konstruierte Gesellschaft bleiben. Auch diejenigen menschlichen Gruppen, die nur einfachste Werkzeuge und Waffen besitzen, haben eine genauso lange geschichtliche Entwicklung hinter sich wie die Industriegesellschaften. Sie haben sich nur auf andere Weise als wir extrem feindlichen Umwelten kulturell angepaßt. Deswegen kann jeder interkulturelle Vergleich nur phänomenologisch sein. Nirgendwo gibt es Ursprünge oder Anfänge, aus denen wir direkte geschichtliche Entwicklungslinien ziehen könnten.
Daß die Herrschaft über die Sexualität der Frau in klassenlosen Gesellschaften ohne Privateigentum und soziale Rangordnungen existiert, läßt sich am Beispiel der australischen Ureinwohner nachweisen, deren Frauen einer gewalttätigen männlichen Sexualpraxis unterworfen sind und ohne Mitspracherecht verheiratet werden. In der australischen Gesellschaft sind Frauen jedoch keiner ökonomischen Diskriminierung ausgeliefert – soweit es sich überblicken läßt, ist die Verteilung der Nahrungsmittel egalitär. In einigen anderen »klassenlosen« Gesellschaften befinden sich Frauen in der Rolle der Wirtschaftssklaven.

Falls es jemals die gesellschaftliche Herrschaft von Frauen über Männer gegeben hat, in Form eines Matriarchats oder einer Gynäkokratie, dann hatte sie bei weitem keine so umfassende Verbreitung wie das Patriarchat. Über die komplexen Bedingungen, die zur Entstehung solcher Gesellschaften geführt haben könnten (Magie, Religion, Ökonomie, Unkenntnis der Vaterschaft, technische Erfindungen, Abwesenheit von Krieg) ist erst recht nichts zu sagen.

So verführerisch es für eine feministische Theorie wäre, aus der sexuellen Unterwerfung der Frau alle anderen Herrschaftsformen und Klassenteilungen abzuleiten wie der Marxismus aus der Entwicklung der Produktivkräfte, würde damit nichts anderes entwickelt als ein weiteres evolutionistisches Schema, das unbeweisbar bleiben muß.

Eine Klassenbildung nach ökonomischen Kriterien setzt nicht unbedingt eine sexuelle Klassenherrschaft voraus, sondern eine Umwelt und Technologie, die die Möglichkeit gibt, Überschüsse zu produzieren. Da Menschen nur in Gruppen leben, sind immer mehrere Möglichkeiten gleichzeitig gegeben, aus denen sich unterschiedliche Formen der Herrschaft entwickeln können: die Beziehungen von Männern zu Frauen, von Erwachsenen zu Kindern und von verschiedenen Gruppen, die auf einem Territorium leben. Die natürliche Umwelt, z. B. ein fruchtbares Stromtal oder eine Eiswüste, fördert die Herausbildung einer Klassenstruktur bzw. behindert sie. Während die marxistische Theorie jedoch ein Bild der Zwangsläufigkeit vom Ablauf geschichtlicher Perioden und der Entstehung von Herrschaft zeichnete, lassen sich nur Wahrscheinlichkeiten in der Art und Weise erkennen, wie Gesellschaften auf die Herausforderung der Umwelt reagieren.

Die sexuelle und ökonomische Unterdrückung von Frauen ist sicher die umfassendste und am leichtesten zu praktizierende Herrschaft, aber sie stellt ebensowenig wie die Bildung einer Klassenstruktur, in der auch Männer unterdrückt werden, ein absolut notwendiges Durchgangsstadium menschlicher Gesellschaften dar, sondern tritt nur mit hoher Wahrscheinlichkeit auf.

In allen Gesellschaften können wir erkennen, daß die Geschlechter sich wie zwei Parteien gegenüberstehen und daß Politik einen Bündnischarakter auf der Basis des Geschlechts hat. Nur dort, wo Frauen eigene Solidaritätsstrukturen besitzen – Frauenbünde, Geheimgesellschaften – oder eigene religiöse Zeremonien durchführen, von denen sie ihrerseits Männer ausschließen, ist zu beobachten, daß sie Verhaltensspielräume im ökonomischen und sexuellen Bereich erobert haben.

Sexismus war immer mehr als das, was in der nichtssagenden Geschmeidigkeit politischer Rhetorik »die Benachteiligung der Frau« heißt oder was Soziologen verharmlosend mit »traditioneller Rollenverteilung« bezeichnen. Sexismus war immer Ausbeutung, Verstümmelung, Vernichtung, Beherrschung, Verfolgung von Frauen. Sexismus ist gleichzeitig subtil und tödlich und bedeutet die Verneinung des weiblichen Körpers, die Gewalt gegenüber dem Ich der Frau, die Achtlosigkeit gegenüber ihrer Existenz, die Enteignung ihrer Gedanken, die Kolonialisierung und Nutznießung ihres Körpers, den Entzug der eigenen Sprache bis zur Kontrolle ihres Gewissens, die Einschränkung ihrer Bewegungsfreiheit, die Unterschlagung ihres Beitrags zur Geschichte der menschlichen Gattung. Wenn es auf dem Grabstein heißt »Eheleute Heinrich Schulze«, dann ist der Lebenslauf einer Frau endgültig gelöscht.

Die subtile Spielart des Sexismus äußert sich zum Beispiel in Laurel-und-Hardy-Filmen, über die wir lachen, obwohl wir wissen, daß ihr einziger Witz in der Verkehrung der Geschlechterrollen liegt, dem Aufzeigen der »verkehrten Welt«, in der die männlichen Helden doofe und schwache Persönlichkeiten sind und die Ehefrauen sie regieren statt umgekehrt.

Oder ein anderes Beispiel:

Nach der patriarchalischen Etikette westlicher Länder, die sich als galante Zuvorkommenheit versteht, muß die Frau warten, bis sie zum Tanz aufgefordert wird. Sie tanzt natürlich rückwärts, geführt vom Mann – ein symbolisches Ritual und ein Sinnbild für ihre ganze angepaßte Existenz.

Sexismus äußert sich sogar in Beschreibungen biologischer Vorgänge, die dem bewußten Erleben entzogen sind. Der amerikanische Psychoanalytiker Karl Stern schreibt:

> »Das Spermatozoon hat Torpedoform, greift an, das Ei ist eine Kugel, die sich dem Eindringen bereithält.«(1)

Wenn die Vereinigung der weiblichen und männlichen Geschlechtszellen als Angriffskrieg gegen die Frau dargestellt wird, dann kann diese scheinbar unerhebliche, weil metaphorische Art des Sexismus zur Gleichsetzung aggressiver Akte mit sexuellem Lustgewinn eskalieren.

Sexualität als Krieg gegen die Frau und umgekehrt Krieg als lustvolle Ekstase:

> »Wir haben mit Soldaten gesprochen, die sagten, daß sie einen Orgasmus hatten, wenn sie feindliches Land bombardierten. Daß sie das lieber taten als mit einer Frau zu schlafen«,

berichtet die Sexualforscherin Phyllis Cronhausen über amerikanische Flieger im Vietnamkrieg.(2)

Sexismus ist nicht nur die unentwegte offene oder unterschwellige Degradierung durch die Inhalte einer vom Mann dominierten Kultur, sondern hat in vielen Fällen tödliche Konsequenzen. Frau sein in Algerien bedeutet sterben zu müssen, weil der Ehemann und die männlichen Verwandten nicht bereit sind, für ein minderwertiges weibliches Wesen Blut zu spenden.(3)
Im Punjab in Indien, wo bis vor hundert Jahren fast alle neugeborenen Mädchen getötet wurden, erließ die Regierung 1975 endlich ein Gesetz, das den Forderungen der Frauenorganisationen Rechnung trug, die Mißhandlungen junger verheirateter Frauen zu bekämpfen, die in vielen Fällen zum Mord oder Selbstmord der Frau führen. Das Gesetz macht nun eine medizinische Untersuchung ihrer Leiche obligatorisch, es sei denn, die Eltern stellen ein Dokument aus, daß sie keinen Verdacht auf gewaltsame Todesursache haben.(4)
In der Purdah-Gesellschaft Pakistans und Bangladeshs bedeutet Frausein immer noch eine lebenslängliche Isolationshaft, kaum Gespräche mit gleichaltrigen Frauen, und für viele war die Einführung des Ganzschleiers vor wenigen Jahren die erste Chance, einmal einen Markt zu sehen, Straßen und Menschen, die nicht zu ihrer Familie gehören. Eine 25jährige Frau, die bereits zehn Schwangerschaften hinter sich hat und nur noch ein paar Backenzähne besitzt, ist selbst in wohlhabenden Familien eine Normalerscheinung.
In Lateinamerika ist (wie in den letzten Jahrzehnten des 19. und den ersten des 20. Jahrhunderts im Mittleren Osten und Afrika) der Mädchenhandel, zum Beispiel der Verkauf von jungen Mädchen von einem Bordell ans andere, die Begleiterscheinung der Bevölkerungsexplosion und der Landflucht. Unverheiratete und verlassene Mütter, die in manchen Län-

dern bis zu 70 Prozent der Frauen ausmachen, befinden sich auf einem aussichtslosen Arbeitsmarkt, der fast ausschließlich Männern eine Chance bietet. Auf dem afrikanischen Kontinent leisten Frauen fast die gesamte Landarbeit, besitzen aber nur in einigen Gesellschaften das Recht, Land zu kontrollieren oder zu erben.

Die Projekte der westlichen Entwicklungshilfe ignorieren die Bedürfnisse der Frauen ebenso wie die Entwicklungsplaner ihrer eigenen Länder. Nur in den USA, wo eine engagierte Gruppe von Wissenschaftlerinnen dem Kongreß zusetzte, wurde bisher ein Gesetz verabschiedet, daß bei jedem Projekt der Entwicklungshilfe die Auswirkungen, die dieses auf Frauen in den betreffenden Entwicklungsländern haben könnte, zu überprüfen sind.(5) In Kanada und Schweden existieren ähnliche Ansätze.

Sexismus bedeutet in den Industrienationen westlicher Prägung: keine oder eine unzureichende Berufsausbildung, Unterbezahlung, Arbeitslosigkeit, einseitige Fächerauswahl beim Universitätsstudium, ökonomische Abhängigkeit vom Ehemann, Einstellungs- und Beförderungsdiskriminierung bei der Vergabe von Positionen, die besser dotiert sind und Einflußmöglichkeiten eröffnen.

Nach den Index-Berechnungen eines französischen Wirtschaftshistorikers, den Evelyne Sullerot zitiert, verdienten die Lohnarbeiterinnen in der Handwerkswirtschaft des Mittelalters ungefähr 75 Prozent der Männerlöhne. In den Ländern der Europäischen Wirtschaftsgemeinschaft liegen die Löhne und Gehälter der Frauen unter dieser mittelalterlichen Relation, trotz des Artikels 119 der Römischen Verträge, der eine gleiche Bezahlung von Männern und Frauen vorsieht. Von der strukturellen Arbeitslosigkeit werden die Frauen auch in Zukunft weitaus stärker betroffen sein. Schon jetzt zeichnet sich ab, daß bei Lohn- und Gehaltserhöhungen Industriezweige mit überwiegend weiblichen Beschäftigten in die sogenannten Niedriglohnländer abwandern (z. B. nach Südostasien), wo die weibliche Arbeitskraft noch zum Mini-Lohn zu haben ist. Gegenüber der Flexibilität eines international organisierten Kapitalmarktes haben weder Gewerkschaften noch Frauenorganisationen (auch die Feministinnen nicht) irgendeine Strategie aufzubieten, um die Katastrophe auf dem Frauenarbeitsmarkt abzuwenden. In den zukunftversprechenden Wirtschafts-Sektoren der kapitalistischen Industrieländer – z. B. im Maschinenbau – werden bisher kaum Frauen ausgebildet.

Die heutige Weltwirtschaftsordnung beruht darauf, daß die Frau einen wesentlichen Teil ihrer Arbeit, nämlich alles, was sie in der Erziehung und Betreuung ihrer Kinder und für die Familie leistet, grundsätzlich nicht gegen Geld eintauschen kann, sondern der Gesellschaft zum »Selbstkostenpreis« oder umsonst zur Verfügung stellt. In den kapitalistischen Ländern sind das ganze gestaffelte Lohn- und Gehaltssystem der »Leistungsgesellschaft« und die Freistellung des Mannes für die Führungs- und Entscheidungspositionen eindeutig auf dieser grundsätzlichen Uneintauschbarkeit der weiblichen Dienstleistungen im Haushalt und an den Kindern aufgebaut. Bereits die erste Frauenbewegung beschäftigte sich ausführlich, allerdings ohne praktischen Erfolg, mit der finanziellen Bewertung der Kindererziehung und Hausfrauenarbeit. In einem Artikel aus dem Jahre 1912 »Zur Frage der Bewertung der Hausfrauenarbeit« rechnete Marianne Weber, die Frau des Nationalökonomen Max Weber, aus, daß ein monatlicher Mutter- und Hausfrauenlohn von 300 Mark für jedes Kind bis zu 16 Jahren mehr als sieben Milliarden Mark jährlich betragen würde.

»Die gesamten Ausgaben für Heer, Flotte, Post, Telegraph, Reichsbeamte, Invalidenfonds betragen nur 2,6 Milliarden«, schrieb sie. Marianne Weber kam gegenüber den schon damals erhobenen Forderungen nach »Entlohnung oder Besoldung der Hausfrauenarbeit« zu dem Schluß, daß eine solche Bezahlung volkswirtschaftlich und technisch unmöglich sei.

Aus diesen Zahlen – wie auch aus neueren Berechnungen von Wirtschaftswissenschaftlern (u. a. John Kenneth Galbraith) – ist zu ersehen, um welchen Anteil am Bruttosozialprodukt die Frauen seit Jahrhunderten betrogen werden. Nicht einmal eine so bescheidene Forderung wie die Einbeziehung der im Haushalt erbrachten Dienstleistungen in die Berechnung des Bruttosozialprodukts (wie sie z. B. der Deutsche Hausfrauenbund und gemäßigte Kreise der amerikanischen Frauenbewegung vertreten) ist bisher verwirklicht worden.

Frauen besitzen in ihrer Fähigkeit, die Art in ihrem Körper zu reproduzieren, das einzige Monopol in der Welt, das nicht zu irgendeiner Form von wirtschaftlicher, gesellschaftlicher und politischer Macht geführt hat, sondern zu Ohnmacht und Unterwerfung.

In der Industriegesellschaft wird die Welt noch einseitiger vom Mann gestaltet. Er beherrscht die Medien der Existenz. Er gestaltet Raum und Zeit. Er entwirft den Rhythmus des Lebens. Die Unterwerfung der Landschaft, die Stadt- und Verkehrsplanung zeugen von funktionalistischem Denken, von der Leugnung des Gefühls. Der Raum dient der Selbstdarstellung männlicher Herrschaft – Imponierarchitektur und Funktionalismus als Selbstzweck.

Damit wird die von der Werbung gepflegte Männlichkeitsvorstellung verwirklicht, daß ein echter Mann, hart und unempfindlich, jeder Umwelt gewachsen ist. Die Menschen werden in dieser Raumgestaltung zum Mobiliar, zu Einrichtungsgegenständen in den Wohnungen wie auch auf den Straßen. Der Machismoarchitektur unserer Verwaltungsgebäude steht eine billige Produktion von Massenwohnbau gegenüber, dessen Fassaden ein einziger Dressurakt in grauem Beton sind. Selbst Slums bieten Kindern mehr sinnliche Anregungen für ihre Entwicklung als manche Neubauviertel, deren Siedlungsplanung Gewalt gegen den Organismus und seine Bedürfnisse ausübt. Die Herrlichkeit unserer Autobahnen und Fußballstadien wird kontrastiert von der Einfallslosigkeit, minderen Qualität und Beengtheit der Räumlichkeiten und Einrichtungen, die Kindern zur Verfügung stehen. Eine hemmungslose Grundstücksspekulation hat in den Innenstädten die Infrastrukturen und die Lebenszusammenhänge früherer Altbauviertel vernichtet, in denen noch ein Rest von der Einheit des Lebens – Wohnen, Arbeiten, Spielen – vorhanden war.

Aber Suprematie männlicher Einstellungen zur Umwelt zeigt sich nicht nur in kapitalistischen Ländern, wo der Profit Triebkraft ist, sondern ebenso in sozialistischen. Zeit und Raum sind dort auf dieselbe Weise strukturiert. Die Produktionsabläufe und die Umweltbehandlung folgen dort denselben Vorstellungen von Vorrangigkeit. Der Sozialismus ist grundsätzlich auf die gleichen Werte von männlicher Rationalität und Funktionalismus fixiert wie der Kapitalismus, die sich in einer vergewaltigenden, sinnenfeindlichen Ästhetik manifestieren.

Auf der UNO-Konferenz in Mexico City wurde im Juli 1975 ein Weltaktionsplan verabschiedet, der innerhalb von zehn Jahren den Status der Frauen sowohl in den industrialisierten wie in den Ländern der Dritten Welt erheblich verbessern soll. Ein Antrag der australischen Delegation, in die Resolutionen der UNO neben der Verurteilung von »Rassismus« und »Neokolonialismus« auch den Begriff »Sexismus« aufzunehmen, wurde zwar von einer kleinen Zahl von Ländern unterstützt, scheiterte aber am Unverständnis der sozialistischen Staaten und der Länder der Dritten Welt, die darin ausschließlich ein Problem des dekadenten Kapitalismus sehen.

Feminismus bedeutet Kampf gegen den Sexismus. Der Feminismus ist als politische Bewegung die Antwort auf alle Spielarten des Sexismus, denen Frauen gegenwärtig ausgeliefert sind. Das Spektrum feministischer Ideen, Forderungen, Erklärungen zur Unterdrückung der Frau ist groß und umfaßt rein reformerisches Denken wie auch militant-revolutionäre Konzepte zur Bekämpfung des männlich dominierten politischen, wirtschaftlichen und kulturellen Systems bis hin zur totalen Verweigerung sich abkapselnder Frauengemeinschaften. In einem Punkt findet sich jedoch bei allen Richtungen der Frauenbewegung eine seltsame Übereinstimmung, eine fast eschatologische Vorstellung einer zukünftigen Gesellschaft, in der das Geschlechtsmerkmal völlig unwesentlich geworden ist, wo es keine soziale Bedeutung mehr hat, sondern nur noch eine rein individuelle.

Eine Überprüfung der Aussagen feministischer Autorinnen, deren Werke international verbreitet sind, macht dieses gedankliche Dilemma deutlich. Beginnen wir mit Simone de Beauvoir, die vor dreißig Jahren ihre monumentale Monographie über die Frau schrieb, eine Fundgrube faszinierender Einsichten.

Simone de Beauvoirs Buch schließt gleichzeitig mit einer Hoffnung und mit einer Illusion. Die Hoffnung, die sie ausspricht, lautet:

»Wenn die Versklavung der einen Hälfte der Menscheit und das ganze verlogene System, das damit zusammenhängt, abgeschafft sind, dann wird die Unterteilung der Menschheit ihren eigentlichen Sinn verdeutlichen, und das Menschenpaar wird seine wahre Gestalt finden.«

Die Illusion, mit der sie ihr Buch beendet, lautet:

»Der Mann hat zur Aufgabe, in der gegebenen Welt dem Reich der Freiheit zum Sieg zu verhelfen. Damit dieser höchste Sieg errungen wird, ist es unter anderem notwendig, daß Mann und Frau jenseits ihrer natürlichen Differenzierungen rückhaltlos geschwisterlich zueinander finden.«(6)

Ist die versöhnte Geschwisterlichkeit von Mann und Frau – dieses friedliche Jenseits des Geschlechterkampfes – überhaupt erreichbar?

Auch Kate Millett geht in ihrem Buch »Sexus und Herrschaft«, in dem sie das Patriarchat als das System definiert, das den »fundamentalsten Machtbegriff« unserer Zivilisation liefert, davon aus, daß irgendwann ein Endpunkt der Befreiung von dieser Herrschaft erreicht werden kann.

»Eine Assimilierung männlicher und weiblicher Erfahrung durch Integration der getrennten sexuellen Unterkulturen«,

das müsse das Ziel einer neuen Sexualrevolution sein, dazu »ein freizügiger Maßstab sexueller Freiheit für beide Geschlechter« und damit verbunden eine Auflösung der patriarchalischen besitzorientierten Familie.(7)

Anders als diese vagen Endvorstellungen von einer integrierten geschlechtlichen Gesellschaft, in der der Sexus keine Machtkämpfe mehr produziert, stellt Shulamith Firestone die weibliche Biologie in den Mittelpunkt ihrer Analyse:

»Feministinnen müssen nicht nur die gesamte westliche Kultur in Frage stellen, sondern die Kultur selbst, mehr noch: sogar die Natur.«(8)

Shulamith Firestone sieht die Ursprünge einer geschlechtsspezifischen Klassengesellschaft in der »biologischen Familie« begründet, die den Machtwillen des Mannes produziert. Die Machtverteilung in der biologischen Familie lieferte die Frauen »der Gnade ihrer Biologie« aus.

»Menstruation, Wechseljahre und Frauenkrankheiten, ständige qualvolle Geburten, Stillen, Säuglingspflege. Dies alles machte sie von Männern abhängig (gleichgültig ob von Bruder, Vater, Ehemann, Geliebten oder Clan, Regierung, Gemeinschaft), damit sie physisch überleben konnten.«(9)

Aus diesen nur zum Teil zutreffenden Faktoren deduziert sie ohne Rückkoppelung zur Wirklichkeit ihre Schlüsse, die in der Forderung enden, die Reproduktion artifiziell zu machen. In den Wildbeutergesellschaften und in vielen agrarischen Gesellschaften leisten Frauen mehr als die Hälfte der produktiven Arbeit, nämlich das Sammeln oder Erzeugen von Nahrungsmitteln. Die Frauen sind zum physischen Überleben nicht unbedingt auf die Männer angewiesen, sondern die Männer auf die Frauen. Deren Funktion besteht häufig nur darin, die Frauen vor dem Raub und den Überfällen anderer Männer zu schützen. Shulamith Firestone benutzt die Methode der idealistischen deutschen Philosophie, erklärt sie jedoch zur materialistischen Psychologie. Die Geschlechter sind für sie die grundlegenden Klassen, die Marxsche Definition der ökonomischen Klassen ein Spezialfall des umfassend gültigen Klassensystems von männlich und weiblich. In welcher direkten oder indirekten kausalen Beziehung die Entwicklung ökonomischer Klassen zu der sexueller Klassen steht, läßt sie offen. Die Machtunterschiede zwischen den Geschlechtern entstehen durch das Inzesttabu zwischen Mutter und Sohn, und aus dieser Herstellung des männlichen Abscheus und der männlichen Überlegenheit gegenüber Frauen rühren alle Klassen- und Rassenteilungen.

Shulamith Firestone überträgt ihre beiden Modelle – das der Geschlechter als Klassen und das durch Machtpsychologie gebildete Ich von Sohn und Tochter – auf weitere Unterklassen der sexuellen Frage. Die Klasse Kinder verhält sich demnach zur Klasse Eltern wie die schwarze Bevölkerung Amerikas zur weißen. In einer dritten Analogie setzt sie ein dualististisches Prinzip in der Kultur, das sie zwischen Kunst und Geisteswissenschaften auf der einen und Naturwissenschaften und Technik auf der anderen Seite sieht, gleich mit dem Verhältnis der Geschlechter (»Die Übereinstimmung dieser beiden verschiedenen kulturellen Ansätze mit den beiden Geschlechtern ist unverkennbar.«)(10) Der ästhetische Modus der Existenz ist der weibliche, der technologische der männliche. Aber das männliche und weibliche Kulturprinzip, das sie beschreibt, wurde in der überschaubaren abendländischen Geschichte fast ausschließlich von Menschen mit männlichem Geschlechtsmerkmal repräsentiert. Kultur schlechthin, als Kunst, Philosophie, Geisteswissenschaft, Naturwissenschaft und Technik war der Bereich des Mannes. Insofern könnten sich innerhalb der von ihr prophezeiten Revolution nach ihrer eigenen Logik nur das männliche und das weibliche Kulturprinzip im Mann aufheben. In dieser Revolution, die sie in etwa hundert Jahren kommen sieht, fallen alle bisherigen Widersprüche der menschlichen Existenz weg, und ein paradiesisches Leben in einem »kybernetischen Kommunismus« kann beginnen, in dem es weder ökonomische noch sexuelle, noch rassistische, noch Eltern-Kind-Probleme gibt.

»Das Kindergebären könnte von der Technologie übernommen werden.« Die Automation würde die Haushaltsarbeiten überflüssig machen, »aber in der Zwischenzeit müssen alle Hausarbeiten umschichtig erledigt werden«.

In diesem von vornherein phantastischen System wäre nach Shulamith Firestone »die vollständige Integration von Frauen und Kindern in die Gesamtgesellschaft« zum ersten Mal gewährleistet. Und die Maschinen, die im kybernetischen Kommunismus die Produktion übernehmen – sind sie nicht mehr Denkprodukte der männlichen Kultur und produzieren nur wunderbare, unschädliche Produkte, ohne Konflikte über Energie- und Rohstoffverbrauch? Verwaltet sich der kybernetische Kommunismus selbständig? Findet das Leben statt, indem alle von vornherein einer Meinung sind, indem die gemeinsame Willensbildung nicht erst hergestellt wird?

Shulamith Firestones Utopie übertrifft in vielen Punkten die Schriften der von ihr als »moralisierend« bezeichneten Frühsozialisten. Am Ende sind alle Widersprüche und Konflikte, in denen sich menschliche Individuen befinden, mit Hilfe der begrifflichen Deduktion verschwunden. Aggression, Arbeit, Herrschaft, Zwang, Streitigkeiten (etwa über die Frage, wer will überhaupt noch Babys?), Schmerz und Krankheiten können nicht mehr eintreten. Warum bei dem kompletten Wissen über die Natur, das sie zu diesem Zeitpunkt erreicht glaubt, die Frage nach der Unsterblichkeit nicht auch bereits gelöst ist, bleibt übrigens unklar. Und die Existenz solcher unangenehmer Fakten, die heute das Leben bedrohen, wie Nuklearwaffen und biologische Waffen, wird erst gar nicht erwähnt. Es gibt nur noch Eros, Lust und Liebe zwischen allen Menschen. Und dieses revolutionäre System, in dem die gleichzeitige Aufhebung aller in der menschlichen Existenz liegenden Probleme stattfindet, beruht auf einer einzigen Voraussetzung, nämlich der Abschaffung der Schwangerschaft.

Shulamith Firestone hat in der Absicht, eine Theorie zur Befreiung der Frau aufzustellen, in Wirklichkeit die konsequenteste Verneinung des weiblichen Körpers ausgesprochen, die vorstellbar ist. Und sie hat damit nichts anderes behauptet, als daß alle Widersprüche dieser Welt, alle Herrschaft des Menschen über den Menschen, ökonomische Klassen und Rassismus historisch aus einem einzigen Punkt abzuleiten sind, nämlich der Fähigkeit der Frau, Leben in ihrem Körper zu reproduzieren. Nichts anderes behaupteten auf ihre Weise diejenigen, die den Mythos von der Büchse der Pandora oder den von der Erbsünde verkündeten. Die Frau in ihrer Eigenschaft als Mutter ist unschuldig, aber sie ist trotzdem schuld an allem, was ist, weil sie die Gebärende ist. Befreiung vom Gebären bedeutet damit Befreiung schlechthin für die ganze Menschheit. Ist das biologische System des weiblichen Körpers allein verantwortlich zu machen? Das klingt ungefähr so, als wenn ein Verhungernder sich einredet, sein Magen sei schuld am Hunger. Wenn wir die Frage nach dem biologischen Ursprung dieser Unterdrückung stellen, dann wäre die männliche Physis sicher genauso abschaffenswert wie die weibliche. Das hat z. B. Valerie Solanas in ihrem verzweifelt bösen Manifest zur Vernichtung der Männer getan. In männlichen Körperfunktionen sind ebenso viele Ursachen für gesellschaftliche Fehlentwicklungen zu entdecken wie in den weiblichen. Die in der Geschichte und im Alltag zu beobachtende größere Breitschaft des Mannes zu aggressiven Akten hat eine ihrer Komponenten in der männlichen Biologie.

Die Antwort des Feminismus auf die patriarchalische Herrschaft über den weiblichen Körper kann nicht in der Verneinung irgendeiner Dimension dieses Körpers bestehen, sondern nur in der Bejahung der weiblichen Biologie und der Rückgewinnung der Kontrolle über unsere Körper durch die Gynäkologie sowie die Forderung nach Schwerpunktforschung im Bereich empfängnisverhütender Methoden für Männer und Frauen. Jede Abtretung der reproduktiven Fähigkeit der Frau an die Gesellschaft (falls eine künstliche Reproduktion möglich wäre) setzt bereits eine Gesellschaft voraus, die über die Reproduktion demokratisch bestimmt und in der Frauen keine Machtunterworfenen sind.
Der Begriff der Aufhebung, diese Beschwörungsformel aus der Philosophie Hegels, in der die Vernichtung der Differenz enthalten ist, hat eine berauschende Attraktivität, weil er das Dogma des Mythos ist. Er deutet auf ein endgültiges Ziel der Geschichte hin und steht für die unendliche Hoffnung auf Freiheit.
Shulamith Firestone schrieb ihr Buch Ende der sechziger Jahre – unter dem Einfluß futurologischer Endzeitliteratur, dem Fiasko und Ende der Studentenbewegung und der wieder beginnenden feministischen Diskussion. Aber auch bei Juliet Mitchell, die Sigmund Freud für den Feminismus zu rehabilitieren sucht, finden sich ähnlich extreme Aufhebungswünsche, die über eine gerechte Umverteilung gesellschaftlichen Reichtums weit hinausgehen. In ihrem 1974 veröffentlichten Buch »Feminism and Pscyhoanalysis« kommt sie zu Schlüssen, die denen von Shulamith Firestone gleichen, denn sie laufen auf die allmähliche Abschaffung des Inzesttabus und der damit synchronen Überwindung kapitalistischer Produktionsbedingungen hinaus.(11)

Wenn der Feminismus als politische Kraft in den nächsten Jahrzehnten etwas erreichen will, muß er Abschied nehmen von solchen Endzeit-Vorstellungen. Keiner der heute lebenden Menschen wird ein »Reich der Freiheit« erleben – das ist fast das einzige, was wir mit Sicherheit wissen. Indem wir uns finalistischen Geschichtsbetrachtungen hingeben, verweigern wir uns der Auseinandersetzung mit der höchst bedrohlichen nahen Zukunft.

Das Geschlechtsmerkmal ist unaufhebbares biologisches Kennzeichen eines Menschen. Unaufhebbar heißt, es gibt nichts jenseits des Geschlechts. Auch wenn einige Menschen ihr Geschlecht durch chirurgische Eingriffe wandeln, ist es nicht aufgehoben in der Form einer biologischen Synthese. Unabhängig davon, ob es eine künstliche Gebärmutter in der fernen Zukunft geben wird, werden die unterscheidbaren übrigen Geschlechtsmerkmale bleiben, die sich in der biologischen Evolution herausgebildet haben. Es ist kein menschliches Wesen denkbar, das sich nicht selbst und andere als männlich und weiblich denkt. Ob sich die Menschheit je eingeschlechtlich reproduzieren könnte, steht hier nicht zur Debatte. Solange dies nicht der Fall ist, wird das Geschlechtsmerkmal die Basis von Macht- und Interessenpolitik sein, und zwar in jeder vorstellbaren Gesellschaft. Das bedeutet, daß Frauen Abschied nehmen müssen von der Vorstellung, sie könnten in einer einmaligen Kraftanstrengung ihre Lage verbessern, und dann würde das Geschlechtsmerkmal ein für allemal sozial bedeutungslos.

> »Was ist aber das Anderssein der Identität? Der Unterschied – das Prinzip des Gegensatzes, denn vom Unterschiede ist nicht weit bis zum Gegensatze.«(12)

Dieses Zitat von Ludwig Feuerbach bezeugt, mit welcher Geschwindigkeit sich im menschlichen Denken die Differenz, ein gradueller Unterschied, in die totale Gegensätzlichkeit verwandeln kann. Der Sexismus ist eine Disposition, die in der menschlichen Gesellschaft ebenso angelegt ist wie andere Formen des Machtmißbrauchs. Sexismus bedeutet die Möglichkeit, den Geschlechtsunterschied bis hin zum Sexualfaschismus zu steigern. In der Purdah-Gesellschaft und in der der verkrüppelten Frauenfüße in China wie in den Zeiten der Hexenverfolgungen durch die Inquisition sind solche Extreme der Unterdrückung des Menschen durch den Menschen erreicht worden. Nichts bietet Frauen eine Gewähr dafür, daß Fortschritte ihrer Befreiung nicht immer wieder rückgängig gemacht werden. Wer die Einstellung zur Abtreibung in sozialistischen Ländern verfolgt, kann nur die Illusion begraben, daß solche Grundrechte wie die Verfügung über den eigenen Körper irreversibel seien. Rumänien bietet im Moment das beste Beispiel für die Rücknahme solcher

Rechte aus Gründen einer chauvinistischen Bevölkerungspolitik. Ob die Frauen in einigen westlichen Ländern, vor allem in den Vereinigten Staaten, wo sie das Recht auf Freigabe des Schwangerschaftsabbruchs erreicht haben, dies auch in zwanzig oder dreißig Jahren noch besitzen werden, hängt einzig und allein davon ab, ob die Frauenbewegung bis dahin dauerhafte organisatorische Formen gefunden hat. Bisher versteht sie sich immer noch als provisorisches Instrument zur Erreichung kurz- oder mittelfristiger Ziele, nicht als Gegenkraft, die eine permanente Institution der menschlichen Gesellschaft sein muß, damit der Sexismus dauerhaft bekämpft werden kann.

Auch diejenigen, die die Gesellschaft in kleinen Schritten reformieren wollen, gehen von der utopischen Vorstellung aus, daß Frauen nur deswegen eigene Organisationen bilden müssen, um sich irgendwann einmal, dann, wenn die Politik der kleinen Schritte zu einer Gleichstellung geführt hat, selbst aufzulösen. Die meisten Frauenorganisationen, die sich innerhalb von Parteien, Gewerkschaften und anderen Verbänden formiert haben, betrachten es als ihr Ziel, sich selbst überflüssig zu machen. Ihr erklärter Zweck ist es, Frauen in die Gesamtorganisation zu integrieren, die – noch, wie sie behaupten – von Männern dominiert wird. In der Illusion dieser Integrationsvorstellung verewigen sie sich selbst zu einflußlosen Vasallinnenorganisationen, die dem Ziel, das sie anstreben, nicht näherkommen. Diese Frauenorganisationen irren sich in doppelter Hinsicht. Sie verkennen den immanenten Charakter des Männerbündnisses, den unsere Institutionen besitzen. Staat, Wirtschaft, Parteien, Presse und Universitäten sind keine geschlechtsneutralen Institutionen, sondern eine ihrer wesentlichen Funktionen liegt darin, selbst unentwegt die männliche Identität herzustellen und ihr Selbstbeweise zu ermöglichen.

In primitiven Gesellschaften schützt der Mann seine Identitätssphäre dadurch, daß er Tabus aufstellt. Einer Frau, die hinter die Kultgeheimnisse des Männerhauses kommen sollte, wird die Todesstrafe angedroht.

In unseren Systemen sind die Institutionen etwas flexibler. Einige Frauen werden integriert. Dadurch besitzen ihre Beherrscher ein Alibi. Der Ausspruch des bayerischen Landtagspräsidenten Michael Horlacher, daß eine einzelne Frau im Parlament wie eine Blume wirke, Massen von Frauen jedoch wie Unkraut, ist eine gute Illustration dafür.(13) Schlagzeilen wie »Klatschmohn im Kornfeld«, »Farbtupfer im Landtagsgrau«, kennzeichnen das Wesen dieser Form von Integration. Statistisch gesehen ist nicht einmal ein Trend zu erkennen, daß Frauen in einer größeren Quantität in die Entscheidungszentren vordringen. Im 18. Jahrhundert gab es mehr regierende Frauen als heute. In das System integrierte Frauen können häufig genug nur durch Akte von Mimikry in den Institutionen überleben. Selten können sie Vertreterinnen von weiblichen Interessen sein. In einer Studie über Arbeitnehmerinnen fand Helge Pross vor einigen Jahren, daß die meisten Frauen sich im Betrieb und am Arbeitsplatz wie Gastarbeiterinnen in der Welt des Mannes fühlen.

Ein weiterer Faktor, der für unabhängige Frauenorganisationen spricht, besteht in der Offenkundigkeit, daß in Parteien und anderen Großverbänden grundsätzlich die Geschlechter getrennt bleiben. Frauen machen in Parteien dasselbe wie in autonomen Frauengruppen – sie formieren sich nach Geschlecht, unterstellen sich jedoch männlicher Aufsicht und Kontrolle. Nirgendwo hat Integration wirklich stattgefunden, sondern innerhalb von Parteien und Verbänden werden die Gruppen nach denselben anthropologischen Merkmalen gebildet, die auch in primitiven Gesellschaften das Gemeinschaftsleben strukturieren, nämlich der Männerbund (Gesamtpartei), Jugend und Frauen. Dabei sind die meisten Jugendverbände Jungmännerbünde, die sich mit einigen Frauen garnieren.

Die Zulassung von Frauen zu Parteien oder Gewerkschaften wurde zu Anfang dieses Jahrhunderts von den männlichen Mitgliedern nach und nach bewilligt, als sich herausstellte, daß sie die männliche Identitätssphäre durch ihre Mitgliedschaft nicht störten, sondern überall weibliche Mitgliedsgruppen bildeten. Dieses Verhalten ist weltweit zu beobachten. Die Unabhängigkeitsbewegungen, die nationalen Einheitsparteien, die sozialistischen und die bürgerlichen Parteien, Gewerkschaften, Kirchen – alle haben mittlerweile ihre eigenen Frauengettos. Die meisten sind organisatorisch, finan-

ziell und ideologisch von der sie kontrollierenden männlich dominierten »Gesamtorganisation« abhängig und müssen jede eigene Initiative von ihr genehmigen lassen.
Denn wer die Frau in Parteien, Gewerkschaften und Verbände integrieren will, bestimmt sie stets zum Objekt der Integration. Die Aufnahme in die bestehenden gesellschaftlichen Institutionen, die Macht ausüben und Entscheidungen treffen, erfolgt stets zu Bedingungen, die das Objekt der Integration nicht selbst bestimmen kann.

Eine feministische Selbstorganisation erfordert eine Trennung oder wenigstens eine Distanzierung von den Institutionen, die ähnliche politische Grundpositionen beziehen, wie Gewerkschaften und sozialistische Parteien westlicher Länder. Da der Feminismus grundsätzlich andere psychologische, sexuelle und ökonomische Beziehungen zwischen Männern und Frauen anstrebt, in denen es keinerlei Privilegien mehr gibt, ist die Vorbedingung für diesen Kampf eine separate oder wenigstens auf eigene Faust handlungsfähige Organisation der Frauen. (Erst wenn es den Frauenorganisationen der etablierten Parteien, Gewerkschaften und Großverbände gelingt, organisatorisch und in ihrer politischen Zielsetzung sich eigene Handlungsspielräume zu verschaffen, könnten sie wichtige Träger des Frauenkampfes werden.) Feminismus richtet sich gegen den patriarchalischen Charakter aller existierenden Institutionen ohne Ausnahme. Feministische und sozialistische Organisationen können Koalitionen bilden, um gemeinsame Ziele zu erreichen, aber auf der Grundlage der Gegenseitigkeit, nicht der einseitigen Vereinnahmung von Frauen für Ziele, bei denen für sie nichts oder wenig herauskommt. Frauen – als Unterdrückte der Unterdrückten – haben keinen Nebenwiderspruch des Kapitalismus zu bekämpfen, sondern einen gesellschaftlichen Gesamtwiderspruch, das Patriarchat.

Eine wesentliche Aufgabe autonomer Frauengruppen besteht in der Bestandsaufnahme der weiblichen Situation, der Abhängigkeit, Ängste und Wünsche von Frauen, um eine selbstbewußte eigene Identität zu ermöglichen und zu formen. Der Feminismus hat als ein wesentliches bewußtseinsbildendes Ziel, die Geschichte der Frauen in ihr Selbstverständnis und ihre Identität zu integrieren. Nur durch historische Vergleiche können Frauen heute zu einer Standortbestimmung kommen. Es geht nicht darum, die Einzeltaten von Frauen in der Geschichte zu verherrlichen oder Frauen unkritisch zu beurteilen. Ihr Geschichtsdefizit zu beseitigen, kann nicht darauf zielen, der Geschichte der großen Männer eine Geschichte der großen Frauen hinzuzufügen, sondern die historische Forschung in ihren Fragestellungen und in ihren Wichtigkeits- und Rangvorstellungen zu berichtigen.

Wenn die Frauenbewegung behauptet, daß in jedem Individuum unabhängig vom Geschlecht das volle menschliche Potential von Begabung, Empfindung, Intelligenz, Sinnlichkeit angelegt ist, und daß maskuline und feminine Temperamente und Verhaltensweisen durch die Sozialisation hergestellt werden, dann heißt dies nicht, daß wir aus der historischen Formung unserer Person in dem Moment aussteigen können, in dem wir sie erkannt haben. Außerdem ist die Geschlechtsrolle etwas, was sorgfältig zu unterscheiden ist von der Selbsterfahrung des Körpers. Der Feminismus bestreitet nicht, daß Frauen und Männer ihre Körperlichkeit anders erleben. Er bestreitet nur Männern das Recht, daß sie durch die von ihnen beherrschten Sprachregelungen und Medien bestimmen, in welcher Weise wir unsere Körper zu empfinden haben. Der Feminismus ermutigt Frauen, ihre bisher unausgesprochenen Selbstempfindungen unbefangen zu verbalisieren, kommunzierbar zu machen. Die Selbstzeugnisse von Frauen, die Alice Schwarzer in ihrem Buch »Der kleine Unterschied und seine großen Folgen« vorlegte, zeigen eine Differenziertheit von Empfindungen, die etablierten psychologischen Schablonen konkrete weibliche Selbsterfahrung entgegensetzen, wie in der Aussage einer 39jährigen vor dem Scheidungsrichter: »Der letzte Verkehr meines Mannes mit mir war am 26. April, mein letzter mit ihm vor neun Jahren.«(14)

Der Feminismus muß, indem er sich löst von den Stereotypen männlich definierter Geschlechtlichkeit, gleichzeitig eine Entscheidung treffen für die Werte, für die Frauen eintreten wollen, die sie für sich in Anspruch nehmen. Das bedeutet keineswegs eine Verneinung alles dessen, was zum weiblichen Charakteristikum gestempelt wurde, sondern eine bewußte Entscheidung für solche als weiblich geltenden humanen Werte, die ein Sozialleben erst erträglich machen, wie Empfindsamkeit und Einfühlungsvermögen, Mitmenschlichkeit und Zärtlichkeit. Die Tatsache, daß viele dieser Werte in der Vergangenheit mit weiblicher Machtlosigkeit assoziiert waren, sollte uns nicht daran hindern, sie bewußt zu vertreten.

Anmerkungen

Vorbemerkung

Die Zitate aus der im folgenden angeführten fremdsprachigen Literatur sind von mir übersetzt.

Kapitel 1

Geschichte und Familiengeschichte:
Die radikale Feministin Hedwig Dohm und ihre Enkelin Katia Mann

1 dieses wie auch die folgenden Zitate von Katia Mann sind ihren Lebenserinnerungen entnommen
Katia Mann, Meine ungeschriebenen Memoiren, Frankfurt 1974

2 Hedwig Dohm, Die Antifeministen, Berlin 1903, S. 35; über die Wiederentdeckung Hedwig Dohms durch die heutige Frauenbewegung, vgl. die Frauenkalender 75 und 76, Berlin, Selbstverlag

3 Emile Durkheim, De la Division du Travail Social, 7. Aufl., Paris 1960, S. 20 ff.;
Hedwig Dohm, Die wissenschaftliche Emanzipation der Frau, Berlin 1874

4 Hedwig Dohm, Der Frauen Natur und Recht. Zur Frauenfrage zwei Abhandlungen über Eigenschaften und Stimmrecht der Frauen, Berlin 1876, S. 114

5 zitiert nach Adele Schreiber, Hedwig Dohm als Vorkämpferin und Vordenkerin neuer Frauenideale, Berlin 1914, S. 23;
Adele Schreiber gehörte zum linken Flügel der bürgerlichen Frauenbewegung und war später Reichstagsabgeordnete der SPD in der Weimarer Republik

6 a. a. O., S. 20 f.

7 Jenny Hirsch, in: »Frauen-Anwalt«, 4. Jg. 1873/74, N. 8/9, S. 265 f., zitiert nach Margit Twellmann,
Die deutsche Frauenbewegung, Ihre Anfänge und erste Entwicklung, Quellen 1843–1889, S. 241

8 Erfurter Programm 1891 Punkt 1, zitiert nach Bundessekretariat der Jungsozialisten (Hrsg.), Programme der deutschen Sozialdemokratie, Hannover 1963, S. 79 f.

9 Adele Schreiber, a. a. O., S. 29 f.
Die vorhergehenden Zitate entstammen Hedwig Dohms Abhandlungen »Der Frauen Natur und Recht« und »Die wissenschaftliche Emanzipation der Frau«

10 Hedwig Dohm, Die Antifeministen, a. a. O., S. 118 f.

11 zit. nach Adele Schreiber, a. a. O., S. 51

12 Hedwig Dohm, Der Frauen Natur und Recht, a. a. O., S. 185

13 Peter de Mendelsohn, Der Zauberer, Frankfurt 1975, S. 552

14 zit. nach Adele Schreiber, a. a. O., S. 17

15 nach A. Hofmann – Hrsg. –, Der Kladderadatsch und seine Leute 1848–1898, Berlin 1898, S. 301
16 Hedwig Dohm, Der Jesuitismus im Hausstand, zit. nach Twellmann, a. a. O., S. 211 f.
17 Hedwig Dohm, Der Frauen Natur und Recht, a. a. O., S. 39
18 ebenda, S. 77
19 Hedwig Dohm, Die Antifeministen, a. a. O., S. 164
20 Adele Schreiber, a. a. O., S. 20
21 Hedwig Dohm, Die Mütter, Berlin 1903, S. 220
22 Katherine Anthony, Feminism in Germany and Scandinavia, New York 1915, S. 220

Kapitel 2
Die Geschichtslosigkeit der Frau wird durch die Geschichtsschreibung hergestellt

1 Golo Mann, Deutsche Geschichte des 19. Jahrhunderts, Frankfurt/M. 1958, S, 13 f.
2 ebenda, S. 9
3 Bodo von Borries, Frauen in Schulgeschichtsbüchern – zum Problem der Benachteiligung von Mädchen im Unterricht, Westermanns Pädagogische Beiträge H. 11, Nov. 1975
4 Golo Mann, Deutsche Geschichte des 20. Jahrhunderts, Frankfurt/M. 1958, S. 183
5 eigene Auswertung nach Unterlagen und Angaben des Deutschen Schulbuchinstituts, Braunschweig
6 Hans Ebeling, Die Reise in die Vergangenheit, Bd. 4 1972
7 Hans Döhn und Fritz Sandmann, Geschichte 3 – Erkunden und Erkennen, 1969
8 G. Mann, Geschichte des 19. Jahrhunderts, a. a. O., S. 14
9 Minna Cauer, Die Frau im 19. Jahrhundert, Berlin 1898, S. 95
10 Hannah Arendt, Rahel Varnhagen, Frankfurt/M. 1974, S. 212
11 zitiert nach Irmgard Tanneberger, Die Frauen der Romantik und das soziale Problem, Oldenburg 1928, S. 56 f.
12 Gottfried Salomon-Delatour (Hrsg.), Die Lehre Saint-Simons, Neuwied 1962, S. 22
13 Sozialistische Monatshefte, 1909, Bd. 2
14 J. G. Fichte – Gesamtausg. der Bayerischen Akademie der Wissenschaften, Stuttgart 1970, I, 4, S. 113
15 G. Mann, Deutsche Geschichte des 19. Jahrhunderts, a. a. O., S. 279
16 Franz Mehring, Geschichte der deutschen Sozialdemokratie, Berlin 1960, S. 485 f.
17 Franz Mehring, Karl Marx, Berlin 1967, S. 184
18 G. Mann, Deutsche Geschichte des 19. Jahrhunderts, a. a. O., S. 283
19 ebenda, S. 284
20 M. Cauer, a. a. O., S. 101
21 H. Dohm, Die Antifeministen, Berlin 1903, S. 29
22 zitiert nach Margit Twellmann, Die deutsche Frauenbewegung, Ihre

Anfänge und erste Entwicklung, Quellen 1843–1889, Meisenheim 1972, S. 34
23 M. Cauer, a. a. O., S. 111
24 Gertrud Bäumer, Gestalt und Wandel, zitiert nach Quellen zur Geschichte der deutschen Frauenbewegung, hrsg. v. Emmy Beckmann und Elisabeth Kardel, Frankfurt 1955, S. 11
25 Renate Möhrmann, Die andere Frau. Emanzipationsansätze deutscher Schriftstellerinnen im Vorfeld der 48er Revolution, unveröffentlichte Habilitationsschrift 1975
26 M. Cauer, a. a. O., S. 111 f.
27 Gisela von Streitberg, Die deutschen Frauen und der Bismarckkultus, Leipzig 1894, S. 21 f.
28 zitiert nach G. v. Streitberg, a. a. O., S. 10 f.
29 G. Mann, Deutsche Geschichte des 19. Jahrhunderts, a. a. O., S. 316
30 G. v. Streitberg, a. a. O., S. 12
31 Johanna Loewenherz, Wird die Socialdemokratie den Frauen Wort halten? Neuwied 1895, S. 7
32 Ricarda Huch, Untergang des Römischen Reiches Deutscher Nation, Ausg. der Büchergilde Gutenberg, Frankfurt o. J.
33 ebenda, S. 193
34 zitiert nach Bodo von Borries, a. a. O.
35 zitiert nach Elisabeth Altmann-Gottheiner (Hrsg.), Jahrbuch der Frauenbewegung, Leipzig/Berlin 1916, S. 2
36 Janice Law Trecker, Women in US History High School Textbooks, Social education, Vol. 35, March 1971
37 Erwähnt von Aileen S. Kraditor, Up from the Pedestal, Chicago 1970, S. 4
38 Arthur M. Schlesinger, The Rise of the American City, 5. Aufl. New York 1946, S. 433 f.
39 ebenda, S. 155
40 Allan Nevins, The Emergence of Modern America, New York 1946, S. 377
41 Kraditor, a. a. O., S. 4
42 Trecker, a. a. O.
43 ebenda
44 Ernest Lavisse, Histoire de France contemporaine, 10 Bde., Paris 1920–22
45 Charles Seignobos, Geschichte der französischen Nation, München u. Berlin 1935, S. 105
46 ebenda, S. 200
47 Friedrich Nietzsche, Werke, 6. Abt. 2 Bd., Jenseits von Gut und Böse, Berlin 1968, S. 178

Kapitel 3
Große Männer – namenlose Frauen
Die politischen Folgen einer Unterschlagung

1 Oswald Spengler, Der Untergang des Abendlandes, München 1972, S. 21
2 Georg Simmel, Zur Philosophie der Geschlechter, das Relative und das Absolute im Geschlechterproblem, in: Philosophische Kultur, Leipzig 1919, S. 60
3 Jacob Burckhardt, Weltgeschichtliche Betrachtungen, Krefeld 1948, S. 222 f.
4 zitiert nach Minna Cauer, Die Frau im 19. Jahrhundert, Berlin 1898, S. 39 f.
5 ebenda, S. 41
6 Theodor Mommsen, Römische Geschichte, München 1976, Bd. 1, S. 71
7 ebenda, Bd. 2, S. 339 f.
8. Vilfredo Pareto, Manuel d'économie politique, Paris 1909, S. 399 f.
9 Arnold J. Toynbee, Der Gang der Weltgeschichte, München 1970, Bd. 2, S. 186 f.
10 José Ortega y Gasset, Vom Einfluß der Frau auf die Geschichte, 1956, S. 24
11 Otto von Bismarck, Gedanken und Erinnerungen, 1927, S. 403
12 J. G. Fichte, Gesamtausgabe der Bayerischen Akademie der Wissenschaften, Stuttgart 1970, Bd. I, 4, S. 130
13 zitiert nach Renate Möhrmann, Die andere Frau. Emanzipationsansätze deutscher Schriftstellerinnen im Vorfeld der 48er Revolution. Unveröffentlichte Habilitationsschrift 1975
14 Fichte, a. a. O., S. 131
15 Johann Gottfried Herder, Ideen zur Philosophie der Geschichte der Menschheit, Berlin u. Weimar 1965, Bd. 1, S. 318
16 Bertolt Brecht, Die Mutter, Stücke Bd. 5, Frankfurt/M. 1962, S. 79
17 Bodo von Borries, Frauen in Schulgeschichtsbüchern – zum Problem der Benachteiligung von Mädchen im Unterricht, in: Westermanns Pädagogische Beiträge, H. 11 1975, S. 611
18 Fred I. Greenstein, Sex-related Political Differences in Childhood, Journal of Politics Bd. 23, 1961, S. 360
19 Adolf Hitler, Mein Kampf, 241.–245. Aufl., München 1937, S. 12 f.

Kapitel 4
Sein und Handeln
Die Vollstreckung des Sexus in der Geschichtsphilosophie

1 Oswald Spengler, Der Untergang des Abendlandes, München 1972, S. 961 f.
2 G. W. F. Hegel, Grundlinien der Philosophie des Rechts, Stuttgart 1970, S. 312 f.

3 Max Scheler, Abhandlungen und Aufsätze, Bd. 2, Leipzig 1915, S. 275
4 Friedrich Nietzsche, Werke, 6. Abt., 2. Bd., Jenseits von Gut und Böse, Berlin 1968, S. 145
5 Georg Simmel, Zur Philosophie der Geschlechter, in: Philosophische Kultur, Leipzig 1919, S. 85
6 die vorstehenden Zitate v. G. Simmel, a. a. O.
7 M. Scheler, a. a. O., S. 283 f.
8 José Ortega y Gasset, Vom Einfluß der Frau auf die Geschichte, 1956, S. 28
9 ebenda, S. 16 f.; das vorstehende Zitat S. 30

Kapitel 5
Frauenkult und Nationalgefühl zwischen Sexismus und Rassismus

1 Hesekiel 16, V. 14 u. 15
2 Hesekiel 16, V. 38–41
3 Léopold Sédar Senghor, »Prayer to masks« und andere Gedichte, in: Gerald More u. Ulli Beier, Modern Poetry from Africa, 1963
4 Johann Gottfried Herder, Ideen zur Philosophie der Geschichte der Menschheit, Berlin und Weimar 1965, Bd. I, S. 317
5 Jakob Grimm, Deutsche Mythologie, Darmstadt 1965, S. 329
6 Reinhold Bruder, Die germanische Frau im Lichte der Runeninschriften und der antiken Historiographie, Berlin 1974, S. VI
7 ebenda, S. 166
8 ebenda, S. 161
9 ebenda, S. 151
10 Wilhelm Heinrich Riehl, Die Familie, Stuttgart 1882, S. 34 f.
11 Otto von Bismarck, zitiert nach: Gisela von Streitberg, Die deutschen Frauen und der Bismarckkultus, Leipzig 1894, S. 23 f.
12 Adolf Kohut, zitiert nach G. v. Streitberg, a. a. O., S. 5
13 G. v. Streitberg, Die deutschen Frauen und der Bismarckkultus, a. a. O., S. 6 f.
14 zitiert nach Lily Braun, Memoiren einer Sozialistin, München 1922, S. 216
15 Bruder, a. a. O., S. 140
16 Marie Raschke, Frauenlandsturm, in: Frauenkapital Nr. 33/1914, S. 2 f.
17 ebenda, Nr. 32, S. 8 f.
18 siehe Margit Twellmann, Die deutsche Frauenbewegung, Ihre Anfänge und erste Entwicklung, Quellen 1843–1889, Meisenheim 1972, S. 85
19 W. H. Riehl, a. a. O., S. 73 f.
20 ebenda, S. 57
21 Albert Wellek, Die Polarität im Aufbau des Charakters, System der konkreten Charakterkunde, Bern u. München 1966, S. 287–298

22 Hedwig Dohm, Die Antifeministen, Berlin 1903, S. 24 f.

23 Walther Rathenau, Gesammelte Schriften in 5 Bdn., 3. Bd., Berlin 1918, S. 198

24 Lily Braun, Die Frauen und der Krieg, Leipzig 1915, S. 12, 32 f., 42 f.

25 Anton Dodel, Aus Leben und Wissenschaft, Stuttgart 1896, S. 225

26 Günther Stökl, Russische Geschichte, Stuttgart 1965, S. 619

27 Riehl, a. a. O., S. 18 f.

28 Eduard Pelz über: Die Frauen in den USA, in: »Frauen-Anwalt«, 6. Jg. 1875/76, Nr. 5, zitiert nach Twellmann, a. a. O., S. 207

29 E. F. W. Eberhard, Feminismus und Kulturuntergang, 2. Aufl. Wien u. Leipzig 1927, S. 16 f.

30 zitiert nach Alfred Kind, Die Weiberherrschaft in der Geschichte der Menschheit, Wien u. Leipzig, o. J., S. 26

31 zitiert nach A. Kind, a. a. O., Bd. I, S. 393 f.

32 K. H. Bönner (Hrsg.), Die Geschlechterrolle, München 1973, Einleitung S. 8

33 Adolf Hitler, zitiert nach Joachim C. Fest, Das Gesicht des Dritten Reiches, Frankfurt/Berlin 1969, S. 317

Kapitel 6
Wenn die Mutter dem Phallus des Sohnes huldigt

1 zitiert nach: Hans-Jürgen Heinrichs, Materialien zu Bachofens »Das Mutterrecht«, Frankfurt/M. 1975, S. 407

2 Friedrich Engels, Der Ursprung der Familie, des Privateigentums und des Staates, 7. Aufl. Berlin 1964, S. 62

3 Zitate bei Mathilde Vaerting, Die weibliche Eigenart im Männerstaat und die männliche Eigenart im Frauenstaat, Karlsruhe 1921

4 Manfred Schroeter (Hrsg.), Der Mythos vom Orient und Occident, Aus den Werken von J. J. Bachofen, Einleitung von Alfred Baeumler, München 1926, S. CXCIV

5 ebenda, S. 127

6 ebenda

7 Karl Meuli (Hrsg.), Johann Jakob Bachofens gesammelte Werke, 2. Bd., Basel 1948, S. 159

8 Manfred Schroeter (Hrsg.), a. a. O., S. 129

9 ebenda, S. 128

10 ebenda

11 ebenda

12 Meuli (Hrsg.), a. a. O., S. 280

13 Schroeter (Hrsg.), a. a. O., S. 125

14 ebenda, S. 79 f.

15 ebenda, S. 125

16 ebenda, S. 80 f.

17 ebenda, S. 81

18 ebenda, S. 115

19 ebenda, S. 68

20 ebenda, S. 75
21 ebenda
22 Meuli (Hrsg.), a. a. O., S. 291
23 ebenda
24 ebenda
25 Schroeter (Hrsg.), a. a. O., S. 328
26 ebenda, S. 611
27 Meuli (Hrsg.), a. a. O., S. 217
28 ebenda, S. 219
29 Engels, a. a. O., S. 12
30 ebenda
31 ebenda, S. 14
32 ebenda

Kapitel 7
Die Irrtümer der Evolutionisten

1 Ernst Moritz Arndt, Briefe an Freunde, Altona 1810, S. 230
2 ebenda, S. 244
3 z. B. Elizabeth Gould Davis, The First Sex, New York 1971; Evelyn Reed, Woman's Evolution, New York 1975; vgl. auch die Neuauflage v. Mathilde Vaerting, Die weibliche Eigenart im Männerstaat und die männliche Eigenart im Frauenstaat, Karlsruhe 1921, durch das Frauenzentrum Berlin
4 zitiert nach Abram Kardiner – Edward Preble, Wegbereiter der modernen Anthropologie, Frankfurt 1974, S. 39
5 Herbert Spencer, Soziale Statik, zitiert nach: Die Frau, 1905/06, S. 689 f.
6 vgl. E. E. Evans-Pritchard, Social Anthropology, London 1951; W. Schmidt, Entstehung der Verwandtschaftssysteme und Heiratsregelungen, Anthropos 47, 1952, S. 767 ff.; Franz Boas, Das Geschöpf des sechsten Tages, Berlin 1955
7 Lewis H. Morgan, Die Urgesellschaft, Stuttgart 1891
8 ebenda, S. 323 f.
9 ebenda, S. 133
10 G. Guhr, Ur- und Frühgeschichte und ökonomische Gesellschaftsformationen, Ethnogr.-Archäol. Zeitschr. 10, 1969, S. 167
11 S. A. Tokarev, 50 Jahre sowjetische Ethnographie. Ethnogr.-Archäol. Zeitschr. 10/1969, S. 18 ff.
12 ebenda, S. 21
13 Franz Boas, a. a. O., S. 158 ff.
14 ebenda, S. 154 f.
15 Karl Marx, Das Kapital, 1. Bd., Berlin 1957, S. 515 f.
16 Vgl. F. G. G. Rose, Die Familie und die Periodisierung der Urgeschichte. Ethnogr.-Archäol. Zeitschr. 9, 1968, S. 148
17 ebenda, S. 153
18 Edward Westermarck, The History of Human Marriage, London 1891. Engels kannte das Werk sehr wohl, er hat einige Polemiken da-

gegen in die Ausgabe letzter Hand seines »Ursprungs der Familie« eingearbeitet: Friedrich Engels, Der Ursprung der Familie, des Privateigentums und des Staates, 7. Aufl. Berlin 1964, S. 41, 44 f., 59 f.

19 Rose, a. a. O., S. 152

20 zitiert nach Rose, a. a. O., S. 148

21 ebenda, S. 149

22 Ju. I. Semenov, Über die Periodisierung der Urgeschichte, Ethnogr.-Archäol. Zeitschr. 8, 1967, S. 16

23 Rudolf Feustel, Die Ur- und Frühgeschichte und das Problem der historischen Periodisierung. Ethnogr.-Archäol. Zeitschr. 9, 1968, S. 120 f.

24 ebenda, S. 120

25 Wilhelm Schmidt, Die Stellung der Pygmäenvölker in der Entwicklungsgeschichte der Menschen, Stuttgart 1910

26 R. H. Lowie, Primitive Society, 5. Aufl. New York 1924, S. 62

27 ebenda, S. 78

28 George Peter Murdock, Social Structure, New York 1966, S. 24 f.

Kapitel 8
Matriarchate – Patriarchate
Mißverständnisse und offene Fragen

1 V. Gordon Childe, Soziale Evolution, Frankfurt 1968, S. 69 f.

2 Margaret Mead, Mann und Weib, Hamburg 1958

3 siehe Childe, a. a. O., S. 89

4 Karl J. Narr, Mutterrechtliche Züge im Neolithikum, Anthropos Bd. 63/64, 1968/69

5 ebenda

6 Carleton S. Coon, Die Geschichte des Menschen, Köln 1970, S. 122 f.

7 Ernest Borneman, Das Patriarchat, Frankfurt 1975, S. 512

8 ebenda, S. 26

9 Childe, a. a. O., S. 79 f.

10 Borneman, a. a. O., S. 20

11 Evelyn Reed, Woman's Evolution, New York 1975

12 Robert Briffault, The Mothers, London 1927

13 Reed, a. a. O., S. 73

14 Robin Fox and Lionel Tiger, The Imperial Animal, New York, Chicago, San Francisco 1971

15 Reed, a. a. O., S. 70

16 siehe Karl J. Narr (Hrsg.), Handbuch der Urgeschichte, Bd. 1, Bern und München, 1966

17 Hermann Helmuth, Kannibalismus in Paläanthropologie und Ethnologie, Ethnogr.-Archäol. Zeitschrift 9, 1968

18 siehe George Peter Murdock, Social Structure, London 1949, S. 188

19 ebenda, S. 190

20 Erika Bourguignon and Lenora S. Greenbaum, Diversity and Homogeneity in World Societies, 1973, S. 54

21 erwähnt von Claude Lévi-Strauss, Les structures élémentaires de la parenté, Paris 1949
22 siehe Erhard Schlesier, Die Grundlagen der Clan-Bildung, Göttingen 1956, S. 121
23 Wilhelm Schmidt, Das Mutterrecht, Wien-Mödling 1955
24 ebenda, S. 102
25 Murdock, a. a. O.
26 Bourguignon, Greenbaum, a. a. O., S. 53
27 ebenda, S. 82 f
28 Murdock, a. a. O., S. 218 f.
29 ebenda, S. 198 f.
30 siehe A. Köhler, Verfassung, soziale Gliederung, Recht und Wirtschaft der Tuareg, 1904
31 Melvin Ember and Carol R. Ember, The conditions favoring matrilocal versus patrilocal residence, American Anthropologist 73, 1971, S. 571–594
32 siehe Christian Sigrist, Regulierte Anarchie, Olten u. Freiburg i. B. 1967; auch T. O. Beidelman, The matrilineal people of Eastern Tanzania, London 1967
33 H. Baumann, Vaterrecht und Mutterrecht in Afrika, zitiert nach W. Schmidt, a. a. O., S. 64
34 Denise Paulme (Hrsg.), Women of tropical Africa, London 1963, S. 98 f.
35 ebenda; siehe auch Adam Kuper, The Social Structure of the Sotho-speaking Peoples of Southern Africa, Africa, Vol. 45, No. 2, 1975, S. 139–149

Kapitel 9
Ausbeutung und Gleichberechtigung in klassenlosen Gesellschaften

1 A. P. Elkin, The Australian Aborigines, Sydney 1968, S. 10
2 siehe Paul Schebesta, Die Negrito Asiens, Wien-Mödling 1954; und Martin Gusinde, Die Twiden, Pygmäen und Pygmoide im tropischen Afrika, Wien-Stuttgart 1956
3 A. A. Abbie, The Original Australians, London 1969, S. 69
4 Géza Róheim, Women and their Life in Central Australia, Journal of the Royal Anthropol. Inst. 63, 1933, S. 208
5 ebenda
6 z. B. Martin Gusinde, Urmenschen im Feuerland. Vom Forscher zum Stammesmitglied, 1946
7 Elkin, a. a. O., S. 142 f.
8 Róheim, a. a. O., S. 240
9 Géza Róheim, Psychoanalysis and Anthropology, New York 1968, S. 99
10 ebenda, S. 100 f.
11 Róheim, Women and their Life . . ., a. a. O., S. 240
12 Ronald M. Berndt – Catherine H. Berndt, Sexual Behavior in Western Arnhem Land, New York 1951, S. 155

13 ebenda
14 Elkin, a. a. O., S. 162
15 ebenda
16 ebenda
17 Róheim, Psychoanalysis and Anthropology, a. a. O., S. 91
18 Phyllis Kaberry, Aboriginal Women Sacred and Profane, London 1939
19 Elkin, a. a. O., S. 358
20 Berndt-Berndt, a. a. O., S. 52
21 ebenda, S. 53
22 Gusinde, a. a. O., S. 231
23 E. E. Evans-Pritchard, The Position of Women in Primitive Societies and in our own. The Fawcett Lecture, 1955–56, delivered on 25. Oct. 1955, at Bedford College (University of London)
24 Lawrence Hennigh, Functions and Limitations of Alaskan Eskimo Wife Trading, Arctic 23, 1970, S. 26 f.
25 ebenda, S. 28 f.
26 ebenda, S. 30 f.
27 Kate Millett, Sexus und Herrschaft, München 1971; Shulamith Firestone, Frauenbefreiung und sexuelle Revolution, Frankfurt 1975
28 Morton H. Fried, The Evolution of Political Society, New York 1967, S. 76 f.
29 Claude Lévi-Strauss, Les structures élémentaires de la parenté, Paris 1949
30 ebenda, S. 30
31 ebenda, S. 596
32 ebenda, S. 79
33 ebenda, S. 78
34 ebenda, S. 80
35 ebenda, S. 80 f.
36 ebenda, S. 46 f.
37 ebenda, S. 47
38 Edward Westermarck, The History of Human Marriage, London 1925, Bd. 2, S. 288 ff.
39 Wilhelm Schmidt, Das Mutterrecht, Wien-Mödling 1955, S. 89 f.
40 Westermarck, a. a. O., S. 282
41 Lévi-Strauss, a. a. O., S. 81
42 ebenda, S. 110 f.
43 ebenda, S. 148
44 vgl. Ian Young, The Private Life of Islam, London 1974, S. W. Williams, The Middle Kingdom, Taipei 1965
45 Lévi-Strauss, a. a. O., S. 616

Kapitel 10
Der Mythos von der verkehrten Welt
Rechtfertigungen sexistischer Herrschaft

1 Yomo Kenyatta, Facing Mount Kenya, London 1961, S. 6 ff.
2 Hermann Baumann, Schöpfung und Urzeit des Menschen im Mythos der afrikanischen Völker, Berlin 1936, S. 368; vgl. auch den Mythos der Kabylen, daß die Mädchen die jungen Männer überwältigten und so den Geschlechtsunterschied entdeckten, ebenda
3 Martin Gusinde, Urmenschen im Feuerland. Vom Forscher zum Stammesmitglied, 1946, S. 296 ff.
4 Joan Bamberger, The myth of matriarchy: why men rule in primitive society. In: Michelle Zimbalist Rosaldo and Louise Lamphere (Hrsg.), Woman, Culture and Society, Stanford (Calif.) 1974
5 ebenda, S. 273
6 Hermann Baumann, Schöpfung und Urzeit, a. a. O., S. 376
7 Gottfried Oosterwal, Die Papua, Baarn/Holland 1961, S. 71 f.
8 Ronald M. Berndt – Catherine H. Berndt, Sexual Behavior in Western Arnhem Land, New York 1951, S. 54
9 vgl. Edmund Leach, Claude Lévi-Strauss, München 1971; s. a. Georges Charbonnier, Entretiens avec Lévi-Strauss 1961; sowie E. Nelson Heyes and Tanya Hayes (Hrsg.), Claude Lévi-Strauss, The anthropologist as Hero, Cambridge (Mass.) 1970
10 vgl. Edmund Leach, Genesis as myth and other essays, London 1969
11 vgl. Johann Georg Waichs Philosophisches Lexikon, Leipzig 1775, 866 ff.
12 Der Papst über die Ehe. Sammlung päpstlicher Kundgebungen, Hrsg.: Josef Müller SJ, Innsbruck 1958, S. 44 f.
13 G. F. Hegel, Grundlinien der Philosophie des Rechts, Stuttgart 1970, § 166, S. 313

Kapitel 11
Die Väter des Sozialismus:
Patriarchen oder Erlöser der Frauen?

1 zitiert nach Olga Worobjowa und Irma Sinelnikowa, Die Töchter von Marx, Berlin 1965, S. 45 f., vgl. auch Fritz Raddatz, Karl Marx, eine politische Biographie, Hamburg 1975
2 John Stuart Mill, Die Hörigkeit der Frau, Berlin und Leipzig 1891, S. 16
3 Karl Marx, Werke – Schriften – Briefe, Bd. 1, 1962, S. 592 f.
4 Fanny Lewald, Erinnerungen aus dem Jahre 1848, Erster Band, Braunschweig 1850, S. 217. Fanny Lewald verkehrte im Kreis der deutschen Emigranten und sozialistischen Revolutionäre, die unter der Führung des Dichters Georg Herwegh die Revolution nach Deutschland tragen wollten.
5 ebenda, S. 135
Eugène Niboyet gehörte zu den Saint-Simonisten, die in den 30er

und 40er Jahren in Frankreich auf ungefähr 40 000 Anhänger geschätzt wurden

6 zitiert nach Chushichi Tsuzuki, The Life of Eleanor Marx 1855–1898, Oxford 1967, S. 101; nach Mechthild Merfeld hat der junge Hegel-Anhänger Marx 1842 in der Rheinischen Zeitung zwei Artikel veröffentlicht, in denen er den sittlichen Charakter und die Ausschließlichkeit der Ehe betont und eine Erleichterung der Scheidung ablehnt. (M. Merfeld, Die Emanzipation der Frau in der sozialistischen Theorie und Praxis, Reinbek bei Hamburg, Juni 1972, S. 31 ff.)

7 Harriet Martineau, Society in America, S. 142 f.; s. a. Alice S. Rossi: The First Woman Sociologist, 118–124, beide in: Alice S. Rossi (Hrsg.), The Feminist papers, New York 1974

8 ebenda

9 siehe Lewis S. Feuer, The influence of the american communist colonies on Engels and Marx, Western Political Quarterly 19, 1966

10 Janet E. Courtney, The adventurous Thirties, London 1933

11 die »Declaration of Sentiments'«, Seneca Falls (N. Y.), 19./20. Juli 1848 zitiert nach Margit Twellmann, Die Deutsche Frauenbewegung, Ihre Anfänge und erste Entwicklung, Quellen 1843–1889, Meisenheim 1972, S. 38

12 Barbara Verena Schnetzler, Die frühe amerikanische Frauenbewegung und ihre Kontakte mit Europa (1836–1869), Bern/Frankfurt 1971, S. 31

13 ebenda, S. 104;
berühmt wurde das radikale Motto dieser Zeitschrift: »Principle, not Policy: Justice, not Favors. – Men, their Rights and nothing more: Women, their Rights and nothing less«.

14 siehe Juliette Lamber, Idées Anti-Proudhoniennes, Paris 1868; nach Mechthild Merfeld hat sich Marx privat in einem Brief an Annenkov über den Spießbürger Proudhon mokiert (Merfeld, a. a. O., S. 43), aber er hat m. W. dessen Antifeminismus nicht öffentlich angegriffen.

15 Raymond Lee Muncy, Sex and Marriage in utopian communities. 19th century America, Bloomington/London 1973, S. 220

16 ebenda, S. 221 ff.

17 ebenda; vgl. L. und O. M. Ungers, Kommunen in der Neuen Welt, Köln 1972

18 Lee Muncy, a. a. O., S. 220 f.

19 Ungers, a. a. O., S. 54;
vgl. auch Schnetzler, Die frühe amerikanische Frauenbewegung, a. a. O.

20 Norman E. Himes, Medical History of Contraception, New York 1963, S. 224

21 ebenda, S. 239 ff.;
Annie Besant war eine Anhängerin der Bevölkerungstheorie von Malthus und versuchte, ihre sozialistischen Freunde von der Notwendigkeit der Empfängnisverhütung als Mittel gegen Armut und Kinderarbeit zu überzeugen.

22 Tsuzuki, a. a. O., S. 94 f.
23 Thomas Robert Malthus, Versuch über das Bevölkerungs-Gesetz, 2 Bde., 1807
24 Charles Fourier, zitiert nach August Bebel, Charles Fourier – Sein Leben und seine Theorien, Stuttgart 1921, 4. Aufl. (Nachdruck), S. 185
25 Friedrich Engels, Der Ursprung der Familie, des Privateigentums und des Staates, 7. Aufl. Berlin 1964, S. 87
26 Marx-Engels-Briefwechsel, Bd. 2, Stuttgart 1913, S. 168 (Nr. 377)
27 Karl Marx an Friedrich Engels, 2. 4. 1851, in MEW, Bd. 27, S. 229
28 Marx-Engels-Briefwechsel, Bd. 2, a. a. O., S. 59 (Nr. 301)
29 Karl Marx an Jenny Longuet, 19. 8. 1879, in MEW, Bd. 34, S. 388, und 29. 4. 1881, Bd. 35, S. 186
30 Tsuzuki, a. a. O., S. 303
31 ebenda, S. 317
32 Eleanor Marx-Aveling, Edward Aveling, Die Frauenfrage, Berlin 1973, S. 31 f.
33 Kommunistisches Manifest
34 Vgl. Konferenzmaterial für die Weltkonferenz zum Jahr der Frau 1975, E. Conf. 66/3/Add. 3, Die Zahl der nichtehelichen Geburten lag z. B. 1968 in Panama bei 70 %, in Jamaica über 70 %, in Mozambique bei 34%.
35 Kommunistisches Manifest
36 Friedrich Engels, a. a. O., S. 82
37 ebenda
38 ebenda, S. 83
39 Die Jugendgeschichte einer Arbeiterin. Einführung von August Bebel, München 1909, S. 1 f. (Die Autorin, die anonym bleiben wollte, war die österreichische Sozialistin Adelheid Popp.)
40 Karl Marx, Werke – Schriften – Briefe, Darmstadt 1962, Bd. 4, S. 585
41 ebenda, S. 586
42 Karl Marx, Das Kapital, 1. Bd., Berlin 1957, S. 515 f. – vgl. auch Clara Zetkin, Zur Geschichte der proletarischen Frauenbewegung Deutschlands, Frankfurt 1971, S. 93 f.
43 zitiert nach Werner Thönnessen, Frauenemanzipation, Frankfurt/M. 1969, S. 19
44 ebenda
45 Hedwig Dohm, Der Frauen Natur und Recht, Berlin 1876, S. 170
46 zitiert nach Margit Twellmann, Die deutsche Frauenbewegung 1843–1889, Bd. 1, Meisenheim 1972, S. 150
47 ebenda
48 Johanna Loewenherz, Wird die Socialdemokratie den Frauen Wort halten?, Neuwied 1895, S. 10
49 vgl. Twellmann, a. a. O., S. 37 f.
50 Thönnessen, a. a. O., S. 30
51 August Bebel, Die Frau und der Sozialismus, 162. Aufl., Berlin 1973, S. 35
52 ebenda – 53 ebenda, S. 36

54 ebenda, S. 343
55 Engels, a. a. O., S. 76

Kapitel 12
Feminismus – Sozialismus
das hundertjährige Dilemma

1 Die Jugendgeschichte einer Arbeiterin, von ihr selbst erzählt. Einführung von August Bebel, München 1909, S. 70
2 ebenda, S. 67
3 ebenda, S. 73
4 Johanna Loewenherz, Wird die Socialdemokratie den Frauen Wort halten?, Neuwied 1895, S. 27
5 ebenda
6 Werner Thönnessen, Frauenemanzipation, Frankfurt/M. 1969, S. 170 ff., bes. S. 183
7 Susanne Hillmann, Zum Verständnis der Texte in Rosa Luxemburgs Schriften zur Theorie der Spontaneität, Hamburg 1970, S. 234
8 Marie Juchacz, Sie lebten für eine bessere Welt, Hannover 1971, S. 48
9 ebenda
10 Anna Blos (Hrsg.), Die Frauenfrage im Lichte des Sozialismus, Dresden 1930, S. 143
11 ebenda, S. 31 f.
12 Franz Mehring, Geschichte der deutschen Sozialdemokratie, 4. Bd., Stuttgart 1919, S. 307
13 Hedwig Dohm, Der Frauen Natur und Recht, Berlin 1876, S. 68
14 Loewenherz, a. a. O., S. 13
15 ebenda, S. 16
16 Lily Braun, Memoiren einer Sozialistin, Kampfjahre, München 1922, S. 177
17 Loewenherz, a. a. O., S. 29 f.
18 Braun, a. a. O., S. 249 f.
19 Clara Zetkin, Zur Geschichte der proletarischen Frauenbewegung Deutschlands, Berlin 1958, S. 211
20 Thönnessen, a. a. O., S. 47 f.
21 zitiert nach Luise Dornemann, Clara Zetkin, Leben und Wirken, Berlin 1973, S. 124
22 vgl. Adeline Berger, Die zwanzigjährige Arbeiterinnenbewegung Berlins, Berlin 1889; Minna Cauer, Die Frau im 19. Jahrhundert, Berlin 1898, S. 128 f.
23 Eleanor Marx-Aveling – Edward Aveling, Die Frauenfrage, Berlin 1973, S. 35 f.
24 ebenda, S. 38 f.
25 Anton Dodel, Aus Leben und Wissenschaft, Stuttgart 1896, S. 180 f.
26 Edith Havelock-Ellis, Neue Horizonte für Liebe und Leben, Wien/Leipzig 1922, S. 210 f.
27 Blos, a. a. O., S. 29
28 ebenda, S. 29 f.

29 Braun, a. a. O., S. 214
30 zitiert nach Blos, a. a. O., S. 77 f.
31 ebenda, S. 39
32 zitiert nach Thönnessen, a. a. O., S. 96
33 Minna Cauer, Die Frau im 19. Jahrhundert, Berlin 1898, S. 127 f.
34 Lida Gustava Heymann – Anita Augspurg, Erlebtes – Erschautes, Meisenheim 1972, S. 90
35 Marianne Weber, Frauenfragen und Frauengedanken, Tübingen 1919, S. 275: »Den Frauen wird mutmaßlich immer und überall nur ein kleiner Teil der Mandate überlassen werden, schätzungsweise 10 bis 15 Prozent. Diese Beteiligung genügt auch, um die besonderen Fraueninteressen und den ›weiblichen Kulturwillen‹ zur Geltung zu bringen, falls eine richtige sachgemäße Auslese der Volksvertreterinnen stattfindet.«
36 Heymann-Augspurg, a. a. O., S. 39
38 ebenda, S. 41
39 ebenda, S. 47
40 ebenda, S. 48
41 Blos, a. a. O., S. 49
42 ebenda
43 Else Lüders, Arbeiterinnenorganisation und Frauenbewegung, Leipzig 1904, S. 10 f.
44 Margit Twellmann, Die Deutsche Frauenbewegung, Meisenheim 1972, S. 376 ff.
45 Heymann-Augspurg, a. a. O., S. 58
46 ebenda, S. 89
47 ebenda, S. 85
48 ebenda, S. 55
49 ebenda, S. 56
50 Camilla Jellinek, Die Strafrechtsreform und die §§ 218 und 219 StGB, Heidelberg 1908, S. 2 Anm. 2
51 ebenda, S. 18
52 ebenda, S. 9
53 ebenda, S. 12
54 Jahrbuch der Sozialdemokratischen Partei Deutschlands, hrsg. vom Vorstand der SPD. 1946, S. 31, 1947, S. 53 f., 1950/51, S. 198; bezeichnenderweise erfolgt die Erwähnung immer im Kapitel »Frauenbewegung«, d. h., die Abtreibungsfrage wird als ein Problem der Frauen, nicht der Gesamtpartei, betrachtet.

Kapitel 13
Krieg dem Krieg
Weiblicher Pazifismus gegen weiblichen Chauvinismus

1 Gertrud Bäumer, Die Frauenbewegung als internationale Erscheinung, in: Die Böttcherstraße, 1. Jg. 5. Heft, Sept. 1928
2 Gertrud Bäumer, in: Jahrbuch der Frauenbewegung, Leipzig/Berlin 1916, S. III

3 Lily Braun, Die Frauen und der Krieg, Leipzig 1915, S. 17
4 ebenda, S. 45
5 Elisabeth Altmann-Gottheiner (Hrsg.), Jahrbuch der Frauenbewegung, Heimatdienst im ersten Kriegsjahr, Leipzig/Berlin 1916, S. 94 Kriegsjahr, Leipzig/Berlin 1916, S. 94
6 Josephine Kamm, Rapiers and Battleaxes, The women's movement and its aftermath, London 1966, S. 182 f., vgl. auch George Dangerfield, The strange death of Liberal England, 1935
7 J. Stanley Lemons, The Woman Citizen, Social Feminism in the 1920s, 1973, S. 7
8 ausführlich Werner Thönnessen, Frauenemanzipation, Politik und Literatur der deutschen Sozialdemokratie, Frankfurt 1969
9 ich folge im wesentlichen ihren Ausführungen: Marie Louise Degen, The History of the Women's Peace Party, Baltimore 1939, S. 31
10 Lida Gustava Heymann – Anita Augspurg, Erlebtes – Erschautes, Meisenheim 1972, S. 128
11 ebenda, S. 129 – 12 ebenda, S. 130
13 Jane Addams, zitiert nach: M. L. Degen, a. a. O., S. 97
14 Heymann – Augspurg a. a. O., S. 140
15 Lida Gustava Heymann, Frauenstimmrecht und Völkerverständigung, Leipzig 1919, S. 13
16 ebenda, S. 29
17 Edith Havelock-Ellis, Neue Horizonte für Liebe und Leben, Wien-Leipzig 1922, S. XVIII
18 Degen, a. a. O., S. 216
19 ebenda, S. 230 f.
20 UN-Paper, Weltkonferenz zum Internationalen Jahr der Frau 1975 in Mexico City
21 ebenda
22 Heymann – Augspurg, a. a. O., S. 207
23 ebenda, S. 208
24 Deutscher Bundestag, 222. Sitzung vom 10. Juli 1952, S. 9913
25 ebenda, S. 9892 f.
26 Deutscher Bundestag, 191. Sitzung vom 8. Februar 1952, S. 8168
27 ebenda, S. 8166
28 Sitzung vom 10. Juli 1952, S. 9913
29 Deutscher Bundestag, 255. Sitzung vom 19. März 1953, S. 12 344

Kapitel 14
Die Sünde des Selbstopfers

1 Max Scheler, Abhandlungen und Aufsätze, Bd. II, Leipzig 1915, S. 285
2 E. Havelock-Ellis, Neue Horizonte für Liebe und Leben, Wien/Leipzig 1922, S. 209
3 Rheta Childe Dorr, What Eight Million Women Want (Boston 1910), New York 1971, S. 327 ff
4 Carrie Chapman Catt and Nettie Rogers Shuler, Woman Suffrage and Politics, Seattle and London 1970, S. 163

5 ebenda, S. 339
6 J. Stanley Lemons, The Woman Citizen, Social Feminism in the 1920s, 1973, S. 109 f.
7 ebenda, S. 109
8 ebenda, S. 110 f.
9 ebenda, S. 86
10 ebenda, S. 109
11 ebenda
12 Florence E. Allen, Participation of Women in Government, The Annals 251, 1947
13 Emmy E. Werner, Women in Congress 1917–1964, in: The Western Political Quarterly, Vol. 19, No. I, 1966, S. 16–30
14 Notable American Women, Cambridge/Mass. 1971, S. 284 f.
15 Lemons, a. a. O., S. 107 f.
16 Kaethe Schirmacher, Die Suffragettes, Weimar 1912, S. 23
17 ebenda, S. 10
18 Olive M. Stone, Das Familienrecht 1970, in: Hat die Familie noch eine Zukunft? Hrsg. R. Jungk u. H. J. Mundt, München-Wien-Basel 1971, S. 114
19 Regine Deutsch, Die politische Tat der Frau, Gotha 1920, S. 1
20 Dorothee von Velsen, Im Alter die Fülle, Tübingen 1956, S. 235
21 Marie-Elisabeth Lüders, 1878–1962, Köln u. Opladen 1963, S. 95
22 Julius Duboc, Fünfzig Jahre Frauenfrage in Deutschland, Leipzig 1896, S. 138 f.
23 Lüders, a. a. O., S. 95
24 Lida Gustava Heymann, Anita Augspurg, Erlebtes – Erschautes, Meisenheim 1972, S. 164 f.
25 ebenda, S. 165
26 ebenda, S. 166
27 ebenda
28 ebenda, S. 167 f.
29 ebenda, S. 168
30 Deutsch, a. a. O., S. 1
31 Nationalversammlung, 17. Sitzung vom 28. Febr. 1919, S. 381
32 Nationalversammlung, 13. Sitzung vom 21. Febr. 1919, S. 275
33 Gertrud Bäumer, Die Frau im deutschen Staat, Berlin 1932, S. 73 f.
34 ebenda, S. 15
35 ebenda, S. 16
36 ebenda, S. 20
37 ebenda, S. 20 f.
38 Nationalversammlung, 12. Sitzung vom 20. Febr. 1919, S. 233
39 Nationalversammlung, 57. Sitzung vom 15. Juli 1919, S. 1563
40 ebenda, S. 1560 f.
41 Nationalversammlung, 58. Sitzung vom 16. Juli 1919, S. 1609
42 ebenda
43 Deutsch, a. a. O., S. 42
44 Heymann – Augspurg, a. a. O., S. 189 f.
45 Emmy Wolff (Hrsg.), Jahrbuch des Bundes deutscher Frauenvereine

1928–1931, ersch. 1932, S. 37
46 Werner Thönnessen, Frauenemanzipation, Frankfurt/M. 1969, S. 162
47 Anna Blos, zitiert nach W. Thönnessen, a. a. O., S. 144
48 UN Conference of the International Woman's Year, Mexico 1975, Paper E Conf. 66(3)
49 vgl. Esmeralda Arboleda Cuevas, Women in Latin America, Unesco Paper 1975; Rounaq Jahan, Women in Bangladesh, Paper für den IXth International Congress of Anthropological and Ethnological Sciences, Chicago, August 1973
50 Emma Goldman, The traffic in women and other essays on feminism, New York 1970, Nachdruck von 1917, S. 63

Kapitel 15
Gleichberechtigung im Patriarchat

1 National Woman's Party, Answers to Questions about Equal Rights Amendment, Washington DC, o. J.
2 Margaret Perry Bruton, Present-day-thinking on the Woman Question, The Annals 1947, S. 251
3 Bislang haben 34 Staaten ratifiziert, zur Dreiviertelmehrheit fehlen noch vier. Nachdem in zwei als liberal geltenden Staaten – New York und New Jersey – parallele Staatsgesetze in Volksabstimmungen gescheitert sind, erscheint die endgültige Ratifizierung fraglich.
4 Protokoll des Ausschusses für Grundsatzfragen des Parlamentarischen Rates, 26. Sitzung, S. 57
5 Interview der Autorin mit Dr. Elisabeth Selbert vom 20. Oktober 1973 in Kassel
6 Protokoll des Hauptausschusses des Parlamentarischen Rates, 17. Sitzung v. 3. Dezember 1948
7 Protokoll des Hauptausschusses des Parlamentarischen Rates, 42. Sitzung vom 18. Jan. 1949
8 Walter Dirks, Soll er ihr Herr sein? Die Gleichberechtigung der Frau und die Reform des Familienrechts, in: Frankfurter Hefte, 7, 2, 1952, S. 827
9 2. Deutscher Bundestag, 15. Sitzung, Freitag, 12. Febr. 1954, S. 482
10 Deutscher Bundestag, 239. Sitzung vom 27. Nov. 1952, S. 1153
11 ebenda, S. 1169
12 2. Deutscher Bundestag, 15. Sitzung, 12. Febr. 1954, S. 478
13 ebenda, S. 483 f.
14 ebenda, S. 515
15 dpa-Meldung v. 17. 1. 1975
16 Informationen der Sozialdemokratischen Fraktion im Deutschen Bundestag vom 31. 1. 1975
17 Renate Lepsius, in: »Frau und Gesellschaft«, Dokumente Nr. 5, Okt. 1975
18 Marriage, Divorce and the Family, Newsletter, Vol. I, No 4, March 1975

19 ebenda, z. B.: Women's divorce cooperative, University YWCA, 4224 University Way N. E. Seattle, Washington 98 105

Kapitel 16

Emanzipationsbewußtsein im Parlament – Selbstbild und Fremdbild weiblicher und männlicher Parlamentarier

1 Diese Befragung wurde 1973 im Auftrag der Zeitschrift »Brigitte« gemacht. Unveröffentlicht.

Kapitel 17 *Die Entwicklung der Arbeitsteilung zwischen den Geschlechtern*

1 Karl Marx, Ökonomische Schriften, 1. Bd., Das Kapital, Karl-Marx-Ausgabe Werke, Schriften, Briefe, Bd. IV, Darmstadt 1962, S. 400
2 ebenda, S. 55
3 George Peter Murdock, Social Structure, New York 1966, S. 7 f.
4 ebenda, S. 7
5 Bridget O'Laughlin, Mediation of Contradiction, in: Michelle Zimbalist Rosaldo – Louise Lamphere, Woman, Culture, and Society, Stanford 1974, S. 307
6 George Peter Murdock, Comparative Data on the Division of Labour by Sex, Social Forces 15, 1937, S. 551 f.
7 Erika Bourguignon – Lenora S. Greenbaum, Diversity and Homogeneity in World Societies, 1973
8 vgl. Wilhelm Schmidt, Das Mutterrecht, Wien-Mödling 1955
9 Murdock, Social Structure, a. a. O., S. 7
10 Margaret Mead, Mann und Weib, Hamburg 1958, S. 134 f.
11 Phyllis Kaberry, zitiert nach Judith K. Brown, Leisure, Busywork and Housekeeping, Anthropos 68, 1973
12 ebenda
68, 1973
13 Peggy R. Sanday, Toward a Theory of the Status of Women, American Anthropologist 75, 1973, S. 1696
14 H. Aufenanger, Women's Lives in the Highlands of New Guinea, Anthropos 59, 1964
15 Susan Brownmiller, Against our Will. Men, Women, and Rape, New York 1975, S. 286
16 Hilma Granqvist, Birth and Childhood among the Arabs, Helsingfors 1947, S. 46
17 Richard T. Antoun, On the Modesty of Women in Arab Muslim Villages: A Study in the Accomodation of Traditions, American Anthropologist 70, 1968, S. 671 ff., bes. S. 682
18 Louis J. Luzbetak, Marriage and the Family in Caucasia, Wien-Mödling 1951, S. 150 ff.

19 Friedrich Engels, der Ursprung der Familie, des Privateigentums und des Staates, Berlin, 7. Aufl. 1964, S. 57
20 ebenda, S. 58
21 Sanday, a. a. O., S. 1682 ff.
22 Mathilde Vaerting, Die weibliche Eigenart im Männerstaat und die männliche Eigenart im Frauenstaat, Karlsruhe 1921, S. 38 ff.
23 Franz Eichinger, Frauenarbeit bei den tibetischen Nomaden im Kokonoagebiet, Anthropos 50, 1955, S. 837 f.

Kapitel 18
Heldentat und Hausarbeit

1 Besonders ausgeprägt bei: Arnold Gehlen, Der Mensch, Berlin 1940
2 José Ortega y Gasset, Vom Einfluß der Frau auf die Geschichte, 1956, S. 31
3 ebenda, S. 31 f.
4 Georg Simmel, Zur Philosophie der Geschlechter. Das Relative und das Absolute im Geschlechterproblem, in: Philosophische Kultur, Leipzig 1919, S. 69
5 ebenda
6 ebenda, S. 76
7 Simone de Beauvoir, Das andere Geschlecht, Reinbek bei Hamburg 1972, S. 71
8 ebenda, S. 71 f.
9 zitiert nach Elisabeth Blochmann, Das »Frauenzimmer« und die »Gelehrsamkeit«, Heidelberg 1966, S. 16 f.
10 Autorenkollektiv, Grundlagen des Marxismus-Leninismus, Berlin 1960, S. 251
Daß Hausarbeit trotz der marxistischen Definition, die für die Familienarbeit der Frau keinen Tauschwert, sondern nur einen Gebrauchswert gelten läßt, als Arbeit bezahlt wird, wenn auch auf indirektem Wege, geht in der DDR aus der Regelung des Hausarbeitstages hervor, der einer Frau einmal im Monat als bezahlter Arbeitstag zur Verfügung steht. Auf dem VIII. SED-Kongreß wurde außerdem eine andere Verordnung gebilligt, die am 1. Juli 1972 in Kraft trat und die Arbeitszeit arbeitender Mütter betrifft. Voll berufstätige Mütter mit drei oder mehr Kindern bis zum Alter von 16 Jahren und vollberufstätige Mütter, die im Schichtsystem arbeiten und zwei Kinder bis zu 16 Jahren in der Familie haben, müssen nur noch 40 Stunden in der Woche arbeiten, während für die übrigen Arbeitnehmer eine 43¾-Stunden-Woche besteht. Die betroffenen berufstätigen Mütter werden also pro Woche für 3¾ Stunden Hausarbeit und Kinderbetreuung bezahlt.
11 Ernest Mandel, Einführung in die marxistische Wirtschaftstheorie, Frankfurt 1967, S. 5; vgl. dagegen Mariarosa della Costa und Selma James, in: »Frauen in der Offensive, Lohn für die Hausarbeit, oder: auch Berufstätigkeit macht nicht frei.« München 1974 – die beiden

Autorinnen stellen allerdings nicht klar, daß nicht nur Unternehmer und Staat, sondern auch der Ehemann von der unentlohnten Hausarbeit profitieren.

12 Friedrich Engels, Der Ursprung der Familie, des Privateigentums und des Staats, 7. Aufl. Berlin 1964, S. 181 f.

13 ebenda, S. 182

14 August Bebel, Die Frau und der Sozialismus, Berlin 1973, S. 510

15 ebenda

16 ebenda, S. 515

17 ebenda, S. 519

18 Karl Marx, Deutsche Ideologie, zitiert nach Erich Fromm, Das Menschenbild bei Marx, Frankfurt 1963, S. 178

Kapitel 19
Die Automation und Vergesellschaftung der Hausarbeit

1 Rolf-Dieter Kluge, Die Rolle der Frau in der Sowjetgesellschaft, Osteuropa 16, 1966

2 Alexander Szalai, The Situation of Women in the Light of Contemporary Time-Budget Research. Bachground-Paper der UN-Konferenz Nr. E Conf. 66/BP/6 zum Internationalen Jahr der Frau 1975, S. 10

3 ebenda, S. 11 ff.

4 ebenda, S. 13

5 Joann Vanek, Time Spent in Housework, Scientific American, Nov. 1974, S. 116 ff.

6 Szalai, a. a. O., S. 19

7 zitiert nach Arlie Russel Hochschild, A Review of Sex Role Research, American Journal of Sociology, Bd. 78, 1972, S. 1012

8 Lothar Krecker, Frauen im Lehrerberuf, Kaiserslautern 1974, S. 96 f.

9 Helge Pross, Gleichberechtigung im Beruf, Frankfurt/M. 1973, S. 93 f.

10 Magdalena Sokolowska, Frauenemanzipation und Sozialismus, Hamburg 1973

11 China Reconstructs, Bd. 24, Nr. 6, Juni 1975, S. 17 f.

12 Szalai, a. a. O., S. 14

Kapitel 20
Wie rückschrittlich ist der Fortschritt?
Sexismus am Arbeitsmarkt

1 Protokoll des Hauptausschusses des Parlamentarischen Rates, 17. Sitzung v. 3. Dez. 1948

2 Gewerkschaftliche Beiträge zum Frauen-Lohnproblem. DGB-Frauenarbeit 5, Köln 1962, S. 9

3 H. L. Nipperdey, Gleicher Lohn der Frau für gleiche Leistung, Köln 1951, S. 2 f.

4 DGB-Frauenarbeit 5, a. a. O., S. 5

5 Hartwig Bülck, Die Lohngleichheit von Mann und Frau als internationales Rechtsproblem, Recht der Arbeit, 5. Jg. Januar 1952
6 Evelyne Sullerot, Histoire et sociologie du travail féminin, Paris 1968, S. 190 f.
7 Protokoll des Ausschusses für Grundsatzfragen des Parlamentarischen Rates, 26. Sitzung vom 30. Nov. 1948
8 Bülck, a. a. O., S. 1
9 ebenda, S. 5 Anm. 54
10 Newsweek v. 4. Nov. 1974
11 Deutscher Bundestag, 19. Sitzung v. 1. Dez. 1949, S. 568
12 Protokoll der 1. Bundesfrauenkonferenz des DGB vom 27. bis 29. März 1952, S. 30
13 Deutscher Bundestag, 19. Sitzung v. 1. Dez. 1949 und 20. Sitzung vom 2. Dez. 1949
14 Helmut Schelsky, Die gelungene Emanzipation, Merkur 9, S. 361 ff.
15 Arnold Gehlen, Die Stellung der Frau in der Gesellschaft von heute, Deutsches Rotes Kreuz 10, 1957, S. 15 ff.
16 Nipperdey, a. a. O.
17 DGB-Frauenarbeit 5, a. a. O., S. 7
18 Anke Fuchs im SPD-Pressedienst Wirtschaft v. 15. 4. 1975
19 Internationale Arbeitskonferenz 60. Tagung 1975, Bericht VIII Chancengleichheit und Gleichbehandlung der berufstätigen Frau, S. 40, Tabelle IX
20 Der Spiegel Nr. 14/1969, S. 57
Die englische Textilarbeitergewerkschaft Tailors and Garment Workers Union hat 85,5 Prozent weibliche Mitglieder, aber unter 48 Funktionären sind nur neun Frauen: WIN news Vol 2, No 3, Sommer 1976, S. 51
21 Internationale Arbeitskonferenz, a. a. O.
22 ebenda
23 vgl. die regelmäßig erscheinende Kolumne der Zeitschrift Brigitte »Gleichberechtigung – und wie sie wirklich aussieht«
24 Protokoll der 1. Bundesfrauenkonferenz des DGB, a. a. O., S. 75
25 Internationale Arbeitskonferenz, a. a. O., S. 30
26 ebenda, S. 39
27 ebenda, S. 34
29 Women's Rights Resolution des 24. ordentlichen Kongresses der UAW vom 2. bis 6. Juni 1974 in Los Angeles
30 Shirley Chisholm, The 51 % Minority, KNOW Inc., Pittsburgh
31 Dean Knudsen, The Declining Status of Women, Social Forces 48, 1969/70, S. 183 ff.
32 Eva Bártová, Images of the Woman and the Family; mir nur im Manuskript zugänglich.
33 Magdalena Sokolowska, Frauenemanzipation und Sozialismus, Hamburg 1973, S. 128 f.
34 Die Zeit Nr. 7 vom 7. 2. 1975

Kapitel 21
Die Evolution der Zweigeschlechtlichkeit
Ist die geschlechtslose Gesellschaft möglich?

1 Wilhelm von Humboldt, Über den Geschlechtsunterschied und dessen Einfluß auf die organische Natur, in: Gesammelte Schriften, hrsg. von der Königl. Preuß. Akad. d. Wissensch., 1. Bd. Berlin 1903, S. 311
2 Encyclopaedia Britannica Macropaedia Bd. 16, 19. Ausg., Chicago 1974, s. v. »Sex and Sexuality« Sp. 586
3 Alvin Toffler, The Future Shock, New York 1971, S. 240 f.
4 Konrad Lorenz, Über tierisches und menschliches Verhalten, Bd. 1, 14. Aufl. München 1971, S. 208
5 John Money, Männlich – Weiblich, Reinbek b. Hamburg 1975
6 Lorenz, a. a. O., S. 215
7 Julia A. Sherman, On the Psychology of Women, Springfield 1971, S. 8 ff.
8 Ursula K. LeGuin, The Left Hand of Darkness, New York 1969

Kapitel 22
Biologismus und Humangenetik
Fabeln über die Rolle der Geschlechtschromosomen

1 Ploss, Bartels, Das Weib in der Natur- und Völkerkunde, 5. Aufl. Leizpig 1897, S. 5. Rudolf Virchow, Das Weib und die Zelle, zitiert nach Rosa Mayreder, Zur Kritik der Weiblichkeit, 2. Aufl. Jena Leipzig 1907, S. 17
2 zitiert bei: Jill Conway, Stereotypes of Femininity in a Theory of Sexual Evolution, in: Martha Vicinus (Hrsg.), Suffer and be still, Women in the Victorian Age, London 1972, S. 142
3 Theodosius Dobzhansky, Intelligenz, München 1975, S. 30 f.
4 Delphica, Das Gastmahl der Xanthippe, zitiert nach Hildegard Krüger, Das Bild der Frau im Spiegel neuerer Literatur, Gewerkschaftliche Monatshefte 10, 1959, S. 729
5 zitiert nach Ashley Montagu, The Natural Superiority of Women, New York 1974, S. 79
6 Ulrich Wolf/Helmut Baitsch, Geschlechtschromosomen und Evolution, Bild der Wissenschaft 1967, S. 915. Ich stütze mich im folgenden wesentlich auf diese Darstellung.
7 Montagu, a. a. O., S. 80
8 ebenda
9 Roger Veylon, La Primauté biologique de la femme, La Presse médicale, 22. 10. 1969, S. 1588
10 Montagu, a. a. O., S. 78
11 vgl. Karl Bücher, Die Frauenfrage im Mittelalter, 2. Aufl. Tübingen 1910
12 Montagu, a. a. O., S. 186

13 ebenda, S. 187
14 Ernest Borneman, Das Patriarchat, Frankfurt 1975, S. 527 ff.
15 zitiert nach dem Manuskript des Autors
16 Velon, a. a. O., S. 1588

Kapitel 23
Der Mann als Steuermann der Evolution: der sexyste Affe

1 Ashley Montagu, The Natural Superiority of Women, New York 1975, S. 71 f.
2 Arthur Schopenhauer, Über die Weiber, § 364, zitiert nach Karl H. Bönner, Die Geschlechterrolle, München 1973
3 zitiert nach Ploss-Bartels, Das Weib in der Natur- und Völkerkunde, 5. Aufl. Leipzig 1897, S. 5
4 Georg Simmel, Das Relative und das Absolute im Geschlechterproblem, in: Philosophische Kultur, Leipzig 1919
5 Karl J. Narr, Der Frühmensch: Halbtier oder Homo religiosus, Vortrag vor der Evangelischen Akademie Herrenalb 1975
6 Paul Schebesta, Die Negrito Asiens, 1. Bd., Wien-Mödling 1952, S. 323
7 Ann Crittenden Scott, Closing the Muscle Gap, Ms S. 50; Anthony Smith, Unser Körper, Frankfurt/M. 1971, S. 300 ff.
8 Scott, a. a. O.
9 ebenda, S. 49
10 Desmond Morris, Der nackte Affe, München/Zürich 1970, S. 96 f.
11 zitiert nach Ploss-Bartels, a. a. O., S. 58
12 Lila Leibowitz, Desmond Morris is Wrong About Breasts, Buttock, and Body Hair, Psychology Today Nr. 3, 1970, S. 16 ff.
13 vgl. Claude Lévi-Strauss, Les structures élémentaires de la parenté, Paris 1949
14 Sherwood Washburn (Hrsg.), Social Life of Early Man, London 1962, S. 224 ff.
15 S. Eimerl – I. DeVore, Die Primaten, Reinbek bei Hamburg 1976, S. 176
16 K. Goerttler, Morphologische Sonderstellung des Menschen ..., in: H. G. Dadamer – P. Vogler (Hrsg.) Neue Anthropologie Bd. 2, München/Stuttgart 1972, S. 254 ff.
17 Mary Jane Sherfey, Die Potenz der Frau, Köln 1974, S. 204
18 Joachim Illies, Zoologie des Menschen, München 1971, S. 194
19 Smith, a. a. O., S. 169 f.
20 Julia Sherman, On the Psychology of Women, Springfield 1971, S. 197
21 Morris, a. a. O., S. 58
22 Eimerl – DeVore, a. a. O., S. 178
23 ebenda
24 ebenda
25 Morris, a. a. O., S. 60, S. 58

26 ebenda, S. 59
27 ebenda, S. 75
28 L. Z. Freedman – A. Rose, Evolution und menschliches Verhalten, in: A. Roe, G. G. Simpson (Hrsg.), Evolution und Verhalten, Frankfurt/M. 1969, S. 193
29 Suzanne Chevalier – Skolnikoff, Male – Female, Female – Female, and Male – Male Sexual Behavior in the Stumptail Monkey, with special Attention to the Female Orgasm, Archives of Sexual Behavior, Bd. 3, Nr. 2, 1974, S. 95 ff.; Frances D. Burton, Sexual Climax in Female Macaca mulatta, Proceedings of the 3rd international Congress of Primatology, Zürich 1970, Basel 1971, S. 180 ff.
30 Irenäus Eibl-Eibesfeld, Liebe und Haß, 4. Aufl. München 1971, S. 178
31 Jane van Lawick-Goodall, Wilde Schimpansen, Reinbek bei Hamburg 1971, S. 161
32 Sherfey, a. a. O., S. 161
33 Nancie I. Solien de Gonzáles, American Anthropologist 66, 1964, S. 873 ff.
34 Ploss-Bartels, a. a. O., S. 214
35 Werner Köhler, Menstruation, Schwangerschaft und Geburt in Afrika, Wissensch. Zeitschr. d. Friedr.-Schiller-Univ. Jena, Math.-naturwissensch. Reihe 3, 1953/54, S. 129 ff.; George Peter Murdock, Post-Partum Sex Taboos, Paideuma 13, 1967, S. 143 ff.
36 zitiert bei Evelyn Reed, Woman's Evolution, New York 1975, S. 134
37 Ploss-Bartels, a. a. O., S. 401
38 Johann Frick, Mutter und Kind bei den Chinesen in Tsinghai, 2. Teil, Anthropos 50, 1955, S. 686 f.
39 H. U. Beier, The Position of Yoruba Women. Presence Africaine Apr.–Jul. 1955, S. 45
40 zitiert nach Hedwig Dohm, Gesichtspunkte für die Erziehung zur Ehe, Sozialistische Monatshefte 1909, Bd. 2

Kapitel 24
Psychoanalyse und Zoologie
Die neuen Fundamente des Mutterkults

1 Erik H. Erikson, Die Ontogenese der Ritualisierung, Psyche, XXII. Jg. 7. Heft, Juli 1968, S. 483
2 Anna Freud, Die psychoanalytische Psychologie der Kindheit und ihre Quellen, Psyche, XXII. Jg. 6. Heft, Juni 1968
3 Erik. H. Erikson, Kindheit und Gesellschaft, Stuttgart 1965, S. 74
4 ebenda, S. 66
5 Bernhard Hassenstein, Tierjunges und Menschenkind im Blick der vergleichenden Verhaltensforschung, Stuttgart 1970, Schriftenreihe der Bezirksärztekammer Nordwürttemberg Nr. 17
6 F. E. Hytten, Is breast feeding best? American Journal of Clinical Nutrition, 7, 1959, 259–263, zitiert nach Sherman, S. 215
7 Julia A. Sherman, Psychology of Women, Springfield/Ill. 1975,

S. 215
8 ebenda, S. 219
9 Franz Renggli, Angst und Geborgenheit, Hamburg 1976, S. 246
10 ebenda, S. 244
11 ebenda, S. 247
12 ebenda, S. 247
13 ebenda, S. 126
14 Margaret Mead, Mann und Weib, Hamburg 1958, S. 118
15 Arno Plack, Die Gesellschaft und das Böse, München 1968, S. 287
16 Erikson, a. a. O., S. 139 f.
17 J. W. M. Whiting u. I. L. Child, Child training and personality. A crosscultural study, New Haven 1953
18 zitiert nach Ursula Lehr, Die Rolle der Mutter in der Sozialisation der Kinder, Darmstadt 1974, S. 15; auf Lehr, die eine Übersicht und Zusammenstellung aller relevanten Untersuchungen gibt, stützen sich die nachfolgenden Ausführungen.
19 René Spitz, Hospitalism: The psychoanalytic study of the child, New York 1945, s. a. ders.: Die Entstehung der ersten Objektbeziehungen, Stuttgart 1960, u. Vom Säugling zum Kleinkind, Stuttgart 1967, Lehr, S. 17/18
20 J. Bowlby, Maternal care and mental health. Genf WHO Monogr. 2 (1951)
21 Lehr, a. a. O., S. 124
22 ebenda
23 vgl. Familienpolitik der Sozialdemokratischen Partei Deutschland – Entwurf (1972)
24 Lehr, a. a. O., S. 17
25 L. Casler, Perceptual deprivation in institutional settings, in: G. Newton u. S. Levine, Early 1968, S. 574, zitiert nach Lehr, S. 19
26 ebenda
27 vgl. auch Informationsdienst 5/75, hrsg. v. Bundesminister für innerdeutsche Beziehungen in Zusammenarbeit mit dem Gesamtdeutschen Institut – Bundesanstalt für Gesamtdeutsche Aufgaben
28 Lehr, a. a. O., S. 38
29 Charlotte Bühler, Psychologie im Leben unserer Zeit, München 1962
30 Philippe Ariès, Geschichte der Kindheit, München 1975, S. 175
31 zitiert nach Helmut Meier, Deutsche Sprachstatistik, 2. Aufl. Hildesheim 1967, S. 89

Kapitel 25
Empirie und Vorurteil
Die Psychologie der objektiven Geschlechtsunterschiede

1 Eleanor Emmons Maccoby – Carol Nagy Jacklin, The Psychology of Sex Differences, Stanford 1974
2 D. R. Omark, M. Omark, M. Edelman, Male Dominance hierarchies in young children. Paper presented at international Congress of Anthropological and Ethnological Sciences, Chicago 1973
3 ebenda

4 M. Moore, Aggression themes in a binocular rivalry situation, Journal of Personality and Social Psychology 1966, S. 685 ff.
5 Maccoby – Jacklin, a. a. O., S. 361
6 ebenda, S. 349 ff.
7 ebenda, S. 227 ff.
8 A. Svensson, Relative Achievement, Stockholm 1971
9 L. A. Monday, D. P. Hout, S. W. Lutz, College Student Profiles, Iowa City 1966/67
10 R. C. Droege, Sex Differences in Aptitude Maturation during High School, Journal of Counseling Psychology 1967, S. 407 ff.
11 Belege in: Louis L. Luzbetak, Marriage and the Family in Caucasia, Wien-Mödling 1950
12 Maccoby – Jacklin, a. a. O., S. 121
13 J. W. Berry, Ecological and Cultural Factors in Spatial Perceptual Development, in: J. W. Berry – P. R. Dasen (Hrsg), Culture and Cognition, London 1974, S. 136
14 Frankfurter Allgemeine Zeitung v. 27. 2. 1974
15 Erika Schildkampf-Kündiger, Frauenrolle und Mathematikleistung, Düsseldorf 1975
16 Mirra Komarovsky, Cultural Contradictions and Sex Roles: The Masculine Case. American Journal of Sociology, Bd. 78, 1972, S. 873 ff. – Die folgenden Zitate sind Übersetzungen aus diesem Aufsatz
Die folgenden Zitate sind Übersetzungen aus diesem Aufsatz

Kapitel 26
Der brutale Beschützer
Sexualität, Gewalt und Doppelmoral

1 Hedwig Dohm, Der Frauen Natur und Recht. Zur Frauenfrage zwei Abhandlungen über Eigenschaften und Stimmrecht der Frauen, Berlin 1876, S. 94
2 Martin Gusinde, Urmenschen im Feuerland, Vom Forscher zum Stammesmitglied, Wien 1946, S. 280
3 Norbert Mylius, Ehe und Kind im abflußlosen Gebiet Ostafrikas, in: Archiv für Völkerkunde, Bd. IV 1949, Wien
4 Laura Longmore, The Dispossessed, London 1959, S. 116 f.
5 Napoleon A. Chagnon, Yanomamö, The fierce people, New York 1968
6 Louis J. Luzbetak, Marriage and the Family in Caucasia, Vienna-Mödling 1951
7 Hedwig Dohm, Der Frauen Natur und Recht, a. a. O., S. 91
8 ebenda, S. 92
9 Elisabeth Gould Davis, The First Sex, Penguin Books Ltd. 1975, S. 254
10 Hans Fehr, Die Rechtsstellung der Frau und der Kinder in den Weistümern, Jena 1912, S. 58
11 ebenda, S. 59
12 ebenda, S. 38

13 W. H. Riehl, Die Familie, Stuttgart 1882, S. 6 f.,
14 Kreittmayr's Anm. z. bayr. L. R. p. I. C. VI § 12
15 Dohm, Der Frauen Natur und Recht, a. a. O., S. 92
16 Thomas Higginson, Common sense about Women, in: Helene Lange, Wie lernen die Frauen die Politik verstehen? Berlin 1912, S. 4
17 Dohm, Der Frauen Natur und Recht, a. a. O., S. 93
18 August Strindberg, A madman's Defense, In: Betty Roszak und Theodore Roszak (Hrsg.), New York, Evanston 1969, S. 10 f.
19 Josephine Kamm, Rapiers and Battleaxes, London 1966, S. 135
20 Muhammad Schamah, Die Stellung der Frau im Sunnitischen Islam, Berlin 1968, S. 70 – 21 ebenda
22 Hilma Granqvist, Birth and childhood among the Arabs, Helsingfors 1947
23 Eleanor E. Maccoby and Carol N. Jacklin, The Psychology of Sex Differences, Stanford (Calif.) 1974, S. 239
24 Gisela Helwig, Frau '75. Bundesrepublik Deutschland – DDR, Köln 1975, S. 35, Tab. 5
25 dpa-Meldung 265 v. 15. 3. 76; Erin Pizzey, Scream quietly or the neighbors will hear, London 1974
26 House of Commons, Report on Violence in Marriage, Bd. 1, London 1976, S. VII
27 ebenda, S. VII f.
28 Häuser für geschlagene Frauen gibt es in Amsterdam, in verschiedenen Städten in den USA. Eine Berliner Frauengruppe plant ebenfalls ein solches Projekt.
29 House of Commons, Report on Violence, a. a. O., S. XXIII
30 Hilma Granqvist, Child Problems among the Arabs, Ekenäs 1950, S. 66
31 Richard T. Antoun, On the modesty of Women in Arab Muslim Villages: A study in the accomodation of Traditions, American Anthropologist 70 (1968)
32 Max Bauer, Deutscher Frauenspiegel, 1. Bd. München und Berlin 1917, S. 36
33 D. M. Stenton, The English woman in history, London/New York 1957, S. 83
34 Bauer, Frauenspiegel, a. a. O., Bd. 2, S. 120
35 Ian Young, The Private Life of Islam, London 1974
36 Susan Brownmiller, Against our will, Men, Women and Rape, New York 1975, S. 14 f.
37 Ian Young, a. a. O., S. 167 f.
38 Isaac Schapera, Married Life in an African Tribe, London 1940, S. 162 f.
39 J. G. Fichte, Gesamtausgabe, Bayer. Akademie d. Wissenschaften, Stuttgart 1970, I. 4, S. 100
40 ebenda
41 Georg Simmel, Zur Philosophie der Geschlechter. Das Relative und das Absolute im Geschlechterproblem, in: Philosophische Kultur, Ges. Essays, Leipzig 1919, S. 74

42 Rounaq Jahan, Women in Bangladesh, Dacca 1974, S. 29 f.
43 Karl Kraus, zitiert nach Alfred Kind, Die Weiberherrschaft in der Geschichte des Menschen, o. J., Bd. 1, S. 381
44 Eberhard Schorsch, Sexualstraftäter, Stuttgart 1971, S. 209
45 Georg Gerbner, Communication and Social Environment, Scientific American, Sept. 1972, S. 153–161
46 zitiert nach Franz Schöler, Blondinen bevorzugt, Hollywood und die Frauen, Sendung des Hess. Rundfunks v. 25. 1. 1968

Kapitel 27
Klitoridektomie auf abendländische Art –
das Jesuitische an der Psychoanalyse

1 Margarete Mitscherlich, Müssen wir hassen? München 1972, S. 62
2 Lili Fleck, Die Beurteilung der orgastischen Kapazität der Frau und ihrer Störungen aus psychoanalytischer Sicht, Psyche Januar 1969, S. 66. Für die mangelnde Bereitschaft der Psychoanalytiker, empirische Forschungen zur Kenntnis zu nehmen, ist die Feststellung von Fleck (S. 58 f.) bezeichnend, daß die »Ergebnisse der langjährigen Untersuchungen von Masters und Johnson ... 1962 veröffentlicht, aber von Analytikern bisher wenig beachtet wurden«.
3 W. H. Masters – V. E. Johnson, Die sexuelle Reaktion, Reinbek bei Hamburg 1970, S. 52
4 ebenda
5 Anne Koedt, Der Mythos vom vaginalen Orgasmus, 1. Frauendruck vom Frauenzentrum Berlin, o. J.
6 V. Undeutsch, Jugendsexualität – Tatsachen und Folgerungen, Zeitschrift für Sexualforschung, 1. Jg., Nr. 2, 1950, S. 113 ff.
7 Mitscherlich, a. a. O., S. 48
8 Johann Georg Waich, Philosophisches Lexicon, 4. Aufl. Leipzig 1775, Sp. 2054
9 A. A. Shandall, Sudan Medical Journal 5, 1967, S. 178
10 Robert Ardrey, Der Gesellschaftsvertrag, Wien/München/Zürich 1971, S. 135
11 Helmut Schelsky, Soziologie der Sexualität, Reinbek bei Hamburg 1955, S. 57
12 Thaddäus Troll, Wo komm' ich eigentlich her? Hamburg 1974

Kapitel 28
Kriegführung gegen die Klitoris
Die sexuelle Domestizierung der Frau in der Dritten Welt

1 Pückler-Muskau, Aus Mehemed Ali's Reich, Dritter Teil Nubien und Sudan, Vom Verfasser der Briefe eines Verstorbenen, Stuttgart 1844, S. 30 f.
2 W. Helck, E. Otto (Hrsg.), Lexikon der Ägyptologie, 1. Bd. Wiesbaden 1975; vgl. Hermann Grapow, Kranker, Krankheiten und Arzt, Berlin 1956

3 zitiert nach Ploss-Bartels, Das Weib in der Natur- und Völkerkunde, 5. Aufl. Leipzig 1897, S. 180 f.
4 WIN (Women's International Network) Vol. 1 No 4, October 1975, S. 40
5 WIN, erscheint seit Anfang 1975 und hat regelmäßig über dieses Thema Material veröffentlicht.
6 Henny Harald Hansen, Clitoridectomy: Female Circumcision in Egypt, Folk, Vol. 14/15, 1972/73
7 zitiert nach WIN, a. a. O.
8 Jacques Lantier, La cite magique et Magie en Afrique Noire. Paris 1972, wiedergegeben nach den in WIN veröffentlichten Passagen, WIN, Vol. 1, Nr. 4, Oct. 1975, S. 39 f.
9 A. A. Shandall, Circumcision and Infibulation of Females: A general consideration of the problem and a clinical study of the complications in Sudanese Women, Sudan Medical Journal 5, 178, 1967
10 Yomo Kenyatta, Facing Mount Kenya, The tribal Life of the Gikuyu, London 1965, S. 132 ff.
11 ebenda, S. 162
12 Paul Parin/Fritz Morgenthaler, Goldy Parin-Matthey, Die Weißen denken zuviel, München, o. J.
13 M. Griaule, Dieu d'eau, Paris 1948, S. 187, zitiert nach Baumann, Das doppelte Geschlecht
14 John S. Mbiti, African Religions and Philosophy, London 1969, S. 127 ff.
15 Géza Róheim, Women and their Life in Central Australia, Journal of the Royal Anthropol. Inst. 63, 1933

Kapitel 29
Die Zukunft der Reproduktion – Niederlage oder Befreiung der Frau

1 Shulamith Firestone, Frauenbefreiung und sexuelle Revolution, Frankfurt 1975, S. 17
2 ebenda
3 lt. Süddeutsche Zeitung, 13. 3. 1974
4 Joshua Lederberg, Experimental Genetics and Human Evolution, Bulletin of the Atomic Scientist 3, Okt. 1966, S. 4 ff.
5 Gerald Leach, The Biocrats, S. 112
6 ebenda, S. 110 f.
7 Gordon Rattray Taylor, Die biologische Zeitbombe, Frankfurt/M. 1971, S. 27 f.
8 ebenda, S. 28

Kapitel 30
Weiblicher Genocid als Instrument der Bevölkerungspolitik

1 Angelina Pollak-Eltz in Anthropos 63/64, 1968/69
2 zitiert nach Ploss/Bartels, Das Weib in der Natur- und Völkerkunde, 5. Aufl. Leipzig 1897

3 W. W. Tarn u. G. T. Griffith, Die Kultur der Hellenistischen Welt, 3. Aufl., Darmstadt 1966, S. 117
4 ebenda, S. 118
5 ebenda
6 Milton M. R. Freeman, A Social and Ecological Analysis of Systematic Female Infanticide among the Netsilik Eskimo, American Anthropologist 73/1971
7 M. N. Das, Female infanticide among the Bedees and the chouhans: motives and modes, Man in India, Vol. 36, 4, 1956
8 ebenda, vgl. auch M. N. Das, Movement to suppress the custom of female infanticide in the Punjab and Kashmir. Man in India 37, 1957
9 Quelle: Population Division of the Department of Economic and Social Affairs 1974, UN-Paper für die Weltfrauenkonferenz in Mexico-City v. 19. 6. – 2. 7. 75, E/Conf. 66/3/Add. 3
10 zitiert nach WIN (Women's International Network) Lexington, USA Vol. 1, No 2 1975, S. 54
11 Vgl. Anne McLaren, Biologische Regulation der Fortpflanzung, in: R. Jungk, H. J. Mundt (Hrsg.), Hat die Familie noch eine Zukunft? München, Wien, Basel 1971, S. 147
12 Charles F. Westoff and Ronald R. Rindfuss, Sex preselection in the United States: Some Implications, Science 184, 1974, S. 633
13 Julia Sherman, On the Psychology of Women, Springfield 1975, S. 60 f.
14 Westoff und Rindfuss, a.a.O.
15 ebenda, eine ähnliche Studie führte in der Bundesrepublik der Münchner Bevölkerungswissenschaftler Otfried Hatzoldt für die Deutsche Forschungsgemeinschaft durch
16 ebenda

Kapitel 31
Das Rollendiktat:
die Differenzierung der Geschlechtsidentität

1 Vgl. Charlotte Bühler, Psychologie im Leben unserer Zeit, München/ Zürich 1962
2 Gordon W. Allport, Gestalt und Wachstum in der Persönlichkeit, Meisenheim 1970, S. 504
3 ebenda, S. 128
4 Gordon W. Allport, Die Natur des Vorurteils, 1954, S. 48
5 Walter Mischel, A Social-Learning View of Sex Differences in Behavior, in: Karl H. Bönner (Hrsg.), Die Geschlechterrolle, München 1973, S. 135
6 vgl. Lawrence Kohlberg, Zur kognitiven Entwicklung des Kindes, Frankfurt/M. 1974, S. 334 ff.
7 ebenda, S. 9
8 ebenda, S. 11
9 Spencer K. Thompson, Gender Labels and Early Sex Role Development, Child Development, June 1975, Vol. 46, No. 2

10 Kohlberg, a.a.O., S. 344
11 ebenda, S. 345
12 ebenda, S. 360
13 ebenda, S. 363 f.
14 ebenda, S. 364
15 ebenda, S. 365
16 ebenda, S. 393
17 ebenda, S. 394
18 ebenda, S. 339
19 ebenda, S. 361
20 vgl. Joseph Hraba and Geoffrey Grant, Black is beautiful: a Reexamination of social preference and identification. Journal of Personality and Social Psychology, 1970, Vol. 16, Nr. 3, S. 398–402
21 Lawrence Kohlberg, a.a.O., S. 353 f.
22 ebenda, S. 355
23 ebenda, S. 359
Mythos der afrikanischen Völker, Berlin 1936, S. 370
Mythos der afrikanischen Völker, Berlin 1936, S. 370
25 ebenda, S. 373
26 vgl. John Money/Anke Ehrhardt, Männlich-weiblich, die Entstehung der Geschlechtsunterschiede, Reinbek b. Hamburg 1975
27 ebenda, S. 31 f.
28 ebenda, S. 32 f.
29 ebenda, S. 26 f.
30 ebenda, S. 119 ff.

Kapitel 32
Das stimmlose Ich –
Allmacht und Ohnmacht der Geschlechtlichkeit

1 Max Scheler, Abhandlungen und Aufsätze, Bd. 2, Leipzig 1915, S. 280 f.
2 Jean Paul, zitiert nach Helmut Meier, Deutsche Sprachstatistik, Hildesheim 1967, S. 80
3 G. W. F. Hegel, Jenaer Realphilosophie, in: G. W. F. Hegel, Frühe politische Systeme, Frankfurt 1974, S. 288
4 G. W. F. Hegel, Grundlinien der Philosophie des Rechts, Stuttgart 1970, S. 96
5 ebenda, S. 75
6 ebenda, S. 92
7 ebenda
8 ebenda
9 ebenda, S. 128
10 ebenda, S. 145
11 zitiert nach: Alfred R. Lindesmith und Anselm L. Strauss, Symbolische Bedingungen der Sozialisation, Düsseldorf 1974
12 Richard T. Antoun, On the Modesty of Women in Arab Muslim Villages, American Anthropologist 70, 1968, S. 675
13 Max Bauer, Deutscher Frauenspiegel, 1. Bd. München und Berlin

1917, S. 112 f.
14 Ernst Moritz Arndt, Briefe an Freunde, Altona 1810, S. 3
15 J. W. Goethe, Die Leiden des jungen Werthers, mit einem Nachw. v. E. Beutler, Stuttgart 1975, S. 29, S. 67
16 Friedrich Hölderlin, Hyperion, Frankfurt/M. 1962, S. 21–24
17 Arndt, a.a.O., S. 226 f.
18 zitiert nach: Karoline S. J. Milde, Der deutschen Jungfrau Wesen und Wirken, 12. Aufl. Leipzig 1899
19 Erich Fromm, Das Menschenbild bei Marx, Frankfurt/M. 1963, S. 218
20 ebenda, S. 220
21 dpa-Meldung v. 13. 8. 1975
22 Jan Morris, Conundrum, New York 1974, S. 82
23 ebenda, S. 152 f.
24 Die Welt, 2. 1. 1976
25 Günter Grass, Hundejahre, Neuwied u. Berlin 1963, S. 468 f.
26 Gerhard Zwerenz, Casanova oder der kleine Herr in Krieg und Frieden, Bern und München 1966, S. 60
26a Elisabeth Müller-Luckmann, Über die Glaubwürdigkeit kindlicher und jugendlicher Zeuginnen bei Sexualdelikten. Beiträge zur Sexualforschung, 14. Heft, 2. Aufl. Stuttgart 1963, S. 29
27 Hedwig Dohm, Wie Frauen werden . . ., Werde, die Du bist, Breslau 1894, S. 192 f. und 203 f.
28 Robin Morgan, Monster, New York 1972, zitiert in einer Übersetzung der »Frauenzeitung«

Kapitel 33
Die Genitalien der Rede

1 P. Royen, Die nominalen Klassifikationssysteme in den Sprachen der Erde, Mödling bei Wien 1925/26, S. 24
Ich folge im wesentlichen seiner Darstellung.
2 ebenda, S. 28
3 J. G. Herder, Abhandlung über den Ursprung der Sprache, 1772, S. 115
4 zitiert nach Royen, S. 38
5 ebenda, S. 43
6 ebenda, S. 44
7 ebenda, S. 45
8 ebenda, S. 45
9 ebenda, S. 78
10 ebenda, S. 79 f.
11 ebenda, S. 84
12 ebenda, S. 190
14 W. H. Riehl, Die Familie, Stuttgart 1882, S. 9
15 zitiert nach Royen, a.a.O., S. 285
16 ebenda, S. 301 f.
17 ebenda, S. 303

18 ebenda, S. 304
19 Ivan Morris, zitiert nach Robert Jay Lifton, The women in America, Boston 1964, S. 30
20 Charles H. Berlitz, A Linguist observes, Perceptions Module 6, New York 1975
21 ebenda
22 Georg von der Gabelentz, Chinesische Grammatik, Berlin 1953, S. 173
23 W. Schmidt, Die Sprachfamilien und Sprachenkreise der Erde, Heidelberg 1926, S. 346
24 Herbert Seidler, Allgemeine Stilistik, Göttingen 1953, S. 119 f.
25 István Fodor, The Origin of Grammatical Gender Lingua 8, 1959; vgl. W. W. Arndt, Nonrandom Assignment of Loan Words: German Noun Gender, Word, vol. 26, No. 2. August 1970, S. 244 ff.
signment of Loan words: German Noun Gender, Ward, vol. 26, No. 2, August 1970, S. 244 ff.
26 Edward B. Harper, Fear and the Status of women, Southwestern Journal of Anthropology, Albuquerque 1969, S. 90f.
27 Royen, a.a.O., S. 407
28 Berlitz, a.a.O.
29 Eldridge Cleaver, Seele auf Eis, München 1969, S. 75
30 Werner Sombart, zitiert nach Hedwig Dohm, Gesichtspunkte für die Erziehung zur Ehe, Sozialistische Monatshefte 1909, Bd. 2
31 Hilma Granqvist, Child problems among the Arabs, Ekenäs 1950, S. 139
32 G. W. F. Hegel, zitiert nach Golo Mann, Deutsche Geschichte des 19. Jahrhunderts, Frankfurt 1958, S. 101

Kapitel 34
Dualismus und Dialektik
Der Koitus der Gegensätze

1 Fung Yu-Lan, A History of Chinese philosophy, Vol. 1, Princeton 1952, S. 383
2 E. Helck, E. Otto, Lexikon der Ägyptologie, Wiesbaden 1975, Dualismus, S. 1149 f.
3 zitiert nach Fung Yu-Lan, a.a.O., S. 386 f.
4 siehe Hermann Baumann, Das doppelte Geschlecht, Berlin 1955, S. 120 f. und S. 230
5 Georg von der Gabelentz, Chinesische Grammatik, Berlin 1953
6 Baumann, a.a.O., S. 138
7 ebenda, S. 295
8 Hermann Müller-Karpe, Handbuch der Vorgeschichte, 2. Bd., Jungsteinzeit, München 1968, S. 260
9 Mircea Eliade, The Quest, History and Meaning in Religion, Chicago 1969, S. 139
10 Baumann, a.a.O., S. 297
11 ebenda, S. 307
12 Lawrence A. Babb, Marriage and Malevolence: The Uses of Sexual

Opposition in a Hindu Pantheon, Ethnology 1972
13 Eliade, a.a.O., S. 150 f.
14 zitiert nach Baumann, a.a.O., S. 149
15 Claude Lévi-Strauss, zitiert nach Edmund Leach, Claude Lévi-Strauss, München 1971, S. 71
16 zitiert nach Baumann, a.a.O., S. 225
17 G. W. F. Hegel, Grundlinien der Philosophie des Rechts, Stuttgart 1970, S. 332
18 ebenda, S. 107
19 ebenda, III. Teil, Die Sittlichkeit, Par. 168, S. 315
20 G. W. F. Hegel, Frühe politische Systeme, System der Sittlichkeit, zitiert nach Ullstein 3031, Frankfurt 1974, S. 35
21 ebenda
22 ebenda
23 G. W. F. Hegel, ebenda Jenaer Realphilosophie (1805/06), Philosophie des Geistes, S. 221
24 ebenda, S. 222
25 ebenda
26 ebenda, S. 223
27 ebenda
28 ebenda
29 ders., System der Sittlichkeit, a.a.O., S. 27
30 ebenda
31 ebenda, S. 219
32 ebenda, S. 317
33 ebenda, S. 316
34 ders., Grundlinien der Philosophie des Rechts, a.a.O., S. 312
35 ebenda, S. 303
36 ders., Phänomenologie des Geistes, zitiert nach Ullstein-Buch, 2762-65, Frankfurt 1970, S. 257
37 ebenda, S. 260
38 Hegel an seine Braut Marie von Tucher, zitiert nach Franz Wiedemann, Hegel, Reinbek bei Hamburg, S. 43
39 ders., Grundlinien der Philosophie des Rechts, a.a.O., S. 303

Kapitel 35
Hexen und Zauberinnen – Die vaginale Todesdrohung

1 Kate Millett, Sexus und Herrschaft, München 1971, S. 16 ff.
2 Georg Büchner, Dantons Tod, 1. Akt, 1. Szene, Sämtliche Werke und Briefe, Bd. 1, München 1974, S. 9
3 zitiert in: Hermann Baumann, Das doppelte Geschlecht, Berlin 1955, S. 348
4 ebenda, S. 237
5 Oswald Spengler, Der Untergang des Abendlandes, München 1973, Bd. 1, S. 160
6 Georg Simmel, Zur Philosophie der Geschlechter, Das Relative und das Absolute im Geschlechterproblem, in: Philosophische Kultur,

Ges. Essais, Leipzig 1919
7 Hans Henny Jahnn, Gesund und angenehm, Die Frau von morgen – wie wir sie wünschen, Hrsg. Friedrich M. Huebner, Leipzig 1929, S. 140 f.
8 Arthur Schopenhauer, zitiert nach Karl Stern, Die Flucht vor dem Weib, Salzburg 1968, S. 80
9 Hermann Baumann, a.a.O., S. 349
10 vgl. Mircea Eliade, The Quest, History and meaning in religion, Chicago 1969, S. 139 f.
11 vgl. Hilma Granqvist, Child Problems among the Arabs, Ekenäs 1950, S. 47
12 P. Royen, Die nominalen Klassifikationssysteme in den Sprachen der Erde, Wien-Mödling 1925/26, S. 294
13 Hermann Baumann, a.a.O., S. 56
14 Vgl. Hedwig Kenner, Das Phänomen der verkehrten Welt in der griechisch-römischen Antike, Klagenfurt 1970, S. 104
15 ebenda, S. 148 f.
16 Max Bauer, Deutscher Frauenspiegel, München/Berlin 1917, Bd 1, S. 30
17 Edward B. Harper, Fear and the Status of Women, Southwestern Journal of Anthropology, Albuquerque 1969, S. 83
18 H. Aufenanger, Women's Lives in the Highlands of New Guinea, Anthropos 59, 1964,
19 Lawrence Kohlberg, Zur kognitiven Entwicklung des Kindes, Frankfurt/M. 1974, S. 25 f.
20 Aufenanger, a.a.O.
21 vgl. Hermann Baumann, a.a.O., S. 349
22 Kohlberg, a.a.O., S. 27
23 Baumann, a.a.O., S. 349
24 vgl. Norbert Mylius, Ehe und Kind im abflußlosen Gebiet Ostafrikas, in: Archiv für Völkerkunde, BD. IV, Wien 1949
25 John S. Mbiti, African Religions an Philosophy, London, Ibadan, Nairobi 1969, S. 155
27 Johann Frick, Mutter und Kind bei den Chinesen in Tsinghai, Teil I-IV, Anthropos 50/51, 1955/56
28 Erik Midelfort, Witch Hunting in Southwestern Germany 1562–1684, Stanford/Calif. 1972, S. 184·
29 ebenda, S. 184 f.
30 ebenda
31 ebenda, S. 186
32 vgl. Elizabeth Janeway, Man's World, Woman's Place, New York 1971, S. 128 f.
33 vgl. AP-Artikel Nr. 179 – 40873, 1975
34 vgl. Janeway a.a.O., S. 129

Kapitel 36
Antagonismus und Symmetrie –
Frauenstreiks und Doppelkönigtum

1 Nancy McDowell, Women in Development, Bibliography by American Association for the Advancement of Science, 1975
2 Hermann Baumann, Das doppelte Geschlecht, Berlin 1955, S. 65
3 M. Devulder, Rituel Magique des Femmes Kabyles, Revue Africaine 2e et 3e, Trimestres 1957, Algier
4 Esther J. Pressel, Some Aspects of Spiritual Psychotherapy in Umbanda, Paper 1968
5 Mircea Eliade, The Quest, History and Meaning in Religion, Chicago 1969, S. 134; Baumann, a.a.O., S. 346
6 Henri Labouret, Situation matérielle, morale et coutumière de la femme dans l'ouest-africain, Africa, Vol. XIII, No. 2, April 1940
7 Ich folge im wesentlichen der Darstellung von Judith van Allen, Sitting on a man: colonialism and the lost political institutions of Igbo-Women, Canadian Journal of African Studies, VI, II (1972) 165–181, und Sylvia Leith-Ross, African Women, London 1965, S. 19 ff.
8 ebenda
9 Adaoha C. Uzoma, The changing Position of married Women of one Ibo Community (Nkwerre) in Township and Village – a socioeconomic analysis. In: Vierteljahresberichte, Probleme der Entwicklungsländer Bonn Nr. 44 1971, S. 113–150
10 H. U. Beier, The position of Yoruba Women. Presence Africaine, Paris 1955
11 Eine Übersicht darüber gibt Annie M. D. Lebeuf, The role of Women in the Political Organization of African Societies, in: Denise Paulme (Hrsg.), Women of Tropical Africa, London 1963
12 ebenda, S. 99 f.
13 alle angeführten Beispiele ebenda
14 Elisabeth Hecht, Der Herrscher und seine Ratgeber im afrikanischen sakralen Königtum, Tervuren 1969, S. 66
15 ebenda, vgl. auch George Amoa Oduro, Probleme des Fremdeinflusses, Diss. Marburg 1972
16 W. Selwyn Bazeley, Manyika Headwomen. Nada. The Southern Rhodesia Native Affairs Department Annual 1940
17 Carol P. Hoffer, Mende and Sherbro Women in High Office, Canadian Journal of African Studies, VI, II (1972) 151–164

Schluß
Feminismus – unsere Vergangenheit – unsere Zukunft

1 Karl Stern, Die Furcht vor dem Weib, Salzburg 1968, S. 12
2 Playboy, Nr. 9, Sept 1973, S. 156
3 Ian Young, The private Life of Islam, London 1974, S. 148
4 WIN (Women's International Network, Vol. 2, No. 3, 1976, S. 40

5 Besonders setzte sich die Politologin Irene Tinker, American Association for the Advancement of Science, für die Berücksichtigung weiblicher Interessen bei Projekten der Entwicklungshilfe ein. Siehe Congressional Record, Proceedings an Debates of the 94th Congress, First Session, Vol. 121, Washington, Tuesday June 3, 1975, No. 85. Die Gesetzesvorlage (Amendment 574 to the Foreign Assistance Bill) über die Integration von Frauen in die nationalen Volkswirtschaften wurde von Senator Charles H. Percy (Hl.) initiiert und im Herbst 1973 verabschiedet.

6 Simone de Beauvoir, Das andere Geschlecht, Sitte und Sexus der Frau, Reinbek bei Hamburg 1968, S. 681

7 Kate Millett, Sexus und Herrschaft, München 1971, S. 76

8 Shulamith Firestone, Frauenbefreiung und sexuelle Revolution, Frankfurt 1975, S. 10

9 ebenda, S. 14

10 ebenda, S. 164, a.a.O., S. 178
»Wenn der männliche technologische Modus endlich in der Realität herstellen kann, was der weibliche ästhetische Modus visionär erkannt hat, haben wir die Notwendigkeit beider überwunden.«

11 Juliet Mitchell, Feminism and Psychoanalysis, New York 1974. Mitchell kommt zu diesen Schlüssen, obwohl die Entstehung des Inzest-Tabus zu den umstrittensten wissenschaftlichen Fragen gehört und es keineswegs feststeht, ob die Inzest-Scheu nicht angeborene Komponenten hat.

12 Ludwig Feuerbach, Werke in 6 Bd., 2 Kritiken und Abhandlungen, Frankfurt 1975, S. 81

13 aus Hannelore Mabry, Unkraut ins Parlament, München 1971

14 Alice Schwarzer, Der kleine Unterschied und seine großen Folgen, Frankfurt 1975, S. 138